国家社科基金
GUOJIA SHEKE JIJIN HOUQI ZIZHU XIANGMU
后期资助项目

汽车与上海城市客运研究
（1901—1949）

李沛霖 著

上海人民出版社

国家社科基金后期资助项目
出版说明

后期资助项目是国家社科基金设立的一类重要项目,旨在鼓励广大社科研究者潜心治学,支持基础研究多出优秀成果。它是经过严格评审,从接近完成的科研成果中遴选立项的。为扩大后期资助项目的影响,更好地推动学术发展,促进成果转化,全国哲学社会科学工作办公室按照"统一设计、统一标识、统一版式、形成系列"的总体要求,组织出版国家社科基金后期资助项目成果。

全国哲学社会科学工作办公室

序　言

　　高度(建筑高)、亮度(照明亮)与速度(人与物移动快),是近代城市与古代城市三大时代差异。三者结合,构成近代城市摩登性的显著特征。汽车电车,是近代城市人与物快速移动的最重要载体,其拥有数量、车辆性能、道路品质、行驶里程、通达范围、顺畅程度,是衡量城市发达与否的关键指标。这些因素,以及与此相关联的法律法规、行业管理、经营机构、行业组织、运营市场、从业人员素质、劳资关系等,构成了近代城市交通史的基本内容。

　　李沛霖教授长期致力于近现代城市交通史研究,对近代上海、南京等城市交通史下过很深功夫,涉及电车、汽车、人畜力交通工具,探讨过大城市交通管理、公共交通与城市现代性、城市交通与公共财政、公共交通与抗日战争、上海租界公共交通的特殊性、不同交通工具之间博弈等重要问题,深入剖析过江南汽车公司的变迁过程及其特质。他视野开阔,思辨邃密,成果丰硕,广有影响,在城市交通史领域早已卓然成家。本书是他推出的又一部力作。

　　交通是城市的动脉。交通史是城市史中的宏大门类,可以从多角度、多侧面、多时段切入,驰骋空间特大。本书以 1901—1949 年汽车与上海城市客运为研究对象,凡八章,以祥生汽车公司、租界公共汽车业、华界公共汽车业、战争时期公共汽车业等为重点。这些重点的确定,很具学术眼光。全书取材宏富,依据大批档案、报章杂志与众多稀见资料,内容相当丰满扎实。在此基础上,作者对汽车运输、城市治理、交通与城市文化等问题,逐一进行了分析,对汽车与城市人口、汽车与市民生活等问题,也有所探讨。沛霖在近代城市电信史、市民生活史都曾有过专精研究,这两个领域都与城市交通有千丝万缕的联系。他将交通史、电信史与生活史融为一炉,更使得本书的论述开合有度,张弛有节,宽度与深度相互辉映。

　　本书是国家社会科学基金后期资助项目的终端成果。获得资助本身,便是本书质量的一个标志。可以相信,本书的出版对于上海城市史、海派文化的研究,对于交通社会史、近代企业史、中国城市史的研究,必有重要的推动作用。

沛霖教授1979年生,小我整整三十岁,年富力强,风华正茂。我与他在诸多会议上有学术交流,每每从他扎实的论文、不俗的谈吐中获得教益,深为中国城市史学界有如此才俊而感到由衷的高兴。我们由志趣投缘的学术同行,成为交往频繁的忘年交。小友出书,喜事也;受嘱为序,乐事也。衷心希望沛霖教授将此书作为在中国交通史、上海城市史研究历程中的一个新的起点,赓续前行,再创辉煌。

张月云

2023年11月28日于上海

目　　录

导　　论

一、研究意义和价值

(一) 研究汽车运输与城市发展的意义

纵观历史，"人类智识之交换，文化之灌输，皆赖有交通事业之发达。苟其国文学艺术，皆甚精美，而无舟车之便，为之沟通，徒拘囿于偏陬，而不能广溥于世界，则亦成其为部落文化而已，无足与语世界之文明……中国地大物博，苟能改良其交通，缩短时间，扩充经济，则此文明古国，其进步诚未可限量".①可以确定，"交通事业与政治，经济，文化，国防之关系均极重要",②即"交通事业为一国命脉之所系，地方能力所不及办，在由国家经营".③早在1776年，亚当·斯密在巨著《国富论》中就谈及交通运输对城乡经济的促进作用，"一切改良中，以交通改良最为实效。僻远地方，必是乡村中范围最为广大的地方，交通便利，就促进着广大地区的开发。同时，又破坏都市附近农村的独占，因而对都市有利".④嗣后，马克思指出：人类历史始终和产业史、交通史关联，不同的社会形态，有与之相应的交通方式;⑤即交通工具的影响，使得世界史作为历史的结果。⑥迨及近代，人类探索步伐

---

① 愈之：《交通发达与文明之关系》，《东方杂志》第十五卷第一号，1918年1月15日发行，第47页。
② 韦以黻：《发刊词》，载《交通杂志》第一卷第一期，交通杂志社1932年版，第1页。
③ 《上海市公用局关于北新泾华商公共汽车售英商》，1929年1月—4月，上海市公用局档案，上海市档案馆藏(本书所引档案基本为该馆藏，故以下不再一一注明；另引用中国台湾地区档案，书中会另行说明)，档号Q5-2-648。
④ 〔英〕亚当·斯密：《国民财富的性质和原因的研究》(上卷)，郭大力、王亚南译，商务印书馆1972年版，第140页。
⑤ 《马克思恩格斯全集》(第二十六卷)，人民出版社1975年版，第444页。
⑥ 《马克思恩格斯选集》(第二卷)，人民出版社1957年版，第114页。

加快,推动交通运输机械化变革,特别是工业革命以来,交通运输的工具和技术日趋先进、领域不断扩大。而汽车的发明和大规模运用,也改变了人们依靠人畜力等作为原始动力的陆路运输模式。人们出行选择越来越多,可借助汽车、火车、轮船、飞机等各类新式交通运输工具达到出行目的。工业革命到来,大量货物需要流通,大规模人口要迁移,人们联系要加强,促进轮船、汽车、火车、飞机的广泛使用。①由是,"交通发达,实业繁兴,都市遂成为一国经济、政治、文化之中心,故欧美之觇国是者,恒以市政改良否,为国运隆替之关键,其重要可知"。②

进一步考察,提供营业性服务的经济组织是人类社会最基本、最普遍的社会组织,它担负着提供人们衣食住行等物质生活资料的任务,履行着社会的经济职能。其包括生产组织、商业组织、金融组织、交通运输组织等。③具如公路运输的广义概念是指利用一定的载运工具(人畜力车、拖拉机、汽车等)沿公路(一般土路、有路面铺装的道路、高速公路)实现旅客和货物空间转移的过程。其狭义概念是指汽车运输,其特点是:机动灵活,适应性强;可实现"门到门"直达运输;在中、短途运输中,运送速度较快;原始投资少,资金周转快;掌握车辆驾驶技术较易;运量较小,运输成本较高;运行持续性较差;安全性较低,环境污染较大。④而发展公路运输要具备三大条件:汽车、道路和汽油。三个条件相辅相成。⑤且作为城市公共交通系统的主要工具和重要构成,公共汽车是指有固定线路和停车站、供公众乘用的汽车,其又分城市公共汽车和城市间长途公共汽车。⑥因汽车运输具有机动灵活、迅速方便和公路建设投资少、周期短等特点,在整个交通运输体系中,是唯一能够深入城市大街小巷和农村山区各个角落的一种运输方式。它除直接承担工农业生产和城乡物资交流等大量客货运输任务外,还为铁路、水运、航空等运输方式承担起点和终点的客货集散任务。⑦从而,汽车和公路系统的出现对人们的居住生活产生了更大影响。它在城市与城市、城市与周边乡村

① 黎德扬、高鸣放、成元君等:《交通社会学》,中国社会科学出版社2012年版,第20、145页。
② 董修甲:《市政问题讨论大纲》,青年协会书局1929年版,第8页。
③ 芮明杰主编:《管理学:现代的观点》,上海人民出版社1999年版,第77页。
④ 梁峰:《国外的交通》,中国社会出版社2006年版,第3—4页。
⑤ 刘统晟:《交通通讯与国民经济》,重庆出版社1988年版,第160页。
⑥ 《中国大百科全书》总编委会:《中国大百科全书》(第7卷),中国大百科全书出版社2009年版,第518页。
⑦ 《当代中国》丛书编辑委员会:《当代中国的公路交通》,当代中国出版社1991年版,第9页。

地区之间建立起更为密切的联系,使人们的经济社会活动可进入更为纵深的地区。高速公路与汽车的发展,更为扩展个人的出行自由,这是发达国家郊区化运动得以形成的重要原因之一。①

易而言之,"汽车为交通上唯一之利器,此尽人皆知,无待赘述者",②即"近世交通机关,发达讫无停止。其中汽船速度之进步,虽终不及汽车"。③作为20世纪最重要的交通工具和机械产品,汽车在全世界大规模的生产和使用,改变了世界,也改变了人们的价值观念。且作为一种运输工具,汽车是为满足人的基本需要之一"行"而发明的,比人类历史上任何其他运输工具对社会的经济、政治、生活方式产生的影响都大。④如"汽车可以运输货物,运输乘客,运输军用品,运输军队。汽车亦可以耕田,可以救火,可以扫地,可以追捕盗匪,可以做流动医院,可以在前方作战。汽车帮助我们人类工作,效用非常广大"。一个村庄或城市里有了汽车,"经济就可以活动,知识就可以灌输。所以,汽车实为我们人类平常生活里不可缺乏的工具"。⑤且战争期间,利用汽车等"运输后方之补给圆滑,前方之战力自可发挥。此足证明补给运输实为战胜之最要条件"。⑥如1900年前后世人认为汽车"不过是一种贵族代步之奢侈品",1914年第一次世界大战"方酣之时,英美法等国出征军利用此行走迅速之汽车运送军队于战线及后方辎重调度,联军最后之战胜未始非得此迅速交通运输器之功。休战之后,各国咸感到此汽车不仅为绅富代步之奢侈品,确认为国防交通之重要利器。近年来,我国建设方面及军事方面均认汽车为不可少之物,尤以全国公路开拓需要日众"。⑦嗣至第二次世界大战期间,德国军用公路可自柏林直达捷克首都布拉格,自柏林、但泽二路通华沙。德军用大量坦克车和军用汽车的装甲师团,循着这些公路以迅雷不及掩耳手段占领捷克和波兰。至于普通的运输汽车,德国及其附庸国的总和达90万辆,"最近斯大林城,德军惨败,苏军曾

① 黎德扬、高鸣放、成元君等:《交通社会学》,中国社会科学出版社2012年版,第209页。
② 黎离尘:《取缔汽车之我见》,《申报》1923年3月10日第23版。
③ 陈震异:《大上海建设策》,《东方杂志》第二十三卷第十八号,1926年9月25日发行,第6页。
④ 曹南燕、刘立群:《汽车文化——中国面临的挑战》,山东教育出版社1996年版,第1页。
⑤ 何乃民:《汽车与公路》,商务印书馆1944年版,第6页。
⑥ 中国第二历史档案馆:《中华民国史档案资料汇编》第五辑第二编政治(二),江苏古籍出版社1998年版,第465—466页。
⑦ 《上海市公用局公共汽车管理处标购车胎》,1935年3月—4月,上海市公用局档案,档号Q5-2-504。

俘获军用汽车五万余辆"。①1910 年左右，铁路成为客货运输的主要方式，嗣后汽车逐渐发展成为基本的交通方式。至第二次世界大战后，高速公路广泛发展起来，公路运输逐步取代了铁路运输。②可见，人类社会交往活动的物质技术手段日新月异，汽车、火车、飞机等成为有效沟通的交往工具。人类发展实践表明：交通技术不仅是人类交往力发展水平的重要标志与测量器，且是社会交往活动借以进行的社会关系的指示器。③

深究而言，著名经济学家、"创新理论"首创者熊彼特曾以重大创新为标志，将工业革命后划分为三个"长周期"：第一个为产业革命时期（18 世纪 80 年代至 1842 年），第二个为蒸汽和钢铁时期（1842—1897 年），第三个为电气、化学和汽车时期（1897 年后）。④具如 1781 年瓦特发明改良蒸汽机；1875 年第一辆蒸汽车诞生于奥地利，功率为 14.7 千瓦、可载 8 人、负重 3.5 吨。19 世纪中期第二次工业革命主要表现在三个方面：电力的应用、内燃机和新交通工具的创制、新通信手段的发明。⑤而 19 世纪 60 年代大型油田的开发，为内燃机提供充足有效的燃料，于是人们将早期的蒸汽发动机发展成为功率更强大、性能更可靠的内燃机。19 世纪 80 年代伴随内燃机发明，其发展经历二冲程内燃机（煤气机）、四冲程往复活塞式内燃机（煤气机）到现代的四冲程往复式汽油机的过程，转速不断加快，为交通工具提供功率大、重量轻、体积小、功率高的新型动力机。内燃机出现及广泛应用，为汽车工业发展提供可能。如 1885 年 10 月德国工程师卡尔·本茨以内燃机（汽油机）为发动机，独立制成世界上最早供实用的三轮汽车，成为"汽车之父"和现代汽车工业先驱。该汽车最高时速为 20 公里/小时，并于 1886 年 1 月 29 日（世界公认的汽车诞生日）向德国专利局申请汽车发明专利，11 月 2 日专利局批准，这是世界上第一张汽车专利证书。至 1895 年因汽油机的质量不断改善，同时发明和采用变速器、离合器、万向轴和充气轮胎，使汽车轻便耐用、速度提高。1908 年美国人亨利·福特采用当时先进技术，生产出时速可达 64 公里/小时的 T 型发动机小客车，是此前汽车最大时速的 3 倍多。1923 年道伯制造的快速四缸蒸汽车，最大速度可达 174 公里/小时。至 20 世纪 30 年

① 何乃民：《汽车与公路》，商务印书馆 1944 年版，第 25 页。
② ［美］贝赞可、德雷诺夫、尚利、谢弗：《战略经济学》（第 4 版），徐志浩等译，中国人民大学出版社 2012 年版，第 57 页。
③ 黎德扬、高鸣放、成云君等：《交通社会学》，中国社会科学出版社 2012 年版，第 37 页。
④ 张恒：《经济学》，云南人民出版社 2010 年版，第 134—135 页。
⑤ 马化腾等：《互联网＋：国家战略行动路线图》，中信出版社 2015 年版，第 423 页。

代后期,蒸汽车在激烈竞争中被淘汰。世界二战前夕,随着科技进步,汽车速度进一步提高,高速汽车出现并于 20 世纪 50 年代后得到较大发展。其中普通式高速汽车最大速度为 120—150 公里/小时,气垫式汽车最大设计速度为 240—250 公里/小时。1983 年 10 月 4 日,英国人诺布尔驾驶"冲刺2"喷气式汽车创下 1 019.5 公里/小时的世界最高纪录。通过汽车速度的发展史来看,其速度每一步提高都离不开科学技术的支撑。即汽车的提速史就是汽车发动机技术的进步史。发动机功率的大小不仅决定汽车的性能好坏、速度高低,且发动机技术还决定整个汽车工业的发展。[1]此情,诚如凯文·凯利的"技术元素"概念:"不仅仅包括一些具象的技术(例如汽车、雷达和计算机等),它还包括文化、法律、社会机构和所有的智能创造物。"[2]

具有典型意义的是,城市人口和地方组织往往以某种随地理、交通线的特殊方式聚集组合起来。[3]而"汽车一项,为城市交通之利器"。[4]如每次交通技术进步都强烈塑造了城市形态,但汽车对城市形态的影响更为深刻和广泛,因为汽车的普及更具有革新性。首先,体现在交通的空间组织上。传统的城市交通组织方式无一例外都需要步行到站点以实现中转,城市因此得以维持一种有序的空间结构。而汽车几乎彻底消灭步行,是一种点到点交通方式,这种交通的空间组织形式对城市结构的影响有本质不同,它破坏了围绕站点的组织形式和土地混合利用。汽车对乘客的优势在于:这种直达服务的效率更高。其次,汽车具有交通成本优势。虽然汽车诞生后长期属于奢侈消费品,但 1908 年福特 T 型车诞生使汽车工业出现里程碑式革命。从此,以流水线为标志的大规模生产使汽车价格剧烈下降,到 20 世纪 20 年代汽车价格被美国大多数家庭接受。汽车的出行成本也逐步取得优势:20 世纪初路面电车通勤者约 20% 工资收入花费于上班出行,而 20 世纪 80 年代城市小汽车通勤者这个比例仅为 7%。因此,汽车很快就成为群众运动,进入千家万户,成为主要的城市交通模式。[5]即较之城市的复杂需求,汽车的简单需求比较容易理解和满足。越来越多的规划者和设计者们相信

---

[1] 黎德扬、高鸣放、成元君等:《交通社会学》,中国社会科学出版社 2012 年版,第 268—269 页。

[2] 马化腾等:《互联网＋:国家战略行动路线图》,中信出版社 2015 年版,第 64 页。

[3] [美]R.E.帕克、E.N.伯吉斯、R.D.麦肯齐:《城市社会学》,宋俊岭等译,华夏出版社 1987 年版,第 111 页。

[4] 南京特别市工务局:《南京特别市工务局年刊(十六年度)》,南京印书馆 1928 年版,第 191 页。

[5] 张文尝、马清裕等:《城市交通与城市发展》,商务印书馆 2010 年版,第 391 页。

如果他们能解决交通问题，他们就能解决城市的主要问题。①从而，"以汽车之效能，不仅谋交通上之便利，而其最大之效能，在于可以促进市政之改善……是故汽车事业振兴之国家，其市政必先之改善；易而言之，即市政改善之机会，汽车兴之"。②

事实上，今天我们所习见的高楼栉比、烟囱林立、汽车、岗亭、橱窗等，这些城市景观，几乎都是近代的产物。③如 20 世纪初，福特曾预言：书籍、机器、贸易、科学和汽车，创造范畴的一切新事物都是一切新思维和活动方式的开始——这是一个新的世界、新的王国、新的人类。④而汽车时代（1920—1945 年）使得城市同心环状形态再次建构。对城市空间形态冲击最大、影响最深的交通技术创新，莫过于汽车的出现和使用。汽车作为一种灵活便捷的交通运输工具，大为降低客流通勤成本和货物运输成本。20 世纪 20 年代，随着汽车大规模发展，公路交通得以快速建设，由于交通手段发达，人们的出行距离可以扩展到十几公里乃至几十公里的范围内，这也使城市半径大为增加，城市尺度大大突破已有范围。城市开始大规模地扩展并进入郊区化的时代，城市用地密度较低呈松散状态，电力街车时代的放射道路之间的区域不断得到填充，城市同心环状结构再次建构，其中汽车和公路的发展是一个非常重要的因素。由城市核心向郊区的运动，是由于扩张的交通与铁路、公路带来的便利。当然，最具决定性的因素是汽车。⑤由是，城市向外扩张，进入人口较少地区，结果形成大城市区域。20 世纪大都会区的发展得益于汽车的广泛使用。汽车的普及，使得人们既可以生活在不那么拥挤的城外，又可以兼顾城里的工作并享受各种服务之便。⑥进而，大都市中大型工厂居主导地位，有时候工人达数千人，生产钢、农用工具和汽车之类的重工业产品；⑦而工业城市内部情况的改善，部分原因出自这些革新，这些革新与电话、汽车、无线电通信等发展相联系。⑧

---

① [加]简·雅各布斯：《美国大城市的死与生》，金衡山译，译林出版社 2006 年版，第 5 页。
② 谨：《汽车有促进市政改善之效能》，《申报》1927 年 2 月 5 日，第 9 版。
③ 张仲礼主编：《近代上海城市研究》，上海人民出版社 1990 年版，第 3 页。
④ [美]罗伯特·莱西：《福特汽车家族》，刘先涛等译，中国经济出版社 1991 年版，第 93 页。
⑤ 黎德扬、高鸣放、成元君等：《交通社会学》，中国社会科学出版社 2012 年版，第 233、289 页。
⑥ [美]戴维·波普诺：《社会学》（第十版），李强等译，中国人民大学出版社 1999 年版，第 570 页。
⑦ [美]乔尔·科特金：《全球城市史》，王旭等译，社会科学文献出版社 2010 年版，第 131 页。
⑧ [美]刘易斯·芒福德：《城市发展史——起源、演变和前景》，倪文彦等译，中国建筑工业出版社 1989 年版，第 353 页。

并且,"地价的上涨,以及土地能不能分成小块有利地卖出去等等,首先要看同市中心的交通是否方便"。①如中心城市的小区里数幢楼房紧密地排列着,人口密度较大。城市居民的日常需求在短距离范围内已不能得到满足,并且依赖于汽车的增多,平均通勤距离在上升。②由此,城市一个社区可能会被命令用公共汽车接送远道的学生。住在郊区而在城市工作的人,大量使用公共交通、街道和人行道、警察和消防、图书馆等城市设施,这都增加了城市开支。虽有史以来,有城市便有郊区,但直到20世纪,郊区才兴旺起来。现代郊区的发展,是交通发展、特别是汽车和公共交通系统发展的结果。③再如人口众多的大型生活住宅区,人们会更倾向使用汽车,因为比步行来得方便。两个过程必有一个要发生:城市被汽车蚕食,或者城市对汽车的限制。城市与汽车间的关系,像是历史有时候给"进步"开的玩笑之一,那就是作为一种日常运输工具,汽车的发展过程恰好与作为一种反城市化的郊区化理念相呼应。汽车引擎不仅比马匹噪声小且干净,而更少的引擎能比更多马匹完成更大量的工作。以机器为动力的车辆以及比马跑得更快的速度,使得大面积人口和货物的流动变得更加容易和互相适应。同时,汽车可以到达火车到达不了的地方,完成火车做不了的工作。即在一个城市里,那些必须得依靠汽车才能在他们所在的单调乏味地区周转过来,或者没有汽车就无法离开这个地方的人,实在是因为他们离不开汽车的缘故。④由见,汽车这种新式交通工具对人类社会生活的影响颇巨。

进一步考察,"建国工作,不能离开公路网的兴筑和汽车工业之成立,在德、英、美诸国汽车和公路的地位虽不在铁路之上,至少也与铁路并肩同重"。⑤如20世纪20年代因汽车的普及,美国的城乡格局、社会结构、生态环境、日常生活和消费方式发生重大改变,根据1933年总统委员会的调查报告:"可能没有一个深远重要的发明会传播得这么迅速、会这样快发挥其影响、渗透到民族文化中、甚至改变思想和语言习惯。"亦如一部美国电影及作家曾这样描述,"假如你没有车,你在这个国家一文不值","无论你把车子

① [苏]列宁:《帝国主义是资本主义的最高阶段》,中共中央马克思恩格斯列宁斯大林著作编译局译,人民出版社1959年版,第50页。
② [英]肯尼斯·巴顿:《运输经济学》,李晶等译,机械工业出版社2012年版,第31页。
③ [美]戴维·波普诺:《社会学》(第十版),李强等译,中国人民大学出版社1999年版,第572、579、584页。
④ [加]简·雅各布斯:《美国大城市的死与生》,金衡山译,译林出版社2006年版,第314、319、327页。
⑤ 何乃民:《汽车与公路》,商务印书馆1944年版,第23页。

开到哪里,一切都由你来决定,是掉转车头,还是继续前行。你可以充分行使你的行动权,你决定着何时停车、何时加速、何时改道行驶。汽车大大增强了你是自己心灵主宰的感觉,这多痛快,没有其他东西能比得上"。①即交通发达的国家里,汽车像在动脉血管中川流不息的红细胞,把物资、信息、人员运送或传递到社会每个角落,对人们的社会动机和生活方式产生深远影响。未来学家阿尔温·托夫勒在《未来的冲击》指出:汽车不仅是一种运输工具,它是个人品性标志、地位象征,是伴随高速而来的快感源泉,是诸如触觉、嗅觉、视觉等各种感官刺激的源泉。汽车作为先进的现代交通工具,推翻了地理距离这个限制人们自由的"暴君",使人们突破地域空间的限制,使其精神得到新的激励和满足,反而又使人们对汽车产生偏好和依赖。美国动机心理学家狄斯特认为:汽车是一般西方人所能得到的值得掌握的最强大工具,是流动性的活的象征,"汽车已经成为主动精神的现代象征"。丹尼尔·贝尔在《资本主义文化矛盾》中有言:这个国家变化的原因就是四个字母:A—U—T—O(汽车)! 总之,人们的社会动机和社会思想观念,都因汽车的出现和普及而受到极其深刻的影响。②再如乔纳森·拉班《柔软的城市》认为,食品、汽车、住宅和郊区已被转换为"显示社会等级属性的铭牌,它们不是关于地位的符号,而是关于品位与身份的符号"。③从而,汽车成为衡量成败的标准,象征对富裕和自由的追求,给人以地理流动无限的可能性。

譬如第一辆实用汽车出世以来,汽车改变了世界。在美国,不仅汽车工业称霸世界,成为国民经济的支柱,带动整个国民经济的发展。④如汽车运输改变交通的基础设施,全国性高速公路系统促进机动车辆数量增长,同时也使汽车业成为大产业。至1910年,包括运输、通信和金融机构在内的"交易处理部门"占美国经济的三分之一左右。⑤即对美国人而言,生活目的是生产和消费汽车。⑥1913年,美国生产、拥有的汽车比世界其他国家的总和

---

① 曹南燕、刘立群:《汽车文化——中国面临的挑战》,山东教育出版社 1996 年版,第 99、103 页。
② 黎德扬、高鸣放、成元君等:《交通社会学》,中国社会科学出版社 2012 年版,第 140、327 页。
③ [澳]德波拉·史蒂文森:《城市与城市文化》,李东航译,北京大学出版社 2015 年版,第 72—73 页。
④ 曹南燕、刘立群:《汽车文化——中国面临的挑战》,山东教育出版社 1996 年版,第 1 页。
⑤ [美]贝赞可、德雷诺夫、尚利、谢弗:《战略经济学》(第 4 版),徐志浩等译,中国人民大学出版社 2012 年版,第 60、62 页。
⑥ [加]简·雅各布斯:《美国大城市的死与生》,金衡山译,译林出版社 2006 年版,第 339 页。

还多；①1922—1928 年每 5 个美国人拥有 1 辆小汽车,其间汽车已增加 60%,"进步不可谓不速";②1929 年,美国生产 450 万辆汽车,法国生产 21.1 万辆,英国生产 18.2 万辆,德国生产 11.7 万辆。③斯时,美国"汽车已由贵族的生活而逐渐进向于平民化的地步了。差不多每四个人中即有一辆汽车。这种现象对于生产事业的发展当然有极大的裨益"。④该国汽车业每年可制造小汽车 350 万辆,运货汽车 100 万辆,有汽车技术工人 100 万名。这个世界无与伦比的庞大工业,自 1942 年 1 月起奉美国政府命令停止制造小汽车,将全部力量改造坦克车、飞机引擎、机枪大炮。这些重要武器,大部分是通用、福特、克雷斯"这三个世界最伟大汽车公司的出品。美国此次对同盟国所供献作战武器的来源,美国汽车业要占第一位","美国汽车业的繁荣,公路运输的发达,远在德英之上"。以纽约城而论,有汽车 120 万辆,若用以疏散城里 600 万人口,于数小时内可使纽约变为空城。如用铁路疏散至少需一两个月才能运完。"在美国人的心里绝无铁路为主,公路为副的观念。"⑤

另须指出的是,汽车与美国城乡文明有着密切联系。一部书籍描述道:人们常说汽车是"改变世界的机器"。汽车不仅改变美国的经济结构、城乡格局,且完全融入城乡人民的日常生活,成为和食品、衣服一类的生活必需品。汽车的普及促成美国城市的离散,郊区的繁荣和乡村的相对集中,而这种城乡间的重新布局反又刺激汽车的需求,改变人们生活方式。汽车的普及,从 20 世纪 20 年代起使中产阶级家庭、从 50 年代起使工人阶级家庭的生活方式发生根本变化。汽车使农民有可能享受以前只有城里人才能享受的种种方便和舒适。汽车增加了人们地理上流动的可能性。汽车普及改变人们的居住条件、丰富休闲生活,城市工作的人不再住在拥挤嘈杂的市区,而是搬到宽敞安静的郊区,开车上下班。⑥如汽车的大量使用,加速洛杉矶向外扩散。20 世纪 20 年代,洛杉矶居民的汽车拥有量就是美国平均拥有量的 4 倍,是芝加哥居民的 10 倍。⑦即随着汽车工业的迅速崛起,和美国大

① [美]保罗·肯尼迪:《大国的兴衰》(上),中信出版社 2013 年版,第 253 页。
② 怀:《今年英国汽车事业之进展》,《申报》1928 年 10 月 13 日第 29 版。
③ [美]保罗·肯尼迪:《大国的兴衰》(下),中信出版社 2013 年版,第 60 页。
④ 遂初:《汽车肇祸问题的分析》,《东方杂志》第二十五卷第六号,1928 年 3 月 25 日发行,第 102 页。
⑤ 何乃民:《汽车与公路》,商务印书馆 1944 年版,第 24—26 页。
⑥ 黎德扬、高鸣放、成元君等:《交通社会学》,中国社会科学出版社 2012 年版,第 325—326 页。
⑦ [美]乔尔·科特金:《全球城市史》,王旭等译,社会科学文献出版社 2010 年版,第 163 页。

力发展高速公路而遏制轨道交通的做法,从 1920 年开始,低密度的独立式住宅便在广大的郊区兴建起来。但郊区新社区的选址必须有良好的区位,尤其必须有便捷的公共交通条件。而汽车和高速公路连接了城市与郊区,便宜的石油和无度的汽车使用,使城市以低密度的方式蔓延开来,至 20 世纪五六十年代,美国的城市郊区化已经达到高潮。①从而,"美国今日所以得称霸于世界经济界,实由于工业之发达。而其主因,则交通便利,运价低廉,实有以使之。运价愈廉者,工价愈高,故以工价运价相差倍数之大小,觇其国文明程度之高下,则百不失一"。②

观照近代中国,"年来受南北交锋之影响,贫民生计困苦极矣,盗贼充斥地方,受害者深。今欲弭乱救贫,莫急于振兴实业,振兴实业莫不以便利交通为先务。盖交通机关,能将本地实业包罗万象,苟以正当手段出之,而此包罗万象中之芸芸众生,不知受几多之实惠"。③事实上,"晚清海禁开放,百政为之丕变,道路交通亦然,新法之筑路一也,汽车之行驶二也,于是现代化之公路遂代旧有驿道而兴。民国肇造,由于潮流之所趋,时势之需要,路政设施,殊多因革,公路遂成新交通事业之一,其所以异于旧而称为新者:第一,为运输工具之科学化,以机械之力量逐渐代替以前使用之人力或畜力;第二,为经营之大众化,各种运输工具之使用,可以普通的交易方式行之,绝无阶级上之限制,较诸畴昔仅供政治军事上之专用者迥殊。此外我国数千年来,向以车马为主之驿站运输,原视为最方便最敏捷之陆路交通组织,至是百里之间,汽车朝发夕至,驿站已失其效用"。④即"中国若汽车工业不能建立,建国大业就缺少了一环……我们希望人们对于兴筑公路与兴筑铁路一样的积极,并望加快筹备汽车工业之自主,以迎接抗战胜利之来临"。⑤抗战胜利后,我国商营汽车因政府开放公路运输,流通领域扩大,运输市场渐趋活跃;加上政府大量处理日伪残旧汽车,美国新车又不断涌入,车源货源两足,商营汽车再度增加。1948 年,全国汽车保有量为 73 263 辆,已得恢复并稍超过全面抗战前的保有量,成为民国时期最高纪录。⑥由见,近代时期

---

① [美]F.L.奥姆斯特德:《美国城市的文明化》,王思思等译,译林出版社 2013 年版,第 252—254 页。
② 愈之:《交通发达与文明之关系》,《东方杂志》第十五卷第一号,第 51 页。
③ 《穆藕初致程锦章函(为浦东设电车事)》,《申报》1919 年 2 月 15 日第 11 版。
④ 周一士:《中国公路史》,文海出版社 1957 年版,第 93 页。
⑤ 何乃民:《汽车与公路》,商务印书馆 1944 年版,第 27 页。
⑥ 中国公路交通史编审委员会:《中国公路运输史》(第一册),人民交通出版社 1990 年版,第 90 页。

"以世界文化对于我们中国的关系来讲,今天我们日常生活所用的电灯、自来水、火车、汽车及一切衣、食、住、行有关的现代化工具,固然是世界文化的一部分……无论在乡村在都市,都免不了受世界文化的影响"。①

概而言之,"交通便利之造福国家,不亦大哉。交通便利之结果,尤有一事,其造福于全世界者,甚溥且大……总之民族之文明,起于经济之富裕,经济之富裕,由于交通之便利"。②即在过去两百年间,通信和交通的迅速发展使远距离的交往也变得比以往任何时候都要方便。③基于此,研究汽车运输事业对于厘清近代中国城市发展与变迁,并为当代交通系统与国家现代化建设的共生共长衍生借鉴与参考,确是大有裨益。

(二) 研究汽车运输与上海城市的价值

人类最伟大的成就始终是其所缔造的城市。城市代表了人类作为一个物种具有想象力的恢宏巨作,证实我们具有能够以最深远而持久的方式重塑自然的能力。④而"世界的历史即是城市的历史"。国家、政府、政治、宗教等无不是从人类生存的基本形式——城市中发展起来并附着其上的。由此,"城市是才智。大都市是'自由'的才智"。⑤古代先贤亚里士多德言:"人们聚集到城市里来居住;他们之所以留居在城市里,是因为城市中可以生活得更好。"⑥因之,城市化是一个变传统落后的乡村社会为现代的城市社会的自然历史过程,是一个显示社会生活进步与否和现代文明程度的过程。⑦进一步言,交通对人类影响至关重要,新式交通的发展与变革是人类文明和城市文明的重要标志之一。⑧如城市总是处于粮食供给充裕、交通运输最为方便的所在;⑨且大城市常常坐落于那些交通成本低的地方:靠近海岸,傍

---

①　胡适:《编辑后记》,载《独立评论》第 142 号,1935 年 3 月。

②　愈之:《交通发达与文明之关系》,《东方杂志》第十五卷第一号,第 50—51 页。

③　[美]戴维·波普诺:《社会学》(第十版),李强等译,中国人民大学出版社 1999 年版,第 81 页。

④　[美]乔尔·科特金:《全球城市史》,王旭等译,社会科学文献出版社 2010 年版,第 16 页。

⑤　[德]奥斯瓦尔德·斯宾格勒:《西方的没落》(第二卷),吴琼译,上海三联书店 2006 年版,第 83—85 页。

⑥　转引自[美]刘易斯·芒福德:《城市发展史——起源、演变和前景》,倪文彦等译,中国建筑工业出版社 1989 年版,第 84 页。

⑦　陶瀛涛:《近代中国区域城市研究的初步构想》,《天津社会科学》1992 年第 1 期。

⑧　李沛霖:《电车交通与城市社会:1905—1937 年的上海》,社会科学文献出版社 2019 年版,第 367 页。

⑨　姜涛:《中国近代人口史》,浙江人民出版社 1993 年版,第 282 页。

依大河或是在自然矿藏附近。①即"现有的巨大城市表明，我们有巨大的星罗棋布的道路网，而在建筑物密集的地区，我们有受到控制的、迅捷的交通工具，遍布在又直又宽的街道上、地下及空中"；②如果巨大城市增长的主要原因是遍及世界的通信、运输和交换设施的增加，"我们可以预期，在不远的将来，在相同的方向会有更加快速的增长"。③从而，建设良好的运输和交通系统非常困难，同时它们也是最需要的。城市的关键在于选择多样化。如果交通不方便，那多样化选择就无从谈起。④即交通工具的现代化，轮船取代帆船，火车、汽车取代马车、轿子、人力车，这一变革导致的结果，从物的角度说，货畅其流，互通有无，缩短距离，刺激生产和消费，增加财源；从人的角度说，人畅其行，延伸活动半径，拓宽视野，增长见识。学界研究成果表明，交通工具发达程度与城市规模有直接关联。当市郊铁路、地铁或公共汽车成为主要交通方式时，一些大城市半径就达到 25 公里。汽车等加快人们移动的速度，拉长人们活动的半径。⑤由此，经济发达国家的人们普遍认为，"汽车改变了我们城市的形态，改变了家庭所有制和零售贸易方式，松弛了家庭联系"。⑥

值得强调的是，中国的现代化进程"首先在上海出现。现代中国就在上海诞生"。上海处于南北海岸交通运输的中枢，东西方接触的要冲，现代中国的银行、金融、经商企业、工业制造、新型出版、教育、科学研究机构，都在上海发迹；中国的经济变革和民族主义运动，都在波澜壮阔的黄浦江边生长出最早的现代根苗。"上海，连同它在近百年来成长发展的格局，一直是现代中国的缩影。"⑦如罗兹曼所言：到了 20 世纪 30 年代中期，"（上海等）城市自身发展除了推动社会改革的力量"，进而"弥补了前现代城市中所缺乏的动力"。⑧即使在那些欧洲列强超越中国的暗淡时期，中国城市主义精神

---

① ［美］戴维·波普诺：《社会学》（第十版），李强等译，中国人民大学出版社 1999 年版，第568 页。
② ［德］奥斯瓦尔德·斯宾格勒：《西方的没落》（第二卷），吴琼译，上海三联书店 2006 年版，第 89 页。
③ ［美］F.L.奥姆斯特德：《美国城市的文明化》，王思思等译，译林出版社 2013 年版，第 13 页。
④ ［加］简·雅各布斯：《美国大城市的死与生》，金衡山译，译林出版社 2006 年版，第 311 页。
⑤ 熊月之：《西风东渐与近代社会》，上海教育出版社 2019 年版，第 202—203 页。
⑥ 黎德扬：《社会交通与社会发展》，人民交通出版社 2001 年版，第 208 页。
⑦ ［美］罗兹·墨菲：《上海——现代中国的钥匙》，上海社会科学院历史研究所编译，上海人民出版社 1986 年版，第 4—5 页。
⑧ ［美］吉尔伯特·罗兹曼主编：《中国的现代化》，江苏人民出版社 1988 年版，第 490 页。

也并未完全泯灭。欧洲列强出于在东亚建立桥头堡的需要,促成了新城市的发展,最著名者如上海和香港。这些城市有助于培植中国城市主义的现代化,也促成了新的、更近代化的商业城市的发展。①由是看来,"我们研究中国城市,宜抓上海这个典型。上海市最现代化,但上海市集中了几乎全国城市共同存在的问题。全国城市的问题,上海市几乎都有。懂得了上海,就好解决其他城市的问题"。②

进而观测,上海城市"得以兴起,首先是交通因素"。步入近代,上海从我国的一个东南重镇迅速地发展为对外贸易和国内商业的中心、全国交通运输的枢纽、国内轻纺工业基地,对全国的城乡有强烈的辐射作用,在全国的经济中占有举足轻重的地位。③其不仅仅成为中国本土的首要工业中枢,而且几乎各行各业都有一个大规模工业制造企业的垄断集团。该项集中状态之所以造成,主要有两个因素:一是上海及其经商地区代表全中国最大的市场;二是尽管本地缺乏大多数工业原料,但是价格低廉的运输条件,使上海的工业生产能够始终处于在竞争中取胜的地位。④由此,"上海一港,凡外洋各国与我国交通,皆辟有上海航线,而我国沿海及长江航线,亦皆以上海为总汇,又复为沪宁沪杭甬两铁路之起点;言其贸易区域,则南起福建,北尽北部各省,西连中部各省,洵为全国第一大埠"。如全国贸易中心,南部为广州,北部为天津,中部以上海为总汇。据1923年海关报告,此三处贸易总额,广州为5 400万关两,天津为9 600万关两,上海为41 900万关两,"上海一处,可谓全国贸易中心之中心"。⑤另从城市发展史角度观测,交通近代化是上海城市近代化的前导。因而,近代上海交通研究,在上海城市史的研究中占有特殊的重要地位。如与近代上海经济、政治地位及城市人口的发展相适应,上海的市内交通随着马路开筑、城墙拆除、电车和汽车等新型交通工具应用,也实现近代化的变革,进而推进上海城市的近代化。⑥

具言之,19世纪初英国伦敦起发的西南铁路的开通是新时代的开端。涌入那里的人群与1876年来看上海铁马(淞沪铁路)的人群等量齐

①　[美]乔尔·科特金:《全球城市史》,王旭等译,社会科学文献出版社2010年版,第4页。
②　秦仁山:《论研究城市产生与发展的方法》,《城市经济研究》1986年第6期。
③　张仲礼主编:《近代上海城市研究》,上海人民出版社1990年版,第17、37页。
④　[美]罗兹·墨菲:《上海——现代中国的钥匙》,上海社会科学院历史研究所译,上海人民出版社1986年版,第198页。
⑤　陈震异:《大上海建设策》,《东方杂志》第二十三卷第十八号,第5页。
⑥　张仲礼主编:《近代上海城市研究》,上海人民出版社1990年版,第173页。

观。电报、电话、打字机、汽车、电灯、报纸和书籍连同其他不计其数的东西,都是近代开始使用的现代机器的产物。①如 20 世纪初外商将汽车输入中国,1901 年上海始有 2 辆汽车进口,"是为中国行驶汽车之始"。②随着欧美汽车输入,中国几千年来人畜力为动力的陆上传统交通运输方式,逐步向以机械为动力的现代交通运输方式过渡。近代时期,公路运输开始受到人们重视而有所发展,对中国的政治、军事、经济及科学文化产生积极影响。民国初年,孙中山先生一再号召修筑道路、发展汽车运输,有识之士也呼吁实业救国。而实业救国首须改善交通落后状况,发展现代公路运输才能促进社会经济发展、巩固国防。③即"公用事业实为与人民日常生活息息相关之公众服务,故如铁路、公路、航运、邮电等莫不属于公用事业范围,惟因其含有全国性,故均归诸国营。而近代统称之公用事业,则大都就狭义的而言,即凡一地方的给水、电力、煤气、电话、陆上交通、码头仓库、路灯、标准钟等均属之"。④斯时,中国第一大埠——上海的陆上交通如电车、出租汽车均于 1908 年出现。嗣后"欧美最近统计电车少而公共汽车多,因电车成本较大,势不能与公共汽车相竞争",⑤进而"近来国内因交通文化起见,故经营公共汽车或长途汽车事业者如春笋怒发,大有一日千里之势"。⑥由此,1922 年上海公共租界⑦开行公共汽车,"是为上海市有公共汽车之始",⑧继而华界和法租界的公共汽车相继通行。彼时,"上海市中之交通工具,属于公众普遍性者,除人力车及小车外,尚有电车及公共汽车"、⑨出租汽车等。

至 20 世纪二三十年代,"上海之繁华,所以冠全国者,其公用事业之发

---

① [英]兰宁、库寿龄:《上海史》第一卷,朱华译,上海书店出版社 2020 年版,第 75 页。

② 金家凤:《中国交通之发展及其趋向》,正中书局 1937 年版,第 120 页。

③ 中国公路交通史编审委员会:《中国公路运输史》(第一册),人民交通出版社 1990 年版,第 85 页。

④ 赵曾珏:《上海之公用事业》,商务印书馆 1949 年版,第 52 页。

⑤ 《上海市第四区党部请办闸北电车》,1930 年 7 月—8 月,上海市公用局档案,档号 Q5-2-836。

⑥ 《上海市公用局关于华商公共汽车公司增加股本》,1932 年 6 月—1933 年 4 月,上海市公用局档案,档号 Q5-2-596。

⑦ 1863 年 9 月 21 日,上海英美租界正式宣布合并,普通称为英美公共租界或洋泾浜北首外人租界。直至 1899 年租界扩充,又改为国际公共租界(international settlement)(参见蒯世勋:《上海公共租界史稿》,上海人民出版社 1980 年版,第 367 页)。

⑧ 赵曾珏:《上海之公用事业》,商务印书馆 1949 年版,第 53 页。

⑨ 虞:《三十年来上海车辆消长录(续)》,《申报》1932 年 4 月 13 日第 15 版。

达,当不失为一大因素"。①如 19 世纪 80 年代到 20 世纪 30 年代,上海交通发展突飞猛进,连续不断地引入国际上最先进的高科技交通手段,19 世纪 80 至 90 年代的有线电报、铁路火车,20 世纪初的无线电报、汽车,20 世纪 20 年代前后的公路网络以至航空技术,短短五十年间,一个立体化交通模式神奇般地在上海确立起来,成为近代上海城市发展达到鼎盛时代的重要保障和标帜之一。②至 1937 年全面抗战前,中国以汽车运输为主的城市交通运输发展不平衡。上海因地理位置、对外关系、工商贸易的影响,城市交通运输发展最为迅速;市内的出租汽车、电车、公共汽车、货运汽车川流不息,十分方便。北平、广州、南京、青岛、天津等城市交通运输虽也有所发展,但相比上海,差距很大。如 1937 年全国商营汽车发展迅速,增至 2.3 万余辆,进入最盛期。在此阶段,广东、福建、上海、南京等省市,华商积极投资筑路经营长途汽车或投资兴办城市公共汽车运输。在商营汽车运输业中,出现了一些经营管理得法、规章制度较为完备的大型企业。商营汽车也是民国时期公路运输业的发展基础和重要组成部分。如上海工商业发达,是中国最大的对外贸易口岸,汽车运输兴起最早,汽车数量也最集中。③其间,现代运输工具大量增加,加速上海城市发展并深受各界市民欢迎。尽管公共交通业几经波折,到 1949 年以英商电车、法商电车和上海市公交公司三个主要企业统计,仍有营业车辆 934 辆,公交线路 44 条,总长 352 公里,全年总载客量 2.4 亿人次,日平均载客 65 万人次。市内平均每平方公里有公交线路 0.5 公里。公交事业为市民出行提供方便,扩大市民活动的范围,有利于工商业活动开展。④随着高楼大厦在上海、香港拔地而起,城市向外扩展的压力剧增。亚洲中心城市的崛起主要是城市分散时代的产物,这是一个"汽车、电子通信和工业技术圈定了城市地理轮廓的时代"。⑤由见,汽车等机械化交通工具在近代上海出现,使城市客运发生深刻变化。

再以汽车运输的应用价值论,20 世纪公共交通的发展,依赖的就是乘客人数的上升。⑥如 1930 年英国"公路交通法"除规定其他相关事项外,还

---

①　赵曾珏:《上海之公用事业》,商务印书馆 1949 年版,第 64 页。

②　张仲礼主编:《近代上海城市研究》,上海人民出版社 1990 年版,第 243 页。

③　中国公路交通史编审委员会:《中国公路运输史》(第一册),人民交通出版社 1990 年版,第 155—156、86—87 页。

④　张仲礼主编:《近代上海城市研究》,上海人民出版社 1990 年版,第 497 页。

⑤　[美]乔尔·科特金:《全球城市史》,王旭等译,社会科学文献出版社 2010 年版,第 9 页。

⑥　[加]简·雅各布斯:《美国大城市的死与生》,金衡山译,译林出版社 2006 年版,第 338 页。

将公路服务许可证引入公共汽车业,其中包含"公共需要"的观点。再据
20 世纪 70 年代对多个国家城市公共运输的研究表明:运输价格弹性较
低,直接运价弹性的正常值在－0.3 左右。例如,Smith 和 MacIntosh 考察
英国城市公共汽车行业,得出运价弹性在－0.61 至－0.21 之间的结果,
但绝大多数的企业处于弹性范围的底端;McGillivany 得出的旧金山公共
汽车的运价弹性结果约为－0.2;Charles Lave 得出的芝加哥直接运价弹
性为－0.11。① 从而,作为运输价格弹性较低的公共汽车,"为政策所需
要,随时可以开辟新路线,以繁荣市面,提高地价,增加市库收入"。② 再如
发达国家大城市公共交通运量继续增长,1970—2000 年欧盟国家的公共
汽车旅客周转量从 3 190 亿人公里增长为 4 150 亿人公里,增幅高达 30%。
同期,虽然美国的公共汽车旅客周转量从 660 亿人公里增长到 767 亿人公
里,增长 16.3%,但仅为 1945 年 2 092 亿人公里的三分之一左右。在发达
国家和地区如欧洲和日本等,特别是在人口密度较大的大城市中,公共交通
系统仍然占有重要地位。1990 年在东京、巴黎和伦敦等特大城市中,公交
系统在城市居民日常工作出行中占有超过 40% 的比重。而在以小汽车为
主要出行工具的美国,纽约居民的日常工作出行中使用公交系统的比重也
超过 26%。即在西欧和美国,公共汽车仍然是公共交通系统的主要组成
部分。③

进而,在优先发展公共交通的条件下,对私人交通工具加强管理,可
缓和运输紧张局面。④ 例如巴西巴拉那州州府——库里蒂巴市被誉为全世
界公共汽车快速交通技术应用最成功的城市。⑤ 该市公共交通从 1974 年
65 公里的公共汽车线和 45 000 的日乘客量开始,到 1995 年公共交通网

---

① ［英］肯尼斯·巴顿:《运输经济学》,李晶等译,机械工业出版社 2012 年版,第 80、
68 页。
② 《上海市公用局兴办沪南公共汽车》,1933 年 8 月—10 月,上海市公用局档案,档号 Q5-2-
530。
③ 张文尝、马清裕等:《城市交通与城市发展》,商务印书馆 2010 年版,第 37、39 页。
④ 刘统畏:《交通通讯与国民经济》,重庆出版社 1988 年版,第 160 页。
⑤ 库里蒂巴市市区面积仅为 432 平方公里,人口 160 万,但被誉为全世界公共汽车快速交通
技术应用最成功的城市。该市的一体化公交网包括快速线、直达线小区间联线和输送线
以及枢纽站。为区别各种车辆的不同功能,分别涂以不同颜色。另外,该市为此系统的基
础设施提供资金,并获得售票红利;操作员都是平民,凭驾驶车辆的车公里数得到一定的
收入,他们还投资于公交车辆(一般的特许期为 10 年)。该市的小汽车拥有率很高,但人
们往往把小汽车停放在家里,而乘巴士上班。参见徐光远、陈松群主编:《城市经济学》,中
国经济出版社 2009 年版,第 180—182 页。

络扩展到 1 200 公里、1 300 辆公共汽车和 1 600 000 日交通段。公共汽车都在 ITN(一体化公共交通网络)上运营:18 条高速路(红色公共汽车,车站频繁),115 支线(橙色公共汽车),7 条区间线路(绿色公共汽车)和 11 条直达线(灰色公共汽车,有限车站)。①而据国际惯例,当每百户居民汽车拥有量达到 20 辆以上时,就进入汽车社会。根据这一标准,1965 年定义为日本汽车社会元年,1989 年为韩国汽车社会元年。NTI 汽车研究在 2010 年发布的《中国汽车社会蓝皮书》中建议,把 2009 年设定为中国汽车社会元年。在汽车社会里,汽车不仅仅是一种交通工具,它更是社会的组成部分,是人的空间属性的扩展和精神的延伸。②随着经济快速增长和运输基础设施扩张,1980—2000 年间中国的货运、客运周转量分别增长 4 倍、6 倍。收入增加使人们有能力使用这些快捷舒适的出行方式,短途运输的汽车以及长途运输的飞机逐渐在国家的客运交通体系中占据主导。③

　　问题实质在于,自近代以降,"上海全部幅辕辽阔,固非'洋场十里'一语所可代表,地既愈拓而愈广,欲求治事上生活上之适宜,不得不力求交通之迅速,此一定之理也"。④由此,"交通为都市之血脉,而就上海市论,改善交通,以达于流畅之地步,尤为首要之图。良以上海市人口之稠密,工商百业之繁兴,超乎国中任何都市之上,非先设法解决交通问题,不足以言复兴建设,此盖吾人深信而不疑者……欲解决上海市之交通问题,当以建立有效之公共交通网为惟一要者,吾人所昕夕以求者,厥为在若干年间,使本市民众获得四通八达经济而舒适之公共车辆"。⑤其时,欧洲的有轨电车虽在早期十分普及,后因公共汽车发展,致使许多城市有轨电车逐步淘汰,⑥进而"地面电车为落伍之工具","世界各都市有一致均改用公共汽

① 张文尝、马清裕等:《城市交通与城市发展》,商务印书馆 2010 年版,第 115 页。
② 汽车社会(auto society)是工业社会和经济发展到一定阶段,特别是轿车大规模进入家庭后出现的一种社会现象。汽车社会一词来自日语的"车社会",日本专家于 20 世纪 70 年代提出"汽车社会"一词,20 世纪六七十年代以来,日本进入汽车普及年代后,发生大量不同于以往时代的现象,人际关系急剧变化,社会节奏明显加快,日本专家将这种汽车普及带来的新的社会形态命名为汽车社会。参见黎德扬、高鸣放、成元君等:《交通社会学》,第 219—220 页。
③ [英]肯尼斯·巴顿:《运输经济学》,李晶等译,机械工业出版社 2012 年版,第 163 页。
④ 静渊:《公共汽车之新途径》,《申报》1922 年 9 月 16 日第 24 版。
⑤ 赵曾珏:《上海之公用事业》,商务印书馆 1949 年版,第 184—185 页。
⑥ 蔡君时:《世界公共交通》,同济大学出版社 2001 年版,第 115 页。

车之趋势"。①概言之,近代中国"最繁盛的地方,莫如上海。上海对于交通上的设备,可算甲于全国的了"。②彼时,上海城市在发展、人口在增长,汽车运输由租界外商资本垄断的局面得以改变,汽车的车类、车型逐步充实和更新,华界区域的交通面貌持续改观,上海城市汽车运输业已非常发达。

综上以观,本著研究时间的上限以 1901 年中国及上海输入汽车为滥觞,下限主要以 1949 年 5 月中国人民解放军解放上海为界,但部分内容则会延伸至新中国成立初期。不难发现,近代时期是上海汽车客运事业的高速发展时期,也是上海城市化进程嬗变的重要阶段,从而忽略其所呈现的一般特性和历史轨迹,对于探究近代中国交通事业和城市发展变迁的线性规律,即为不智。由此,本研究主要探寻近代在上海城市交通系统中占有重要地位的汽车运输事业,③并推论其与上海城市客运和社会经济发展的内在逻辑及密切联系,力求为当代中国交通系统完善和城市化进程推进提供历史借镜。所以然者,本著通过把握近代中国"经济首都"汽车运输的发展脉络,深入研讨其对城市客运及社会变迁的量化影响,以为当代中国城市交通系统的有序发展衍生启示,进而探索解决城市交通问题现实的、经济的有效途径,最终为新时代中国交通事业和城市可持续发展展现理论参考和决策价值。

二、研究动态及述评

不可否认,"过去在相当长的时间里,由于过分重视政治史,过分强调所谓宏大叙事,器物文化在历史研究中没有得到应有的重视"。④自 20 世纪 80 年代,以政治史为中心的僵化模式被打破,经济史、文化史、社会史等各个学科的研究全面展开,多学科共同繁荣的局面已经形成。⑤从而,关乎近代上

① 吴琢之:《都市合理化的交通工具》,载《交通月刊》第一卷第一期,京华印书馆 1937 年版,第 48 页。
② 《申报》1927 年 9 月 24 日,转引自马长林、黎霞、石磊等:《上海公共租界城市管理研究》,中西书局 2011 年版,第 200 页。
③ 本著主要研究近代上海城市汽车运输,通往上海郊县及其他城市的长途汽车不在研究畛域。
④ 熊月之:《千江集》,上海人民出版社 2011 年版,第 234 页。
⑤ 闵杰:《20 世纪 80 年代以来的中国近代社会史研究》,《近代史研究》2004 年第 2 期。

海城市汽车运输和其他城市汽车运输的研究,不断迭现。

(一) 上海城市汽车运输研究

　　首先,关涉近代中国城市史的研究持续显现,①其间对上海城市史及汽车运输业的研究开始发轫,至今成果斐然。如1922年秦伯未认为,"公共汽车是有益、便利的事业",应使贫民得以享用;②时人亦指出,"公共汽车之简捷经济,世人殆莫不知。两年来各省逐渐放行者,尤不可胜数,斯诚国家前途之好现象"。③1931年董修甲《京沪杭汉四大都市之市政》第三章第五节专事探讨电车与公共汽车问题,提出"宜乎(中国)各都市,均以公共汽车代电车业"的论点。④继而,交通部、铁道部交通史编纂委员会《交通史・路政编(第十八册)》(1935年编印)第九章"汽车路"分别概述上海、南京等地公共汽车公司的线路里程、资金建设和车辆运输。⑤1936年,苏浙皖京沪五省市交通委员会编印《苏浙皖京沪五省市交通委员会三年来工作概述》,阐述包括上海、南京、杭州在内的五省市公共汽车构造标准和汽车驾驶人考验、执照等规定。⑥吴琢之由运输价值、经济条件和建设国防等视域,指出中国大都市应以公共汽车为主流交通工具,与上述董氏论点趋合。⑦与此同时,一些论著和调查统计开始关涉近代上海汽车运输发展。如上海特别市公用局《上海特别市内华法水电交涉汇编》(1929年编印)、徐国桢《上海生活》(世界书局1932年版)、上海市社会局《上海市政概要》(1935年编印)、上海市公用局《十年来上海市公用事业之演进》(1937年7月编印)、赵曾珏

---

① 参见梁启超:《中国都市小史》,《晨报》七周年纪念刊,1926年10月;《中国之都市》,《史学与地学》第1、2期,1926年12月至1927年7月等。根据统计,20世纪80年代至90年代末,仅中国大陆出版有关中国近代城市史的专著、资料集、论文集就有500多部,相关论文达上千篇,略如张学恕:《中国长江下游经济发展史》,东南大学出版社1990年版;何一民:《中国城市史纲》,四川大学出版社1994年版;曹洪涛、刘金声:《中国近现代城市的发展》,中国城市出版社1998年版;戴鞍钢、黄苇:《中国地方志经济资料汇编》,汉语大词典出版社1999年版;张仲礼、熊月之等:《长江沿江城市与中国近代化》,上海人民出版社2002年版;何一民:《中国近代城市史研究述评》,《中国文化论坛》2000年第1期;等等。
② 秦伯未:《公共汽车组织法刍议》,《申报》1922年4月22日第3版。
③ 豪:《告反对南京长途汽车者》,《申报》1924年2月16日第2版。
④ 董修甲:《京沪杭汉四大都市之市政》,上海大东书局1931年版。
⑤ 交通部铁道部交通史编纂委员会:《交通史・路政编》,交通部总务司1935年10月编印。
⑥ 苏浙皖京沪五省市交通委员会:《苏浙皖京沪五省市交通委员会三年来工作概述》,1936年1月编印。
⑦ 吴琢之:《都市合理化的交通工具》,《交通月刊》1937年第一卷第一期,京华印书馆1937年版。

《上海之公用事业》（商务印书馆 1949 年版）等。这些成果主要特征为资料翔实、考证缜密，但多为叙述，缺乏相应分析，可作为经考证后的资料汇编。

新中国成立至 20 世纪 80 年代，该域研究陷于停滞。自 20 世纪 90 年代，相关成果逐次展现。迄止现时，关涉近代上海城市公共交通的志书和专著不断付梓问世。[①]其间，研究论文持续呈现。譬如廖大伟认为，上海华界公交如电车、公共汽车等，在城市现代化演进中产生了不容忽视的影响。[②]刘椿进一步检讨 20 世纪初期民间资本式微的情况下，上海城市客运与官商管理模式变迁的内在联系。[③]张松等通过回顾上海租界公共交通线路分布、客运量增长和交通管理等过程，指出该业发展对都市空间和市民生活的近代化产生较大影响。[④]李沛霖通过归纳分析上海公共租界设置机构和建构规则、执业训验和行停管制及安全教育和违法处置等模式，洞悉城市交通治理的成效与经验。[⑤]于道远等关注 1940 年法租界电车、公共汽车工人大罢工，通过管窥罢工的起因、经过及调解，力图从侧面反映汪伪政权与法租界的微妙关系。[⑥]

值得指出的是，陈文彬以 1908—1937 年上海城市公共交通为视角，阐释城市节奏演进与近代上海公共交通结构变迁的关系；[⑦]以公共交通的专营权设置与内容及租界管理专营权的理念等方面，述评近代上海公共交通专营制度；[⑧]透过生活空间、日常流动、公共意识、权利观念等视域，探讨公

---

① 主要参见上海市交通运输局公路交通史编写委员会《上海公路运输史》（第一册）（上海社会科学院出版社 1988 年版）、上海市公用事业管理局《上海公用事业（1840—1986）》（上海人民出版社 1991 年版）、周源和《上海交通话当年》（华东师范大学出版社 1992 年版），王力群、齐铁锴《上海是轮子转出来的——上海公共交通百年录》（学林出版社 1999 年版）、蔡君时《上海公用事业志》（上海社会科学院出版社 2000 年版）、陈文彬《近代化进程中的上海城市公共交通研究（1908—1937）》（学林出版社 2008 年版）、李沛霖《电车交通与城市社会：1905—1937 年的上海》（社会科学文献出版社 2019 年版）等。
② 廖大伟：《华界陆上公交的发展与上海城市现代化的演进（1927—1937）》，《档案与史学》2003 年第 3 期。
③ 刘椿：《20 世纪初上海城市客运业与官商互动模式的嬗变》，《深圳大学学报（人文社会科学版）》2005 年第 5 期。
④ 张松、丁亮：《上海租界公共交通发展演进的历史分析》，《城市规划》2014 年第 1 期。
⑤ 李沛霖：《近代上海公共租界城市交通治理探析》，《历史教学》2020 年第 2 期。
⑥ 于道远、黄慧英：《1940 年上海法租界电车公共汽车工人罢工事件处理报告》，《民国档案》1990 年第 1 期。
⑦ 陈文彬：《城市节奏的演进与近代上海公共交通的结构变迁》，《学术月刊》2005 年第 7 期。
⑧ 陈文彬：《近代上海租界公共交通专营制度述评》，《社会科学》2008 年第 1 期。

共交通与近代上海城市生活的互动。①针对近代上海城市公共交通主
干——电车业,李沛霖从人口需求、人口压力和人口流动等视角,论析公共
交通与城市人口的交互联系;②从时尚理念、公共参与和国家利权等维度,
探索公共交通对城市"现代性"的作用及影响;③并阐释其时上海公共租界
的电车发展史及法租界电车业的经营管理。④另,关乎近代上海人畜力交通
与机械工具的联系,马陵合通过剖析公共租界市政人力车管理制度的"改
良"和指导人力车夫的"自助",从中审视近代城乡关系及城市下层民众的边
缘特性。⑤邱国盛以近代上海社会的独特背景,从人力车发展曲折的视角,
探求近代上海城市公共交通的演变;⑥并透析人力车与机械交通的复杂关
系,认为近代中国城市公共交通同城市早期现代化一样,注定要经历艰辛的
特殊发展历程。⑦

(二) 其他城市汽车运输研究

宏观而论,刘志琴主编《近代中国社会文化变迁录》关注到大量西洋器
物传入中国的情况,包括录音机、自行车、汽车、电车等,摘录近代报纸、杂志
等关乎此方面的文字,为进一步研究提供助益。⑧嗣有学者试图从汽车生产
和汽车消费两方面,探讨汽车与文化的关系。⑨李沛霖则对近三十年来中国
近代城市公共交通的研究现状及未来趋势,进行回顾与展望。⑩鲍成志通过
公共交通对城市发展的作用、与城市生活和城市兴衰的关系等维度,阐释公

① 陈文彬:《近代城市公共交通与市民生活:1908—1937 年的上海》,《江西社会科学》2008 年
　第 3 期。
② 李沛霖:《公共交通与城市人口析论——以抗战前上海电车业为基点的考察》,《民国档案》
　2018 年第 2 期。
③ 李沛霖:《公共交通与城市现代性:以上海电车为中心(1908—1937)》,《史林》2018 年第 3
　期(人大复印资料《中国近代史》2018 年第 9 期全文转载)。
④ 李沛霖:《近代城市电车史略:以上海公共租界为中心》,载苏智良主编:《海洋文明研究》第
　4 辑,中西书局 2019 年版;李沛霖:《抗战前城市电车事业的经营与管理——以上海法商
　电车电灯公司为例》,《上海地方志》2019 年第 1 期。
⑤ 马陵合:《人力车:近代城市化的一个标尺——以上海公共租界为考察点》,《学术月刊》
　2003 年第 11 期。
⑥ 邱国盛:《从人力车看近代上海城市公共交通的演变》,《华东师范大学学报(哲学社会科学
　版)》2004 年第 2 期。
⑦ 邱国盛:《人力车与近代城市公共交通的演变》,《中国社会经济史研究》2004 年第 4 期。
⑧ 刘志琴主编:《近代中国社会文化变迁录》第一卷至第三卷,浙江人民出版社 1998 年版。
⑨ 曹南燕、刘立群:《汽车文化——中国面临的挑战》,山东教育出版社 1996 年版。
⑩ 李沛霖:《中国近代城市公共交通研究的回顾与展望》,《武汉大学学报(人文科学版)》2017
　年第 1 期。

共交通与近代城市发展的关联。①丁贤勇探析轮船、火车、汽车等交通工具对于民国时期浙江经济、社会和文化的影响；并论证汽车等近代新式交通工具与区域变迁的交相挽进。②

单体城市方面，相关成果多集中于南京。譬如李建飞论述民国南京公共交通发展的概况。③王桂荣简论其时南京人的公共交通出行方式。④吴本荣认为公共交通发展不仅促进城市空间融合、改变城市经济结构、提升城市管理水平、改善人们生活，并对南京城市近代化产生深远影响。⑤邢利丽初探国民政府时期南京公共汽车的兴起背景、发展态势及经营管理。⑥不难发现，李沛霖对此域更为关注。具如李氏以全面抗战前南京城市公共汽车为切入，指出该业日增月长的三个动因——道路建设、人口增长及《首都计划》；⑦从人口需求、人口分布和人口流动等视域，考察民国南京公共交通与城市人口的交互；⑧以公共交通的税捐厘定保障城市财政、税捐计查管控城市财政、税捐占比进献城市财政等视角，考议战前南京城市财政与公共交通的关联；⑨从交通法规订立、车辆登记检验、人员训验考验和违法行为处罚等路径，探讨其时公共交通与城市管理的推演；⑩以城市空间、日常流动、时间观念和市民意识等角度，考察近代公共交通与南京城市生活的挽进；⑪通过城市道路建设与公共交通系统的互为依存，洞悉南京城市近代化进程的演变；⑫

---

① 鲍成志：《试论新式公共交通兴起与近代中国城市发展》，《四川大学学报（哲学社会科学版）》2009 年第 2 期。

② 丁贤勇：《新式交通与社会变迁：以民国浙江为中心》，中国社会科学出版社 2007 年版；《新式交通与生活中的时间：以近代江南为例》，《史林》2005 年第 4 期；《近代交通与市场空间结构的嬗变：以浙江为中心》，《中国经济史研究》2010 年第 3 期；《新式交通与近代江南交通格局的变动》，《史学月刊》2016 年第 7 期。

③ 李建飞：《民国时期的南京公共交通》，《南京史志》1997 年第 1 期。

④ 王桂荣：《60 年多前南京人出行》，《江苏地方志》2009 年第 6 期。

⑤ 吴本荣：《公共交通与南京城市近代化（1894—1937）》，《南京工业大学学报（社会科学版）》2009 年第 1 期。

⑥ 邢利丽：《国民政府时期南京城市公共汽车事业研究》，安徽大学硕士学位论文 2014 年。

⑦ 李沛霖：《城市公共汽车事业考辨——以抗战前"首都"南京为中心》，《历史教学》2011 年第 18 期。

⑧ 李沛霖：《公共交通与城市人口关系辨析——以民国时期南京为中心的考察》，《史学集刊》2014 年第 6 期（人大复印资料《中国现代史》2015 年第 3 期全文转载）。

⑨ 李沛霖等：《抗战前南京城市财政与公共交通关联考议》，《民国档案》2014 年第 2 期。

⑩ 李沛霖等：《民国首都城市公共交通管理略论（1927—1937）》，《学海》2014 年第 5 期。

⑪ 李沛霖：《近代公共交通与城市生活方式：抗战前的"首都"南京》，《兰州学刊》2014 年第 9 期。

⑫ 李沛霖：《城市道路与公共交通关系探微——近代南京的个案分析》，《西南交通大学学报（社会科学版）》2017 年第 5 期。

辨析民国南京公共汽车与人畜力交通工具的博弈及政府应对;[①]最终通过专著形式呈现近代公共交通与南京城市嬗变的逻辑关联。[②]另,李沛霖对20世纪30年代"我国最大的商办汽车公司"——江南汽车公司的经营模式、发展原因及参与后方交通等展开考释;[③]并以专著形式解读其在近代时期的整体发展。[④]

并且,其他中心城市的研究成果不断涌现。如李志红剖析民国北京城市公共汽车业的组织形式及其经营困难的原因,但认为公共汽车给城市近代化带来积极影响。[⑤]刘鹏论及近代北京电车、公共汽车的运行线路、车辆和班车时刻等。[⑥]刘海岩指出电车、公共汽车等在近代天津出现,加快城市人口和资本的空间流动,促进天津城市空间的重构。[⑦]艾智科剖析1929—1931年汉口公共汽车业的运营与管理,指出公共汽车与市民生活产生一定联系。[⑧]还有论者概述1920年代末至新中国成立前武汉公共汽车业的运营车辆、路线和票制等。[⑨]李婧通过城市扩张、旅游发展、文化教育及民众意识等角度,阐释公共汽车业对民国杭州城市发展的影响。[⑩]西南城市方面,杜乐秀论述1920年代成都公共汽车的客运特点和管理规定,兼论汽车运输职工的生活及斗争;[⑪]另有研究者简述同期成都公共汽车运营的道路状况、交通规则和交通线路。[⑫]余晓峰阐述近代成都城市公共交通管理体制及其对公共汽车业的影响,同时探讨该业经营及对城市公交

---

① 李沛霖:《民国时期南京公共交通工具博弈及政府因应》,《暨南学报(哲学社会科学版)》2015年第9期。

② 李沛霖:《抗战前南京公共交通与城市嬗变》,人民出版社2021年版。

③ 李沛霖:《1930年代中国公共交通之翘楚——江南汽车公司》,《档案与建设》2013年第11期;《公路交通与国家抗战——以江南汽车公司和西南运输处为中心》,《军事历史研究》2020年第6期。

④ 李沛霖:《近代江苏交通运输发展与变迁——以江南汽车公司为中心》,江苏人民出版社2020年版。

⑤ 李志红:《民国时期北京城市公共汽车事业研究(1935—1948)》,首都师范大学硕士学位论文2008年。

⑥ 刘鹏:《老北京的电车和公共汽车》,《北京档案》2005年第2期。

⑦ 刘海岩:《电车、公共交通与近代天津城市发展》,《史林》2006年第3期。

⑧ 艾智科:《公共汽车:近代城市交通演变的一个标尺——以1929年到1931年的汉口为例》,四川大学硕士学位论文2007年。

⑨ 李友林:《建国前的武汉公共汽车》,《武汉文史资料》2008年第2期。

⑩ 李婧:《民国时期杭州公共交通研究:以公共汽车为中心》,杭州师范大学硕士学位论文2012年。

⑪ 杜乐秀:《二十世纪二十年代成都汽车客运业研究》,四川大学硕士学位论文2006年。

⑫ 赵可:《20年代昙花一现的成都公共汽车》,《民国春秋》2001年第1期。

体系的作用。[1]再如薛圣坤认为抗战后中央接管"陪都"重庆公共汽车业,使该业发展壮大,满足了重庆城市现实需要,促进战时首都繁荣,为抗战做出贡献。[2]张伟进一步指出,抗战期间因人口内迁、城市规模扩大和山城特殊地形,重庆公共汽车业发展独具特点;[3]修建主城与迁建区、迁建区与迁建区之间的公共汽车线路,起到配合抗战、保证疏散、信息畅通、便利生活的作用,但物资短缺、日军无差别大轰炸等也成为制约该业的因素。[4]

回溯上述学术史,本域相关研究卓见成效。然依拙见,漏厄仍存:其一,研究成果阙失。相较其他城市汽车运输研究而言,专事上海的研究尚不足见。这对于近代中国汽车数量最多且汽车运输高度发达的上海而言,实属严重缺失。由此,重视并强化近代上海城市汽车运输的相关研究,已显刻不容缓。其二,研究过于宽泛。迄止现时,学界关涉近代上海城市交通的研究,过分关注于其整体系统的发展,而对诸如出租汽车、公共汽车等新式交通于上海都市变迁较大影响的具体器物则鲜有专门论及,进而使近代上海城市嬗变进程无法全息彰显。其三,研究视角狭隘。目前本域研究侧重于汽车运输对近代上海城市生活的影响,但对于汽车运输业的经营管理、抗日战争和解放战争时期的发展、汽车行驶和停放的治理、汽车司机考验和民众训练教育、汽车肇事和违法行为处罚、汽车运输与城市文化交互等重要向度的相关论证,甚为寥寥。既如此,本著深入研讨,尤为必要。

三、研究方法和框架

史家傅衣凌有言,"没有史料,就没有发言权"。[5]本著以未刊档案及近代文献为史料本源。因之,探寻史料为基本预设,分析史实及规律为研究思路,并运用科际整合的研究方法,从中推论汽车运输对近代上海城市发展的量化影响。

①　余晓峰:《传统与变革——从公共汽车的出现看成都近代城市公共交通的变迁》,四川师范大学硕士学位论文 2007 年。
②　薛圣坤:《重庆城市公共汽车事业研究(1933—1949)》,重庆师范大学硕士学位论文 2012 年。
③　张伟:《近代重庆公共汽车事业研究(1933—1946)》,《宜宾学院学报》2014 年第 1 期。
④　张伟:《抗战时期重庆城市公共交通发展研究》,西南大学硕士学位论文 2014 年。
⑤　转引自王学典:《近五十年的中国历史学》,《历史研究》2004 年第 1 期。

(一) 研究方法

1. 历史文献研究法

本著的原始资料主要源于未刊档案和近代文献、报纸杂志等。它们主要保存在上海市档案馆、上海市图书馆、复旦大学图书馆、中国台湾"中国国民党文化传播委员会党史馆"、台湾政治大学图书馆等处。同时，及时跟踪和掌握国内外研究的相关动态，对所及资料甄选、分类及辨析，力求面对材料"存而不补"、处置材料"证而不疏"，以"论从史出，无征不信"的实证态度，[①]在充分挖掘和掌握历史文献的基础上，展开深入研究。

2. 企业史研究法

企业史研究是指研究一切所有制及组织形式的企业与企业制度，以及这些企业与社会经济和政治环境的关系。[②]其最初源于 20 世纪 20 年代的美国，五六十年代在我国悄然兴起，迄今关乎近代中国企业史的研究成果满坑满谷。[③]由此，本著通过近代上海中方、外方的汽车运输企业的组织系统和人员管理、运营路线和运价制定、站场布设和设备扩充、营业收支和资产财务等方面，对汽车运输业的市场结构、交通企业的经营管理及相关企业的竞争博弈等领域进行分析与阐释，从而将企业史研究的方法和范式在行文中一以贯之。

3. 城市社会学研究法

城市社会学肇始于欧洲，发达在美国。其是研究城市的社会结构、社会组织、社会群体、社会管理、社会行为、生活方式、社会心理、社会关系以及社会发展规律的学科。本著以汽车与近代上海城市客运为鹄的，即须研讨该业对于彼时上海城市社会群体、社会问题、社会治理、生活方式及社会心理

---

① 傅斯年：《历史语言研究所工作之旨趣》，载《国立中央研究院历史语言研究所集刊》第一本第一分册，1928 年编印，第 10 页。

② 卞历南：《西方学界最近 40 年对中国企业史研究的述评》，《经济社会史评论》2018 年第 4 期。

③ 研究专著主要参见张仲礼：《中国近代城市企业·社会·空间》，上海社会科学院出版社 1998 年版；张忠民：《艰难的变迁——近代中国公司制度研究》，上海社会科学院出版社 2002 年版；沈祖炜主编：《近代中国企业：制度和发展》，上海人民出版社 2014 年版等。论文主要参见龙登高：《市场网络或企业组织：明清纺织业经营形式的制度选择》，《中国经济史研究》2001 年第 4 期；李玉：《中国近代企业史研究概述》，《史学月刊》2004 年第 4 期；杨在军：《20 世纪 90 年代以来中国近代公司史研究述评》，《江西社会科学》2004 年第 7 期；皇甫秋实：《"网络"视野中的中国企业史研究述评》，《史林》2010 年第 1 期；高超群：《中国近代企业史的研究范式及其转型》，《清华大学学报(哲学社会科学版)》2015 年第 6 期；张忠民：《思路与方法：中国近代企业制度研究的再思考》，《贵州社会科学》2018 年第 6 期等。

等诸多方面的影响。由此,城市社会学不仅为研究提供关键的学理支撑,亦是论题须借助的研究方法之一。

4. 统计分析研究法

本著所采用的原始数据统计甚多,如档案所载的汽车数量调查、汽车载客人次、交通企业的营业损益等。从而,将这些数据统计进行整理,并进行归纳、分析与解读,从中管窥彼此之间的内在联系及逻辑关系。

5. 个案和比较研究法

2016 年 5 月,习近平总书记在讲话中指出:"企业是科技和经济紧密结合的重要力量,应该成为技术创新决策、研发投入、科研组织、成果转化的主体。"[①]从而,在企业史的学术视角中,普遍的方式是针对个案展开研究,个案研究亦为一种方法。由是,本著将该法应用于近代上海中、外方的出租汽车、公共汽车企业等个案分析中,并辅以比较研究法,对相关情事进行横向类比和纵向比较,由此检视上海交通企业发展的线性规律。

(二)创新之处

学术研究的珍贵特质在于创造性。因此,从第一手材料着手并发现潜在特质及客观规律,正是研究的创新所在:其一,交通器物与城市变迁是中国城市史和社会经济史研究的重要内容,但目前学界对此类问题的探索,并不足见。并且,在近代上海城市史研究不胜枚举的背景下,迄今为止学界尚未呈现关乎本域的学术专著。正是此类悬而未决且尤待关注的问题,使本著具有一定的学术创新与理论意义,进而对于推进上海城市史和中国交通史的整体研究水平当有裨益。其二,首次研判汽车与近代上海城市客运的内在逻辑。具如通过彼时上海城市汽车运输企业的经营管理、汽车事故和相关统计、交通治理机构和法规构建、交通执业者训练和考验、汽车行驶和停放管控、民众安全教育和违法行为处置、汽车运输与城市文化的互动等维度的研究,论证汽车与近代上海城市客运的逻辑关联,借此不仅可为中国城市史、社会经济史研究提供崭新视角,还可为新时代汽车运输系统与中国城市发展衍生历史启示,是为研究的应用创新。

(三)基本框架

第一章"汽车输入和上海城市客运概述"。上海于 1901 年输入汽车,成

---

① 习近平:《习近平谈治国理政》(第二卷),外文出版社 2017 年版,第 274 页。

为中国最先行驶汽车的城市。从而,本部分首先阐述上海汽车运输行业的初步形成,嗣至1922年通行公共汽车及其后的发展境况。其次,阐释自1927年上海特别市成立至1937年全面抗战前上海贸易发达、经济良好,使租界和华界的汽车客运达到极盛的状态。最后,观测全面抗战时期因日军侵略导致上海汽车客运的困境,再至解放战争时期汽车运输虽短暂恢复,但因国民政府政权腐败、经济崩溃,该业停滞不前,直至1949年5月上海解放,城市客运最终回到人民政府怀抱的场景。

第二章"上海出租汽车业的经营与管理"。随着近代上海城市发展和社会交往频密,人畜力工具已不能满足城市交通的需求,1908年出租汽车在上海问世,使得城市客运进入新的历史时期。由是,本章首先探讨近代上海出租汽车业的初步形成和持续扩张,进而探究该业在全面抗战和解放战争时期的经营态势;其次,通过组织系统和人员管理、站场布设和客运车辆等向度,管窥该业的组织管理和设施建设;最后,透过客运乘价、营业收入和成本核算等界面,研讨该业的客运能力和财务信息,从而全景洞悉近代上海出租汽车业的运营和发展。

第三章"华商出租汽车典范:祥生汽车公司"。近代时期,祥生汽车公司以出租汽车多、日夜服务、随叫随到驰誉沪上进而闻名全国。该公司1919年由华商创始,至1936年规模超过外商经营最大的云飞汽车公司,成为上海最大的出租汽车公司。因之,对祥生公司开展个案分析和重点研究具有典型性和代表性。即通过公司体制、人员管理、经营特色等视角,从站场建设、行基布设、客运车辆和运价等视域,考察企业资产负债、营业收支和财务盈亏等表征,全息透视该公司运营管理的整体态势,进而管窥近代中国出租汽车企业发展的普遍规律。

第四章"租界公共汽车业的经营与管理"。自电车1908年在上海营业后,因受到轨道、电线等限制,20世纪20年代租界公共交通的发展重点逐步趋向更具灵活性的公共汽车来扩展客运路线。1924年英商中国公共汽车公司在公共租界投入运行,抗战前已成为"沪上规模最大之公共汽车公司",嗣至1942年日军强占而结束。另如法商电车电灯公司的公共汽车线路于1927年在法租界营业,其一直经营到新中国成立初期。基于此,本章通过组织机构和人事管理、线网布局和执行票制、运行设备和营业财务等领域,考察英汽公司、法电公司在整个近代时期的经营态势和管理模式,进而对上海租界的公共汽车业作出全景式解读。

第五章"华界公共汽车业的经营与管理"。南市、闸北及浦东是近代上海华界的主要组成部分。1924年,闸北出现沪北兴市公司的公共汽车线路。1927年国民政府在华界成立上海特别市,翌年华商公共汽车公司成立,成为闸北地区主要的公共交通企业。南市及浦东地区的公共汽车先后由沪南公共汽车公司、上海市公用局公共汽车管理处兴办。全面抗战爆发后,华界的公共汽车均停止行驶。从而,本章透过组织机构和人事管理、线网布局和执行票制、运行设备和营业财务等界面,观测全面抗战前闸北、南市及浦东地区公共汽车的运营概况和管理模式,从中解析上海华界公共汽车业的生存与发展。

第六章"战争时期公共汽车业的运营与发展"。1937年8月日军进攻上海,汽车运输职工同中国守军一起,投入全民抗战。由此,本章首先概述全面抗战初期上海当局征用汽车支援前线,进而梳理华界沦陷后日伪设置的交通机构。其次,研究1938年成立并由日方控制的"华中都市公共汽车公司"的发展经营和组织管理,研判其为日方侵略和掠夺中国的服务性质。最后,论证解放战争时期上海市公用局创办的"上海市公共交通公司筹备委员会"(市营)的经营模式和企业管理,突出在国民政府军事、经济形势恶化的背景下,该企业发展步履维艰,由此展现上海公共汽车业回归人民政府的客观必然性。

第七章"汽车运输与城市治理的交互"。近代以降,上海租界和华界为维护城市交通秩序和社会发展,有效降低交通意外发生率,确保市民安全,交通治理的系列举措随之展现。由此,本章首先对租界、华界建立交通治理机构及建构交通法规等情事展开研讨;其次,通过汽车司机、机匠等从业人员的训练和考验及行车和停放事项的管控,考察当局的管理力度和模式;最后,胪列上海汽车交通事故案例和统计数据,由此引申处置交通违法行为的必要性及其相关举措,最终观测近代汽车运输和上海城市治理的覆合共存。

第八章"汽车运输与城市文化的互动"。本章首先以形塑规则意识、交通安全意识等视域,并以民众讨论汽车优势、分析汽车肇祸及建议汽车改良等方面,研讨近代汽车运输与上海社会文化的内在联系。其次,通过市民维权行动、企业维权行为等商民维护权利的反映,及中方官民在汽车运输行业中对国家主权和利益的诉求、交涉及抗争的展现,凸显汽车运输对于权利文化的影响。最后,透过运输企业的劳工运动如英汽公司、法电公司的劳资纠纷和罢工事件,呈现在中国共产党领导下及社会团体和民众努力下,维护权益的抗争面向与斗争经验,多维洞悉汽车运输与城市文化的变迁逻辑。

一言以蔽之,汽车运输的发轫进步与近代城市的发展变迁是中国城市史和社会经济史研究的重要内容,但当前学界对于此类问题的研究,甚为寥寥。由长远观之,通过把握和研究本域的基本态势和客观规律,可以"延伸对当代交通运输体系与国家现代化建设交互的展望与思考,最终呈现有益的应用价值和决策价值"。[①]所以然者,研讨汽车运输与近代上海城市客运的逻辑关联和交互联系,对于当代中国交通事业和城市可持续发展具有重要的借鉴意义和现实价值。

---

① 李沛霖:《近代江苏交通运输发展与变迁——以江南汽车公司为中心》,江苏人民出版社2020年版,第36页。

第一章　汽车输入和上海城市客运概述

　　近代上海城市发展,始于1843年的开埠及其后的租界辟设。外国人入居,西方建筑兴起,现代道路兴筑。[①]1842年,中英政府签订《南京条约》,开放广州、福州、厦门、宁波、上海五个沿海城市作通商口岸,准许英国商人带家眷在五通商口岸居住、贸易,英国可在五口岸派驻领事、管事官"专理商贾事宜"。1843年11月17日,英国首任驻沪领事巴富尔正式宣布上海开埠,后巴富尔同上海道台宫慕久多次谈判,达成辟设英租界协议。1845年11月29日,宫氏以告示公布协议《上海土地章程》,为租界制度的形成和发展奠定基础。上海租界从1843年11月设立开始,至1943年8月结束,历时百年。近代中国出现的租界中,上海租界开辟最早、时间最长、面积最大、管理机构最庞大。[②]其间,新式交通工具引入中国,始而轮船,继而火车,再而汽车,中国交通工具、交通格局、交通网络发生很大变化,对中国社会产生巨大影响。[③]在此背景下,1901年上海输入汽车,成为中国第一个通行汽车的城市。嗣后,"上海一埠,因物质文明之锐进无已,故汽车之发达亦日增月盛",[④]至1949年新中国成立前,汽车运输与上海城市相依发展、共生共长。

第一节　汽车引入和行业初步的形成

　　1840年鸦片战争爆发后,西方列强用洋枪炮敲开中国紧闭的大门,随

---

① 马长林、黎霞、石磊等:《上海公共租界城市管理研究》,中西书局2011年版,"序言"第1页。
② 上海市档案馆:《上海租界志》,上海社会科学院出版社2001年版,第2页。
③ 熊月之:《西风东渐与近代社会》,上海教育出版社2019年版,第203页。
④ 美烈:《南京与上海之汽车比较》,《申报》1929年4月23日第26版。

之而来的西方文明,逐步改变这个古老国度的面貌。电报、轮船、铁路、邮局、飞机、汽车等形形色色的交通运输通信工具先后登陆,进入中国人的日常生活。①如孙中山在南昌百花洲行辕谈及,"交通之法,铁路为急务,然马路尤不可少,盖马路费较省便。且马路行自动车(汽车),自动车费亦较少。如每车坐十二人之自动车,每里只须万元可修;路之平坦者,每里仅五千元或二千元可以修好。有此自动车,然后铁路亦能获利"。②可以确定,上海是华洋杂处、万物汇集的繁华之地,经济活动离不开交通动脉,而汽车交通活跃又促进经济繁荣。

一、汽车输入和行业雏形

1845 年 11 月,上海道台宫慕久同英国领事巴富尔谈判后,成立租界协定:东到黄浦江,南到洋泾浜,西到界路,北到李家庄,全部面积约计 830 亩。至 1848 年 11 月,面积增至 2 820 亩。③1863 年,英、美租界合并为公共租界,总面积达到 10 676 亩。1899 年 5 月公共租界工部局以界内华人剧增,要求继续拓界,此次扩张使总面积达 33 503 亩。另,法租界的最初范围为南至护城河,北至洋泾浜,西至关帝庙诸家桥,东至广东潮州会馆沿河至洋泾浜东角,面积约 986 亩;1899 年 6 月面积增至 2 135 亩。1914 年,沪海道尹与法驻沪总领事签订《上海法租界推广条约》,法界范围扩大到 15 150 亩。④然而,"交通的设备和路政问题,是有密切的关系。没有完好的路政,不能驶行完好的车辆"。⑤但 1843 年 11 月官方宣布上海开埠时,刚来的外国人说道:"我们跟着向导在城中随意漫步,在气味熏人的小巷中穿行……街道上没有车辆,只有偶然一现的独轮推车,还有官员或有钱平民乘坐的轿子。如有照明的话,也是最便宜、最简陋的那种。"⑥嗣为保持租界道路通畅,1845 年制定《土地章程》规定:"公路不得侵占,如屋檐耸出,及堆积物件等事。"1854 年修订《土地章程》第九条再规定:起造房屋札立木架及砖瓦木料货物,皆不得阻碍道路,并不准将屋檐过伸各项妨碍行人。如犯以上各

①　傅林祥:《交流与交通》,江苏人民出版社 2011 年版,第 173 页。
②　中国社会科学院近代史研究所、中山大学历史系、广东省社会科学院合编:《孙中山全集》(第二卷),中华书局 1981 年版,第 535 页。
③　蒯世勋:《上海公共租界史稿》,上海人民出版社 1980 年版,第 316—317 页。
④　上海市档案馆编:《上海租界志》上海社会科学院出版社 2001 年版,第 3—4、117 页。
⑤　傅祖荫:《公共汽车感言》,《申报》1932 年 8 月 10 日第 27 版。
⑥　[英]兰宁、库寿龄:《上海史》(第一卷),朱华译,上海书店出版社 2020 年版,第 395—396 页。

条,饬知后不改,每日罚银 5 元。禁止堆积秽物,放枪炮,放辔骑马赶车,并往来遛马,肆意喧嚷滋闹一切惹厌之事,违者每次罚银 10 元。"所有罚项,该领事官追缴,其无领事官者,即着华官着追。"①

至 1854 年 9 月,英租界工部局发出布告,要求所有土地业主和买主,向工部局申请划定公共道路的界限并通知公众。凡在道路界限确定前搭建的一些围墙或建筑物,发现有必要时予以拆除。两周后,工部局董事会对侵占道路的现象再作规定:正在洋泾浜沿岸建造的房屋,将在 7 天内拆除,领事馆西侧的一些草棚也得在同一时间拆去。居民对当局规定并未在意,侵占公共道路的行为时常可见,遭到工部局处罚。如 1864 年,魏永昌在洋泾浜处造房子,两面分别侵占公共道路 4、6 尺。工部局要其收进,但其不以为然。9 月 26 日该局对此专门发布告示:"将所占之地拆去不必多言矣。如若不然,定将送官究办。"同时,西人在房屋建筑建造阳台,但道路两旁的阳台建造过低或向外伸出的部分过多,都会给行路带来不便。为此,1879 年 7 月工部局下令,"今后不准任何人修建阳台突出于人行道上"。②商店招牌阻碍道路通行现象也较普遍。1864 年 10 月 18 日,工部局贴出告示:"界内铺户等知悉,尔等招牌除路边挂八尺高及路中挂一丈五尺高外,不准悬挂,如违拿究。"③1866 年 3 月 14 日,工部局局董事会作出决议:主要街道上的所有招牌必须高出地面至少 7 英尺。7 月 12 日,该局工务委员会发出通告,要求拆除在街道上端并已成为障碍物的招牌。④

进而创设人行道,保证道路畅通。长期以来,中国人形成随意行路的习性。尽管租界工部局一再强调,车辆中行,行人傍走,但人们的传统习惯难以改变。为确保居民的行路安全和道路畅通,工部局于 19 世纪 60 年代初开始铺设人行道,实行人车分道。1861 年,首先在花园弄、马路、纤道路、北门街等主要干道铺设人行道。1863 年,该局规定:今后凡净宽 22 英尺的街道,18 英尺为车行道,4 英尺为人行道;宽度超过 22 英尺的街道,其人行道也按比例增加,这项工程在各条街道翻修时陆续进行。⑤1865 年,外滩、南

---

① 徐公肃、丘瑾璋:《上海公共租界制度》,上海人民出版社 1980 年版,第 54、49 页。
② 上海市档案馆:《工部局董事会会议记录》(第 7 册),上海古籍出版社 2001 年版,第 678 页。
③ 《上海公共租界工部局总办处工部局布告》,1864—1869 年,上海公共租界工部局档案,档号 U1-6-221。
④ 上海市档案馆:《工部局董事会会议记录》(第 2 册),上海古籍出版社 2001 年版,第 551、566 页。
⑤ 上海市档案馆:《上海租界志》,上海社会科学院出版社 2001 年版,第 443 页。

京路、江西路、宁波路等主要街道先后铺设人行道。人行道的铺设,正式实现人车分道,不仅加快车辆的行驶速度,也确保行人安全。进入 19 世纪 90 年代后,租界兴起第二次道路建筑高潮,如河南路以东的福州路东段,店铺林立,交通繁忙,又因工部局规定货车和空车不得在南京路行驶,改道福州路,致使福州路车辆增多。自 1873—1897 年,工部局逐段铺筑碎石路面并加以拓宽,部分路段铺设人行道。①

不难发现,"欲使工商各业得以从容发展,自以改进市内交通,使各业从业人员利便往来为第一要义。此不仅关系本市前途,亦且于全国经济息息相关"。②即道路的技术与进步,几乎是与交通工具由马车、人力车、电车、汽车等发展变化同步而行。③鸦片战争前,上海只是一个县城,城乡人口约 53 万。1863 年,英美租界合并为公共租界,租界经济迅速发展,人口激增。上海"水行例舟,陆行则轿"的江南风貌,逐渐被当时风行一时的人力车和西洋马车所替代。④如租界建立的第十年,上海出现首辆四轮马车,由伦敦制造。该年《北华捷报》抱怨,外滩疾驰的马车对行人太危险了,当时最快捷的代步工具仍然是轿子。⑤斯时,不仅道路上没有电车和汽车带来的喧闹和危险,甚至无害的、必需的人力车也是稀罕之物。⑥实质上,"上海市之公用事业,肇始于前清同治年间,经营最早者为英法两商,次为美商,国人急起直追,亦于光绪年间,分别举办,规模大备,驾乎全国各大都市之上"。如 1873 年,法国人米拉由日本运入人力车 1 辆;次年 3 月 24 日,法租界公董局核发第 1 号人力车执照,上海有人力车自此开始。⑦贫苦农民流入租界拉车糊口。如公共租界 1876 年捐照的人力车 1 500 辆,1900 年 4 674 辆,1910 年 7 786 辆;人力车执照 1897 年 48 888 张,1901 年 60 915 张,1908 年 98 071 张;法租界人力车执照 1908 年 58 761 张。据租界人口推算,公共租界平均 5 人有 1 部人力车,法租界 2 人有 1 部。⑧再据公共租界工部局 1898 年统计,人力车执照数增至月均 4 308 张。⑨可见,清末上海人

---

① 马长林、黎霞、石磊等:《上海公共租界城市管理研究》,中西书局 2011 年版,第 299 页。
② 赵曾珏:《上海之公用事业》,商务印书馆 1949 年版,第 279 页。
③ 张仲礼主编:《近代上海城市研究》,上海人民出版社 1990 年版,第 227 页。
④ 中共上海市委党史研究室、上海市总工会:《上海公共汽车工人运动史》,中共党史出版社 1991 年版,第 3 页。
⑤ 〔英〕兰宁、库寿龄:《上海史》(第一卷),朱华译,上海书店出版社 2020 年版,第 400 页。
⑥ 〔英〕库寿龄:《上海史》(第二卷),朱华译,上海书店出版社 2020 年版,第 179 页。
⑦ 赵曾珏:《上海之公用事业》,商务印书馆 1949 年版,第 52 页。
⑧ 王瑞芳:《近代中国的新式交通》,人民文学出版社 2006 年版,第 15 页。
⑨ 〔英〕库寿龄:《上海史》(第二卷),朱华译,上海书店出版社 2020 年版,第 323 页。

力车业发展较为迅速。

彼时,上海租界的交通工具主要是人力车、马车和塌车(或称羊角车、独轮车)。塌车速度慢,靠人力推动,往往载重过量。①上海纺织女工们上、下工时常乘独轮车,每车最多可载 10 人(两边各 4 人、车头 2 人)。几个小姐妹凑凑,一个人出三四分钱,即可推一两里路。包工头老板为防备包身工逃跑,也常用这种车子接送包身工。②1889 年 6 月,工部局派专人在黄浦江、苏州河交汇处的公园桥上作一次为时 3 天的过往车辆统计,结果表明通过桥梁的车辆数量可观:独轮车 2 759 辆、马车 1 633 辆、人力车 20 958 辆、货车 22 辆、轿子 27 辆。③但伴随机械交通工具的发展,独轮车被逐渐淘汰。如 1934 年浦东洋泾区的独轮车仅为 460 辆,"且载人者绝少,大多数用于载货",该年共纳捐 870 辆,较上年减少 210 辆。④随着近代上海人口大幅增加,要求更多的交通工具解决客货运输问题,这成为新式交通增长的重要因素之一。根据统计,上海 1865 年人口总数为 691 919 人,1910 年增至 1 289 353 人,1915 年增至 2 006 573 人,1937 年增至 3 851 976 人,1949 年 3 月达到 5 455 007 人(见表 1-1)。再据学者研究,1933 年天津人口密度为 31 333.39 人/平方公里(以城区面积 54.5 平方公里计),上海为 4 814.58 人/平方公里,汉口为 4 797.79 人/平方公里,广州为 3 793.53/平方公里,北平为 2 365.54 人/平方公里,南京为 2 212.71 人/平方公里。⑤至 1936 年,上海总人口已达 370 多万,天津为 130 万人,汉口为 120 万人,北平为 150 万人(1932 年)。⑥上海人口呈几何增长且高密度化,而传统的缓慢的人畜力工具难以适应城市人口大幅增长和市民长距离的交通需求,上海民众对于迅捷、舒适、廉价、运量大的机械化交通方式的"派生需求"应运而生。

---

① 吴景平等:《抗战时期的上海经济》,上海人民出版社 2015 年版,第 136 页。
② 朱邦兴、胡林阁、徐声合编:《上海产业与上海职工》,上海人民出版社 1984 年版,第 92—93 页。
③ 张忠民主编:《近代上海城市发展与城市综合竞争力》,上海社会科学院出版社 2005 年版,第 64 页。
④ 《上海市公用局兴办浦东公共汽车》,1933 年 12 月—1934 年 8 月,上海市公用局档案,档号 Q5-2-371。
⑤ 杨子慧:《中国历代人口统计资料研究》,改革出版社 1996 年版,第 1352 页。
⑥ 何一民:《近代中国城市发展与社会变迁(1840—1949)》,科学出版社 2004 年版,第 197 页。

表 1-1　上海历年人口统计略表(1865—1949 年)　　　　单位:人

年份	公共租界	法租界	华界	总人数
1865	92 884	55 925	543 110	691 919
1900	352 050	92 268	—	
1910	501 561	115 946	671 866	1 289 353
1915	638 920	149 000	1 173 653	2 006 573
1920	783 146	170 229	—	
1925	840 226	297 072	—	
1930	1 007 868	434 807	1 692 335	3 144 805
1935	1 159 775	498 193	2 044 014	3 701 982
1937	1 218 630	477 629	2 155 717	3 851 976
1940	—		1 479 726	
1942	1 585 673	854 380	1 049 403	3 919 779
1945	—	—	—	3 370 230
1947	—	—	—	4 494 390
1948	—	—	—	5 406 644
1949(3 月)				5 455 007

资料来源:邹依仁:《旧上海人口变迁的研究》,上海人民出版社 1980 年版,第 90—91 页;《上海市各区人口比较表》,1930—1934 年,上海市公用局电车公司筹备处档案,档号 Q423-1-3-31。

　　进一步言,人力车、轿子、马车属于单人乘坐的交通工具,而汽车、电车成为现代化、社会化、大众化交通的滥觞。迨及近代,汽车作为新式交通工具在欧美等国开始出现。自 1860 年法国人雷诺发明汽车引擎,1885 年德国人本茨制造第一辆汽车以来,19 世纪末欧美国家汽车运输业已然兴起。经过 10 余年改进,汽车工业在西方国家已成为一种新兴的产业部门,产量逐步增加并开始输出。1901 年(清光绪二十七年),匈牙利人李恩时(Leinz)从香港运入美国福特公司生产的奥兹摩比尔(Oldsmobile)汽车 2 辆入沪,成为上海引进汽车的发端,"是为上海有汽车之始"。①当时"汽车还

①　赵曾珏:《上海之公用事业》,商务印书馆 1949 年版,第 53 页。

是个稀罕物",1901 年在上海引进了中国最早的两辆汽车。①这两辆汽车
(如图 1-1)的车身外型与彼时的敞篷马车相似,其中一辆装有凉篷式车顶,
另一辆装有可折叠式软篷。车内前排为驾驶者单人座,后排为双人客座;车
前无挡风玻璃;车轮为木制轮辐,橡胶轮胎;采用转向节装置和转向梯形结
构;无电照明和信号。②而输入中国大陆的另一辆汽车约在 1902 年,专供慈
禧太后在颐和园游览乘坐。这辆汽车的车身、车架、车轮、弹簧和使用的 4
马力发动机等结构,与李恩时引进的两辆汽车大致相似。③

图 1-1　首次输入上海的两辆汽车

　　图片来源:上海市交通运输局公路交通史编写委员会:《上海公路运输史》(第一
册),上海社会科学院出版社 1988 年版,第 35 页。

　　第一次到上海的两辆汽车由李恩时引进,一辆卖给宁波商人周湘云,另
一辆归犹太商人哈同所有。④斯时,汽车是机器发动的新玩艺,其平稳、快
捷、起动、停止都远较马车利索方便,引起人们的惊奇和喜爱。不过最初的
汽车比较简单、呆笨,四个轮子,一个发动机加一个箱子般的后座,不似如今
的小汽车流线型浑然一体。1948 年《中央日报》在《上海通》里就专门刻画
出上海最早汽车的模样。这辆车子外形像箱子,一切线条都是直线直角形
而不是流线型,后座上主人的座位也像一顶方形的小轿子,四个轮子突出在
外面,好像就是轿子加轮子,以致"轿车"之名延续至今。其次是车子各部
分、部件都明显地表现装配式的拼盘结构,在四个轮子上加放横梁,横梁前

① 　[法]白吉尔:《上海史:走向现代之路》,王菊等译,上海社会科学院出版社 2014 年版,第
　　68 页。
② 　上海市交通运输局公路交通史编写委员会:《上海公路运输史》(第一册),上海社会科学院
　　出版社 1988 年版,第 34 页。
③ 　中国公路交通史编审委员会:《中国公路运输史》(第一册),人民交通出版社 1990 年版,第
　　94—95 页。
④ 　曹聚仁:《上海春秋》,上海人民出版社 1996 年版,第 166 页。

装上发动机,栏杆后装上方形车厢,车子各部分缺乏紧密联系。再次是设计思想上主仆分明,司机坐位在车厢外,没有挡雨遮阳设备,驾车者宛如马车夫一样在车厢外面,前面也缺少保护性装置。但从早期汽车的外型、马达、车灯及功能等方面看,和现代汽车无本质差别。①

自汽车引入上海,李恩时向公共租界工部局申请捐照,工部局捐物处一时尚不能决定汽车应归属何种车辆,故列为马车之一,从轻征税。1902 年 1 月 30 日开会专门讨论汽车捐照问题,批准发给第一张特别临时执照,暂按马车捐月银洋 2 元,同时决定在下年度预算中增加汽车捐照专门项目,起草制定有关汽车主应遵守的规则。②如该年工部局年报载:不久以后,将发生要核准汽车和其他机动车辆的行驶。在市参议会中,许多成员提议认为要设立一个"汽车公司"。③1903 年,汽车这类车辆首次作为分开项目开列捐照,上海汽车有 5 辆捐照,每季收入捐银数 115 两;1904 年,汽车有 19 辆捐照,收入 293 两;1905 年,汽车有 31 辆捐照,收入 493 两;1906 年,汽车有 64 辆捐照,收入捐银数 1 054 两;1907 年,汽车有 96 辆捐照,收入 1 520 两,该年私车捐照数增加,尤其是汽车。1908 年,电车及汽车的引进自然影响私车的捐照,汽车其中包括摩托车的数量增加。从而,汽车的出现影响了马车及人力车,致其数量略有减少。④由是,1903—1905 年上海汽车由 5 辆增至 31 辆,这些汽车多属外国官员、商人和中国豪绅所有,用以替代原来的自备马车。汽车作为中国城市的营业用交通运输工具,则始于 1907 年德商的费理查德号商行在青岛开办由市区至崂山柳村台的短途客运。1908 年,美商环球供应公司在上海市内经营汽车出租业务。清末民初,中国民族工商业进一步发展,汽车运输业引起商人注意,开始向国外订购汽车,在城市经营客货运输业务。⑤从此,汽车运输作为新兴行业在全国各地蔚然兴起。

嗣至 1910 年 3 月 31 日,公共租界的中国汽车俱乐部 33 位成员抗议增加汽车捐银,认为以马力大小分等级比新批准的统一捐税好。关于其提出

---

① 周源和:《上海交通话当年》,华东师范大学出版社 1992 年版,第 74 页。
② 上海市公用事业管理局:《上海公用事业(1840—1986)》,上海人民出版社 1991 年版,第 254 页。
③ 上海市出租汽车公司:《上海街道和公路营业客运(个别的公共交通)史料汇集》(第三辑),1982 年 3 月油印本,第 1 页。
④ 《1903—1908 年工部局年报》,转引自上海市出租汽车公司:《上海街道和公路营业客运(个别的公共交通)史料汇集》(第五辑),1982 年 3 月油印本,第 34—41 页。
⑤ 中国公路交通史编审委员会:《中国公路运输史》(第一册),人民交通出版社 1990 年版,第 95 页。

在每季最低税10两的基础上实行分级相应增加制的意见,工部局决定在编制明年预算前不作出任何改变。7月28日,上海道台柴海唤关于进入闸北的汽车、马车征税问题致信英国驻沪副领事,工部局参议室则回复:车辆税打算作为每年的道路保养费,规则令人满意,故而获得批准。车辆税刚开始征收时,汽车和马车很少,人力车却许多,因而对汽车和马车不征税而只要求捐照,人力车要捐税。而现过几个月后,道路延长,来往增加,故应向汽车和马车征税;已决定从8月16日起,每月每辆汽车征税2元。凡在闸北和城中来往的汽车或马车主捐照而未付税或新车尚未捐照,须在7月22日至8月4日到中央巡捕房来付税和捐照,后才可在中国地界行车。凡未捐照的汽车和马车,将不准在该警察局管辖范围内行车。执勤的警察受命对此加以注意,并将违反者带到局里受罚,另向总督和地方长官汇报,与南市、上海县和警察局联系,通知中外马车和汽车主依法办事,可乘马车或汽车在指定时间内去付税和捐照。至1911年6月15日,由捕房头提出在车辆捐照前先进行车辆检查并使之制度化的详细建议已为工部局采纳,此项工作均由税务局主持,由巡捕房交通监督接管。自1912年1月1日起,到税务局捐照的车辆必须出示巡捕监督的证明方能捐照。汽车和马车的证明将在戈登路(今江宁路)巡捕房开具。照会细目表没有公用汽车一项,因此这些车辆将按私人汽车捐照。新形式的照会将在下次纳税人年会后,在经过批准的捐银和条件下发出。对于各种私车(人力车、汽车或马车),各工部局将按统一标准各自颁发照会。车主或马主的居住地属何工部局管辖,则归何工部局收税。①

法租界公董局于1912年5月30日、6月20日发布市政公报通告:"一项新的汽车捐照法已经获准,为了逐步在法租界应用,将先试之。"7月1日,公共租界实施捐照新法——《汽车税》:(1)非经工部局同意,照会不得转借给任何人,只准涉及发照车辆,该车辆类别将于照会上注明。(2)违反捐照条件者,工部局将吊销或暂停照会,或其保证金一部分将予没收,对捐照者亦将提出起诉。(3)照会及驾车人须与警方实施的各项政策相一致。(4)照会号码须在车尾部显著地位展示,该号码仅适用于发照车辆,号牌须得到工部局同意,并须时刻保持清晰可见且不容遮盖。(5)在日落和日出这段时期里,车辆前方应各装置一盏灯,这样就在前方一段可见的距离里有了

① 《1910年、1911年市政公报》第122号、第195号,转引自上海市出租汽车公司:《上海街道和公路营业客运(个别的公共交通)史料汇集》(第五辑),1982年3月油印本,第43—49页。

一盏照明的白灯,车后要装置红色尾灯,以使车牌清晰可见。另外,车辆还须备有一种装置,能够发出声音以警告路人,车辆将至,该一设备须获工部局首肯。(6)司机在经过考试后,将由一个工部局指定的机构给予执照。(7)车速应和交通情况相适应,特别在交叉路口、转角、弯路及狭路,尤应注意。(8)车辆排气管要加以管理,以防止废气扰乱公众。(9)巡捕如有要求,司机将出示照会及本人的驾驶许可证。(10)由司机疏忽造成的任何损失,捐照人均须负责。(11)工部局所有雇员,不得收受任何小账。[1]而上海华界亦于1913年10月经审查公决酌加车辆税:营业汽车每月2元,加1元,共3元;自备汽车每月1.5元,加0.5元,共2元。[2]

　　根据《上海小志》记载,首先使用汽车的是西医,后随西方国家汽车工业发展和汽车产量增加,汽车输入上海增多,原来乘用高级自备马车的外国官员和外商富豪,逐步成为汽车的最早购用者。据工部局年报,汽车1903年为5辆,1908年为119辆,1911年增至217辆,全市范围内都可见汽车在行驶。[3]具如汽车是工部局1910年捐银比上年增加的主要因素。该年4月1日以来,各种以发动机为动力的车辆捐银增加,自用马匹和马车如预料减少。1911年,汽车捐银比预算多1 029(银)两,而马匹、马车和人力车捐银继续稳步下降。1912年12月21日,汽车登记316辆,其中私家汽车272辆,公共汽车(含出租汽车)16辆,运货汽车4辆,机器脚踏车15辆,商业执照9辆;同年,行驶汽车(法公董局捐照除外)为294辆。换言之,1904—1913年公共租界汽车捐照数分别为19、31、64、96、119、134、151、217、294、342辆。1912—1913年,出租汽车的送交检查数分别为17、48辆;通过检查数分别为17、47辆;经修理后通过检查数分别0、1辆;已出售及另行处理数分别0、7辆;年底持有照会总数分别17、41辆。汽车行1912年的捐照有外商4家,1914年捐照又增加华商5家。[4]斯时,由马达驱动的车辆受到重视,汽车等机动车迅速增加,马车数量逐渐减少,曾为外人和国人

① 《1912年市政公报》,转引自上海市出租汽车公司:《上海街道和公路营业客运(个别的公共交通)史料汇集》(第五辑),1982年3月油印本,第52—53页。
② 《上海市公报》第14期(1913年10月),上海市出租汽车公司:《上海街道和公路营业客运(个别的公共交通)史料汇集》(第三辑),1982年3月油印本,第165页。
③ 上海市交通运输局公路交通史编写委员会:《上海公路运输史》(第一册),上海社会科学院出版社1988年版,第35页。
④ 《1910—1913年工部局年报》,转引自上海市出租汽车公司:《上海街道和公路营业客运(个别的公共交通)史料汇集》(第三辑),1982年3月油印本,第35页;(第五辑),第45、50—57页。

主要工具的轿子已近绝迹,"必须看到,交通条件已逐渐改变"。汽车税自1916 年 4 月 1 日起略有减轻,每季收取税银 8 两,法公董局亦对其征税,载重汽车税银增至每季 35 两。1913—1916 年公共租界汽车登记:私人汽车分别为 326、390、473、542 辆;出租汽车分别 43、75、78、91 辆;商业汽车分别 15、10、11、12 辆;运货汽车分别 5、9、13、16 辆。[①]

因之,20 世纪一二十年代上海新式交通工具的数量呈现明显上升趋势,其中以汽车增长最为突出。据 1920 年统计,十年内上海汽车增加 7 倍。[②]譬如公共租界工部局调查静安寺路 1918、1919、1922 年往来行人和车辆:行人(每 24 小时)分别为 4 851、4 363、8 227 人;人力车(每小时)分别为 1 878、2 110、1 482 辆;马车(每小时)分别为 402、442、399 辆;汽车(每小时)分别为 2 070、3 061、4 940 辆。该路段 1917 年汽车每小时仅为626 辆,"车辆行驶增加之速,可见一斑"。[③]由此,"沪上之车辆,以人力车及汽车之增加为最多。关于汽车之增加,其比率较人力车为尤速"。1915 年汽车仅 539 辆(表 1-2),1920 年跃至 1 899 辆,增加 2.5 倍。[④]1921 年 12 月上海自备汽车共计 1 875 辆,较上年增加 184 辆。至 1922 年,"汽车销数实属有限。盖本埠富者多已购置,小康者以汽车购办费太昂,且雇车夫及另外费用亦月需巨额。是故自备之汽车遂不能与时俱增,假使备置者能自行驾驶,则费用即可减省,汽车销数必更有起色"。[⑤]

表 1-2　公共租界工部局发给执照数目(1907—1919 年)　　　　单位:辆

年份	人力车	马车	汽车	中国土车	轿子	塌车
1907	13 829	1 635	96	7 368	661	1 090
1908	12 892	1 511	119	7 060	619	1 046
1909	12 740	1 414	133	6 020	501	993
1910	12 498	1 366	151	5 804	331	982
1911	11 111	1 277	217	6 310	199	958
1912	13 252	1 269	268	5 790	94	1 003

① 《1914—1916 年工部局年报》,转引自上海市出租汽车公司:《上海街道和公路营业客运(个别的公共交通)史料汇集》(第五辑),1982 年 3 月油印本,第 60—61 页。
② 张仲礼主编:《近代上海城市研究》,上海人民出版社 1990 年版,第 501 页。
③ 嵩生:《马路上来往车辆之比较》,《申报》1923 年 4 月 14 日第 21 版。
④ 虞:《三十年来上海车辆消长录》,《申报》1932 年 4 月 6 日第 15 版。
⑤ 嵩生译:《一年来上海车务情形》,《申报》1923 年 3 月 24 日第 21 版。

续表

年份	人力车	马车	汽车	中国土车	轿子	塌车
1913	13 777	1 278	342	6 437	46	1 230
1914	13 867	1 190	443	6 938	35	1 400
1915	13 816	1 053	539	6 777	28	1 425
1916	12 855	1 015	673	7 460	25	1 546
1917	13 691	941	819	7 404	27	1 718
1918	14 209	886	1 061	8 117	17	1 821
1919	14 726	831	1 378	8 667	16	2 141

资料来源:沙公超:《中国各埠电车交通概况》,《东方杂志》第二十三卷第十四号,1926 年 7 月 25 日发行,第 48 页。

　　进而"上海自始见汽车以来,逐年增加",1912 年为 294 辆,相距汽车输入不过 11 年,年均增 27 辆,"其增加不可谓不速"。自 1913—1922 年"增加更形显著",年均增 352 辆,较前 11 年平均增加数增长 13 倍。若以 1919—1922 年观,则每年平均增加达 500 余辆。具如 1902—1922 年,上海汽车数量分别为 2、5、19、31、64、96、119、134、251、217、294、490、616、764、961、1 254、1 578、2 005、2 811、3 416、4 007 辆(见表 1-3)。"此诚上海汽车事业发达之速力。今若以此类推,再隔十年,则其数目之巨更有可观。"[1]其时,租界其他各类交通工具(除马车外)数量有增无减。如 1910 年,工部局颁发 20 801 张车辆执照,1920 年增至 29 915 张,1924 年高达 41 538 张。[2]即十五年增加一倍强,此中不仅包括汽车,也包括手推车、人力车等。由见,"外国各都市中,除电车与公共汽车外,只系私人汽车而已,但在我国都市,既有人力车,又有大板车与马车,复有私人汽车,公共汽车,与有轨及无轨电车等,车辆种类,实属太多"。[3]

表 1-3　上海各类汽车数量统计表(1913—1922 年)　　单位:辆

年份	1913	1914	1915	1916	1917	1918	1919	1920	1921	1922
自用车	415	494	608	772	985	1 270	1 549	2 121	2 573	3 037
出租车	43	75	78	91	97	121	199	254	317	342

[1]　尧耀:《二十一年来上海之汽车数》,《申报》1923 年 7 月 28 日第 23 版。
[2]　《上海公共租界工部局总办处关于交通运输委员会第 1 至 14 次会议记录(卷 1)》,1924—1925 年,上海公共租界工部局档案,档号 U1-5-27。
[3]　董修甲:《京沪杭汉四大都市之市政》,上海大东书局 1931 年版,第 119 页。

续表

年份	1913	1914	1915	1916	1917	1918	1919	1920	1921	1922
货车	5	9	13	16	29	40	93	190	256	334
自由车	27	38	66	82	143	147	164	246	270	294
总数	490	616	764	961	1 254	1 578	2 005	2 811	3 416	4 007

资料来源：尧耀：《二十一年来上海之汽车数》，《申报》1923年7月28日第23版。

彼时，为纳捐和管理方便，规定汽车牌照挂在醒目处。世界上第一辆有牌照的汽车1901年在柏林出现，用IA1字号，数码很少。1910年，上海公共租界工部局始颁发汽车执照，从1号至500号规定为私家车，501号至600号为营业车（到第三年，打破这一规定）。自备汽车执照，为黑底白字（俗称公馆牌子）；出租车执照，为白底黑字；试用车执照，为红底黑字。汽车照会第一号为周湘云，第二号犹太商人，第三号马立斯，第四号是哈同。后来，有人重价买了哈同的四号牌照，又花钱捐到44和444两张牌照。杜月笙的牌照则是7777。[1]即最初上海车牌号成为炫耀身份的资本，工部局深知大亨富豪为面子看重车牌号，对号码小的牌照加重税捐。四明巨商周湘云为得到第一号汽车牌照，不惜向工部局捐纳巨款，其以上海滩第一号汽车牌照而自豪。此事被哈同知晓，为使汽车牌照也是第一号，便想收买周湘云的，但周也是沪上有势力财主，不肯相让。结果哈同雇用大批流氓准备拦路抢牌照，因消息走漏，周湘云把一号汽车锁在车房里，不见天日。而杭州名士叶浩吾之子叶少吾因家财万贯，常带名妓、佳丽兜风出游，风驰电掣。那时多是洋人有汽车，叶少吾与洋人熟稔，常借坐洋人汽车疾驰沪上，出尽风头。至二三十年代汽车增加很快，战前已达3万辆，车牌号码有四五位数字。[2]概言之，上海出租汽车业自1908年肇始至1921年，出租汽车行发展到有外商平治门、享茂、怡昌、云飞及华商亿太、利利等24家。[3]至1922年，载客容量大、客运规模化的公共汽车也在上海市内正式开行。

二、公共汽车于上海出现

1898年英国伦敦首先开通公共汽车，1905年美国纽约始营公共汽

---

① 曹聚仁：《上海春秋》，上海人民出版社1996年版，第167页。

② 周源和：《上海交通话当年》，华东师范大学出版社1992年版，第77—78页。

③ 中国公路交通史编审委员会：《中国公路运输史》（第一册），人民交通出版社1990年版，第96页。

车。①上海第一条公共汽车营运线路,是1922年华商在公共租界经营的公利汽车公司。此后,英、法、华商经营的公共汽车在上海相继开办。具如是年华商董杏生(甬籍)鉴于静安寺路和曹家渡之间的商业日趋繁荣,居民日益增多而交通尚不方便的状况,以公利汽车公司名义向公共租界工部局申请开办公共汽车,并向德国定购2辆霍克牌公共汽车,筹办城市公共交通业务。工部局在核准时提出条件,主要有:(1)需缴纳行车执照费,每辆每季规定为白银100两,道路捐税每英里每季10两;(2)车辆构造式样,应由工部局核定;(3)行车事项,应遵守工部局所发布的一切规章;(4)工部局因公共交通需要时,可令其更改路线;(5)汽车司机,应经工部局特别考试及格;(6)票价及停车地点,应呈报工部局核定。上述条件,董氏予以同意。②

经工部局核准后,1922年8月13日,公利汽车公司以1辆公共汽车开辟上海市内首条自静安寺路(今南京西路)至曹家渡折回静安寺的圆路。该路自静安寺始发,经愚园路、白利南路(今长宁路)、工部局公园(今中山公园)至曹家渡再从极司菲尔路(今万航渡路)折回静安寺。全线长4公里,车厢分头等、二等两种。车内可坐30人。该线路不固定设站,乘客可随时上下车,以后又增加1辆汽车,共配车2辆。该线是上海市内第一条公共汽车线路。③通车一周后,《申报》对其作出介绍:"本埠静安寺至曹家渡一段,现由董杏生发起,通行汽车,已于上星期日开驶,其路程以静安寺为起点,经过工部局公园至曹家渡,现只备大汽车一辆,每次可坐三十人,车中有座位,分头、二等。由静安寺至曹家渡,头等二角,仿天津电车规则,只购票一次,中途上车或下车,均须购全路票价,其特长处,较之电车为优胜。凡乘车者于无论何处上车,只须招手,汽车立即停止,下车则拉铃,对于乘者异常便利。近数日来,乘客拥挤,现愚园路底之西童学校校舍,将于下月竣工,乘客定能大增,且又邻近梵皇渡路火车站,故董君拟将再添此种汽车两辆,以供乘客之往来。"④

从而,上海最早的公共汽车路线——静安寺路曹家渡间的圆路开行后,"成绩甚佳。盖不仅因事往返该路之人称便,即吾人日夕埋首尘海中,不无

① 《中国大百科全书》总编委会:《中国大百科全书》(第3卷),中国大百科全书出版社2009年版,第477页。
② 上海市交通运输局公路交通史编写委员会:《上海公路运输史》(第一册),上海社会科学院出版社1988年版,第55页。
③ 上海市公用事业管理局:《上海公用事业(1840—1986)》,上海人民出版社1991年版,第349页。
④ 《静、曹间有专车通行》,《申报》1922年8月20日第13版。

厌倦,或于薄暮事毕夕阳在山时,登车外行驰过录荫夹道中,野风振衣吐纳为爽,亦大足荡涤尘襟也。所费无多,而可舒一日之困,其乐何如,然则公共汽车之发展又岂限于圆路哉。由鄙意观察及预算,得公共汽车之新途径,一即自东新桥至南市地方厅是也。该路中虽有电车,而五路车之头等且异常拥挤,至西门后守地方厅之车又每须刻余钟,行者苦之。计以汽车之速率,则全路行一刻钟足矣。该路中电车价格亦须七十文,倘倍其值而半其时(乘电车约须半小时,候车时间尚不计),客之乐从也可必营业前途之利,亦可操券以待,愿从事汽车事业者,亟起图之"。①即该公司"办事人员能坚心毅力百折不妥……务使规模渐加,扩充设置渐臻完备,然后再图大举,热闹街市亦能通行无阻。具卓著之成绩为中国汽车界放一异彩,此吾人之亟期于汽车界诸君"。②然工部局对公利公司的 6 条规例至为苛刻,且对于车式、行车规则、收费标准、司机考核、路线变动等均由该局核准;③并须向该局交纳执照费和道路捐,执照费每年每季须缴银 100 元,道路捐每英里收银 10 元,按季缴纳。④同时,英商安利洋行所属的中国公共汽车公司一面向工部局申请专利权,一面以 2 辆汽车行驶同一线路与之竞争。⑤公利汽车公司受此双重压力,限于财力无法扩充,开支太高且设备有限,最终无利可图,被迫于1924 年 10 月歇业。

嗣因"近年以来,上海人口日增一日,荒僻之闸北,因此也日就热闹了。现在有人因闸北市面日就热闹的缘故,所以发起组织公共汽车,以便交通",1924 年 7 月,沪北兴市公共汽车公司在华界闸北成立。⑥上海绅商徐春荣、余锡品等"鉴于闸北一区交通不便,特发起组织沪北兴市公共汽车公司。原定计划拟造高敞汽车多辆行驰闸北各段,以利交通。该公司内部组织,业已将次就绪,不日即将开会讨论进行一切办法"。⑦7 月 3 日,该公司正式成立,设于大统路 44 弄 1—4 号,经理为余锡品,投入汽车 12 辆,分三路运营。⑧次日举行开幕典礼,来宾有上海道尹、交涉使、警察厅、上海县知事的代表及

① 静渊:《公共汽车之新途径》,《申报》1922 年 9 月 16 日第 24 版。
② 胡铸:《公共汽车之曙光》,《申报》1922 年 9 月 9 日第 22 版。
③ 周源和:《上海交通话当年》,华东师范大学出版社 1992 年版,第 82 页。
④ 中共上海市委党史研究室、上海市总工会:《上海公共汽车工人运动史》,中共党史出版社1991 年版,第 4 页。
⑤ 上海市公用事业管理局:《上海公用事业(1840—1986)》,上海人民出版社 1991 年版,第350 页。
⑥ 玉光:《闸北行驶公共汽车之路政问题》,《申报》1924 年 7 月 5 日第 25 版。
⑦ 《闸北公共汽车公司之组织》,《申报》1924 年 6 月 21 日第 26 版。
⑧ 《沪北公共汽车驶行讯》,《申报》1924 年 7 月 5 日第 27 版。

宝山县议会议长、四区署长等百余人。余锡品报告创办宗旨，"同人等组织沪北兴市公共汽车，因鉴于闸北地而辽阔，交通事尚感不便，各项商业受其影响，若再不急谋交通之便利，恐闸北商案难期发达。便利交通之道有二：一为电车，一为公共汽车。但电车需资巨而费时久，非仓猝所能办，其次惟公共汽车较为易举，故同人组织此公司"。随之，公司请来宾坐车试行并周行闸北一带，回公司进茶点后散会。[①]

　　可见，1924 年 7 月 4 日成为上海华界公共汽车的最早通车日。如闸北自沪北兴市公司始有公共汽车，起点为新闸桥之大统路口，终点为青云路之青云桥，中经大统路、新民路、北站、宝山路、宝兴路，"其中以北火车站为枢纽，营业当属不恶，乃自江浙之战后，遂致停顿"。该公司主事畬某"亦因另就他职，而公共汽车更无复行振兴之望。当时设有公司办事处、修理汽车处，正期由此进步而为一完善之公共汽车公司，不倒于经济之竭蹶，而摧残于兵戎之见，商办之事不其难乎"。[②]该公司公共汽车营业期间"收入尚属不恶"，每日每辆收入至少可得 80 元。[③]同期闸北、江湾、彭浦地区修筑马路有 10 余条，如宝山路、克明路、江湾路、中兴路、同济路。即 1924 年该公司在闸北地区辟设 3 条公共汽车线路：一路：从舢板厂桥经新闸桥、宝通路至天通庵火车站；二路：从舢舨厂桥经汉中路、虹江路至天通庵火车站；三路：由新闸桥到沪宁车站（上海北站）。[④]嗣因"市中心区区域辽阔，道路纵横，内部交通，虽有华商公共汽车行驶路线三路，但市民往来，尚感不便"[⑤]，且有"不得已之苦衷在内，盖资本不足、经济不充为成事之一大阻碍"[⑥]，沪北兴市公司经营三年后于 1927 年停业。

　　另如公共租界，1923 年英人菲力特立克草拟建议呈送工部局，"申论本埠有设备公共汽车之必要。当得工部局批准给该氏创办此项事业之权利，旋由本埠中外商人组织公司，定名中国公共汽车有限公司"。[⑦]翌年 10 月，英商中国公共汽车公司的公共汽车正式行驶于公共租界。虽道路和汽车运输在此前十年，公共交通已是上海市政极为严重的问题。但至 1924 年已有 18 辆公共汽车在公共租界的马路上行驶，"它们极受上海市民的欢迎，大大

① 《沪北兴市公共汽车公司开幕》，《申报》1924 年 7 月 4 日第 14 版。
② 毕卓君：《回忆闸北公共汽车以后》，《申报》1926 年 10 月 16 日第 27 版。
③ 《闸北公共汽车营业概况》，《申报》1924 年 7 月 26 日第 15 版。
④ 丁日初主编：《上海近代经济史》第二卷，上海人民出版社 1997 年版，第 443 页。
⑤ 上海市公用局：《十年来上海市公用事业之演进》，1937 年 7 月编印，第 62 页。
⑥ 陈幼敬：《恢复闸北公共汽车之商榷》，《申报》1927 年 7 月 9 日第 24 版。
⑦ 《本埠公共汽车之发创》，《申报》1923 年 6 月 16 日第 22 版。

减轻了拥挤不堪的电车客运的压力"。①但由于城市区域扩展跟不上人口急剧增长,造成城市交通迅速膨胀。如据 1926 年 4 月 26—27 日调查公共租界东西交通次数(两日平均,每日上午 7 时至下午 7 时,北京路、南京路、爱多亚路三处),行人合计 56 323 人、人力车 29 087 辆、汽车 16 425 辆、有轨电车 626 辆、无轨电车 735 辆、公共汽车 349 辆。再据同年 5 月 17—18 日调查上海车辆及行人来往苏州河上各桥次数(两日平均,每日上午 7 时至下午 7 时,外白渡桥、四川路桥、河南路桥、福建路桥、浙江路桥、西藏路桥六处),行人合计 167 765 人,人力车 71 482 辆,汽车 9 406 辆,有轨电车 1 612 辆、无轨电车 1 029 辆、公共汽车 823 辆。②

问题实质在于,"如果要使车辆不停在十字路口而加高速率,最好的办法就是建筑空中电车与地下道,空中电车缺点很多,同时也适宜于在上海这种城市里建筑,只有地下道最合理想,可是限于经费短绌,在目前也一时谈不到……讲到在现代都市中,交通问题实不容存在。为什么一住在西区的市民,每天要到东区去买日用品? 为什么在南区工作的人要住在北区? 现代都市计划中最要紧的是邻近制度,而不是集中制度"。③基于此,当时"上海除办公共汽车以外,又发起建筑环租界汽车路,已得省长同意"。④至 1926 年 4 月,公共租界工部局每季所发执照已有大小汽车 4 456 辆,比 1922 年前约多 1 500 辆,计自用汽车 2 982 辆,出租汽车 444 辆,运货车及拖车 583 辆,试用新车(红照会)40 辆,机器自行车 373 辆,公共汽车 34 辆。⑤是年 12 月,运抵上海的汽车日均百辆,"因见上海一埠在全华汽车贸易上占有重要之位置",全中国汽车的二分之一在上海。据美国商务委员助理史密士(女)统计,全中国载客汽车共有 13 499 辆,内中 6 288 辆注册于公共租界及法租界。其在报告中指出,上海全埠各种汽车注册数已增至 7 804 辆,某汽油商谓未注册尚有 1 000 辆,故而总数为 8 804 辆。⑥

易而言之,至 1927 年上海市区已有公共汽车 63 辆,线路 7 条。⑦如据

---

① 徐雪筠:《上海近代社会经济发展概况(1882—1931)——海关十年报告译编》,上海社会科学院出版社 1985 年版,第 282 页。
② 罗志如:《统计表中之上海》,国立中央研究院社会科学研究集刊 1932 年编印,第 60 页。
③ 赵曾珏:《上海之公用事业》,商务印书馆 1949 年版,第 177—178 页。
④ 雷生:《南京汽车道之新计划》,《申报》1924 年 1 月 26 日第 2 版。
⑤ 《公共租界汽车之统计》,《申报》1926 年 4 月 8 日第 15 版。
⑥ 履冰:《二十三年中上海汽车业之进步》,《申报》1926 年 12 月 18 日第 28 版。
⑦ 上海市公用事业管理局:《上海公用事业(1840—1986)》,上海人民出版社 1991 年版,第 344 页。

同年 6 月 30 日工部局注册的机汽车数目为:试用汽车 45 辆,机器脚踏车 509 辆,自用汽车 3 941 辆,雇用汽车 548 辆,运货汽车 880 辆,公共汽车 71 辆,拖车 52 辆。[①]斯时,上海交通的新俗与旧习并存:如一条狭窄路上"竟能容纳数多时代的器物……有上面贴'借光二哥'的一轮车,也有骡车、马车、人力车、自转车、汽车等,把廿世纪的东西,同十五世纪以前的汇在一起……推一轮车的讨厌人力车、马车、汽车,拉人力车的讨厌马车、汽车,赶马车的又讨厌汽车;反说回来,也是一样。新的嫌旧的妨阻,旧的嫌新的危险"。[②]而"我们再看那做东家、有钱的人,一天到黑一点事情也不做,天天睡到多时候了才起来。起来了之后,不是叉麻雀,就是谈天……不是跑马车,就是坐汽车。不是逛大世界,就是逛戏园子。他们虽然这样一天到黑一点事不做,他们反有大房子住,好东西吃,好衣服穿,有马车坐,有汽车坐"。[③]客观而论,彼时"文明的进步就是基于器具的进步,东方文明是建立在人力上面的,而西方文明是建筑在机械力上面的,所以东西文明的区别,就在于所用器具的不同"。即"东方文明是人力车文明,西方文明是汽车文明"。[④]

第二节　上海特别市成立至全面抗战前的发展

近代以降,汽车成为陆地交通的重要工具,市内和长途亦以汽车为主流交通。既如此,自 1927 年成立上海特别市至 1937 年全面抗战前,汽车运输业在华界、租界快速发展,并在城市客运体系中占有重要地位,并由此产生深远影响。

一、华界汽车业发展

1927 年 7 月 7 日,国民政府设立上海特别市,除原淞沪商埠督办公署所辖的上海县全境和宝山县 5 乡之地仍归特别市外,另增划大场、杨行两乡及七宝乡、莘庄乡、周浦乡的一部归其管辖,至此总面积达 494.67 平

---

① 《公共租界有照机汽车辆数目》,《申报》1927 年 7 月 15 日第 15 版。
② 李大钊:《新的! 旧的!》,《新青年》第四卷第五号,1918 年 5 月 15 日,第 448 页。
③ 汉俊:《劳动界发刊词:为什么要印这个报?》,《劳动界》第一册,1920 年 8 月 15 日,第 2—3 页。
④ 胡适:《东西文化之比较》,罗荣渠主编:《从西化到现代化——五四以来有关中国文化取向和发展道路论争文选》,北京大学出版社 1990 年版,第 200—201 页。

方公里。[1]11月17日上海特别市公布《上海特别市市政府公用局行政大纲暨实施办法》:"现正编订大上海计划,……在南市开一路线,接通新西区,行驶电车或公共汽车。"[2]据同年市公用局统计:汽车的号数为1—300号、4001—4091号、5001—5267号、6001—6200号;辆数为3 293辆(内缺号265辆)。运货汽车的号数为3001—3231号、3301—3553号;辆数为484辆。验车统计(1—6月、11—12月):汽车分别为242、72、58、279、45、86、1 968、543辆;运货汽车分别为17、37、17、32、11、6、292、73辆。[3]汽车登记费、号牌颜色见表1-4。再据1929年上海市乘人、运货汽车分类统计,别克、福特、雪佛兰牌"占数最多"。截至3月26日,赴公用局登记有乘人汽车3 428辆、运货汽车577辆,"牌子名目亦极繁多",计乘人汽车138种、运货汽车69种。该局根据登记表将该二项汽车辆数依照牌子西文字目顺序编造统计,结果乘人汽车以别克牌(Buick)的489辆为最多。[4]

表1-4　上海华界汽车登记号牌颜色及押牌费表(1928年)

车　　别	车照别	车照捐数	号牌颜色	押牌费
自用汽车	—	季照10元、年照30元	黑底白字白边	2元
营业汽车	—	季照12元	白底黑字黑边	2元
自用及营业甲等	装货汽车	季照32元	黄底黑字黑边	2元
自用及营业乙等	装货汽车	季照27元	黄底黑字黑边	—
自用及营业丙等	装货汽车	季照21元	黄底黑字黑边	—
自用及营业丁等	装货汽车	季照16元	黄底黑字黑边	—
自用及营业戊等	装货汽车	季照13元	黄底黑字黑边	—
自用及营业运货	拖车	比照装货汽车减半	黄底黑字黑边	—
汽车试车	—	—	蓝底白字	2元

资料来源:悟:《上海公用局整理汽车方案》,《申报》1928年7月14日第30版。

---

[1] 吴景平等:《抗战时期的上海经济》,上海人民出版社2015年版,第125—126页。

[2] 《上海市公用局拟订1927年度施政大纲》,1927年8月—11月,上海市公用局档案,档号Q5-3-908。

[3] 《上海特别市市政统计概要》(1927年),转引自上海市出租汽车公司:《上海街道和公路营业客运(个别的公共交通)史料汇集》(第五辑),1982年3月油印本,第97—98页。

[4] 《本市乘人汽车运货汽车分类统计》,《申报》1929年4月20日第24版。

彼时,上海捐税有码头捐、房捐、车捐、船捐、广告捐、公厕捐、砖灰业税、牛马粪捐、箩间捐、清道路灯捐、营业税、养路捐、赛马税、清洁捐、土地税等15种。[①]如1929年9月15日,上海市第一区党部二十四分部呈请上级党部咨请市政府饬令工务局整理载货塌车损坏马路,在柏油路上填铺石条,"以护路身而便交通"。[②]再据是年12月10日上海市政府核准车辆捐率表显示:营业汽车的重量等级为450公斤以下、451—900公斤、901—1 350公斤、1 351—1 800公斤、1 801—2 250公斤、2 251—2 700公斤、2 701—3 150公斤、3 151—3 600公斤,季捐分别为15、18、24、33、45、60、78、99元。同年规定,上海市营业汽车的季捐分为1—16等,各等别对应的捐率分别为16.5、18、19.5、21、22.5、24、25.5、37.5、45、52.5、60、67.5、75、82.5、90、105元;汽车试车,每季每辆捐洋20元;汽车行捐,每季捐洋5—25元;各项汽车如确系新受检验,其捐额可计月照缴,未满一月者作一月论,如另数未满1元者作1元计算。[③]

毋庸讳言,"凡交通便利适宜于工业发展之地方,常有大多数工厂集中于此,此乃今日工业都市产生之理由"。[④]中国城市化在近代工业输入后始其进程,被动开放使中国产生近代工业,而工业化又引致城市化。农村劳动力涌入城市,造成城市化加剧,人口的职业范围明显扩大,新兴行业不断涌现,促使城市经济结构发生变化,工商、服务、交通等业迅速发展。如当时"上海是国际港埠,也是国内工业中心,上海所以成为国际港埠都市,乃由其在国内外交通上所处地位之优越,它在海洋交通上则面对太平洋,在沿海交通上则位于南北海岸线之中心,在内河交通上,则位于扬子江之出口……至于上海为工业中心一点,因为我国最大的工业是属于轻工业的纺织工业,而全国纱锭现约五百万枚,其中在上海的约占半数"。[⑤]据1931年上海全市工厂及作坊分区统计,公共租界的东区为265家、西区136家、中区156家;法租界全区为251家;华界的闸北东区为285家、西区289家,南市一带为188家,南市及浦东为117家,合计1 687家。[⑥]再

---

① 董修甲:《京沪杭汉四大都市之市政》,大东书局1931年版,第142页。
② 《上海市公用局关于市党部请交涉取消外商电车驶入华界》,1929年3月—9月,上海市公用局档案,档号Q5-2-912。
③ 上海市出租汽车公司:《上海街道和公路营业客运(个别的公共交通)史料汇集》(第三辑),1982年3月油印本,第89—92、167—168页。
④ 刘大钧:《上海工业化研究》,商务印书馆2015年版,第3—4页。
⑤ 赵曾珏:《上海之公用事业》,商务印书馆1949年版,第87页。
⑥ 上海市地方协会:《民国二十二年编上海市统计》,1933年8月编印,"工业"第1页。

据 1933 年国际贸易局统计,上海市工厂为 5 418 家,资本 478 293 341 元,工人 299 585 人。[1]可见,工厂开设区域大部分集中在公共租界、法租界及华界闸北和南市。

事实上,"工业化之发展与交通之改进不易划分:工业化可以促进交通,交通之发达亦可使工业化更形发展。上海所处之地位,交通本其方便,自工商业逐渐发达后,更成为中国最大之交通中心。交通便利以后,所于人口流动之影响,自非常重要,近自四周,远自边陲,均以上海为事业发展之场所,风涌云集流向上海,或赞助或久留。……近年来航空及公路之开辟,更能促成交通事业之迅速发展,对于社会人口之流动,自更能加倍促进"。如1931 年上海各长途汽车载客数统计:沪闵南柘汽车公司为 180 076 人,沪太汽车公司 390 000 人,上南汽车公司 768 791 人,上川交通公司 888 703人。[2]当时邮政业职工日常上下班,除住邮局周围的人外,"稍远的固然可以步行,较远的因了时间的关系,就不得不乘电车及公共汽车,每日由劳苦工人汗血所得输送到资产阶级囊中的,虽然好像为数不多,但日积月累,每人付出的总和,就可得惊人的数字。假如在内地乡村,没有电汽车之类,也得走,但在交通发达的都市上海",普通人宁愿步行,"那是没有的事"。[3]再如上海工人家庭杂费支出年均 112 元,占总支出的 24.6%,其中户年均交通费的消费额 5.37 元,占 112 元的 4.79%。[4]而这种都市生活与人的发展的费用及这些开支的固定列项,表明市民的现代趋向,也反映都市社会文明已深深渗入到每个工人家庭。[5]由此,在中国各大城市、各种运输汽车以上海最为发达。上海在近代历史进程中,逐渐发展成为全国的经济中心,到 1931 年全市的大规模工厂有 3 618 家,进出口总额达 111 114 万关两,生产、交换、流通的规模不断扩大(见表 1-5)。运输方式和运输工具也随工商业发展逐渐演变,使得上海成为全国汽车最集中的城市。[6]

---

[1]　上海市地方协会:《上海市统计补充材料》,1935 年 4 月编印,第 52 页。

[2]　刘大钧:《上海工业化研究》,商务印书馆 2015 年版,第 124—125 页。

[3]　朱邦兴、胡林阁、徐声合编:《上海产业与上海职工》,上海人民出版社 1984 年版,第468 页。

[4]　上海市政府社会局:《上海市工人生活程度》,中华书局 1934 年版,第 78 页。

[5]　忻平:《从上海发现历史:现代化进程中的上海人及其社会生活(1927—1937)》,上海大学出版社 2009 年版,第 266 页。

[6]　中国公路交通史编审委员会:《中国公路运输史》(第一册),人民交通出版社 1990 年版,第144 页。

表 1-5　上海市各种工业概况表（1932 年）

类　别	工厂数（家）	工人数（人）	资本数（银元）	类　别	工厂数（家）	工人数（人）	资本数（银元）
木材制造业	15	527	104 833	纺织工业	537	128 150	53 346 285
家具制造业	17	1 588	835 500	服用品制造业	171	11 697	4 855 387
冶炼工业	35	773	175 200	皮革及橡胶制造业	58	8 558	3 230 040
机械及金属制品业	297	10 663	3 971 853	饮食品类	175	22 628	30 290 832
交通用具制造业	20	2 458	459 300	造纸印刷品制造业	155	10 680	16 891 611
土石制造业	45	3 311	3 405 855	饰物仪器制造业	38	1 069	450 067
建筑工程业	5	195	69 555	其他工业	32	1 278	707 150
公用事业工业	5	1 079	11 260 000				
化学工业	61	8 168	9 394 246	总计	1 666	212 822	139 447 714

资料来源：上海市地方协会:《民国二十二年编上海市统计》,1933 年 8 月编印,"工业"第 1 页。

譬如1931年上海有商营汽车1 985辆,租界外商有电车、公共汽车510辆,(华界)上海市公用局发出营业汽车牌照1 115辆,1930年有民营货车360辆。[①]至1932年上半年,"因上海事变之故,汽车牌照退还者较领取者为多,故登记总数视前略减"。即"闸北为沪市最近新兴之区,京沪、沪杭、淞沪三路总站,均设其间,交通便利,为全市冠。兹市府以本埠为本国商务之中枢,华洋杂处,商贾辐辏,于去年曾提倡大上海之计划,并于江湾镇收买民田,开作市中心区,七十四万元之价值如市府大厦行将落成矣。该中心区决定五年计划便告完成,不料遭遇此场浩劫,致令进行迟钝。目下战事既息,秩序复原,当局本建设之初衷,正事多方筹谋,务达市区建设比前更较良好,更为繁荣。各级机关积极进行,已可概见"。[②]如上海市公用局1931年发出汽车执照总计8 127张,其中乘人汽车6 179张,自用5 064张、营业1 115张;1932年上半年总计7 436张,其中乘人汽车5 606张,自用4 654张、营业952张;1932年下半年总计7 782张,其中乘人汽车6 081张,自用5 014张、营业1 067张;1933年总计9 045张,其中乘人汽车7 132张,自用5 981张、营业1 151张(见表1-6)。[③]

表 1-6　中国 16 城市机动车种类数量表(1933 年)

市　　别	普通汽车			长途汽车		货车		机器脚踏车	共　计
	公有	私有	商有	公办	商办	公有	私有		
南京	444	160	255	21	27	93	79	25	1 104
上海 公共租界 法租界	468	(4 984) 5 818 (4 015)	1 069		164 (31)	(773) 789	(565) 1 024 1 036	(316) 756 (118)	10 100 (系 1935 年数)
济南	41	72	45					5	163
汉口		420	52				121	20	613
广州	310	344	707		104		48	180	1 693
杭州	37	24	61	16	14	13	17	6	188

[①] 中国公路交通史编审委员会:《中国公路运输史》(第一册),人民交通出版社1990年版,第142页。

[②] 《上海市公用局关于华商公共汽车公司增加股本》,1932年6月—1933年4月,上海市公用局档案,档号Q5-2-596。

[③] 《上海市年鉴》(1937年),转自上海市出租汽车公司:《上海街道和公路营业客运(个别的公共交通)史料汇集》(第四辑),1982年3月油印本,第28页。

市　别	普通汽车			长途汽车		货车		机器脚踏车	共　计
	公有	私有	商有	公办	商办	公有	私有		
汕头	7	6	14		36	5	4	3	75
青岛	67	411	162		119	15	128	109	1 011
北平	169	1 213	228		193	36	53	46	1 938
天津									1 105（1936 年数）
西安	6		4	34	167	13	4		228（1935 年数）
重庆	2	9	64						75
福州	15	3	37		38	4		23	120
厦门	18	13	31			7	1	13	83
长沙	6	8							14
昆明	11	1	2	30	12	2			58
合　计									17 921
备　注	共计 17 921 辆,统计年份稍有前后,此数作为约数供参考。1935 年,上海的汽车根据行驶地区领用牌照,有一车领用两照或三照的情况。上表是用发照最高的数字进行合计,有括号的数字未合计在内,列供参考。因此,上海实有机动车数应高于此表。								

资料来源:中国公路交通史编审委员会:《中国公路运输史》(第一册),人民交通出版社 1990 年版,第 157 页。

　　可以确定,汽车运输确实同步跟上近代上海城市发展的步伐。如截至 1932 年 6 月底,上海全市市营(公营)公共汽车共 8 辆,价值 14 002 银元;电车公司 3 家,两家在租界;长途汽车公司 4 家;公共汽车公司 4 家,两家在租界;登记汽车行 52 家;登记汽车加油站 98 家;登记汽车司机 12 895 人;登记车辆共 75 301 辆(1931 年总数内有汽车 6 835 辆)。[①] 至 1934 年 6 月底,全市市营公共汽车共 20 辆,电车公司 3 家,公共汽车公司 3 家,登记汽车行 62 家,登记汽车加油站 114 家,登记汽车司机 17 936 人,登记车辆共 93 287

---

　　① 　上海市地方协会:《民国二十二年编上海市统计》,1933 年 8 月编印,"公用事业"第 1—2 页。

辆(见表 1-7)。[①]1934 年,"沪市之汽车捐,系分车别、十等、按季征收",[②]即上海华界的汽车捐率按照重量共分为十个等级按季进行征收(见表 1-8)。斯时,"上海的地域很大,假使要到距离略远一些的地方去,绝非两腿所能胜任,而且在时间上也太不经济,所以不得不借重于车子。倘是自己没有车子,可乘电车或公共汽车,比较来的便宜,又快。倘是不通电车公共汽车之处,可叫人力车,代价比电车略贵。倘要求其迅速而更舒适,那末只有叫汽车,不过价钱很贵,每小时三元四元不等,开车的更要酒资,至少又是几角"。[③]

表 1-7　上海市公用局车辆登记统计表(1928—1934 年)

车　别	1928 年 6 月 30 日	1929 年 6 月 30 日	1930 年 6 月 30 日	1931 年 6 月 30 日	1932 年 6 月 30 日	1933 年 6 月 30 日	1934 年 6 月 30 日
自用汽车	3 293	2 820	3 175	4 578	4 654	5 014	5 981
营业汽车			1 016	1 069	952	1 067	1 151
自用运货汽车	484	651	329	489	519	571	689
营业运货汽车			578	681	710	785	849
机器脚踏车	172	240	219	537	601	345	375
自用马车	421	350	65	60	57	63	54
营业马车			216	266	263	266	271
自用人力车	5 464	5 559	5 868	7 904	7 523	8 348	8 710
营业人力车	17 304	17 776	17 764	18 767	20 069	21 200	23 335
脚踏车	10 002	13 209	15 733	19 256	17 398	3 356	24 544
人力货车	4 366	5 144	5 801	7 077	9 328	10 174	10 755
小车	10 216	10 994	10 607	10 793	12 612	14 299	15 707
粪车	838	900	921	601	615	649	866
总　计	52 560	58 643	62 292	72 078	75 301	66 137	93 287

资料来源:上海市地方协会:《民国二十二年编上海市统计》,1933 年 8 月编印,"公用事业"第 16 页;《上海市统计补充材料》,1935 年 4 月编印,第 77 页。

[①]　上海市地方协会:《上海市统计补充材料》,1935 年 4 月编印,第 72—73、77 页。
[②]　周一士:《中国公路史》,文海出版社 1957 年版,第 169 页。
[③]　徐国桢:《上海生活》,世界书局 1930 年版,第 61 页。

表1-8　上海市汽车捐率表（1934年）

车别	项目	一等	二等	三等	四等	五等	六等	七等	八等	九等	十等
自用汽车	重量（公斤）	450以下	450—900	901—1350	1351—1800	1801—2250	2251—2700	2701—3150	3151—3600	—	—
	季捐率（元）	10	12	16	22	30	40	52	66	—	—
营业汽车	重量（公斤）	450以下	450—900	901—1350	1351—1800	1801—2250	2251—2700	2701—3150	3151—3600	—	—
	季捐率（元）	15	18	24	33	45	60	78	99	—	—
自用运货汽车	重量（公斤）	1800以下	1801—3600	3601—5400	5401—7200	7201—9000	9001—10800	10801—12600	12601—14400	14401—16200	16201—18000
	季捐率（元）	14	22	28	36	48	60	80	110	140	180
营业运货汽车	重量（公斤）	1800以下	1801—3600	3601—5400	5401—7200	7201—9000	9001—10800	10801—12600	12601—14400	14401—16200	16201—18000
	季捐率（元）	21	33	42	54	72	90	120	165	210	270
自用运货拖车	重量（公斤）	1800以下	1801—3600	3601—5400	5401—7200	7201—9000	9001—10800	10801—12600	12601—14400	14401—16200	16201—18000
	季捐率（元）	10	14	18	22	28	36	46	56	70	84
营业运货拖车	重量（公斤）	1800以下	1801—3600	3601—5400	5401—7200	7201—9000	9001—10800	10801—12600	12601—14400	14401—16200	16201—18000
	季捐率（元）	15	21	27	33	42	54	69	84	105	126

资料来源：周一士：《中国公路史》，文海出版社1957年版，第169—170页。

再至 1936 年,上海华界的公共汽车:(1)闸北。1928 年 4 月由华商公共汽车公司与上海特别市政府签订合约,取得全市区内经营公共汽车事业权利,11 月通车闸北。1932 年一·二八事变时,该公司"被毁颇甚,嗣经充实资本,添置车辆。自市政府迁入市中心区之后,复由该公司放车行驶",有汽车 34 辆,行驶路线 5 路,共长 53.2 公里。至于沪南、浦东两方面,该公司"致力于闸北一带不遑兼顾,经先后自请放弃"。(2)南市。1928 年 10 月由沪南公共汽车公司放车行驶,其经营不善于 1931 年底宣告停业。至 1934 年 4 月,由公用局继续办理并扩充路线至浦东及沪西漕河泾一带,后"营业颇为发达,故添置车辆,扩充路线,均能积极进行",备有汽车 45 辆,行驶路线 5 路,共长 46.5 公里。从而自上海特别市成立起,不定路线的各种车辆均经市公用局办理登记、检验、发给牌照等手续。至 1935 年 6 月,全市登记汽车 9 630 辆、车辆总计 101 964 辆(见表 1-9),1936 年登记车辆总计 106 877 辆。[1]上海商办汽车公司订有营业年限:沪太长途汽车 30 年至 1950 年满期,上南长途汽车 30 年至 1950 年满期,上川长途汽车 30 年至 1955 年满期,沪闵长途汽车 10 年至 1939 年满期,华商公共汽车 12 年至 1940 年满期,沪南公共汽车 12 年至 1940 年满期。[2]

表 1-9　上海市登记汽车统计表(1927—1935 年)

时	期	汽车辆数				全市车辆总计
年	月	乘人汽车	载货汽车	机器脚踏车	合计	
1927	3	2 232	365		2 597	27 420
1928	6	3 203	484	172	3 494	52 560
1928	12	3 507	542	196	4 245	54 572
1929	6	3 820	651	240	4 711	58 643
1929	12	4 276	865	316	5 457	66 435
1930	6	4 191	907	219	5 317	62 292

[1] 上海市公用局:《十年来上海市公用事业之演进》,1937 年 7 月编印,第 61—62 页。
[2] 《上海市公用局规定商办公用事业监理规则及其处分细则案》,1928 年 5 月 16 日—1936 年 4 月 21 日,上海市公用局档案,档号 Q5-3-685。

时　期		汽车辆数				全市车辆总计
年	月	乘人汽车	载货汽车	机器脚踏车	合计	
1930	12	4 508	1 008	268	5 784	68 505
1931	6	5 647	1 170	537	7 354	72 078
1931	12	6 179	1 341	607	8 127	77 746
1932	6	5 606	1 229	601	7 436	75 301
1932	12	6 081	1 356	345	7 782	82 101
1933	6	6 482	1 382	361	8 225	87 970
1933	12	7 132	1 538	375	9 045	93 287
1934	6	7 607	1 588	344	9 539	99 227
1934	12	7 631	1 674	405	9 710	103 668
1935	6	7 631	1 612	397	9 630	101 964
备　注	1927 年 3 月公用局开始检验,1932 年中经一・二八事变					

资料来源:《上海市年鉴》(1937 年),转自上海市出租汽车公司:《上海街道和公路营业客运(个别的公共交通)史料汇集》(第四辑),1982 年 3 月油印本,第 26 页。

概而言之,至 1936 年年底上海市公用局主办的公营业有码头、给水、公共汽车等三种。水电交通事业各种登记共 214 551 起。该局监督的交通事业有华商电气公司、华商公共汽车公司、法商电车电灯公司(沪南区法商电车)。[1]据华界 1931—1936 年陆上交通统计,公共汽车的行驶路线由 4 条增至 11 条,路线长度由 40 公里增至 105.5 公里,行车由 57 辆增至 85 辆;该三项指数,1936 年比 1931 年增加百分数分别为 175%、162%、50%。[2]时人论道,上海"维持都会交通的工具,有着一九三六年式流线型的汽车,有着为小市民层代步的公共汽车和电车,有着十八世纪式的马车。但夹杂在这些汽车、电车、马车中间,却有着许多贫贱悲苦的生物,用了他们有限的体力,在汗流浃背地拖着百斤重量的车子拼命跑去,而车子上却悠闲自如地坐着一个他们同类,这现象,对于人类社会的

---

[1]　上海市公用局:《十年来上海市公用事业之演进》,1937 年 7 月编印,第 1—4 页。

[2]　赵曾珏:《上海之公用事业》,商务印书馆 1949 年版,第 82 页。

表1-10　上海市(华界)各交通公司车辆统计表(1937年2月)

企业名称	类型	1928年	1929年	1930年	1931年	1932年	1933年	1934年	1935年	1936年
华商公共汽车公司	公共汽车	4	21	25	26	16	24	33	45	34
沪南公共汽车公司	公共汽车	7	29	38	31					
市轮渡高桥公共汽车	公共汽车						2	4	4	6
公用局公共汽车管理处	公共汽车							16	33	45
上南交通公司(轻便铁路)	机车	4	4	4	4	4	5	5	5	5
上南交通公司(轻便铁路)	客车	5	5	5	5	8	20	20	20	20
上川交通公司(轻便铁路)	机车	4	6	9	9	9	9	9	9	9
上川交通公司(轻便铁路)	客车	5	9	15	15	15	15	26	26	26
沪太长途汽车公司	长途汽车	20	26	23	24	27	31	27	27	28
沪闵长途汽车公司	长途汽车		12	12	11	12	13	13	13	13
上松长途汽车公司	长途汽车					17	17	17	17	17
锡沪长途汽车公司	长途汽车								50	66
合　计	公共汽车	11	50	63	57	16	26	53	82	85
合　计	长途汽车	20	38	35	35	56	61	57	107	124

资料来源:上海市公用局:《十年来上海市公用事业之演进》,1937年7月编印,第77页。

文明,实在是一个大大的污辱"。[①]至 1937 年全面抗战前,上海公共汽车、电车(包括长途汽车)和小型火车等各类公交车有 900 余辆,营运线路 70 余条,其中华界各交通公司也在持续发展(见表 1-10)。[②]一言蔽之,上海华界公用事业在特别市政府成立前,商办有电车 1 家、长途汽车 5 家;市政府成立后,商办有公共汽车 2 家,"是本市之商办公用事业前途,正有增无减";[③]进而"使市区各通衢要道,有公共汽车之行驶"。[④]可见,汽车数量众多是经济发达的标志,而汽车运输的现代化又促进上海城市经济繁荣和社会发展。

二、租界汽车业发展

进入 20 世纪,上海的国际贸易快速发展(见表 1-11),引致城市商业日益繁荣,汽车数量也随之增长,营业性汽车的使用率日渐频密,使得汽车的社会需求量持续增加。如公共租界 1912 年发照的大小机动车增至 268 辆,至 1927 年的各类大小机动车已达 5 328 辆。[⑤]截至 1927 年 9 月 30 日,该租界领照车辆簿册中,机器脚踏车 16 000 辆,营业汽车 585 辆,自用汽车 3 884 辆,运货汽车 838 辆,公共汽车 73 辆,人力车营业 9 905 辆、自用 9 712 辆。[⑥]如 1929 年 5 月 1 日、7 日,公共租界工部局调查南京路的汽车通过量:"午前":5—6 时 48 辆、6—7 时 74 辆、7—8 时 211 辆、8—9 时 680 辆、9—10 时 523 辆、10—11 时 532 辆、11—12 时 603 辆;"午后":12—1 时 635 辆、1—2 时 449 辆、2—3 时 719 辆、3—4 时 621 辆、4—5 时 606 辆、5—6 时 653 辆、6—7 时 703 辆、7—8 时 542 辆、8—9 时 413 辆、9—10 时 342 辆、10—11 时 285 辆、11—12 时 173 辆。午前 5 时至午后 12 时,共有 8 111 辆

① 《黄包车夫的非人生活浮雕(一)》,《大晚报》1936 年 6 月 27 日,转自上海市出租汽车公司:《上海街道和公路营业客运(个别的公共交通)史料汇集》(第二辑),1982 年 3 月油印本,第 206 页。
② 蔡君时主编:《上海公用事业志》,上海社会科学院出版社 2000 年版,第 314 页。
③ 《上海市公用局规定商办公用事业监理规则及其处分细则案》,1928 年 5 月 16 日—1936 年 4 月 21 日,上海市公用局档案,档号 Q5-3-685。
④ 《公用局指导下公共汽车事业之发展》,《申报》1929 年 1 月 31 日第 20 版。
⑤ 上海市交通运输局公路交通史编写委员会:《上海公路运输史》(第一册),上海社会科学院出版社 1988 年版,第 82 页。
⑥ 《公共租界各项车辆计数》,《申报》1927 年 11 月 25 日第 14 版。

通过,"交通杂沓光景,可见一斑"。①当时该租界的四种公共汽车以铁林司蒂芬车最多,计 70 辆,福特车有 5 辆。②

表 1-11　上海贸易占全国贸易百分数表(1923—1934 年)

年别	进口(%)	出口(%)	总值(%)	年别	进口(%)	出口(%)	总值(%)
1923	44.05	36.77	40.83	1929	48.75	35.84	43.04
1924	46.53	35.82	41.96	1930	51.18	34.94	44.64
1925	44.75	39.44	42.38	1931	57.57	30.51	47.12
1926	52.12	41.87	47.71	1932	45.48	21.57	42.99
1927	44.03	35.98	40.24	1933	54.14	51.57	53.37
1928	45.34	36.54	41.37	1934	57.80	50.82	55.43

资料来源:上海市地方协会:《民国二十二年编上海市统计》,1933 年 8 月编印,"商业"第 4 页;《上海市统计补充材料》,1935 年 4 月版,第 40 页。

依据时人统计 1915、1920、1925、1930 年"上海车辆之变迁",其中人力车分别为 13 816、15 373、20 126、20 385 辆,马车分别为 1 053、817、605、272 辆,汽车分别为 539、1 899、4 010、6 896 辆。③由此,1920—1925 年上海汽车增加 2 000 余辆,年均增加 500 余辆;1925—1930 年"所增尤多"近 3 000 辆,"过去四年里,法租界和公共租界以外各处所发汽车牌照,比以前增加两倍之多"。④再据公共租界工部局警务处、法租界工董局警务处的两车务处统计:"上海之汽车统计,汽车事业大体优良。目下汽车实业之现象,大体上甚属优良。即在汽车经售商视之,亦谓其业之甚有起色,盖对于上海及中国各地之前途大半抱有乐观耳。据沪上某巨商言,十年之前,投资于此土者,较之目前相去诚不可以道里计。其后,因凡百事业日就振兴,金融起色前途克展,华洋人民均觉汽车一物,为日常所不可或缺者,并不以奢侈品视之矣,汽车实业之根基因之愈趋巩固。"如 1930 年 3 月 31 日,两租界汽车注册数 12 834 辆,上期汽车数 12 338 辆,是以三个月增加 496 辆。此中 7 859 辆属公共租

---

① 《南京路一日间汽车通过数》,《申报》1929 年 5 月 11 日第 15 版。
② 美烈:《南京与上海之汽车比较》,《申报》1929 年 4 月 23 日第 26 版。
③ 虞:《三十年来上海车辆消长录》,《申报》1932 年 4 月 6 日第 15 版。
④ 徐雪筠:《上海近代社会经济发展概况(1882—1931)——海关十年报告译编》,上海社会科学院出版社 1985 年版,第 283 页。

界,4 975 辆属法租界。汽车注册数中大半属于客车,包括私用、公用两种。出租汽车总数 9 304 辆,公共租界 5 606 辆,法租界 3 698 辆。1 月 1 日,9 038 辆汽车缴纳车捐于工部局;7 月 1 日,公共租界、法租界注册摩托运货车 2 827 辆。[①]

步入 20 世纪 30 年代,上海人口大幅增长。据 1930—1933 年其人口密度(每方公里平均人数)统计,华界分别为 3 440.80、3 711.80、3 194.80、2 087.49 人,公共租界分别为 44 595.93、45 364.20、47 557.26、44 595.93 人,法租界分别为 42 544.72、44 619.57、46 825.04、42 544.72 人。[②]至 1934 年 8 月,上海人口为 3 540 072 人,"在中国为首屈一指之大都会。其增长速率,在中国固罕有其匹,即在世界,亦属鲜见"。据调查,1927 年上海工厂工人数达 214 152 人,1933 年为 214 736 人。[③]20 世纪 30 年代中期,公共租界内有各类工厂 3 421 家,占全上海工厂总数的三分之二,工人为 170 704 人(见表 1-12)。

表 1-12 上海公共租界工业概况(1935 年 11 月)

产　业	工厂数(家)	工人数(人)	产　业	工厂数(家)	工人数(人)
纺织品	567	75 242	砖瓦、陶器、玻璃	45	1 637
食品、饮料、烟草	155	35 886	运载工具(包括船艇)	20	1 292
机器	1 108	19 051	皮革和橡胶制品	36	1 039
造纸和印刷	663	17 730	家具	23	912
服装	226	13 765	科学仪器、乐器、珠宝饰物	22	640
化学制品	191	4 225	公用事业	5	362
金属制造	167	2 602	其他	95	4 311
木作	98	2 010	总计	3 421	170 704
备　注	化学制品包括肥皂、药物、火柴和工业化学制品				

资料来源:[美]罗兹·墨菲:《上海——现代中国的钥匙》,上海社会科学院历史研究所编译,上海人民出版社 1986 年版,第 202 页。

---

① 沛甘:《上海之汽车统计》,《申报》1930 年 7 月 30 日第 25 版。
② 上海市地方协会:《民国二十二年编上海市统计》,1933 年 8 月编印,"人口"第 1 页;《上海市统计补充材料》,1935 年 4 月编印,第 3 页。
③ 刘大钧:《上海工业化研究》,商务印书馆 2015 年版,第 121—122 页。

　　且道路的筑造，与其说是为了商业上的货运，倒不如说首先是为了旅游者和一般汽车的行驶。①如"与汽车同时进展者，为全市通行车辆之道路"，1925 年通行汽车的硬面马路，公共租界仅 94.5 英里，1930 年增至132 英里，较前数所增 40％。自 1925—1930 年"上海之道路不可以宽放增筑，则如许之汽车势不能畅行无阻"。②即"近十年来，新式建筑之路，其增加有百分之一千"；③且"与道路有密切之关系，而可代表都市之一般经济状况者，为车辆之增加。在外国都市，言及车辆，皆指汽车而言。唯上海情形甚为特殊，于汽车之外，尚有人力车、马车、自行车、小车、卡车等"。至 1934 年公共租界汽车已达 9 300 余辆（如图 1-2），较 1926 年约增一倍。人力车因租界限制，近十年公共雇用者常在 1 万辆以下，未有增加。马车、小车则受时代淘汰有减无增，"此可代表上海租界之现代化……其辆数之增加甚多，十年以来已超过一倍以上"。④从而，交通发达使上海不仅成为中国最大的经济中心，且是世界闻名的大都市。但快速的汽车和慢速的人力车同时增长，各种交通工具混杂于城市，人车争道、交通复杂。

图 1-2　20 世纪 30 年代行驶在上海街头的各式汽车

　　图片来源：上海市人民政府办公厅：《上海印记：八十年前上海的汽车和车行故事》，《上海发布》2017 年 9 月 16 日。

　　具言之，公共租界各马路间的车辆交通拥挤，如 1931 年 10 月某星期五

---

① ［美］罗兹·墨菲：《上海——现代中国的钥匙》，上海社会科学院历史研究所编译，上海人民出版社 1986 年版，第 108 页。
② 虞：《三十年来上海车辆消长录》，《申报》1932 年 4 月 6 日第 15 版。
③ 沛甘：《上海之汽车统计》，《申报》1930 年 7 月 30 日第 25 版。
④ 刘大钧：《上海工业化研究》，商务印书馆 2015 年版，第 106 页。

上午 11 时 45 分至 12 时 15 分进膳时期"路中车马最为众多":四川路南京路交叉路口,时经机器车辆 756 辆,包括汽车、公共汽车、电车、机器脚踏车等。人力车经过此路口 2 397 辆。据此可知,每 1 分钟在其地经过汽车等为 25 辆,人力车 80 辆。[①]再据工部局各类汽车牌照数目统计,1922 年、1931 年私人汽车分别为 1 986、4 957 辆;出租汽车分别为 331、995 辆;卡车分别为 269、1 531 辆;摩托车分别为 257、747 辆;公共汽车 1931 年为 130 辆;[②]如 1931 年仅工部局发出的各类汽车牌照数目就有 8 360 个,其他非机动车更是数以万计。[③]至 1932 年,为"历年汽车增加最多。上海之人口由数十万而增至三百余万,全市交通组织亦续有改良。单就车辆一次而计,街道中来往如织。借以代步运输用者,有数百年来如一日之手推小车,及最新之本年式汽车,其中相去诚不知有若干年代也。综计全上海所有之一切车辆,包括小车、人力车、电车、汽车等而言。其总数不下七万辆。此数不可谓不巨"。然以全市 300 万人口计,以此车数与欧美大都市比较,"仍觉瞠乎其后"。譬如以汽车论,全上海的公、私汽车为数不及 1 万辆。假使以 300 万人口推算,须 300 人始分摊得汽车 1 辆。然以美国纽约、芝加哥、旧金山等大城市相比较,每 4 人可匀得 1 辆汽车,"相去之远,不可以道里计算"。1927 年前全上海所有汽车不过 539 辆,马车则较汽车多 1 倍余,另有轿子 28 乘,"不时见于市中,降至今日,马车已归淘汰,取而代之者惟汽车而已"。[④]从而,公共汽车、出租汽车等逐步替代城市原有的人畜力交通工具。

再如公共租界各机关 1932 年自备公共汽车增至 44 辆,上年 29 辆;用以运送硬币等物的铁甲汽车增至 20 辆,上年 16 辆。[⑤]截至是年底,公共租界与法租界汽车注册数共达 15 365 辆(不计军用汽车),较往年实增 544 辆。至 1933 年 1 月,上海汽车统计数超过 15 000 辆,"汽车事业前途乐观。沪杭公路与有关系一九三二年之上海汽车注册数业已揭晓,其数目较之往

① 虞:《三十年来上海车辆消长录(续)》,《申报》1932 年 4 月 13 日第 15 版。
② 徐雪筠:《上海近代社会经济发展概况(1882—1931)——海关十年报告译编》,上海社会科学院出版社 1985 年版,第 283 页。
③ 张仲礼主编:《近代上海城市研究》,上海人民出版社 1990 年版,第 501 页。
④ 虞:《三十年来上海车辆消长录》,《申报》1932 年 4 月 6 日第 15 版。
⑤ 《上海公共租界工部局年报》(中文),1932 年,上海公共租界工部局档案,档号 U1-1-958。

年颇有增加。是以,汽车商人不以去春之战事及商业萧条,而减少其乐观"。①截至 1933 年 6 月 30 日,公共租界第二季汽车注册较上季增加,福特居首位。注册载客的私用汽车计 5 997 辆,出租汽车 479 辆,共计 6 476 辆,牌子 164 种;公共汽车 164 辆,牌子 132 种。②是年秋季汽车注册"较上季增加,营业有起色,今后当续有进展,日进于光明之途"(见表 1-13)。即自该年元旦以来,法租界与公共租界汽车注册数已增加 448 辆,上海的汽车销售数已为全国总数的 50％。③至 1933 年年底,公共租界汽车注册:客车共 156 种牌号,私用汽车 6 373 辆,出租汽车 520 辆;运货车及公共汽车共 138 种牌号,私、公用的运货汽车分别为 1 146、848 辆,公共汽车 164 辆;租界内行驶驻沪的各国军用汽车不含在内。④

表 1-13　上海租界汽车注册数(1933 年 10 月 1 日)

牌　子	公共租界	法租界	总数	牌　子	公共租界	法租界	总数
福特	797	836	1 633	雪铁龙	143	258	401
马立斯	645	456	1 101	爱山克水	217	167	384
别克	605	379	924	畦浮兰(二)	263	114	377
雪佛兰	478	344	822	纳许	207	120	327
奥斯汀	535	205	740	克莱斯勒(三)	173	135	308
司蒂倍克(一)	344	234	578	泼莱茅斯	135	138	273
飞霞脱	320	211	531	雷诺	80	149	229
道奇	254	158	412	司坦篷	125	43	179
赫泼麻皮而	92	50	142	宝塔克	70	65	135
奥博而	51	51	102				
备　注	(一)欧司金在内,(二)灰百脱在内,(三)第沙多在内						

资料来源:沛:《本埠秋季汽车注册统计》,《申报》1933 年 11 月 1 日第 32 版。

① 摩亚:《上海汽车统计数逾一万五千辆》,《申报》1933 年 1 月 25 日第 23 版。
② 甘:《本年第二季汽车注册统计》,《申报》1933 年 8 月 2 日第 30 版。
③ 沛:《本埠秋季汽车注册统计》,《申报》1933 年 11 月 1 日第 32 版。
④ 沛:《公共租界汽车注册统计》,《申报》1934 年 1 月 24 日第 25 版。

表 1-14　公共租界工部局车辆登记统计表（1925—1934 年）

单位：辆

车　别	1925 年	1926 年	1927 年	1928 年	1929 年	1930 年	1931 年	1932 年	1933 年	1934 年
汽车	4 013	4 792	5 328	5 649	6 472	6 896	7 539	8 190	8 880	9 337
机器脚踏车	—	—	—	—	—	733	747	780	760	706
脚踏车	—	—	15 436	17 739	20 327	21 530	23 547	25 000	29 500	—
马车（自用）	299	252	198	156	113	83	76	68	61	51
马车（营业）	306	295	267	251	227	189	165	111	100	95
人力车（自用）	10 126	10 294	9 540	9 612	9 873	10 390	11 446	12 300	12 500	12 232
人力车（营业）	10 000	9 953	9 996	9 995	9 995	9 995	9 995	9 994	9 990	9 990
人力货车	—	—	6 262	7 410	8 775	9 608	11 011	12 600	13 000	—
小车	11 688	11 699	10 240	10 865	11 113	10 530	10 819	8 560	8 800	7 739
总　计	—	—	57 267	61 677	66 895	69 954	75 345	77 661	83 640	—

资料来源：上海市地方协会：《民国二十二年编上海市统计》,1933 年 8 月编印,"公用事业"第 17 页；《上海市统计补充材料》,1935 年 4 月编印,第 77 页。

　　至 1934 年 12 月 31 日，上海两租界汽车注册合为 16 793 辆，加以华界单纯使用汽车，则大上海汽车总数逾 17 000 辆，驻沪各国军队所用汽车不计在内（见表 1-14、表 1-15）。[①]当时上海的车水马龙具有世界性，最具特点的是万国汽车，街头博览。据 1931 年 10 月 1 日调查，公共租界汽车有 175 个牌子。[②]如截至 1936 年 12 月 31 日，公共租界及法租界汽车注册汽车牌号为：福特 2 224 辆，奥斯汀 979 辆，马立斯 965 辆，雪佛兰 942 辆，别克 693 辆，泼莱茅斯 557 辆，司蒂倍克、欧司金及罗根 531 辆，飞霞及巴立拉 529 辆，道奇 399 辆，爱山克水及透拉平 341 辆。[③]即 20 世纪 30 年代各种型号汽车在上海不断出现，英国的福森，但更多是美国的道奇、福特、雪佛兰、大蒙天，日本的三菱，法国的雷诺，还有少量是意大利、奥地利和比利时制造的汽车。各国厂商、各种牌号、各种颜色一齐涌上上海街头。从公共汽车、货车、工程车、搬场车、救护车、救火车、警车、灵车，形形式式、琳琅满目，但以豪华轿车居多。各种颜色中以乌黑油亮居多，中国人传统喜暖色忌素色，但此期从国外进口 30 部奶白车身、红色车胎的汽车，仍被抢购一空。[④]其时在世界眼中，上海汽车有万国牌号、各种形式、色彩各异，成为万国汽车的街头博览，彼此间比运力、美观、速度及舒适。

表 1-15　法租界公董局车辆登记统计表（1927—1933 年）　　　　单位：辆

车　别	1927 年	1928 年	1929 年	1930 年	1931 年	1933 年
自用乘人汽车	2 113	2 408	2 657	3 020	3 325	3 942
营业乘人汽车	601	708	943	1 026	1 016	604
自用运货汽车	309	479	534	608	825	1 001
营业运货汽车	296	384	632	674	716	678
机器脚踏车	99	127	108	77	123	113
自用马车	87	59	64	43	38	—
营业马车	235	205	197	144	140	—
脚踏车	4 132	5 573	6 785	7 322	8 041	—

----

①　虞：《本埠英法两租界汽车统计》，《申报》1935 年 2 月 20 日第 21 版。
②　虞：《三十年来上海车辆消长录》，《申报》1932 年 4 月 6 日第 15 版。
③　愚：《汽车注册统计》，《申报》1937 年 3 月 3 日第 25 版。
④　周源和：《上海交通话当年》，华东师范大学出版社 1992 年版，第 76—77 页。

车　　别	1927 年	1928 年	1929 年	1930 年	1931 年	1933 年
自用人力车	3 306	3 246	3 180	3 187	3 420	—
营业人力车	13 188	13 717	14 076	14 193	15 597	—
总　　计	24 366	26 906	29 176	30 294	33 241	—
备　　注	本表材料系上海市公用局供给,采自上海法租界公董局年报,1932 年缺					

资料来源:上海市地方协会:《民国二十二年编上海市统计》,1933 年 8 月编印,"公用事业"第 17 页;《上海市统计补充材料》,1935 年 4 月编印,第 77 页。

并且,根据 1931—1935 年(截至 1935 年 12 月 31 日)公共租界摩托车辆登记执照统计,其中出租汽车分别为 1 019、989、1 053、1 048、951 辆;自用汽车分别为 5 441、5 720、6 092、6 674、6 791 辆;试用汽车分别为 59、60、71、80、71 辆;载货汽车分别为 1 839、1 797、1 928、2 037、1 863 辆;自行车分别为 920、1 074、849、795、690 辆;公共载货汽车分别为 180、240、239、245、254 辆;法国式公共汽车分别为 2、4、6、14、21 辆,车辆总计分别为 9 460、9 884、10 238、10 893、10 641 辆。再据摩托车辆领有执照统计,其中出租汽车分别为 995、964、1 013、1 055、1 003 辆,公共汽车分别为 130、159、162、179、179 辆(见表 1-16)。该租界 1923—1935 年颁发的汽车执照数每季平均分别为 2 976、3 452、4 010、4 792、5 328、5 649、6 472、6 896、7 539、8 073、8 450、9 337、9 457 张。[1]从而,近代上海经济走上高速发展的时代,外滩的高楼大厦、工厂的设施在此时崛起,汽车运输也同向迈进、发展迅猛。上海人口 1910 年是 128 万,1927 年是 264 万,1935 年是 370 万,二十年间人口增加近 3 倍。这和电车、公共汽车、甚至双层公共汽车,加上货车、私家车如潮涌至分不开。原 300 辆电车无法负荷众多人口,每隔 7 年便增加 110 万人口,因而公共汽车便以其灵活的线路与简便管理,渗入原有交通市场而后来居上。如上海汽车 1901 年 2 辆,1902 年 8 辆,1911 年达 1 400 辆,1927 年增至 12 695 辆,1928 年 13 466 辆,1929 年 16 663 辆,1930 年 19 655 辆,1931 年 20 980 辆,至 1936 年全市汽车已达 24 572 辆,且未包括各国驻沪的陆海军战车和文武官员用车,因此 20 世纪

---

[1]　《上海公共租界工部局年报》(中文),1932—1935 年,上海公共租界工部局档案,档号 U1-1-958、959、960、961。

30 年代上海汽车估计有 3 万辆上下。①

表 1-16　公共租界领有执照的摩托车辆统计表(1927—1935 年)　单位:辆

年　别	自用汽车	出租汽车	货车拖车等	公共汽车	摩托自动车(机器脚踏车)	营业执照
1927 年	3 859	547	859	72	495	44
1928 年	3 989	685	959	86	521	44
1929 年	3 980	849	1 078	109	512	47
1930 年	4 445	1 017	1 333	144	733	55
1931 年	4 957	995	1 531	130	747	57
1932 年	5 448	964	1 605	159	815	56
1933 年	5 756	1 013	1 656	162	717	63
1934 年	6 389	1 055	1 821	179	705	72
1935 年	6 628	1 003	1 762	179	649	71
备　注	各国海陆军当道以及本局各处所用车辆之执照,概未包括于上列各项数目之内					

资料来源:《上海公共租界工部局年报》(中文),1931—1935 年,上海公共租界工部局档案,档号 U1-1-957、958、959、960、961。

另在车辆捐照方面,公共租界 1931—1932 年各项执照捐收入分别计银 1 872 977、1 951 467 两,其中汽车行的汽车、货车分别为 604 292、661 742 两。②1934—1935 年各项执照捐收入分别计 3 090 686、3 070 048 元;其中出租汽车行、摩托车辆和运货拖车、摩托车辆注册费这三项分别合计 114 427、1 178 499 元。1936 年该租界征收汽车捐税及收费率明细显示:汽车行执照,每季 7—35 元;摩托车辆执照,每季 7—35 元;游客自用汽车及开车执照,每辆车 2—6 元视日期而定,开车执照捐每张 1 元;出租汽车(执照牌费除外),照所定自用汽车照费增收 50% 按季缴付,一切出租汽车执照于 1937 年 1 月 1 日以前发给者,仍照 1936 年 12 月 31 日现行捐率征收执照捐;锡拉朋(执照牌费除外),法式公共汽车每季 70—140 元;公共汽车,每辆装有橡皮轮胎的汽车每经行 1 英里收法币 1.5 分,每辆未装有橡皮轮胎的汽车每经行 1 英里收法币 1.75 分,特种轻式汽车大半在界外的核准路线

① 周源和:《上海交通话当年》,华东师范大学出版社 1992 年版,第 2、76、81 页。
② 《上海公共租界工部局年报》(中文),1932 年,上海公共租界工部局档案,档号 U1-1-958。

行驶者,其季捐由本局酌定;自用团体汽车(执照牌费除外),客座以 20 人为限者每季 42 元,超过 20 人者另行商定;摩托救护车(执照牌费除外),照自用汽车纳费;试用汽车(执照牌费除外),每半年 68 元。[1]同年,公共租界执照捐种类达 68 种、分为五类,其中第五类有货船、马车、汽车行、摩托车、人力车、小车等 17 种,捐额最高的是汽车行执照、摩托车辆执照,每年征收 28—560 元。当年执照捐共计为 2 941 278 元,占总收入的 12.4%。[2]

表 1-17　1937 年全面抗战前上海公共汽车主要线路表

界域	路线	起讫	长度(公里)	界域	路线	起讫	长度(公里)
公共租界	1	兆丰园—虹口	11	闸北区	1	北站—江湾	7.4
	2	爱多亚路—虹口	4.7		2		
	3	静安寺—北新泾	7.7		3	北站—真如	10.2
	4	交通大学—虹桥	9.5		4	北站—市中心	11.1
	5	爱多亚路—靶子路	2.2		5	北站—市中心宿舍	11.7
	6	虹口—临青路	4.2	南市区	1	老西门—龙华镇	7.3
	7	静安寺—交通大学	3.6		2		7.3
	8	静安寺—桂阳路			3	老西门—老西门	5.1
	9	静安寺—桂阳路	13.4		4		5.1
	10	曹家渡—临青路	12.3		5	斜桥—斜桥	
	11	北站—提篮桥	3.1	备注	全面抗战前上海市区公共电汽车线路共有 56 条		
	12	极司菲尔路—白渡桥					

资料来源:周源和:《上海交通话当年》,华东师范大学出版社 1992 年版,第 132—133 页。

综上所述,"汽车为近代陆地交通之利器,无论市内交通与长途交通,均为最轻便最迅速之工具。上海近年交通密度日增,故汽车数量之升进,亦至为可惊"。[3]如上海 1936 年有出租汽车 986 辆,公共汽车 231 辆,货运汽车 720 辆,长途汽车 153 辆,电车 484 辆;天津 1936 年出租汽车 647辆,1937 年年初公共汽车 105 辆;北平 1937 年出租汽车 415 辆、长途客

---

[1]　《上海公共租界工部局年报》(中文),1935 年,上海公共租界工部局档案,档号 U1-1-961。
[2]　上海市档案馆:《上海租界志》,上海社会科学院出版社 2001 年版,第 329 页。
[3]　上海市出租汽车公司:《上海街道和公路营业客运(个别的公共交通)史料汇集》(第四辑),1982 年 3 月油印本,第 24 页。

车 91 辆。①至 1937 年全面抗战前,上海市区公交线路共计 56 条(见表 1-17),公共汽车行驶路线 31 条,路线长度 262 公里,车辆数 279 辆,平均每日载客 155 390 人次。②其时,"上海交通的便利与市面的繁荣,可说是彼此关联而兼为因果的。因为上海的地方辽阔,工业区、商业区与住宅区无形中都有显明的隔别,假使没有迅速便利的交通,住宅区的人便不能每日准时到工作场所,也不能常去购买物品;自另一方面说,假使没有这样繁荣的市面,也决不会虚费金钱有如此的交通设备。因此,谈到'行',上海人比中国什么地方的人都幸运……没有自备汽车的人,也往往雇营业汽车,不过内中也有许多是由于下列的目的:动身到码头可以多装行李,几个人同至一个地方,合雇汽车反而便宜";③由此"本埠之交通事业无日不在进步之中,而车辆之年有增加,又殊可以瞭然也"。④而交通运输特别是汽车运输的历史演变及持续发展,可从另一侧面反映近代上海的社会政治、经济活动和生活风俗的递嬗与变迁,并对上海城市发展产生重要作用。

第三节　战争时期城市汽车客运的困境

近代以来,"水电交通煤气诸端,莫不欲市民日常生活有密切之关系,由莫不与市民有切身之利害。上海为国际巨埠,市民三百余万,公用事业之重要繁复,自无代言"。⑤自 1937 年全面抗战爆发后,上海城市汽车客运事业遭受打击。抗战胜利后的解放战争时期,该业发展步履维艰、呈现起伏态势,直至新中国成立前,基本陷于困境中。

一、全面抗战时期

1937 年八一三淞沪会战爆发,上海公共交通遭到日本侵略军的破坏。战时,"以汽油输入困难,影响汽车运输甚大,少数公车甚至以木炭为燃

---

① 中国公路交通史编审委员会:《中国公路运输史》(第一册),人民交通出版社 1990 年版,第 146 页。
② 赵曾珏:《上海之公用事业》,商务印书馆 1949 年版,第 84 页。
③ 《道路月刊》第 40 卷 1 号(1932—1934 年),转自上海市出租汽车公司:《上海街道和公路营业客运(个别的公共交通)史料汇集》(第一辑),1982 年 3 月油印本,第 23 页。
④ 沛:《八月份公共租界车辆肇祸案统计》,《申报》1932 年 11 月 2 日第 27 版。
⑤ 上海市公用局:《十年来上海市公用事业之演进》,1937 年 7 月编印,"弁言"第 1 页。

料"。①斯时上海市中心区的人力车与三轮车也较以往为多,硬胎人力车也出现。人力车全长8英尺,容载1人而没有刹车。三轮车的速度比人力车快,大都无可靠的刹车设备,而驾驶者又任意驰骋,随时可见拥挤于通衢之间,在汽车、电车行列忽入忽出,易酿成事故而交通为之阻塞,所以租界曾一度禁止使用。特别是1941年12月8日太平洋战争爆发后,由于燃料供应日渐紧张,人力车、三轮车又在租界流行起来,而且雇用价格也大幅提高。②人力车、小车、马车、塌车、摩托车及自行车等,十里洋场,车水马龙,租界拥挤不堪。但当时日军的横行霸道引致混乱的社会治安状况亦影响出租汽车、公共汽车业的营运。

作为城市交通的特殊行业,全面抗战前上海汽车运输业已有很大发展,但其受战争影响颇巨。譬如1937年七七事变后,上海形势紧张,8月12日上午公共租界的英商电车、公共汽车尚可越过苏州河勉强行驶;下午起,江湾路、北四川路与北火车站一带被日军所阻不准通行。8月13日,日军向上海悍然发动侵略战争,居住在闸北、虹口等地的外侨和中国市民纷纷涌入租界。出租汽车因无法正常营业,华界的出租汽车行进而歇业。八一三淞沪会战爆发,驻守上海的中国军队奋起抗战,日军对闸北、虹口、杨树浦等地持续轰炸,工商各业损失甚巨。"沪战发生后,出租汽车被征为军用者,居十分之五,而未被征者,承接雇用大有供不应求之势,更有专放两路一带,备避难者之载乘。迨战事西移后,汽车行驶局促租界一隅,营业惨落,各大车行,为节省开支起见,无不大减车辆,有减去三分之一,亦有减至二分之一者。"③是年11月,上海失陷、战事西移后,上海与各地交通断绝,汽油价格腾贵,车胎及汽车零件等价格亦上涨数倍,出租汽车营业萧条,汽车行减至22家,车辆仅存512辆,④即华商出租汽车被征为军用约占半数,仅赖留用车辆维持营运,不少车行歇业。其间,凡出租汽车开往虹口,需领取日军"通行证",方可通过外白渡桥,祥生、银色等华商出租汽车公司均不敢领照驶往虹口;云飞、泰来等外商汽车公司则从日方领取通

① 中华民国史交通志编纂委员会:《中华民国史交通志(初稿)》,台湾"国史馆"1991年2月编印,第54页。
② 吴景平等:《抗战时期的上海经济》,上海人民出版社2015年版,第136页。
③ 上海市出租汽车公司:《上海街道和公路营业客运(个别的公共交通)史料汇集》(第三辑),1982年3月油印本,第16页。
④ 上海市公用事业管理局:《上海公用事业(1840—1986)》,上海人民出版社1991年版,第272页。

行证,经营虹口业务。①由是,华界沦陷后,出租汽车仅限于租界内经营,该业遭受严重挫折,车行不少工人失业。

日本侵略军占领上海期间,接管铁路、机场、公路、水陆交通,强征交通运输工具以及相关设施。虹口区战时因日军霸占码头、铁路,迫使轮渡停航,南北向电车、公共汽车线路中断,汽车运输行迁入吴淞江南岸,出租汽车停业。②并且,日军在租界内常利用出租汽车秘密绑架抗日爱国人士,为避免暴露实情,竟将司机杀害以灭口。1939年3月5日,美商云飞汽车公司的司机戎定善在虹口被害;3月12日,该公司的司机秦公成又在虹口被害;3月16日,英商泰来汽车公司的司机诸林根在开车前往虹口途中遇难。全体出租汽车司机极为悲愤。在中共上海工人运动委员会领导人刘宁一的亲自布置下,地下党组织发动美商云飞、英商泰来、华商祥生及银色等四大出租汽车公司的职工开展了联合斗争。3月20日,职工们为遇难司机诸林根举行大出丧。当天有1 000多人参加,出动汽车100多辆,队伍最前面的是诸林根的灵车。司机们举着"遗恨必雪""民族共愤""勿忘报仇"的横幅,声讨日军暴行。队伍从大众殡仪馆出发,经胶州路、新闸路、极司菲尔路、静安寺路等闹市区,向沿途成千上万的群众揭露日军的秘密绑架活动。为抗议日军的暗杀暴行,3月29日全体出租汽车司机发表宣言,一致拒绝出车去虹口。③此次抬棺游行和发表宣言激发了上海全市人民的抗日情绪,是对日本侵略者的有力打击。

自1937年11月至1941年11月期间,上海租界沦为"孤岛",大批江南沦陷区中小城市逃难来沪做寓公的殷实富户纷纷进入租界,京沪、沪杭铁路沿线一带不少民众亦到租界避难,使界内人口骤增,殷实富户携资来沪使得游资大量集中。上海工业品可经香港、仰光等地运输,以供内地及西南各省需求,加上西方各国忙于战争,东南亚地区的市场出现空隙,上海工业品又有国外销路。一些遭受战火破坏的工厂迁入租界复业,新设不少工厂。至1938年底,租界的工厂数超过战前两倍以上。由于租界人口增加并集中,游资增多,投机活动猖獗,使租界畸形繁荣,各商店营业兴旺,娱乐场所、旅

① 上海市交通运输局公路交通史编写委员会:《上海公路运输史》(第一册),上海社会科学院出版社1988年版,第171页。

② 上海市委党史研究室:《上海市抗日战争时期人口伤亡和财产损失》,中共党史出版社2016年版,第29页。

③ 上海市交通运输局公路交通史编写委员会:《上海公路运输史》(第一册),上海社会科学院出版社1988年版,第171—172页。

馆、戏院、酒楼、舞厅等服务行业复趋活跃,经常客满,有钱人多以汽车代步,出租汽车行业整体呈现起色,经营规模一度扩大,业务一度繁忙。但因物价一再飞涨,开支大增,行业处境仍相当困难。虽经各车行联合决议,自 1938年 7 月 1 日起将租车价目每小时由 3 元涨至 3 元 6 角,20 分钟起算价由 1元涨至 1 元 2 角,仍不敷开支。1939 年汽油及车胎零件等价格迭经飞涨,云飞、祥生、泰来、银色等四公司联合议决于 9 月 14 日起增加运价,20 分钟起算价 2 元 2 角,每小时 6 元 6 角。①但这些举措,并未能为出租汽车企业带来一定活力。

譬如 1940 年 4 月 30 日,上海公共租界工部局董事会议决,私人包车、人力车、摩托车、马车、送货车辆、私人汽车、出租汽车、私人公共汽车等执照捐的附加税从 10% 提高到 50%。②其间,世界战云密布、形势日迫,该租界以汽油储存有限,提出限制使用私人汽车,先是征求法租界公董局同意,规定于 1940 年 12 月 22 日上午 9 时,凡一般私人汽车一律停止开行。日伪市政当局规定外交使团、公用事业公司才可用车,发给三角形执照,贴在汽车挡风玻璃上,而医院医生为十字式。凡没有持证者一律禁止开车,且规定每月发放执照以辨真伪。③1941 年上半年,世界战争形势紧张,上海租界"孤岛"畸形繁荣结束,出租汽车业务日趋冷落、营业惨淡。是年 9 月底起,上海实行汽油限额分配制,凭各大火油公司发放的分配证购油,每次加油限 10加仑。自 11 月 1 日起,上海各加油站为减少销油量,每逢星期日停止加油。12 月 2 日,美孚火油公司通告,除急救车、外交用车外,各载客汽车供油量减少 50%,货车供油量减少 30%。④这一系列规定使本已萧条的汽车运输业更加雪上加霜,各公司仅能勉强维持。

至 1941 年 12 月,日本军队偷袭珍珠港,向英美宣战,8 日太平洋战争爆发。当日,日军进占苏州河以南的租界地区,并将上海海岸完全封锁,对外交通隔绝,进出口贸易全部停顿,进而对汽油供应严加限制,此举影响了汽车运输业的营运,给已不景气的该业再以很大打击。同年冬,公共租界工部局登记的汽车行仅有 28 家、汽车 616 辆,法租界登记的汽车仅 308 辆。⑤

① 上海市公用事业管理局:《上海公用事业(1840—1986)》,上海人民出版社 1991 年版,第272—273 页。
② 上海市档案馆:《上海租界志》,上海社会科学院出版社 2001 年版,第 357 页。
③ 周源和:《上海交通话当年》,华东师范大学出版社 1992 年版,第 88 页。
④ 吴景平等:《抗战时期的上海经济》,上海人民出版社 2015 年版,第 139 页。
⑤ 上海市公用事业管理局:《上海公用事业(1840—1986)》,上海人民出版社 1991 年版,第273 页。

租界内汽油供应已异常缺乏,是年 12 月 23 日工部局奉日军之命贴出布告,规定私人汽车除特许领证者外,一律不得行驶。市内私人汽车寥寥无几,出租汽车全部停驶,大部分出租汽车行被迫歇业。公共租界仅签发私人汽车许可证 600 张,法租界 300 张。1942 年 1 月 10 日,公共租界的英商中国公共汽车公司遭日军接收被强令停业,11 日英商公共汽车全部停驶,法商电车也缩短线路、减少站点,出租汽车大部停驶,交通日趋紧张,公众出行不便。①自此,上海市内汽车数量持续锐减。

嗣因无油多数汽车被迫停驶后,木炭瓦斯汽车开始运用。如 1942 年春,部分出租汽车行企图以木炭、瓦斯代替汽油作燃料,恢复营运行驶,使用的还有木柴、白煤、焦炭、煤气、酒精等。其中以木炭、白煤为多,木炭多用于小汽车,白煤多用于公共汽车和运货汽车。还有一些以煤气作燃料的汽车,在车顶上添装铁架,搁置一个圆形的煤气罐,里面容纳 180—200 立方英尺(5.1—5.7 立方米)煤气,可行驶 12—13 英里(19—21 公里)。以酒精作燃料一般用于高级小轿车,因价格昂贵,使用不广。当时法租界还有一种石油、苯、酒精混合的液体,售价每加仑 22 元(5.81 元/升),但仅限售给已得汽车特许执照者,使用的也不多。1942 年 10 月,公共租界工部局颁布第 6116 号布告,准许木炭、白煤、焦炭等代替燃油汽车行驶,并在福州路 185 号警务处车务股颁发许可证。光陆、东方汽车公司经营瓦斯汽车较早,嗣后,银色汽车公司也改装了部分车辆投入营业,一时木炭瓦斯汽车在市上通行渐多。然而由于木炭瓦斯汽车是用汽油汽车所改装,改装时有很多不便。一是在汽车上增添附加机件,费用与重量增加;二是起动时需费时加炭、煽风、生火等手续;三是马力减弱,尤其在行驶上坡时不便;四是车辆外貌不雅观;五是炭炉热气逼人,特别是发生炉中产生的气体,湿度较高,还含有炭屑灰粒,必须经过滤气器、空气调节器,方能进入汽缸,技术上问题较多,未能普遍推行。已改装的,行驶不久也都停用。②

继至抗战后期,上海市内交通的各类车辆数量为(1944 年 2 月统计数):公共租界第一区拥有驾驶执照的机器脚踏车 4 850 辆,三轮脚踏车 11 653 辆,汽车驾照 30 804 名;第八区拥有华人及西人驾驶执照 13 653 名,华人及西人机器脚踏车驾驶执照共 825 名,汽车夫驾驶执照 24 032 名。上

---

① 上海市交通运输局公路交通史编写委员会:《上海公路运输史》(第一册),上海社会科学院出版社 1988 年版,第 177 页。
② 上海市公用事业管理局:《上海公用事业(1840—1986)》,上海人民出版社 1991 年版,第 273—274 页。

海北区拥有各种车辆:营业用卡车 109 辆,自用卡车 102 辆,营业用公共汽车 121 辆,自用汽车 104 辆。上海南区有执照的车辆中,公共载重车 630 辆,自用载重货车 968 辆,救护汽车 27 辆,出租汽车 198 辆。①当时因汽油短缺,日军引用木炭以代汽油,一般在轿车后或大卡车驾驶室旁安装一个大木炭筒式火炉,发生气体推动汽车前进,加上各种附件设备就显得非常呆笨,行动缓慢,转弯不灵。而一个木炭或煤炭气体发生炉体积很大,活像背上一个大包袱。②而从汽油、木炭和煤炭的变化可见日伪统治的汽车能源枯竭、黔驴技穷。上海全市除公共租界、法租界保留几条有轨、无轨电车线路外,能正常行驶的汽车甚为寥寥,大多数汽车在城市中犹如僵尸车辆、废铁一般。

二、解放战争时期

1945 年 8 月 11 日即日本政府宣布要求投降的第二天,蒋介石发布三道命令,一要八路军、新四军"原地驻防待命",不得向敌伪"擅自行动",二要国民党军队"积极推进""勿稍松懈",三要日伪"切实负责维持地方治安",抵制向人民军队投降。8 月 12 日,委任大汉奸、汪伪上海市长周佛海组织国民党军事委员会上海行动总队,指挥伪中央税警总团、上海市保安队与警察、第十二军所属三个师以及浙江保安队等伪军,负责维持上海市及京沪杭一带治安,阻止新四军的行动。8 月 13 日,任命钱大钧、吴绍澍为上海市正副市长;指派在屯溪的国民党上海市军事特派员吴绍澍为上海的军事、政治特派员,设立代表总署和特派员总署,督导周佛海的行动。由此,国民党重新统治了上海。③8 月 15 日,日本正式宣布无条件投降,世界反法西斯战争胜利。

抗战胜利之初的 1945 年 10 月,上海市区的公共汽车行驶路线仅 1 条,路线长度 5.8 公里,车辆数 10 辆,平均每日载客 19 200 人次。④同月,上海市公用局举办汽车登记检验:"驾驶汽车安全与否,驾驶人之技术,因属重要因素,汽车本身机件之良窳,亦有莫大关系,且在本市复员之始,汽车甚多易主,牌照亦形庞杂,而无牌照行驶者,亦所在都有,情形殊为纷乱。本局为廓清此种现象,维护交通安全计。因即举办各项机动车辆登记,并施行检验,

---

① 吴景平等:《抗战时期的上海经济》,上海人民出版社 2015 年版,第 141 页。
② 周源和:《上海交通话当年》,华东师范大学出版社 1992 年版,第 88 页。
③ 上海市总工会:《解放战争时期上海工人运动史》,上海远东出版社 1992 年版,第 2 页。
④ 赵曾珏:《上海之公用事业》,商务印书馆 1949 年版,第 84 页。

一经发现机件如有缺点,即分别责令车主遵照改善,再加复验,必须全部完好,方准登记行驶。"自 10 月 1 日起在汉口路该局车务科及长兴路、江宁路两车辆登记所同时举办,截至 20 日申请检验的车辆计自用客车 1 174 辆、营业客车 316 辆、自用货车 100 辆、营业货车 388 辆。翌年 4 月,公用局、警察局会衔布告:"本市各种车辆油漆颜色不一律,不特漫无标准,与交通秩序市容观瞻均有影响,当经公用局拟定各项车辆油漆颜色办法,呈奉市政府核定施行在案,兹经规定限于本年年底以前一律办竣。"规定颜色为:政府机关公用汽车为黑色,军用汽车为草黄色,法团汽车为深蓝色,营业汽车为淡绿色,电车及公共汽车为淡绿奶油二色,救火汽车为大红色,救护车为白色,工程车为赭色,营业人力车及三轮车为紫红色。①

再至 1946 年 7 月,"各种车辆行驶于市区者,名称颇多,惟有机动车及非机动车等分别",各车数量统计:(1)机动车。自开小客车 4 819 辆,营业小客车 609 辆,自备货车 1 635 辆,机器脚踏车 5 601 辆,试车 131 辆,军用车 4 957 辆,共计 14 362 辆。(2)非机动车。三轮车 14 837 辆,脚踏车 98 154 辆,人力车 26 828 辆,其他车辆 29 738 辆,共计 169 557 辆。(3)车行。营业货车行 210 家,营业客车行 40 家,营业三轮车行 35 家,修理买卖车行 60 家。②再据同年上海市落班时间(下午 4—6 时)各种车辆行出中区显示,电车及公共汽车为 481 辆,载客 36 878 人,占载客总数百分比为 37.1%;自备及营业汽车 2 440 辆,载客 10 320 人,百分比为 10.3%;自备大卡车 2 286 辆,载客 22 860 人,百分比为 23%;三轮车及人力车 16 288 辆,载客 23 056 人,百分比为 23.2%;自行车 6 332 辆,载客 6 332 人,百分比为 6.4%。③彼时,乘车出行"在上海市民中大约总有半数以上,我想除非上海发达到同美大都市一样,路上有了川流不息的电车、公共汽车,并且随处随时可以喊雇出租汽车,而市民个个富裕的可以不在乎坐坐汽车的时候,黄包车是不能废除的"。由此 1946 年 10 月,上海市政府准备在人力车职业工会成立后,利用一笔数目不小的会费作为车夫今后转业用:开办小型工厂容纳

① 上海市出租汽车公司:《上海街道和公路营业客运(个别的公共交通)史料汇集》(第三辑),1982 年 3 月油印本,第 103、114—115 页。
② 《本市各种车辆共十八万余辆》,《中央日报》1946 年 7 月 28 日,转自上海市出租汽车公司:《上海街道和公路营业客运(个别的公共交通)史料汇集》(第二辑),1982 年 3 月油印本,第 89 页。
③ 上海市出租汽车公司:《上海街道和公路营业客运(个别的公共交通)史料汇集》(第三辑),1982 年 3 月油印本,第 215 页。

缝纫工人;设立汽车公司给车夫转业。①

　　具如抗战前上海的出租汽车、卡车、公共汽车、电车、人力车、三轮车分别为 7 098、3 669、276、452、18 453、0 辆;抗战胜利后,分别为 6 668、4 394、56、391、25 000、11 000 辆。战后的公共运输车辆如公共汽车减少 220 辆,电车减少 61 辆,出租汽车减少 430 辆,人力车增加 6 547 辆,三轮车增加 11 000 辆。②换言之,战后个人低速的车辆增加很多,集体高速的车辆反为减少,实际的运输量大为减低,汽车车辆亦均较战前为减。而公交车辆的载客人数,1946 年英法两家公司占 77%,官办的上海公共交通公司的载客人次也只有全市 22%,当然外资公交公司并不满足于在原租界范围内的经营,它们的势力还扩展到南市、闸北等地,不过这些地区毕竟不是其营业重点所在,外资公交公司在棚户区和郊区几乎没有开辟任何公交路线。民族资本的公交公司限于实力,也无法得到大发展,所以旧上海的公共交通发展不平衡状况长期得不到改善。③至 1947 年年初,上海各种机动车辆为 20 100 辆,包括军车 4 200 辆、公共车辆 541 辆;抗战前机动车辆为 11 000 辆、公共车辆 715 辆。④

　　根据美国专家康威 1947 年在上海(两个月)的交通调查报告:"上海市内交通之重要,上海人口逾四百万,为东亚第一大城,约计七十五万平方英里地区之商货大都经由本港吞吐转运,全国金融工商胥以本市为中心。"上海市英商、法商两电车公司的营运情形如以 1946 年、1936 年互作比较,1946 年全年载客人数较 1936 年超出 40%—160%,而全年行车公里减少约30%,"拥挤情形自不能免。市办公共汽车虽见努力发展,但限于车辆设备。且战前英商公共汽车公司,华商闸北公共汽车公司及南市电车公司之车辆,均已不复存在"。英电、法电、上海公交公司三单位总和战后较战前载客人数增加 34%,而行驶车辆数减少 18%,营业三轮车、人力车自 1936 年10 818 辆增加至 31 252 辆,增数为 189%,"公共车辆数量之不足,促使其他之车辆增加,实为拥挤之主要原因之一"。而"欲解决交通工具不足问题,必先调查实际需要",据战前统计,每天在路上乘着各式车辆来往的乘客约占

①　上海市出租汽车公司:《上海街道和公路营业客运(个别的公共交通)史料汇集》(第二辑),1982 年 3 月油印本,第 60、231 页。
②　赵曾珏:《上海之公用事业》,商务印书馆 1949 年版,第 16 页。
③　张仲礼主编:《近代上海城市研究》,上海人民出版社 1990 年版,第 505 页。
④　上海市出租汽车公司:《上海街道和公路营业客运(个别的公共交通)史料汇集》(第二辑),1982 年 3 月油印本,第 90 页。

总人数 65％,其中电车乘客约占 25％,公共汽车约占 20％,自备车辆、出租汽车、人力车等约合占 20％。假定全市人口以 350 万计,则每日电车及公共汽车两项应有乘客 1 585 000 次,假定电车每辆每日载客 1 500 人,则疏运乘客 1 585 000 次,应有电车及公共汽车 1 060 辆。1947 年全市行驶电车计 371 辆、公共汽车 74 辆,合共 445 辆,只及需要量的 42％,"乘客拥挤现象,自属无法避免"。战后,假定目前上海人口为 400 万,每天乘公共车辆的市民有 180 万人,再假定每辆公共车辆每天运客 1 500 人,那么就需要 1 200 辆公共车辆。假使废除现在 25 000 辆人力车、15 000 辆三轮车,就再需要 550 辆公共车辆,于是总需要量是 1 750 辆,可事实上公共车辆现仅 534 辆,只占实际需要的 30.5％。①如当时上海与美国城市相关情形比较见表 1-18。

表 1-18　上海市与美国城市公共车辆比较表(1947 年)

城　市	公共汽车	其他公共车辆	总　计	每千口的车辆数
上　海	420	481	901	0.24
波士顿	607	1 758	2 365	1.005
底特律	2 082	907	2 989	1.300
华盛顿	1 015	824	1 839	2.030
圣路易斯	977	691	1 668	1.220
费　城	743	2 464	3 207	1.100
克利夫兰	505	1 127	1 632	1.350
纽　约	3 945	8 470	12 415	1.065
芝加哥	1 058	4 983	6 041	1.341
附　注	包括有轨及无轨电车、地下道及高架车辆;包括增加新车后的数字			

资料来源:《本市交通改进计划撮要》(1947 年 11 月 10 日《公用月刊》),载赵曾珏:《上海之公用事业》,商务印书馆 1949 年版,第 280 页。

即以上海情形论,由中正东路外滩至西藏路止,其间有红绿灯 7 处,并据运量观测,每日 12 时中由此通过的机动车辆达 10 346 辆,平均速率为每小时 20 公里。1946 年上半年全市人口约为 380 万,至 1947 年 8 月已达 420 余万,约计增加 50 万人。据公用局记录,1946 年间上海市公共车辆为 419 辆,至 1947 年 8 月已达 618 辆,约增加 50％;机动车辆由上年 14 231 辆

① 赵曾珏:《上海之公用事业》,商务印书馆 1949 年版,第 159、177、279 页。

增至 25 872 辆,约增加 80％;非机动车辆亦由上年 169 416 辆增至 254 776
辆。全市 1946 年 6 月行驶的公共汽车 57 辆,嗣因公用局增置新车 157 辆
已达到 214 辆,"对于公共交通之改善实非浅鲜"。1946 年 6 月,全市公共
车辆每日平均乘客数为 83 万人,其中有轨电车乘客 55 万人,无轨电车乘客
20 万人,公共汽车乘客 8 万人;1947 年 6 月,每日平均乘客数 90 万人,其中
有轨电车乘客 36 万人,无轨电车乘客 25 万人,公共汽车乘客 33 万人。以
此两项数字相较,则 1947 年的乘客运量约增加 12％,可见"公共汽车及无
轨电车之运量已见增加,而有轨电车之拥挤则稍纾减"。①

　　再如 1947 年最繁忙道路如南京路、外白渡桥、四川路桥、中正东路
等,其最大单向需要运输量经实测为每小时 5 000—8 000 人。但公共汽
车及有轨电车如有优秀车辆且交通管制得当时,每小时单向运输量均应
达到 9 000—12 000 人以上。②如上海"缺少南北间的大道,同时苏州河上的
桥梁,也嫌不够,更需要的,就是在这个大都市的外围,要有环市的大路,这
样可使所有车辆,不一定要穿过市区,而市区的车辆,终是最稠密的。虽然
世界各国的大都市遭遇到交通拥塞的难题,可是上海却比世界任何大都市
遭遇到更深一层的难题,就是车辆种类的繁复,从最新式的汽车到最原始的
独轮车,可说是洋洋大观"。一辆 1947 年式的培克汽车与一辆人力车在同
一条路上驶行,不能不说是一个奇迹。各种车辆各有不同的速率,于是管制
交通的人更感困难。譬如在其他任何大都市里,当一辆汽车要右转时,它只
需要离开它前后的汽车向右转,可是在上海,汽车行列外面还有一层密布的
缓行车辆,汽车右向,需要冲过这些缓行车辆时,就常常遇到困难。处理上
海交通问题最头痛的就是手拽车、人力车与三轮车,据公用局局长在《上海
之公用事业》中说,"他们满塞在路面的空隙场所,又常使其他车辆在转动时
要停留很长的时间,使车夫与乘客同感不便,可是在目前,我似又不能立时
废除这些车辆,因为我们没有充分的电车与公共汽车,更同时立刻废除,将
引起很严重的失业问题,表面上,这仅是一个技术问题,其时却包含着经济
与社会各方面的问题,使我们不能不平心静气的来处理"。③

　　在此背景下,上海汽车的保有量持续增加。1947 年 7 月底统计,机动
车辆共计 25 152 辆,其中汽车 10 129 辆、内自用汽车 9 130 辆、营业汽车

　　①　赵曾珏:《上海之公用事业》,商务印书馆 1949 年版,第 186—187 页。
　　②　上海市出租汽车公司:《上海街道和公路营业客运(个别的公共交通)史料汇集》(第三辑),
　　　　1982 年 3 月油印本,第 216 页。
　　③　赵曾珏:《上海之公用事业》,商务印书馆 1949 年版,第 176 页。

999 辆;运货汽车 6 405 辆,内自用运货汽车 3 511 辆、营业运货汽车 2 894 辆;军用汽车 4 123 辆,试车汽车 225 辆,吉普汽车 1 361 辆;机器脚踏车 2 909 辆。非机动车辆为 246 059 辆,其中脚踏车 167 616 辆、人力车 20 262 辆、三轮车 22 992 辆、单座三轮车 6 498 辆、其他车辆 28 691 辆。①同年底,按所发牌照统计,全市各类机动车已增至 26 800 辆,其中军车 4 105 辆、自备小客车 9 880 辆、出租汽车 993 辆、自备货运汽车 3 802 辆、营业载重汽车 2 995 辆、吉普车 1 451 辆、摩托车 3 337 辆、其他车 237 辆。以汽车为主的各类机动车已比 1936 年增加 1 倍多。1946 年至 1947 年上半年,上海汽车的多渠道来源和低廉价格,使车种日趋多样化、复杂化。既有美军倾销的部分军车和从美国等进口的新车,还有市场标售的部分政府接收来的日伪汽车。不仅有普通的货运汽车,还有不少简易大客车、搬场车、油罐车、平板车、运柩车等特种车和改装车。②简言之,1947 年上海行驶公共汽车路线 24 条,路线长度 223 公里,车辆数 257 辆,平均每日载客 285 975 人次。但公共交通设备均比战前减少,如公共汽车行驶路线总长度比战前减 14.9%,行驶车辆减 7.9%,而业务容量反比战前大增,公共汽车载客比战前增 75.6%,"征诸市民需要之殷切"。③其时,汽车修理行业也迅速扩大,从事汽车修理厂行间的竞争日趋激烈,同年上海的市营客车为 239 辆,商营客车为 995 辆(见表 1-19)。

表 1-19　中国各省市营和商营车辆表(1947 年)

省市别	省市营车辆(辆)		商营车辆(辆)		省市别	省市营车辆(辆)		商营车辆(辆)	
	客车	货车	客车	货车		客车	货车	客车	货车
江苏	15	6	487	278	湖北	45	32		820
浙江	27				广东			260	818
安徽	19	12			广西		53		715
江西	110	24			河南	11	43		41
福建	33	25		366	河北		39		
湖南	221	6			山东				850

① 上海市出租汽车公司:《上海街道和公路营业客运(个别的公共交通)史料汇集》(第一辑),1982 年 3 月油印本,第 27 页。
② 上海市交通运输局公路交通史编写委员会:《上海公路运输史》(第一册),上海社会科学院出版社 1988 年版,第 255—256 页。
③ 赵曾珏:《上海之公用事业》,商务印书馆 1949 年版,第 84 页。

续表

省市别	省市营车辆(辆)		商营车辆(辆)		省市别	省市营车辆(辆)		商营车辆(辆)	
	客车	货车	客车	货车		客车	货车	客车	货车
山西	4	6	4	53	新疆				150
陕西	39	46			上海	239		995	2 407
贵州	28	59			重庆	21	286	197	774
云南			247	640	北平	45		30	
四川	1	24	230	361	青岛		130		236
西康	20	86	6	19	济南			2	236
热河		13			汉口				750
察哈尔		105			天津			219	526
绥远				52	广州			458	742

资料来源:周一士:《中国公路史》,文海出版社 1957 年版,第 319—321 页。

　　此外,1947 年 10 月 23 日国民政府立法院修正通过"使用牌照税法",其中第五条规定:乘人小汽车,每辆全年国币 50—100 万元;乘人大汽车,每辆全年国币 80—160 万元;载货汽车,每辆全年国币 80—160 万元。[1]上海市的汽车牌照及驾驶人执照费率可见表 1-20。且战后新设计的汽车牌照换发工作于 1948 年开始,换发牌照工作由中央和地方公路监理机构结合进行。根据交通部新修订全国统一的《汽车管理规则》及具体实施细则如《汽车登记实施细则》《汽车检验实施细则》《汽车试车牌照领用办法》《汽车出入境联合登记办法》《汽车补牌补招程序》《确实无来历凭证各类汽车处理办法》等,使汽车登记、检验、发照工作有章可循。在实际换发牌照工作中,新的汽车号牌取消原"国"字头,改用六位数字,按前二后四分成两组,中间用一短横割开,便于读记。前二位数字为省市的代号,后四位数字为车辆编号。大、小型车的省市代号,对车辆保有量较多的省市,分配代号也较多。如南京市的代号为 00-02,上海市为 03-07,江苏 08、浙江 09、安徽 10、江西 11、湖北 12、湖南 13、福建 14、台湾 15、广东 16、广西 17、云南 18、贵州 19、重庆 20、四川 21、西康 22、新疆 23、陕西 24、甘肃 25、宁夏 26、青海 27、绥远

---

[1]　《立法院修正通过使用牌照税法》,《新闻报》1947 年 10 月 23 日,转自上海市出租汽车公司:《上海街道和公路营业客运(个别的公共交通)史料汇集》(第一辑),1982 年 3 月油印本,第 258 页。

28、北平 29、天津 30、河北 31、青岛 32、山东 33、河南 34、山西 35、察哈尔 36、热河 37、辽宁 38、大连 39、辽北 40、安东 41、吉林 42、松江 43、哈尔滨 44、嫩江 45、合江 46、黑龙江 47、兴安 48、西藏 49。①

表1-20　上海汽车牌照及驾驶人执照费率表(1947年)　　单位:元

车　　　别	新车登记费	旧车登记费	补照费	补牌费	过户费	掉车费	验照费	执照费
自用汽车	31 500	4 500	4 000	32 000	15 000	18 000	—	—
营业汽车	31 500	4 500	4 000	32 000	15 000	18 000	—	—
自用运货汽车	31 500	4 500	4 000	32 000	15 000	18 000	—	—
营业运货拖车	31 500	4 500	4 000	32 000	15 000	18 000	—	—
试车汽车	31 500	4 500	4 000	32 000	15 000	18 000	—	—
普通汽车驾驶人执照	12 000	9 000	8 000	—	—	—	3 000	—
职业汽车驾驶人执照	12 000	9 000	8 000	—	—	—	3 000	—
学习汽车驾驶人执照	6 000	4 500	4 000	—	—	—	3 000	—
临时汽车驾驶人执照	6 000	4 500	4 000	—	—	—	—	—
汽车行行基执照	—	—	—	—	—	—	—	16 500
汽车加油站执照	—	—	—	—	—	—	—	36 000

资料来源:上海市出租汽车公司:《上海街道和公路营业客运(个别的公共交通)史料汇集》(第二辑),1982年3月油印本,第173—174页。

易言之,自1946—1948年全国汽车合计分别为35 533、70 910、73 262辆,其中自用客车分别5 741、20 117、20 985辆,营业客车2 468、4 966、5 718辆;1946年,汽车驾驶人数为42 477人。如1948年上海商营汽车为3 179辆,其中电车445辆,公共汽车104辆,出租汽车939辆,长途客车81辆,货车1 600辆。②是年,上海市内有73.4%的自来水、97.4%的煤气、100%的电车、21.6%公共汽车操纵在外资手里。③且从中国大城市汽车运输的经营性质看,除个别城市有过短暂的官办或官商合营外,其余全系商

---

① 中国公路交通史编审委员会:《中国公路运输史》(第一册),人民交通出版社1990年版,第445—446页。

② 中国公路交通史编审委员会:《中国公路运输史》(第一册),人民交通出版社1990年版,第417、447页。

③ 上海社会科学院经济研究所:《上海资本主义工商业的社会主义改造》,上海人民出版社1980年版,第32—33页。

营。在城市商营汽车运输业中,外商经营者往往居于垄断地位,如上海最大的公共汽车公司是英商创办的,上海的四大出租汽车行中就有美商"云飞"和英商"泰来"两家。外商在中国投资开办城市汽车运输业,是殖民势力经济渗透的手段之一。他们可以利用各种特权,不受当地政府法令的限制和捐税的影响,使得中国一些本小利微的汽车运输业难于竞争、蒙受打击和排斥。[①]但仍然有一些规模较大的华商出租汽车企业生存下来并逐渐壮大,如上海著名的祥生汽车公司在1948年12月的营业收入就达到276.5万金圆(见表1-21),成为中国华商出租汽车的典范。

表 1-21 上海出租汽车公司营业概况表(1948 年 7 月、12 月)

年 月 公司名称	1948 年 7 月			1948 年 12 月	
	祥生	祥生交通	海达	祥生	祥生交通
月份收入(元)	89 544 810 000	17 351 490 000	5 190 060 000	2 765 100.50 (金圆)	569 846.38 (金圆)
共有车辆(辆)	小客车 107、大客车 9	小客车 35	小客车 26	营业 107、营运 9	营业 27、营运 8
每差车价(元)	1—16 日 100—160 元,17—31 日 240—300 元	同前	同前	1—13 日 24—40 元,14—31 日 64 元	同前
出差次数(次)	48 062	9 524	3 374	51 299	10 952
除长途一成(次)	43 256	8 572	3 037	41 385 (实际差数)	9 471 (实际差数)
每日每车差数(次)	12.43	8.17	3.89	11.89	9.02
每加仑行驶数(加仑)	2	2	1.7	2.5	2
每车每月需油(加仑)	186.6	122.7	67.8	139.2	135.5
每车原有配油(加仑)	小客车 80、大客车 140	80	80	营业 56、营运 98	同前
每车应增配油(加仑)	小客车 106.6 大客车 46.6	42.7		营业 83.2、营运 41.2	营业 79.5、营运 37.5
共计增配油	118 256	1 196.6		9 273.2	2 446.5

资料来源:上海市出租汽车公司:《上海街道和公路营业客运(个别的公共交通)史料汇集》(第四辑),1982 年 3 月油印本,第 135—137 页。

---

① 中国公路交通史编审委员会:《中国公路运输史》(第一册),人民交通出版社 1990 年版,第 97 页。

综上以观,"上海是二十世纪的文明世界,汽车电车风驰电掣的在光滑的柏油路上驰过,象征着文明的幸福"。[①]诚如时人论:近代上海既有"层楼巨厦,康庄大道",日益进步的"最新之机械",不断增加的汽车、电车和空中飞机,又保留着"鸟道陋巷"和小车、人力车等各种传统"粗陋之工具"。即上海既是现代的,又是传统的。[②]亦如当代学者指出,近代上海"世界性与地方性并存,摩登性与传统性并存,先进性与落后性并存"。[③]客观而言,1937年全面抗战前因租界分割,上海为三界四区,分别经营电车、汽车路线,互不连属。各区均为1、2、3、4等,所以电车、汽车号码重复。战后租界收回、市政统一:有轨电车从1号至12号,无轨电车从13号至24号,汽车从41号至102号。据统计,战前全市公交线路有56条;战时1937—1945年公交线路有12条;1947年恢复为37条,1951年为39条;到1982年实际为121条公交线路。[④]可以确定,近代时期上海形成较为完善的交通网络,为汽车等新式交通工具的传入、利用及发展提供前提。随着城市经济发展和人口增加,迅捷的汽车交通已成为城市发展进程的必然需求,与上海城市拓展和经济繁荣交相挽进。易言之,近代上海租界、华界的汽车运输业已非常发达,汽车客运的车类、车型逐步充实和更新,汽车交通的车轮带动了近代上海城市的发展步伐,裨益于城市化进程的相与赓续,为上海成为中国最具现代化的城市奠定物质基础。

---

① 《黄包车整天奔跑不够温饱一生挣扎饥饿线上》,《中黄日报》1939年10月16日,转引自上海市出租汽车公司:《上海街道和公路营业客运(个别的公共交通)史料汇集》(第二辑),1982年3月油印本,第217页。

② 刘铭三等:《上海的将来》(新中华杂志社1934年版),转引自陈国灿:《江南城镇通史·民国卷》,上海人民出版社2017年版,第289页。

③ 熊月之:《乡村里的都市与都市里的乡村——论近代上海民众文化特点》,《史林》2006年第2期。

④ 周源和:《上海交通话当年》,华东师范大学出版社1992年版,第133页。

第二章　上海出租汽车业的经营与管理

伴随近代上海工商业发展和城市建设加速,人口日渐增加,商旅活动和社会交往频繁,传统的人畜力交通如轿子、马车和人力车已不能满足市民日常出行的需求。自从汽车引入后,1908 年出租汽车应时而起且逐渐发展,进而使上海城市客运进入新的历史时期。纵观民国元年至 1927 年上海特别市成立前,为出租汽车业的肇始时期,最早经营该业者外商为平治门、亨茂汽车行,华商为飞隆、亿太汽车行,共 24 家汽车行(含出售及出租)。1928年 6 月上海汽车出租同业联合会成立至 1932 年年底,为该业的新兴时期,"时因社会需求渐见殷切,车行纷纷开设,为维护营业起见,特组织汽车出租同业联合会",46 家汽车行参加成立大会。1933—1936 年,为该业的旺盛时期,"社会经济有所复苏,百业渐趋繁荣,该业骤呈蓬勃之象,乃该业黄金时代"。1937 年 8 月淞沪会战爆发后,出租汽车仅行驶租界一隅,营业惨落。1941 年太平洋战争后日军侵入租界,用油异常缺乏,仅存汽车行 30 家,为该业的衰落时期。抗战胜利后的 1946—1948 年,为该业的中兴时期。上海市出租汽车商业同业公会(前改名)申请限额配给汽车和汽油的汽车行1946 年为 57 家,1947—1948 年增至 66 家。[①]但至 1949 年 5 月上海解放前夕,全市营运出租汽车仅 370 辆,不及全面抗战前的一半。[②]新中国成立后,上海出租汽车业恢复营运并实行公私合营,走上社会主义的光明道路。

第一节　出租汽车行业形成和发展

汽车输入上海后,首先经营出租汽车的是外商,随着进口汽车数量增

---

① 上海市出租汽车公司:《上海街道和公路营业客运(个别的公共交通)史料汇集》(第三辑),1982 年 3 月油印本,第 16—17 页。

② 陈国灿:《江南城镇通史·民国卷》,上海人民出版社 2017 年版,第 236 页。

加,华商也纷纷兴办,出租汽车逐步增多并形成新兴行业。如全市出租汽车行 1912—1927 年有 24 家,1928—1932 年 46 家,1933—1936 年 95 家,1937—1945 年 30 家,1945—1946 年 57 家,1947—1948 年 60 家。[①]自出租汽车 1908 年出现至 1949 年间,上海经受一•二八淞沪抗战、八一三淞沪会战及太平洋战争的兵燹,其间上海和西方国家经济危机,一时经济萧条,出租汽车行业遭受影响,但之后上海社会经济复苏、工商业繁荣和人口增多,该业再度蓬勃发展。由此,近代上海出租汽车行业呈现二起二落的态势,即由盛而衰后稍有中兴的马鞍形发展历程。

一、出租汽车行业的形成

汽车引入上海数年后,租界内出现载客的出租汽车。1908 年夏,公共租界工部局专门讨论出租汽车问题。如 8 月 27 日《市政公报》内载:莱佛斯和克拉克先生宣告,最近将设置若干"出租汽车"停在街头出租雇用。希望市参议会对这一服务给予准许,对该提案需要先开会审定其费率问题。随之,参议会对车辆问题认为适合,并在适当条件下发给许可证,该年预算时此项收费予以确定,并于每年年会时加以修改。[②]是年 9 月 18 日,美商环球供应公司百货商场开设出租汽车部,在上海市内第一家经营汽车出租业务,出租车辆是凯特勒克牌 5 座客车,可坐乘客 4 人,出租部设在四川路 97 号,装有电话,接受顾客电话叫车预约订车,车费按小时计算,每次用车 1 小时收费 6 元,以后每小时 4 元。因租用人不多,同年 12 月降低租车价格,改为每小时 4 元、6 小时 21 元、10 小时 30 元。这是上海有出租汽车之始。[③]出租汽车在上海嚆矢后,不断有人筹划开设出租汽车公司以经营汽车载客业务。

譬如 1911 年 8 月,工部局批准美商平治门洋行、美汽车公司(亦译东方汽车公司)的请求书,允许汽车上街出租给市民雇乘。嗣后,该局又批准亨茂洋行和中央汽车公司,分别在南京路 390 号、静安寺路 40 号、仁记路(今滇池路)2 号经营出租汽车。美汽车公司是太平洋木材公司的子公

---

① 上海市出租汽车公司:《上海街道和公路营业客运(个别的公共交通)史料汇集》(第三辑),1982 年 3 月油印本,第 19 页。

② 上海市出租汽车公司:《上海街道和公路营业客运(个别的公共交通)史料汇集》(第三辑),1982 年 3 月油印本,第 1 页。

③ 上海市公用事业管理局:《上海公用事业(1840—1986)》,上海人民出版社 1991 年版,第 255 页。

司,供给出租的汽车是法国生产的雷诺牌,和供应巴黎、伦敦所大量服务的出租汽车相同,车辆款式时髦,车辆设备较为完善,车厢可封闭或敞篷,除载客外并可运载行李,可载乘客 4 人,可吸取新鲜空气,车上装有自动计费器,乘客用车按行驶里程计算,以免乘客与司机发生不必要的争执。该公司的车辆由华人驾驶,司机等均受公司外籍职员的培训及监督,服务态度诚恳,驾驶技术娴熟并可电话叫车。亨茂洋行的出租汽车是美国制造的司蒂别克牌,可座乘客 4 人,车费按时间计算,每小时 5 元。由于车费昂贵,一般人不敢问津。因业务清淡,上海第一家经营汽车出租的环球供应公司出租汽车部,开业不久即合并给平治门洋行汽车部。①斯时,几辆装着记录车费、汽车里程表的出租汽车首次在上海出现,"这些车辆被认为多少是一种投机性的冒险,但如果在经济上成功的话,我们可以预期它们的数量将增加"。②

　　然而,平治门、美汽车、亨茂、中央汽车公司等四家外商的经营主业不是出租汽车,而是以此扩大汽车的社会影响并大量倾销汽车。如出租汽车刚问世,这些企业不惜工本,在《字林西报》连篇累牍刊登广告、文章,在闹市区广场和重要道口竖立大型广告牌,突出显示汽车照片,大肆宣传"名牌汽车、质量优良、声誉卓著""出租汽车快速服务,敏捷到达,坐出租汽车,乃习以为常"等。经营方式也采取多种措施,在繁华地区设立分行,方便顾客就近雇车;装置电话,接受顾客电话叫车;在游客众多的集散点,开辟往返的专线班车;车费计算,实行明码标价。③例如平治门汽车行在 1911 年 7 月 3、9 日、9月 1 日《字林西报》英文版的广告:"日夜租车,电话呼应","电话召唤,即刻注意,迅速服务","星期六、日及早定车"。汽车出租:南京路 370,电话2330;总经理:平治门华籍职员李叔平。④中央汽车公司 1912 年 10 月 4 日在该报刊登"汽车出租":仁记路 2A,电话 3809,经理韦廉姆。10 月 8 日该报又刊登"江湾中秋赛马"的报道:中央汽车公司直放专线汽车,车价每人 1.50 元。亨茂洋行,地址为南京路 390 号,电话 2686,总经理豪乃士勃,

---

① 上海市公用事业管理局:《上海公用事业(1840—1986)》,上海人民出版社 1991 年版,第255—256 页。

② 《1911 年工部局年报》,转引自上海市出租汽车公司:《上海街道和公路营业客运(个别的公共交通)史料汇集》(第五辑),1982 年 3 月油印本,第 50 页。

③ 上海市公用事业管理局:《上海公用事业(1840—1986)》,上海人民出版社 1991 年版,第256 页。

④ 上海市出租汽车公司:《上海街道和公路营业客运(个别的公共交通)史料汇集》(第四辑),1982 年 3 月油印本,第 53 页。

华人经理顾协康。①

且 1911 年 8 月 4、7、9 日《字林西报》刊登"出租汽车服务""出租汽车第一号价目表""出租汽车在上海"的报道:"自工部局《市政公报》获悉,近日内将有出租汽车在本埠开始服务,这些车辆已到上海,美汽车公司经营出租汽车,即将在本市开张营业。值此创始之际,该公司仅有少数车辆试行,以应顾客公众鉴赏,今后将大量推广,为迎接建设展望之需要。""散布在上海租界上的广告牌上会看到一些有趣的公告。这明白的宣告,出租汽车已抵上海,这项由美汽车公司承担的事业只是在充分考虑了当代的条件后才开始的。初创者在开始阶段,规模不大,但如果车辆受到有效的照顾,毫无疑问,其数目将大量增加。""如欲出访、购物、赴音乐会、晚会、舞会、运动会,以出租汽车代步,均感莫大舒适。"车站(服务台或分站):汇中饭店、礼查饭店、海关码头、上海俱乐部、跑马厅龙飞入口处。电话叫车号码 3290,总经理巴斯曲,车行在南京路 381-382 号。公司启:"坐出租汽车,乃习以为常",已向工部局捐照,出租汽车由巴黎运抵,设计和制造都为符合上海当地要求,首次在街头出现是星期一(8 月 7 日),"出租汽车已成了西区大企业高级职员们的必需。然而,把它介绍进速度迟缓的东区都需要冒一点险,他和马车之间将肯定有一番激烈的竞争"。②

经过上述四家外商车行大肆宣传后,出租汽车逐步成为居住在公共租界西区的洋行高级职员们出门代步工具,雇乘的人逐步增多,出租汽车在马路上往返行驶,引起人们关注,社会舆论褒贬不一。褒者大多系外商、外侨和洋行高级职员,他们每天要从西区到外滩洋行上班,又要从外滩回家到西区及经常外出联系,认为出租汽车是他们出行交通必需的代步工具。贬者大多是马车行主和赖马车为生者,他们认为出租汽车机件性能差,途中经常要抛锚,影响交通,行驶时沿途乱放黑烟,噪声大,泥土飞扬,有碍卫生,还指责驾驶员乱揿喇叭,横冲直撞,易生交通事故及引起公众烦恼等,他们曾列举理由联名函请工部局加以取缔。工部局则认为:租界境内有几辆出租汽车,有利于点缀租界交通市容面貌,对马车主们的要求未予理睬。③然当时社会舆论多认为

① 上海市出租汽车公司:《上海街道和公路营业客运(个别的公共交通)史料汇集》(第三辑),1982 年 3 月油印本,第 7 页;(第五辑),第 95—96 页。
② 上海市出租汽车公司:《上海街道和公路营业客运(个别的公共交通)史料汇集》(第三辑),1982 年 3 月油印本,第 2—7 页。
③ 上海市公用事业管理局:《上海公用事业(1840—1986)》,上海人民出版社 1991 年版,第 256—257 页。

坐出租汽车是奢侈浪费,除洋商和少数华人纨绔子弟,国人雇乘尚不多见。

至 1912 年,上海南市拆除城墙、辟筑道路。翌年 8 月,第一条华商兴办的电车线路在南市通车。华商电车的成功对国人自办交通企业的兴趣起到推动作用。而外商经营的平治门、美汽车、亨茂、中央汽车公司为出租汽车扩大社会影响,正大做宣传广告,引起公众对出租汽车的关注,西方国家向上海倾销的汽车数量不断增加,中国籍司机也日益增多,华商兴办出租汽车遂应时而起。例如吴长林率先在浙江路 125—126 号开设云飞汽车行,嗣后龚鸿昌在湖北路 153—154 号开设飞隆汽车行,郭士良、吴志林等也相继开设亿太、林记、兴利汽车行。从而,公共租界出租汽车行自 1911 年起由外商经营的 4 家,到 1913 年增加了中国人经营的 5 家。时距汽车问世仅二十多年,车辆结构、车内装饰和车身外形很简陋,但车费昂贵,计费仍为每小时 5 元,由于当时社会经济条件及以汽车代步的风气尚未形成,这几十辆出租汽车对市内交通没有产生明显作用。[①]由此,彼时出租汽车为数寥寥,对上海城市客运的影响和作用并未完全凸显。

具言之,公共租界 1912 年出租汽车数是 17 辆,1913 年增至 41 辆。501—600 号照会,专门保留给这些汽车,照会号码牌如英国那样是白底黑字。[②]如国人经营的车行有:(1)飞隆汽车行。服务汽车出租,湖北路 153—154 号,电话:中央 4133,老板兼经理龚鸿昌;样子间:静安寺路 1187—9F,电话:西区 933。(2)亿太汽车行。湖北路 57—59 号,经理郭士良,电话:2424。(3)上海汽车有限公司。江西路 42 号,电话:4035,业务指导李明昌,经理方治文。[③]第一次世界大战结束后,西方列强加紧对中国的商品和资本输出,外商通过掠夺和资本积累,在上海外滩新建翻建高楼大厦,扩充银行、洋行、总会、报社,吸引更多外商、外侨来上海,在租界境内兴建工厂企业、仓库、码头、俱乐部,扩展公用事业、建桥筑路、兴建住宅、公寓。欧美各国的汽车制造业在上海开设一批汽车销售公司,美商中国、云飞,英商泰来及华商利利等出租汽车公司也相继开业。[④]伴随城市建设发展,道路修筑改进和

---

① 上海市公用事业管理局:《上海公用事业(1840—1986)》,上海人民出版社 1991 年版,第257 页。

② 《1913 年工部局年报》,转引自上海市出租汽车公司:《上海街道和公路营业客运(个别的公共交通)史料汇集》(第五辑),1982 年 3 月油印本,第 58 页。

③ 《行名簿》1914、1920 年,转引自上海市出租汽车公司:《上海街道和公路营业客运(个别的公共交通)史料汇集》(第三辑),1982 年 3 月油印本,第 8—9 页。

④ 上海市公用事业管理局:《上海公用事业(1840—1986)》,上海人民出版社 1991 年版,第257—258 页。

工商业兴盛,社会对于出租汽车的需求日渐增加。如 20 世纪 20 年代初,出租汽车因能满足雇用者随意出行的需要,在上海逐步增多,规模较大的出租汽车行相继出现,拥有三五辆汽车的汽车行也纷纷兴起。据《上海指南》(1922 年)载,1921 年上海的出租车行已有平治门、亨茂、云飞、东方、飞星(如图 2-1)、祥生、亿太等 24 家,出租汽车业渐趋发达(见表 2-1)。其中美商云飞汽车公司、华商祥生汽车公司发展最快。如云飞汽车公司 1921 年由美国人高尔特开办,其开办时集合三四千元资本买 14 辆旧汽车出租,但有 3 辆破坏无法应用,就这样开始了营业。之后业务量迅速增加,几年后已拥有一批新型的福特出租汽车,并在全市设立出租汽车站 10 多处。[①] 1919 年 12 月,华商周祥生在百老汇路武昌路开办祥生汽车行,发展也很迅速。当时这些大小出租汽车行为争取市场、竞争顾客,在车辆、设备、经营和服务等方面作出了改进和努力。

表 2-1　上海汽车行一览表(1911—1921 年)

行　　名	地　　址	行　　名	地　　址
平治门汽车行	南京路 370 号,电话 2330	利威洋行	霞飞路 362 号
亨茂汽车行	南京路 390 号,电话 2686	怡昌洋行	天主堂街 89—91 号
美汽车公司	南京路 381—382 号,电话 3290	法大汽车公司	霞飞路 310 号
大北汽车公司	礼查路 14 号	飞隆公司	湖北路 153—154 号
大利汽车行	乍浦路 16—17 号	华商公司	浙江路 132—133 号
飞星汽车公司	静安寺路 125 号	云飞汽车公司	环龙路 77 号
中央汽车公司	仁记路 24 号	云龙公司	爱多亚路 847 号
中国汽车公司	福州路 21 号	万国汽车公司	北山西路 885—886 号
中华汽车公司	九江路 285 号	亿太汽车公司	湖北路 57—59 号
中兴汽车公司	福州路 393—394 号	祥生汽车公司	武昌路(百老汇路口)
有利汽车公司	浙江路 155—156 号	华北汽车公司	南浔路 7 号
西方汽车公司	大通路 998—999 号	环球汽车公司	四川路 1.A
备　　注	共有 24 家,飞星汽车公司即上海汽车公司		

資料来源:《上海指南》(1922 年),转自上海市出租汽车公司:《上海街道和公路营业客运(个别的公共交通)史料汇集》(第三辑),1982 年 3 月油印本,第 36 页。

---

① 上海市交通运输局公路交通史编写委员会:《上海公路运输史》第一册,上海社会科学院出版社 1988 年版,第 59—60 页。

图 2-1　位于静安寺路的飞星汽车公司内外景(今南京西路 702 号建筑)

图片来源:上海市人民政府办公厅:《上海印记:八十年前上海的汽车和车行故事》,《上海发布》2017 年 9 月 16 日。

由是看来,至 1926 年上海出租汽车行业已初步形成,经营企业由 1913 年的 9 家增至 1926 年的 51 家。①如 1926 年全市出租汽车行发展到 51 家,在公共租界捐照的出租汽车已增至 493 辆。②因之,彼时在上海城市公共交通系统中,出租汽车行业已成为一支不可或缺的力量。

二、出租汽车行业的发展

1927 年 4 月南京国民政府成立,7 月上海特别市政府成立,南市、闸北、吴淞和浦东地区在行政上实行统一管理。上海市政建设特别是华界的道路取得较大进展,中山路、场中路、真大路、南大路等近郊道路陆续建成,为城市交通提供条件。随着上海城市经济发展和人口增加,出租汽车进入兴盛时期,拥有一二百辆出租汽车的企业开始出现,并在城市客运中起着重要作用。由此,1928 年 6 月 19 日,上海汽车出租同业联合会成立,出租汽车行参加联合会的共有 46 家,其中外商 6 家。后因会务扩展、会员增加,该联合会改名为上海出租汽车业公会、上海出租汽车业同业公会及上海出租汽车商业同业公会等,但其英文译名(Shanghai Hire Car Operators Association)始终未改。③该联合会初由美商中国汽车公司的 L.弗雷德曼为会长,华商利利汽车

---

① 陈国灿:《江南城镇通史·民国卷》,上海人民出版社 2017 年版,第 234 页。

② 上海市公用事业管理局:《上海公用事业(1840—1986)》,上海人民出版社 1991 年版,第 258 页。

③ 上海市交通运输局公路交通史编写委员会:《上海公路运输史》(第一册),上海社会科学院出版社 1988 年版,第 110 页。

行的李松泉为副会长，英商泰来汽车公司的高德立为名誉秘书，美商云飞汽车公司的 J.K.高尔特为名誉理财。会员有中国、泰来、云飞、利利、祥生、公平、华北、四川、虹口、新西、华德、汇芳、中法等 46 家。该会宣称拥有出租汽车 500 多辆，约占全市出租汽车的 95％。[①] 即其会员名单中，外商有美商上海汽车公司、美商云飞汽车公司、英商泰来汽车公司、日商工藤汽车行、日商大达汽车行、日商森村汽车行等。[②]

此外，华商出租汽车行数量不少、规模较小，少者二三辆，多者七八辆，最大的利利汽车行也仅 40 多辆。但小车行管理费用低，车行主大多直接参加营业，方式灵活，服务周到，收费比外商便宜，因而生意很好，获利不少。一些外商车行认为华商车行夺走生意，在同业联合会成立后，首先就要求各车行按外商车行车价统一调高，遭到华商车行反对，未能实现。随之，外商车行又利用其资金雄厚，增添新车、扩展营业，企图压倒华商。云飞汽车公司一次增购美制福特牌轿车 50 辆，连同创办时陆续购置的旧车 36 辆合计 86 辆，全部油漆一色车身，车顶漆上"云飞"两个大字，降低车价，并在报纸大肆宣传"云飞汽车，腾云驾雾""云飞汽车，服务全市"，接着又将总行行址移至大西路（今延安西路），租地造屋，扩大规模。[③]

鉴于此，华商汽车行并不示弱，购置新车，加强车辆的清洁保养，以安全舒适、服务周到、取费便宜而开展竞争。由于经营出租汽车的利润较多，吸引一些人投资，新开汽车行多家，有人还与美商合资购置 45 辆新车，将车身全部漆成黄色，开设黄汽车公司，以低价招揽乘客。1929 年又开设绿色汽车公司、华生汽车公司。其间，上海出租车行业不仅车行增加、车辆增多，且车辆新型、车况整洁，加上市场逐步繁荣，社会各界人士对其需求日益增加，出租汽车随即时行，成为社会各界中上层人士社会交往、迎送亲友、出门赴宴、娱乐活动和去车站、码头的代步工具。各大车行如云飞、利利、黄汽车、祥生、南方及华北等为开拓业务，竞相择地添设分行并装置专用电话。一些车行采取临时、包日、包月等多种租车方式，相熟的老顾客如乘用，只要在用车单上签名即可到月底一并结账付款。各汽车行打出"出租汽车，日夜服

① 上海市公用事业管理局：《上海公用事业（1840—1986）》，上海人民出版社 1991 年版，第 258 页。

② 上海市出租汽车公司：《上海街道和公路营业客运（个别的公共交通）史料汇集》（第三辑），1982 年 3 月油印本，第 37 页。

③ 上海市公用事业管理局：《上海公用事业（1840—1986）》，上海人民出版社 1991 年版，第 260 页。

务""电话叫车,随叫随到"广告,招揽顾客。①如公共租界 1930 年有中外出租汽车行 66 家,比 1928 年联合会成立时增加 20 家,出租汽车增至 541 辆;1931 年车行为 62 家,车数 518 辆。②伴随出租汽车行及汽车增加,乘客电话要车日益普及,汽车可驶至门口迎接,非常便利。

　　嗣至 1932 年 1 月 28 日夜间,日本侵略军在上海挑起淞沪战争,出租汽车业"继之不景气,工商萧条,该业遂亦一落千丈,盖一般人士,经济困难,虽小康之家,亦从事撙节,皆以电车、公共汽车,为之代步,加以汽油价格高涨,利益自微,一般小车行遭受亏损而无法维持,宣告歇业者,实不在少数,即规模大之车行,亦呈外强中干之象,且以沪战后,华商之出赁汽车,被征为军用,居十分之五,而未被征用者,承接雇用,大有供不应求之势"。③一·二八事变后,商店停业 42 天,市场萧条,经济萎缩,出租汽车除在战争中支前受损外,由于人口疏散,特别是一些服务对象相继离开上海避难,该业丧失大批主顾;普通市民生活发生困难,又加上汽油价格上涨,成本增加,出租汽车业务萎靡,大部分车行亏损。资金雄厚的黄汽车公司也发生困难,外商无意经营,退股转让给华商。一些中小车行亦无法维持,1932 年 6 月底有 20 家车行歇业,其他车行也都收缩,营业车辆比 1931 年减少 163 辆。④即公共租界的出租汽车公司(行)1932 年减至 54 家,领照的出租汽车自 518 辆减至485 辆。⑤事变后,又因西方列强转嫁经济危机,向我国大量倾销商品,使民族工商业进一步陷入困境,出租汽车业营业清淡,车行经济状况困难,资本较雄厚的环球汽车公司 1933 年 4 月 1 日将营业场地和全部车辆出盘给云飞汽车公司,一大批小车行也先后歇业。

　　但不可否认,自 1928 年上海汽车出租同业联合会成立后的十年间,总体而言是近代上海出租汽车业的鼎盛时期。一·二八事变结束后,到外地避难的工商业主陆续回沪,工商企业逐步复业、逐渐复苏,出租汽车也开始日渐活跃。如 1933 年 6 月 15 日该联合会回复美国商务部驻沪商务参赞史密斯的信中提到:1933 年上海共有出租汽车行 95 家,其中有 75 家参加联

---

① 上海市公用事业管理局:《上海公用事业(1840—1986)》,上海人民出版社 1991 年版,第261 页。
② 《上海公共租界工部局年报》(中文),1931 年,上海公共租界工部局档案,档号 U1-1-957。
③ 《交通问题特辑》,《商报》1946 年 9 月 23 日,转自上海市出租汽车公司:《上海街道和公路营业客运(个别的公共交通)史料汇集》(第三辑),1982 年 3 月油印本,第 5 页。
④ 上海市公用事业管理局:《上海公用事业(1840—1986)》,上海人民出版社 1991 年版,第262 页。
⑤ 《上海公共租界工部局年报》(中文),1932 年,上海公共租界工部局档案,档号 U1-1-958。

合会。另据 1934 年 1 月 16 日上海市公用局为改善扣车办法第二项的临时紧急会议记录所附统计,全市共有汽车行 91 家、出租汽车 986 辆(见表2-2)。再如公共租界的出租汽车公司(行)1933 年虽减至 47 家,但该年所发的出租汽车执照比上年增多 44 张;1934 年为 39 家,执照比上年减少 9张;1935 年为 31 家,执照本年由 520 张减至 500 张。[①] 至 1935 年 11 月,上海全市有出租汽车行 57 家,出租汽车 869 辆,其中祥生汽车公司 200 辆,云飞汽车公司 168 辆,利利汽车公司 60 辆,黄汽车公司 53 辆,银色汽车公司47 辆,南方汽车公司 28 辆,泰来汽车公司 27 辆,其余均系 20 辆以下的小车行。[②] 彼时,出租汽车已不再是富翁的点缀品,而是上海城市客运体系中重要的运载工具。

表 2-2　上海全市出租乘人汽车统计表(1934 年 1 月 16 日)

车行名称	经理	地　址	分行(站)数	电　话	车辆数(辆)
大华汽车行	孔繁魁	西摩路 135	1	30711, 30734	8
大康汽车行	张文贵	麦特赫司脱路 487	1	32000	5
大陆汽车行	宋学成	辣斐德路 1194C	1	72761-2	3
大隆汽车行	陈根才	乍浦路 136	1	43010-11	10
大中和记汽车行	王仲钰	辣斐德路 350	1	85111-2	4
大德汽车行	徐步稳	福煦路 23-5	1	85423-4	9
大安汽车行	沈才志	北四川路四川里 731-3	1	46139	6
大来汽车行	沈炳龙	北四川路 570	1	45834	5
上海桂记汽车行	蒋桂棠	敏体尼英荫路 441-3	1	85130	4
中华汽车行	徐荣庆	马浪路 240 号	1	85266-7	7
公利汽车行	金根生	新市路 108	1		5
大达汽车行	松本浩	乍浦路 84-88	1	43396, 43432	3
友宁汽车行	董长生	西藏路汕头路 24	1	93535	2
中国公用黄汽车公司	林仲铭	蒲石路 534	13	70007	60

[①] 《上海公共租界工部局年报》(中文),1933—1935 年,上海公共租界工部局档案,档号 U1-1-959、960、961。
[②] 上海市公用事业管理局:《上海公用事业(1840—1986)》,上海人民出版社 1991 年版,第262 页。

车行名称	经理	地址	分行(站)数	电话	车辆数(辆)
月宫汽车行	朱鸿璋	爱多亚路 60	1	16333	14
中法汽车行	强治友	萨坡赛路 110-2	1	81427	6
中和公记汽车行	梁克勤	白克路 556-8	1	32442	4
中西汽车行	刘天庆	菜市路 501-3	1	80802-3	3
中美汽车行	李鸿元	海宁路 33	1	45160	7
公安汽车行	顾生林	北四川路 1065	1	45544	4
工藤汽车行	工 藤	蓬路 79	1	40532	5
中央林记	谈林生	恺自迩路	1	83928	3
中央汽车行		仁记路 2A	1	3809	4
中南汽车行	蒋于臣	蒲伯路 479	1	85808	5
天天汽车行	杜天发	白克路 378	1	30322	4
民国汽车行	陈昌富	爱多亚路 549	1	85655，83600	10
卡德汽车行	王士全	卡德路 153 弄 2 号	1	31695	3
永安汽车行	丁文亮	施高塔路 1-2	1	46480，45946	10
四川荣记汽车行	黎鸿福	霞飞路 536	1	83370，83371	7
四川汽车行	强荣山	北四川路（横浜桥）468	1	32134	5
世界汽车行	朱意标	爱多亚路 397	1	84948	6
共和汽车行	郑朝典	戈登路 53	1	34142	5
江苏汽车行	李位尧	贵州路 135-7	1	92982，92988	13
永利汽车行	叶钟斋	浙江路 238-40	1	90910	3
光陆汽车行	孙福生	白尔部路 460	1	82522-3	3
西城汽车行	周鹤声	中华路老西门口	1	23132	6
北方汽车行	刘顺标	和平路 1170	1	22457	4
好友汽车行	黄富春	广西路 112-116	1	92911	6
利利汽车行	李松泉	苏州路 17	4	16200	80
茂泰汽车行	宋元魁	汉口路 10	1	11000	4
东新汽车行	印仲亭	爱多亚路 299	1	83690	5
金星汽车行	朱连生	杨树浦路 2739	1	51001	3

车行名称	经理	地 址	分行(站)数	电话	车辆数(辆)
东城汽车行	徐福森	中华路 345	1	23610	5
法大汽车行	方和笙	霞飞路 356	1	82790	3
亚洲新记汽车行	张为莲	福煦路 105-7	1	83050	5
东来汽车行	余陈德	辣斐德路 285	1	14522	4
南方汽车行	杨良华	爱多亚路 739	9	80008,22223	18
纽约汽车行			1		4
南京和记汽车行	高广朝	慕尔鸣路 157-8	1	35959,35960	6
美华汽车行	周培德	宁波路 619	1	93399	13
虹口汽车行	朱长庚	北四川路 512	1	46673	6
伦敦汽车行	沈贵堂	金神父路 54	1	72075-6	2
特飞汽车行	陈锡昌	民国路 357	1	22-539	3
海宁汽车行	崔国祺	极司菲尔路 598	1	27312	3
华鑫汽车行	陈明甫	拉都路 354	1	70395,70756	7
华北汽车行	顾云洲	南浔路 7 号	7	42222	36
东方汽车行	陈如昌	贝勒路 439	1	80366-7	3
真如汽车行	张永高	宝山路口 3	1	41793	9
祥生汽车行	周祥生	武昌路 974	22	40000	129
浙江汽车行	黄通白	浙江路 739	1	93933	5
飞利汽车行	刘国进	小沙渡路 31	1	33004	5
泰来汽车行	T.C. Leach	迈尔西爱路 96	3	70050	24
飞隆汽车行	姚永康	爱多亚路 694	1	94965	1
华洋汽车行	顾银祥	贝蒂盎路 164	1	85933	6
万国汽车行	周定生	兆丰公园对面	1	27999	7
达西汽车行	曹永泉	金神父路 288	1	73083	6
云飞汽车行	J.K. Gold、盛燮生	环龙路 77	11	30189	193
森村汽车行	小泽象四		1		4
顺记汽车行	徐连顺	中华路 280	1	21480	3

续表

车行名称	经理	地址	分行(站)数	电话	车辆数(辆)
隆昌汽车行	沈阿堂	南成都路148	1	32822,32708	2
新新汽车行	孙有宏	南浔路8	1	43797	6
新闸汽车行	顾德广	麦特赫斯脱路391	1	31612,31749	8
爱多汽车行	孔捷三	爱多亚路541	1	81668	4
福泰汽车行	吴云桥	民国路20	1	83333,85555	6
福州汽车行	施庆堂	福州路云南路西	1	15233	5
沧洲汽车行	卜卡	静安寺路233	1	30603	1
汇芳汽车行	吴财发	爱多亚路337	1	17846	3
汇山汽车行	薛道祺	提篮桥6	1	50347	5
华丽汽车行	陈炳初	九江路302	1	11644	8
兴隆汽车行	曹毓麟	狄思威路901	1	46500	4
亿太汽车行	郭士良	湖北路57	1	92424	10
兴发义记汽车行	刘启山	狄思威路天潼路口1028	1	46972	7
兴华汽车行	王耕云	有恒路2	1	43921	5
华安汽车行	丁友若	天潼路118	1	40606	5
汇丰汽车行	张阜之	外马路136	1	23727	4
扬子汽车行	沈旭初	亚尔培路273	1	70032	9
霞飞汽车行	阎鸿儒	辣斐德路744	1	72446	5
瀛海汽车行	曹杏福	小南门中华路584	1	23996	5
中山汽车行	强荣山	乍浦路312	1	41943	4
华东汽车行	史祥祥	马玉山路	1		2
中国汽车行	Friedman Leon	江西路42	1	4035	3
汽车行共计	91家		153站		986辆
备注		本表分行、分站等数字摘录自各该单位信笺及新闻报历年广告，总行本部或不明站行数均作一处计算;中国汽车行亦名上海或飞星汽车公司			

资料来源:上海市出租汽车公司:《上海街道和公路营业客运(个别的公共交通)史料汇集》(第三辑),1982年3月油印本,第39—42页。

　　与此同时,在出租汽车行业的兴盛时期,同业间的竞争相当剧烈,特别是几家大车行之间为争夺业务,除在车站码头进行竞争并相互排挤外,还运用各种方法为本企业创造声誉和增加影响。如云飞汽车公司将车身全部漆成褐色;黄汽车公司全部漆成橙黄色;绿色汽车公司全部漆成草绿色;银色汽车公司全部漆成银色,且在车身中间嵌漆红带一条。祥生汽车公司将车身都漆成淡绿色,车头上装置"祥生"和有英文字母"J"字的标记,漆有40000电话号码;利利汽车公司将曾参加"汽车大游行"时获得的甲等奖图案为标志装饰车身,使人们看到车辆的颜色和标志就能识别出是谁家公司的车辆。①并且,静安寺路702号的中国汽车公司经营道奇汽车;马迪汽车公司经营顺风、克莱斯勒汽车(如图2-2);信通汽车公司经营雪佛兰汽车;

图2-2　20世纪30年代马迪汽车公司(福熙路640号)外景及内部展示区

　　图片来源:《上海印记:八十年前上海的汽车和车行故事》,"上海发布"2017年9月16日。

---

　　①　上海市公用事业管理局:《上海公用事业(1840—1986)》,上海人民出版社1991年版,第263页。

美通公司经营福特汽车等。如1928年,赫德森新式汽车陈列于怡昌汽车行样子间欢迎参观,"当振兴市面"。①汽车广告也年年更新,当时最大的《申报》刊登广告:"1933年式已是落伍的东西,而1934年式将成为未来主宰,各汽车厂新车,顺应环境而生。"号召人们换新车,报上还登载大量旧汽车出售广告。为宣传新式汽车,特别把新型汽车放在百乐门夜总会门口,请名演员在车顶上跳舞以广招徕。当时不仅富人有私家车,中产阶级或收入稍高的也偶尔使用出租车,甚至嫁娶、大殡也用上汽车,救火会、医院救护车也用汽车。②

　　易于看出,1937年全面抗战前出租汽车在上海、北平等大城市较多,其他城市很少。如上海1934年出租汽车达986辆;北平1937年有出租汽车415辆;天津1936年有出租汽车647辆;重庆1931年有出租汽车60辆;西安1934年有出租汽车20多辆。当然,早期的出租汽车仅供洋商巨贾、军阀官僚、地主豪绅等所租用。但随着市政建设发展,社会需要渐见殷切。特别在上海、北平、天津等大城市,出租汽车已成为城市客运不可缺少的交通工具。出租汽车公司大小不一、多系商营,在上海还有部分系外商经营,从而"上海是出租汽车最发达的城市"。③如1933—1936年间,美商云飞汽车公司、华商祥生汽车公司均拥有出租汽车200辆左右;其次为华商银色公司和英商泰来公司亦各有出租汽车八九十辆。这四家企业称为上海四大出租汽车公司,连同其他有车数辆或数十辆的车行,出租汽车已逾千辆。这些汽车每日每辆出车约15次左右,驶及全市各处。④由是,全面抗战前上海出租汽车的数量可观,出租汽车行业已达到相当规模。

　　全面抗战期间,因汽油供应发生困难,上海许多出租汽车因缺油而停驶,后改为木炭代燃车。又因木炭来源减少,1942年10月日伪公用局决定停发木炭汽车牌照,出租汽车大批减少。如当时登记的木炭汽车行仅有:国际公司,电话35785;亚洲公司,电话84300;银色公司,电话30030;顺风公司,电话34657;东方公司,电话80366、87791。⑤即战时上海出租汽车曾一

---

① 毕卓君:《市办闸北公共汽车之刍议》,《申报》1928年4月7日第25版。
② 周源和:《上海交通话当年》,华东师范大学出版社1992年版,第79—80页。
③ 中国公路交通史编审委员会:《中国公路运输史》(第一册),人民交通出版社1990年版,第156页。
④ 上海市交通运输局公路交通史编写委员会:《上海公路运输史》(第一册),上海社会科学院出版社1988年版,第111页。
⑤ 上海市出租汽车公司:《上海街道和公路营业客运(个别的公共交通)史料汇集》(第一辑),1982年3月油印本,第133页。

度使用木炭、瓦斯代油,但未见大面积推广。抗战胜利后,上海出租汽车行业和全市各行各业一样奋发振兴、兴利除弊。战后接管公共交通企业外,从1945 年 9 月 28 日至 10 月 12 日,上海市公用局先后接收日商汽车行 44 处,计货运汽车 56 辆,其中可行驶只有 12 辆;小汽车 31 辆,均为木炭车,能行驶的仅 6 辆,其余均已损坏。①但上海人民期望恢复交通、发展工商业,人民生活也曾得到改善。当时市场一度出现繁荣景象,不少工商企业资本家重整旗鼓振兴实业,出租汽车行业也不例外,纷纷筹备开张复业。如 1945 年 9 月,上海出租汽车同业公会登报招雇汽车司机和修理技工;12 月 15 日祥生汽车公司首先修复战争中留下的 30 辆旧车,恢复出租汽车营业。该公司原总经理周祥生也筹集资金购置一批美制吉普车改装成轻便出租车,在劳尔东路(今襄阳北路)90 号创办了祥生交通公司,装置电话 60000 号,并于1946 年 3 月间开张经营出租汽车业务。②

至 1946 年,上海市出租汽车同业公会改组为出租汽车商业同业公会,由祥生汽车公司总经理周三元任理事长。据该公会申请限额配给汽油的行名表统计(见表 2-3),当时经营出租汽车的企业共有 57 家。复业后,不少出租汽车企业开始扩大服务范围,有的还增添大客车,兼营旅游业务。如祥生交通公司于 1946 年 3 月开办龙华游览车,每日自上午 9 时至下午 5 时,由陕西南路祥生饭店直达龙华寺,每隔 1 小时对开 1 班,供游客乘坐。该公司还配备大客车、行李车与宁波客轮相衔接,以招商局轮船码头为起点,分 6条固定路线接运到埠旅客,并派员跟随招商局的申甬(上海至宁波)班轮,在船上预售车票及行李票,使旅客下船后即可凭票乘车,十分方便。③

表 2-3　上海出租汽车行名地址表(1946 年 4 月 6 日)

行　名	行　址	行　名	行　址
飞云汽车公司	光复路 361 号	中国联业汽车行	华山路 FB358 号
开利汽车公司	青岛路 39 号	沪南汽车行	宁海路 238 号
中国交通企业公司	派克路 24 号	大来汽车行	七浦路 495-7 号

① 上海市交通运输局公路交通史编写委员会:《上海公路运输史》(第一册),上海社会科学院出版社 1988 年版,第 221 页。

② 上海市公用事业管理局:《上海公用事业(1840—1986)》,上海人民出版社 1991 年版,第274 页。

③ 上海市交通运输局公路交通史编写委员会:《上海公路运输史》(第一册),上海社会科学院出版社 1988 年版,第 225 页。

行　　名	行　　址	行　　名	行　　址
中华荣记汽车行	马当路 240-4 号	四川汽车公司	泰山路 536 号
沪嘉汽车行	新疆路 480 号	亚洲汽车公司	洛阳路 470 弄 13 号
中华汽车行	闵行镇外滩 5 号	联合忠记运输行	白利南路兆丰别墅 134
东华汽车行	北四川路 522 号	新闸汽车公司	泰兴路 391 号
安泰铭记汽车行	武胜路 395-7 号	顺风汽车公司	威海卫路 566-8 号
绿宝合记汽车行	西藏路 161 号	东方汽车行	南黄陂路 439-443 号
公大汽车行	天目路 93 号	祥生汽车公司	北京路 800 号
中央兴隆汽车行	嘉定南大街 83 号	海达车行	中正东路 665 号
闵行出租汽车行	闵行镇 29 号	友宁汽车行	南京西路 688 弄 18 号
兴昌修理出租汽车行	平凉路 161 号	沪闵汽车行	宁海路 238 号
中兴汽车公司	西藏路 370 号		

　　资料来源:上海市出租汽车公司:《上海街道和公路营业客运(个别的公共交通)史料汇集》(第三辑),1982 年 3 月油印本,第 43 页。

　　行业恢复的同时,一些出租汽车公司也曾提出若干发展业务的具体规划。如 1946 年 4 月,祥生汽车公司向公用局申请开办小型出租汽车,采用英制的奥斯汀小汽车,车上一律装置里程表,按行驶里程计费出租。同年 7 月,行政院物资供应局与出租汽车商业同业公会商议,用剩余物资中的 1 000 辆吉普车交给公会组织联合公司,每辆核价为美金 895 元,先付若干,以后用营业收入的 15% 交付,分两年偿清。后因政局不稳,多数业主不愿大量投资,这些计议没有实现。出租汽车业恢复后不久,物价高涨,汽油按限额配给,轮胎、配件又十分缺乏,使企业经常陷于困境。如祥生、中国联业、顺风、亚洲、新闸等出租汽车企业,平均每日每辆出租汽车出差 15—20 次,是同业中景况最好的,然全天的营业收入常不敷燃料、轮胎、配件及修理费用的开支。各企业都有捉襟见肘之感。从 1946 年下半年起,汽油及轮胎、配件等的价格飞涨,出租汽车也不得不一再增加车价。当年 2 月,公用局核定的出租汽车车价,每次 20 分钟为 1 200 元。时隔一年,1947 年 2 月核定为 8 000 元;10 月又核定为 50 000 元,次月便不得不改按物价指数计算。[①]因

---

　　① 上海市交通运输局公路交通史编写委员会:《上海公路运输史》(第一册),上海社会科学院出版社 1988 年版,第 225—226 页。

法币一再贬值,物价一日数涨,出租汽车车价跟着不断提高。车价愈高,乘客越少,收入越寡,如此形成"马太效应"的恶性循环。

国民党政府于1946年7月发动内战后,外地人口大量进入上海,引致上海人口从1945年的330余万猛增至540万,出租汽车业务有所增加,各车行也陆续增加车辆,新开了一些车行,1948年有汽车行(公司)57家,其中有祥生、祥生交通、中国联业、顺风、亚洲、新闻等。嗣因当局滥发金圆券,造成通货膨胀、物价飞腾、市场萧条、民不聊生,使出租汽车业复兴无望。如与汽车成本有关的物资价格与战前相比,轮胎上涨800万倍,汽油上涨180万倍,而出租汽车的运价仅增56万倍(1937年运价20分钟每差次为1元,1948年6月为56万元),车行皆陷于困境。1949年5月27日上海解放,全市有人力车3 659辆,马车63辆,三轮车26 570辆,出租汽车370辆,从业人员10万多人。刚解放的上海,物资极其匮乏,工业原料不足,出租汽车行业营业清淡,因汽油、车辆配件供应不足、价格昂贵,加之乘客减少,不少车行关门歇业。上海解放后在上海军事管制委员会和市人民政府领导下,随着建设上海的方针逐步实施,出租汽车行业也在上海市人民政府公用局和上海搬运工会的组织扶助下,逐步淘汰人力车、马车,工人转业安置。出租汽车行业恢复营运并实行公私合营,使该业逐步摆脱困境。[1]最终,上海出租汽车行业回到人民政府的怀抱,并逐步走上社会主义的道路。

第二节 组织管理和站场客运

"科学管理之父"的费雷德里克·泰罗曾于《科学管理原理》(1911年)中指出,管理是"确切地知道你要别人去干什么,并使他用最好的方法去干"。[2]美国学者詹姆斯·H.唐纳利认为:管理就是由一个或更多的人来协调他人的活动,以便收到个人单独活动所收不到的效果而进行的各种活动。[3]由此,从组织和员工、场站和设备及客运能力和车辆等管理层面,管窥

---

① 上海市公用事业管理局:《上海公用事业(1840—1986)》,上海人民出版社1991年版,第274—275、282页。

② [美]弗雷德里克·泰罗:《科学管理原理》,冯风才译,中国社会科学出版社1984年版,第157页。

③ [美]詹姆斯·H.唐纳利等:《管理学基础:职能·行为·模型》,李柱流等译,中国人民大学出版社1982年版,第18页。

近代上海出租汽车行业的管理方式和运营模式,从中发现其所具有的代表性及发展规律。

一、组织场站和职工管理

(一)组织和场站

随着上海城市发展,各种服务性行业不断出现,出租汽车是其中之一。如"沪市之有出赁汽车,肇始于民国元年,而最早经营其业者,为平治门汽车行及亨茂汽车行,当时车租,订价为每小时五元,然而当时社会人士,多未加注意,雇车者仅为富家子弟及北里中人而已"。1913—1914 年,亿太、飞隆汽车公司创设,后又有云飞、泰来、环球、利利等各大车行相继成立,"但仍未为一般人士所欢迎,后以市政逐渐修明,马路广阔,车行称便,社会需求渐见殷切,该业遂亦骤呈蓬勃之象"。①其如 20 世纪二三十年代上海"十大汽车行"的站场(分行、候车场)布设及经营特征:

(1)美商云飞汽车公司。美籍经理 Gold,华籍经理盛燮生,公司车辆的车身为灰褚色,车顶漆有"云飞"行名,如旅馆中叫车,在洋台俯而下望,便赫然见"云飞"二字,其广告术语:"云飞分站,星罗棋布,日夜服务","云飞车夫,训练有素,驾驶稳妥","云飞汽车,服务全埠","云飞汽车,稳快舒适","几疑置身天上,腾云驾雾,稳快舒适。请君只须电铃一响,云飞轿车马上开到"。再如云飞汽车总行迁移通告:"本行总行向设环龙路,近因营业发达,渐觉原址不敷应用,爰在大西路 76 号另建最新式总行,内设总管理处、总办事处、总车务处、制造部、修理部及油漆等部,业于昨日起先行迁入办公,此后环龙路只留出租部分,恐未周知,特此通告。"云飞总管理处电话 28316、总办事处 28315。②公司将所有 200 余辆汽车改装最新飞机轮胎,总站设在环龙路;第二站至第十站分别设在爱多亚路、仁记路、礼查路、北四川路、大西路、静安寺、帕克路、十六铺宁绍码头、老西门民国路。普通电话为西189,叫车电话为30189,乘坐 20 分钟为 1 元。③

(2)英商泰来汽车公司。英籍老板 Taylor,华籍老板陈培基,登记管理

① 《交通问题特辑》,《商报》1946 年 9 月 23 日,转自上海市出租汽车公司:《上海街道和公路营业客运(个别的公共交通)史料汇集》(第三辑),1982 年 3 月油印本,第 5 页。

② 上海市出租汽车公司:《上海街道和公路营业客运(个别的公共交通)史料汇集》(第三辑),1982 年 3 月油印本,第 10 页。

③ 《汽车新闻》,《申报》1928 年 1 月 5 日,转自上海市出租汽车公司:《上海街道和公路营业客运(个别的公共交通)史料汇集》(第四辑),1982 年 3 月油印本,第 4 页。

处地址为迈尔西爱路 96 号,分行为礼查路 15 号、新康路 10 号,汽车有 64 辆。叫车电话为 33500,四线齐接,出租车价每小时 3 元、每天 20 元。其广告:"车价低廉,平安保险,乘坐稳妥,请常光顾","如你欲往大光明戏院或卡尔登戏院,在马市场即可雇到一辆泰来汽车,则近在咫尺"。①

(3)华商祥生汽车公司。总经理为周祥生,1939 年继由周三元担任,叫车电话为 40000。1932 年公司总办事处迁至北京路 800 号,1936 年资本额已达 50 万元。其置有车辆 270 辆,在全市设有分行 22 处、遍布全市,营业上与云飞、泰来、银色各大车行竞争激烈,并以电话号码广告招徕,"四万万同胞,坐四万号汽车"。

(4)利利汽车公司。经理李叔平,电话为中央 3809 或西区 2470,办事处电话为 C.3811。中央车站为苏州路 17 号,西区车站为同孚路 3A,法租界车站为萨坡赛路 229 号。其广告:"出租汽车,快速服务,车辆华贵,驾驶敏捷,乘之异常舒适。"

(5)华北汽车公司。经理丁友若,电话为 42222 转接各分站,总行设在百老汇路南浔路 7 号,第一分站至第六分站分别设在虹口黄浦滩路礼查路口、南京路外滩、法租界海格路、南朱家桥 254 号、善钟路 258 号、爱多亚路三洋泾桥东首。其广告:"大批新式轿车,接送稳快舒适,取费比众低廉,惠顾随到随开。"

(6)中国公用黄汽车公司。肇始时为中美合办,自 1931 年 11 月 8 日起改组为完全华商企业,总行设浦石路 534 号,叫车电话 35353,可随唤随到。公司汽车的车身是完全橙黄的"福特色",使路人一见黄汽车便知是其出差车,司机穿有同式号衣,外表整饬且增加训练,因此驾驶术和礼貌很是周全。后租界电话改为 70007,南市电话 22216,稽查部电话 72502,总站设在北站界路,共设 12 处分站:苏州路光陆影戏院隔壁、爱多亚路四川路西首、界路北火车站对过、倍开尔路汇山码头对过、愚园路兆丰公园对过、白克路大上海影戏院对过、静安寺地丰路西首、老西门和平路口、延平路申园对过、十六铺宁绍公司对过、虹口公和祥码头、槟榔路 442 号。其广告:"公私事毕,出游返寓,婚丧喜庆,舟车接送,请坐华商黄汽车","日夜出租,随叫随到"。②

---

① 上海市出租汽车公司:《上海街道和公路营业客运(个别的公共交通)史料汇集》(第三辑),1982 年 3 月油印本,第 11 页;(第四辑),第 2 页。
② 上海市出租汽车公司:《上海街道和公路营业客运(个别的公共交通)史料汇集》(第三辑),1982 年 3 月油印本,第 11—12 页;(第四辑),第 3—4 页。

　　（7）华商银色汽车公司。总经理冯振铎,总管理处设在公馆马路 41 号,电话 30030 转接各站。有效的代价券,每本 10 元作 11 元车价使用,银色汽车附有红带,特约出差,予约定车。分站候车场 16 处:戈登路、辣斐德路、蒲柏路、十六铺、毕勋路、北四川路、百老汇路、礼查大楼饭店、海宁路、浙江路、同心路、平凉路、丽都花园、四川路 140 号、汇中饭店、霞飞路马思南路。其广告:“全市服务,银色汽车。最迅速高贵的,最流行新式的,中国出租汽车。”

　　（8）亿太汽车公司。其 1913 年创设,是上海早期的华商汽车行,地址在四马路大新街,电话 2424。

　　（9）新闸汽车行。1923 年 11 月 28 日创设,经理顾德广,地址为麦特赫司脱路 391 号,电话 31612、31749。

　　（10）华商南方汽车公司。经理杨良华,本部设在爱多亚路 739 号,租界电话 80008,华界电话 22223。租车租金每小时 3 元、每天 25 元。至 1937 年在全市共设 8 个分站,主要有百老汇路、南车站路、车站前路、中华路 81 号、康脑脱路、极司菲尔路 509 号、愚园路等。[1]

　　由此,20 世纪 30 年代上海出租汽车行(公司)在经营管理方面很注意服务,普遍采取措施争取和改进业务。较大的出租汽车公司都设有分行或分站,以便乘客雇车。所有出租汽车行都采取电话叫车,就近调车,便利乘客叫用。各公司为争夺业务,在广播电台、报刊上大登广告,宣传自身的“车辆新型、安全舒适、服务周到、车价便宜”,并掀起一股接装易记电话号码的热潮,使用号码谐音,招揽顾客。如祥生汽车公司装置号码为 40000 的电话,有 10 条线路可同时通话所有分站,不仅便于记忆,应接迅速,且寓有“四万万同胞,坐四万号汽车,爱国同胞,请坐同胞自营的汽车”的含义。云飞汽车公司的叫车电话为 30189 号,有 9 条线路可同时通话,按上海方言谐音为“岁临宴杯酒”,亦为好记。其他出租汽车公司也有类似宣传方式,以广招徕。银色汽车公司装了电话号码 30030 号,新闸汽车行装了 30003 号,南方汽车公司装了 80008 号,黄色汽车行装了 70007 号,都属于易记的电话号码。“日夜服务,随叫随到”已成为当时出租汽车业的经营特色。[2]至 1937 年全面抗战前,上海出租汽车业竞争已十分

---

[1]　上海市出租汽车公司:《上海街道和公路营业客运(个别的公共交通)史料汇集》(第三辑),1982 年 3 月油印本,第 13—14 页;(第四辑),第 18 页。

[2]　上海市交通运输局公路交通史编写委员会:《上海公路运输史》(第一册),上海社会科学院出版社 1988 年版,第 111 页。

激烈。

抗战时期，云飞汽车公司经过十几年发展，至 1939 年资本达到 100 多万元，汽车增加到 200 辆且都是新式，设有 14 个汽车分站，职工有六百几十人之多，是上海出租汽车业最大的公司。另有华商祥生汽车公司，1939 年有汽车 220 辆，职工 360 人，是华商出租汽车公司规模最大的一家。此外，英商泰来汽车公司有汽车 96 辆，职工 200 多人。再次为华商银色公司有汽车 80 辆，职工 150 人。以上云飞、祥生、泰来、银色这四家被称为上海四大出租汽车公司。总计上海有出租汽车公司 48 家，小规模的出租汽车公司有44 家（见表 2-4）。据估计，上海所有大小出租汽车公司司机加上私人司机在内，共有职工 2 万人左右。①

表 2-4　上海市公用局汽车行登记书

行　　名	地　　址	电话	资本额（元）	组织	行主(经理)姓名	汽车辆数	租金（元）	执照号数、登记日期
亚洲汽车行	福煦路 105 号	84000	10 000	合股	陈瑞彬	14		1936 年 1 月 7 日
大来汽车行	紫霞路 62 号	21881	5 000		沈炳龙			106 号、1935 年 6 月 24 日
大新汽车行	车站前路 188 号		5 000	独资	宋杏生	6	每小时 3、每天 18	15 号、1936 年 7 月 1 日
兴隆和记分行	外马路 152 号		5 000	独资	曹毓麟	5	每小时 3、每天 18	1937 年 5 月 30 日
沪东汽车行	浦东赖义渡东昌西路 58 号		3 000		施恩湛	3	每小时 3	
同昌宝记汽车行	南市外马路 418 号	23101	1 000		胡桐生	3		
虹口和记汽车行	虹江支路 111 号		3 000		朱长庚	2		
浦东汽车行	浦东东沟路 5 号		7 000	独资	顾炼伯	5	每小时 3	1934 年 1 月 30 日
浦东汽车行分行	浦东高行镇荣高街 37 号		7 000		赵凤卿		每小时 3	108 号、1935 年 11 月 5 日

---

① 《上海工运史研究资料》1982 年第 1 期，转引自上海市出租汽车公司：《上海街道和公路营业客运(个别的公共交通)史料汇集》(第四辑)，1982 年 3 月油印本，第 256 页。

续表

行 名	地 址	电话	资本额（元）	组织	行主(经理)姓名	汽车辆数	租金(元)	执照号数、登记日期
兴发鑫记汽车行	狄思威路1028 号	46972	4 000	合股	刘财高	6	每小时 3、每天 18	9 号、1937 年 6 月 1 日
南方汽车公司	爱多亚路739 号	80008	10 000		杨良华	36	每小时 3、每天 20	1936 年 2 月 11 日
祥生汽车股份有限公司（龙华分站）	龙华寺西首龙华塔对面北首	22400	500 000	合股	周祥生	200		1937 年 4 月 8 日
华商祥生股份有限公司（市中心分站）	市中心区国和路政衷路口（市中心分站）	22400 40000	250 000	合股	周祥生	210	每小时 3	发照日期1935 年 10 月 30 日
南翔汽车行	闸北新民路28 号		10 000	合股	严光发		每小时 3、每天 24	1934 年 6 月 30 日
顾银记汽车行	万裕码头外马路728 号	22956	2 000		顾银宝	8		24 号、1934 年 1 月 5 日
瀛海汽车行	小南门中华路584 号		6 000		曹杏福	3		16 号、1934 年 1 月 22 日
泰来汽车行	愚园路253-257 号（愚园路分站）	70050	77 000	合股	曹泽寰	64	每小时 3、每天 20	1935 年 10 月 31 日
金盛车行	白利南路兆丰公园东（兆丰公园分站）	30189	1 000		童书望		每小时 3、每天 20	1935 年 6 月 11 日
共和银色汽车公司	戈登路405 号	30030			冯振峰			
淞沪汽车行	同济路4 号		6 000		许风高	4		97 号、1934 年 2 月 19 日
备 注	南方汽车公司于 1937 年 4 月 24 日停业；淞沪汽车行于 1936 年 12 月 18 日改为同记中央汽车行							

资料来源：上海市出租汽车公司：《上海街道和公路营业客运（个别的公共交通）史料汇集》（第三辑），1982 年 3 月油印本，第 34 页。

除此之外，各出租汽车公司的最高机关是经理室，云飞公司经理为创办人高尔特的阿舅比罗华，华人经理为盛燮生。其他各华商公司经理多为华人。在经理以下分有内勤职员和外勤职员两种，内勤：（1）车务处：设主任 1人，以下有上级职员、下级职员数人，管理司机、工人和苦力等一切事物。

(2)机务处:设主任 1 人,和车务处不相上下,但他们管理机务,一切铜匠、木匠、漆匠等事务都是其管理。(3)会计处:设会计师 1 人,下有帮办几人,管理一切进出财政、发给工人工资等事情。外勤:(1)分站职员:大站五六人,小站 3 人,管理一切营业金钱、查看出差时间、听电话、接生意等。(2)电话总线间:有职员 12 人,专管生意电话,转接各分站。总之,各公司虽间或亦略有区别,然大体上皆大同小异。①抗战胜利后,祥生交通汽车公司的办事处设在林森中路 1070 号。总站与办事处相同,经理为周祥生,电话 60000。②

(二)职工待遇和生活

1. 职工待遇

(1)司机。上海出租汽车各公司的司机每月薪金不同,然基本在 21 元左右。进出公司,不论年数多少,薪金没有增加(虽另有客赏,但是不固定收入)。祥生、泰来、银色三公司曾实行荡班制度,做一日拿一日工钱,不做便没有,但每天仍须在公司等候。工作时间最苦,要做三日三夜方有一天休息。此前云飞公司没有订立劳资契约时,要做五日五夜才能休息一天,其他一切工人应得利益更是没有。云飞公司自 1937 年 1 月 1 日劳资双方订立契约后,才争得工人最低限度的待遇,如每年有赏金 1 月,国家纪念日赏工 7 天,每年病假 25 天,事假(包括婚丧)外埠 1 周、本埠 4 天等待遇。假如要与世界上先进国家的工人待遇相比,天壤之别,但对于处罚工人的条件非常厉害。例如汽车损坏或因工人精神疲倦而发生意外的一切损失,老板可从保险公司拿到保险金,还要司机赔一半。祥生公司规定漆坏,工人须赔 2 元。要是撞死人、犯刑事,公司没有保障,只有当事工人硬挺。倘使工人有事而脱班,3 次后就要罚停工作一周,这是最轻处罚。③即租界的司机生活很苦,要做五天五夜才能休息一天,有的要做六天六夜。资方不仅在工资和工作时间如此苛刻,且从其他方面压迫与剥削职工。司机职业没有保障,公司可以随时开除职工。租界巡捕可以拿走司机的驾驶执照,抄录汽车号码,硬说司机违章。司机为保住职业,减少被巡捕罚款,只得向巡捕

① 朱邦兴、胡林阁、徐声合编:《上海产业与上海职工》,上海人民出版社 1984 年版,第 412 页。
② 上海市出租汽车公司:《上海街道和公路营业客运(个别的公共交通)史料汇集》(第四辑),1982 年 3 月油印本,第 15 页。
③ 朱邦兴、胡林阁、徐声合编:《上海产业与上海职工》,上海人民出版社 1984 年版,第 413 页。

塞钞票行贿。[1]

（2）工匠。一是铜匠，其待遇较好一些，全体铜匠的领班（所谓头脑或拿摩温），年数较多且资格老，有100元左右。其他的铜匠多是三四十元左右。他们工作时间普通是8小时，要比司机的三日三夜好得多，星期日还有休息。假使要做礼拜工或夜工，另有津贴，一切要比其他工人的待遇好些，原因为他们处在公司最重要的一个部门。二是木匠和漆匠，这些工人当然不能同铜匠比，他们都是30元左右，不过其工作时间与铜匠一样。

（3）苦力。虽不像一般司机要工作三日三夜，但是他们没有和铜匠以至木匠、漆匠一样待遇，薪水一律是20元，始终没有一角钱的增加。"他们的年赏也只有半关，这种无理剥削在公司当局看来，苦力或是另外一件东西。"

（4）职员。除经理以外，每处的主任大概每月有300元左右，主任以下的薪水可以分高级、中级、下级三种。高级的每月薪水100元左右，但在职员中不多，不过十一二人。中级职员平均40元左右，他们的人数要占全体职员大半数。下级职员的薪水不过20余元，占十分之三左右，"他们这区区的薪水去养活一家人口，那真是糟糕"。尤其是在日本侵略军发动八一三淞沪会战后，这般小职员们过着一般人所想不到的非人的生活，这也不只是出租汽车公司的小职员们。在奖励方面，他们也只有一个月的年赏，其他的权利则无法享有。[2]

简言之，根据国际劳工局中国分会统计，1939年1月上海工人生活指数为159.32，较1937年八一三淞沪会战前的109.51增长49.81%。但根据日常生活经验，事实超过该统计。在工资方面，不但没有跟着提高，反比战前减少，许多产业部门把原有的工资打8折、7折甚至打6折，如各业工资的绝对数见表2-5。该表显示，出租汽车、公共汽车业领取最高工资的为该部门中极少数有特殊技术的工人，其余一般大多数工人皆为领取普通工资及最低工资者。而各业关于米贴、升工、赏工等自八一三淞沪会战后，又多有停发。[3]

---

[1] 《上海工运史研究资料》1982年第1期，转引自上海市出租汽车公司：《上海街道和公路营业客运（个别的公共交通）史料汇集》（第四辑），1982年3月油印本，第256—257页。

[2] 朱邦兴、胡林阁、徐声合编：《上海产业与上海职工》，上海人民出版社1984年版，第414—415页。

[3] 朱邦兴、胡林阁、徐声合编：《上海产业与上海职工》，上海人民出版社1984年版，第8—9页。

表 2-5　1939 年上海各业工资绝对数表　　　　　单位:元

产业部门	最高	最低	普通
棉纺工人	1.60	0.18	0.50
丝织工人	1.20	0.50	0.80
缫丝工人	0.50	0.24	0.40
针织工人	1.00	0.30	0.60
法商电车工人	1.83	0.40	0.90
英商电车工人	1.11	0.36	0.73
公共汽车工人	1.66	0.33	0.83
出租汽车工人	1.33	0.66	0.70
印刷工人	1.88	0.30	0.66
机器工人	1.80	0.30	0.80
木业工人	1.00	0.30	0.60
烟厂工人	1.20	0.20	0.40
面粉工人	1.33	0.30	0.53
榨油工人	0.60	0.50	0.54
码头工人	1.00	0.35	0.60
备　　注	以上系将时工、件工一并按日计算		

资料来源:朱邦兴、胡林阁、徐声合编:《上海产业与上海职工》,上海人民出版社1984 年版,第 9 页。

2. 职工生活

(1)工人生活。出租汽车业的工人大都在无产家庭中生长,所以生活简单而清苦,无论衣食住行哪方面待遇都是不合理的,尤其是在抗战时期中。但他们知道敌人是谁,所以工人们都觉醒起来,知道最后胜利才是解决生活难题的时候。因此,工人们在艰苦生活下,还是热烈地爱护祖国。他们在交谊的朋友当中,不放松一切的宣传抗战意义和胜利的必然获得,来争取抗战早日成功。总之,工人的生活配合着抗战。但还有少数工人的生活还没有严肃起来,他们终日在喝酒和打麻将的圈里或没有找到正当消遣,于是生活就一天天腐化起来,这要用说服和教育的方法去开导他们,"希望汽车工友们坚强地团结起来,向着光明的前途迈步前进!"文化程度方面,因当时社会制度不进步、教育不普及,出租汽车业工人阶级的文化程度非常低。

工人中,目不识丁的占四分之一强,粗通文字也不多,能够看报或写文章的当然更少。这不是他们不要学识或自甘堕落,这个责任应由国家担负。职员方面,他们都是小资产阶级的子弟,所以文化程度比较高,大都是初中或高中程度,但是他们所得薪水也很微小。而一两个主任或经理,当然例外。由上述的文化程度观察,职员要比工人高,但是对于爱国行动与团结力量,工人要比职员强。为争取抗战胜利和本身利益,工人已经团结起来,决心不做亡国奴。"他们不论在爱国的行动上、组织上、宣传上都已做了全上海工人的模范,同时还争取了资方一致对付日本帝国主义。汽车工人的精神是多么的伟大啊!"①

(2) 职工活动。封建恶势力、拜老头子、拜弟兄等在汽车工人中也免不掉,他们有帮派即青帮、洪帮。青帮是拜老头子,洪帮是拜弟兄,他们起初宗旨不外乎团结、互助、同患难共生死等,但会受到老头子或弟兄的利用而做出卑鄙事情,也有靠老头子、老大哥"牌子"向人敲诈欺骗,或是为利益冲突、自相残杀。追究原因,没有正确的教育,如能好好领导,灌以正确思想,那可以是很好的组织。清醒的工人于是发起失业人员的组织,一面可救济失业工人,一面可互相帮助,增强工人团结的力量。如为加强全上海汽车工人的团结,1933 年 8 月 15 日创立汽车工会,全市汽车工人加入会员的有 3 000 余人,每位会员每月缴会费 1 元,数目相当惊人。于是投机分子乘机混进工会,争权夺利,结果在 1935 年春季该工会宣告解散。云飞汽车公司工人受以上教训,一面肃清公司的不良分子,一面淘汰外面的投机分子,1935 年 11 月 1 日重新创立工会,以云飞工人作基础并向外发展,结果参加会员有 1 000 余人,人数虽比上次少一半多,但组织方法进步,领导人也优良。成立一年半时,工人感觉工会相当健全,于是要求资方订立劳资契约,借以保障工人种种利益,结果 1937 年 1 月 1 日劳资契约订立完成,取得胜利。②

自汽车工会成立后,发动大小斗争不下几十次,最大是 1937 年 4 月 21 日的两星期大罢工。该次罢工原因是云飞公司对一工人的细小错误,要开除工会代表张大心,全体工人不允于是发动罢工。在罢工过程中,因调解人接收资方贿赂、出卖工人,由国民党上海市社会局、市党部强迫复工,于是云飞公司变本加厉,开除代表 6 人。同年七七事变后,上海工人积极参加各种

---

① 朱邦兴、胡林阁、徐声合编:《上海产业与上海职工》,上海人民出版社 1984 年版,第 415—416 页。

② 朱邦兴、胡林阁、徐声合编:《上海产业与上海职工》,上海人民出版社 1984 年版,第 416—417 页。

抗日活动,汽车工人也加入洪流,他们有许多参加上海的各种救亡团体,为国家贡献抗日力量。八一三淞沪会战爆发后,上海汽车工人在 8 月 15 日发起慰劳前线将士运动,10 月 10 日双十节又发起劝募背心运动,成绩卓著。后来又多次发起购买救国公债、难民捐等活动;1939 年的双十节里又发起献金运动及之后的新年献金。根据上述事实,汽车工人在抗日工作上已经负起一部分责任,"在以后抗日过程中,他们会负起更艰苦更伟大的责任"。[①]可见,打败日本帝国主义,实现中国的最后胜利,建立伟大的新中国,才是汽车工人最终的出路。

二、客运能力及客运车辆

在汽车调度及站务上,1911 年上海出租汽车初始即以"电话调度"为主。各大车行均装置同一电话号码若干线,叫车顾客众多亦可同时通话。如英商泰来汽车公司装置 4 根线,云飞、祥生等均装有 10 根线,并以易记的电话号码以广招徕。如黄汽车始以 35353、后改 70007,祥生以电话 40000 号召四万万同胞坐四万号汽车,南方 80008,银色 30030 等不胜枚举,在站务上主要是接应调度室电话调派车辆及承接上门乘车的顾客。[②]嗣后,"拥车三、五之小车行,犹如雨后春笋,不胜枚举,汽车效用,即渐普遍,而各大车行,为适应环境起见,更择地添设分站,并特约各大公司商号,另设代叫处,以广招徕,车租至是,亦趋统一",规定每小时 3 元。至 1927 年间,上海市政当局鉴于"市上出赁汽车风驰电掣,往来频仍,与社会关系,日见密切,特订新章,以资管理,如在市区行车,须另捐车照,并将车照改为白牌黑字,便于识别。其次,较大车行,逐有创设,如黄汽车、祥生、云飞等,可谓该业之黄金时期"。车行众多、分站林立,只要电话关照,马上便能照所说的地址开来。[③]

譬如出租汽车的车辆增进及出差次数。"上海市内习见之交通工具,除公共乘物外,为汽车人力车两种"。据 1931 年上海登记的出租汽车行为 62 家(见表 2-6),1933 年上海市公用局统计的出租乘人汽车执照 1 151 辆;公

---

① 朱邦兴、胡林阁、徐声合编:《上海产业与上海职工》,上海人民出版社 1984 年版,第 418 页。

② 上海市出租汽车公司:《上海街道和公路营业客运(个别的公共交通)史料汇集》(第四辑),1982 年 3 月油印本,第 53 页。

③ 《新闻报》广告(1933 年 10 月 13 日)、《上海门径》(1937 年版),转自上海市出租汽车公司:《上海街道和公路营业客运(个别的公共交通)史料汇集》(第四辑),1982 年 3 月油印本,第 1 页。

共租界工部局为 1 013 辆,法租界公董局为 604 辆,三处合计营业乘人汽车共为 2 768 辆。具如中国黄汽车公司"足当出租汽车的异军,资力伟大,车辆众多,足可服务全市";云飞公司"在出租业中,也可说是巨擘,车辆很多,分站遍布全市,规模伟大",电话 30189 号,通话后 5 分钟必有车到。其间,顺记汽车行因 1935 年 5 月在蓬莱路添设分行、10 月虹口汽车行设立虬江路分行等,向公用局予以注册并请颁发行基执照,以资营业。[1]

表 2-6　上海全市汽电车事业统计表(1927—1932 年)

项　　　目	1927 年终至 1928 年6 月 30 日	1928 年终至 1929 年6 月 30 日	1929 年终至 1930 年6 月 30 日	1930 年终至 1931 年6 月 30 日	1931 年终至 1932 年6 月 30 日	备　　　考
电车公司(家)	3	3	3	3	3	两家在租界
长途汽车公司(家)	5	5	5	5	4	淞杨汽车公司毁于战事停办
公共汽车公司(家)	2	4	4	4	4	两家在租界
登记的出租汽车行(家)		37	54	62	52	1929 年 5 月开始登记
登记的汽车加油站(家)			50	94	98	1929 年 10 月开始登记
登记的汽车司机(人)		4 419	8 423	11 136	12 895	1929 年 4 月开始登记
登记的车辆(辆)	52 560	58 634	66 292	72 078	75 301	1930 年终总数内汽车 6 835 辆

资料来源:上海市地方协会:《上海市统计》(1933 年编印),转自上海市出租汽车公司:《上海街道和公路营业客运(个别的公共交通)史料汇集》(第四辑),1982 年 3 月油印本,第 25 页。

根据公共租界工部局车辆登记统计,1934、1935 年汽车分别为 9 516、9 643 辆(减去机器脚踏车,见表 2-7);开车执照发给车主分别为 369、335 张,发给汽车夫开车执照分别为 1 604、1 464 张;登记汽车夫分别为 17 854、19 318 人;出租汽车公司分别为 39、31 家。法租界公董局 1933、1934 年车辆登记统计,自用汽车分别为 3 942、4 160 辆;营业汽车分别为 604、513 辆;自用运货汽车分别为 1 001、917 辆;营业运货汽车分别为

①　上海市出租汽车公司:《上海街道和公路营业客运(个别的公共交通)史料汇集》(第四辑),1982 年 3 月油印本,第 18—24 页。

678、729 辆。①

表 2-7　公共租界工部局发出汽车牌照书目表(1931—1935)

年份	自用汽车	出租汽车	运货汽车等	公共汽车	机器脚踏车	临时牌照	总计
1931	4 957	995	1 521	130	747	57	8 407
1932	5 448	964	1 605	159	815	66	9 057
1933	5 756	1 013	1 656	162	717	63	9 367
1934	6 389	1 055	1 821	179	705	72	10 221
1935	6 628	1 003	1 762	179	649	71	10 292
备注	各国海陆军当道以及工部局各处所用车辆之执者概未包括于上列各项数目之内,临时执照系发给汽车公司未售出之试用车者						

资料来源:《上海市年鉴》(1937 年),转自上海市出租汽车公司:《上海街道和公路营业客运(个别的公共交通)史料汇集》(第四辑),1982 年 3 月油印本,第 28 页。

　　至 1935 年 11 月,上海全市出租汽车行约为 62 家(见表 2-8)。1936 年全国各地农业丰收,人民购买力回升,往年停工停业的工厂、商店纷纷复工复业,各行各业也达到战前盛况,上海人口增至 374 万余人,南京路、四川路、霞飞路(今淮海中路)、老西门一带形成四大闹市,商业繁盛,出租汽车业务也十分兴旺,行业又进一步发展,小车行大量出现;各大车行如云飞、银色、祥生汽车公司竞相在闹市附近增设分行,并在顾客集中的场所如酒楼、旅社设立叫车处,车辆也陆续增加。至 1936 年末,云飞汽车公司拥有汽车 200 辆,职工 600 余人,分行 14 处;利利汽车公司有车 80 辆,银色汽车公司、新闸汽车行等业务也很发达。②再据 1937 年出版的《上海门径》述及,"上海汽车同业不下二、三百家"。至于出租汽车的客运量,各大车行如黄色、云飞、祥生均各拥有汽车 200 余辆。以祥生汽车公司统计,1936 年拥有汽车 270 辆,1—7 月营业次数(出差次数)共为 732 500 差次,则每天每辆出差 13 次,以全市拥有营业汽车 2 768 辆×365 天×13 差次=13 134 160 次。③由此,上海全市出租汽车 1936 年每天出差 35 984 次,全年为 13 134 160

① 《上海市年鉴》(1937 年),转自上海市出租汽车公司:《上海街道和公路营业客运(个别的公共交通)史料汇集》(第四辑),1982 年 3 月油印本,第 27 页。
② 上海市公用事业管理局:《上海公用事业(1840—1986)》,上海人民出版社 1991 年版,第 263 页。
③ 上海市出租汽车公司:《上海街道和公路营业客运(个别的公共交通)史料汇集》(第四辑),1982 年 3 月油印本,第 24 页。

次,①成为城市客运交通的重要机动力量。

表 2-8　上海市汽车调查表(1935 年 11 月 13 日)

单 位	车辆类别	车辆总数 (辆)	单 位	车辆类别	车辆总数 (辆)
南方	轿车	27	淞沪	轿车2、篷车4	6
东城	轿车	3	沧州饭店	轿车	4
太平	团体车	2	真如	轿车2、篷车3	5
东新	轿车	3	特飞	轿车	2
茂泰	团体车	1	好友	篷车	5
公用黄	轿车	5	金星	轿车1、篷车1	2
虹口	轿车	11	浦东	篷车	3
兴隆	轿车	4	民国车行	轿车	7
新兴	轿车1、篷车1	2	大华	轿车	10
福州	轿车2、篷车3	5	大康	轿车	5
友宁	轿车2、篷车1	3	大安	轿车1、篷车3	4
亚洲	轿车6、篷车2	8	大来	轿车5、篷车1	6
爱多	轿车9、篷车1	10	中央	轿车	2
兴发	轿车2、篷车1	3	中山	轿车6、篷车1	7
华洋	轿车1、篷车1	2	祥生	轿车	200
东方	轿车	2	利利	轿车35、篷车25	60
中华	轿车	3	江苏	轿车12、篷车1	13
卡德	轿车	3	光陆	轿车	4
公安	篷车	11	顺记	轿车1、篷车1	2
四川	轿车	13	兴隆	轿车	1
永安	轿车	4	茂泰	团体车	6
兴华	篷车	5	法大	轿车	4
民国	轿车	1	美华	轿车11、篷车2	13

---

①　张仲礼主编:《近代上海城市研究》,上海人民出版社 1990 年版,第 491 页。

单　位	车辆类别	车辆总数(辆)	单　位	车辆类别	车辆总数(辆)
中和	轿车	2	福泰	轿车	3
新闸	轿车	4	亿太	轿车	7
共和	轿车	47	中国搬场公司	团体车	4
云飞	轿车	168	扬子	轿车	6
大隆	轿车7、篷车3	10	世界	轿车3、篷车1	4
泰来	轿车	27	中央福来	轿车2、篷车2	4
飞利	轿车	4	瀛海	轿车1、篷车1	2
黄汽车	轿车	42	新新	轿车3、篷车1	4

资料来源:《上海市年鉴》(1937年),转自上海市出租汽车公司:《上海街道和公路营业客运(个别的公共交通)史料汇集》(第四辑),1982年3月油印本,第29—32页。

抗战胜利后,1946年5月上海市公用局准许祥生交通公司行驶上海龙华间游览车:"当次春光明媚,桃红柳绿之时,郊外踏青,实为市民高尚之娱乐,以故龙华古刹,游客独多,为便利市民交通起见。"准许该公司行驶上海龙华间游览车3个月,每日自上午9时起至下午5时止,每隔一小时由陕西南路开龙华一次;龙华一面,每日上午9:30分至下午5:30分止,每隔一小时开沪一次。该局与祥生交通公司所订临时合约如下:(1)暂时行驶时期,自1946年3月1日起至5月31日止,3个月为限,期满应即停驶。(2)行驶路线,规定为自陕西南路起,经复兴中路、衡山路、宛平路、谨记路、龙华路至龙华为止,中途不得停车上下乘客。(3)两端停车场所,以经公用局核定地位为限,不得随意停车妨碍交通。(4)载客车辆,以用领有营业汽车牌照的正式大客车为原则(试车牌照车不准载客营业)。(5)大客车每车载客人数以40人为限,不得超载,并不得任客攀立车外等致生危险。(6)每客每次单程以收费400元为限,不得溢收。(7)公司应将逐日行车次数等项,每月翔实列表呈报公用局备核。(8)公司应按行驶车公里数计算,每月向公用局缴纳养路费,大客车每车公里25元,货车每吨公里15元,由公用局转送工务局充作养路用。(9)公司应按收入总数提5%,每月缴纳公用局作为报酬金。(10)公司遵守一切交通管理规章及其他有关法令,并随时受公用局指挥检查,不得违抗。(11)公司如违背以上各条或办理不善发生事故时,公用局得随时撤销其行使权,并视情节轻重另予相当处分。(12)本临时合约于行驶期限届满时,即行取消。①

再如《祥生交通公司承办国营招商局沪甬航线上海轮埠汽车接客办法》(1946年8月25日)"旅客注意"事项:(1)公司备有新颖团体客车及行李车转办轮埠接客。(2)由公司派员随轮预先售票,每位国币1 500元,于到沪时凭票乘车。(3)购票时请将上海目的地告知售票员,以便分别路线给票,按票上所标路号在轮埠搭乘同号之车。(4)行车路程分下列六线:一号路:由轮埠经金陵路林森路华山路建国路至陕西南路;二号路:由轮埠经中正东西路江苏路复兴路至陕西南路;三号路:由轮埠经南京路愚园路江苏路康定路中正南路陕西南路;四号路:由轮埠经北四川路靶子场宝山路河南路中正东路;五号路:由轮埠经大名路杨树浦路通北路长阳路长治路;六号路:由轮埠经中华路民国路(城厢园路)方斜路徐家汇路。(5)行李以衣箱铺盖网篮为限,每件国币300元(码头脚夫费用另加),另备行李联单收据。(6)公司所派随轮职员均着制服,备有徽章,应请贵客注意。②继至1948年,祥生交通公司、海达汽车公司和联业汽车公司的出差次数、客运车辆数见表2-9。

表2-9　祥生交通、海达、联业汽车公司1948年部分月份出差次数统计表

企业	月份	营业收入(元)	共有客车(辆)	每差车价(元)	出差次数(次)	去长途车一成(次)	每日每车差数(次)
祥生交通公司	2月	1 956 003 500	27	132 000	14 818	13 336	16.46
	4月	4 940 779 000	35	230 000	21 482	19 334	18.41
	5月	5 010 009 000	35	310 000	16 162	14 564	13.87
	6月	6 894 215 000	35	1—30日34—100元	13 498	12 144	11.57
	7月	17 351 490 000	35	1—16日100—160元;17—31日240—300万元	9 524	8 572	8.17
	12月	56 984 638	35	1—31日24—64元	10 952	9 471	9.02

① 《公用月刊》第7期(1946年5月10日),转自上海市出租汽车公司:《上海街道和公路营业客运(个别的公共交通)史料汇集》(第四辑),1982年3月油印本,第15—16页。

② 上海市出租汽车公司:《上海街道和公路营业客运(个别的公共交通)史料汇集》(第四辑),1982年3月油印本,第17页。

续表

企业	月份	营业收入(元)	共有客车(辆)	每差车价(元)	出差次数(次)	去长途车一成(次)	每日每车差数(次)
海达汽车公司	2月	1 186 519 000	33	132 000	8 989	8 040	8.15
	4月	1 653 745 000	31	230 000	7 190	6 471	6.96
	5月	2 331 170 000	31	310 000	7 520	6 768	7.28
	6月	2 558 310 000	26	同祥生交通	4 985	4 486	5.75
	7月	5 190 060 000	26	同祥生交通	3 374	3 037	3.89
联业汽车公司	2月	1 679 322 000	44	132 000	12 722	11 450	8.68
	4月	2 682 370 000	44	230 000	11 662	10 496	7.95
	5月	3 771 625 000	44	310 000	12 167	10 950	8.30
	6月	5 073 257 000	44	同祥生交通	9 770	8 793	6.64

资料来源:上海市出租汽车公司:《上海街道和公路营业客运(个别的公共交通)史料汇集》(第四辑),1982年3月油印本,第41—46页。

另,国民政府行政院物资供应局于1946年7月4日将吉普车千辆交给上海市出租汽车商业同业公会,由公会组织、联合公司承购,并于全沪设20—40分站,设一修理厂按照规定颜色油漆,车辆每辆美金1 600元,先付若干成,视同业公会经济力量而定,每日每车以15次计算,将其营业收入15%交与供应局,分两年还清,按照目前核准的车价,每20分钟国(法)币3 600元。[1]即供应局打算将剩余物资中的吉普车出售给出租汽车行,在新旧汽车青黄不接中,又燃起汽车行的生机。然而供应局予定的每辆吉普车售价895元美金,1 000辆要美金895 000元,合成法币约30亿元,偌大数字使一般汽车行无法负担。且供应局坚持全市出租汽车行合组一个公司营业,并要设有20个分站,由此把出租汽车行难住,后来竟弄僵,问题耽搁两个多月。嗣后,供应局的吉普车有一部分抵沪,又重新成为出租汽车行攸关生存的利器。同业公会呈文供应局准予按家采配给制度,由自己负责经营,即"用吉普卡来改造出差汽车,在今日交通缺乏中,不失为一种有效的补救办法"。[2]

---

[1] 上海市出租汽车公司:《上海街道和公路营业客运(个别的公共交通)史料汇集》(第三辑),1982年3月油印本,第207页。
[2] 《交通问题特辑》,《商报》1946年9月23日,转自上海市出租汽车公司:《上海街道和公路营业客运(个别的公共交通)史料汇集》(第三辑),1982年3月油印本,第6页。

表 2-10　上海市出租汽车商业同业公会会员、车辆及申请汽油表(1948 年)

会员名称	车辆数额(辆)	每月申请核加汽油数量(加仑)	会员名称	车辆数额(辆)	每月申请核加汽油数量(加仑)
祥生汽车公司	112	23 100	绿宝合记汽车行	15	1 200
中央兴隆汽车行	35	4 200	南方汽车行	3	240
沪东汽车行	6	600	太来汽车行	7	525
沪南出租汽车行	15	1 500	海达车行	38	3 800
大新出租汽车行	8	824	太来出租汽车行	10	980
合利出租汽车行	6	600	华德汽车行	10	1 000
大连出租汽车行	11	1 650	沪西出租汽车行	5	240
大华汽车行	3	150	中华汽车行	22	1 100
亚洲汽车公司	10	910	中国联业汽车公司	30	3 180
胜利汽车公司	17	1 598	中华达记汽车行	8	880
新新协记汽车行	4	300	安泰铭记汽车行	16	1 760
上海出租汽车行	24	26 400	亿太汽车行	8	1 200
华丽新记汽车行	5	670	兴昌汽车行	5	400
来来汽车行	11	1 210	祥生交通公司	30	7 440
金都汽车行	2	220	通利出租汽车行	4	320
新兴兴记汽车行	10	1 000	兴发汽车行	5	300
平安汽车公司	6	570	长安出租汽车行	4	400
百乐合记汽车行	28	2 800	泰山汽车行	4	480
新生出租汽车行	13	1 430	东方志记汽车行	6	876
中华荣记汽车行	38	4 180	华通出租汽车行	3	300
中国交通汽车行	15	1 500	香港交通汽车行	4	480
国民汽车行	6	564	五一汽车行	5	250
凯旋汽车行	4	200	沪嘉汽车行	20	1 000
卡德广记汽车行	4	231	公大	11	650
新闻兴记汽车公司	18	1 800	民生交通车行	2	200
拉都中央公记汽车行	21	2 100	共计	705	85 748

资料来源:上海市出租汽车公司:《上海街道和公路营业客运(个别的公共交通)史料汇集》(第三辑),1982 年 3 月油印本,第 47 页。

继而,1947—1948 年间上海出租汽车行逐步增至 66 家。[1]如根据 1948 年 2 月 26 日上海申请配额汽车行名表显示,共有 57 家汽车行(公司)申请了厂牌喜临门 2 辆、沃斯摩别尔 5 辆、道奇 2 辆、吉普 3 辆、福特 10 辆、司蒂别克 6 辆、顺风 12 辆。[2]按同年上海市出租汽车商业同业公会的会员企业申请核加汽油的车辆统计(见表 2-10),出租汽车总数为 705 辆,但实际上斯时全市出租汽车不止此数,基本恢复到全面抗战前的发展水平。

第三节　运价营收和财务信息

一、客运乘价的演变

中国的汽车营业运输始于城市,早在 1907—1908 年,青岛、上海先后有短途汽车客运和出租汽车。上海出租汽车的计价办法,如 1909 年出版的《上海指南》登载:汽车包坐 1 小时为起点,租价 5 元;1 小时以上,2—3 小时每小时为 4 元;若连续使用 4 小时,价为 15 元;租用 1 天(8 小时),租价 25 元。[3]租用时间愈长,租价愈低,这是中国汽车营业运输最早实行的运价。外商在上海开设的汽车运输行与华商汽车运输行的计费办法不同,采取按时计费的办法,每小时 5—10 元,其运价要比华商汽车运输行高出一倍。[4]但这种计价办法,符合使用时间愈长、间接成本愈低的实际运输情况。

随之,汽车快捷、舒适且新奇,自然引发上海市民跃跃欲试。如美商东方汽车公司于 1911 年 8 月 7 日在报刊公布"出租汽车第一号价目表":以行驶英里计算车价,每一英里(1.6 公里)或第一小段 0.60 元,以后每四分之一英里(0.4 公里)0.15 元累计,依此推算,特约用车,按 1 小时计算。再如华商亿太汽车行的"出租汽车车价"广告:汽车分头号、二号二种:(1)头号分为 30 匹马力,乘 7 人,车价按时间论价:第一小时 5 元,第二小时 4 元,第三小

① 上海市交通运输局公路交通史编写委员会:《上海公路运输史》(第一册),上海社会科学院出版社 1988 年版,第 225 页。
② 上海市出租汽车公司:《上海街道和公路营业客运(个别的公共交通)史料汇集》(第三辑),1982 年 3 月油印本,第 44—46 页。
③ 上海市交通运输局公路交通史编写委员会:《上海公路运输史》(第一册),上海社会科学院出版社 1988 年版,第 36 页。
④ 中国公路交通史编审委员会:《中国公路运输史》(第一册),人民交通出版社 1990 年版,第 114 页。

时每刻 1 元,依次推算。(2)二号为 20 匹马力,乘 5 人,车价:第一小时 4 元,第二小时 3 元,第三小时每刻 0.75 元,依次推算。①从而,初期出租汽车取费分三种:一以时间计,二以行程计,三以包半天或全天计。1925 年前后又增加三种:小号车(载二三人)每小时 3 元;中号车(载四五人)每小时 4 元;大号车(载 7 人)每小时 5 元。且除车资外,须酌给司机酒资若干,约 4—6 角。②即上海"出差汽车"民初就上市了。照会号码是白底黑字,取费分计时、计程及包日(或半日)三种,还没有计程表。以 20 分钟计,车资 1 元,小账 2 角。著名的汽车公司除"云飞""祥生",还有"利利";"利利"失败,继起则为"银色",鼎足为三。③

进入 20 世纪二三十年代,"汽车迅速舒适,除自备外,亦有出租",上海出租汽车业在金贵潮流飞涨时竞争减价:公用黄汽车公司一按电话,3 分钟内即可将车驶到,每 20 分钟 1 元、每小时 3 元。规模较大的华商祥生、银色及洋商云飞等车行租费亦同,逾时照算,酒资每次例给大洋 2 角。"欲租者以电话通知即来,如在代叫处叫,可免除电话费,汽车车价虽较贵,如有五六人赶远路,则车资反较人力车为廉。"再如 1932 年 12 月英商泰来汽车公司减低车价通告:从 12 月 15 日开始,最低价格将降至 9 角和每小时 2.8 元,"在过去的几个月中,我们尽力向你提供便宜的服务。在用我们的车时,我们给你保了事故险,我们相信你会继续给予支持。如果你到大光明大戏院、卡尔登大戏院去,你就能在几码之外的马市场雇到一辆探勒(泰来)汽车"。④

这一时期,出租汽车公司相互间竞争激烈、方式多样。黄汽车、云飞、祥生、泰来、银色等各大车行除降低车价外,还发行优待券、代价券,如银色公司发行代价券每 10 元一本可抵作 11 元车价。赠送雇乘者优待券、代价券,实际是变相折价;有的与夜总会、赌场特约接送;有的与旅馆挂钩,外地旅客来沪,一下车船可免费乘坐祥生汽车去东方饭店(今市工人文化宫)。如此招徕业务的种种方法,使小出租汽车行无力参与竞争。为此,上海市出租汽车业同业公会第三届会员大会决议,组织评价委员会讨论对策,革除陋习、

① 《字林西报》1911 年 8 月 7 日,《新闻报》1914 年 5 月 29 日,转引自上海市出租汽车公司:《上海街道和公路营业客运(个别的公共交通)史料汇集》(第四辑),1982 年 3 月油印本,第 138—139 页。
② 周源和:《上海交通话当年》,华东师范大学出版社 1992 年版,第 78—79 页。
③ 曹聚仁:《上海春秋》,上海人民出版社 1996 年版,第 168 页。
④ 《上海指南》交通篇(1930 年版),转引自上海市出租汽车公司:《上海街道和公路营业客运(个别的公共交通)史料汇集》第四辑,1982 年 3 月油印本,第 139—140 页。

统一车价。在第二次评价委员会会议上商定:从 1933 年 9 月 1 日起统一收费、实行同业价目单,各出租汽车行已发出的优待券、代价券使用截至 9 月底。至时如顾客尚未用尽,应即向其收回,如有故违,应当处罚。通告同业一律实行外,登报通告。①如 9 月 1 日该同业公会奉社会局核准、公用局审定通告统一车价:(1)起码 20 分钟内,洋 1 元。(2)30 分钟 1.5 元、35 分钟 1.75 元、40 分钟 2 元、45 分钟 2.25 元、50 分钟 2.5 元、55 分钟 2.75 元、60 分钟 3 元。(3)吴淞、真茹、江湾、浏河、罗店、龙华六区,遇有汛会自应在规定钟点价目以上计算,随时另行商订,但不得超过钟点价目 50%。(4)同业不得发行优待券、代价券,以杜折价混售。汽车租用以时间、行程两种,普通每 20 分钟价 1—1.5 元不等,如论行程亦必参酌启行至到达其时间的比例计费。若包全日,视车的新旧、座位多少而定,大概 30 元左右,车费外须犒汽车司机酒资若干,每车费 1 元则一二角。②制定统一车价后,出租汽车同业间的运价竞争略有收敛,但市场上的竞争却未停止。不难发现,出租汽车企业间的运价博弈会使整个行业的运营呈现效率化态势,市民乘车价格较为低廉,进而使"消费者剩余"③增加,城市社会福利整体增长。

抗战胜利后,当局调整车价收费标准。如 1946 年 1 月 31 日,上海市公用局规定出租汽车价目并通知同业公会通饬各汽车行遵照:"迩来汽油来源渐畅,价格已趋低落,各营业汽车行成本减轻,所有载客汽车及运货汽车出租价目自应予以合理调整。"经统筹核定、精确核算,出租汽车价目其比例为战前每次出差成本约需 7 角、现为 1 046 元,经核定载客汽车每 20 分钟收费国(法)币 1 200 元,以后每超过 5 分钟加费 250 元,自本年 2 月 1 日起实行,"除公告周知外,仰即通饬各汽车行一体遵照规定收费,不得额外需索为要"。是年 4 月,公用局局长赵曾珏发布第七十九号布告调整出租汽车收费标准:全市出租汽车收费标准,经本局参酌物价增涨情形,重予调整为载客汽车每差 20 分钟收费 2 400 元,逾时 5 分钟加 600 元。"自即日起实行,除饬知出租汽车业同业公会一律依照规定收费,如有浮收情事,定予严惩外,

① 上海市交通运输局公路交通史编写委员会:《上海公路运输史》(第一册),上海社会科学院出版社 1988 年版,第 111 页。

② 《新闻报》(1933 年 9 月 1 日),转引自上海市出租汽车公司:《上海街道和公路营业客运(个别的公共交通)史料汇集》(第四辑),1982 年 3 月油印本,第 141 页。

③ 消费者剩余(consumer surplus)是指一种物品的总效用与其总市场价值之间的差额。之所以会产生剩余,是因为我们所得到的大于我们所支付的,这种额外的好处根源于递减的边际效用。参见[美]保罗·萨缪尔森、威廉·诺德豪斯:《经济学》(第 17 版),萧琛主译,人民邮电出版社 2004 年版,第 76 页。

合函布告周知。"①

至 1947 年 2 月 11 日,上海市出租汽车商业同业公会呈请公用局为依照生活指数调整出租车价:"物价飞涨不已,开支随日激增,虽屡经调整车价且辗转需时,每次甫及实行,而时间性已过,亏耗不赀,实在难以维持,目下已见倒闭之情况,群情惶悚。"经全体会员议决一致要求依照上月生活指数标准作为调整本月车价依据,即以上次呈奉核定出租汽车每差 20 分钟为国币 6 000 元(市公车字第一三九二号)为根据,按 1946 年 10 月生活指数为 5 218 倍作为逐月调整的比例标准,如收支仍失平衡,得酌加 20%—25%以资挹注,"庶乎合理平允,即因百物飞涨,为维持营业计",根据上例调整车价,经全体同业议决自 2 月 11 日起汽车出租价目表调整为:起码 20 分钟,8 000 元;25 分钟,10 000 元;30 分钟,12 000 元;35 分钟,14 000 元;40 分钟,16 000 元;45 分钟,18 000 元;50 分钟,20 000 元;55 分钟,22 000元;每小时,24 000 元;等候时间,一概照算。2 月 27 日,该公会再因物价飞涨请求公用局调整车租、以维成本;经该局核定出租汽车每差 20 分钟收费9 000 元,每逾 5 分钟增收 2 000 元,自 3 月 1 日起实行,"除公告暨报市政府备案外,仰即转饬各车行遵照,如有浮收情事,一经查觉,定予严惩不贷"。嗣至 1947 年 9 月,同业公会呈报公用局"浮收车资清单":呈请调整出租汽车价目为每 20 分钟 32 000 元,经第 91 次市政会议议决准予自 8 月 22 日起实行。该局 8 月 23 日饬遵所有车行"自擅自加价之日起至奉令核准之日止,将浮收金额全数缴解本局"(见表 2-11)。截至当日止,收到 49 家共计国币 10 720.6 万元,另 20 万元于 9 月 5 日将款缴解。②

表 2-11　上海市出租汽车商业同业公会各车行浮收车资清单(1947 年 8 月 20、21 日)

商行名称	辆数	浮收金额	商行名称	辆数	浮收金额
香港汽车行	4	585 300	新闸汽车行	18	1 421 400
海达汽车公司	38	4 199 100	卡德汽车行	4	639 000
百乐汽车公司	28	2 000 700	中国交通汽车行	15	1 674 450
大华汽车行	3	638 200	四川中山汽车行	18	1 474 400
沪西汽车行	3	754 590	沪南汽车行	15	730 300

① 上海市出租汽车公司:《上海街道和公路营业客运(个别的公共交通)史料汇集》(第四辑),1982 年 3 月油印本,第 149—151 页。
② 上海市出租汽车公司:《上海街道和公路营业客运(个别的公共交通)史料汇集》(第四辑),1982 年 3 月油印本,第 151—152、157 页。

商行名称	辆数	浮收金额	商行名称	辆数	浮收金额
飞云汽车行	10	363 000	大来汽车行	7	720 000
华丽新记汽车行	5	858 800	来来汽车行	8	1 554 000
安泰铭记汽车行	16	1 853 700	华通汽车行	3	781 000
胜利汽车行	17	1 840 000	祥生汽车公司	108	48 015 750
拉都中央公记汽车行	18	2 904 780	新兴汽车行	10	1 964 000
东方汽车行	6	313 000	中国联业汽车公司	30	4 116 450
中华达记汽车行	8	1 659 000	东华汽车行	36	3 161 300
沪嘉汽车行	20	1 385 000	友宁汽车行	20	1 029 600
快来汽车行	15	615 000	开利汽车行	21	300 000
公大汽车行	15	1 758 000	兴发汽车行	5	200 000
上海汽车行	24	380 000	绿宝汽车行	15	1 524 100
通利汽车行	4	994 000	兴隆汽车行	35	1 640 000
新生汽车行	13	654 000	亿太汽车行	16	3 106 100
大新汽车行	9	654 000	泰山汽车行	4	453 000
沪东汽车行	6	543 000	中华荣记汽车行	38	994 000
兴昌汽车行	5	850 000	五一汽车行	5	225 000
永安汽车行	13	623 000	亚洲汽车行	8	335 000
中华汽车行	9	885 000	华德汽车行	11	887 000
合利汽车行	6	155 000	祥生交通公司	20	2 326 000
新新汽车行	4	293 000	总计		107 206 020

资料来源:上海市出租汽车公司:《上海街道和公路营业客运(个别的公共交通)史料汇集》(第四辑),1982年3月油印本,第158—159页。

再如1947年7月1日,上海市出租汽车商业同业公会发出通告:"关于每次调整汽车出租价目,必须造具成本计算表,送公用局核定。"10月该公会为调整出租汽车价目通告启事:"查出租汽车服务交通为宗旨,取费低廉为沪上人士所共知,本年物价飞涨,成本加重,外汇又复提高,汽油车胎及一切零件均上涨一倍至数倍不等。"公用局对出租汽车租价准自7月12日起,调整为每 20 分钟 50 000 元,通饬各汽车行遵照并登报公告。①该同业公会调整汽车租价计算方式详见表 2-12。但自 1948 年始,国民政府因军事溃败,财政经济危机加剧,通货膨胀,上海不少工商企业停工停业,与运输生产直接有关的各种费用不断上升,特别是行车所需的汽油、轮胎、配件等涨势更猛,而运价调整跟不上飞涨的物价。据《现代公路》杂志记载,1948 年 7 月的汽油和轮胎价格与 1937 年相比,分别上涨 180 万倍和 800 万倍,而运价只增加 78 万倍。②

表 2-12　上海市出租汽车商业同业公会调整汽车租价计算方式(1947 年 11 月 1 日)

燃油料(元)		员工薪费(元)		修理材料(元)		杂项支出(元)	
汽油	54 000	司机工资	61 519	车胎	17 333	车照	1 444
引擎油及齿轮油	13 000	机匠艺徒工资	43 481	电并	7 933	制服及车套	2 260
		职员薪金	53 230	小修及配件	45 400	房租水电电话	3 500
				大修引擎及底盘	27 530	修缮	5 000
				喷漆	4 110	文具印刷	6 000
						营业税	4 000
						什项及车辆意外损失	15 000
						折旧	19 532
合计	67 000		158 230		102 306		56 736

资料来源:上海市出租汽车公司:《上海街道和公路营业客运(个别的公共交通)史料汇集》(第四辑),1982 年 3 月油印本,第 197 页。

　　具言之,上海市出租汽车商业同业公会 1948 年 1 月 4 日的汽车出租价目:起码 20 分钟,10 万元;25、30、35、40、45、50、55、60 分钟,分别为 12.5 万、15 万、17.5 万、20 万、22.5 万、25 万、27.5 万、30 万元。3 月 14 日的价目:起码 20 分钟,18 万元;25—60 分钟(每隔 5 分钟,同上),分别为 22.5、27、31.5、36、40.5、45、49.5、54 万元。5 月 16 日的价目:起码 20

---

①　上海市出租汽车公司:《上海街道和公路营业客运(个别的公共交通)史料汇集》(第四辑),1982 年 3 月油印本,第 153—154、195 页。

②　上海市交通运输局公路交通史编写委员会:《上海公路运输史》(第一册),上海社会科学院出版社 1988 年版,第 260 页。

分钟,34 万元;25—60 分钟(同上),分别为 42.5 万、51 万、59.5 万、68 万、76.5 万、85 万、93.5 万、102 万元。6 月 12 日的价目:起码 20 分钟,56 万元;25—60 分钟(同上),分别为 70 万、84 万、98 万、112 万、126 万、140 万、154 万、168 万元。上述价目,"等候时间,一概照惠"。①同年 8 月 19 日,国民政府颁布《财政经济紧急处治令》宣布金圆券政策,上海物价一日数跳,造成严重通货膨胀,出租汽车运价随之自动涨价。如 9 月 1 日,该同业公会的汽车出租价目:起码 20 分钟,金圆 1 元 7 角;25—60 分钟(每隔 5 分钟,同上),分别为 2 元 1 角 5 分、2 元 6 角、3 元 5 分、3 元 5 角、3 元 9 角 5 分、4 元 4 角、4 元 8 角 5 分、5 元 3 角;以后每小时,5 元 4 角。9 月 6 日的价目:起码 20 分钟,金圆 1 元 6 角;25—60 分钟(同上),分别为 2 元、2 元 4 角、2 元 8 角、3 元 2 角、3 元 6 角、4 元、4 元 4 角、4 元 8 角。1949 年 1 月 16 日的价目:起码 20 分钟,金圆 200 元;25—60 分钟(同上),分别为 250、300、350、400、450、500、550、600 元。2 月 17 日的价目:起码 20 分钟,1 800 元;25—60 分钟(同上),分别为 2 250、2 700、3 150、3 600、4 050、4 500、4 950、5 400 元。上海解放后,1949 年 7 月 21 日的汽车出租价目:起码 20 分钟,人民币 5 000 元;25—60 分钟(同上),分别为 6 250、7 500、8 750、10 000、11 250、12 500、13 750、15 000 元。上述价目,"等候时间,一概照惠"。②

简言之,至 20 世纪 40 年代由于汽油、车胎及零件等价目飞涨,上海出租汽车行业不得不增加车价。抗战胜利后,因法币一再贬值,物价旦夕数跳,车价暴涨更形混乱,国民政府虽当时一再颁布"出租汽车收费标准",碍以"物价飞涨难以维持成本",遂使出租汽车的车价一再跳跃、漫无止境,至 1949 年 2 月间已为 20 分钟起码、金圆券 1 800 元。③新中国成立前夕,上海出租汽车的客运价格已无法得到控制,行业景况奄奄一息。

二、营收及财务信息

全面抗战前,因黄金昂贵、汽油涨价,中国黄汽车公司拖汽油账款甚巨,导致停业。债权人德士古油公司向上海第二特区(法租界)地方法院申请裁

---

① 上海市出租汽车公司:《上海街道和公路营业客运(个别的公共交通)史料汇集》(第四辑),1982 年 3 月油印本,第 161—162 页。

② 上海市出租汽车公司:《上海街道和公路营业客运(个别的公共交通)史料汇集》(第四辑),1982 年 3 月油印本,第 164—166 页。

③ 上海市出租汽车公司:《上海街道和公路营业客运(个别的公共交通)史料汇集》(第四辑),1982 年 3 月油印本,第 138 页。

定黄汽车公司破产,申报债权时间自 1935 年 12 月 30 日起至 1936 年 2 月 25 日止。黄汽车公司债务人及属于破产财团的财产持有人对于公司债权人应于规定期内向破产管理人申报其债权,其不依限申报者,不得就破产财团受清偿。1936 年 2 月 1 日,该公司宣告破产停业。[1]实质上,上海各出租汽车公司自创办以来剥削工人,它们用很低代价雇用工人,所以营业始就非常发达,司机工人要做三日三夜的工作,方能休息一天。"在八一三以前营业可以说发达了,但现在虽然战区不能营业",每辆汽车一天却做三十元左右的生意,如以二百辆计算,一天就有六千元的生意,如此就"比八一三战前的营业更好了"。[2]

迨及抗战胜利,"上海出赁汽车经过多年的消耗磨折,硕果仅存的,由战前三千辆现在变为八百辆,减少了四倍,在青黄不接,新车运到尚遥遥无期,在物价高涨,车胎零件的缺乏,本市汽车业又恢复至黯淡的时期,大家挣扎中过活"。据 1946 年统计,上海出租汽车有 30 余家,最大为祥生、中国联业、顺风、亚洲、新闻等。大的出租汽车行拥有汽车三四十部,小的一二十部,资本总额一二亿元左右,以其营业状况委实在苦熬中,它们每部汽车平均每日出差 15 次,每 20 分钟为 5 000 元,每日可得 75 000 元。可是汽油消耗尚属小事,以每加仑 1 150 元计算,每日消耗 10 加仑仅 11 000 余元,然而修理费一项"确属惊人,现在汽车原料来源缺乏,且有捉襟见肘之概!"。[3]依据上海出租汽车每日成本比较显示(1946 年 2 月 7 日),将各项目的抗战前、1946 年的数据比较,汽油分别为 5.4、2.4 元,机油分别为 0.37、0.25 元,零件修理工资分别为 3.01、10.55 元,车辆折旧分别为 2.74、2.466 元,轮胎折旧分别为 0.49、3.452 元,驾驶工资分别为 2、1.5 元,捐税分别为 0.13、0.133 元,管理费用分别为 0.17、0.166 元,每车每日成本分别为 14.31、20.917 元,每车每差成本分别为 0.70、1.046 元。再如祥生交通公司 1946 年 3—5 月的营收、车公里统计,路线为陕西南路至龙华车辆,类别为团体车,3 月营业车辆为 2 辆,营业收入 355 000 元,行驶车公里数 2 232 公里;4 月车辆为 3 辆,收入 6 296 500 元,行驶数 2 700 公里;5 月车辆为 3 辆,收入

[1]《黄汽车公司停业后　法院裁定破产》,《新闻报》1936 年 2 月 3 日,"本市新闻"栏。
[2] 朱邦兴、胡林阁、徐声合编:《上海产业与上海职工》,上海人民出版社 1984 年版,第 411—412 页。
[3]《交通问题特辑》,《商报》1946 年 9 月 23 日,转自上海市出租汽车公司:《上海街道和公路营业客运(个别的公共交通)史料汇集》(第三辑),1982 年 3 月油印本,第 5—6 页。

2 954 500 元,行驶数 2 700 公里。①各汽车行的成本计算详见表 2-13。

表 2-13　上海各汽车行成本计算表(1946 年 2 月)

汽车行名	祥生	联业	亚洲	顺风	海达	中国	大来	华丽
车辆数	60	20	15	14	5	10	6	3
每日每辆出差次数	15	15	18	14	15	15	15	15
每日每辆主要开支								
1	6 700	7 500	6 700	7 400	7 538	7 538	7 035	6 600
2	1 300	1 125	1 500	1 000	1 500	1 500	1 330	1 500
3	2 290	1 680	2 000	2 670	2 080	2 080	3 000	3 337
4	6 330	8 334	6 200	6 000	3 746	3 333	6 666	6 666
5	400	6 090	300		444	444	167	111
6	4 930	90	3 000	4 300	2 666	3 333	2 222	2 000
7	300		700		333			
8	1 150		500	4 000	3 470	3 470	2 033	2 080
9	2 000		12 000	238	4 167	4 167	5 020	5 000

　　资料来源:上海市出租汽车公司:《上海街道和公路营业客运(个别的公共交通)史料汇集》(第四辑),1982 年 3 月油印本,第 200 页。

　　具如中国交通股份有限公司成本核算表(1946 年 2 月 15 日)显示:营业收入共计 900 万元(以 10 辆汽车营业,每辆每日出 15 差每月共 4 500 差,每差 2 000 元)。营业支出共计 815.245 万元,其中利息(每辆汽车价值 250 万元,10 辆计 2 500 万元)以 5 分计算,每月利息 125 万元;折旧(每辆以 2 年计算)10 辆每月折旧 104 万元;汽油(3 加仑出 4 差,每加仑 670 元)每月共需 226.525 万元;机油(每日每辆 0.5 加仑,10 辆计 5 加仑,每月 150 加仑每加仑 3 000 元)共须 45 万元;车胎(每辆车胎 5 只,每只 10 万元可用 8 个月,每月每辆车胎消耗 62 500 元)10 辆共计 62.5 万元;电池(每并电池可用 6 个月价值 8 万元,10 辆电池)每月平均消耗总数 13.32 万元;修理费(大小修理每月每辆 10 万元)10 辆共计 100 万元;牌照费(每辆每月 3 300元)10 辆共计 3.3 万元;电话费每月 10 万元;房租每月 6 万元;水电费每月 5 万元;职工薪金每月 100 万元;印刷文具每月 5 万元;什项每月 10 万元。

---

　　①　上海市出租汽车公司:《上海街道和公路营业客运(个别的公共交通)史料汇集》(第四辑),1982 年 3 月油印本,第 196、41 页。

该公司每月盈余 84.755 万元,平均以 4 500 差计算,每差盈余 188.34 元。再如海达汽车行成本核算表(1946 年 2 月 12 日)显示:营业收入共计 450 万元(以 5 辆汽车营业,每辆每日 15 差每月共 2 250 差,每差 2 000 元)。营业支出共计 419.672 5 万元,其中利息(每辆汽车价值 250 万元,5 辆共计 1 250 万元)以 5 分计算,每月利息 62.5 万元;车辆折旧(每辆以 2 年计算)5 辆每月折旧 52 万元;电池(每并电池可用 6 个月价值 8 万元,5 辆电池)每月消耗 6.66 万元;喷漆(每辆每年喷漆一次共 15 万元,5 辆计 75 万元)每月平均 6.2 万元;大小修理费(每月每辆 10 万元)5 辆共计 50 万元;车套(每辆 2 付可用 1 年计 12 万元,5 辆共计 60 万元)每月平均 5 万元;汽油(每加仑价 670 元,3 加仑可出差 4 差,每月 2 250 差)共计 113.062 5 万元;机油(每日每辆 0.5 加仑,5 辆共须 2.5 加仑,每月 75 加仑每加仑 3 000 元)共须 22.5 万元;车胎(每辆 5 只,每只价值 10 万元可用 8 个月,每月车胎消耗 62 500 元)5 辆共计 31.2 万元;牌照费(每辆每月 3 300 元)5 辆共计 1.5 万元;电话费每月 2 万元;房租每月 3 万元;职工薪金每月 40 万元;广告每月 10 万元;印刷文具每月 5 万元;杂项每月 6 万元。该公司每月盈余 30.327 5 万元,平均以 2 250 差计算,每差盈余 134.78 元。①中国联业、亚洲等汽车公司见表 2-14、2-15。

表 2-14　中国联业汽车股份有限公司各项费用日计表(1946 年 2 月)

项　　目	说　　明	每月费用	每日费用
汽油	每日 225 加仑@670	4 500 000	150 000
机油	每日 7 加仑@2100	441 000	147 000
润滑油	刹车油、牛油、牙齿油等	240 000	80 000
添配零件	各项零件配件	3 900 000	130 000
厂修零件	搪气缸、做钢板地轴	600 000	20 000
电焊	车身及机件电焊	200 000	6 670
喷漆	喷漆补漆等	300 000	10 000
车套制洗	添制车套、清洁车套	54 000	1 800
职员薪金	办公处及分站职员	2 200 000	73 330
职工司机薪金	技师、工匠、工役、司机等	1 460 000	48 500

① 上海市出租汽车公司:《上海街道和公路营业客运(个别的公共交通)史料汇集》(第四辑),1982 年 3 月油印本,第 201—202 页。

项 目	说 明	每月费用	每日费用
房地租	房租、地租	90 000	3 000
修缮费	房屋设备、生装等修缮	30 000	1 000
电话	总线及各站分机	60 000	2 000
水电	自来水电灯	30 000	1 000
车照	车辆执照季费	79 580	2 650
车胎	每月添装十二只	1 015 000	3 360
文具印刷	办公室各项文具、营业用印件	120 000	4 000
广告	公报及其他广告用件	150 000	5 000
税捐	税款、捐款等	30 000	1 000
杂项费用	各项杂用开支等	260 000	8 700
合 计			524 950
备 注	上列费用系按照汽车20辆，每日每辆行驶15差计算的结果；524 950÷20＝26 247.5（每车每日成本费用），26 247.5÷15＝1 749.83（每车每日成本费用）；以上计算对所关车辆折旧、利息等项均尚未计算在内		

资料来源：上海市出租汽车公司：《上海街道和公路营业客运（个别的公共交通）史料汇集》（第四辑），1982年3月油印本，第205页。

表2-15 亚洲汽车股份有限公司出差汽车每部成本统计表（1946年2月12日）

名 称	数 量	单 价	可用日期	每日成本
汽油	10加仑	670		6 700
机油	0.5加仑	3 000		1 500
职工薪金	1个月	90 000		3 000
电话、电灯、水电、房金、什费	1个月	12 000		400
车胎	4只	100 000	六个月	2 000
扑落	1只	10 000		1 000
修理	1个月	120 000		4 000
考爱尔	1只	12 000		200
照会	3个月	4 000		130
电池	1并	240 000	六个月	330

名　　称	数　　量	单　价	可用日期	每日成本
油漆、车胎、号衣、帽	1年	60 000		700
银利	1个月	3 600 000		12 000
折旧	1个月	15 000		500
			共计	32 460
备　　注	每天每辆汽车以18差计算,每差成本需法币1 800元			

资料来源:上海市出租汽车公司:《上海街道和公路营业客运(个别的公共交通)史料汇集》(第四辑),1982年3月油印本,第203页。

再据1946年2月顺丰汽车公司出租汽车成本统计:每月支出的汽油310万元、机油42万元、车胎112万元、薪金180万元、修理及零件250万元、执照4万元、处理费1万元、电话费2万元、广告30万元、文具印刷10万元、利息10万元、折旧168万元,每月支出共计1 119万元。该公司车辆计14辆,每天每辆出14差;每月11 190 000元,计平均每日373 000元,每日373 000元,计平均每辆262 642.86元,每辆262 642.86元,计平均每差1 903.06元,计每差成本1 903.06元。同月,华丽新记汽车公司出租汽车成本统计:每月支出的房金2万元、工资18万元、电费10万元、电话费2万元、行基费1.5万元、执照费1万元、零件60万元、车胎30万元、利息45万元、油费13.5万元、广告费10万元、折旧18.75万元、汽油(900加仑)60.3万元,每月支出共计263.05万元,每日开支87 683.33元。公司有汽车3辆,平均每日每辆营业15差共计45差,每差成本为194 851元。同月,东华汽车行成本计算统计,收项(营业每天以25万元计,每小时3 200元)即每月营业收入共计750万元;付项即营业支出共计804.4万元,其中利息(每辆车250万元计算,计车11辆)共275万元;折旧(每辆车价以250万元算)以三年折算80万元;汽油25万元;牌照捐费4.4万元;电话费1万元;水电费2万元;房租2万元;广告费50万元;员役薪资75万元;印刷文具及杂支15万元;伙食40万元;车胎(以11辆计)55万元;机油40万元;零件110万元;修理费30万元。[①]其间,大来车行出租汽车成本见表2-16。

---

① 上海市出租汽车公司:《上海街道和公路营业客运(个别的公共交通)史料汇集》(第四辑),1982年3月油印本,第204、207—208页。

表 2-16　大来汽车行出租汽车成本表(1946 年 2 月)

名　称	单　位	金　额	名　称	单　位	金　额
汽油	每差 075 加仑@670.pg	1 266 300	广告		40 000
机油	每辆每月 40 000	240 000	房租		150 000
零件添配	每辆每月 100 000	600 000	薪金		40 000
大小修理	每辆每月 100 000	600 000	利息	每辆每月 156 000	400 000
车胎	每辆每月 90 000	540 000	折旧	每辆每月 61 100	936 000
行基		30 000			366 600
执照		20 000			
水电		30 000	总额		5 258 900
备　注	有车 6 辆,每日每辆以 15 差为最佳营业,则每月共可出 2 700 次,以各项支出成本计算,平均每差成本须 19 100 元,出租价目非增至每差 20 000 元以上则本行绝难继续维持				

资料来源:上海市出租汽车公司:《上海街道和公路营业客运(个别的公共交通)史料汇集》(第四辑),1982 年 3 月油印本,第 206 页。

　　继至 1947 年春夏季,上海市出租汽车商业同业公会会员营业概况见表 2-17。自是年 8 月起,上海实行"凭证购买汽油"办法,对汽车用油实行限额供应。出租汽车的营业收入不敷燃料、轮胎、配件及修理费用的开支。[①]再至 1948 年 2 月,祥生、祥生交通、联业、海达、百乐等 5 家出租汽车公司(行)当月的收入分别为 8 309 418 万、195 600.35 万、167 932.2 万、118 651.9 万、65 237.6 万元;车辆分别为 108、27、44、33、28 辆;每差车价均为 132 元;出差次数分别为 62 950、14 818、12 722、8 989、4 943 次;除去长途 10% 分别为 56 655、13 336、11 450、8 040、4 448 次;每日每车差数分别为 17.49、16.46、8.68、8.15、14.83 次;每加仑行驶数分别为 2、2、1.7、1.7、1.5 加仑;每车每日需油分别为 8.75、8.23、5.11、4.8、3.53 加仑;每车每月需油分别为 263、246.9、155.5、144、105.9 加仑;每车原有配油均为 100 加仑;每车应增油分别为 163、146.9、55.5、44、5.9 加仑。[②]

---

①　上海市交通运输局公路交通史编写委员会:《上海公路运输史》(第一册),上海社会科学院出版社 1988 年版,第 260 页。
②　上海市出租汽车公司:《上海街道和公路营业客运(个别的公共交通)史料汇集》(第四辑),1982 年 3 月油印本,第 41、133 页。

表2-17　1947年春夏季上海市出租汽车商业同业公会会员营业表

会员名称	春季					夏季					春夏季每辆日均差数
	辆数	营业收入额	营业税	总差数	每辆日均差数	辆数	营业收入额	营业税	总差数	每辆日均差数	
祥生	97	1 740 656 900	26 109 900	226 059	25.80	97	2 664 031 000	39 960 500	204 925	23.40	24.60
中国联业	43	416 665 800	6 250 000	54 112	13.90	43	657 988 960	9 869 800	50 614	13.10	13.50
海达	35	439 719 000	6 596 385	57 106	18.10	35	591 599 000	8 873 985	45 507	14.40	16.20
拉都中央公记	34	310 689 400	4 660 300	40 349	13.20	34	492 798 800	7 392 000	37 907	12.40	12.80
百乐	28	338 737 500	5 081 000	43 992	17.50	28	481 980 000	7 229 700	37 030	14.70	16.10
上海	24	321 328 300	4 819 900	41 731	19.30	24	361 175 030	5 417 600	28 398	13.10	16.20
中华荣记	21	246 637 000	3 699 600	32 934	16.80	21	292 357 500	4 385 400	22 489	11.90	14.30
安泰铭记	16	204 010 100	3 060 100	26 494	18.40	16	244 378 000	3 665 600	18 798	13.10	15.70
绿宝合记	15	187 640 000	2 814 600	24 363	18.00	15	237 121 800	3 556 800	18 240	13.50	15.72
四川中山	15	115 284 500	1 729 300	14 972	11.10	16	137 341 000	2 060 100	10 564	7.30	9.20
沪南	15	151 733 882	2 276 000	19 705	14.60	15	187 607 200	2 814 100	14 431	10.70	12.70
友宁	13	124 205 800	1 863 000	16 130	13.70	13	180 064 500	2 700 900	13 851	11.80	12.80
亚洲	13	87 403 700		11 351	9.70	13	137 308 700		10 562	9.00	9.40

续表

会员名称	春　季					夏　季					春夏季每辆日均差数
	辆数	营业收入额	营业税	总差数	每辆日均差数	辆数	营业收入额	营业税	总差数	每辆日均差数	
新生	13	161 714 200	2 425 700	21 002	17.90	13	192 620 000	2 889 300	14 817	12.60	15.30
公大	12	75 304 500	1 129 500	9 779	9.10	8	73 455 500	1 101 800	5 650	7.90	8.50
沪北	7	87 239 500	1 308 600	11 329	17.90	7	129 984 600	1 949 800	9 998	15.90	16.90
大来	7	94 729 000	1 420 900	12 302	19.50	7	111 268 000	1 669 000	8 559	13.60	16.60
国民	6	57 366 000	860 500	7 450	13.80	6	90 690 000	1 360 400	6 976	12.80	13.30
东方志记	6	83 768 000	1 256 500	10 879	20.10	6	113 120 500	1 696 800	8 701	16.10	18.20
华丽新记	5	52 158 400	782 300	6 773	15.00	5	88 215 200	1 323 200	5 685	15.00	15.00
新新协记	4	30 109 000	451 600	3 910	10.90	4	41 171 000	612 600	3 167	8.80	9.80
长安	4	14 290 000	100 700	1 855	15.40	4	50 726 000	500 700	3 902	10.80	13.10
南方	4	38 791 000	581 800	5 037	13.90	3	26 385 000	395 700	2 029	7.50	10.70
通利	4	45 532 000	136 600	5 913	16.40	4	67 535 000	202 600	5 195	14.40	15.40
凯旋	4	39 275 000	589 100	5 100	14.20	4	57 420 100	861 300	4 417	12.30	13.30
备注	春季平均车价为 7 700 元；春季平均车价为 13 000 元										

资料来源：上海市出租汽车公司：《上海街道和公路客运（个别的公共交通）史料汇集》（第四辑），1982 年 3 月油印本，第 177—178 页。

再至 1948 年 5 月,祥生、祥生交通、联业、海达等四家出租汽车公司(行)当月的收入分别为 1 943 587.5 万、501 000.9 万、377 162.5 万、233 117 万元;车辆分别为 116、35、44、31 辆;每差车价均为 310 元;出差次数分别为 62 696、16 162、12 167、7 520 次;除去长途 10% 分别为 56 427、14 564、10 950、6 768 次;每日每车差数分别为 16.1、13.87、8.3、7.28 次;每加仑行驶数分别为 2、2、2、1.7 加仑;每车每日需油分别为 8.05、6.94、4.15、4.28 加仑;每车每月需油分别为 241.5、208.2、124.5、128.4 加仑;每车原有配油均为 100 加仑;每车应增油分别为 141.5、108.2、24.5、28.4 加仑。6月,四家公司(行)当月的收入分别为 2 955 508.7 万、689 421.5 万、507 325.7 万、255 831 万元;车辆分别 116、35、44、26 辆;每差车价为 1—11 日 34 元,12—26 日 56 元,27—30 日 100 元;出差次数分别 56 162、13 498、9 770、4 985 次;除去长途 10% 分别 50 545、12 144、8 793、4 486 次;每日每车差数分别 14.52、11.57、6.64、5.75 次;每加仑行驶数分别 2、2、2、1.7 加仑;每车每日需油分别 7.26、5.79、3.32、3.38 加仑;每车每月需油分别 217.8、173.7、99.6、101.4 加仑;每车原有配油均为 80 加仑;每车应增油分别 137.8、93.7、19.6、21.4 加仑;原油量分别 135、96、20、20 加仑;增配分别 13 500、2 860、830、520 加仑。[1]

概言之,自 1948 年 8 月国民政府宣布颁发金圆券后,市场物价飞涨,上海出租汽车运价随之涨价。1948 年 9 月 1 日至 1949 年 2 月 17 日短短半年中,租车起码 20 分钟,运价从金圆券 170 元涨为 1 800 元,不仅如此,因很多服务对象离沪出走,营业清淡,企业成本开支与日俱增,出租汽车业亏损累累,难以维持,不少企业倒闭。国民政府为挽救财政危机和物资枯竭,1948 年 9 月 22 日颁布减车节油办法,在上海、南京、天津、青岛、广州、汉口、重庆七市先行实行,规定车辆按 8 月 19 日登记原数量(同业公会登记出租汽车 705 辆),在 10 月 19 日前减少三分之一,汽车用油量亦按 8 月 19 日前一个月的耗用量减三分之一,使得出租汽车业进一步受到严重打击。继而,实际在上海街头行驶的出租汽车仅 400 余辆。1949 年 5 月人民解放军从各路向上海进军,国民党军队为逃跑在此前强行征用一批汽车,并在仓皇逃跑至逸仙路(今大柏树)等地方时又将这些汽车焚毁。[2]历经种种磨难,至

---

① 上海市出租汽车公司:《上海街道和公路营业客运(个别的公共交通)史料汇集》(第四辑),1982 年 3 月油印本,第 134、136 页。

② 上海市公用事业管理局:《上海公用事业(1840—1986)》,上海人民出版社 1991 年版,第275 页。

上海解放时,出租汽车行业已处于奄奄一息之境地。新中国成立初期,上海出租汽车行业恢复营运进而公私合营,使该行业逐步脱离困境、渐进发展,最终步入社会主义的光明道路。

第三章　华商出租汽车典范：祥生汽车公司

一般而论，"现代企业永远是一个开放系统，它需要与外部市场不断进行各种交换"。[①]而祥生汽车公司作为具有现代管理意识的华商企业，创始于 1919 年，从 1 辆旧汽车开始，经过 17 年的努力，至 1936 年经营规模超过了外商在上海经营的最大的云飞汽车公司。祥生汽车公司的出租汽车以车辆众多、日夜服务、随叫随到而驰誉沪上以至全国闻名。该公司脱颖而出，与创办人周祥生的创业精神、重视事业的发展、善于经营和广交朋友并借助他人力量是分不开的。[②]如祥生汽车公司创办时资本 10 万元，经营出租汽车；1922 年成立祥生汽车行，1930 年改称公司，1931 年改组为股份有限公司。至 1937 年，祥生公司成为上海最大的出租汽车公司。[③]抗日战争和解放战争时期，祥生汽车公司因受战争形势影响，营业发展虽不如抗战前，但仍得以存续并苦撑待变。新中国成立后，1951 年 9 月 1 日该公司实行公私合营，企业名称改为公私合营祥生汽车股份有限公司；继而，又改为公私合营上海市出租汽车公司。至此，近代上海出租汽车行业的翘楚、华商汽车客运之典范——祥生汽车公司终于回归人民政府，并为当代上海市出租汽车行业的循是以进、稳步发展夯实物质基础。

第一节　组织管理和经营特色

企业管理是指企业管理人员为保证企业生产经营活动的正常进行，实现企业既定目标，通过计划、组织、领导和控制等活动，合理分配、协调企业

---

① ［美］康芒斯：《制度经济学》，于树生译，商务印书馆 1981 年版，第 74 页。
② 上海市公用事业管理局：《上海公用事业（1840—1986）》，上海人民出版社 1991 年版，第 264 页。
③ 张仲礼主编：《近代上海城市研究》，上海人民出版社 1990 年版，第 495 页。

相关资源的过程。①从而,对祥生汽车公司的组织体制、人员管理及经营特点等企业管理领域首先做出探讨,尤为必要。

一、公司创建和经营特色

(一) 公司创建

祥生汽车公司的创办人周祥生(1895—1974),浙江定海人,原名锡杖,到上海后改名锡祥,在创办祥生汽车行时又改名为周祥生。他出身于农民家庭,由于家境贫寒,童年在乡仅读私塾三年,1907 年离乡来上海谋生,时年仅 12 岁,来上海后曾先后在外侨家里当仆役、外侨开设的小饭店做杂工、法侨开设的日南楼饭店当学徒。三年后,进礼查饭店(今浦江饭店)当西崽(侍应生)。在此期间,他和外侨相处中学会了一口流利的英语会话,还结识一些出租汽车行老板和汽车司机,熟悉了出租汽车业务,看到经营出租汽车业务比较简单,收入较多,为他以后经营这项事业打下基础。据其生前所写《祥生公司的起家和发展》文中所述:"1919 年在礼查饭店当西崽时,一次偶然的机会拾到一笔卢布,兑得银元 500 多元,和向岳母借了一部分,凑满 600 元,向英商中央汽车公司以车价 900 元购买了一辆日本制'黑龙牌'的旧汽车,当时先付 600 元,尚欠 300 元与卖主商定待营业收入后分期偿付,开始经营出租汽车的生涯。"周祥生自己不会开车,由中央汽车公司介绍,雇用一个名叫徐阿弟的司机,自己随车当助手,兜揽生意。在礼查饭店、江湾跑马场和市内其他饭店、酒吧、戏院等热闹场所揽客,日以继夜地接送顾客。那时出租汽车较少,周氏广交朋友拉生意,生意很兴隆,不到两个月就将购车欠款还清。中央汽车公司见其信用不错,又向他兜售 1 辆美国制旧汽车,车价 1 250 元,先给车辆已供营业,车款分期交付。两三个月后,周祥生又将车款全部交清。嗣又以接受他人投资合股和以部分赊欠的方式添购车辆,到 1922 年已拥有汽车 6 辆,在武昌路百老汇路(今大名路)口租借一间店面,正式挂牌成立祥生汽车行。之后生意越做越大,资本也积累增加,又陆续增购车辆,到 1930 年已拥有汽车 20 辆,设分行 2 处,车行名称也改称公司,在当时规模都很小的华商同业中已初露锋芒。1928 年上海汽车出租同业联合会成立时,周祥生被选为理事,遂在同业中崛起。②

---

① 贾琳主编:《现代企业管理概论》,西南财经大学出版社 2008 年版,第 19 页。
② 上海市公用事业管理局:《上海公用事业(1840—1986)》,上海人民出版社 1991 年版,第 264—265 页。

1931 年是周祥生事业取得迅速发展的一年,该年美商通用汽车公司在上海以预收少量定金的方式推销汽车,周之友人五金商人李宾臣,估计近期内外汇牌价看涨,向周建议乘机订购一批汽车,自己愿为垫付定金。由此,周祥生放手大干,在两个月内连续向通用公司定购雪佛兰牌汽车四批共400 辆,全部结算成外汇。此时,银元对美元比价不断下降,银元每百元兑美金由 45.5 元下降到兑 24 元,车辆尚未到货,以银元计算的车价无形中涨了一倍,周将未批订单 100 辆售出,从中赚到一笔钱。同年又向电话公司接装 40000 号电话总机,决定招股集资 10 万元(自己将车辆、行基作价认股6.1 万元),将公司改组为祥生汽车股份有限公司,于 1931 年 12 月 1 日登报成立。周祥生任董事兼总经理,公司总管理处从武昌路迁移到北京路 800号,将公司所在的房屋改名为祥生大楼,进行修缮装饰,并以“祥生”标志和40000 电话制成霓虹灯通宵闪烁在祥生大楼的夜空。1932 年订车到货,公司拥有车辆增加到 78 辆,车身全部漆成淡绿色投入营运,不久又得到上海铁路局长黄伯樵的支持,争得北火车站旅客用车的专营权,在出口处广场砌座水泥高墙,写上“祥生汽车”四个大字,招揽乘客,营业十分兴旺。后又连续增资,扩大经营,增购车辆,增设分行。到 1937 年上半年拥有汽车 248辆,分行 21 处,职工 647 人,在激烈的同业竞争中脱颖而出,超过外商云飞汽车公司,成为当时上海最大的出租汽车公司。①

其间,周祥生不乏创业精神,但也日渐刚愎自用,擅自以自己股单作抵押,抽取公司现金建造私宅,使公司资金枯竭,引起董事会不满,周辞去董事职务。1937 年七七事变后,上海形势日趋紧张,国民政府退迁武汉,急需大批车辆,周祥生意识到战火将临,为免损失,随即将 129 辆汽车以近乎新车的价格,作价出让给国民党陆军交辎学校,将所得按公司股份金额 52% 的比例发还股东,适时地缩小公司规模,受到股东们的赞扬。这是周氏为公司办的最后一件事。此后,因公司内部矛盾激化,1937 年 10 月周祥生辞去总经理职务,将自己所有股权抵给公司冲抵债款,提取部分余额现金,完全脱离公司回家乡避难,以后又转往内地另营运输业务。公司总经理一职,后由其弟周三元继任。②

(二)经营特色

彼时,祥生汽车公司“为全埠唯一华商大规模之出租汽车公司。至于车

---

① 上海市公用事业管理局:《上海公用事业(1840—1986)》,上海人民出版社 1991 年版,第265—266 页。

② 上海市公用事业管理局:《上海公用事业(1840—1986)》,上海人民出版社 1991 年版,第266 页。

身之宽大清洁,司机之和蔼可亲谨慎犹为余事,如蒙赐顾请拨电话四万号,公司之四大特色:分行十处,满布全沪,随叫随到,毫无迟疑;装置飞机车胎,无论远近行驶稳速,绝不颠簸;新近向欧美订购大批新车,陆续运沪加入服务,车身特大,美丽绝伦,坐位舒适,使君满意;赠送电话听筒挂架式样玲珑,免费装置"。①1931年祥生汽车股份有限公司成立后,企业得到迅速发展。祥生汽车的名望也随之日盛,不仅因它拥有车辆较多,更在于其讲究经营特色。当时上海汽车牌照、电话号码都成商人注意的生意眼。祥生公司高价买了40000电话号码,使租车易记易用,40000号码确实方便而顾客乐用,遂使生意兴隆、财源广进。②1933年该公司在《新闻报》做广告:"爱国同胞请坐同胞自营的汽车","我们中国人,应坐华商车,利权不外溢,国家自富强","华商自营规模最大,设备最全,训练最严,侍应最周,车辆最多,车身最好,分站最广,日夜服务,承叫即到"。租界电话40000号,(华界)南市电话22400。③

具如祥生公司"为谋南市顾客便利起见,特在东门路口十六铺,自建房屋,添设分行,该处为华界精华荟萃之区,筹备经年,始告竣事,兹已开始营业。但敝公司服务社会以来,悉心擘画,复承各界热心爱护,营业与日俱进,今后营业计划,仍当益图奋进,藉付各界惠顾之盛意"。其经营有"四大特色":(1)添购优美新车——因营业激增,原有新车150辆,尚觉供不敷求,特再添购大批新车,已陆续抵沪,加入服务,顾客决无候车延迟之虞。装置飞机车胎,无论远近行驶稳速,绝不颠簸。车身特大,美丽绝伦,座位舒适,使君满意。(2)严格训练司机——司机驾驶术之优劣,关系至为重要,非加严格训练,不足以昭郑重,特聘专门人才,专司考验,以期尽善尽美,服务安全为前提。至于司机谩客,虽属偶有之事,实堪痛恨,在在严密查察,尤恐鞭长莫及,各界惠顾诸君,如遇有上述情事,务希随时赐函北京路800号或拨电话92233号,告知敝公司总办事处,以便彻究,而辅敝公司耳目难周之处,当无任感激。(3)全沪遍设分行——为求顾客时间经济,全沪遍设分行10有余处,悉皆繁华之区,无论何处一经电话传唤,随叫随到。(4)赠送电话听筒挂架——不惜巨资,特制新式电话听筒镀银挂架,敬赠各界,装置坚固,式样

① 《上海门径》《新闻报》广告(1933年),转自上海市出租汽车公司:《上海街道和公路营业客运(个别的公共交通)史料汇集》(第四辑),1982年3月油印本,第1页。
② 周源和:《上海交通话当年》,华东师范大学出版社1992年版,第78页。
③ 上海市出租汽车公司:《上海街道和公路营业客运(个别的公共交通)史料汇集》(第四辑),1982年3月油印本,第23页。

新颖,请拨电话92233号或赐函北京路800号,通知敝公司总办事处,当饬匠前来,妥为装置,不取任何费用,聊答各界惠顾之盛意。至1933年,该公司在全上海已设立11个分行:总行为北京路贵州路口,分行为北四川路海宁路口、格罗希路杜美路口、东百老汇路公屏路口、百老汇路武昌路口、二马路大陆商场、大世界南八仙桥、愚园路胶州路口、北火车站内、老西门中华路和平路口、东门路十六铺。①

祥生汽车公司的总经理、副经理虽文化水平不高,但专心钻研业务和技术,开车、修车能自己动手,企业管理上精明细致,重视公司的经营特色。公司成立就提出"祥生汽车日夜服务、随叫随到"的口号,具体做法:一是推行电话叫车,祥生公司40000电话总机,日夜三班连续工作,调度员接乘客要车电话时,语言亲切、热情,按时派车接送,绝不会说"车子没有"。乘客半夜要车,调度室也按时派车上门,还可应乘客要求提前派车去叫醒乘客。二是派车到现场揽客,调度室经常密切注意全市发生的重大活动,了解掌握主要活动场所的动态。如体育场有重大比赛的散场时、火车站到车时、码头轮船到达时,都及时派出车辆,到现场等候揽客。三是普设分行,在分行配备站员,专门接待顾客上门雇车,可以随叫随走,不误时间。四是广揽顾客,调度室和医院、剧场、酒楼、舞厅、旅馆、赌台及一些老顾客建立专门联系,按其所在地编写号码,凡要车时都尽量及时提供方便,公司称此为"扎根业务,大水下篱笆",务必不使业务流失。此外,公司加大宣传投入,在市中心闹区装设霓虹灯广告,利用报刊电台大做宣传,报纸头版经常登载祥生汽车广告,电话簿的书脊上也有其广告,以扩大公司的社会影响。当提倡国货、抵制日货运动在上海兴起时,运用公司电话40000号,巧妙地与我国四万万同胞联系起来,提出"四万万同胞,坐四万号汽车,拨四万号电话","中国人要坐中国人的汽车",激起市民的爱国心,吸引众多乘客。电话叫车是业务的一大来源,当时电话机都是装置在墙上的墙机,电话接通后,在叫人接听的时候,话筒无处搁放,常常悬空吊着,祥生公司设计制作一种小巧别致的话筒金属搁架,架上冲压祥生汽车标志和电话号码,装在酒楼、舞厅、戏院等热闹公共场所及常用汽车置有电话机

---

① 《华商祥生汽车公司东门路十六铺第十分行开幕敬告各界》(《新闻报》1934年4月18日)、《电话簿》广告栏(1932—1934年),转引自上海市出租汽车公司:《上海街道和公路营业客运(个别的公共交通)史料汇集》(第三辑),1982年3月油印本,第203—204页;(第四辑),第7—8页。

的顾客家里,很受欢迎,收到很好的宣传效果,乘客打电话要车,就会想到祥生汽车。①可见,祥生公司不惜工本、善于利用时机,运用各种方式及舆论工具进行广泛的广告宣传。

概言之,1937年全面抗战前,祥生汽车公司已成为上海最大的出租汽车公司,分行共有22处之多,遍布全市的广告为:"电话易记40000号,直线通达所有分行。"②该公司抓住当时人们的民族自尊心和爱国心理,利用公司电话号码以广告招徕,使祥生汽车的知名度大为提高,吸引众多乘客乘坐。公司通过这些经营特色以及重视掌握客流和车辆营运情况,注重加强调度,充分发挥其车辆多、分行多的优势,提高里程利用率,取得其他车行无法抗衡的成功。乘客要车,公司可在任何时间就近调派车辆服务,这样既缩短乘客候车时间,又避免车辆长距离空放,节约汽油,提高车辆运转率。③由此,祥生汽车公司全力开拓业务,以优良服务吸引各阶层人士乘坐汽车,从而取得较好的经济效益和社会效应,使公司名声日隆,在激烈的市场竞争中遥遥领先。

二、组织体制和人员管理

可以发现,"内部组织的目的,就是要建立起一种能够使人们为实现企业目标而在一起最佳地工作并履行职责的正式的体制"。④而祥生汽车公司的组织管理体制的最高权力机构是董事会,公司订有章程,明确规定:公司实行董事会领导下的经理负责制,经理由董事会聘任,董事可兼任总经理,总经理可聘任协理、襄理。在经理室领导下,设有四个职能部门:车务部、机务部、账房间和写字间,聘有法律顾问和财务顾问,明确分工,各司其职,恪守规则,不得有违公司规章。(1)车务部是公司最大的部门,负责营运业务和管理调度员、站员、驾驶员的工作。营运业务的现场揽客、电话叫车、上门叫车都由调度(电话间)负责调度,日夜三班连续工作,每天的营业业务以及行车情况、乘客反映和气象情况都要做记录列表报经理室。乘客要车都要做到随叫随到,不得延误。乘客离车后,汽车必须随即就近回行,不得任意

---

① 上海市公用事业管理局:《上海公用事业(1840—1986)》,上海人民出版社1991年版,第268—269页。
② 上海市出租汽车公司:《上海街道和公路营业客运(个别的公共交通)史料汇集》(第四辑),1982年3月油印本,第53页。
③ 上海市公用事业管理局:《上海公用事业(1840—1986)》,上海人民出版社1991年版,第269—270页。
④ [美]哈罗德·孔茨等:《管理学》(第九版),经济科学出版社1993年版,第158页。

行驶。车务部还随时派人在外检查,发现问题随时解决。(2)机务部是公司的第二个重要部门,负责车辆的维修保养。小修不过夜,保持车况车貌完好无损,天天出车。(3)账房间负责全公司的财务核算工作,有会计、出纳和收账人员,定期作出收支报表。(4)写字间(内务部)是经理室的参谋部门,负责公司内务、秘书和对外联络交涉工作。人员配备讲究精干效率,力求精简,重用亲友,利权不外溢。公司的四个职能部门都由周氏兄弟的亲属挚友担任,通过各种社会关系争取广泛的社会基础和收罗业务人才,从组织上结合成一股经营管理的力量。①

譬如周祥生对管理工作很严格,每天一上班,就要查阅上一天营运情况报表,发现差错,立即找当事人追查原因,责令改正。对驾驶员严格控制,在每个分行都配备打字钟,驾驶员出车、回车都要将卡纸在打字钟里打出时间,规定每一车次可以有 10 分钟回站时间,如果差错较大,驾驶员说不出充分理由,就要扣"过时费"。驾驶员在途中即使空车顺道,回站也不许搭客,只许其带信,分行另外派车去接送。驾驶员基本职责有三条:(1)安全迅速接送乘客,态度和善,热情待客;(2)保养清洁好车辆,车况、车貌要一尘不染;(3)当班时不得离开车辆,服从调度,乘客上车时要开门迎接,上车后要替乘客关好车门。乘客下车时,也由驾驶员开门,收费时要道谢,说声再会。总经理自己常到现场查看驾驶员服务情形,发现怠客,自己就到车旁为乘客开门关门;发现驾驶员对基本职责执行认真,服务好的就记上车号姓名,隔几天就要召集驾驶员进行一次讲话,表扬好的,批评差的。公司每添新汽车,首先分配给保养优良、服务好的驾驶员,作为对他们的信任和鼓励。②至1935 年,祥生公司有职工 637 人;抗战胜利后,公司的职工人数不及战前水平(见表 3-1)。如 1936 年 2 月 7 日该公司发布添招司机通告:"公司因新添车辆,原有司机不敷分配,拟添招以资服务,凡有驾驶技术具有下列资格者:一、经验充足;二、路径熟悉;三、品行端正;四、绝无嗜好;五、体格健全。自即日起可向北京路 800 号公司总办事处报名,听候考验合格即行派充服务。"③

---

① 上海市公用事业管理局:《上海公用事业(1840—1986)》,上海人民出版社 1991 年版,第267 页。

② 上海市公用事业管理局:《上海公用事业(1840—1986)》,上海人民出版社 1991 年版,第268—269 页。

③ 《新闻报》(1936 年 2 月 7 日),转引自上海市出租汽车公司:《上海街道和公路营业客运(个别的公共交通)史料汇集》(第四辑),1982 年 3 月油印本,第 249 页。

表 3-1　祥生汽车公司历年职工人数统计表(1935—1951 年)　　单位:人

年份 \ 职工人数	职员		技　工		司　机		勤什人员	总计
	职员	练习生	技工	学徒	司机	下手		
1935	115(其中外人1)	29	48	34	326	36	49	637
1937	92(同)	13	64	42		26	20	
1938	101(同)	7	60	40		16	26	
1945 年底					67			
1946 年底	63(同)	2	81	16	218	9	7	396
1947 年底	67	8	71	28	234	3	8	419
1948	73	8	102	11	227	3	8	432
1949 年 7 月					228			
1951 年 2 月	56	6	90		142		8	302
备　注	空格内因无统计资料,故不统计							

资料来源:上海市出租汽车公司:《上海街道和公路营业客运(个别的公共交通)史料汇集》(第四辑),1982 年 3 月油印本,第 232 页。

抗战时期,"失业人口集中都市,雇主不但以廉价雇用工人,且不与工人发生固定的关系"。"这种现象,在上海抗战以后更甚",如首屈一指的祥生汽车公司,甚至每月要工人填自愿书一次。[1]至 1940 年,《华商祥生汽车股份有限公司章程》公布(如下)。翌年 1 月,该公司订立"职工团体人寿保险简章",如其中第二条规定:凡属本公司职工合于下列规定者均得加入本人寿保险:年龄未超过 55 岁;加入本人寿保险时在职工作而无疾病。第五条:保费按订立本保险时各职工的年龄依据泰山保险公司保费标准表每年计算由公司收入保险准备金,该项保费由公司负付。第六条,保险金额:职员已婚者,国币 1 000 元;职员未婚者,国币 750 元;工役一律国币 500 元。第十条:被保职工如因自尽、触犯刑章、参加战事或其他行使虚伪诈欺藉图赔款者,本公司不负赔款义务。[2]

[1]　朱邦兴、胡林阁、徐声合编:《上海产业与上海职工》,上海人民出版社 1984 年版,第 10 页。
[2]　上海市出租汽车公司:《上海街道和公路营业客运(个别的公共交通)史料汇集》(第四辑),1982 年 3 月油印本,第 248—249 页。

《华商祥生汽车股份有限公司章程》(1940 年)

第一章 总纲

第一条 本公司依照公司法股份有限公司之规定组织之,定名为祥生汽车股份有限公司。

第二条 本公司以置备汽车、专营受雇载客及输送货物等事务为营业。

第三条 本公司总办事处及总站设于上海北京路 800 号,但经董事会议决,得设分办事处及分站于本埠商业繁盛区域。

第四条 本公司之公告,以登载于上海通行之日报二种为准。

第二章 股份

第五条 本公司资本总额定为国币 75 万元,分为 7 500 股,每股 100 元,一次缴足。

第六条 本公司股票概为记名式,概以本公司图记,由董事七人全体签书署名发行之,执有股票者,以隶中华民国国籍为限。

第七条 股东取得股份时,其本人或用堂记商店名义者之代表人,均应将其姓名住所及印鉴式样,填送本公司存查。遇有变更时亦同。如不填送因而发生损失,本公司不负责任。

第八条 股份转让或赠予时,应由授受双方报告本公司核用过户,经本公司于股票上记载承受人之户名或姓名,并加盖本公司图记后方为有效,在过户未竣前仍以原股东为股东。

第九条 股份因继承关系或为别种原因,而须变更票面户名时,应有承受人提出相当证据,经本公司审核方可变更,但本公司认为必要时,得会取具妥保或兼会登报公告。

第十条 股票如有遗失或被偷盗时,应即报告本公司挂失,并依本公司之指示登报公告三日以上,自公告日起经过六十日别无纠葛,方得取其妥保并将所登报纸,送交本公司查核补领股票。

第十一条 股份过户每次应纳过户手续费国币五角,分合股票或补领股票,每张应纳手续费国币一元及应贴之印花税费。

第十二条 股东常会期前十五日内停止股份过户。

第三章 股东会

第十三条 本公司股东会分常会及临时会两种。甲、常会于每届决算后三个月内举行之,其日期地点及议题,应于一个月前通知各股东。乙、临时会由董事会或监察人认为必要时,或有股份总数二十分之一以上之股东请求时召集之。其日期地点及议题应于十五日前通知各股东。

第十四条　股东丧失权每股一权。但一户而有 11 股以上者,其超过 10 股之数,以每 10 股为 1 权,如有不满 10 股者,除 11 股外,亦作 1 权论。

第十五条　股东会开会时,股东因事不能出席者,得出具委托书委托他股东代理出席,行使股东权利。

第十六条　股东会之主席,由出席董事中公推 1 人任之。

第十七条　股东会之决议,除公司法有特别规定者外,须有股份总数过半数之股东出席,而以出席股东表决权过半数之同意行之可否,同数时有主席决之。

第四章　职员

第十八条　本公司设董事 7 人,监察 2 人,均由股东会选任之,凡属股东不分性别,均有选举权及被选举资格,董事互选董事长 1 人,并推举常务董事 2 人。

第十九条　本公司董事监察人均任期一年,连选均得连任。

第二十条　本公司设经理一人,由董事会聘任之,董事亦得受聘兼任。凡公司营业上一切事务,概由经理负责办理之,其他公司一切事务,由经理商准常务董事施行之,如有重大事项,须呈报董事会解决之。

第二十一条　董事会由董事长一人为主席,每月主持常会一次,临时会由经理或监察人之申请,或全体董事过半数以上,认为必要时,由董事召集之。董事长缺席时,由出席董事中互推一人代理之。

第二十二条　董事会议非由董事 4 人以上出席不得开议,非有出席董事过半数之同意不得决议。

第二十三条　监察人不得兼任本公司董事及经理以次各职。

第二十四条　检查人除依法执行职务外,得列席董事会陈述意见,但无表决权。

第五章　会计

第二十五条　本公司账目每年分两次决算。以 6 月 30 日为半年决算期,以 12 月 31 日为全年决算期,由董事会造具下列各项表册,于股东常会开会前三十日交监察人查核盖章后提出,于股东常会请求承认:(1)营业报告书;(2)资产负债表;(3)财产目录;(4)损益计算书;(5)公积金及股息红利之分配议案。

第二十六条　每期决算无论盈亏,均应摊提各项折旧百分之十五列入开支项下,然后举行决算,但摊提至最低定额时,应即停止摊提。

第二十七条　每届全年决算期所得盈余先提法定公积金十分之二,次提股息按年八厘外,其余分作二十成,分配如下:(1)股东红利十二成;(2)董事监察人酬劳二成半;(3)经理酬劳一成半;(4)办事人员酬劳四成。

第二十八条　分派盈余于股东会议决通过后行之,股息及股东红利按停止过户日之股东名簿分派。

第六章　附则

第二十九条　本章程未尽事宜,悉依公司法股份有限公司之规定办理。①

至1942年11月30日,祥生汽车公司呈请伪国民政府实业部重新登记,内容为:登记项目:公司名称为祥生汽车股份有限公司;本店所在地上海北京东路800号;所营事业以出租汽车及三轮客车为主要业务,兼其他交通事业为营业;资本总额国币500万元,股份总额50万股,每股10元;已缴股银为金额全数缴足;公告方法以登载上海通行的日报两种或以通函为之;设立日期为1931年11月30日;原领登记执照号数为新字第三〇五号,1940年9月3日发给。董事姓名和住址:杨文寿(四川路600号)、曹芳庭(霞飞路526弄9号)、周榕斋(贝勒路杏村9号)、吕建康(静安寺路静安里4号)、李栋臣(辣斐德路辣斐坊)、李经宇(吕班路巴黎新村15号)、姚培根(戈登路175号)、王瀛生(北无锡路73号)、蒋保厘(爱多亚路160号)、谢晋才(北京路800号)、杨镜水(胶州路308号)、李崇焜(海格路159弄31号)、周锡珍(北京路800号)。监察人姓名和住址:陈秉钧(延平路209弄41号)、陈贵立(北京路800号)、章心恕(公馆马路29号)。即公司原定资本总额法币75万元,自奉令折合中储券后,资本总额仅37.5万元。后因拟改营业出租三轮车业务,于1942年10月11日召集股东临时会,议决增加资本中储券462.5万元,连同原来资本共为中储券500万元。且公司自汽油来源断绝后,1941年起即无法营业。从而,将登记执照费800元、贴照印花税4元交于伪国民政府实业部,申请登记。②而抗战时期,该公司的司机工资及工作情况可见表3-2。

----

① 上海市出租汽车公司:《上海街道和公路营业客运(个别的公共交通)史料汇集》(第三辑),1982年3月油印本,第175—178页。

② 上海市出租汽车公司:《上海街道和公路营业客运(个别的公共交通)史料汇集》(第三辑),1982年3月油印本,第184—185、178页。

表3-2 祥生汽车公司历年发给司机工资调查记录(1936—1946 年)

日 期	每工工资(元)			备 注
	老司机	新司机	下手	
1936 年 4 月	0.80	0.50	0.40	工作 3 天休息 1 天,休息日无工资
1937—1938 年	同	同	同	同
1939 年 9 月	0.85	0.60	0.50	同
1940 年 1 月	0.90	0.70	0.60	工作 2 天休息 1 天,休息日有一半工资
1940 年 5 月	同	同	同	工作 2 天休息 1 天,休息日有 1 工工资,此事起由历志社议定
1945 年 12 月	复业			每工 0.80 元,休息日无工资
1946 年 2 月下半月起				每工 0.80 元+休息班半工 0.40 元=1.20 元,另加 0.50 元为每工 1.70 元,即每工包括休息班在内
1946 年 10 月起				每工 1.70+15％=1.955 元,另加工会贴费 0.145 元=每工 2.10 元;使用金圆券时将旧法币折合金圆券每工为 2.54 元,最后折米每工 1 斗,即连休息班半工在内

资料来源:上海市出租汽车公司:《上海街道和公路营业客运(个别的公共交通)史料汇集》(第四辑),1982 年 3 月油印本,第 237 页。

抗战胜利后,1945 年 12 月 15 日祥生汽车公司复业。翌年,该公司《章程》第五条修改为:本公司资本总额定为国币 12 000 万元,分为 1 200 万股,每股 10 元,一次收足。第二十二条、第二十三条规定:本公司设董事 13 人,由股东会就持有股份 36 000 股以上的股东选任;设监察人 3 人,就持有股份 12 000 股以上的股东选任;董事任期 1 年,监察人任期 1 年,连选均得连任。董事中互推董事长 1 人,常务董事 3 人。第二十九条规定:本公司决算后所有收入除一切开支及各项准备金外,如有盈余应先提十分之一法定公积金,次提依法应纳的税款及股息,其余依百分率就下列各款分派:(1)股东红利 60％;(2)董事及监察人酬劳 12％;(3)总经理酬劳 10％;(4)其他职员酬劳 18％,由总经理酌量分配。由此,上海各出租汽车公司的司机工资并不一律,其中待遇最高为祥生汽车公司,除每日工资 2 元 1 角依生活指数计算外,每年并有年终奖金 3 个月而每月工作 15 日。唯待遇最劣者则无工资,全赖小账收入。如战前祥生公司司机工资每日 8 角,每月工作 20 日,每月工资为 16 元,连同小账收入每月每人可得 67 元,如以 1947 年 6 月生活指数计算,则战前该公司司机每月收入可抵现时的 1 574.5 元。如实施内扣法即乘客不给小账,车行亦不给工资及年终奖金而于每差车价中附加若干作为司机报酬。以1947年情形计算,倘于现行车价20 000元中减去每差司机工资及年终奖金的成本后,车行于每差中可得17 435元,如再加二成半,则每差车价应改为21 793.75元,以整数计将每差车价改为22 000元,其中17 500元为车行收入,余4 500元为司机报酬,则该公司司机每月收入可得1 620 000元,与战前收入相仿,且对乘客的负担事实上可为减低。[①]
1946—1947年祥生公司职工薪资统计可见表3-3。

表3-3 祥生汽车公司全体人员薪资统计表(1946—1947年)

年 月	本月生活指数(倍)	上月生活指数(倍)	全体人员及给付薪资总额							
			职员(人)	薪资(万元)	机匠(人)	薪资(万元)	司机(人)	薪资(万元)	人数(人)	薪资共计(万元)
1946年1月			70	349	78	250	101	129	256	728
2月			74	827	73	336	122	372	269	1 535
3月	2 754		73	1 335	83	964	159	846	315	3 145
4月	2 694	2 754	73	1 288	93	1 060	194	761	360	3 109
5月	4 090	2 694	73	2 214	85	1 878	207	1 291	365	5 383
6月	4 040	4 090	73	2 188	85	1 927	212	1 127	370	5 242
7月	4 494	4 040	74	2 341	92	2 089	214	1 286	380	5 716
8月	4 537	4 494	74	2 381	90	2 181	215	1 417	379	5 985
9月	4 697	4 537	74	2 906	90	2 675	213	1 547	377	7 128
10月	5 218	4 697	78	3 295	93	3 183	211	2 255	382	8 733
11月	5 685	5 218	79	3 481	96	3 334	218	2 794	394	9 609
12月	6 470	5 685	80	4 246	102	4 213	219	3 420	401	11 879
1947年1月	7 946	6 470	81	5 220	99	5 244	223	4 552	403	15 015
2月	—	7 946	84	5 573	96	5 433	224	4 293	404	15 299
3月	—	—	85	5 622	85	6 258	227	7 991	397	19 871
4月	—	—	85	5 983	101	5 932	229	7 170	415	19 085
5月	23 500	—	87	11 860	101	11 360	230	14 510	418	38 730

---

① 上海市出租汽车公司:《上海街道和公路营业客运(个别的公共交通)史料汇集》(第三辑),1982年3月油印本,第163、186—189页。

续表

年	月	本月生活指数（倍）	上月生活指数（倍）	全体人员及给付薪资总额							
				职员（人）	薪资（万元）	机匠（人）	薪资（万元）	司机（人）	薪资（万元）	人数（人）	薪资共计（万元）
	6 月	25 300	23 500	88	12 655	102	11 930	235	14 514	425	39 100
	7 月	28 700	25 300	90	14 271	101	13 618	235	16 873	426	44 762
	8 月	31 000	28 700	90	15 510	101	14 500	235	19 238	426	49 250
	9 月	34 400	31 000	90	19 190	98	17 660	235	20 164	423	57 014
	10 月	49 100	34 400	91	27 477	98	27 560	235	30 736	424	83 974
	11 月	53 100	49 100	91	29 533	95	27 055	235	32 532	421	89 119
	12 月	68 200	53 100	91	37 584	99	34 520	237	41 265	427	113 370
备 注		1947 年 2 月的指数不动,另加 73 000 津贴,司机未计算;3 月另加 73 000 津贴;4 月另加 117 000 津贴;5 月因有折扣办法,故实际加薪约 120%;8 月工友工资系约数									

资料来源:上海市出租汽车公司:《上海街道和公路营业客运(个别的公共交通)史料汇集》(第四辑),1982 年 3 月油印本,第 241 页。

再如祥生公司自 1947 年 1 月至 1948 年 1 月的每月营业总额分别为 54 500 万、68 000 万、72 050 万、76 600 万、103 700 万、125 500 万、149 000 万、189 000 万、204 700 万、277 100 万、330 300 万、521 500 万、630 000 万元;薪资支出分别为 15 000 万、15 300 万、19 870 万、19 100 万、37 700 万、39 100 万、44 760 万、49 250 万、57 000 万、84 000 万、89 100 万、113 400 万、161 700 万元,其占营业总额百分比分别为 27%、22%、27%、25%、36%、31%、30%、26%、27%、30%、27%、21%、25%;汽油消耗分别为:4 230 万、3 920 万、10 770 万、11 650 万、11 220 万、13 330 万、14 600 万、18 470 万、35 300 万、51 580 万、73 220 万、98 450 万、119 000 万元,其占营业总额分别为 7%、6%、15%、15%、10%、10%、9%、9%、17%、18%、22%、18%、18%。[①]至 1948 年 9 月 9 日,国民政府工商部发给祥生汽车公司"股份有限公司新字第一二二号"执照,主要内容有:公司名称为祥生汽车股份有限公司;本公司所在地上海;1931 年 11 月 30 日登记;所营事业以出租汽车及运输客车等为主要业务暨其他交通事业为营业;资本总额国币 300 亿

①　上海市出租汽车公司:《上海街道和公路营业客运(个别的公共交通)史料汇集》(第四辑),1982 年 3 月油印本,第 239 页。

表3-4　祥生汽车公司全体人员薪资统计表(1948—1949年)

年　月	本月生活指数(倍)	上月生活指数(倍)	全体人员及给付薪资总额							
			职员(人)	薪资(万元)	机匠(人)	薪资(万元)	司机(人)	薪资(万元)	人数(人)	薪资共计(万元)
1948年1月	95 200	68 200	90	52 956	99	47 427	236	61 309	425	161 692
2月	151 000	95 200	91	84 156	99	70 232	236	87 004	426	241 353
3月	217 000	151 000	94	122 880	105	108 990	236	138 430	435	370 305
4月	262 000	217 000	94	151 110	105	129 750	236	150 817	435	431 680
5月	337 000	262 000	94	191 654	105	171 000	236	210 144	435	572 800
6月	710 000	337 000	94	201 400	105	342 400	231	414 160	430	1 158 000
7月上	1 380 000	710 000	94	389 000	99	350 000	231	383 200	430	1 120 000
7月下	1 860 000	1 380 000	94	540 000	99	470 000	231	523 000	424	1 656 000
8月上	3 630 000	1 860 000倍指数取消	95	1 100 000	99	890 000	231	900 000	425	2 890 000
8月下	8.19		95	1 100 000	99	1 050 000	231	1 070 000	425	3 120 000
11月上	8.10		94	29 585(金圆·下同)	99	25 000(金圆·下同)	231	25 500(金圆·下同)	424	80 085(金圆,下同)
11月下	15.40		94	56 476	99	52 100	231	49 530	424	158 000

续表

年　月	本月生活指数（倍）	上月生活指数（倍）	全体人员及给付薪资总额							
			职员（人）	薪资（万元）	机匠（人）	薪资（万元）	司机（人）	薪资（万元）	人数（人）	薪资共计（万元）
12月上	15.10		94	63 404	99	53 708	229	49 040	422	166 150
12月下	18.30		94	77 043	99	68 040	229	62 048	422	207 100
1949年1月上	48.04		94	204 400	99	169 400	229	163 300	422	537 100
1月下	88.47	1 860 000 倍指数取消	94	380 000	98	324 000	229	320 000	421	1 020 000
2月上	349		94	1 486 000	98	1 260 000	229	1 123 170	421	3 869 000
2月下	643.26		94	2 740 000	98	2 010 000	229	1 814 000	421	6 564 000
3月上	1 339.36		94	5 700 000	98	4 770 000	229	4 350 000	421	14 820 000
3月下	3 402.67		94	16 850 000	98	14 430 000	229	12 530 000	421	43 810 000
备　注	自 1948 年 7 月起指数半月调整，11 月起指数恢复									

资料来源：上海市出租汽车公司：《上海街道和公路营业客运（个别的公共交通）史料汇集》第四辑，1982 年 3 月油印本，第 242 页。

元,分为30亿股,每股金数国币10元;每股金数已缴足。①据表3-4显示,该公司1948年1月职工为425人,薪资共计161 692万元;1949年3月职工为421人,薪资共计(金圆)4 381万元。

第二节　设施建设和客运信息

一、行基和场站布设

祥生汽车公司经营规模的强大,非一般出租汽车公司可比。如周祥生"在沪开设祥生汽车公司有年,当'一·二八'之役颇尽力于后方运输工作。即担任国军后方交通工作除拨发自营汽车供给军用外,本人日夜在江海关监督公署调拨车辆努力后方接济工作"。1936年,该公司除总行外共有行基21处,成为上海最著名的华商出租汽车企业:总行,地点为北京路800号;一行,北四川路海宁路口(租到虹口成记大旅社名下一间半,月租金210元);二行,格罗希路杜美路口(自造);三行,百老汇路公平路口(二房东朱世昌月租50元);四行,百老汇路武昌路口(向和丰公司租借为期7年月租50元);五行,九江路大陆商场楼下(向大陆商场事务所租借,月租220元);六行,敏体尼荫路大世界南(租屋);七行,愚园路胶州路口(系上海商业储蓄银行房屋月租65两);八行,京沪车站内;九行,中华路和平路口(租地);十行,南市十六铺(自造);十一行,新闸路麦特赫司脱禄路口(租屋);十二行,福煦路爱多亚路(向房产经租部租到三幢二层市房月租105元);十三行,愚园路兆丰公园(向费佩翠租基地一方租期3年3个月年租800元);十四行,亚尔培路回力球场对面(租邮政储金汇业总局二幢房屋月租351元);十五行,公和祥码头;十六行,市中心国和路政衷路口(自造);十七行,江西路南京路口(租屋);十八行,华德路华盛路口(向王辛记租基地一方租期6年年租600元);十九行,杨树浦临青路口(租屋);二十行,北江西路347调度室(租屋);二十一行,龙华路(如图3-1)龙华塔对面(租周祚经土地1亩7分7厘8毫,买徐世明土地7分4厘4毫、小平房1间,全部价金1.5亿,租徐世明土地7分3厘6毫年租100元);现四行,东长治路(旧名熙华德路,向陈锡麟购得

---

① 上海市出租汽车公司:《上海街道和公路营业客运(个别的公共交通)史料汇集》(第三辑),1982年3月油印本,第22页。

计地 1 亩产价赤金 250 两)。①

图 3-1　20 世纪 30 年代出租汽车载客游玩龙华

图片来源:上海市人民政府办公厅:《上海印记:八十年前上海的汽车和车行故事》,《上海发布》2017 年 9 月 16 日。

　　1937 年八一三淞沪会战初期,周祥生担任抗敌后援会常务委员会交通副委员兼交通组组长,调度汽车车辆事宜。祥生公司的汽车供给前线作战长官指挥及连络之用,10 月间奉南京陆军交辎学校征用汽车,因军事紧迫,当赴南京接洽即回沪,将祥生公司汽车 150 辆应征。而除公司 150 辆汽车"贡献国军运用外,复在本市抗敌后援会担任运输工作。迨淞沪一带国军西撤后,渠又至贵州西南公路运输局协助办理大后方运输事宜,其爱国热忱可谓始终不衰,确非常人可比"。②然至 1937 年该公司的行基已减为 9 处(见表 3-5)。

表 3-5　祥生汽车公司经历简明表

年　份	资本金额	行基(处)	营业车辆	营业次数	备　　注
1931—1937 年	50 万法币	21	230	1936 年 1—7 月 73.25 万	1931 年 11 月 30 日创立车辆总数 270
1937 年	减至 25 万法币	9	171		

---

①　上海市出租汽车公司:《上海街道和公路营业客运(个别的公共交通)史料汇集》(第四辑),1982 年 3 月油印本,第 9 页。

②　上海市出租汽车公司:《上海街道和公路营业客运(个别的公共交通)史料汇集》(第四辑),1982 年 3 月油印本,第 252—253 页。

续表

年　份	资本金额	行基（处）	营业车辆	营业次数	备　　注
1941 年	增至 75 万法币		116	1—11 月 106.3 万	车辆大部被敌日征收，12 月 2 日因汽油不继停业
1942—1944 年	折合 37.5 万伪中储券增至 3 000 万伪中储券				1942 年 9 月改营三轮车出租业务
1945 年	减至 1 200 万伪中储券	10	46	半个月 1.1 万	12 月 15 日恢复汽车出租业务
1946 年	折合 1 200 万法币增至 12 000 万法币		96	全年 46.38 万	
1947 年	增至 30 亿元法币		126	全年 64.97 万	
1948 年	折合 1 万元金圆券		116	全年 48.80 万	
1949—1951 年	折合 15 亿元人民币	6	33	1950 年全年 2.26 万	车辆总数 93 辆

资料来源:上海市出租汽车公司:《上海街道和公路营业客运(个别的公共交通)史料汇集》(第四辑),1982 年 3 月油印本,第 39 页。

　　全面抗战爆发战事西移后,1938 年初祥生汽车公司业务一度繁荣,因上海市"居民之避难他乡者均陆续返沪,又以四乡不靖内地居民亦纷纷迁寓沪市,于是人口激增,百物求essentially 过于供,各业皆有畸形发展,本公司业务已得以好转"。太平洋战争爆发后,1942 年 11 月祥生公司改营出租三轮车;翌年,公司与一些休闲娱乐场所签订租车契约,在各租车设置设备及人员(见表 3-6)。至 1944 年 12 月 31 日,公司的三轮车资产总数已达 99 万元,同期汽车则为 84 万元。1945 年,该公司恢复经营出租汽车业务,但三轮车业务已占其营业额的大部。[①]

　　抗战胜利后,1945 年 10 月 8 日祥生汽车公司呈请国民政府交通部华中铁路管委员会要求将残余汽车站发还:"商公司前项两路管理局订约,在上海北站内设立汽车分站接受旅客,以利行旅,自建房屋及汽车站,于民国二十六年八一三抗战时,该站划为战区。而商公司之汽车分站亦供国军屯

[①] 《祥生汽车股份有限公司 1938 年决算报告》《祥生汽车股份有限公司 1945 年决算报告》,上海市祥生汽车出租公司档案,档号 Q407-134、141,转引自吴景平等:《抗战时期的上海经济》,上海人民出版社 2015 年版,第 138、140 页。

表3-6 祥生汽车公司(甲方)租车处契约汇总(1943年)

项目乙方	租车处设备及人员	经营范围	合同期限	佣 金	备 注
新新公司	酒楼部设叫车柜一只,上装有电话一具,由甲方派员日夜招待。商场总楼劳装车红招牌一方和甲方通酒楼部电话,并派着制服人员一人。商场各玻璃柜角及旅馆房间内贴精雅广告	乙方各产业之顾客用车全由甲方包揽不得另向他行雇车	1935年1月1日起至同年底止。期满后甲方有优先权续订	每月国币洋100元	1940年7月起车租增加50元,函告乙方
丽都舞厅	甲方派员在乙方舞厅内常驻服务。甲方出资在舞厅内装设对讲电话一具	乙方全部汽车营业由甲方独家承办。但甲方车辆不敷分配时,可另雇他行汽车	1940年9月1日至1941年2月底,中途不得借故废约,期满时双方须1月前通知对方,否则继续有效不再另订	乙方代客雇车甲方给予一成一佣金。依现付车租2.70元,应付0.30元。将来车费若有增减时按比例增减	每晚送舞女车车费减价六角实收2.10元。若车费增减依比例增减
银都、金富舞厅	同上	同上	开始营业日起定期一年。其余同上	同上	同上
同和公司、百乐门舞厅	甲方装设对讲电话	代客雇车归甲方承办			复业先营出租三轮必要时再行出租木炭汽车

续表

项目乙方	租车处设备及人员	经营范围	合同期限	佣　金	备　注
金门大酒店	由乙方在门首装设租车柜一只,上装电话分机一具。甲方在租车处装置电话一具直通甲公司出租部,费用自理。甲方若按乙方要求而派员驻守则其薪给仍归甲方支付。平时由乙方侍役代为照料		1941年8月1日起至1942年7月31日。期满后另订新约方始有效	每月国币200元	由乙方在可能范围内觅地停车
美琪车行	乙方愿以其霞飞路424—426号及亚尔培路439号跑狗场内车间及办公室供给甲方作出租三轮车站之用。由甲方派员驻守管理			除付中储券每月5元作房租,以二处车辆营业入账数减除二成后的10%作佣金。车租增减亦相应增减,每月1日、15日各结算一次	除非大房东收回房屋或反对甲方营业,否则不得废约

资料来源:上海市出租汽车公司:《上海街道和公路客运(个别的公共交通)史料汇集》(第四辑),1982年3月油印本,第230—231页。

157

驻使用,适自国军转移后,即被敌方占为运输处之用,迄届八载。赐准予将
残余汽车站先予发还,并请将敌方侵占生财物件及折毁材料从严彻查,勒令
赔偿,以恤商艰。"①翌年 12 月 15 日,该公司召集第 132 次董监常会会议报
告营业状况:汽车方面:公司初步复业,仅汽车 30 辆行驶,嗣后渐次增加,现
计有小客车 88 辆,轻便服务车 7 辆,共有行驶车辆 95 辆。行基方面:所有
行基计有 10 处,即总行、二行、五行、六行、七行、八行、十一行、十二行、十三
行、十四行(见表 3-7)。②由此,该公司的行基设施逐步恢复。

表 3-7 祥生汽车公司行基之部(1946 年)

行 址	摘 要	付出租金(元)	行基估值(元)
爱文义路 656 号(即三慰一村)	自置产业计地约 2 分假三层房屋 2 间市房	自产	400 000
愚园路 1493 号(兆丰公园对面)	自置产业计地陆分肆厘陆毫自建厂房	自产	200 000
杜美路 15 号	租地自建二层房屋 7 间及后面瓦轮铁棚计地 1 亩 6 厘 5 毫尚余地产权 6 年	自产	200 000
九江路 358 号	店面二间不定期租赁	159	20 000
敏体尼荫路 60 号至 66 号	三层楼房屋 4 间尚余租期 8 年	457.5	200 000
愚园路 110 号	愚园路 110 号及胶州路 16、18、20 号计平房店面 3 间车间共 9 间又天井自建瓦轮铁棚不定期租赁	186.3	10 000
北京路 800 号	原有三层房屋 8 间过街楼 1 间共 9 间加自建四层楼及五楼房顶又后面空地(计 8 间地位)自建瓦轮铁棚尚余租期 7 年半	2 250	200 000
北京路 818 号至 826 号(修理部)	三层房间 6 间过街楼 1 间共 37 间系不定期租赁	387.5	与上合
福煦路 271 号至 279 号	三层房屋 3 间系不定期租赁	126	20 000

---

① 《交通问题特辑》、《上海门径》,转自上海市出租汽车公司:《上海街道和公路营业客运(个别的公共交通)史料汇集》(第四辑),1982 年 3 月油印本,第 10—11 页。
② 上海市出租汽车公司:《上海街道和公路营业客运(个别的公共交通)史料汇集》(第四辑),1982 年 3 月油印本,第 228 页。

行　址	摘　要	付出租金（元）	行基估值（元）
亚尔培路 332 号至 334 号	店面 4 间系不定期租赁	416	60 000
共计		3 982.3	1 310 000
上列估值折减			130 000
净计			1 180 000
备　注	下列各项不在上述估值内：(1)杜美路、胶州路、北京路、修理部、自用部分及亚尔培路全部租金；(2)北火车站分行自建房屋大部完好；(3)龙华分行租地自建平房 3 间全部完好；(4)市中心分行租地自建楼房及车间均完好；(5)东门路分行租地自建平房		

资料来源：上海市出租汽车公司：《上海街道和公路营业客运（个别的公共交通）史料汇集》（第四辑），1982 年 3 月油印本，第 219 页。

　　再至 1949 年，祥生公司除总管理处、总电话间、修理厂之外，总行、分行共计 11 处，即增加龙华分行一处（见表 3-8）。与此同时，该公司的土地和房地产的规模也相当可观。具如 1949 年 2 月 5 日调查祥生公司所有土地：坐落地点：永兴路公兴路（闸北区），9 亩 9 分 7 厘 5 毫（今为闸北修理厂新址，现用大利行户尚未过户）；龙华（漕泾区），1 亩 8 分 2 厘 2 毫（龙华分行行址）；复兴岛定海桥过桥（引翔区），11 亩 8 分 55 毫（该地现为浚浦局占用尚有纠纷，其他为 23 亩 6 分 1 厘 1 毫一半划分与大利行）；其美路二号桥过桥（引翔区），4 亩 8 分 3 厘 7 毫（该地现为空地，所有权状已换面）；愚园路兆丰花园对面（法华区），6 分 5 厘 4 毫（现为十三分行行址）；枫林桥（沪南区），1 亩 9 分 6 厘 7 毫（现为公用局强制租用）；东长治路 342 号（黄埔区），1 亩（现为第四分行，所有权状请换中）；北京西路 675 号（黄埔区），3 亩 8 分 9 厘 58 毫（现为修理部所有权状请换中）。再据同年该公司的房地产调查：购入时间为 1937 年全面抗战前原有房地产，坐落地点为愚园路中山公园对面（公司十三行行址），面积为 0.654 亩；购入时间为 1942 年改营三轮车由股东增资股款购入的地产，坐落地点为北京西路卡德路转角（公司修理部及十一行行址）、枫林桥（市公用局租用）、龙华镇（龙华分行），面积分别为 3.895、1.967、1.822 亩；购入时间为 1945 年汽车营业复业添置的地产，坐落地点为其美路、东长治路（公司四行行址）、复兴岛、闸北永兴路（修理厂新

159

址),面积分别为 5.114、1.000、11.805、9.975 亩。①其时,该公司的行基和场站虽不及全面抗战前的规模,但在解放战争时期也处于逐渐恢复及渐进发展的状态之中。

表 3-8　祥生汽车公司行基及装修(1949 年)

行　　基	地　　点	房屋设备及面积	租赁或自屋	备　　注
总管理处	北京东路 800—816 号	二、三、四楼全部办公处	租赁	办公设备全
总行	北京东路 800—816 号	车间六间及内部停车场	租赁	车间设备
第二分行	东湖路 C15 号	车间及出租处	租赁	车间设备
第四分行	东长治路 342 号	车间、停车场、门面二间(连二楼)	自产自建	
第五分行	九江路 358 号	车间一间	租赁	
第六分行	西藏南路 60—62 号	车间(双间)连二、三楼(64、66 在内)	租赁	
第七分行	愚园路 110 号	车间、停车场、出租处一间	租赁	
第十分行	东门路 1、3、5 号	车间三间	租地自建平屋	
第十一分行	北京西路 675 号	车间、店面及停车场	自产自建	
第十三分行	愚园路 1493 号	车间一大间出租处	自产自建	
第十四分行	陕西南路 332—334 号	车间两双间(楼下)	租赁	
龙华分行	中山西路 43 号	停车场及办公处三间	自产自建	
总电话间	江西北路 347 号	40000 电话总机及接线员办事处	租赁	
修理厂	北京西路 675 号	修理工场	自产	

资料来源:上海市出租汽车公司:《上海街道和公路营业客运(个别的公共交通)史料汇集》(第四辑),1982 年 3 月油印本,第 220 页。

二、客运能力和运价

祥生汽车公司 1930 年拥有出租汽车 20 辆;1931 年招股设立华商祥生

---

① 上海市出租汽车公司:《上海街道和公路营业客运(个别的公共交通)史料汇集》(第四辑),1982 年 3 月油印本,第 222—223 页。

汽车股份有限公司,同年初向电话公司申请装接 40000 号电话总机,吸引众多顾客。[1]该公司 1932—1933 年的汽车数目及产值见表 3-9、3-10。然至1935 年 1 月 15 日,上海市公用局召集社会局、公安局等取缔祥生汽车公司违反议定车价会议:"自市政府及各局处迁移市中心区以后,市民来往接洽公务雇佣出租汽车取费过昂,致一般人心目中以为市中心区路途辽远,视如化外。"各局处及市中心建委会曾开会讨论议决划一车价办法,凡出租汽车从市区各处(包括租界在内)除漕河泾外,往来市中心区中途不停留者单送一次车资一律 1 元,但祥生公司阳奉阴违,登报声明界外行驶车费 1 元以20 分钟为限,但事实上仍收费 1 元 5 角。议决事项:先令知该公司自令到之日起吊销东门路分行执照,限令恢复遵守议定车价单送一次收费 1 元办法,恢复后随时发还。如半个月后仍不遵行,即吊销市区内该公司全部行基执照,通知各局并呈报市府备案。[2]

表 3-9 祥生公司汽车车辆数目及产值(1932 年)

1 月 1 日起至 6 月 30 日止			7 月 1 日起至 12 月 31 日止		
车辆厂牌	数量(辆)	固定资产产值(法币元)	车辆厂牌	数量(辆)	固定资产产值(法币元)
1924 年皮尔卡车	2	833.33	1924 年皮尔卡车	2	708.33
1925 年皮尔卡车	3	2 500.00	1925 年皮尔卡车	3	2 125.00
1927 年皮尔卡车	1	1 388.89	1927 年皮尔卡车	1	1 417.12
1929 年皮尔卡车	7	27 222.22	1929 年皮尔卡车	7	23 138.89
1928 年雪铁龙	3	1 875.00	1928 年雪铁龙	3	1 593.75
1929 年雪佛兰	1	2 083.32	1929 年雪铁龙	1	1 770.82
1929 年福特	1	694.44	1928 年福特卡车	1	590.27
1931 年马立斯	2	10 208.30	1929 年福特卡车	1	2 166.66
1931 年地沙多	1	2 789.40	1929 年福特卡车	1	1 220.38
1931 年福特	1	1 435.74	1931 年马立斯	2	8 677.06
1931 年雪佛兰	1	930.33	1931 年地沙多	1	2 370.99

[1] 上海市公用事业管理局:《上海公用事业(1840—1986)》,上海人民出版社 1991 年版,第261 页。

[2] 上海市出租汽车公司:《上海街道和公路营业客运(个别的公共交通)史料汇集》(第四辑),1982 年 3 月油印本,第 142—143 页。

1月1日起至6月30日止			7月1日起至12月31日止		
车辆厂牌	数量（辆）	固定资产产值（法币元）	车辆厂牌	数量（辆）	固定资产产值（法币元）
1931年惠毕铁	3	1 940.00	1931年雪佛兰	1	1 027.06
1932年雪佛兰	2	76 649.55	1931年惠毕铁	1	786.23
1932年雪佛兰底盘	21	63 157.12	1931年惠毕铁	2	1 099.32
总额		193 707.31	1928年雪佛兰	2	3 333.34
			1929年雪佛兰	1	1 650.00
			1929年雪佛兰	1	2 311.90
			1930年雪佛兰	1	2 452.98
			1930年雪佛兰	2	5 742.30
			1931年雪佛兰	1	3 015.20
			1931年雪佛兰	1	3 081.23
			1929年福特卡车	1	2 948.75
			1932年雪佛兰	20	71 374.02
			1932年雪佛兰	21	81 019.13
			总额		225 620.73

资料来源：上海市出租汽车公司：《上海街道和公路营业客运（个别的公共交通）史料汇集》（第四辑），1982年3月油印本，第216页。

表3-10 祥生公司汽车车辆数目及产值（1933年）

1月1日起至6月30日止			7月1日起至12月31日止		
车辆厂牌	数量（辆）	固定资产产值（法币元）	车辆厂牌	数量（辆）	固定资产产值（法币元）
1925年别克	3	1 806.25	1927年皮尔卡	1	1 254.04
1927年别克	1	1 475.34	1929年皮尔卡	7	16 717.85
1929年别克	7	19 668.06	1928年雪铁龙	3	1 151.49
1928年雪铁龙	3	1 354.69	1931年马立斯	2	6 269.17
1929年雪铁龙	1	1 505.20	1931年地沙多	1	1 713.04
1928年福特	1	501.73	1931年惠毕铁	3	980.49

续表

1月1日起至6月30日止			7月1日起至12月31日止		
车辆厂牌	数量（辆）	固定资产产值（法币元）	车辆厂牌	数量（辆）	固定资产产值（法币元）
1929 年福特	1	1 841.66	1928 年福特	1	426.47
1929 年福特	1	1 020.00	1928 年福特	2	1 748.72
1929 年福特	1	1 037.52	1929 年福特	2	3 695.88
1931 年马立斯	2	7 375.50	1932 年福特	10	27 136.87
1931 年地沙多	1	2 105.34	1933 年福特	16	38 460.37
1931 年雪佛兰	1	1 143.79	1933 年雪佛兰	1	972.22
1931 年惠毕铁	1	939.09	1928 年雪佛兰	2	2 408.34
1931 年惠毕铁	2	934.42	1929 年雪佛兰	3	4 214.13
1928 年雪佛兰	2	2 833.34	1930 年雪佛兰	3	5 921.09
1929 年雪佛兰	1	1 487.50	1931 年雪佛兰	2	4 404.67
1929 年雪佛兰	1	1 965.11	1932 年雪佛兰	49	122 817.82
1930 年雪佛兰	1	2 085.03	1933 年雪佛兰	37	83 849.13
1930 年雪佛兰	2	4 880.95	小跑车	1	303.45
1931 年雪佛兰	1	2 562.92	拖车	1	1 214.28
1931 年雪佛兰	1	2 619.05			
1929 年福特	1	2 506.44			
1932 年雪佛兰	20	57 820.67			
1932 年雪佛兰	21	65 891.26			
拖车	1	1 428.57			
小跑车	1	357.00			
1932 年雪佛兰	8	24 905.59			
1932 年福特	10	34 402.78			
总额		248 364.60	总额		325 659.52

资料来源:上海市出租汽车公司:《上海街道和公路营业客运(个别的公共交通)史料汇集》(第四辑),1982 年 3 月油印本,第 217 页。

　　至 1936 年,祥生汽车公司的出租汽车高达 270 辆。[①]翌年 8 月 1 日,该公司登报"按规定收取车费"启事:"敝公司抱服务社会之素旨,所收车费向系遵照同业公会议订",实收 1 元 20 分钟、3 元 1 小时;"务请顾客依照章程付给,惟敝公司司机人数众多,实有耳目难周之虞,间或少数司机,抑有例外需索",希请随时惠至北京路 800 号公司总办事处,或请拨 92222 号经理室电话告知,"以凭从严彻究"。9 月 30 日,公司再发布"长途半价、减收八折"启事:"敝公司鉴于沪战发生,交通阻梗,原为维持交通计,承接京杭甬徽各地长途营业,行驶以来已届五旬有余,每次均告安全,兹查行车各地,均有乘客带沪,现将此项回程车资充补待车旅客",自 10 月 1 日起按照原价减收 8 折,以示优待,而便行旅。敝公司在非常时期照常营业,各界雇车仍请拨 40000 电话,竭诚欢迎。而南京返沪雇客,请向中山北路 401 号新京汽车行(即中央汽车公司)面洽。[②]

　　抗战时期,随着日军侵略加剧,货币贬值、物价飞涨,工人工资和燃料成本提高,使出租汽车公司经营出现困难。如 1938 年 3 月初,"外汇为我政府统制,暗市日渐紧缩,致汽油、机油及一切材料价格迭涨,成本因而激增",为维持经营,祥生汽车公司采取各项措施,主要是提高汽车运价。如公司召开董监常会讨论车价后议决,自 1938 年 7 月 1 日起增加租车费,20 分钟起算租车价由 1 元涨至 1 元 2 角,每小时租车价由 3 元提高到 3 元 6 角。至 1939 年 6 月 26 日,该公司总办事处召集第 23 次董监临时会再讨论车价:因外汇奇缩,汽油价格于 6 月 10 日起每加仑增加国币 1 角,同月 20 日起续涨 1 角。"近因汽车迭涨,其他汽车材料亦相继飞涨",经本市同业议决于 6 月 20 日起租车费每 20 分钟增为 1 元 4 角,每小时 4 元 2 角。嗣后,四大汽车公司(祥生、云飞、泰来、银色)联合发布车价重要通告:"兹因汽油及车胎零件等价目飞涨,敝公司等势难支持",议决于自 1939 年 9 月 14 日起再增加车租,即起码每 20 分钟价 2 元 2 角,每小时 6 元 6 角,"务乞各界鉴原为幸。"[③]至 1939 年,祥生公司的汽车数量为 158 辆,价值总额为 251 105.48 元(见表 3-11)。

---

① 中国公路交通史编审委员会:《中国公路运输史》(第一册),人民交通出版社 1990 年版,第 148 页。

② 《新闻报》1937 年 8 月 11 日、9 月 30 日,转引自上海市出租汽车公司:《上海街道和公路营业客运(个别的公共交通)史料汇集》(第四辑),1982 年 3 月油印本,第 147 页。

③ 上海市出租汽车公司:《上海街道和公路营业客运(个别的公共交通)史料汇集》(第四辑),1982 年 3 月油印本,第 147—149 页。

表 3-11 祥生公司汽车车辆数目及产值(1936—1939 年)

1936 年			1937 年		
车辆厂牌	数量(辆)	固定资产产值(法币元)	车辆厂牌	数量(辆)	固定资产产值(法币元)
杂牌旧汽车	2	100.00	雪佛兰	2	200.00
福特	30	1 500.00	雪佛兰	33	11 600.00
1934 年福特	11	4 049.85	雪佛兰	1	500.00
1934 年雪佛兰	9	450.00	雪佛兰	9	9 300.00
1932 年雪佛兰	49	26 950.00	雪佛兰	23	34 300.00
1933 年雪佛兰	38	21 461.00	雪佛兰	37	103 600.00
1934 年雪佛兰	96	160 354.16	福特	1	50.00
1935 年雪佛兰	13	30 233.18	福特	2	600.00
			福特八气缸	1	900.00
			福特服务车	9	7 200.00
			福特修理卡车	1	300.00
总额		245 089.19	总额		168 550.00
1938 年			1939 年		
车辆厂牌	数量(辆)	固定资产产值(法币元)	车辆厂牌	数量(辆)	固定资产产值(法币元)
雪佛兰	2	2 133.40	雪佛兰	3	2 078.48
雪佛兰	2	3 640.00	雪佛兰	2	1 960.00
雪佛兰	53	46 809.57	雪佛兰	54	22 134.81
雪佛兰	3	4 233.38	雪佛兰	3	2 816.82
雪佛兰	8	4 550.12	雪佛兰	7	3 600.00
雪佛兰	23	17 567.20	雪佛兰	2	1 533.44
雪佛兰	36	69 786.72	雪佛兰	36	38 773.44
雪佛兰	10	62 307.45	雪佛兰	16	57 144.55
雪佛兰服务车	5	5 555.00	雪佛兰	21	115 463.94
福特	1	50.00	福特	1	50.00
福特八气缸	1	450.00	福特服务车	12	5 250.00
福特服务车	9	2 400.48	福特修理卡车	1	300.00
福特修理卡车	1	300.00			
地上飞	1	1 021.60			
总额		220 804.92	总额		251 105.48

资料来源:上海市出租汽车公司:《上海街道和公路营业客运(个别的公共交通)史料汇集》(第四辑),1982 年 3 月油印本,第 218 页。

　　再如祥生公司1938年有汽车150多辆,其中雪佛兰137辆,雪佛兰服务车5辆,福特普通车和八缸车各1辆,福特服务车9辆,福特修理卡车1辆,地上飞车1辆。至1940年12月,公司有车辆217辆,可见营业状况尚可。[①]自1941年12月太平洋战争爆发后,日军把汽油控为军用。市内私人汽车寥寥无几,出租汽车全部停驶,汽车行都被迫歇业。祥生公司停业后,搁置在车库里的汽车也在1942年3月被日军劫走73辆,库存的汽车配件、车胎、存油等也都被掠夺一空,余下车辆由公司陆续变卖,同年11月仅存残破汽车30辆。[②]其间,企业营运经济效率不容乐观,该公司的营业次数见表3-12。

表3-12　祥生汽车公司营业次数统计表(1939—1941年)

租车次数	1939年	1940年	1941年	备　　注
北京路行	162 185	206 950	144 477	另,1939年好莱坞、大众、惠尔登等3处上门数共计158 685次、租车数203 964次;1940年好莱坞、大众、惠尔登、六国饭店等4处上门数共计398 169次、租车数436 262次;1941年六国饭店的上门数计228 662次、租车数229 763次
杜美路行	78 072	80 935	54 132	
九江路行	132 939	137 927	84 255	
大世界行	147 301	188 685	117 872	
愚园路行	71 470	88 174	67 910	
新闻路行	74 437	74 713	51 631	
福煦路行	86 054	95 818	60 136	
兆丰公园行	60 162	31 996	39 210	
亚尔培路行	77 795	66 520	48 435	
上门租车	238 663	287 590	177 353	
电报租车	645 743	648 923	438 829	
合计	884 406	936 513	616 082	

　　资料来源:上海市出租汽车公司:《上海街道和公路营业客运(个别的公共交通)史料汇集》(第四辑),1982年3月油印本,第40页。

　　抗战胜利后,上海的汽油价目不断增长如1945年12月15日至1946年2月14日为400元;1946年2月15日至3月9日为610元,3月10日至4月26日为680元,4月27日至8月27日为720元,8月28日至10月21

---

① 吴景平等:《抗战时期的上海经济》,上海人民出版社2015年版,第138页。
② 上海市公用事业管理局:《上海公用事业(1840—1986)》,上海人民出版社1991年版,第273页。

日为1130元;1946年10月22日至1947年2月11日为1280元,2月12日至2月15日为2450元。基于此,祥生汽车公司的每差出租汽车价目调整为:1945年12月15日至1946年2月3日为1600元;1946年2月4日至2月26日1200元,2月27日至4月10日1600元,4月11日至4月13日3000元,4月14日至6月1日2400元,6月2日至9月3日4000元,9月4日至12月18日5000元;1946年12月19日至1947年2月10日6000元,2月11日至2月15日8000元。[①]其间,1946年4月16日祥生公司代表人周三元为办小型营业汽车呈请公用局:"交通便利对于地方经济之发展人民社会之福利关系至钜。本市人口稠密行旅往来众多,战后尤甚。市内交通工具供不应求,行路深感不便,往来行人时间经济俱受损失,影响于市政之发展市民之福利者匪浅,确有从速改进之必要。查欧美先进各国,汽车代步普及于民间,而营业汽车设备尤为周密"。由此,"拟即向国外采购大量小型汽车,逐一装置里程表,一律按里程出租在市内行驶,以补目前交通工具之不足"。[②]

随之,祥生公司分别于1946年4月6日、10月13日、10月21日、12月9日添购当年出产新车雪佛兰2、1、10、1辆,金额分别为5000万、2750万、18300万、3900万元;11月14日,添购新车普利茅斯4辆、福特3辆,金额22750万元;11月30日,添购新车福特1辆、金额3175万元。即据同年公司车辆数目及产值统计:1940年雪佛兰轿车,14部,每部估值20000元(法币);1939年雪佛兰轿车,17部,每部估值15000元;1938年雪佛兰轿车,5部,每部估值10000元;1937年雪佛兰轿车,17部,每部估值7000元;1935年雪佛兰轿车,23部,每部估值4000元;1934年雪佛兰轿车,7部,每部估值3000元;1932—1933年雪佛兰轿车,11部,每部估值2500元;卡车,14部,每部估值2500元;汽车共计108部,共计估值879500元(估值作九折计算,净计791550元)。[③]

嗣后,祥生汽车公司于1947年1月13日、1月15日添购新车(1946年式)福特共2辆,金额分别为4209万、4200万元;1月28日、2月22日添购

①　上海市出租汽车公司:《上海街道和公路营业客运(个别的公共交通)史料汇集》(第四辑),1982年3月油印本,第185—186页。

②　上海市出租汽车公司:《上海街道和公路营业客运(个别的公共交通)史料汇集》(第三辑),1982年3月油印本,第205页。

③　上海市出租汽车公司:《上海街道和公路营业客运(个别的公共交通)史料汇集》(第四辑),1982年3月油印本,第121、219页。

表3-13 祥生公司1948年6个月的出差次数统计表

项目＼时间	2月	4月	5月	6月	7月	12月
营业收入(元)	8 309 418 000	14 330 143 000	19 435 875 000	29 555 087 000	89 544 810 000	276 510 050
共有车辆(辆)	108	116	116	116	116	116
每差车价(元)	132 000	230 000	310 000	1—11日34元;12—26日56元;27—30日100元	1—6日100元;7—16日160元;17—27日240万元;28—31日300万元	1日24元;2—13日40元;14—31日64元
出差次数(次)	62 950	62 305	62 696	56 162	48 062	51 299
去长途车一成(次)	56 655	56 075	56 427	50 545	43 256	41 385
每日每车差数(次)	17.49	16.11	16.1	14.52	12.43	11.89

资料来源:上海市出租汽车公司:《上海街道和公路营业客运(个别的公共交通)史料汇集》(第四辑),1982年3月油印本,第41—46页。

新车(1946 年式)雪佛兰 4 辆、雪佛兰 1 辆,金额分别 12 768 万、3 100 万元。即自 1946 年 4 月至 1947 年 2 月共计添购新车 29 辆,金额 80 152 万元,平均每辆 2 764 万元。再据公司 1948 年 6 个月的营业次数及汽油消耗(见表 3-13)可见,其营业次数持续提升。具如其同年 10 月的营业次数、差数及汽油消耗(见表 3-14)。11 月的营业次数及汽油消耗,自 1 至 30 日的逐日营业次数分别为 1 680、1 512、1 177、1 096、1 278、1 142、1 093、933、1 123、1 008、1 357、1 196、1 280、1 238、1 296、1 154、1 105、1 108、1 130、1 117、1 092、962、980、1 096、1 117、1 262、1 054、992、1 123、1 104 次,全月共出差 34 805 次。当月汽油配给量:小客车 11 626 加仑,大客车 1 274 加仑;汽油消耗量:小客车 12 661 加仑,大客车 1 600 加仑;配给与消耗比较:小客车消耗量 12 661 加仑,小客车配给量 11 626 加仑,不敷数 1 035 加仑。12 月的实际营业差数 41 385 次,营业金额 2 765 100.5 元;汽油配给总量 14 600 加仑,其中基本配油 7 200 加仑,特别配油 7 400 加仑;汽油消耗总量 19 583 加仑,不敷汽油 4 983 加仑。①

表 3-14　祥生公司 1948 年 10 月营业次数及汽油消耗表

日	营业次数	营业差数(每差以 20 分钟计)	每日汽油消耗(加仑)	日	营业次数	营业差数(每差以 20 分钟计)	每日汽油消耗(加仑)
1	888	1 373	500	12	443	1 021	336
2	988	1 523	508	13	737	1 234	385
3	964	1 577	500	14	524	848	317
4	853	1 417	497	15	695	1 044	414
5	808	1 217	441	16	944	1 407	461
6	774	1 277	423	17	711	1 063	353
7	629	1 181	424	18	706	1 242	422
8	637	957	340	19	858	1 342	486
9	687	1 108	397	20	803	1 311	442
10	746	1 204	409	21	835	1 662	468
11	600	929	354	22	993	1 647	562

①　上海市出租汽车公司:《上海街道和公路营业客运(个别的公共交通)史料汇集》(第四辑),1982 年 3 月油印本,第 47—49、121 页。

续表

日	营业次数	营业差数(每差以20分钟计)	每日汽油消耗(加仑)	日	营业次数	营业差数(每差以20分钟计)	每日汽油消耗(加仑)
23	1 027	1 706	548	28	682	1 324	414
24	1 015	1 980	581	29	714	1 206	831
25	1 050	1 691	537	30	1 009	1 646	804
26	735	1 561	394	31	1 360	2 137	1 079
27	763	1 356	440	合计	25 178	42 191	15 017

资料来源:上海市出租汽车公司:《上海街道和公路营业客运(个别的公共交通)史料汇集》(第四辑),1982年3月油印本,第48页。

再至1948年7月28日,祥生汽车公司的轻便服务车出租价目:起码1小时法币960万元,以后每5分钟80万元,"等候时间,一概照惠"。[①]而由表3-15可见,自1945年12月至1949年4月该公司的客运能力不断增强,但出租汽车的乘价却呈现很不稳定、跌宕起伏之态,这不仅与当时的军事发展形势、政权变革趋势和社会运行态势息息相通、密切相关,进而阻滞了祥生公司的稳步发展及规模增长。

表3-15 祥生公司车辆、租车及汽油价(1945—1949年)

日 期	车辆计数(辆)				出租车价(元)		汽油价目(每加仑,元)
	客车	服务	其他	总数	20分	每时	
1945年12月					1 600	4 800	400
1946年2月	61				1 200	3 600	610
1946年6月	62	1			4 000	12 000	720
1946年12月	89	12			6 000	18 000	1 300
1947年2月	96	12	8	116	8 000	24 000	2 500
1947年6月	97	12	12	121	20 000	60 000	4 450
1947年12月	97	14	12	123	80 000	240 000	39 000
1948年2月	97	14	12	123	132 000	396 000	56 000
1948年6月	105	14	5	124	560 000	1 680 000	400 000

---

① 上海市出租汽车公司:《上海街道和公路营业客运(个别的公共交通)史料汇集》(第四辑),1982年3月油印本,第163页。

续表

日 期	车辆计数(辆)				出租车价(元)		汽油价目(每加仑,元)
	客车	服务	其他	总数	20 分	每时	
1948 年 11 月	105	14	5	124	金圆 40	金圆 120	金圆 31
1949 年 1 月	105	14	5	124	金圆 120	金圆 360	金圆 71
1949 年 2 月	105	14	5	124	金圆 1 800	金圆 5 400	金圆 1 480
1949 年 4 月	105	14	5	124	金圆 16 000	金圆 48 000	金圆 5 890

资料来源:上海市出租汽车公司:《上海街道和公路营业客运(个别的公共交通)史料汇集》(第四辑),1982 年 3 月油印本,第 167—174 页。

第三节 企业资产和营业财务

一、企业资产

由近代祥生汽车公司的企业资产观之,1928 年其股本总额为 1.7 万元(见表 3-16),到 1931 年成立股份有限公司时资产为 6.1 万元(见表 3-17)。再至 1936 年,上海"工商各业复兴之际",该公司业务急剧上升,增资大量购置汽车,并以当时政府施行"新货币政策",其股本剧增到 50 万元。次年下半年抗日战争开始,该公司将一部分车辆售出,发还股东股本,因此其股本额从 50 万元降至 25 万元。该公司的固定资产总值从 1930 年到 1933、1936、1940 年均大大超过其资本额。例如 1933 年公司股本额为 15 万元,固定资产达到 36 万元,当年吸收私人存款有 94 433 元,欠付购入汽车款 79 841元,应付货款及费用 20 855 元,应付期票 17 179 元,即此四项达 212 308 元。[①]

表 3-16 祥生公司资本与固定资产情况表(1928—1948 年)

年份	资本额(元)	固定资产总值(元)	其中:车辆	
			数量(辆)	价值(元)
1928	17 000	13 713		12 843
1930	17 000	18 452		17 349

---

① 上海市出租汽车公司:《上海街道和公路营业客运(个别的公共交通)史料汇集》(第四辑),1982 年 3 月油印本,第 179 页。

年份	资本额（元）	固定资产总值（元）	其中：车辆	
			数量（辆）	价值（元）
1931	17 000	19 373		18 276
1932	106 000	249 632	78	225 621
1933	150 000	367 230	137	325 660
1936	500 000	422 357	248	245 098
1937	250 000	273 090	119	168 550
1938	250 000	252 012	155	220 805
1939	250 000	290 376	158	251 105
1940	250 000	647 158	27	627 213
1946	3 000 000	2 291 511 175	114	1 870 020 000
1947	3 000 000 000	3 875 205 418	114	3 064 957 500
1948	100 000	263 838		19 968

资料来源：上海市出租汽车公司：《上海街道和公路营业客运（个别的公共交通）史料汇集》（第四辑），1982年3月油印本，第176页。

表3-17 祥生公司盘与祥生汽车股份有限公司资产细单（1931年11月30日）

名　称	明　细	原估值数（法币元）	现估值数（法币元）
老行基	六间挖费	2 400	1 800
老行基	大房东订合同	1 200	1 000
老行基	改装水门汀	1 200	1 000
装修	装太平龙头自来水电灯	1 200	800
装修	写字间装修门面	600	500
生财	年红灯二只	900	810
生财	钟印三只	1 200	1 200
生财	写字台文房四宝及修理间——器具生财等	1 500	1 000
虹口分行	三间照会及运动费等	1 300	1 000
虹口分行	全部改装修太平龙头等	2 000	1 800
虹口分行	大房东小租	3 000	224.5
装修	电灯及招牌等	250	200

名　称	明　细	原估值数 (法币元)	现估值数 (法币元)
生财	年红灯二只	950	915
生财	钟印一只	245	245
生财	写字间内器具及外室器具等	300	300
押租	工部局电灯公司及自来水行	1 400	1 400
合　计			14 194.5
汽车部数	明　细	原估值数 (银两)	现估值数 (银两)
1929 年 7 辆	皮尔卡汽车每部 2 900 两	20 300	1 960
1927 年 1 辆	皮尔卡汽车	1 300	1 000
1925 年 3 辆	皮尔卡汽车每部 800 两	2 400	1 800
1924 年 2 辆	皮尔卡汽车每部 600 两	1 200	600
1929 年 1 辆	雪佛兰轿车	2 000	1 500
1928 年 3 辆	雪铁龙每部 450 两	1 350	1 350
1928 年 1 辆	福特卡车	500	500
1931 年 2 辆	马立斯车每部 3 675 两	7 350	7 350
合　计			33 700(法币 46 805.5 元)
总共计			61 000 元法币

资料来源:上海市出租汽车公司:《上海街道和公路营业客运(个别的公共交通)史料汇集》(第四辑),1982 年 3 月油印本,第 214—215 页。

抗战时期,至 1940 年 12 月 31 日止,祥生汽车公司资产为 1 133 288.95元,固定资产达到 647 157.92 元,其中车辆共 217 辆,价值 627 213.03 元;行基及装修共 9 处,价值 18 041.67 元,生财为 1 903.22 元;流动资产达到 486 131.03 元,其中现金 19 249.44 元,行庄往来(中国银行、交通银行、浙江兴业银行、花旗银行、安裕钱庄等)179 131.12 元等(见表 3-18)。当年该公司借入款 25 万元,暂收款 6.7 万元,存入保证金 6.9 万元,应付账款 3.8万元,此四项共达 42.4 万元。[①]

---

① 上海市出租汽车公司:《上海街道和公路营业客运(个别的公共交通)史料汇集》(第四辑),
　　1982 年 3 月油印本,第 179;(第三辑),第 181 页。

表 3-18　祥生汽车公司资产负债表（1940 年 12 月 31 日）

资产类		负债类	
科　目	金　额	科　目	金　额
固定资产：		长短期负债：	
车辆	627 213.03	应付账款	28 519.27
行基及装修	18 041.67	应付费用	9 633.60
生财	1 903.22	借入款项	250 000.00
流动资产：		暂收款项	67 112.90
现金	19 249.44	代价券	1 439.35
行庄往来	179 131.12	职工储金	4 655.32
应收账款	16 867.15	存入证金	69 087.21
押款	5 322.58	资本及公积：	
预付货款	103 300.03	股本	250 000.00
存出证金	50 695.00	法定公积	125 000.00
暂付款项	15 017.00	车辆意外准备	19 951.10
有奖储蓄	516.00	行基准备	5 172.02
押柜（水电及其他证金）	39 313.83	呆账准备	5 301.21
存料（材料、汽油）	56 718.88	车辆保险准备	36 960.00
		特别准备	23 888.97
		材料准备	6 610.89
		盈余：	
		上期滚存	78.09
		本期盈余	229 379.02
合　计	1 133 288.95	合　计	1 133 288.95

资料来源：上海市出租汽车公司：《上海街道和公路营业客运（个别的公共交通）史料汇集》（第三辑），1982 年 3 月油印本，第 180 页。

　　抗战胜利后，据 1946 年 8 月祥生汽车公司财产目录显示，其地产：（1）北京西路中正北一路转角（爱文义路卡德路），地 3 亩 8 分半，建有店面平房 24 间及内建全部厂房，价值 45 000 万元（法币）；（2）愚园路（中山公园对面），地 6 分半，建有店面 3 间内建全部厂房，价值 7 000 万元；（3）龙华镇，地 1 亩 1，建有房屋 3 间，价值 700 万元；（4）岳阳路底枫林桥（祁齐路），空地 2 亩,价值 2 500 万元;(5)市中心淞沪路,空地 1 亩,价值 400 万元。房屋:北火车站,自建停车场(可停车 70 辆),价值 3 000 万元;东湖路(杜美路),租地造屋,店面楼房 7 间内建停车间(1 亩半),价值 1 000 万元。行基房屋:(1)北京东路租借店面三层楼房屋全部 17 间,后面空地 8 分作停放车辆用(房屋自造),价值 15 000 万元;(2)十六铺东门路(自建房屋 3 间),价值 300 万元;(3)市中心(自建房屋 5 间),价值 500 万元;(4)胶州路(10间),价值 2 000 万元;(5)九江路(2 间),价值 1 000 万元;(6)西藏南路(4间),价值 3 200 万元;(7)中正中路(金陵西路 3 间),价值 1 000 万元;(8)陕西南路(4 间),价值 2 500 万元;(9)四川北路(3 间),价值 600 万元;(10)武昌路(3 间),价值 600 万元。汽车:77 辆(在行驶中),每辆 1 000 万元,价值 77 000 万元;100 辆(已付定洋向国外定妥),价值 30 000 万元;汽车修理工具及生产器具,价值 5 000 万元。电话:NO.40000 十线及 91188 三线及各分行对讲线等,价值不计。存货:汽车材料及零件,价值 15 000 万元。总计价值 213 300 万元。同年 12 月 15 日,再据该公司统计,房屋方面:业经收回者计亚尔培路、东门路及大世界所有各分站租出房屋(除北京路总行北京联合商场尚在交涉外)及其战后继续租赁者全部收回,惟现在亟待计划中的分行如东门路、熙华德路、北四川路、龙华。修葺方面:公司总行、五行、七行、十二行,业经分别次第大修完竣,焕然一新。资产方面:公司购进熙华德路空地 1 亩、计价赤金 25 条;其美路空地 5 亩、计价国币 800 万元;枫林桥空地 2 亩、计价赤金 10 条。[①]是年,该公司的设备、财产情况见表 3-19。

表 3-19　祥生公司修理工具和生财之部表(1946 年)　　单位:法币元

修理工具				生财之部			
物　　件	数量	每件价目	总计	物　　件	数量	每件价目	总计
大汽茄克	4	10 000	40 000	手拷钟印	16	3 000	48 000
大小电钻	2	1 000	2 000	电钟印	7	5 000	35 000
大小车床	9		10 000	吊风扇	6	300	1 800
压床	1	5 000	5 000	抬风扇	25	200	5 000
大钻床	1	1 300	1 300	电挂钟	12	100	1 200

---

①　上海市出租汽车公司:《上海街道和公路营业客运(个别的公共交通)史料汇集》(第四辑),
1982 年 3 月油印本,第 226—229 页。

续表

修理工具				生财之部			
物 件	数量	每件价目	总计	物 件	数量	每件价目	总计
小钻床	2	500	1 000	木挂钟	7	50	350
冲床	1	1 500	1 500	灭火机	36	300	10 800
大马达	2	5 000	10 000	大小各式写字台	89	50	4 450
小马达	4	1 000	4 000	椅子	96	35	3 360
搪气缸器具	1	10 000	10 000	方桌	20	50	1 000
过电表	2	4 000	8 000	方凳	68	20	1 360
打水邦浦机	1	10 000	10 000	长凳	57	25	1 425
汽车邦浦机	1	10 000	10 000	铁床(双、单人)	112	120	12 440
校湾地轴器	1	2 000	2 000	火炉	6	100	600
引擎油坦克	1	2 000	2 000	中文打字机	1	2 000	2 000
汽油坦克连邦浦	1	4 000	4 000	英文打字机	2	2 000	4 000
补胎水汀及炉子	1	6 000	6 000	加法机	1	2 500	2 500
水汀连炉子(写字间用)	1	10 000	10 000	算术机	1	2 000	2 000
磨凡尔机	1	7 000	7 000	缝衣铁车	2	1 500	3 000
校汤白罗机	1	10 000	10 000	大银箱(中国制)	2	1 000	2 000
其他零星工具等			15 000	大银箱(英国制)	3	1 800	5 400
共计			168 800	中银箱	1	300	300
估值	上列估值作八折计净计 135 040			小银箱	2	200	400
				共计			148 385
				估值	上列估值作八折计净计 118 708		
备 注	另有押柜之部:存出押柜及保证金 7 443.25 元;材料之部:存货材料估值 36 895.75 元;暂付款项 65 850.90 元						

资料来源:上海市出租汽车公司:《上海街道和公路营业客运(个别的公共交通)史料汇集》(第四辑),1982 年 3 月油印本,第 224—226 页。

既如此,祥生汽车公司自 1945 年底恢复出租汽车业务,以其原有财产重行估值为 132 000 万元,投资现金 158 000 万元。1947 年,该公司将股本额调整为 30 亿元,其成本核算见表 3-20。再如 1948 年 12 月 10 日该公司成本计算显示:汽油,(单位)每辆每天出差 12 次耗油 6 加仑每加仑 38.6 元(金圆,下同),金额为 232.60 元;机油及齿轮油,每辆每天耗机油 0.5 加仑 25 元、齿轮油 12.5 元,金额 37.50 元;电池,每具 580 元可用 6 个月及充电 8 次,每天 3.49 元,小修零件及添配,平均每日计 28.91 元;大修引擎及底盘,拆修引擎、底盘和整理车身内部每年修理 1 次约 6 460 元,每天须 18.00 元;油漆及喷漆,每辆约 12 个月整理 1 次约 4 465 元,每天须 12.40 元;车胎,每辆车胎 4 只每只 1 850 元可用 18 个月,每天须 13.70;执照,车照磁牌登记等费连建设捐,每月 3 元;车套及号衣,每周洗换两次换新及整理等费及司机每人制服两套,金额 2.79 元;车辆意外损失,修理及住院医药费等,金额 14.76 元;职工薪津,每日平均行驶 75 辆照生活指数计算,金额 102.00 元;司机工资,每天底薪 2.54 元按照生活指数 15.4 倍计算,金额 39.12 元;房租水电电话,金额 28.00 元;广告文具印刷,金额 6.66 元;捐税,营业税及所利得税等,金额 7.59 元;修缮,金额 3.59 元;什项,零星购置善捐交际等,金额 13.33 元;车辆折旧,平均每辆金额 20.50 元;车辆利息,以行驶 75 辆计算,平均每辆利息负担 13.90 元;其他,年终奖励金及福利金,金额 54.93 元;补发,10 月职工生活费 31 050 元、11 月上期职工生活费 127 152 元,每天须 70.30 元。即每辆每天成本总额 724.17 元,每差成本 60.34 元,合法利润一成 6.03 元,每差车租 66.37 元。[①]再至 1949 年 3 月,公司资本额为金圆券 1 万元,共计 30 亿股、每股为 1 分(见表 3-21)。

表 3-20　祥生汽车公司成本计算表(1947 年)

名　　称	单　　　　位	金额
汽油	每辆每天出差 24 次耗油 13 加仑每加仑 4 500 元	58 500
车胎	每辆车胎 4 只,每只 140 万元可用八个月每天须	23 300
司机工资	每天底薪 2.1 元按生活指数 15 000 倍计算	31 500
执照	车辆磁牌登记费等	1 800
车套号衣号帽	每周洗换二次换新及整理费等及技工每人制服二套	5 000
马达油及机油	每辆每天约耗 0.5 加仑 30 000 元又机油 3 000 元	18 000

① 上海市出租汽车公司:《上海街道和公路营业客运(个别的公共交通)史料汇集》(第四辑),1982 年 3 月油印本,第 213 页。

续表

名　　称	单　　　位	金额
电池	每具 120 万元可用 4 个月及充电 8 次计每天须	11 000
小修及零件修配	零件较战前涨 50 000 倍以上	65 000
大修引擎及底盘	每五个月修理一次约 800 万元每天须	53 300
油漆及喷漆	每辆约 7 个月整理 1 次约 250 万元每天须	11 900
车辆意外损失	修理住院、医药费等每月约需 2 000 万元以上每天须	8 900
职工薪津	每辆每日平均（现有 97 辆平均每日行驶 75 辆）照工人生活指数计算	88 966
房租水电电话		4 000
广告文具印刷		7 500
捐税	营业税及所利得税等	4 000
修缮	修刷房屋（计总管理处修理厂及分行 15 处）	9 000
什项	零星购置善捐交际等	12 500
车辆折旧	新车平均约每辆 4 122 万共 34 辆计 140 152 万以五年折旧计每天	767 956
	旧车平均约每辆 1 200 万共 43 辆计 51 600 万以三年为折旧计每天	477 770
	旧车平均每辆 800 万共 20 辆计 16 000 万以二年为折旧计每天	219 177
	共计 1 464 903 元以 75 辆平均每辆	19 532
车辆利息	新车 34 辆共计 140 152 万利息按新车价减半计 70 076 万以一角每天须 2 335 866 元以行驶 75 辆计算平均每辆利息负担	31 144
年终职工奖励	1946 年度共计 303 181 600 元，如按 15 000 倍指数应共付 703 387 000 每辆每日应负担	25 690
职工福利	退职金抚恤金及其他福利费如丧葬费医药费疾病期内津贴等（约每月薪金一成）	8 896
每辆每天成本总额		499 428
二十四差每差成本		20 809

　　资料来源：上海市出租汽车公司：《上海街道和公路营业客运（个别的公共交通）史料汇集》（第四辑），1982 年 3 月油印本，第 209 页。

表 3-21　祥生公司历年来支配股息红利及调整资本情形表(1936—1949 年)

年　份	资本额	股　息	红利及其他等	备　考
1936 年 12 月	法币 500 000			
1937 年 12 月	250 000			
1938、1939、1940 年	250 000			发还五成,加股 500 000 元
1941 年 2 月	750 000			
1942 年 2 月	750 000			
1942 年 6 月	中储券 375 000	1942 年度 2 个月计 57 424.88		折合伪币由 75 万二作一,增资 4 625 000,合资本伪币 5 000 000
1942 年 9 月	4 625 000			
1942 年 10 月	5 000 000			
1943 年 4 月	3 000 000	1943 年度支付 620 000 合 8%,300 万 7 个月,400 万 3 个月		增资 3 000 000,合资本伪币 8 000 000,增资 4 000 000,合资本伪币 12 000 000
1943 年 6 月	8 000 000			
1943 年 8 月	4 000 000			
1943 年 9 月	12 000 000			
1944 年 2 月	18 000 000	1944 年度支付 2 160 000		增资 18 000 000,合资本伪币 30 000 000
1944 年 3 月	30 000 000			
1945 年 2 月	18 000 000	1945 年度垫发 960 000 合 8%	1945 年度:240 000 合 20%,又车券每 10 股送一张合 1 000＝120 000 000	减资 18 000 000,合资本伪币 12 000 000
1945 年 3 月	12 000 000			
1946 年 1 月	法币 12 000 000	1946 年度:税 930 000,8 370 000 合 10%,官红利共 30%	1946 年度:24 000 000 合 20%,又车券 12 000 张合 9 000,每一千股发一张,1947 年 3 月 2 日起发	战争结束后当局宣布伪币以 200 作 1 改为法币,本公司于 1945 年 10 月以 1 200 万伪币改作法币 6 万元为资本额,旋因法币币值资本额未能与资产互相平衡,公司须根据各界核定办法以伪币 1 作 1 调整,故 1946 年 1 月增值 1 194 万元,得法币 1 200 万作为资本额,3 月又增资 10 800 万,合计 12 000 万元,计 1 升 9 股
1946 年 3 月	108 000 000			
	120 000 000			

续表

年　份	资本额	股　息	红利及其他等	备　考
1947 年 6 月	1 560 000 000	1947 年度 150 000 000 合 50%，1947 年付 150 000 000，全年 100% 计付	1947 年度： 2 850 000 000 合 95%	申请现金及固定资产增资办法：1 560 000 000 现金增资，1 320 000 000 资产增值，计 1 升 24 股
	1 320 000 000			
	3 000 000 000			
1948 年 5 月	27 000 000 000			现金增资 270 Ecapoy，计 1 升 9 股，8 月 19 日币制改革，以法币 300 万作金圆券 1 元
	30 000 000 000			
1949 年 3 月	金圆券 10 000	股息红利每 100 股得 1，计发金圆券 30 000 000 即每股得 1 分，1949 年 3 月 7 日发		共计 30 亿股

资料来源：上海市出租汽车公司：《上海街道和公路营业客运（个别的公共交通）史料汇集》（第四辑），1982 年 3 月油印本，第 184 页。

二、营业财务

2015 年 10 月，习近平总书记在中共十八届五中全会上指出："企业要有利润。企业之所以叫企业，就是必须赢利。企业没有利润、大面积亏损，两三年后撑不下去了，那就不仅是速度低一点的问题了，员工收入和政府财政无从谈起，而且会带来金融风险甚至社会风险。"[1]即利润是企业满足社会需要程度的标志，利润也是企业满足或继续满足、更好地满足社会需要的前提。[2]全面抗战前，祥生汽车公司营业收入持续增加，1935 年获利 67 755.19 元，1936 年获利 108 453.53 元，达到资本总额 20% 以上。[3]至 1936—1937 年祥生公司总成本已分别为 1 291 946 元、1 240 481 元（见表 3-22），即该公司资本总额达百万元以上，这从侧面反映出其利润丰厚且规模甚巨。

---

① 习近平：《习近平谈治国理政》（第二卷），外文出版社 2017 年版，第 77 页。
② 陈传明、邹宜民主编：《管理学原理》，南京大学出版社 1994 年版，第 8 页。
③ 上海市公用事业管理局：《上海公用事业（1840—1986）》，上海人民出版社 1991 年版，第264 页。

表3-22　祥生汽车公司成本结构表(1936—1948年)

年份 项目	1936年 金额	1937年 金额	1938年 金额	1939年 金额	1940年 金额	1946年 金额	1947年 金额	1948年 金额
1. 行车费用	748 286	654 056	490 374	995 431	2 168 702	690 692 490	6 905 727 739	1 469 262
其中:司机工资	66 296	51 252	29 513	44 473	103 626	175 329 498	2 144 414 500	299 222
汽油	543 290	469 670	308 641	648 340	1 420 269	223 270 670	3 467 603 430	1 058 815
轮胎	28 230	27 567	20 936	31 373	132 840	225 346 493	1 098 675 610	87 394
车照	85 107	75 840	34 418	48 570	61 664	18 788 150	134 515 050	3 215
其他	25 363	29 727	96 866	222 675	450 303	47 957 679	60 518 800	20 616
2. 汽车修理费	100 613	86 067	96 758	227 696	402 788	723 581 944	5 993 587 933	635 232
其中:修车费	66 765	57 040	73 209	195 217	344 494	482 681 409	4 196 501 633	380 453
机匠工资	33 848	29 027	23 549	32 479	58 294	240 900 535	1 797 086 300	254 779
3. 管理费	270 370	324 027	195 003	381 763	547 829	858 390 332	6 555 845 757	1 911 187
其中:薪资	76 114	75 093	56 951	75 951	109 943	561 051 016	1 926 011 400	293 292
房地租	60 984	54 410	35 281	40 073	52 631	25 917 567	56 962 180	5 031
广告费	12 067	5 143	1 515	3 815	3 437	30 964 273	36 271 625	18 897

续表

项目＼年份	1936年 金额	1937年 金额	1938年 金额	1939年 金额	1940年 金额	1946年 金额	1947年 金额	1948年 金额
交际费及佣金	12 399	10 097	6 001	59 768	8 789	18 812 960	17 000 000	1 234
保险费	10 028	2 564	6 259	18 548	18 851	2 254 350	21 818 754	2 996
奖励、养老金	6 937	32 165	—	3 600	3 600	—	2 160 780 000	1 254 935
董事、律师、会计师费	4 500	4 350	9 520	10 920	17 840	19 070 000	55 200 000	105 368
捐税	9 908	9 385	28 430	52 118	13 165	30 553 692	345 074 394	42 984
其他	77 460	130 820	51 046	116 970	319 573	169 766 469	1 936 727 404	186 450
4.折旧及摊提	168 750	124 779	21 277	20 883	14 360	95 287 500	569 798 697	—
5.其他	3 927	51 552	14 960	—	—	—	1 260 196 997	—
总成本	1 291 946	1 240 481	818 372	1 625 773	3 133 679	2 367 952 266	21 285 157 123	4 015 681
备 注	行车费中的其他是包括司机服装费,机油,行车损耗等;在成本项目"其他"栏中1937年51 552元系战争损失数.1947年1 260 196 997元系发放职工的米贴;1938—1940年未提折旧;公司职员与工人工资待遇相差悬殊,以1946年为例,平均每月职员数为76人、司机190人、机匠88人.每人每月平均工资的比例为职员100,司机38,机匠30							

资料来源：上海市出租汽车公司：《上海街道和公路营业客运（个别的公共交通）史料汇集》（第四辑），1982年3月油印本，第181—182页。

而该公司的财务情况可以概见 1928—1948 年不完全资料的汇总统计（见表 3-23）。在此期间,抗日战争及太平洋战争相继发生,祥生公司于 1941 年年底全部停业,1942—1945 年间经营三轮车。抗战胜利后,公司于 1945 年 12 月 15 日起恢复出租汽车业务,但后来货币不断贬值、物价飞涨。因此,在此二十年间该公司的股本额与资产变化很大,业务时起时伏,成本与利润极不稳定,到 1948 年已出现营业亏损局面,赖以经营其他业务,借以维持。各个时期的币制情况为:1942 年以前为伪法币,1942—1945 年抗战胜利止用伪中储备票,1945 年抗战胜利后法币 1 元＝200 伪中储备票,1948 年金圆券 1 元＝300 万法币。[1]

表 3-23　祥生汽车公司营收及利润情况表(1928—1948 年)

年份	车运营业额（元）	车运利润（元）		总利润（元）	车运利润在总利润中所占%
		金额	营收利润率		
1928	27 601	6 084	22.04	6 084	100
1930	34 023	5 463	15.47	5 463	100
1931	51 626	5 026	9.74	5 026	100
1932	139 873	615	0.44	615	100
1933	589 406	74 486	12.64	80 277	92.7
1936	1 335 108	49 777	3.73	67 755	73.5
1937	1 329 230	88 749	6.68	108 454	81.8
1938	875 618	57 246	6.54	107 500	53.2
1939	1 784 618	158 845	8.90	197 217	71.1
1940	3 314 267	180 588	5.45	229 879	89.5
1946	2 553 511 942	15 189 312	0.59	15 189 812	
1947	21 552 151 940	266 994 817	12.39	333 634 406	80.03
1948	3 926 932	−88 749	−2.26	264 091	
备 注	表中 1928—1932 年均系各年上半年度之数,该公司历年车运营收利润率在比较正常情况下,一般平均为 6%左右,而在其总利润的结构中车运利润一般 75%左右,其他 25%系该公司从经营汽油销售向国外厂商直接采购汽车配件、轮胎进行转销,自 1939 年开始并为外单位修理车辆所获致的利润				

资料来源:上海市出租汽车公司:《上海街道和公路营业客运(个别的公共交通)史料汇集》(第四辑),1982 年 3 月油印本,第 180 页。

---

[1]　上海市出租汽车公司:《上海街道和公路营业客运(个别的公共交通)史料汇集》(第四辑),1982 年 3 月油印本,第 175—176 页。

　　具如祥生汽车公司1940年度营业损益报告(见表3-24),即"依战后历年来畸形繁荣之余势,百业依旧有特殊之发展"。"本公司营业在春季成绩尚优,至五六月间因市面阻滞之原因,亦已随之而减色,综一年来之营业收入,虽较往年将增数倍,然因汽油车胎及零件等项之进价高昂及开支日益浩繁,是以营业上之盈利与上年无分轩轾。再本年度车辆价格虽昂,本公司因有不堪使用之旧车多辆,加以营业繁盛,车辆势须切实整顿,故不得不予以添购,俾业务方面得以应付"。[①]抗战胜利后,1945年12月至1947年1月该公司汽车客运的每月营业收入分别为 25 246 860、67 600 800、67 339 400、99 290 670、130 608 900、141 693 100、196 756 100、196 267 000、214 222 800、262 516 800、305 777 950、353 526 650、443 170 450、544 395 700 元;每月汽油耗用量分别为 6 068、16 502、19 301、20 605、20 920、21 478、19 757、20 409、22 385、22 536、24 956、27 467、32 352、33 590 加仑;1947年2月11—15日营业收入 116 899 000 元,汽油耗用量 5 325 加仑。即公司1946年下半年(7—12月)按月平均营业额为 28 630 万,折合标金 121 条,指数 5 230 倍;1947年上半年(1—6月)按月平均营业额为 82 000 万,折合标金 91 条,指数 13 500 倍。两相比较,后者的营业额比前者强185%,标金弱33%,指数强158%。依上述情形而论,该公司"自经济措施以来,将每月营业折合标金与去年下期做同样比较计损失百分之三十三即黄金一百八十余条,惟为与生活指数比较,尚可告慰"。[②]

表3-24　祥生汽车公司损益计算书(1940年1月1日起至12月31日止)

损失类		利益类	
科　目	金　额	科　目	金　额
行车费:		租车收入:	
司机工资	103 626.95	现租	3 228 677.90
汽油	1 420 269.02	赊租	82 201.39
机油	76 747.07	补缴租车费	3 487.45
轮胎	132 840.37	其他收入:	

①　上海市出租汽车公司:《上海街道和公路营业客运(个别的公共交通)史料汇集》(第三辑),1982年3月油印本,第179页。

②　上海市出租汽车公司:《上海街道和公路营业客运(个别的公共交通)史料汇集》(第四辑),1982年3月油印本,第185—186、189页。

续表

损失类		利益类	
科　目	金　额	科　目	金　额
车照	61 663.99	汽油转卖收益	133.63
其他材料	82 211.87	材料转卖收益	8 273.18
司机服装	4 306.83	废物变卖收益	11 301.66
行车损耗	287 035.40	修理车辆收益	26 280.56
车辆修理费:		呆账收回	131.35
修车费	344 493.55	过户费	12.50
机匠工资	58 295.15	利息	3 157.97
管理费一:			
薪资	109 942.80		
常务董事夫马费	4 800.00		
房地租	52 631.37		
税捐	13 164.66		
电话费	8 661.46		
电灯费	19 377.51		
自来水费	5 876.74		
修刷房屋	56 436.28		
广告费	3 437.13		
交际费	8 789.10		
管理费二:			
印刷文具	10 432.37		
佣金	1 999.34		
赔偿及抚恤费	28 719.70		
消耗费	25 325.73		
车辆保险费	18 000.00		
杂项	59 005.19		
米贴	95 488.51		
保险费	851.10		
酬劳费	3 600.00		
存息所得税	154.76		

损失类		利益类	
科　目	金　额	科　目	金　额
租车折让	8 095.34		
律师费及诉讼费	1 290.00		
会计师费	950.00		
董监夫马费	10 800.00		
摊提行基	7 732.08		
财产折旧	6 628.20		
本期盈余	229 879.02		
合　计	3 363 557.59		3 363 557.59

资料来源:上海市出租汽车公司:《上海街道和公路营业客运(个别的公共交通)史料汇集》(第三辑),1982年3月油印本,第182—183页。

再如1947年1—10月祥生公司的汽油消耗及营业情形统计:车辆为112辆(小客车98辆,大客车包括团体客车14辆);各月汽油消耗量分别为33 485、31 076、32 452、34 228、32 716、30 555、29 310、31 027、28 266、28 887加仑;营业次数分别为61 257、5 704、60 422、58 463、58 240、55 375、51 321、53 483、46 427、48 287次。营业总额中,小客车分别为504 353 100、612 754 100、623 549 700、645 437 600、911 377 900、1 107 215 500、1 307 897 900、1 680 162 700、1 642 500 150、2 207 048 500元;大客车分别为40 491 000、67 462 000、96 964 500、120 204 500、125 524 000、147 567 500、182 932 000、211 940 000、404 630 000、444 019 000元。解付营业税:春季缴付26 109 900元,夏季缴付39 960 500元,秋季已报69 458 400元。上项车辆112辆,其他如试车、修理车及公司自用办公车所用油亦包括在内,但每月公司修理厂修车用油约须400加仑,未计入该明细内。同时,该公司1947年下半年(7—12月)按月平均营业额为28亿,折合标金61条,指数44 100倍;1948年上半年(1—5月)按月平均营业额为123亿,折合标金55条,指数212 400倍。两相比较,后者的营业额比前者强340%,标金弱11%,指数强380%。[1]即该公司自1946年7

---

[1]　上海市出租汽车公司:《上海街道和公路营业客运(个别的公共交通)史料汇集》(第四辑),1982年3月油印本,第183、192—193页。

表3-25 祥生公司营业收入与折合标金及生活指数分析表（1946—1948年）

年　月	每月营业额(万)	折合标金每月(条)	当时金价(万)	当时生活指数(倍)	年　月	每月营业额(万)	折合标金每月(条)	当时金价(万)	当时生活指数(倍)
1946年7月	18 850	100	180	4 500	1947年7月	150 000	60	2 500	28 700
1946年8月	21 000	110	190	4 537	1947年8月	190 000	76	2 500	31 000
1946年9月	25 650	127	210	4 967	1947年9月	200 000	70	3 000	34 400
1946年10月	29 400	130	230	5 218	1947年10月	280 000	56	5 000	49 100
1946年11月	33 650	122	270	5 685	1947年11月	330 000	47	7 000	53 100
1946年12月	43 200	140	300	6 470	1947年12月	520 000	60	8 500	68 200
1947年1月	52 300	140	380	8 000	1948年1月	650 000	72	9 000	95 200
1947年2月	66 050	130	480	8 000	1948年2月	870 000	87	10 000	151 000
1947年3月	69 800	103	600	8 000	1948年3月	1 070 000	43	25 000	217 000
1947年4月	73 900	63	1 200	8 000	1948年4月	1 540 000	39	40 000	262 000
1947年5月	99 700	50	2 000	23 500	1948年5月	2 000 000	34	60 000	337 000
1947年6月	130 000	60	2 500	25 300					

资料来源：上海市出租汽车公司：《上海街道和公路营业客运（个别的公共交通）史料汇集》(第四辑)，1982年3月油印本，第189、192页。

月至 1948 年 5 月的营业收入及生活指数见表 3-25。

根据 1948 年 6—10 月祥生汽车公司营业额及汽油消耗统计：营业额分别为 29 555 087 000（法币）元、89 544 810 000 元、183 206 110 000 元、103 186.48 金圆、70 037.40 金圆；营业差数（以 20 分钟计）分别为 56 162、48 056、41 779、62 161、42 191 差；汽油配额分别为 27 594、24 100、21 200、16 600、15 000 加仑；汽油消耗分别为 27 792、24 244、21 129、24 268、15 017 加仑。[①] 该公司自 1947 年 2 月至 1949 年 4 月的期内营业额、每车出差价目、汽油消耗量、每加仑营业率等营业效率及差数成绩等可见表 3-26。另，由该公司营业总额来看，1947 年 1 月为 5.4 亿（法币）元，至 1948 年 8 月增为 1 945 亿元；自国民政府实行金圆券政策后，1948 年 9 月为（金圆）107 680 元，1949 年 3 月增为 178 158 000 元（见表 3-27）。当然这种营业额看似大幅的增长，亦包含物价飞涨、通货膨胀等外部因素，所以仍不能完全确定这种情事是此期该公司良性经营和规模化成长的企业表征。

表 3-26　祥生汽车公司营业效率及差数成绩表（1947—1949 年）

日　　期		每差价目（元）	每加仑汽油价（万）	期内营业额（万元）	汽油消耗量（加仑）	每加仑营业率（万）	比价（差数成绩）
1947 年	2 月 16 日—2 月 28 日	12 000	0.345	36 478	14 010	2.705 6	2.25
	3 月 1 日—4 月 30 日	9 000	0.345	154 490	66 740	2.315	2.57
	5 月 1 日—6 月 15 日	12 000	0.345	148 560	48 606	3.056 8	2.55
	6 月 16 日—7 月 1 日	20 000	0.445	77 841	15 861	4.908	2.45
	7 月 2 日—8 月 19 日	20 000	0.59	234 166	47 696	4.909	2.45
	8 月 20 日—8 月 31 日	32 000	1.3	88 620	11 454	7.737 0	2.42
	9 月 1 日—10 月 11 日	32 000	1.3	282 000	38 570	7.311 4	2.29
	10 月 12 日—10 月 13 日	50 000	2.5	19 760	1 958	10.1	2.02
	10 月 14 日—11 月 16 日	50 000	2.5	326 260	30 970	10.53	2.11
	11 月 17 日—11 月 30 日	50 000	3.3	152 049	14 940	10.179	2.03
	12 月 1 日—12 月 3 日	80 000	3.3	45 232	2 882	15.698	1.96
	12 月 4 日—12 月 20 日	80 000	3.3	259 912	16 182	16.061 8	2.01
	12 月 21 日—12 月 31 日	80 000	3.85	192 662	11 417	16.875	2.11

①　上海市出租汽车公司：《上海街道和公路营业客运（个别的公共交通）史料汇集》（第四辑），1982 年 3 月油印本，第 187 页。

续表

日　　期		每差价目(元)	每加仑汽油价(万)	期内营业额(万元)	汽油消耗量(加仑)	每加仑营业率(万)	比价(差数成绩)
	1月1日—1月7日	80 000	3.85	119 379	7 329	16.289	2.04
	1月8日—1月12日	100 000	3.85	91 858	4 902	18.75	1.875
	1月13日—1月26日	100 000	4.8	293 851	14 004	21	2.10
	1月27日—1月31日	100 000	5.6	105 543	5 087	20.78	2.08
	2月1日—2月6日	100 000	5.6	136 714	5 735	23.8	2.38
	2月7日—2月12日	132 000	5.6	208 412	6 059	32	2.42
	2月13日—2月29日	132 000	7	399 400	17 054	23.4	1.78
	3月1日—3月10日	132 000	7	265 140	9 670	27.42	2.08
	3月11日—3月14日	132 000	7	128 000	3 983	32.1	2.42
	3月15日—3月31日	180 000	10.6	624 400	16 710	37.4	2.10
	4月1日—4月10日	180 000	12.7	402 123	10 208	39.4	2.20
	4月11日—4月30日	280 000	16.7	1 071 128	18 274	59.2	2.12
	5月1日—5月15日	280 000	17	908 451	15 317	59.5	2.13
	5月16日—5月31日	340 000	24.5	1 035 100	14 975	70	2.06
1948年	6月1日—6月12日	340 000	40	834 433	11 552	72.4	2.13
	6月13日—6月26日	560 000	61	1 473 083	12 703	116	2.07
	6月27日—6月30日	1 000 000	81	648 210	3 319	195	1.95
	7月1日—7月6日	1 000 000	81	998 230	4 539	220	2.20
	7月7日—7月16日	1 600 000	93	2 420 733	6 612	351	2.19
	7月17日—7月27日	2 400 000	152	3 218 000	6 948	463.4	1.93
	7月28日—7月31日	3 000 000	195	1 423 900	2 410	591	1.97
	8月1日—8月4日	3 000 000	195	1 689 000	2 544	664	2.21
	8月5日—8月12日	3 600 000	335	3 710 000	4 586	808	2.24
	8月13日—11月2日	1.66(金圆,下同)	2.9(金圆,下同)	223 630(金圆,下同)	51 862	4.3(金圆,下同)	2.07
	11月3日—11月9日	5	10.7	53 600	3 316	16.1	3.22
	11月10日—11月16日	12	21.3	142 500	3 566	40	3.25
	11月17日—11月30日	24	31	428 900	6 330	67.7	2.83
	12月1日—12月13日	40	45.7	807 724	7 761	104	2.60
	12月14日—12月31日	64	70.9	1 957 500	11 822	165.6	2.59

日　　　期		每差价目(元)	每加仑汽油价(万)	期内营业额(万元)	汽油消耗量(加仑)	每加仑营业率(万)	比价(差数成绩)
1949年	1月1日—1月15日	120	77.2	2 747 000	10 001	274	2.30
	1月16日—1月31日	200	116	5 469 900	11 866	460	2.30
	2月1日—2月7日	480	166	4 620 000	4 533	1 020	2.13
	2月8日—2月16日	960	328	11 770 000	5 296	2 250	2.34
	2月17日—2月24日	1 800	447	14 043 970	3 119		
	2月25日—3月8日	2 400	613	30 616 950	5 487		
	3月9日—3月16日	3 600	814	30 416 540	4 010		
	3月17日—3月25日	6 000	1 486		4 682		
	3月26日—3月31日	8 400	1 630		3 109		
	4月1日—4月7日	16 000	1 820		3 845		
	4月8日—4月12日	30 000	2 180		2 419		
	4月13日—4月16日	60 000	2 430				
	4月17日—4月20日	120 000	2 730				
	4月21日—	200 000	4 110				

资料来源:上海市出租汽车公司:《上海街道和公路营业客运(个别的公共交通)史料汇集》(第四辑),1982年3月油印本,第190—191页。

表3-27　祥生汽车公司各项主要开支与营业比较表(1947—1949年)

年　　　月	营业总额(亿元)	职工薪资(亿元)	汽油消耗(亿元)	修车费用(亿元)	管理费用及其他(亿元)	盈亏情况(亿元)
1947年1月	5.4	1.5	4	1	2.3	0.2
1947年2月	6.8	1.5	4	1	2.6	1.3
1947年3月	7.2	2	1.1	1.9	2.2	1.3
1947年4月	7.6	1.9	1.2	1.6	2.9	1.3
1947年5月	10	3.9	1.1	2.1	2.9	1.3
1947年6月	12.5	3.9	1.3	2.9	4.4	1.3
1947年7月	15	4.5	1.5	4	4	1
1947年8月	19	4.9	1.8	4.3	7	1
1947年9月	20	5.7	3.5	4.5	5.3	1

续表

年　　月	营业总额 (亿元)	职工薪资 (亿元)	汽油消耗 (亿元)	修车费用 (亿元)	管理费用及 其他(亿元)	盈亏情况 (亿元)
1947 年 10 月	28	8.4	5	8.5	6.1	1
1947 年 11 月	33	8.9	7	9.3	4.8	3
1947 年 12 月	52	11.3	10	12	16.2	2.5
1948 年 1 月	65	16	12	15	22	2.5
1948 年 2 月	87	24	17	16	25	5
1948 年 3 月	107	37	22	26	19	3
1948 年 4 月	154	43	35	40	36	3
1948 年 5 月	208	57	50	55	41	5
1948 年 6 月	316	116	124	103	40	减少 67
1948 年 7 月	953	277	267	260	89	60
1948 年 8 月	1 945	601	577	480	200	87
1948 年 9 月	107 680 (金圆,下同)	19 270 (金圆,下同)	55 898 (金圆,下同)	21 000 (金圆,下同)	7 772 (金圆,下同)	3 740 (金圆,下同)
1948 年 10 月	77 244	19 470	41 420	26 500	6 200	减少 16 350
1948 年 11 月	682 000	395 000	159 000	140 000	79 000	减少 67 000
1948 年 12 月	2 932 000	373 000	774 000	280 000	1 490 000	15 000
1949 年 1 月	8 870 000	1 540 000	2 770 000	2 600 000	1 560 000	400 000
1949 年 2 月	43 650 000	10 400 000	16 000 000	4 300 000	12 090 000	860 000
1949 年 3 月	178 158 000	58 630 000	64 000 000	23 000 000	32 300 000	860 000
备　　注	1948 年 6 月系亏耗租价;1948 年 9 月起金圆(元)计算;1949 年 1 月借薪 77 万					

资料来源:上海市出租汽车公司:《上海街道和公路营业客运(个别的公共交通)史料汇集》(第四辑),1982 年 3 月油印本,第 194 页。

撮要述之,祥生汽车公司在 1949 年上海解放前夕,营业已极不稳定,并处于摇摇欲坠、分崩离析的边缘。新中国成立后,1951 年 9 月 1 日该公司实行公私合营,企业名称改为公私合营祥生汽车股份有限公司;嗣后又改为公私合营上海市出租汽车公司。至 1956 年,16 家私营出租汽车企业全部并入公私合营上海市出租汽车公司。自此,全市出租汽车业务统一由上海市出租汽车公司独家经营管理。1983 年,上海开始打破独家经营局面,全

民、集体、个体甚至连农民也办起了出租汽车公司。1985 年成立上海市公
共客运管理处,对上海出租汽车行业实行统一管理。[1]所以然者,近代中国
华商出租汽车企业的典范——祥生汽车公司最终走上了公私合营的正确道
路,不仅成为当代上海市出租汽车公司的前身,且为现代上海城市汽车交通
事业的发展与进步夯实根基。

---

① 虞同文:《上海近代公共交通的由来》,《交通与运输》2012 年第 4 期。

第四章　租界公共汽车业的经营与管理

　　1908 年英商电车开始在上海公共租界通车营业。但电车行驶受铺设轨道和架设电线的限制,因此 20 世纪 20 年代后,租界公共交通的发展重点逐步趋向更具灵活性的公共汽车扩大和延伸客运路线,公共汽车便以其灵活和方便等特点在上海开始发展。[1]1922 年 8 月,华商公利汽车公司在公共租界行驶公共汽车,该线成为上海首条公共汽车线路(前章已述)。1924 年 10 月,英商中国公共汽车公司(以下简称英汽公司)在公共租界行驶公共汽车,从而"英商上海公共汽车及华商公共汽车公司相继开幕,是为上海市有公共汽车之始"。[2]1927 年 2 月,法商电车电灯公司(以下简称法电公司)的公共汽车线路开始于法租界营业。至 1936 年,英汽公司厂址在公共租界康脑脱路(今康定路)1171 号,写字间设于南京路外滩沙逊大厦(今和平饭店)三楼,共有单层车 200 余辆及双层车数十辆,"车身优美宽大平稳,为沪上规模最大之公共汽车公司"。[3]太平洋战争爆发后,1942 年 3 月,日军当局宣布"华中都市公共汽车公司"接管英汽公司的厂房及财产,自此经营 17 年的英汽公司宣告结束。而法电公司经营的电汽车因战时未被日伪公开侵占,战后也未被接收,则一直经营到新中国成立初期。

第一节　组织机构和人事管理

一、组织发展

（一）公共租界

　　20 世纪 20 年代前,上海市内公共交通除电车外,基本上还处于马车和

---

① 中共上海市委党史研究室、上海市总工会:《上海公共汽车工人运动史》,中共党史出版社 1991 年版,第 3 页。
② 赵曾珏:《上海之公用事业》,商务印书馆 1949 年版,第 53 页。
③ 柳培潜:《大上海指南》,中华书局 1936 年版,第 27 页。

人力车的时代。因此，以公共汽车为主要工具的客运交通，便成为亟待发展的事业。但要发展该业并非易事，要有远见及相当资本，更要当局支持。在公共租界，1920 年 3 月英国人汤汉生成立一家"中国汽车公司"，拟议一路汽车以载客 30 人的公共汽车 2 辆，行驶于静安寺路和兆丰公园（自洋泾浜起沿爱多亚路、西藏路至吴淞路）之间。①但公共租界工部局对其审议条件为：公司捐纳重建西藏路桥费用的 20%，捐纳 25 000 两作为修路费用，每辆汽车每行驶 1 英里捐纳银 1 分养路费，每辆汽车每年缴纳银 400 两执照费。因条件苛刻，该公司随即撤回申请。②继之而起的是 1922 年 2 月董杏生拟议从静安寺经圣乔治饭店、愚园路至兆丰园，汽车 2 辆行驶、载客 30 人。工部局规定，每季每辆要缴纳车费 100 两，道路费每季每里 10 两。因董氏财力不足，后告夭折。③租界扼杀华商公共汽车业，是为垄断上海市区公共交通，借机扩张租界的势力和范围。

与此同时，英国人菲力特立克（弗雷德里茨）1922 年 1 月向工部局申办公共租界公共汽车路线，该局提出与董杏生同样的经营条件，并声明不予专营权。如今后能按照工部局的意向，扩充设备、收支相当、行车合度则给予推广路线的优先权。其间，向工部局申请兴办公共汽车者尚有数起，但多数要求经营在闹市区最获利的路线并没有全面规划。该局以偏僻区域无人经营、无车通车、不利于交通发展为由，未予核准。④即因"申请行驶公共汽车数起"，工部局总巡等商订路线，制订"道路系统图"，提出规划 10 条公共汽车路线。⑤这是补充当时电车行车路线的不足，也作为经营公共汽车的条件。工部局对申请开办公共汽车的公司进行审议，认为菲力特立克的申请较为合适，决定同意其经营公共租界的公共汽车。但因菲氏资本短绌，1923年与英商安利洋行达成协议，以 25 000 两代价将营业权有偿转让给安利洋行新成立的中国公共汽车公司（China General Omnibus Co., Ltd）。⑥由此，中国公共汽车公司由英商安诺德呈请工部局核办，工部局各西董对于兴办公共汽车一事"颇为赞成。缘近年来沪上商业日繁，各洋行中西办事人员每届出入，颇感电车乘客之拥挤，如创办摩托街车（公共汽车），则行人益形

---

①　张仲礼、陈曾年：《沙逊集团在旧中国》，人民出版社 1985 年版，第 79 页。

②　公共租界工部局：《上海公共租界公用事业手册》，1933 年编印，第 33 页。

③　周源和：《上海交通话当年》，华东师范大学出版社 1992 年版，第 82 页。

④　上海市交通运输局公路交通史编写委员会：《上海公路运输史》（第一册），上海社会科学院出版社 1988 年版，第 56 页。

⑤　《行驶公共汽车之路线》，《申报》1922 年 12 月 21 日第 13 版。

⑥　张仲礼、陈曾年：《沙逊集团在旧中国》，人民出版社 1985 年版，第 80 页。

便利。故对于亚氏(安诺德)所上章程中除得随意推行一条不便允许外,其余各条均已核准。凡遇公用汽车在租界内酿成祸端而向工部局索偿损失者,应由该公司负责之一条,现亚氏正与法律顾问商订草合同,手续一俟批准开办",华方总理聘请巨商陈炳谦(祥茂洋行买办)担任。[①]并且,工部局要求新公司于一年内建立一个30辆车的系统,该局可随时检查车速和最大乘客装载量。[②]

具如公共租界有大规模"公共汽车创始,为中国公共汽车公司所购办"。[③]安利洋行老板安诺德以股本白银100万两(分为10万股)于1923年6月7日向香港当局注册,根据香港公司法登记成立中国公共汽车公司。该公司开办时实收股本为36.378万两,至1929年才达到股本100万两。它与英商电车公司为公共租界内两大交通运输企业。不同的是,英汽公司开办时仅取得当局的营业许可权,而无专营权。[④]该公司1923年开始择地建厂,洽购车辆。选择场地考虑的是:地价便宜、有发展余地与捕房邻近等三项条件,公司选址于康脑脱路1171号建立车场,厂房建材全部从英国进口,场内设有车库和修理车间。[⑤]至1924年,工部局将租界公共汽车的经营权正式特许给英汽公司,华商公利公司只得歇业,工部局适当降低1920年的条件,但保留对汽车公司的控制权,有权确定车型、路线、票价。公司须以统一收费率向该局交款。[⑥]而据英汽公司的章程规定,1923年8月3日委任安利洋行为全权经理,并签订《英商中国公共汽车公司聘请安利洋行为全权经理的合约》(如下)。不可否认,一个普通股东在股东会上通常每股有一个表决权,股东是通过选举董事间接参与管理的。董事会也是公司的权力机构,它任免公司的管理人员,董事也制定或批准管理计划方案,研究人员递交报告,对分红方案进行表决。[⑦]如英汽公司开办时董事会组成人员为H.E.安诺德(董事长)、陈炳谦、H.汉璧礼、W.R.麦边和雷金纳德·沙逊;1927年改为H.E.安诺德、陈炳谦、E.海亦姆、W.R.麦边和F.R.达卫。后因工人多

① 《兴办公用汽车业将核准》,《申报》1923年6月17日第14版。
② 上海市档案馆:《上海租界志》,上海社会科学院出版社2001年版,第427页。
③ 龚骏:《公共汽车创办后之第一年》,《申报》1926年4月17日第25版。
④ 上海市交通运输局公路交通史编写委员会:《上海公路运输史》(第一册),上海社会科学院出版社1988年版,第57页。
⑤ 上海市公用事业管理局:《上海公用事业(1840—1986)》,上海人民出版社1991年版,第351页。
⑥ 公共租界工部局:《上海公共租界公用事业手册》,1933年编印,第33页。
⑦ [美]杰斯汀·G.隆内克、卡罗斯·W.莫尔、J.威廉·彼迪:《小企业管理》(第十版),本书翻译组译,东北财经大学出版社2000年版,第206页。

次罢工,1931年起增加虞洽卿为董事。1941年太平洋战争前的董事会成员为C.J.米加(董事长)、H.E.安诺德、H.M.曼、E.海亦姆、W.R.麦边、F.R.达卫、虞洽卿、李铭。[①]

《英商中国公共汽车公司聘请安利洋行为全权经理的合约》

一、在全权经理至少拥有本公司资本,普通股2 000股的情况下,自本协议签订之日起,本公司永远聘请安利洋行为本公司全权经理。全权经理应根据并按照本协议规定的各项条件,行使全权经理的各项职权。全权经理及其继承人,或其在上海的主要代表及其继承人,将为本公司的董事长。

二、全权经理应根据与董事会所订合约,忠诚地、有才能地及勤劳地,作为本公司的全权经理,指挥和管理本公司的一切业务。

三、全权经理应为本公司保存及建立各项按照法律必须保存的帐户,并在账册上如实反映和即时记载所有与本公司有关的各项业务交易。

四、全权经理应为本公司保存并建立根据本公司章程或香港政府法令所要求的各项档案、记录及契约文件。并至少在每次股东常会七天之前,将本公司的业务情况,以及收、支和资产负债情况摘成要点,经董事会批准之后,印发各股东。

五、全权经理应将下列事项,记入会议记录:(1)高级职员的任命,(2)出席每次董事会或有关委员会的董事名单,(3)所有董事会的会议事项,(4)全权经理作出的所有决议及事项。

六、全权经理经董事会同意可任命、雇佣、撤换、解雇诸如经理、代理人、职员、工匠以及其他仆役人员,并决定其适当的工资、佣金以及其他报酬。

七、全权经理经董事会同意,可以根据所规定的全权经理职权,按照适当的条件及限制,随时将权力授与某一经理或代理人,并可随时撤回、取消和改变所授与的权力。

八、全权经理因负责经营本公司的业务,每年应支付或允许以报酬的方式,扣除7 200两,并将获得经会计师审核,在未扣除全权经理用金前的本公司净利润的10%的佣金。

九、本公司将通过全权经理或其附属公司订购所需要的或决定

① 张仲礼、陈曾年:《沙逊集团在旧中国》,人民出版社1985年版,第80页。

进口的一切货物。全权经理将按照所订货物的到岸价格（CIF）收取2.5％的购货佣金。

十、全权经理有权在任何时间辞去按照本协议所担任的职务，但需在六个月前以书面将意图向本公司各董事提出，并在本公司财政年度最后一天起生效。该项生效日期或为六个月通知到期日之后，或在六个月通知到期日的当天。

十一、全权经理的撤换以及继任人选的决定，应由公司非常会议通过的特别决议批准。上述决议应有至少三分之二股权的股东同意，方能有效。①

进而，1924年英汽公司购入首批20辆公共汽车为英国铁林司蒂文斯（Tilling Stevens）工厂制造的过时的DE型柴油汽车，制动效果差，劳动强度高，10月9日拼凑装配25辆公共汽车在公共租界开始营业，并在九江路黄浦滩口即外滩沙逊大厦三楼设总公司办公所。②此外，该公司还有英国厂商制造的双门汽车40辆，这种车辆的车厢两侧各设一门，一门供乘客上下，另一门为太平门，车内座位不分等级。③安利洋行经营公共汽车业除赚取利润外，还有三个目的：(1)利用公共汽车帮助公共租界工部局扩大其势力范围；(2)利用办理公共交通扩大其社会影响；(3)帮助英国工业推销过时产品。且通过开办公共交通事业，安利洋行竞争到工部局总董的职位，并谋取英汽公司从1929年2月起至1950年底的专营权；其厂房的钢铁构架和营业车辆，均是从英国购进的陈旧物资。④譬如1929年2月4日，工部局与英汽公司按开办时的协议修订《英商中国公共汽车公司与工部局所订合约》（如下）：工部局准许该公司经营公共租界内公共汽车业务，但该局有权在任何时候撤回或暂时停用它所发给公司经营某条线路业务的许可证，并要求公司改变线路。合同中虽未正式标明专营权利，但公司扩充路线时，工部局不准其他公司及个人涉足其中，实质上让该公司垄断经营。⑤

① 张仲礼、陈曾年：《沙逊集团在旧中国》，人民出版社1985年版，第180—181页。
② 中共上海市委党史研究室、上海市总工会：《上海公共汽车工人运动史》，中共党史出版社1991年版，第5页；上海市档案馆：《上海租界志》，上海社会科学院出版社2001年版，第423页。
③ 上海市交通运输局公路交通史编写委员会：《上海公路运输史》（第一册），上海社会科学院出版社1988年版，第57页。
④ 中共上海市委党史研究室、上海市总工会：《上海公共汽车工人运动史》，中共党史出版社1991年版，第5页。
⑤ 《英商中国汽车公司关于公共交通与前工部局所订的合约内容要点》，1946年2月，上海市公共交通公司筹备委员会档案，档号Q417-1-297-40。

《英商中国公共汽车公司与工部局所订合约》

第一条,公司得行驶车辆于下述各种路线:(1)工部局市政年鉴(1923年1月5日)所载布之路线;(2)经工部局批准列入路程表内之现行路线;(3)嗣后由工部局随时批准之路线。经工部局批准行驶之现行路线(7路):一路:静安寺路至虹口公园;二路:爱多亚路至虹口公园;三路:梵王渡至北新泾村;五路:爱多亚路至北站;六路:汇山路至虹口公园;九路:梵王渡至贵阳路;十路:极司非而路白利南路转角至蓝路。上列各路线工部局为公众利益着想,认为有理由时,有权撤消或暂令中止已经批准之路线,及有权变更任何现有路线。

第二条,公司对行车业务,应维持最高效能,使工部局满意,并应局方之请求,应随时提供各种情报,如现有车辆数目,现有路线数目,每一线车辆确数及其他种种。

第三条,工部局依据合约,允许公司继续行驶各种车辆,但此项允许,只限于该种车辆被认为处于良善状况之下,而合乎公众之需要。但倘局方对于某种车辆认为有违公众安全时,得随时撤消其已批准之命令。除目下有四十九辆未装汽胎车轮得以应用外,以后公司车辆一律装用汽胎车轮。

第四条,公司方面,应遵照局方所颁布之汽车行车规则暨附则及取缔罚则,每一汽车,必须备号牌一面,由局方随时加以检查,在通常情形之下,公司应同样遵守一般管理私人汽车之规则及其附则,不得违反。

第五条,公司所雇之汽车驾驶员,事前均应受局方考验,局方随时得吊销驾驶员行车执照。

第六条,公司订定票价,头等每英里不得超过墨洋一角,二等每英里不得超过五分,公司取得工部局允许,在任何路线可采用统一票制,收费但不得超出规定之最高限价。

第七条,公司对于已装橡皮汽胎之车辆,应付局方每车里之统一票费1.5 Tactcts(银两0.015),对于未经装置橡皮汽胎之车辆,应付局方每车里之统一票费1.75 Tactcts(银两0.017 5)。此项捐费,公司必须按月缴纳,缴解时应连送清单壹份,注明该月份内每一车辆所驶里程数与其连带捐费,此种捐费数额,局方如鉴于因公司所驶车辆引起损及路面程度之情形,得随时加以修正。

第八条,公司在遵守条约各条文之下,及一切行车状况业务推展之使工部局认为满意时,工部局方面不再另行发给执照与其他公司或机关作经营同样性质之业务。由是以观,公司营业期限要为无限期的。

第九条,关于公司一切财政账目记录,必须公开受局方之稽查,并应随时询局方之请求,提供各项行车之有关记录报告。

第十条,公司应随时负责赔偿局方损害,此项赔偿要求,缘于公司行车业务关系而发生,经外界控诉局方受理者。

第十一条,公司倘有违反此项合约任何一条时,局方得预先提出通告嘱为改正,倘公司未能照办,局方得自由提出解约或废约,但规定必须提出五年前之预告。

第十二条,倘工部局方面欲废止此项合约,应于五年前将欲行废止之意向,预先通告公司知照。

第十三条,凡因受暴徒袭击革命内战改变政策或其他情形使局方不能履约时,局方得不负破坏条约之责任。

第十四条,公司及工部局双方关于和约规定各条文发生争执时,得互诉之于上海仲裁处,由双办方各聘仲裁员一人,推出公正一人办理仲裁,但倘双方对公正人不能同意时,则应据英国仲裁法令(1889 年)为最后之仲裁。①

其时,英汽公司的最高行政组织是董事会,由董事会任命总工程师兼总经理萧脱氏掌管全公司事务。以下分车务总管、副车务总管,直接管理营业及管理高级职员。再下分人事科,直接管理司机、卖票及铜匠间管理铜匠工人。所有的洋员要人每星期照例要开一次茶会,检讨这一星期行政状况、报告营业情形,及讨论如何发展营业和用何剥削手段加诸工人的身上、怎样使工人不能反抗。②公司实行董事会领导下的总经理负责制。董事会法定人数为 6 人,每年有两个董事的席位轮换,也可以再任。当选董事必须拥有 50 股以上的股票,董事中虽有陈炳谦、虞洽卿 2 名华董,但企业实权则被安利、沙逊等洋行垄断。董事会委托安利洋行为公司的永久总经理,安利洋行委任 1 名秘书行使公司经理的权力,公司设营业部、车务部、机务部三部,各部负责人均由洋行委派。司机、售票员、查票和写票,属车务部管理;车身制造车间、修理车间、电修及保养车间、木工及油漆车间、机油滤清回收车间等

---

① 《英商中国汽车公司关于公共交通与前工部局所订的合约内容要点》,1946 年 2 月,上海市公共交通公司筹备委员会档案,档号 Q417-1-297-40。

② 朱邦兴、胡林阁、徐声合编:《上海产业与上海职工》,上海人民出版社 1984 年版,第 389 页。

工人,属机务部管理。①

自成立后短短 5 年间,英汽公司获得较大利润,因而引起租界另一英国垄断资本家维克多·沙逊的觊觎。其开设的沙逊洋行在上海经营房地产等买卖,成为十里洋场的一股殖民垄断势力。1931 年沙逊洋行兼并安利洋行,英汽公司的股权全部落入沙逊手中。从此,该公司表面上虽由安利洋行经营,但实际已为沙逊主宰。此后,沙逊对该公司进行人事改组,管理、业务、财务等重要职务均改由沙逊亲信担任;同时扩建厂房,增添车辆,更新设备,扩大业务。至 1935 年,英汽公司已有职工 2 000 余人,公共汽车 170 辆(其中双层汽车 31 辆),全年行车 5 148 690 公里,载客 36 363 276 人次,成为上海经营公共汽车客运的最大企业。②

至 1937 年 8 月 13 日,日军进攻上海,苏州河北岸地区悉为日军占领,凡中外行人、车辆一律不准进入;北岸居民纷纷越过苏州河,到南岸租界避难,租界内难民蜂拥而入,南北向公共交通线网中断。1938 年,上海 300 万人口大多集中在两个租界地区内,因战争关系,两租界成为国际贸易与内地物资供应的特殊渠道,市场一时转为繁荣。其间,英、法商电车、公共汽车企业的营业又有起色。营业收入、运行人次剧增,公司股东每年都有盈利可分,新车每年都有增加,英汽公司持续经营亦增加线路。至 1941 年 12 月 8 日太平洋战争爆发,当日在上海的日军冲过苏州河,占领南岸的公共租界,所有英美企业均被视作敌产实行军管。英商电车公司、英汽公司皆处于日本军管之下。下午,公共租界交通恢复,两家企业的英籍人员照常供职。法商电车因贝当政府战败投降,组织维希政府,投靠德日意轴心国阵营,上海日军给予盟国待遇,因而未受影响。太平洋战争爆发后不久,上海能源供应紧张;英汽公司储油枯竭,先采取部分线路停驶和减少配车等办法应付,继又缩短营业时间,最后裁减半数职工,捱延时日,但终不能解决问题。1942年 1 月 10 日,日军当局命令英汽公司停业,解散职工,拆移设备。公司停业后,日军雇工将 195 辆公共汽车的柴油发动机大部分拆除,装上军用船只,剩下车辆全部转移,剩下一座空厂。被解散的中国职工,由公司发给一个月

---

① 中共上海市委党史研究室、上海市总工会:《上海公共汽车工人运动史》,中共党史出版社 1991 年版,第 11 页。

② 上海市交通运输局公路交通史编写委员会:《上海公路运输史》(第一册),上海社会科学院出版社 1988 年版,第 101—102 页。

工资及 100 元解散费,各自谋生。1942 年 3 月 20 日,日军当局宣布"华中都市公共汽车公司"接管英汽公司的厂房及财产。①经营了 17 年的英汽公司,至此结束。

(二)法租界

上海法商电车电灯公司(Compagnie Francaise de Tramways at d'Eclairage Electriques de Shanghai)为法人所经营,1906 年 6 月 26 日设立总公司于巴黎。最初资本 320 万法郎,1907 年增为 420 万法郎,嗣增至 800 万法郎,在上海法租界经营电气、自来水及公共交通事业。②该公司 1906 年设上海管理处,于吕班路(今重庆南路)设营业办事处,"是为上海法租界有水电交通之始"。1927 年 2 月,法商公共汽车线路开始营业。1943 年,法租界被汪伪政府接收,法电公司与日伪当局于同年 10 月 15 日达成协议,确认法电公司继续在原区域内经营。③

具言之,法电公司除担负公共运输外,还负责供水供电,是法租界最重要的企业之一。该公司的组织就营业性质言,可分为三大部门:交通(包括有轨、无轨电车和公共汽车)、电灯、自来水。按照公司管理系统及生产部门言,共分两大部门,一为车务部,二为机务部,其下面又分成若干车间。管理的系统,最高为大班,另有 1 人副之,次为总工程师,共 3 人;再次为车、机两部正、副总管各 2 人,以上职务均由法人自任。④公司实行董事会领导下的总经理负责制,下设秘书、总工程师、车务、会计、出纳、统计、意外事件、人事、采购、机务等部门,分管各项事务。秘书为总经理的主要助手,协助处理日常事务,总经理缺位时由秘书代理其职。总工程师为机务部最高负责人,车辆保养修理均归机务部管辖。车务总管为车务部最高负责人,负责营运业务、行车管理及行车人员的任免。其他部门直接受总经理及秘书领导,分管各自主管事项。董事会由股东大会选举产生的若干董事组成,董事会主席为公司最高决策人。董事会对外代表公司,签订及核准各种契约,审核年

---

① 上海市公用事业管理局:《上海公用事业(1840—1986)》,上海人民出版社 1991 年版,第365—366 页;上海市档案馆:《上海租界志》,上海社会科学院出版社 2001 年版,第 425 页。
② 李沛霖:《电车交通与城市社会:1905—1937 年的上海》,社会科学文献出版社 2019 年版,第 114 页。按:法电公司经营公共交通主要以电车为主,具体可参见《电车交通与城市社会:1905—1937 年的上海》书中的相关论述。本书只探讨法电公司的公共汽车经营,故省略该公司的其他业务。
③ 上海市档案馆:《上海租界志》,上海社会科学院出版社 2001 年版,第 427—428 页。
④ 朱邦兴、胡林阁、徐声合编:《上海产业与上海职工》,上海人民出版社 1984 年版,第274 页。

终财产决算,决定红利分配比例及任免企业经理等高级职员。董事会除重大事件外,平时不干预行政事务。总经理为企业行政领导人,由董事会聘任。公司自总经理至各部门负责人均为法籍或其他欧籍人员充任,中国人及其他亚洲国籍人员在管理部门中只能担任翻译和办事人员,不能出任领导职务。经理及各部门主管设正职及助理一二人。机构人员都能保持稳定,内部分工各司其职。①

法电公司的车务处下设票务组,负责内部票务管理工作。每日早晨由票箱员(俗称检查员)整理编制好各线路上隔夜交上来的票箱,根据次日各售票员按班"字"数,于当日下午4时后,开始发放次日需用的票箱,同时收回已用过的票箱及售票员所签的领票证。公司还规定:一切违反公司售票的行为,可以视作是揩油(贪污)的企图而要受到处罚。②该公司还有一套强化劳动纪律的制度,规定职工要背熟《职员须知》的132条事项;又规定查票、售票、司机要对公众"曲尽礼貌,和蔼待遇,俾免争吵",如遇"搭客过于强横、噪闹不休,致无法敷衍时,得能寻觅证人,交托巡捕帮同排解"。③该项章程若干内容如下:

《职员须知》

一、端整　凡在班人员,办公时应穿着公司所发之制服,其外务查票、写票及卖票人须将衣帽整刷洁净,穿戴须整齐,纽扣必须时常扭整。对于自身脸面手腕当洗揩清洁,头发须时加修饰,以壮观瞻。倘职员等懒于修饰,致令人见面生恨,公司内只得罚停其派定之班头。

二、办公时禁止吸烟及吃食。

三、遵命　各职员须听从上级员司所发之命令,偶或当时所发之令稍觉欠通应暂时遵做,容缓另再报告。

四、守章　各职员应遵守捕房及车务上预订章程。

五、礼貌　查票卖票及司机人员,对于公众须曲尽礼貌,和蔼待遇,俾免争躁。倘搭客蛮强无理,各职员又宜忍耐对待,不能彼此相争。至遇搭客过于强横、噪闹不休,致无法敷衍时,得能寻觅证人,交托巡捕帮同排解。

六、禁谈闲言　查票、买票及司机人员禁止与乘客谈说无关系之

---

① 上海市公用事业管理局:《上海公用事业(1840—1986)》,上海人民出版社1991年版,第338—339页。

② 蔡君时主编:《上海公用事业志》,上海社会科学院出版社2000年版,第369—370页。

③ 周源和:《上海交通话当年》,华东师范大学出版社1992年版,第61页。

言语。

七、毋许多言　在班时除当对答外,余概不准与司机人多言。

九、卖票做班时应备之手续　卖票人在车厂内或末战接班者,应按照备订之时刻表准到之。到厂内接班者,到时应先至派车员前报到,在末站接班者,到时应即报知末站排车员或写票员。

十、专用各物及检视车辆　即报到后,应各至号衣房领取应用物件以备开行出厂。未出厂前,应先验看玻璃窗车辆及坐位是否齐全干净,再当细察车门路牌箱车钟电灯扭机木夹钳撬路棒铁扁担等妥为放准,再留意小铁门关闭否……卖票人将车开出厂后,应付车内一切完备之责任。

十二、……车未到站时,卖票人当将路单票板交给排车员或写票员,再报告其所作之班头电车号数及司机号码。

十六、卖票时应知种种　在末站车将开动前,卖票人应向车内乘客凭价目单逐一按站划票。卖票人不得将一种车票同时卖动二刀。及原刀卖完,应将小号码先卖,再依顺号码排整卖下。如有抽心抽底颠倒卖法,公司内当作有意舞弊,须予以严重责罚……如欲卖票迅速,应对车内乘客高声呼喊。

十七、验查车票　当查票员上车验票时,卖票人应将路单递给,同时如见卖票人闲散自若,而乘客中被查见有漏买车票疏忽等情,应由查票员作报告单报告之。无论何时,对于查票员不应由高声争论事,并不得邀乘客帮同排斥之,倘与报告或有不符处,得禀白总稽查长。

二十五、车抵末站时,卖票人除照顾车内乘客完全下车后,再须迅速检视车内乘客有遗忘物件否,如有捡得,当立刻携报末站排车员转存。路遇闯祸或遭意外等事,至末站时应禀报排车员知晓,掉头开车时,应换开车后灯亮与红绿车灯。

二十六、结账　公务完毕时,卖票人应进厂结清票款,交入帐房,再详细看明次日派做何种班头。

一〇一、司机人做班时须知(上同卖票同),凡司机人派有班头者,应各备带电箱小钥匙及挟线木钳。

一〇二、凡在厂内接班者,司机人须验看车辆一周,如前后月台车机附件备全否,大灯及号灯端整否,沙箱内黄沙装满否。

一〇三、凡车辆在厂内开动前,司机人应先踏响铃声,并留意前车顶车底或车旁有无危险或阻碍,及车开动时,须缓缓行之车停时应紧塞

汽车与上海城市客运研究(1901—1949)

车缝。

一〇六、各司机人非得上级员司准许,不得擅自开车或擅让闲人随意开车。

一〇九、开动车机时,司机人当用右手扳旋小钥匙,再用左手旋动大钥匙,按速率线度由一二三及五六七渐渐旋转之……不得将车开动时,即旋扳四度及八度速率线,并不得直实回旋至圆圈点处。

一一〇、车将开动时,不得急切疾驶,或突然停歇,应驶慢车,缓缓开动或停歇之。

一二九、……分路处有撬路夫者应由撬路夫撬之,而司机人须看明该路轨是否撬对所向之的否。如中途获有闯祸等事,则概归司机人负责。

一三二、车抵末站时,司机人应注意下列诸端:紧塞车链(即紧发郎),将钥匙扳准关点处,摇掉所向路牌,察看沙箱内黄沙积满否。如察觉所驶之车有损坏等情,司机人应报知末站排车员或写票员。①

至 1937 年八一三淞沪会战爆发,法租界与华界南市为邻,大量来自南市、虹口的难民涌入法租界,交通阻塞,通往南市地区的部分线路也受阻,大世界游乐场附近被炸,公共交通全部停顿。同年 8 月 18 日,英、法商电车、公共汽车线路逐步恢复营业。但因日军当局禁止英商电车、公共汽车进入苏州河以北地区,只能调整线路,局限在苏州河南岸地区行驶,营业范围缩小近半。②但法租界电车、公共汽车主要在本界区内行驶,从而逐渐恢复营业。

二、人员管理

人员配备是指组织根据组织结构中所规定的岗位数量和质量的要求,对所需人员进行恰当而有效的选拔、聘任、考评和培训,目的是为配备合适的人员充实到组织结构中特定岗位上,以实现组织目标。即人员配备就是为组织结构的各个岗位配备称职人员。③而上海租界公共汽车业的职工主要来自农村的破产农民、城市贫民、失业者和失学青年等。

---

① 朱邦兴、胡林阁、徐声合编:《上海产业与上海职工》,上海人民出版社 1984 年版,第 281—285 页。

② 上海市公用事业管理局:《上海公用事业(1840—1986)》,上海人民出版社 1991 年版,第 365 页。

③ 刘秋华主编:《管理学》,高等教育出版社 2010 年版,第 123 页。

204

（一）英汽公司

1. 职工结构

1924年英汽公司成立初，售票用华人、司机用俄人，"目下正在训练中"，车厂全部竣工后，可容汽车50辆。[1]公司的职员分为写字间、账房间、查票、写票；工人分为司机、售票及铜匠。写字间、账房间、铜匠间人员称为内勤，查票、写票、开车、售票称为外勤。据估计：全体职工中江南人占40%，江北人占20%，山东人占15%，河北人、上海本地人各占10%，其他占5%；司机方面，山东人、江北人占多数。[2]至1930年全公司雇员近千人，[3]且职员"始终和谐合作。公司现正竭力赞助职员之公余娱乐，俾得联合各部分之情感"。[4]又因"全部汽车均拟行驶双层"，至1934年已有400余名售票，"均每日更替在双层车上服务"。[5]据统计，1937年前后公司职工总数约2 000人。外籍人员中除英籍和犹太人外，还有朝鲜人和白俄等。至1942年，公司职工总数2 643人，其中司机544人、售票员656人、铜匠530人、稽查98人、写票56人、勤杂工155人、买办间76人、其他528人。[6]

而该公司尚未通车前，安利洋行即着手训练司机。司机的文化程度要求不高，但须年富力强，大多是来自农村破产的农民。训练班的教练是葡萄牙人包贝·凡法切（译音），擅长驾驶技术，精通中国语言，但性格暴躁，视中国工人如牛马，很多工人都饱尝过其拳脚。学驾驶的工人每天清晨便要报到，干完一切杂务后方能学习。学习的基本功是每天必须先摇发动机，摇到发动熟练为止，有时教练见有的工人3次摇不出就让工人离开。当时不少破产农民和失业工人，通过借债送礼、走门路，好不容易进了训练班，但刚进门就被踢出去。侥幸能成为正式的司机，驾驶的是陈旧过时的柴油发动机的公共汽车，操作较简易，没有离合器，脚底下只有油门和刹车两块踏板，手上还有方向盘。由于轮胎是实心硬胎，摩擦系数小，雨天易打滑，以致事故迭出，发动机熄火后，要下车用手摇，劳动强度极高。[7]斯时，欧美国家司机

① 《公共汽车行车办法》，《申报》1924年7月30日第14版。
② 朱邦兴、胡林阁、徐声合编：《上海产业与上海职工》，上海人民出版社1984年版，第390页。
③ 虞：《三十年来上海车辆消长录（续）》，《申报》1932年4月13日第15版。
④ 《上海公共租界工部局年报》（中文），1934年，上海公共租界工部局档案，档号U1-1-960。
⑤ 《双层公共汽车》，《申报》1934年8月26日第14版。
⑥ 中共上海市委党史研究室、上海市总工会：《上海公共汽车工人运动史》，中共党史出版社1991年版，第18页。
⑦ 中共上海市委党史研究室、上海市总工会：《上海公共汽车工人运动史》，中共党史出版社1991年版，第12页。

已拒绝使用这种过时车辆。

司机是最受该公司关注的一群人，总共 500 余人，大多为 25—40 岁的壮年，进公司需要严格筛选，所以多数身体强健。为使他们了解机器内部的组织及测验驾驶机器的能力，还要经过一次无定期训练；训练期内，不能享受路线上开车的同等待遇，需要时才要他们开车，这种人称作"预备开车"，有时他们要做小工生活，因此厂房内可减省若干小工。训练司机不易，因此不随便停辞，人数也没有过分变动。很多司机是公司开办时进来，多为 10 多年老工人，许多人工资已加到 50 元。售票员有 450 余人、年龄 17—40 岁、20—30 岁为最多，文化水平较普通工人高，间有少数的中学生，多数进过小学和私塾，没进学校的也有。年岁较大的以前曾做过生意，当过小店老板、洋人的西崽及其他专门职业。年岁较轻的刚从学校毕业，做过工厂伙计或学徒，成分复杂。未行驶双层汽车前，考进公司便是售票员，自双层车行动，需经过无限期的开门工作，做这工作的时期称为售票练习生，须视公司需要才能升为正式售票，否则便是常开门，从早做到夜。机器间的工人总数约 300 人，内中有极少数白俄和犹太人，其他多数为上海本地人和宁波人，年龄 10 至 20 余岁间，其中一部分为外勤，在各路线的站头工作。[①]

2. 工作时间

英汽公司职工的工作时间长、劳动强度高、流动性大、人员分散，各部门的营业运行虽有差异，但大体是从清晨至深夜。各部门职工的工作时间都服从于营运需要。除高级职员是日班制外，写字间、账房间的小职员每天工作分三班制：从上午 4 时至中午 12 时为早班，12 时至晚上 19 时为中班，晚上 19 时至车辆全部进厂为夜班。查票工作每天分两班，每日平均工作时间 8—9 小时。写票员的工作时间与查票相同。司机、售票员和铜匠最辛苦，每天工作至少 9 小时以上。[②]车辆是从上午 4 时多到凌晨 1 时多为止，路上行驶 20 多小时，各部门职工的工作时间遂以此为转移，司机与卖票的工作时间不完全一样。因为早晚乘客较少，车辆便减少，早晨车辆是分批次出厂，车辆前面有很小号牌是车辆编号，为每辆车的标记，如一、三、五成单数的车辆是早出厂，成双数的车辆二、四、六号便迟一些出厂，其时间

[①] 朱邦兴、胡林阁、徐声合编：《上海产业与上海职工》，上海人民出版社 1984 年版，第 394—395 页。

[②] 中共上海市委党史研究室、上海市总工会：《上海公共汽车工人运动史》，中共党史出版社 1991 年版，第 20 页。

长短视各车辆来回一次的时间而定。进场时,便如出厂时一样有先后,工人接班、落班也照出厂顺序而来分出早晚,所以有时工人在同一条路线上工作而不能遇到。早班出厂后,做完工作一半,时间在 4:00—4:45 间,然后由做夜班的接班,再经一半工作后,仍由早班完成其一半工作,最后由夜班一直做到进厂。无论是司机、卖票,其实在车辆上规定的时间已超过 8 小时。要把接班、落班所花时间放在一起,每天的总时间在 12 小时以上。①

　　该公司的章程规定:在出厂(康脑脱路)前半小时,司机、售票须在公司报到,这半小时是工人的损失。同时各路有不同情形,离厂较近路线如十路,出厂的损失时间较少。一路、九路、五路及其他各路要损失更多,由半小时至 1 小时不等,这种损失未计算在 8 小时内。1937 年八一三淞沪会战爆发前一般情形,一路从康脑脱路出厂到静安寺,就卖票到兆丰公园,这段时间内公司不放空车,增加收入,但不算工时。只有从起点站兆丰公园出车,才算在 8 小时内。二路起点在虹口公园,但公司规定二路出厂先开到静安寺,改挂一路牌走一路路线,卖票到虹口公园(晚上也照此法回厂),这段时间也不算工时。再如六路起点站是虹口公园,终点站是军工路。每天六路出厂分两路走,一辆车子到静安寺该挂一路牌子,卖票到虹口公园;另一辆车到静安寺后挂九路牌,卖票到军工路,然后两车对开,做六路路线。这样公司既不放空车,又不算司机卖票的工时。工人损失的工时一般是半小时到 1 小时以上。因各路有不同票价,所以再给其他各路的票子,这样又需经过一番转换手续,进厂时多花时间缴账。几乎每路都有额外的收入,但工人却未得到额外薪给。淞沪会战后,虹口区沦陷,公司的公共汽车路线也随之缩短,经过白渡桥的一、九、十路只能行驶到外滩,全线在虹口的六路停驶,二路与一路"S"和红牌的九路合并,三路取消,七路从曹家渡直达徐家汇,所以各路损失的时间较少。而一路、二路、九路仍需往静安寺跑一趟,再驶往规定出发地点,这种时间损失还是存在。按照公司章程,每辆车可乘外勤服务人员 2 人,赴规定地点上工,但当时七路却连 1 人也不准,理由是七路生意激增,多增工人会减少乘客。公司虽有专备工人乘坐来往公司和静安寺间的专车,但因时间相距过长,导致工人常等待。如机器间工人之前每星期有 1 天休息,至 1939 年这 300 多人 1 天休息也没有,如果工人自觉乏力,

---

①　朱邦兴、胡林阁、徐声合编:《上海产业与上海职工》,上海人民出版社 1984 年版,第 390—391 页。

便牺牲工资请假。如果家庭收入不够开销，只得疲劳工作，很多工友早已呈现面黄肌瘦的现象。[1]

另，铜匠间的工人因车辆增多，忙于装新车、修旧车，没有喘息时间。铜匠们唯一休息场所是厕所，于是铜匠间的"主官老爷"，故意让其臭气冲天、肮脏满地，使工人无法在这停留，以致工人伸伸腰、吸口烟的地方也被剥夺。而工人每 10 天休息 1 天，这是工人通过斗争得来的，公司营业好时，不准休息只给 1 个升工（即多发 1 日工资），一旦收入减少，强迫工人停班。八一三淞沪会战后，公司为补足损失与节省开支，不顾工人生活而施行"轮班"制度，路线上需要多少工人便用多少，余下不管，后因工人极力反对、营业复苏后才被取消。[2]这种拿摩温制度的存在，使工人敢怒不敢言，只有内心埋藏着怨恨愤怒，如果其不留心表现出来，10 元月薪的白俄便来代替其位置，开除的声音会送入耳鼓。[3]

3. 工资收入

英汽公司工资制度的特点是种族歧视。高级职员的待遇丰厚，每月薪金 1 000 元以上，还配轿车、住房，水、电、煤免费供给。写字间职员的收入一般，账房间的职员总数约 30 余人，每月薪金 10—50 元，25 元左右较多，住宿由账房间供给，他们年龄较高。查票和写票总数约 100 余人。查票初多是白俄，后也有中国人。白俄查票的工资由 50 元起，每年增加 5—90 元止，特殊几个超过 100 元。中国查票的工资以前和写票一样，1938 年 9 月起增加 15 元，40—75 元，工作较辛苦。写票员都是中国人，有的是售票员升任，月薪从 35 元起每年增加 2 元，到 39 元后每年增加 3 元，以 60 元为限。从 1938 年 9 月起改订为新写票员月薪 40 元，每年增加 2—65 元为限。这对于新写票员固然提高待遇，而已做三四年的写票员吃亏，如每年能加 3 元，现只加 2 元，因此写票员曾书面要求公司改善待遇，但未得结果。司机的工资从 25 元起，每年增加 2—50 元为限，白俄司机却可加到 60 元。1936 年前，售票员的工资由 25 元起，每年增加 2—40 元为止。1936 年后进公司不再加薪仍是 25 元。行驶双层汽车后，新进的售票成为练习生，每月仅 10

---

[1] 朱邦兴、胡林阁、徐声合编：《上海产业与上海职工》，上海人民出版社 1984 年版，第 391—392 页。

[2] 中共上海市委党史研究室、上海市总工会：《上海公共汽车工人运动史》，中共党史出版社 1991 年版，第 13—14 页。

[3] 朱邦兴、胡林阁、徐声合编：《上海产业与上海职工》，上海人民出版社 1984 年版，第 389 页。

元,每年加1元,升为正式售票后工资另计。此外还有临时工,每天1元,需要时才用,不要时随时停辞。①

该公司机器间的工人没有固定工资:薪金较多的有木匠、漆匠、广告匠、铜匠等,多数是每月30余元。此外,洗车、加油、扫地、摇车等小工的工资以前是17元,1939年反减到15元。学徒以前每月10元,满师后由25元起,过去每年加2元,1939年则减至5元。②早期英汽工人均是通过公司职员和捕房介绍进来。由于售票员罢工激烈,多次被大批开除,公司曾委托中华职业指导所出面代招多批。各部职工入职时,公司逼使人填写不合理的所谓志愿书:兹愿依照定章在贵公司服务每月月薪×元,依日计算,每月薪金计×元×角×分。每月须于下月×日领薪,并无年赏及其他赏金,增薪之事听凭公司裁夺,本人健康上发生妨碍工作时,本人即自动无条件辞职。贵公司章程得随时修改而本人当绝对服从。×××签字。并且,进公司时除填写志愿书外,还需严格检验身体,无不能工作及传染性的疾病,就是进公司服务后而发生的患病,按志愿书的规定,亦须无条件自动辞职。③由此,公司又可调换一个新的身强力壮的人,且"随时修改章程"及"绝对服从"等条件,叫工人无路可走。公司负责人曾说过:"在上海要二百条狗倒是件难事,而要二百或二千个中国人,却并不怎么难。"④

至1938年,因英汽公司营业发达,职工生活因物价腾贵而抬高,工作亦因客人拥挤而加重,所以查票和写票首先联合向公司要求加薪。结果公司允许个别加薪,工资多的不加,成绩坏的不加,和工人接近的不加,故加到的寥寥无几,而白俄查票和公司接近,他们都加到了。最苦的司机、售票和铜匠却没有加。售票工会因此欲邀司机共同向公司交涉,但司机没有动静,售票单独交涉,遂无结果。不久司机和公司谈判,公司允许每天2角钱津贴,并要求司机不讲,但如请假、休息、革班头及车辆闯祸,这2角津贴皆即取消。公司过去常在工人走向统一时候,拉拢一面、打击另一面,售票员是被打击的主要目标,因为司机有技术,所以利诱多,但明知是公司策略,大家又

①　中共上海市委党史研究室、上海市总工会:《上海公共汽车工人运动史》,中共党史出版社1991年版,第20—21页。
②　朱邦兴、胡林阁、徐声合编:《上海产业与上海职工》,上海人民出版社1984年版,第395—396页。
③　中共上海市委党史研究室、上海市总工会:《上海公共汽车工人运动史》,中共党史出版社1991年版,第11—12页。
④　朱邦兴、胡林阁、徐声合编:《上海产业与上海职工》,上海人民出版社1984年版,第396页。

常各自陷入圈套。全面抗战初期，司机和售票间仍有彼此之分，以致得到权利也不能一样，严格条件下的 2 角津贴，变为资本家破坏工人团结的手段。且当时为新工人永不加薪，公司常设法把工资高的售票员在小过失中停职，以达到全部不加薪的目的，便于无理压迫工人。①

4. 赏金

英汽公司的小职员、查票、写票有相当于一年工资 5% 的年赏，老售票待遇相同，但 1936 年后进公司的新售票员则没有。年前最后两天至初三日止，5 天内因中国商人特别忙碌，正是总结账时，公司营业特别发达，每辆车挤得满满，车行时间也特别延长，且又怕中国职工为过年请假，影响营业，因此这几天是双工。此外，还有铜板（币）赏与太平（安全）赏二种。铜板赏是 3 角、4 角两种，售票员每人每天卖满 95 千便有 3 角赏金，满 110 千便有 4 角，但这只给售票，司机只得其半，如售票得 3 角，司机得 1.5 角。八一三淞沪会战前，一般情形是每天很难卖满 95 千，110 千更不容易达到。于是司机、售票相互策应设法使乘客拥挤，唯一方式是把车辆慢下，时间延长，客人自然多。可车辆到终点有规定时间，并不能任时间一直慢，司机须设法把慢下时间赶上，在赶时间的刹那，行驶速度特别提高超过规定。但车辆因此常闯祸，工人明知危险，为补贴家庭开支不得不这样做。全面抗战初期的营业超过战前，工人不必如以前冒险开"慢车"，每天大多可稳拿铜板赏，但这赏金远不能弥补物价高昂的损失。②

所谓太平赏，规定一个月内没有闯祸才能拿到。但闯祸的范围很广，自己闯祸或别人碰到你的车身或任何地方被擦伤，均在闯祸之列，都不能拿到赏金。第一个月不闯祸可拿太平赏 1 元，第二个月继续没有闯祸可拿到 2 元，如连续三个月没有闯祸，则有 6 元赏金，要是在第二、三个月闯祸，在这闯祸的一月内没有赏金，而下个月又重新算做第一个月。三个月拿完后，第四个月又从头算起，得到 6 元后，便只能得到 1 元。事实上，车辆每天在繁杂马路上行驶，道路宽阔则不成问题，而在狭小如新闸路上有很多老虎车、塌车、自行车、黄包车、独轮车等夹在里面，时常易生事故，所以太平赏尤其是 6 元不易得到。从前公司为鼓励车辆准定时刻到站，赏洋 10 元叫辰光赏，稍微差一点赏洋 6—8 元不等，大凡每一司机每月辰光赏最低限度总有三五元可得，公司特别为他们向国外订购大批顶呱呱的上等西姆表，照原价

① 朱邦兴、胡林阁、徐声合编：《上海产业与上海职工》，上海人民出版社 1984 年版，第 395—397 页。

② 朱邦兴、胡林阁、徐声合编：《上海产业与上海职工》，上海人民出版社 1984 年版，第 397—398 页。

发售,而其为求得辰光赏起见,也只好耗费工资的50%购一只。全面抗战爆发后,公司的表不卖了,辰光赏也无条件被取消,保证行车时刻准确是分内事,要吃饭就得这样做。①

5. 处罚

英汽公司的规章制度对工人较为苛刻,凡职工迟到满3次便要受处罚。职工脱班1次便革班1天、2次革班3天、3次便是一星期,脱班3次以上就被停职。凡一月有1天被革班,休息的薪金便取消。请假满2天,休假的薪金同样被取消,有病不准请假,请假2天便扣1天的升工工资。这种处罚,写票、开车、售票、铜匠等都是一律待遇。职工最害怕同时也最痛恨的是处罚。②具如该公司司机和租界所有司机一样均持1张驾驶执照,不同是英汽司机如因故被开除,其执照立即吊销,这意味今后在租界再也不能重操旧业。公司还规定售票员的票款不能低于标准线,低了要被签红字记录在案,连续3次以上即作为失职而开除。由于售票员没什么技术,公司随意开除,甚至数次发生售票员被全部开除的情况。公司特别为防止售票"贪污"票款,派大批查票上路检查。白俄查票为讨好公司当局,经常任意歪曲事实,稍微发现可疑,便把"贪污"帽子强加工人头上。③如1932年该公司在每辆公共汽车上装置像公园出入口的计数器,车门上装置"旋转记数机",圆形的旋转式门分为四格,每格只容站立1人,要求售出票的张数与每日乘客的记数相等,防止卖票员舞弊。此计数器系由英国装运来沪,每部约需300多元,价格昂贵。但自车内装置计数器并不能根除舞弊,反而增加乘客上下困难,行驶时间延长,车行趟数减少,乘客既感不便,营业遂受影响。最终公司见此路不通,将计数器拆除,堆弃在栈房内任其生锈毁坏。④

随着公司的营业日益上升,乘客越来越多,但司、售人员并未从中受益。公司为赚钱,全程行车时间规定很紧促,司机为赶时间只好放快车速,一旦误点或出事故,不是被开革就是受到严厉处罚。车厢内乘客满员,售票员因无工作台和座位苦不堪言,尽管无立足之地仍要拼命售票,生怕漏票会被诬

① 朱邦兴、胡林阁、徐声合编:《上海产业与上海职工》,上海人民出版社1984年版,第398—399页。
② 朱邦兴、胡林阁、徐声合编:《上海产业与上海职工》,上海人民出版社1984年版,第399页。
③ 中共上海市委党史研究室、上海市总工会:《上海公共汽车工人运动史》,中共党史出版社1991年版,第13页。
④ 朱邦兴、胡林阁、徐声合编:《上海产业与上海职工》,上海人民出版社1984年版,第386—387页。

"贪污"。又怕不慎得罪乘客,带来严重后果。①即当人多客满时,售票更不利。车内人越多车越快,每分钟至少平均要卖3张票。装满一车的人,有的乘客希望售票不来,这样可省下车费。如果拼命卖,仍把这些想外快的客人漏掉,查票查着便把不尽职的罪名加到头上。还有一些在人群里钻来钻去不满3尺多高的小孩,万一挤在夹缝里如被疏忽掉,未逼大人补票,查票查着又是疏忽职务。人多时遇到银元找头很费事,来不及卖,但还要拼命挤着卖。偶然碰见一些傲慢乘客,事又多了:他们不肯体谅你的工作紧张和内心焦急,有意和你留难作对。卖票员内心怨恨,不能像这般贵客们的燕语莺声,所有的是催买票的粗暴吼声。每每这般贵客,写信至公司主管机关,说售票员故意冒犯他们,又会被加上玩忽职守的罪名。②

由此,售票员因工资不够开销,有人舞弊是事实,可舞弊报告中很多是冤枉的。他们整天繁忙,手不停写着数目,如1939年一、九、十路这三路车辆增多。尤其是一、九两路,一路是双层汽车,每辆有2个售票,九路新式的大号车,因1个售票来不及,所以增加到2个,写票员每辆车要写2人的票子。十路虽是旧式小车,但由20余辆增至40余辆,平均每分钟便要写1个售票的票子。有时路上遇到阻碍,车辆暂时中断,规定时间被破坏后,票子便如长城停在面前,一面司机按着喇叭催促,一面巡路查票怒吼,使之手忙脚乱,许多错误不能避免。车辆在光滑马路上行驶,耳朵里只听得呼呼的机器响声,车窗外的洋房如在赛跑,人体在车上摇来摇去,售票在车上要做很多工作,从人丛中挤出,开关门、收钱、找钱、打票子等,有时甚至5、10元的兑换,还要当心伪票和扒手,由前挤到后,到站头便要报中英文站名,人一多,一次票子没卖好,前面站头又到,要求没错处这是做不到的。发现错,便到写字间去见一位洋大人。其说一口流利中国话,认为事情较轻便记小过1次,如认为严重,便革班头或革职。但这不是立即执行,而要经过长时间的拖延,一天两天等待下去,经过相当长久时间后,轻者革几天班头。公司不管事实的真相,全凭报告书所载的轻重。③

6. 文 化 生 活

英汽公司写字间的高级职员收入可观、生活安定,工余后,常往跑狗场、

---

① 中共上海市委党史研究室、上海市总工会:《上海公共汽车工人运动史》,中共党史出版社1991年版,第13页。

② 朱邦兴、胡林阁、徐声合编:《上海产业与上海职工》,上海人民出版社1984年版,第388—389页。

③ 朱邦兴、胡林阁、徐声合编:《上海产业与上海职工》,上海人民出版社1984年版,第393—394、399—400页。

跑马场、回力球场等处赌博,有的开旅馆,叫妓女,上舞场。账房间小职员的工资很少,不能这样消遣,工余时间多半在宿舍内睡觉或雀战,对工人很隔膜,有几位年轻的曾热心干过抗日救亡工作。司机很多是文盲,其中不少人信回教,不许有人对回教说难听的,如发现回教徒违反教规,会即刻处罚。大多数人没有特别嗜好,落班后有的回到家里睡觉,有的在工会内倒一杯浓茶,静静喝着谈着,偶尔也听到他们放大嗓子唱一曲京调或雄壮歌声。台上的报纸,他们多半看不懂,但有求知欲,喜欢问长问短,爱听人讲述国家大事、科学知识,怀着诚恳的心,需要指导和教育。休息的一天,穿着朴实长衫,挽自己孩子,马路上消磨时光。其中有些前进青年,不过为数甚少。八一三淞沪会战后,政府需要大批司机,有七八位一同投进军队中为国服务。此外,还有一些人过不同的生活,落班后,穿上阔绰长袍,戴上礼帽,混入所谓"闻人名士"中去。有的和小流氓为伍,轻视同事,常为小事双方打起,吃讲茶、拉台子,便是他们的面子。①

售票员文化水平比司机高,因成分来历复杂,故各人行为也复杂。有些人业余生活多是跑公司,赌博,跟流氓厮混,借恶势力向同事借钱。有时整天没事做,过着散漫生活。其他年纪大的,业余时间大多消磨在恢复体力的睡眠上。这些人大都彼此轻视,尤其是染有流氓习性的一派最为骄傲,动不动便打。此外一批年轻一些的,常在工会内玩台球、篮球、下棋。有的欢喜读书看报,常看有价值的电影与话剧,谈时事与研究社会问题。此前有些热心分子创办《车轮周刊》,后改为月刊,督促工会行政,灌输抗日思想,不久受到资方摧残停办。接着仍有热心分子组织"波浪读书会",以半公开姿态活跃于群众中间,作为普及文化的中心,启发工友的新思想、领导工友的抗日斗争。当时,波浪除在售票员方面活动外,影响到写票、司机和铜匠。八一三淞沪会战爆发,他们分别参加救亡工作,向工人做抗日宣传募捐等活动。嗣有些求知欲很强的工友成立书报流通团体,开始借阅旧小说、演义一类的书,后又添借新小说、著名创作及科学等书籍。各部工人都有参加阅读的。继而,售票工会为提高工友的技能,创办英文补习班。②如公司"对于一般职员之福利,仍加以特别注意,并设立娱乐室若干所及篮球场一所"等。③

---

① 朱邦兴、胡林阁、徐声合编:《上海产业与上海职工》,上海人民出版社 1984 年版,第 400—401 页。

② 朱邦兴、胡林阁、徐声合编:《上海产业与上海职工》,上海人民出版社 1984 年版,第 401—402 页。

③ 《上海公共租界工部局年报》(中文),1933 年,上海公共租界工部局档案,档号 U1-1-959。

此外，该公司工人家属多半是小家庭，因为工人的力量只能养活妻子。至于要养活父母及其他亲属的人也不少，不过这样负担更重，所以很多人的妻子除处理家务外，便得到工厂工作，挣钱帮助家用。河北、山东人的家属多半在故乡，家中有田种，生活安定些。七七事变后，很多城市沦入敌手，他们很多人不愿受日敌凌辱，便逃到上海来。而上海的生活程度高，故这些难民般的工友家庭过着非常可怜的生活，时时听得他们骂东洋赤佬，盼国军去收复其老家。这些家庭中的子女因拿不出学费，很少受教育。创办职工子弟学校，则是工会应当特别注意的。①

（二）法电公司

1. 职工结构

旧上海电、汽车职员都属铁饭碗，考取不易，须经面试，挑健壮、伶俐、会心算的人，面试时还要在手上盖上公司蓝印和各种细则，备受讥虐。②如法电公司 1926 年 6 月扩充营业，招考司机 16 名、卖票 30 名。③1927—1931年，该公司职工数分别为 567、579、684、761、789 人。④全面抗战前夕，公司职工共计 1 800 余人，职员约 300 人，车务部（含司机及卖票）800 人，机务部 600 余人。具如车务部中分为职员和工人。其中，职员的"内勤"分四个等级，即最高头目 1 人，高级职员 2 人，再次为职员，候补职员，尤以候补性质占多数。"内勤"中，票箱间 22 人，夜账间 12 人，管理间（小写字间）20人，稽查 12 人。稽查中华籍 8 人、法籍 2 人、白俄 2 人，名义上同等级，实际有分别，如华籍稽查遇到外籍稽查时需拿出簿子由外籍稽查盖印子（签字），这是不平等表现之一。即名义尽管相同，但权力有天渊之别，尤其是华籍职员待遇特别低。职员的"外勤"：查票 38 人，写票 39 人，露天 8 人（露天由司机升上，负责修理和照顾车子，地位及薪金和写票同）。工人方面，司机有轨电车 105 人，无轨电车 56 人，公共汽车 84 人；卖票有轨电车 244 人，无轨电车 72 人，公共汽车 84 人。其他如撬路 45 人，加油 10 人，跟车（学徒）10人，读章程（进公司第一步手续）20 人。工人数为每日生产中固定额数，所以实际司机与卖票不止此数，因每天有因病或事而告假或被罚而革班头者，有一部分做"野鸡班头"即准备班头，卖票常叫这种班头"打野鸡"。同时工

---

① 朱邦兴、胡林阁、徐声合编：《上海产业与上海职工》，上海人民出版社 1984 年版，第402 页。

② 周源和：《上海交通话当年》，华东师范大学出版社 1992 年版，第 60 页。

③ 《法租界无轨电车之进行讯》，《申报》1926 年 6 月 12 日第 14 版。

④ 上海市地方协会：《民国二十二年编上海市统计》，1933 年 8 月编印，"公用事业"第 10 页。

人也因公司营业发达而增加,如战前公共汽车仅 20 辆左右,1939 年增至 60
辆,而乘客仍拥挤不堪,大有应接不暇之势。[①]

2. 职工籍贯及文化

法电公司车务部的司机以 30—40 岁的中年人为最多,卖票 25—35 岁
为多,其流动较多。机务部的工人年龄 20—30 岁约 180 人,30—40 岁约
310 人,40—50 岁约 70 人,50—60 岁约 30 人。工作年数,车务部司机年数
久远的比卖票要多,机务部工人较车务部又要长久。机务部 5 年以内者约
15％,5—10 年 50％,10—15 年 30％,15 年以上 5％。从开厂做工到 1939
年,尚有 1 人名陆德源,年 70 多岁。籍贯方面:(1)车务部,苏北籍共占三分
之一;卖票中北方人约六七十人,湖北籍约二三十人,宁波籍 20 余人,无锡
20 余人,常州 10 余人,本地 100 人;司机除苏北籍外,湖南、湖北约 30 余
人,北方约 50 余人,南方人约三分之一弱。(2)机务部,江苏籍约 400 人以
上,其中本地约 80 余人,浙江籍约 100 余人,以宁波人为最多,山东约 60
人,河北 3 人,湖南 4 人。[②]这种籍贯的差异性,显然有利于资方的控制与管
理。诚如学者所言:交通运输业工人间"互不相容的情形仍然继续存在。由
于地缘祖籍各不相同,相互之间各有成见",工人的合作很难持久。[③]文化程
度:车务部的卖票都认识几个字,法文知道与否无关。司机在七八年前进公
司的不识字者至少 20％以上,后进公司大都识几个字,机务部方面识字者
大约 20％—30％。职员懂英、法文并不多,1938 年年底公司曾警告外勤职
员,务于 1939 年年底前学会几句法文或英文,否则一律降级为卖票。[④]

3. 职工待遇

法电的工资有一特点——尽勤级密。每年都可增加工资,工作日满
300 天可加薪,但所加数甚微。工资加到封顶线再要晋级,则要具备 15 年
以上工龄,且需工作成绩优异。司机、售票的工资、升工和奖惩,都以班头纸
为依据。班头纸提前一天张贴,如未能按时接班者,要注告假、休假、停班或
其他原因,司机、售票的脱班、旷工、加班、误点及车辆肇事等都由写票员在
行车时刻表上予以记录,经过车务处会计员核实,写入工作报表,月终累计

① 朱邦兴、胡林阁、徐声合编:《上海产业与上海职工》,上海人民出版社 1984 年版,第 275—277 页。
② 朱邦兴、胡林阁、徐声合编:《上海产业与上海职工》,上海人民出版社 1984 年版,第 277—278 页。
③ [美]裴宜理:《上海罢工:中国工人政治研究》,刘平译,江苏人民出版社 2001 年版,第 301 页。
④ 朱邦兴、胡林阁、徐声合编:《上海产业与上海职工》,上海人民出版社 1984 年版,第 291 页。

后核算出每一行车人员的工资。[①]具言之:(1)工资。按日计算,司机每天工资最低 5 角 5 分,外加津贴 2 角,米贴 1 角;一个月坐满 24 天可得 4 天升工,所以一人要在一月内坐满 30 天连升工可得 27.7 元。卖票最低工资与司机同,司机每天最高工资 1.65 元,连津贴、米贴、升工每月可得 55 元。卖票最高每天 1.35 元,坐满 30 天可得 49.5 元。机务部的大工(长工)共 340人,最高工资每天 2.8 元,最低 8 角,普通大多数每天 1 元到 1 元 3 角;小工共 280 人,每天最高工资 9 角 5 分,最低 4 角,普通在 5 角 5 分到 7 角间,礼拜日休息工资照给。车、机两部工人工资,规定每年增加一次。车务部每年加 3 分,机务部依照工资计算增加一成,但 1939 年公司已无形取消该规定,所以工资增加与否,听任资方欢喜,因工人无力量争取其兑现。职员的薪金按月计算,薪金相差很远,法国人如在上海进公司者每月薪金 300—600 元,来自法国其每月薪俸 500—1 200 元。内勤职员,每月大约 20—200 元,中间分成许多等级。外勤职员,中国稽查每月薪金 60—160 元,白俄 160—300 元;查票 42—72 元,写票 32—60 元。[②](2)年节赏和赏钱。规定每年1 月—12 月底领取,倘使每年不满 300 工,年节赏要照比例扣减。每天米贴1 角、津贴 2 角,各部工人一律。另外赏钱,车务部售票员每天卖票价分别超过 25、30、35、40 元,可得铜板赏分别 7 分、1 角、1 角 3 分、1 角 6 分。以上均以此数为限,但与之前按照铜板数的赏钱比较,实际已经减少。从前每天卖 10 千赏 1 角,80 千赏 1.5 角,90 千赏 2 角,100 千赏 2.5 角,以此数为止,可 1939 年最高只有 1.6 角,且卖的数额常在 200 千以上,前后相较每月要减少 3 元,更不用说现在收入比从前多几倍应增加赏钱的。(3)抚恤金和退职金。厂方没有规定抚恤金的待遇。一般因病死亡,大都作退职论,因公死亡则由公司看事件情形决定。退职金,凡工人或职员在公司服务满 5 年,告退时可领取 3 个月工资,即依照工资每月 5% 计算,以下类推,未满 5 年由公司酌量发给。(4)伤和病。如工作中受伤,由公司送医院,工资照给,不进医院则没有工资。凡患病者进公司有联系的广慈医院住院,医费由公司负责并可得工资半数。其手续,在病时有医生签字后向公司告病假,出院时亦须将医生签字单交与公司为有效。在家里养病,公司对药费及工资概不负责。至于职员因工受伤或因病住院,工资完全照给,

① 上海市公用事业管理局:《上海公用事业(1840—1986)》,上海人民出版社 1991 年版,第342—343 页。
② 朱邦兴、胡林阁、徐声合编:《上海产业与上海职工》,上海人民出版社 1984 年版,第 278—279 页。

但在家里疗养则无上项待遇。①(5)惩罚。法电的惩罚最厉害,特别八一三淞沪会战国军撤退上海后,公司对职工剥削与压迫的态度更变本加厉。惩罚办法可分罚钱、革班头、停生意三种。但处罚并没有标准,完全听任洋大人和爪牙随意所为,公司虽订有职员、卖票、司机、车务服务的章程,但该项章程也多含混模糊,对于奖赏着墨甚少,惩罚则每条都可以应用。②这些章程的每条都可作为罚钱、革班头或停生意的惩罚依据。民初至全面抗战前上海米价每石由 5—6 元增至 10 元,养儿育女已感困难。尤其电车、汽车公司工人还有因"违反公司规定"而被"停生意"一周半月,甚至开除了事。而平日因种种误工罚款,动辄 1、2 元,多至 15 元之巨。③例如法电一名售票员因帽上铜牌没有擦亮,被罚 8 块大洋;某号售票员在班头上伸一次懒腰,被认为有妨观瞻罚停工 5 天;另一售票员打一呵欠,被罚洋 5 元。119 号司机被停生意,是因别人打架,他没做见证人去报告被开除,其去问车务总管理由,便赏以脚踢和打耳光。9 号撬路无缘无故突被停歇;其他如 366、422 号售票,都是小过失便被开除。总之,该公司每月至少二三十人被开除,有时每天有三四人被开除,据说 1938 年被开除的工人约 300 人之多。革班头(训斥)、罚款的事情,每天总有三四十人之多。如开车太快、太慢、碰车子脱班或客人上下未完而开车,不打铃开车、开车时向左右张望等,处罚就是四五元或革八、十天甚至半个月的班头。而公司每天的罚款约在 200 元左右。④

4. 劳动强度及生活

工时方面,法电一般规定为 8 小时,不过各部门实际有差异,在八一三淞沪会战后更是不同。例如公司的最高职员实际每天没有 8 小时工作;车务部的司机及卖票规定时间为 8 小时,但 1939 年每天实际做 9—9.5 小时,外加接班、落班、交账、看班头等时间算在内得 11 小时以上。实际工作时间增加 1—1.5 小时,而工资仅增加 1 角。斯时,公司营业超过从前倍余,工人的工作紧张一倍多,可得到报酬被加紧压迫和剥削,从前的铜板赏更加减少。机务部方面,工作时间比车务部好些,引擎间是日夜三班制,其他各车间则为二班制,另外再派几个等班(等到第二天工人上工为止的班头)。假

---

① 朱邦兴、胡林阁、徐声合编:《上海产业与上海职工》,上海人民出版社 1984 年版,第 280—281 页。

② 朱邦兴、胡林阁、徐声合编:《上海产业与上海职工》,上海人民出版社 1984 年版,第 281 页。

③ 周源和:《上海交通话当年》,华东师范大学出版社 1992 年版,第 69 页。

④ 朱邦兴、胡林阁、徐声合编:《上海产业与上海职工》,上海人民出版社 1984 年版,第 285—286 页。

日方面,公司规定每逢中、法纪念日及星期日休息,工资照给,机务部及车务部的内勤职员均可得该项待遇。但外勤职员是每月连续休息 4 天如 1—4 号为止,工资照给。司机与卖票则没有休息日,除非罚停几天可算休息外,通常要告假休息几天,很难办到。①

生活方面,法电大多数工人家属在上海,所以负担相当重。机务部大工的工资相当高,故不肯轻举妄动。车务部方面,有轨电车的卖票或司机大都以新进工人或年数较短的为多,年数较长即升到无轨电车,后再升到公共汽车。所以无轨电车、公共汽车的工人多为年数相当久的老工人,工资也多些,这部分工人的地位较为稳固。衣食住行方面,车务工人可领大衣 1 件须穿 2 年,黄色布单衣 2 套、帽子 2 项(一为夏天,黄色;一为冬天,元色呢)。车务内勤职员第一年可领 2 套白色布衣,以后每年 1 套。冬季领哔叽衣装 1 套,第一年进去领旧的,第二年领 1 套新的,以后隔一年 1 套;冬季可领大衣一年 1 件,旧的要交还公司,帽子 1 顶。工人或职员的衣服须自己洗。机务部没有上项衣服的待遇。公司概不负责膳食,无饭堂、作饭等设备。车务工人按照个人班头的不同而各自备餐。住的问题由工人自己解决,厂方没有工房或宿舍,仅有三四间房子可容一小部分单身工人居住,和一部与工作有关系的职员住宿。法电的车务职工乘坐英电、华电的电车无需买票,即使穿便服只要佩戴帽上的铜牌为证,亦可通行无阻。机务部工人乘坐本公司的电车备带公司发给的派司,英电、华电则能通行。但法电工人不允许乘坐本公司的公共汽车,"这大约是一种阶级限制"。且法电对工人的严苛乃是上海企业中独一无二。工人的各种活动被严格取缔,在厂内经常驻守侦探和巡捕,豢养走狗密布侦探网,机务部工人比较团结有组织,所以恶势力难于一味孤行,而车务部是任其为所欲为。由于这种原因,职工待遇也受相当影响。②

第二节　线网布局和执行票制

一、公共租界

1923 年 1 月 5 日,公共租界工部局公报刊登了当局规划的 10 条公共

---

① 朱邦兴、胡林阁、徐声合编:《上海产业与上海职工》,上海人民出版社 1984 年版,第 287 页。
② 朱邦兴、胡林阁、徐声合编:《上海产业与上海职工》,上海人民出版社 1984 年版,第 278、288—289 页。

汽车路线,主要行驶于福煦路(今延安中路)、爱多亚路、河南路、福州路、狄思威路(今溧阳路)等地区:第一路(只有头等座位)由南京路外滩起,经南京路静安寺路至圣乔治饭店转回。第二路(只有头等)自爱多亚路四川路,经北四川路再由北四川路底至狄思威路转回。第三路(只有头等)自北四川路底及狄思威路交叉处,沿江湾路进行,约过虹口公园 0.25 英里为止转回。第四路(头、二等座位)自爱多亚路外滩起,沿黄浦滩进行经过百老汇路东百老汇路至茂海路转回时,经过东熙华德路熙华德路黄浦滩至爱多亚路。第五路(头、二等)自爱多亚路河南路,经北河南路界路北山西路爱而近路至北河南路转回时,经过北河南路河南路至爱多亚路(河南路须俟跨苏州河的木桥告竣后方可通行)。第六路(头、二等)自杨树浦路瑞镕船厂起,过东百老汇路兆丰路东有恒路通州路东鸭绿路、欧嘉路及狄思威路,至北四川路底与三路衔接再转回。第七路(头、二等)自福州外滩,经西藏路北京路至黄浦滩转回。第八路(头、二等)自北京路外滩,至卡德路静安寺路转回。第九路(头、二等)自爱多亚路外滩,经过孟德兰路及福煦路至海格路转回(此路须经法工部局允许)。第十路(头、二等)自卡德路新闸路麦根路交叉处,或自卡德路白克路静安寺路交叉处,经过麦根路康脑脱路至极斯非路转回。[1]但这 10 条路线在该年并未付诸实施。

嗣后,英汽公司成立,并初定于 1924 年 8 月底前行车,先以汽车 6 辆行驶上述第九路自黄浦滩至海格路,再逐渐进行他路,以期至 11 月中旬 40 辆汽车可以悉数上街,且"头二等各为一车,不复同设。各站车资尚未议定,闻自黄浦滩至海格路止将取资二角,至最少车资闻系五分。此外另备小本车票,每本若干张减价出售。票资收小洋遇有零找,特备一种金属代用品,并在公司中另设兑换处,以便兑换现金",行车办法与电车略有不同,车身宽敞、多设座位,"绝对不容搭客站立车中,倘车辆不敷,坐立即开"。[2]至 1924 年 10 月 9 日,该公司与工部局、法电公司达成协议,正式开行第一条线路——九路甲(A):由黄浦滩爱多亚路起至静安寺为终点,中经四川路、江西路、河南路、福建路、浙江路、云南路、西藏路、马霍路、成都路、同孚路、慕迩鸣路、西摩路、哈同路、赫德路等,计分 5 站。第一站至第四站每站收资 5 分,第一站乘至第五站亦照 4 站共收小洋 2 角(20 分),车资通用小洋、不收铜元。坐一站亦付小洋 2 角,由售票除去应付 5 分外,找回该公司金属代币

①　《本埠公共汽车之发创》,《申报》1923 年 6 月 16 日第 22 版。
②　《公共汽车行车办法》,《申报》1924 年 7 月 30 日第 14 版。

3枚,将来乘车以此币付给,如积满4枚可向公司调换小洋2角。①即九路甲线配车6辆通行:往来黄浦滩及静安寺,经过爱多亚路福煦路(长浜路),自黄浦滩至福建路(石路)为第一站,自福建路至马霍路为第二站,自马霍路至同孚路为第三站,自同孚路至哈同路为第四站,自哈同路至静安寺为第五站,每站收小洋5分,自起点至终点收小洋2角,"是为公共租界大规模公共汽车运输之始"。②同年11月10日,该路线延伸至外白渡桥、杨树浦上海电力公司电厂,公共汽车增至28辆,全程票价不变。12月,公司再开辟曹家渡到临青路的十路车。③

　　截至1924年年底,英汽公司有公共汽车32辆,行驶两条线路。初期车资较贵,全程5站计银2角。车上准载29人,以坐满为限,不准站人。上车后要求坐好,并规定前门上车、后门落车,以防事故。④如九路公共汽车自黄浦滩达静安寺路止,"车位宽畅,定价低廉,办法完美,设备周到,中西人士皆爱乘之,以是营业颇为发达"。嗣后,十路公共汽车自外白渡桥起,经南京路、河南路、浙江路、西藏路、马霍路、南成都路、同孚路、卡德路、麦根路、戈登路、胶州路至曹家渡为止。每站收小洋5分,不收铜元。如需找价,由公司备有5分金属代币以作兑换用,"代币镍制,绚烂可爱,大如小银圆,中镌阿拉伯数字'五',数字外皆镂空,外圈以三四分阔之边,镌有英字一行,颇为美观"。⑤公司最初发售车票颇费周折,售票员收到票款后,须将硬车票嵌入打洞机内,按照车价格子打洞,因英汽没有路单也无结账手续,售票员下班后,用铅丝硬印封闭的打洞机交给英籍检票员,待其撕开硬印,点清机器里面有多少经打洞后留在机内的小圆卡(卡上有不同票价),然后按卡结算票款。此措施实行时间不长,后改用路单记账。⑥

　　再至1925年1月,该公司开辟爱多亚路河南路口至北火车站的五路车;8月,开通虹口公园至格兰路的六路车。如其"今则第五路又开驶矣,而北四川路杨树浦等处不久亦可通车"。即第五路通车往来外洋泾桥及北火车站间,经过北河南路、抛球场、五马路、爱多亚路等处,全路仅定车资小洋1角,而小站较多,故又发行二三分的金属代币,"此项代币大小略同一角之

①　《英商公共汽车昨日开始通行》,《申报》1924年10月10日第10版。
②　《黄浦滩静安寺间之公共汽车》,《申报》1924年11月29日第19版。
③　上海市档案馆:《上海租界志》,上海社会科学院出版社2001年版,第423页。
④　周源和:《上海交通话当年》,华东师范大学出版社1992年版,第81页。
⑤　阿絜:《十路公共汽车之开驶》,《申报》1924年12月6日第19版。
⑥　蔡君时主编:《上海公用事业志》,上海社会科学院出版社2000年版,第370页。

小银币,而二分者金色、三分者银色,其所表数值又为阴文,不如五分之金属代币之为阳文也,然皆灿烂悦目","物形如双毫银币而略小,美丽璀璨,殊堪玩赏"。①1926 年 3 月,公司开辟爱多亚路四川路至虹口公园的二路车。②同年 2 月 1 日起,该公司发售月季票,定价每张 10 元,期内各路车辆均可乘坐;发售月季票后,原有减价出售 5、2.5、2 分代币,每元兑 140 分的办法即行取消。③因而,公共租界自有轨电车行驶后,继起为"无轨电车及至上年乃有公共汽车行驶于马路,来往电车所无之处,交通异常便利。迩来之公共汽车与无轨电车,日见增加添长路线,如虹口狄思威路乍浦路等向无电车者,今则已有公共汽车及无轨电车之往来"。④

并且,英汽公司"开办初所收车资,本以银币为单位,行之约及两年。而结果公司颇有亏损,因乘客之数不多,其收入殊不足以敷开支,乃不得不变更方针,减低车资,将银本位改为铜本位"。⑤如 1926 年 4 月,该公司公共汽车通行四路(六路车停驶):(1)第二路,由二洋泾桥起至公园靶子场止,经过地点及停留小站为南京路四川路口、苏州路四川路口,过桥走北四川路、文监师路、海宁路折东乍浦路口,朝北沈家湾吴淞路折东嘉兴路桥,过桥走狄思威路欧嘉路口、狄思威路、东洋花园、北四川路、狄思威路口直抵公园靶子场止,购票车资以铜币计算,自 4 枚起至 5、6、7、8、9、10、12 枚止。(2)第五路,由三茅阁桥起至浪宁车站止,经过地点及停留小站为沿河南路,向北开驶为福州路、南京路、北京路、天妃宫桥、文监师路直抵沪宁车站,车资自铜币 4 枚起至 5、6、7 枚止。(3)第九路,由外白渡桥起至静安寺止,经过地点及中间停留者为黄浦、滩外洋泾桥,转西走爱多亚路、河南路(三茅阁桥)、浙江路、西藏路(大世界)、马霍路、成都路、西摩路、哈同路、赫德路、福煦路至静安寺,车资以银元计算,自 5 分起至 7.5 分、1 角、1 角 2 分 5、1 角 5 分、1 角 7 分 5、2 角、2 角 5 分止。(4)第十路,由杨树浦怡和纱厂起至曹家渡止,经过地点及分站为杨树浦路、提篮桥、百老汇路、兆丰路、外虹桥、礼查饭店、白渡桥、黄浦滩汇中旅馆,转西起南京路河南路(抛球场)、浙江路(日升楼)、西藏路(新世界)、静安寺路、马霍路、卡德路、麦根路、康脑脱路、戈登路、胶州路达曹家渡,车资自银元 5 分起至 7.5 分、1 角、1 角 2 分 5、1

① 阿絜:《上海公共汽车发行新金属代币》,《申报》1925 年 1 月 17 日第 19 版。
② 上海市档案馆:《上海租界志》,上海社会科学院出版社 2001 年版,第 423 页。
③ 《公共汽车发售月季票》,《申报》1926 年 1 月 20 日第 14 版。
④ KK:《公共汽车与无轨电车》,《申报》1926 年 4 月 17 日第 23 版。
⑤ 徐美烈:《上海公共汽车拥挤问题》,《申报》1930 年 2 月 19 日第 30 版。

角5分、1角7分5、2角、2角5分、3角止。"乘客欲至某地须自上车站起算,车资需费几何,则车中贴有公司中所刊之表格,照表购票。"①

继因"日来营业发达,对于扩充路线亦尽力发展",英汽公司商得工部局同意,1927年1月18日起恢复通行虹口提篮桥与华德路兰路之间的六路车,全路车资仅10分,以利交通。②斯时,该公司先后开辟二路、五路、六路、九路、十路等5条线路(东西向3条、南北向2条)。③至1928年12月7日,公司再添驶一条新路线(第一路),往来静安寺路与虹口公园之间(如图4-1)。④1929年2月,公司正式获得公共租界内经营公共汽车的垄断权(见前述《英商中国公共汽车公司与工部局所订合约》),业务发展更为迅速。当年底,汽车已增至98辆,辟有9条普通线路,2条"特别快车"路线:一条从曹家渡至外白渡桥,一条从兆丰公园至爱多亚路外滩。⑤该两条特别路线是在民众日常上下班时间从起点直驶至终点,不停靠中途所经各站,因其迅捷、直达,受到乘客青睐和欢迎。

图4-1 英汽公司的一路车从兆丰公园到虹口公园

图片来源:李范周:《上海汽车博物馆3》,2011年10月14日,载http://blog.sina.com.cn/s/blog_3f6e57e10100tue8.html。

---

① KK:《公共汽车与无轨电车》,《申报》1926年4月17日第23版。
② 《公共汽车公司扩充路线》,《申报》1927年1月19日第15版。
③ 上海市公用事业管理局:《上海公用事业(1840—1986)》,上海人民出版社1991年版,第351页。
④ 《公共汽车公司昨开第一路车》,《申报》1928年12月8日第15版。
⑤ 上海市交通运输局公路交通史编写委员会:《上海公路运输史》(第一册),上海社会科学院出版社1988年版,第101页。

至 1931 年八九月间，英汽公司再添设两条路线：第一路甲，自西摩路至外白渡桥，复回原处；第一路乙，自海宁路经江西路至黄浦滩，复由黄浦滩经乍浦路回至原处。同年，公司"为使能速成起见，乃于某某数路施行统票车价。此项车价，因此比他种趁载旅客车辆为廉。故人民之较为贫苦者，趋之如鹜，于是车中拥挤异常。卒至购有季票之乘客，以及日常乘此项汽车至其执业之处者，常觉车中无处容身，或受种种之不便利及不舒适。工部局经将此事处理，并与公共汽车公司订立一种谅解，而使此项汽车之服务改良"。①其间，英商沙逊洋行兼并安利洋行，获得英汽公司的控股权，工部局批准该公司各条路线采用单一票价，乘客大增。至 1931 年年底，该公司已有 10 条普通线路：一路，行驶于静安寺经南京路、外滩、北苏州路、北四川路到虹口公园，全长 8.7 公里，配车 20 辆。二路，从爱多亚路经四川路、海防路至虹口公园，全长 4.6 公里，配车 10 辆。三路，从白利南广场经极司菲尔路、愚园路、白利南路至北新泾，全长 8.7 公里，配车 2 辆。四路，从徐家汇经海格路、虹桥路至牌坊路，全长 9.7 公里，配车 2 辆。五路，从爱多亚路经河南路至北站，全长 2.1 公里，配车 8 辆。六路，从虹口公园经北四川路、欧嘉路、熙华德路至兰路，全长 6.4 公里，配车 4 辆。七路，从白利南路经愚园、海格路至南阳路，全长 7.5 公里，配车 4 辆。八路，从乔治街经福煦路、外滩至茂海路，全长 8.4 公里，配车 5 辆。九路，从乔治街经福煦路、外滩杨树浦路到桂阳路，长 13.6 公里，配车 26 辆。十路，从白利南广场经康脑脱路、北京路、华德路至临青中路，长 2.7 公里，配车 26 辆。两条快车线均为一路线，配车 26 辆。②但是年 10 月起，因乘客冒用月票日益增多，公司停止发售；另行发售新的学生票，每周 1 银元，周日不能使用。③

再至 1932 年，该公司将各路线详加考量并得工部局允可，"将其服务推广至新路线，并将原有路线酌量变更，俾与公众之需要相适应"。④是年 9 月 26 日起，其实行新车价并通告改售价目："因近来铜元市价日跌，公司不得不将车资略为增加，故对各界乘客，实抱无任歉意"，改售价目为：一路：静安寺至沙逊房子售铜元 18 枚，沙逊房子至靶子场 18 枚，新世界至靶子场 18 枚；十路：曹家渡至北京路外滩售 18 枚，北京路外滩至引翔港 18 枚，北泥城桥至引翔港 18 枚。九路：静安寺至沙逊房子售 19 枚，沙逊房子至电灯厂

①　《上海公共租界工部局年报》(中文)，1931 年，上海公共租界工部局档案，档号 U1-1-957。
②　上海市档案馆：《上海租界志》，上海社会科学院出版社 2001 年版，第 423—424 页。
③　蔡君时主编：《上海公用事业志》，上海社会科学院出版社 2000 年版，第 367 页。
④　《上海公共租界工部局年报》(中文)，1932 年，上海公共租界工部局档案，档号 U1-1-958。

19 枚,大世界至电灯厂 19 枚。①1933 年 3 月,公司增开由大西路凯旋路(今延安西路)至虹口公园的一路 A 公共汽车线路。②同年,公司施行通价车资的制度即每一条路线仅定一种车资而不问乘客所乘站数。嗣 5 月至 8 月底间,决定将各主要路线车资恢复分等办法,"依照乘客所乘站数,以定车资多少。此种变更办法施行后,短距离乘客之被吸引者为数甚众。而使公司得展延路线,增加车辆,并将所有可用之车辆,在一日之某时间内,全数开出行驶"。③即车资屡经变更,"因改车资为一价制,制度虽称简单,然对乘客究不无困难之处",自 1933 年秋起,除第五路仍沿用一价制外,其余各线又改用分站制,恢复最初办法,车资较此前为低。④

另,英汽公司的双层公共汽车"将来行驶后,其路线暂时行驶第一路",由兆丰分园起至公园靶子场止,经过忆定盘路、静安寺路、西摩路、同孚路、马霍路、新世界、抛球场、南京路外滩、天潼路、靶子场、日本学校、施高塔路等,其售价下层照旧、上层较高,但最多增加不过铜元 4 枚。第一站为铜元 8 枚、二站 12 枚、三站 16 枚、四站 20 枚、五站 22 枚,后每站增 2 至 40 枚止,上下层的票面格式相同,但上层票面增加 USA 字样。上下层的售票员规定 2 人,5 岁以下儿童搭车可免车资。⑤遂经工部局核准,自 1934 年 4 月 1 日该公司行驶梵王渡公园(兆丰公园)起至虹口公园止的第一路双层公共汽车,该路车票为每站 5 分,全线 20 分,"为预防上层之拥挤及站立起见,将上层车资略为提高",上层票价略高于底层。且该日起"各路之车资均经增加。其原因为铜元兑价日跌,但新定之车资,尚远比核准之最高价目为低"。⑥双层公共汽车行驶后,"旅客莫不称便,且甚稳妥",该线有 7 辆车专驶,自兆丰公园至公园靶子场。⑦再经工部局核准,该公司自 1934 年 6 月起加价(铜元):第一路双层公共汽车,原定第一站 8 枚、终点 42 枚,6 月起改为第一站 12 枚、第二站加 7 枚、第三站加 5 枚,以后每站加 2 枚,第一站至终点共计 48 枚。第一路单层公共汽车,前由 8 枚起至 36 枚止,6 月起改为第一站 9 枚、第二站加 4 枚、第三站加 5 枚,以后每站加 2 枚,第一站至终点共计 42

① 《英商公共汽车新车价》,《申报》1932 年 9 月 23 日第 15 版。
② 上海市交通运输局公路交通史编写委员会:《上海公路运输史》(第一册),上海社会科学院出版社 1988 年版,第 101 页。
③ 《上海公共租界工部局年报》(中文),1933 年,上海公共租界工部局档案,档号 U1-1-959。
④ 柳培潜:《大上海指南》,中华书局 1936 年版,第 27 页。
⑤ 《双层公共汽车定二十日开始》,《申报》1934 年 3 月 14 日第 12 版。
⑥ 《上海公共租界工部局年报》(中文),1934 年,上海公共租界工部局档案,档号 U1-1-960。
⑦ 《双层公共汽车已完成七辆》,《申报》1934 年 12 月 15 日第 14 版。

枚。第八路公共汽车,前自 8 枚起至 30 枚止,6 月起改为第一站 9 枚、第二
站加 4 枚、第三站加 5 枚,以后每站递加 2 枚,第一站至终点共计 34 枚。第
九路公共汽车,前自 8 枚起至 36 枚止,6 月起改为第一站 9 枚、第二站加 4
枚、第三四两站各加 5 枚、第五站加 4 枚、第六站加 3 枚,以后每站递加 2
枚,第一站至终点共计 44 枚。①

至 1934 年 11 月 20 日,十一路公共汽车因"本在北区行驶,惜以乘客过
少",英汽公司停开此路,但增辟 2 条路线:12 月 11 日新设路线第十二路,由
哈同路(今铜仁路)至北京路外滩市轮渡码头,其初自外白渡桥起,经过北京
路、爱文义路静安寺路,后将其西首末站展至乔其饭店。一路 A 线本自哥伦
比亚路与大西路交叉处至乔其饭店,后沿一路线至虹口公园;12 月再增开一
路 A 的补充线一路 AS,由哥伦比亚路(今番禺路)至静安寺,往返于哥伦比亚
路和乔奇饭店。同年,该公司"因铜元跌价,增多车辆往返次数,所添开支以
及汽油与提山尔燃料之涨价,不得不将车资略为增加",平均约增 13%,通
计每一乘客所付车资约 19 枚。但就"所供给之服务而论,所收车资诚极为
公道。装置提山尔发动机之车辆,仍见行驶满意。虽近来又发生冒烟情事,
但预料不久当可消除,惟有装用此机,方能使车资如目前之低廉"。②是年,
公司又重新恢复发售月票。③简言之,1924—1934 年间,英汽公司的公共汽
车从 6 辆、28 辆增加到 164 辆,并拥有双层公共汽车 34 辆。至 1934 年,该
公司的车辆行驶达 5 147 431 英里,载客 37 328 561 人次;拥有公共租界内
12 条路线(见表 4-1)及由外泾桥分别到兆丰公园、梵航渡路、康脑脱路、曹
家渡等 5 条专线车,每专线上均有 2 辆公共汽车直接行驶、中途不停。④

表 4-1　上海公共租界公共汽车路线(1934 年)

路线号数	起　　点	终　　点	路长(公里)	开驶日期
一	兆丰公园	虹口公园	11.0	1928.2.17
二	爱多亚路(四川路口)	虹口公园	4.7	1926.3.12
三	静安寺	北新泾	7.7	—
四	交通大学	虹桥机场	9.5	1928.7.18

---

① 《公共汽车加价下月起实行》,《申报》1934 年 5 月 25 日第 12 版。
② 《上海公共租界工部局年报》(中文),1934 年,上海公共租界工部局档案,档号 U1-1-960。
③ 蔡君时主编:《上海公用事业志》,上海社会科学院出版社 2000 年版,第 367 页。
④ 上海市交通运输局公路交通史编写委员会:《上海公路运输史》(第一册),上海社会科学院
出版社 1988 年版,第 101 页。

续表

路线号数	起　　点	终　　点	路长(公里)	开驶日期
五	爱多亚路(河南路口)	靶子场(北河南路)	2.3	1925.1.1
六	虹口公园	临青路	4.2	1927.1.17
七	静安寺	交通大学	3.6	1928.4.4
八	静安寺	桂阳路	—	—
九	静安寺	桂阳路	13.4	1924.10.9
十	曹家渡	临青路	12.3	1924.12.1
十一	北车站	提篮桥	3.1	1933.8
十二	极司菲尔路(万航渡路)	外白渡桥	—	1934.12.11

资料来源:周源和:《上海交通话当年》,华东师范大学出版社1992年版,第83页。

继而"为便利交通",1935年7月英汽公司开驶十九路公共汽车,路程为一路与九路原有的路线合并行驶,即从愚园路经过静安寺路、外白渡桥折入百老汇路而赴杨树浦电灯厂。[①]同年9月2日,公司再将七路、十二路公共汽车合并,命名为十二路,"使在交通大学与上海市政府轮渡之间,直接来往",所经路线为海格路、乔其饭店、爱文义路及北京路。另,该公司曾于1934年10月向工部局建议将车资价目修订,"本局以该公司此举系将价目调整,俾得较为公允",于1935年予以同意,新订价目表自1936年1月1日起实行(见表4-2至表4-12)。[②]至1936年,为便利西区郊外乘客,英汽公司创办一种流线型特别快车,路线一为由虹桥高尔夫俱乐部至外滩,二为由兆丰公园至外滩,每日行车4次。是年9月,新辟南北向线路十五路,自福煦路与同孚路(今石门一路)交叉口至麦根路桥(舢板厂桥)。此外与华商公共汽车公司商妥,将九路线东端延长至军工路,西端延长至兆丰公园,延长一路A线至凯旋路及大西路一带,一路AS线延长至哥伦比亚路及安和寺路转角。[③]再至1937年,"公共租界公共汽车自我国施行新币制政策后,所售票价即一律改铜元为新辅币,实行以来,各界称便",[④]其"能将车资减少,而使上海居民之力能乘坐者,远比以前为多"。[⑤]

---

① 《英商公共汽车公司开驶一九路公共汽车》,《申报》1935年7月18日第11版。

② 《上海公共租界工部局年报》(中文),1935年,上海公共租界工部局档案,档号U1-1-961。

③ 上海市档案馆:《上海租界志》,上海社会科学院出版社2001年版,第424页。

④ 《两租界电车将重定车价改铜元为新辅币六月一日起实行》,《申报》1937年5月27日,第11版。

⑤ 《上海公共租界工部局年报》(中文),1933年,上海公共租界工部局档案,档号U1-1-959。

表 4-2　英商公共汽车公司第一路分站价目表（1936 年）

	兆丰花园	忆定盘路	静安寺	西摩路	同孚路	马霍路	浙江路	大马路外滩	乍浦路桥	蓬路	虬江路	东洋学堂
忆定盘路	3											
静安寺	5	3										
西摩路	6	5	3									
同孚路	8	6	5	3								
马霍路	10	8	6	5	3							
浙江路	12	10	8	6	5	3						
大马路外滩	14	12	10	8	6	5	3					
乍浦路桥	15	14	12	10	8	6	5	3				
蓬路	16	15	14	12	10	8	6	5	3			
虬江路	17	16	15	14	12	10	8	6	5	3		
东洋学堂	18	17	16	15	14	12	10	8	6	5	3	
公园靶子场	19	18	17	16	15	14	12	10	8	6	5	3

备注：全路共分 13 站，经过愚园路静安寺路南京路外滩北苏州路及北四川路；车资以（大洋）分计算，每分合铜元 3 枚。上下层价目相同

资料来源：柳培潜：《大上海指南》，中华书局 1936 年版，第 27 页。

表 4-3　英商公共汽车公司第一路 A 分站价目表（1936 年）

起＼讫	哥伦比亚路大西路	忆定盘路	静安寺	西摩路	同孚路	马霍路	浙江路	大马路外滩	乍浦路桥	蓬路	虬江路	东洋学堂	公园靶子场
大西路凯旋路	3	5	6	8	10	12	14	15	16	17	18	19	20
哥伦比亚路大西路		3	5	6	8	10	12	14	15	16	17	18	19
忆定盘路			3	5	6	8	10	12	14	15	16	17	18
静安寺				3	5	6	8	10	12	14	15	16	17
西摩路					3	5	6	8	10	12	14	15	16
同孚路						3	5	6	8	10	12	14	15
马霍路							3	5	6	8	10	12	14
浙江路								3	5	6	8	10	12
大马路外滩									3	5	6	8	10
乍浦路桥										3	5	6	8
蓬路											3	5	6
虬江路												3	5
东洋学堂													3

备　注　全路共分 14 站，经过大西路静安寺路南京路外滩白渡桥北苏州路及北四川路。

资料来源：柳塔潜：《大上海指南》，中华书局 1936 年版，第 28 页。

表 4-4　英商公共汽车公司第二路分站价目表（1936 年）

二洋泾桥	北京路	蓬路	靶子路	欧嘉路	长春路	公园靶子场
3						
4	3					
5	4	3				
7	5	4	3			
9	7	5	4	3		
10	9	7	5	4	3	
备注	全路共分 7 站，经过四川路、宁路海宁路狄思威路					

资料来源：柳培潜：《大上海指南》，中华书局 1936 年版，第 27 页。

表 4-5 英商公共汽车公司第三路分站价目表（1936 年）

	静安寺	康家桥	忻康里	忆定盘路	兆丰花园	玻璃厂	周家桥	孙家渡	薛家沙
康家桥	9								
忻康里	13	9							
忆定盘路	16	13	9						
兆丰花园	18	16	13	9					
玻璃厂	20	18	16	13	9				
周家桥	22	20	18	16	13	9			
孙家渡	24	22	20	18	16	13	9		
薛家沙	28	24	22	20	18	16	13	9	
北新泾	30	28	24	22	20	18	16	13	9

备 注 全路共分 10 站；经过极司斐而路白利南路

资料来源：柳培潜《大上海指南》，中华书局 1936 年版，第 28 页。

表 4-6　英商公共汽车公司第四路分站价目表（1936 年）

	南洋大学	同文书院	虹桥铁路	姚家庵	薛家宅	祝家庵	虹桥花园	南龚家宅
同文书院	9							
虹桥铁路	13	9						
姚家庵	16	13	9					
薛家宅	18	16	13	9				
祝家庵	20	18	16	13	9			
虹桥花园	22	20	18	16	13	9		
南龚家宅	24	22	20	18	16	13	9	
程家桥	28	24	22	20	18	16	13	9
备注	全路共分 9 站，经过海格路及虹桥路							

资料来源：柳培潜：《大上海指南》，中华书局 1936 年版，第 29 页。

表 4-7 英商公共汽车公司第五路分站价目表(1936 年)

站	分		
上行车	下行车		
0	1		三茅阁桥
4	2		抛球场
3	3		天妃宫桥
2	4		蓬路
1	0		北火车站
备 注	经过河南路及北河南路,无论何处车资一律铜元 12 枚		

资料来源:柳培潜《大上海指南》,中华书局 1936 年版,第 29 页。

表 4-8　英商公共汽车公司第六路分站价目表（1936 年）

	公园靶子路	长春路	欧嘉路	周家嘴路	东熙华德路及兆丰路口	华德路及茂海路口	麦克利克路	汾州路	兰路	临青路
长春路	9									
欧嘉路	13	9								
周家嘴路	18	13	9							
东熙华德路及兆丰路口	20	18	13	9						
华德路及茂海路口	22	20	18	13	9					
麦克利克路	24	22	20	18	13	9				
汾州路	26	24	22	20	18	13	9			
兰路	30	26	24	22	20	18	13	9		
临青路	32	30	26	24	22	20	18	13	9	
格兰路	34	32	30	26	24	22	20	18	13	9
备注	全路共分 11 站，经过北四川路狄思威路欧嘉路周家嘴路通州路有恒路兆丰路东熙华德路茂海路杨树浦路平凉路									

资料来源：柳培潜：《大上海指南》，中华书局 1936 年版，第 29 页。

表4-9　英商公共汽车公司第八路分站价目表（1936年）

	兆丰花园	忆定盘路	静安寺	西摩路	同孚路	马霍路	浙江路	大马路外滩	爱多亚路外滩
兆丰花园		3	3	3	3	3	3	3	3
忆定盘路		5	5	5	5	5	5	5	
静安寺		6	6	6	6	6	6		
西摩路		8	8	8	8	8			
同孚路		10	10	10	10				
马霍路		12	12	12					
浙江路		14	14						
大马路外滩		15							

备注　全路共分9站，经过愚园路静安寺路及南京路

资料来源：柳培潜《大上海指南》，中华书局1936年版，第30页。

234

表 4-10　英商公共汽车公司第九路分站价目表（1936 年）

起讫站	忆定盘路	静安寺	同孚路	成都路	马霍路	大世界	三茅阁桥	爱多亚路外滩	大马路外滩	庄源大弄	提篮桥	韬朋路	杨树浦桥	广信路	电灯厂	亚细亚码头
兆丰花园	3	5	6	8	10	12	13	14	15	16	17	18	19	20	21	22
忆定盘路		3	5	6	8	10	12	13	14	15	16	17	18	19	20	21
静安寺			3	4	6	8	9	10	11	12	13	14	15	16	17	20
同孚路				3	4	6	8	9	10	11	12	13	14	15	16	17
成都路					3	4	6	8	9	10	11	12	13	14	15	16
马霍路						3	4	6	8	9	10	11	12	13	14	15
大世界							3	4	6	8	9	10	11	12	13	14
三茅阁桥								3	4	6	7	8	9	10	12	13
爱多亚路外滩									3	4	5	7	8	9	10	12
大马路外滩										3	4	5	7	8	9	10
庄源大弄											3	4	5	7	8	9
提篮桥												3	4	5	7	8
韬朋路													3	4	5	7
杨树浦桥														3	4	5
广信路															3	4
电灯厂																3

备注　全路共分 17 站，经过愚园路福煦路胸熙路爱多亚路外滩百老汇路及杨树浦路

资料来源：柳培潜：《大上海指南》，中华书局 1936 年版，第 30 页。

表4-11 英商公共汽车公司第十路分站价目表(1936年)

	曹家渡	金司徒庙	小沙渡路	麦特赫司脱路	北成都路	北泥城桥	盆汤弄	北京路外滩	庄源大莱	公平路	大连湾路	威妥玛路	眉洲路
金司徒庙	9												
小沙渡路	13	9											
麦特赫司脱路	16	13	9										
北成都路	18	16	13	9									
北泥城桥	20	18	16	13	9								
盆汤弄	22	20	18	16	13	9							
北京路外滩	24	22	20	18	16	13	9						
庄源大莱	28	24	22	20	18	16	13	9					
公平路	30	28	24	22	20	18	16	13	9				
大连湾路	32	30	28	24	22	20	18	16	13	9			
威妥玛路	34	32	30	28	24	22	20	18	16	13	9		
眉洲路	36	34	32	30	28	24	22	20	18	16	13	9	
引翔港临青路	38	36	34	32	30	28	24	22	20	18	16	13	9

备注：全路共分14站，经过康脑脱路、新闸路、北京路外滩、照华德路及华德路。

资料来源：柳培潜：《大上海指南》，中华书局1936年版，第31页。

表 4-12 英商公共汽车公司第十二路分站价目表(1936 年)

南洋大学								
10	陈家宅							
15	10	地丰路						
18	15	10	静安寺					
24	18	15	10	哈同路				
30	24	18	15	10	卡德路			
36	30	24	18	15	10	梅白克路		
42	36	30	24	18	15	10	偷鸡桥	
44	42	36	30	24	18	15	10	北京路市轮渡

备 注 全路共分 9 站,经过海格路爱文义路北京路

资料来源:柳培潜:《大上海指南》,中华书局 1936 年版,第 31 页。

概言之,自 1908—1936 年英汽公司已在公共租界开辟 17 条公共汽车线路包括两条"特别快车"路线,有单层和双层公共汽车 154 辆,几乎可与电车并驾齐驱。[①]1937 年八一三淞沪会战后,日军侵占苏州河北岸地区,英汽公司局限在苏州河南岸地区行驶,营业范围大为缩小。10 月,公司添设外滩至福煦路与威海路转角的十四路,行驶双层公共汽车。同时调整其他线路,将三路及七路连接,使白利南路与海格路有车相通;并将行驶至麦根路桥的十五路,改驶外滩。12 月底,将一路 A、二路及九路 A 合并为二路,行驶于法华镇路与四川路桥间。斯时,市公共汽车管理处、华商公共汽车公司相继停业,苏州河以北地区的公共交通均为日军控制。1938 年,英汽公司新辟由福煦路至惇信路(今武夷路)的十四路,由宜昌路至虞洽卿路(今西藏中路)的十六路。1939 年,有新车 15 辆和双层新车若干辆投入各线运行,十二路公共汽车由静安寺延伸至星加坡路(今余姚路),十四路则由福煦路延伸至外滩。同年因交通拥挤,该公司增加 29 辆新车,自 6 月 24 日试行静安寺至胶州公园的十七路,10 月将该线延长到小沙渡路,又将十二路由静安寺路延长至星加坡路。当年因硬币缺乏为方便收取车资,公司先后发行 2、3、5 分铝币和 2、5 分纸币。因法币跌价、公司营业困难,经工部局批准于 9 月 6 日将平均每英里车资自 3.55 分增至 4.35 分。1940 年因法币继续跌价,4 月英汽公司再次增加车资 45%,12 月 12 日又增 35%;7 月 17 日,外滩至福煦路一部分改为四路;因收支不能相抵,12 月 31 日取消一路车。[②]可见,彼时上海公共租界公共汽车线路已纵横交错,与电车线网共同构成了整个租界及越界筑路区域庞大的公共交通运行网络。

二、法租界

早于 1906 年,法电公司与法租界公董局订立专营界内电车事业的合同,1924 年合同又进行补充。按照补充合同规定,公司最迟应在无轨电车通车后 6 个月内,续办公共汽车路线 2 条。因此,该公司于 1927 年 2 月开行二十一路和二十二路这两条公共汽车路线。[③]具如法电公司添购 14 辆公

---

① 上海市公用事业管理局:《上海公用事业(1840—1986)》,上海人民出版社 1991 年版,第 345 页。

② 上海市交通运输局公路交通史编写委员会:《上海公路运输史》(第一册),上海社会科学院出版社 1988 年版,第 170—171 页;上海市档案馆:《上海租界志》,上海社会科学院出版社 2001 年版,第 424 页。

③ 上海市交通运输局公路交通史编写委员会:《上海公路运输史》(第一册),上海社会科学院出版社 1988 年版,第 102 页。

共汽车,于 1927 年 2 月 1 日正式开辟线路两条。二十一路,行驶于法租界外滩至打浦桥之间,配车 5 辆,线长 5.34 公里;二十二路,行驶于法租界外滩至贝当路(今衡山路)之间,配车 6 辆,线长 8.71 公里。以后业务发展,这 14 辆汽油车逐步淘汰,改用法国制造的雷诺和拉蒂尔牌柴油汽车。[①] 自 1928 年 1 月 15 日起,该公司再将二十二路公共汽车行驶路线改订为:自洋泾浜开走爱多亚路、敏体尼荫路、恺自迩路、福煦路、圣母院路、蒲石路、亚而培路、辣斐德路、贝当路至巨福路止。[②]

至 1930 年 2 月,法电公司的公共汽车增至 20 辆,开行二十一、二十二两条路线。[③] 同年 9 月,汽车路线停驶至斜桥后,"沿日晖港一带各马路乘客均感不便",公司加开十八路公共汽车,路线自大世界至斜桥,经过大世界、敏体尼荫路,过南阳桥转入西门路,经过茄勒路、菜市路,转南驶入贝勒路,穿过辣斐德路走康悌路到斜桥为止,"自该路汽车开行以来,乘客颇形拥挤"。[④] 继至 1935 年,"以言上海公共交通就表面观,不可谓不发达"。综计公共租界有有轨电车十路、无轨电车七路、公共汽车九路;法租界有有轨电车七路、无轨电车一路、公共汽车两路;南市有电车四路、公共汽车四路;闸北有公共汽车三路。[⑤] 其时,法电公司有"宽大优美汽车十余辆,分二十一及二十二两路,所经路线大都系有轨与无轨电车行驶所不及"(见表 4-13、4-14)。[⑥] 该公司先使用汽油公共汽车,后逐步用柴油公共汽车代替。

自 1908—1936 年,法电公司开辟 2 条公共汽车线路,28 辆电车机车增至 63 辆机车、32 辆拖车,并有无轨电车 18 辆和公共汽车 19 辆,线网分布于外滩、十六铺、徐家汇地区。[⑦] 从而,形成一定规模的城市公共交通网。至 1937 年,法电公司增设公共汽车线路二十三路,从斜桥至徐家汇。全面抗战爆发后,大量难民自南市涌入租界,通往南市地区部分路线受阻,大世界游乐场附近被炸,公司将电车五路终点站由斜桥移至皮少耐路,十七路无轨

---

① 上海市公用事业管理局:《上海公用事业(1840—1986)》,上海人民出版社 1991 年版,第 351—352 页;蔡君时主编:《上海公用事业志》,上海社会科学院出版社 2000 年版,第 335 页。

② 《二十二路公共汽车改订路线》,《申报》1928 年 1 月 14 日第 16 版。

③ 《上海各种公用事业概况(上海调查资料公用事业篇之二):上海法商电车电灯公司》,1949 年 3 月,江南问题研究会档案,档号 Y12-1-78-36。

④ 《法租界加开十八路公共汽车》,《申报》1930 年 9 月 3 日第 15 版。

⑤ 都:《上海之公共交通问题》,《申报》1935 年 7 月 21 日第 7 版。

⑥ 柳培潜:《大上海指南》,中华书局 1936 年版,第 32 页。

⑦ 上海市公用事业管理局:《上海公用事业(1840—1986)》,上海人民出版社 1991 年版,第 345 页。

表 4-13　法商公共汽车第二十一路分站价目表（1936 年）

	三茅阁桥	大世界或八仙桥	嵩山路恺自迩路	贝勒路西门路	辣斐德路吕班路（法国公园）	辣斐德路金神父路	爱麦虞限路（金谷村）	打浦桥
外洋泾桥	9	13	18	18	23	23	26	26
三茅阁桥		9	13	14	20	20	23	26
大世界或八仙桥			9	11	14	17	20	23
嵩山路恺自迩路				7	11	14	17	20
贝勒路西门路					7	11	14	17
辣斐德路吕班路（法国公园）						7	11	14
辣斐德路金神父路							7	9
爱麦虞限路（金谷村）								7

资料来源：柳培潜：《大上海指南》，中华书局 1936 年版，第 32 页。

表4-14　法商公共汽车第二十二路分站价目表（1936年）

	外洋泾桥	三茅阁桥	大世界或八仙桥	嵩山路	成都路	同孚路	亚尔培路蒲石路	辣斐德路亚尔培路	拉都路西爱咸斯路	福履理路台拉斯脱路	福履理路巨福路	福履理路汶林路
三茅阁桥	9											
大世界或八仙桥	13	9										
嵩山路	18	13	9									
成都路	23	18	13	9								
同孚路	27	23	18	13	9							
亚尔培路蒲石路	27	23	20	17	11	7						
辣斐德路亚尔培路	27	26	23	20	14	11	7					
拉都路西爱咸斯路	29	29	26	23	17	14	11	7				
福履理路台拉斯脱路	32	32	29	26	20	17	14	11	7			
福履理路巨福路	34	34	32	29	23	20	17	14	11	7		
福履理路汶林路	36	36	34	32	26	23	20	17	14	11	7	
交通大学或徐家汇	38	38	36	34	29	26	23	20	17	14	11	7

资料来源：柳培潜：《大上海指南》，中华书局1936年版，第32页。

241

电车线从昆明路缩到爱多亚路。1938年,该公司公共汽车除二十三路停驶外,二十一、二十二路两线仍维持原状。1939年,又增设公共汽车特别服务路线。①太平洋战争爆发后,上海全地沦陷,法领事与上海市政府议定将南市、徐家汇西土山湾、洪桥等地划分为临时难民区,法电公司拟将水电、公共汽车放入各地区,当时增加红色公共汽车至68辆,并拟将二十二路公共汽车延长至虹桥镇,"但因日寇常加封锁,该项计划乃告全部失败"。②

抗战胜利后,法电公司经营的电车和公共汽车因战时未被日伪公开侵占,战后也未被接收,自1946年起又有新的发展。是年1月,七路有轨电车恢复在十六铺至提篮桥之间的原线行驶,二路有轨电车亦相继恢复原线。不久,十七、十八路无轨电车也先后恢复。同年,该公司二十二路公共汽车恢复原线,其余的二十一路及二十三路公共汽车也全部恢复或新辟通车。至此,法商的电车、公共汽车不仅行车路线恢复至战前水平,且营业也有所发展。据统计,截至1948年12月,法电公司有有轨电车5条路线,乘客数为3 888 508人次;无轨电车3条路线,乘客数为1 756 476人次;公共汽车4条路线,乘客数为1 455 656人次,均比全面抗战前有所增长。③

第三节　站场设备和营业财务

一、站场设备

(一) 英汽公司

英汽公司的总部及保养场均设在康脑脱路。保养场设车身、大修、轮胎3个车间,有职工600余人,实行3班制工作。车身车间的主要工作,是装配新车身。车身的铝合金型材由香港运来,设计图纸由伦敦客车制造厂统一提供。车身制造的工作量较大,需要多工种的配合,因此设金、铁、漆、木、缝等工班,有职工400多人。大修车间的工作重点主要是发动机和底盘的大修。由于当时的汽车已用电动机启动,因此电工人数占车间职工的四分

① 上海市档案馆:《上海租界志》,上海社会科学院出版社2001年版,第428页。
② 《上海各种公用事业概况(上海调查资料公用事业篇之二):上海法商电车电灯公司》,1949年3月,江南问题研究会档案,档号Y12-1-78-36。
③ 上海市交通运输局公路交通史编写委员会:《上海公路运输史》(第一册),上海社会科学院出版社1988年版,第222页。

之一以上。发动机修理以更换原配件为主,并置有试验台调整喷油嘴,辅以目测废气颜色决定是否合格。该公司营运车底盘的主降速器,均采用蜗轮蜗杆减速,极易损坏。大修车间为此设立专业班组,承担铜合金蜗轮的浇铸和蜗杆的金切加工。大修车间的职工不满 200 人。轮胎车间除负责日常的修补和充气外,主要工作是轮胎翻新。这个车间的轮胎翻新能力是 1930 年代上海最强的一家。全套翻胎设备皆购自英国,翻新所用的胶料都从国外购来。公司的新胎从装用开始直至翻新和最终报废,都有详细的里程记录和维修数据。[①]使用翻新轮胎,对于降低企业及运输成本具有一定作用。

　　并且,该公司"车身黑色,较电车之拖车略小,坐位不分等级,票价高于电车"。[②]初时汽车到站后,机器也在运转,司机不敢熄火,烧柴油起动困难,所以车站上的汽车马达总是作响。1924 年 11 月,其线路由洋泾桥经外滩、外白渡桥延至杨树浦上海电力公司电厂,公共汽车增至 28 辆。[③]至 1926 年3 月,公司共行驶四路,有汽车 42 辆,尚有 8 辆"正在建筑中";[④]翌年运营车辆由 50 辆增至 52 辆,车辆技术设备有所更新,20 辆采用变速箱的新汽车加入营运,汽车的硬轮胎也被充气车胎所取代。[⑤]嗣至 1928 年该公司续购新车 4 辆,"大约五六月间可以到沪。此外,又得福特与雪佛莱车座所造成之小号公共汽车多辆,现在本埠郊外行驶",车辆增为 75 辆,搭客共 1 650万人以上。[⑥]同年,上海街道有最新式公共汽车 20 辆。此项汽车为英汽公司向英国铁林司蒂文斯公司定造,引擎为 29—70 匹马力,邓禄浦特制的车胎,车中可载客 32 人,"车身富丽,坐位舒适,为公共汽车中之最时新者"。[⑦]即公司车辆车身高大、坐位宽畅,设 28 座位与伦敦所用者相同,"踏脚板用一杠杆启闭,车开行后能收起,至停止时再行放下。倘搭客已满,便可不再放下车身。两端各设一门,一门上车一门下车,以免拥挤";[⑧]乘客由车前上车、车后下车,"事旁踏板系用活落装置,车到站时踏板放下,以便乘客上下,车行时踏板收上,如是可免车行动时,沿途上下之危险,装置颇周到"。[⑨]伴

①　上海市交通运输局公路交通史编写委员会:《上海公路运输史》(第一册),上海社会科学院出版社 1988 年版,第 148 页。

②　《黄浦滩静安寺间之公共汽车》,《申报》1924 年 11 月 29 日第 19 版。

③　周源和:《上海交通话当年》,华东师范大学出版社 1992 年版,第 82 页。

④　龚骏:《公共汽车创办后之第一年》,《申报》1926 年 4 月 17 日第 25 版。

⑤　上海市交通运输局公路交通史编写委员会:《上海公路运输史》(第一册),上海社会科学院出版社 1988 年版,第 58 页。

⑥　《公共汽车公司去年之盈余》,《申报》1929 年 2 月 23 日第 15 版。

⑦　黄叶:《上海之新公共汽车》,《申报》1928 年 6 月 23 日第 27 版。

⑧　《公共汽车行车办法》,《申报》1924 年 7 月 30 日第 14 版。

⑨　《黄浦滩静安寺间之公共汽车》,《申报》1924 年 11 月 29 日第 19 版。

随设备日臻完善,车辆的乘坐条件得以持续改善。

嗣鉴于"近来乘客拥挤",英汽公司拟试用双层汽车(如图 4-2),"期可多载乘客,只须待工部局与公董局核准后,即可实行。虽本埠电车天空线在数线交叉处,悬挂较低,与马路旁斜出之树,俱足为行使双层车厢汽车之障碍。但将汽车式样稍加改良,并得市政当局之协助后,即可消除此种困难。故该公司将向外国厂家定造多辆送沪试驶,将来如成绩良好,拟再造双层车厢之六轮大车,每车有六十八座位,以便市民。至现在所用单车厢汽车,亦将定购车底若干辆迅运沪,大约于数月内即可装竣车厢,开班行驶。此外关于车胎,董事会亦早经决定,先将硬橡皮车胎若干辆换用气胎,现已向北洋订购不久即可运到装换,将来如结果满意,即将所有硬胎汽车一律改换气胎,以求行驶时之平稳"。[1]至 1930 年,该公司所有车辆由最初 20 辆陆续添增至 125 辆,尚有预定备车 25 辆随时可以雇用,行程路线长 45 英里。[2]

图 4-2　20 世纪 30 年代上海出现双层公共汽车,这辆双层车从外白渡桥驶来

图片来源:李范周:《上海汽车博物馆 3》,2011 年 10 月 14 日,载 http://blog.sina. com.cn/s/blog_3f6e57e10100tue8.html。

而因乘客过多,1931 年 4 月公共租界交通、公用委员会举行联席会议讨论改良交通情形。电车、公共汽车两公司代表均被邀列席并建议:"经察知公共汽车公司所感之困难,在于疾行之车辆,为缓行之车辆所阻碍,最著者为人力车,而尤以南京路为甚。"在解决缓行与疾行车辆问题前,所拟改良

---

① 《公共汽车公司拟试有双层车厢汽车》,《申报》1929 年 12 月 6 日第 15 版。
② 虞:《三十年来上海车辆消长录(续)》,《申报》1932 年 4 月 13 日第 15 版。

办法为本年内添置公共汽车 12 辆,各车均装配橡皮轮胎,略增车行速度,"并于拥挤时间,在某数路线增加行驶车辆若干"。同年八九月间,英汽公司车辆虽本年已增加 23%,但"售卖统票后,乘客大增,拥挤问题复见严重",为补救交通挤塞及乘客过多起见,各项建议经由工部局与公司讨论并经采用:(1)添置客车 50 辆,下列时期内可供应用:1932 年 3 月 10 日将有新车 3 辆,3 月 31 日有新车 9 辆;嗣后每一星期将有新车 1 辆。(2)在最早可能时间内,公司预备使用双层客车 6 辆。[①]即至 1931 年底,该公司公共汽车年内由 106 辆增至 120 辆,除 21 辆外其余均装配橡皮轮胎,日后"将在大加增添"。再至 1932 年,公司公共汽车增至 164 辆,"乘客稀少区域之车辆,经酌调一部分,至乘客拥挤之处行驶,以资调剂";并遵照工部局防止公共汽车过于拥挤计划,增添单层公共汽车 44 辆,使用双层汽车 6 辆,"公司技术顾问及本局工务处处长均于本年前赴伦敦,研究何种车辆,于上海情形最为适宜。使用双层车辆之困难,尚未能设法免除",公司又继续将车内所用汽油发动机换为提山尔发动机,并将硬胎车轮全部换为充气轮胎。[②]是年,公司还在车门上装置"旋转记数机",车门用旋转式四隔门,每隔只能通过 1 人,要求售票员统计的乘客上车与下车数必须相等,以防止售票舞弊。经过一段时间试用,由于增加乘客上下车的麻烦,导致停站时间延长、往返车次减少,营业也大受影响,不久拆除这种设备。[③]同年底,该公司各种车辆可见表 4-15。

表 4-15　英商公共汽车公司车辆表(1932 年 12 月 31 日)

牌　号	机　器		车　胎		旋转栅	总　计
	汽油机	提山尔机	硬胎	汽胎		
茄哀	1	—	—	2	—	2
道奇	12	—	—	12	—	12
双纳克洛夫脱	11	—	—	11	—	11
铁林司蒂文斯	—	139	3	136	45	139
合　计						164

资料来源:《上海公共租界工部局年报》(中文),1932 年,上海公共租界工部局档案,档号 U1-1-958。

---

① 《上海公共租界工部局年报》(中文),1931 年,上海公共租界工部局档案,档号 U1-1-957。

② 《上海公共租界工部局年报》(中文),1932 年,上海公共租界工部局档案,档号 U1-1-958。

③ 蔡君时主编:《上海公用事业志》,上海社会科学院出版社 2000 年版,第 370 页。

具如英汽公司1933年有公共汽车164辆,与上年相同,所有实际行驶中的车辆共计120辆,汽车运载乘客的路线共有九条,"此外尚于西区边界各处,行驶特别快车,并于每日特别忙冗之时,在须添开车辆各路,临时增加所行驶之车辆"。公司新式车辆车身纯为金属品制成,"此种车身对于其所需担承之工作,业已证明卓著成效"。每辆车身经减轻800磅,"路面之伤损,由是得以减少。车辆维持费虽经大加缩减,而其服务之效率,则见增进"。在164辆汽车中,装有嘉特纳式的提山尔发动机的共有96辆,其余皆装有石油发动机,"因使用提山尔发动机之省费,行驶装置提山尔发动机之车辆,既卓著成效。公司经续将装用石油发动机之车辆若干辆,改装提山尔发动机。装用提山尔发动机之唯一困难,为其排气管所喷出之烟气,但此种困难现以大都消除,堪称满意"。[1]继因上海人口日渐增加,原有交通车辆人满为患,英汽公司行驶专线快车,并参照欧美各国大都市市容建设的风范,准备在上海开驶双层公共汽车。1934年该公司计划机件、底盘等项向英国定造40辆双层公共汽车,1辆在沪装配就绪并已开始试车,"殊为稳妥"。据公司调查,此项双层汽车定于3月20日驶行,但因车身较高、沿途电线间有过低而有碍行驶,"故刻下正由租界电车公司设法改装中,如于二十日前可以整理完竣,则届期决可驶行,否则或将稍缓"。双层汽车有马力34匹,下层可搭40客,上层可搭34客,车身全部用钢精制成,每辆造价约合华币3万元,系英国铁林司蒂文斯厂出品,车身、马达因汽车价格过昂系用德国的柴油引擎。[2]

从而,该公司第一辆双层公共汽车自1934年4月1日行驶于第一路,"冀得将乘客拥挤以及交通阻滞之状况,竭力减少。双层车辆所载之客,大概可比单层车辆增近一倍,故能轻减忙冗时间之拥挤情形",下层坐者32人、立者12人,上层坐者38人,两层共能载客82人,上层因乘客不准站立,较为舒适,故所收车资略比下层为多。双层汽车的车身均在该公司工厂内构造,添用华籍工人百名以上。是年底,一路行驶的双层汽车已有7辆,"明年将见增加,双层公共汽车之行驶,原系试验性质,但现已证明为事属可行",且构造24辆双层汽车的计划完成时,"第一路之车辆拥挤情形,可望减轻。倘现有计划证明为确可实行,则本公司将考虑使是项车辆行驶于其他路线。所堪欣然报告者,现时之行驶是项车辆,颇见顺利,且似颇受乘客之

---

① 《上海公共租界工部局年报》(中文),1933年,上海公共租界工部局档案,档号U1-1-959。
② 《双层公共汽车定二十日开始》,《申报》1934年3月14日第12版。

欢迎"。当年公共租界公共汽车共 164 辆,其中双层汽车 8 辆。[①]由此,双层汽车为立体交通的宝贵尝试,早间在香港、孟买行驶,均向司蒂文斯厂订货。经紧张装配后,于 1 月 5 日深夜在上海试车。两层高的庞然大物车牌为 10132 号,自兆丰园驶出,经静安寺路、南京路于 6 日凌晨半点钟绕过华懋饭店开往虹口公园,全程历时 1 小时,参加试车者有工部局工程处长等。不过后来双层汽车在营运期间出几次事故,压死砸伤人,舆论哗起。[②]

至 1935 年 2 月,该公司"为扩充业务并便利市民交通计,鉴于双层公共汽车之驶行市区内,既可免去交通之断塞,更能添增座位,对乘客亦无拥挤之虞,乃进而向英美购得机器材料在沪厂制造",并"为欲市民乘客能洞悉此项汽车机件之内容起见,特将汽车先行驶行市区内,车内加以涂漆,外部则一仍其原形,使能直窥之车身。全部机件构成之材料各部坚固可靠,并无若何危险。此项机身系以铝质铸成,质极坚牢,驶行若干日后,即正式涂漆全部驶用"。[③]同年,公司共有公共汽车 167 辆,比上年增 3 辆,内有双层汽车 31 辆,"虽所载乘客比上年略少,但公共汽车业务则经扩充",行驶双层公共汽车增加 24 辆、单层汽车增加 5 辆,"所载乘客数目而论,本年车辆行程已比往年增加"。[④]由是,1924—1937 年英汽公司从最初行驶公共租界的 20 辆老式公共汽车更新为 154 辆新型的单、双层公共汽车(见表 4-16)。

表 4-16　上海英商中国公共汽车公司业务情况表(1924—1937 年)

年份	车辆拥有数	乘客人次(千人次)	行驶英里数(千英里)	年份	车辆拥有数	乘客人次(千人次)	行驶英里数(千英里)
1924	20	295	90	1931	120	24 446	3 823
1925	30	3 514	982	1932	164	24 836	4 408
1926	50	12 358	1 567	1933	164	31 600	4 406
1927	52	12 851	1 529	1934	164	37 329	5 147
1928	77	16 563	2 295	1935	168	36 363	5 149
1929	98	22 613	3 567	1936	170	35 851	5 762
1930	106	22 111	3 346	1937	154	35 803	4 472

资料来源:张仲礼、陈曾年:《沙逊集团在旧中国》,人民出版社 1985 年版,第 81 页。

---

① 《上海公共租界工部局年报》(中文),1934 年,上海公共租界工部局档案,档号 U1-1-960。
② 周源和:《上海交通话当年》,华东师范大学出版社 1992 年版,第 84 页。
③ 《英商公共汽车公司驶行原胚双层机车》,《申报》1935 年 2 月 2 日第 5 版。
④ 《上海公共租界工部局年报》(中文),1935 年,上海公共租界工部局档案,档号 U1-1-961。

简言之，英汽公司最先投用的车辆是笨重、缓慢且有前后门的旧式汽车；车厂是几幢本地式矮平房，包括写字间、账房间等一并在内，工人总数连司机卖票共计 300 人左右。后因社会需要，公司营业逐渐发达，公共汽车增添到 60 多辆。其间，柴油价格是汽油的十分之一，公司因汽油价格昂贵开始采用柴油，逐渐以柴油引擎替代汽油发动机；又添购大批由完全新式精钢制成、高速度、马力大的柴油车约 24 辆，加入各条路线行驶，节省大批汽油费用，增加公司利润。公司营业在 1935 年后突飞猛进，不但将所有的汽油引擎车辆改换，且增添大批双层车及加长新式车，每辆价值 3 万元左右，尤其是厂房优美宽大，完全为钢架构造，形状好像外白渡桥的钢架，坚固耐用、没有柱子。① 全面抗战爆发后，至 1938 年 11 月该公司"鉴于界内交通之需要，近向外洋新定汽车二十辆，不日即可到沪，即行增加各线行驶，以利交通"，业务发展快，车辆逐年增加至 1941 年已达 195 辆，其中双层汽车 57 辆；职工也从开办时的几十人增至 2 600 人。太平洋战争爆发后，英汽公司被日军接管，1942 年 1 月 10 日宣布停业。②

（二）法电公司

其时，法租界的公共汽车"系由法商电灯电车公司附带经营，厂址亦设吕班路"；③乘十路电车到吕班路卢家湾时，高大的厂房、引擎、水塔、电车站及修理厂等全部建设，"吸引着人们视线的注意，这就是三位一体的法电公司的所在地"。④法电公司公共汽车的保养修理与电车在同一车间进行，归机务部管理。车间有 235 人，实际从事维修的技术工人 70 余名，勤杂工人 140 名。公共汽车的维修分大修、小修及例行保养 3 类。大修间隔里程是 18 万公里，小修间隔里程是 3 300 公里（或 20 天）。汽车发动机每间隔 5 万公里（或 1 年）即进行 1 次检修。例行保养一律在车辆晚间回场后进行。保养车间共配置各种机床及专用设备 60 台，绝大部分购自法国。由于车辆厂牌统一，又套用法国巴黎公共汽车公司的保修制度，加上管理较为严密，设备齐全，因此维修成本较低，车况良好。车辆的修理计划，根据营运里程编排，各工种严格按计划执行。此外，还实行总成修

① 朱邦兴、胡林阁、徐声合编：《上海产业与上海职工》，上海人民出版社 1984 年版，第 386—387 页。
② 《译报》1938 年 11 月 20 日，转引自中共上海市委党史研究室、上海市总工会：《上海公共汽车工人运动史》，中共党史出版社 1991 年版，第 5 页。
③ 柳培潜：《大上海指南》，中华书局 1936 年版，第 32 页。
④ 朱邦兴、胡林阁、徐声合编：《上海产业与上海职工》，上海人民出版社 1984 年版，第 273 页。

理工时定额制度,其中规定大修 1 台发动机的停驶周期为 12 天,配备正、副机工各 1 名,外加艺徒 1 名,如竣工脱期或不合质量要求,工人就有被解雇的可能。[①]该公司公共汽车由 1927 年开始时的 14 辆增至 1931 年的 20 辆(见表 4-17)。

表 4-17　上海全市公共汽车公司统计表(1927—1931 年)

项　　别		华商公共汽车公司	沪南公共汽车公司	英商中国汽车公司	法商电车电灯公司
设立时间		1928 年 11 月	1928 年 10 月	1923 年 8 月	1907 年
营业区域		本市全部除沪南及高桥区外(闸北)	沪南区及徐家汇至虹桥飞机场一线	公共租界	法租界
路线(条)	1927 年			5	2
	1928 年	1	2	7	2
	1929 年	3	4	11	2
	1930 年	3	4	11	2
	1931 年	2	4	11	2
股本(银元)	1928 年	71 450.00	51 550.00		
	1929 年	100 000.00	28 180.00		
	1930 年	100 000.00	99 180.00		
	1931 年	100 000.00	99 180.00		
资产(银元)	1928 年	74 098.11	50 191.17		
	1929 年	141 474.57	121 740.11		
	1930 年	128 665.13	128 679.43		
	1931 年	111 131.86	179 658.57		
路线长度(公里)	1927 年			15.50	13.360
	1928 年	7.50	17.46	22.01	13.180
	1929 年	18.63	29.95	34.55	13.240
	1930 年	19.63	29.95	34.55	13.752
	1931 年	15.00	25.00	34.55	13.752

[①]　上海市交通运输局公路交通史编写委员会:《上海公路运输史》(第一册),上海社会科学院出版社 1988 年版,第 148—149 页。

续表

项　　别		华商公共汽车公司	沪南公共汽车公司	英商中国汽车公司	法商电车电灯公司
设立时间		1928 年 11 月	1928 年 10 月	1923 年 8 月	1907 年
营业区域		本市全部除沪南及高桥区外(闸北)	沪南区及徐家汇至虹桥飞机场一线	公共租界	法租界
车辆数	1927 年			52	14
	1928 年	4	7	74	14
	1929 年	21	29	103	20
	1930 年	25	38	106	20
	1931 年	26	31	120	20
备　注		英汽公司路线数内 1929 年起有专车两线;法商电车与电气、自来水、公共汽车合并,股本与资产无从分析,故未列			

资料来源:上海市地方协会:《民国二十二年编上海市统计》,1933 年 8 月编印,"公用事业"第 13 页;《上海市统计补充材料》,1935 年 4 月编印,第 76 页。

抗战期间,法电公司 1939 年的有轨电车共百余辆(包括拖车第 50—80 号 31 辆在内),无轨电车 38 辆,公共汽车约 60 辆。当时每日行驶车辆即有轨一路,有马达车 11 辆,拖车 11 辆;二路有马达车 13 辆,拖车 13 辆;五路 3 辆,拖车 3 辆;六路 4 辆,七路 10 辆,十路 10 辆。无轨电车十八路 20 辆(十七路 18 辆由英电公司行驶),二十四路连英电公司共 13 辆。公共汽车二十一路 16 辆以上,二十二路 24 辆以上。[1]同年,该公司共配公共汽车 50 辆,由于法国维希政权投靠法西斯轴心国,日军才未公开染指,在电力和燃料供应紧张的情况下,得以勉强维持营业。太平洋战争爆发后,日军虽未接管法电,但公司的部分机具设备被劫走。其中有民国路的电车轨道及 5 座发电机组,馈电线 4 800 米,铁轨 4 258 米,柴油公共汽车 7 辆,货运汽车 2 辆,机床 6 台。1941 年底,法电公司的五路有轨电车、二十一路公共汽车停驶。1944 年 8 月,二路有轨电车终点站由徐家汇移至福开森路。二十二路公共汽车因柴油紧张,采取抽车缩线办法,从徐家汇缩短至拉都路(今襄阳南路);十七、十八路无轨电车相继停车。[2]至 1945 年抗日战争结束,上海有公

---

[1]　朱邦兴、胡林阁、徐声合编:《上海产业与上海职工》,上海人民出版社 1984 年版,第 275 页。

[2]　上海市交通运输局公路交通史编写委员会:《上海公路运输史》(第一册),上海社会科学院出版社 1988 年版,第 177 页。

共电车线路 16 条,营运电车 300 余辆,而公共汽车线路仅有 1 条,营运公共汽车 10 余辆。①

抗战胜利后,法电公司的有轨电车除一、四、十路及二十二路公共汽车等线路照常通行外,1946 年 1 月 31 日七路有轨电车行驶十六铺至提篮桥,配车 2 机 2 拖;9 月 20 日,二路有轨电车恢复行驶十六铺至徐家汇,配车 12 机 12 拖。同时,该公司新增 900 型法国产拉蒂尔牌柴油公共汽车。二十一路公共汽车于 1946 年 4 月 1 日恢复行驶;1948 年 3 月增辟二十路公共汽车,与上海公交公司筹备处联合行驶自斜桥至东门路,各配车 4 辆,代替抗战前的原三、六路有轨电车线路,后由法电公司独家经营,配车 9 辆。至 1948 年 3 月,法电公司还增辟了二十三路公共汽车,行驶自斜桥起至徐家汇止,配车 5 辆。②

二、营业财务

（一）英汽公司

英汽公司专营上海及其周围地区的公共汽车运载业务。如 1923 年春季,该公司资本额定为银 100 万两,每股 10 两,一面与菲力特立克订立合同,由公司发给 2 500 股作为交换菲氏在公共租界工部局所得创办公共汽车业的权利。后公司发出招股简章,由 6 月 9 日起开始认股至 7 月 14 日为限,"目下认股者以每股银数既不大且前途营业又极有希望,故认股者极为踊跃"。公司董事的外人为 Arnhold、Sasson、George、Potts、Hanbury 等数人,华人有祥茂洋行经理陈炳谦等数人。③1924 年 10 月 18 日,英汽公司在九江路安利洋行开创立会,设办事处于九江路 6 号,资本分 10 万股向社会招股,已收 31 670 股,"一俟车辆工竣,当呈准工部局试车"。④同年,工部局与该公司商定每车每季度每英里交养路费 100 两,另加车辆税(即执照费)每季度每辆 100 两。公司鉴于九路甲的汽车线路在两租界各使用一半路面,要求将养路费减为 50 两,另付 50 两给法租界,车辆税也由两租界平分,规定票价每段 0.05 元,每 2 段 0.1 元,每 3 段 0.15 元,全程 0.2 元。⑤嗣

---

① 吴景平等:《抗战时期的上海经济》,上海人民出版社 2015 年版,第 137 页。
② 上海市公用事业管理局:《上海公用事业(1840—1986)》,上海人民出版社 1991 年版,第 367—368 页。
③ 《本埠公共汽车之发创》,《申报》1923 年 6 月 16 日第 22 版。
④ 《公共汽车公司昨开创立会》,《申报》1923 年 10 月 19 日第 13 版。
⑤ 上海市档案馆:《上海租界志》,上海社会科学院出版社 2001 年版,第 423 页。

后,公司实收资本为 47 500 股,实收股金 363 780 两,其中外资股份不到 30％,华股却占 70％以上。①但因华股分散,即便占有绝对多数,该公司的实权仍掌控在英国殖民者手中。

具如英汽公司"自开驶以来,营业蒸蒸日上。盖以其车辆清洁办法完美,宜为海上人士所欢迎"。②1925 年年初,公司"路线日增,而营业自新年以来,亦日益发达"③;但遭遇"五卅运动",行车业务受影响,当年 6—9 月的月收入要比 6 月前各月收入减少 83％,全年行驶 156.17 万公里,载客 350 万人次。④1926 年 3 月 27 日公司召集第三届股东会,由安诺德主席报告:1925 年营业亏损银 49 085.83 两,"全因五卅惨案,国人抵制乘坐而致";资本由初 50 万两增至 70.3 万两,"据今年情形观之,业大有蒸蒸日上之希望"。⑤公司 1926 年亏损 1 168 两;1927 年因调低票价乘客增多,营业上升扭转亏损,获利 27 014 两;1928 年收足资本 100 万两。其 1926 年行车里程 252 万公里,载客 1 235 万人次;1927 年载客 1 285 万人次;1928 年行车里程 369 万公里,载客 1 656 万人次。⑥公司 1928 年纯利为 79 259.13 两,除拨还往年积亏 23 240.59 两,尚有 56 018.54 两。董事会拟发息 6 厘,余 13 838.54 两滚存下届,自创业以来"第一次获有如许盈余,除归积亏外尚能发息"。⑦至 1929 年 2 月 4 日《英商中国公共汽车公司与工部局所订合约》中规定,公司按月向工部局缴纳养路费,同时呈交当月行驶里程报告。合同约定,允许公司于规定各路线内的专利权,规定设备及账目应受工部局检查,如工部局认公司办理不善,得停止合同。车辆应用橡皮气胎轮,头等、二等车资分别不超过墨币 1 角、5 分。⑧即公司应照行驶路程纳税于工部局:一为气胎车(软胎轮)纳银 1.5 分,一为橡皮车(硬胎轮)纳银 1.75 分,均以每一车行英里计算。⑨1929 年,工部局的公共及市政事业收入共为 1 458 357 元(见表 4-18);其中工部局公用事业收入共 103 929 两,法电公司行车里程费 1 053 两,英汽公司行车里程费 52 597 两。⑩

---

① 中共上海市委党史研究室、上海市总工会:《上海公共汽车工人运动史》,中共党史出版社 1991 年版,第 4 页。
② 阿絮:《上海公共汽车发行新金属代币》,《申报》1925 年 1 月 17 日第 19 版。
③ 霖:《谈租界公共汽车》,《申报》1925 年 3 月 21 日第 21 版。
④ 张仲礼、陈曾年:《沙逊集团在旧中国》,人民出版社 1985 年版,第 82—83 页。
⑤ 龚骏:《公共汽车创办后之第一年》,《申报》1926 年 4 月 17 日第 25 版。
⑥ 上海市档案馆:《上海租界志》,上海社会科学院出版社 2001 年版,第 423 页。
⑦ 《公共汽车公司去年之盈余》,《申报》1929 年 2 月 23 日第 15 版。
⑧ 《工部局与公共汽车公司签订合同》,《申报》1929 年 2 月 23 日第 15 版。
⑨ 虞:《三十年来上海车辆消长录(续)》,《申报》1932 年 4 月 13 日第 15 版。
⑩ 上海市档案馆:《上海租界志》,上海社会科学院出版社 2001 年版,第 331 页。

表 4-18　1922—1935 年公共租界工部局经常收入与公共事业收入比较表

年度	通常收入 总计(两)	公共及市政 事业收入(两)	年度	通常收入 总计(元)	公共及市政 事业收入(元)
1922	6 391 200	838 523	1929	17 445 164	1 458 357
1923	7 203 797	900 451	1930	17 733 159	1 601 978
1924	8 028 824	1 119 916	1931	20 692 361	1 979 779
1925	9 152 409	1 173 171	1932	21 216 158	1 781 246
1926	10 091 921	1 513 913	1933	22 111 660	1 960 161
1927	11 161 792	1 508 556	1934	23 917 379	1 980 170
1928	12 691 714	1 808 261	1935	23 914 458	1 891 103

　　资料来源:《上海公共租界工部局年报》(中文),1931—1935 年,上海公共租界工部局档案,档号 U1-1-957、958、959、960、961。

　　至 1930 年,英汽公司向工部局纳税计银 49 389 两,该年行车里程 250 万英里,载客 2 200 万人次;[①]1931 年,行车里程 611 万公里,载客 2 301 万人次。[②]该公司经营公共交通过程中,对工人剥削和压榨,获利甚厚,大都通过转化折旧和设备更新的途径流入英国银行和殖民者口袋,企业的股金不断增加,开办四五年资金增到白银 100 万两,车辆逐年增加,企业规模越来越大。1931 年安利洋行将拥有股份转让给沙逊洋行,英汽公司的大权落在沙逊洋行手中。[③]具如 1932 年 5 月 18 日,F.R.达卫在增资时提到:"因为我们在各方面所存在的股权关系,我们应有拿到全部股票的权利……事实上是我们向公共汽车公司提供了资金,而且今后还将继续这样做,如果任何数量的股票被外界股票持有者认购,都要想办法归到我们这边来。"6 月,英汽公司派技术顾问赴伦敦研究引进车辆类型,同年调整线路、减少乘客稀少地区的运行车辆,且因增购车辆和扩充康脑脱路的车库,将核定资本增至 500 万两,分为 50 万股;实收资本增至 200 万两,分为 20 万股,换算法币为 279.7 万元。安利洋行在该公司开办时只拥有 2 500 股,占当时实发股数 47 500 股的 5.26%。沙逊集团各直属公司成立后,大量收进该公司股票,视

---

①　虞:《三十年来上海车辆消长录(续)》,《申报》1932 年 4 月 13 日第 15 版。
②　上海市档案馆:《上海租界志》,上海社会科学院出版社 2001 年版,第 424 页。
③　中共上海市委党史研究室、上海市总工会:《上海公共汽车工人运动史》,中共党史出版社 1991 年版,第 5 页。

之为禁脔。但一·二八战事后，该公司苏州河北的各条线路受到影响，当年公司亏损 254 584 银两，至是年年底"苏州河北各条线路的收入与以往年度相比，几乎要减少 12 万银两"。①

嗣至 1933 年 5 月，英汽公司恢复重要线路车价分等办法，吸引短距离的乘客，当年获利 4 806 元。翌年 8 月，公司"自购置双层公共汽车行驶兆丰花园及虹口公园间以来，营业之盛得未曾有"，每日总计 200 千文以上。②1935 年 3 月 28 日公司在沙逊大楼举行第十二届股东年会，总董安诺德报告："公司盈利逐月见增，苟非铜元价贱，则近数年来亏蚀之款，至本年年底概可偿清。"1934 年公司盈利共计 282 031.84 元，除付利息和董事查账员公费外，尚余 186 694.51 元，上年滚结负债项内除去此数，1934 年年底尚负债 93 769.45 元将滚入新账，资本仍为 2 797 202.8 元。③即该公司 1933 年乘客 31 599 707 人次，行驶 4 406 010 英里；1934 年乘客 37 328 561 人次，行驶 5 147 431 英里；1935 年乘客 36 363 276 人次，行驶 5 148 690 英里。④再据 1936 年 7 月 8 日公司资本的核定：普通股 20 万股，每股 10 银两，发行 20 万股，全部付足；安利洋行拥有 46 161 股，新沙逊洋行拥有 65 566 股。据 1936 年沙逊集团主要企业股权和投资金额显示，其投资关系公司：英汽公司拥有股数 115 653 股，金额 223.1 万元（法币）；上海英商电车公司股数 16 610 股，金额 76.9 万元。由此，公共租界的公共汽车行线从 1929 年 34.55 英里增至 1936 年 72.46 英里。汽车载客人数迅速增加，1930 年时全年不过 2 200 万人次，1936 年已增至 3 585 万人次。⑤

易言之，1936 年底英汽公司共有线路 17 条（12 路普通加 5 条专线），当年行车里程 926 万公里。作为公共租界唯一经营公共汽车业务的企业，该公司显然因租界人口的剧增而获得巨大成功，是年获利 2.65 万元。⑥全面抗战前，公司已有车 164 辆，乘客数较开行初时增幅达 100 余倍。自1924—1937 年十多年中，公司除 1925、1926、1932 年因战争、政局动荡、油价机件涨价等影响而有所亏损外，其他各年均有相当数量的盈余。如八一

---

① 张仲礼、陈曾年：《沙逊集团在旧中国》，人民出版社 1985 年版，第 80—83 页。
② 《双层公共汽车》，《申报》1934 年 8 月 26 日第 14 版。
③ 《英商公共汽车去年纯益十八万余》，《申报》1935 年 3 月 30 日第 12 版。
④ 《上海公共租界工部局年报》（中文），1934—1935 年，上海公共租界工部局档案，档号 U1-1-960、961。
⑤ 张仲礼、陈曾年：《沙逊集团在旧中国》，人民出版社 1985 年版，第 73、80、150 页。
⑥ 上海市档案馆：《上海租界志》，上海社会科学院出版社 2001 年版，第 424 页。

三淞沪会战前,公司一路线是静安寺起靶子场(虹口公园)止,九路线是静安寺起桂阳路止,十路线是曹家渡起引翔港止,每天平均每辆车收入约 40 元左右,其他路线车辆最多也不过 30 多元,出厂营业车辆为 99 辆,每天总收入在 4 000 元左右。当电车罢工时候,营业可算最好,公司总收入每日曾达 1 万元。这时,外勤职工每日加倍给双工钱。公司收入多,工资也增多,当时管理职工的洋员们,态度还算客气。工人们因人多客满,工作紧张,总不免犯各种各样的错误,可这些洋员们大多说"不要紧,生意好,没法子,马马虎虎"。①

全面抗战爆发后,因上海租界人口大增,1938 年英汽公司增设由宜昌路至虞洽卿路的十六路车,当年行车里程达 843 万公里,载客 5 781 万人次,营业额从上年的 14 万元增为 61 万元。②翌年,公司营业的车辆总数每天都超过 140 余辆,沪东区虽因日人封锁,路线缩短,但是车辆在现有短的路线上不断加多。例如:几年前十路线的车辆共 22 辆,每次车需隔 5 分钟,现十路路线只能到外滩,几乎缩短一半路程,每次等在站头上,2 分钟便来一辆,下午 5—8 点黄昏时间甚至 1 分钟一部,常常两三辆连接着,客人仍是非常拥挤。售票员时时会唤着"装满啦"。流出插足余地,便利自己的工作。公司洞悉如此,所以竭力地加车,总感觉车辆不够,车辆如果发生毛病,立刻便周转不灵而无车辆代替。当时十路线车数黄昏时 47 辆,黄昏前 40 辆。总之,一路、九路、十路这三大干线的车数都比以前增加一倍。营业的收入超过从来未有的纪录,每天平均 12 000 多元,工人数已超出 1 800 余人。由此,昔日电车工人罢工时,洋员们的和色笑颜和宽大松弛的态度,不复再见,代替的是相反的严厉惩罚。客人愈多,营业越好,不但不能使工人有利,却倒使工人受罪。比如,司机因为乘客扎满,上下车费时,公司所规定的时间短促,马路上的行人以及各种各样的车辆繁多,司机为遵守规定的行车时间,不得不使车辆放快,在人丛中闯来闯去。因此肇祸或碰伤自己车辆的危险也更加多起来,往往受到公司处罚。③

其间,该公司的原大股东安利洋行陷入困境,主要原因是下属企业投资发展过快且多数失败。如在上海、汉口、天津等地连续创办的四家汽车公

①　朱邦兴、胡林阁、徐声合编:《上海产业与上海职工》,上海人民出版社 1984 年版,第 387 页。

②　上海市档案馆:《上海租界志》,上海社会科学院出版社 2001 年版,第 424 页。

③　朱邦兴、胡林阁、徐声合编:《上海产业与上海职工》,上海社会科学院出版社 2001 年版,第 387—388 页。

司,开张不久即宣告清理。1933 年沙逊集团包括安利洋行在内已拥有英汽公司股票 112 241 股,占实收资本 20 万股的 56.12%,1936 年增至 115 653股,占 57.83%。但 1939 年后大量抛售,至 1941 年仅拥有 17 458 股,只占实发总数的 8.72%。从现存 1941 年股东名册看,绝大部分股权已转入华人散户。该公司的股票市场价格,1939 年的最高价为 6 月的每股 30.25 元,最低为 8 月的 18.50 元。1940 年的最高价为 5 月的 37 元,最低为 6 月的 15元。1941 年的最高价为 25.75 元。①根据英文《大陆报》1941 年 1 月 4 日报道,英汽公司的核定资本为:股数 50 万股,每股金额 10 银两,实收资本股数20 万股。其中,中国国际投资信托公司 1940 年 3 月底拥有数 9 100 股,沙逊集团 1941 年拥有数 7 241 股。依据沙逊集团投资上海各行业情况显示,其中 1936、1939、1940、1941 年投资两家公共交通公司(英汽公司、英电公司)的金额分别为 300 万、185.2 万、123.8 万、45.4 万元;拥有英汽公司股数分别为 115 653、93 258、51 258、17 458 股,投资金额分别为 223.1 万、180.3 万、98.7 万、33.5 万元。②

问题实质在于,英汽公司于 1924—1941 年 17 年间分配 4 次红利。从现象看,该公司的投资利润率好像并不丰厚,但实际并非如此。沙逊集团设立该公司的目的是为长期在上海垄断公共汽车的经营权,"并通过发展公交运输,使其房地产不断增值",因此除增资外,主要依靠利润再投资进行扩充。如英汽公司 1953 年写的一份简史中曾说:"逐年盈余所得,大部分用作扩充本公司之业务。"据表 4-19 可见,该公司 1924—1940 年的营业总利润为 691 万元,除去营业总亏损 19 万元,盈余总数为 672 万元。至 1940 年止提取的准备金为 489 万元,普通公积金 47 万元,共计 536 万元,占利润总数79.75%。换言之,该公司盈余近 80%都用于扩大再生产,可见其发展意图。如"孤岛"时期租界人口膨胀,经济畸形繁荣,公司载客人次也空前增加,1941 年竟增至 8 900 万人次。③该公司 1924—1941 年渐次成为"规模报酬递增"④的运输企业及上海最大的公共汽车公司。

---

① 张仲礼、陈曾年:《沙逊集团在旧中国》,人民出版社 1985 年版,第 81—82 页。
② 张仲礼、陈曾年:《沙逊集团在旧中国》,人民出版社 1985 年版,第 90、112、150 页。
③ 张仲礼、陈曾年:《沙逊集团在旧中国》,人民出版社 1985 年版,第 80、83 页。
④ 规模报酬(returns to scale)是指在其他条件不变的情况下,企业内部各种生产要素按相同比例变化时所带来的产量变化。产量增加的比例大于生产要素增加的比例,这种情形叫作规模报酬递增。参见尹伯成:《西方经济学简明教程》(第六版),上海人民出版社 2008年版,第 65 页。

表 4-19 英商公共汽车公司历年损益及利润表(1924—1940 年)

年份	盈利	亏损	年份	盈利	亏损
1924	789 两	—	1933	4 806 元	—
1925	—	49 085 两	1934	186 695 元	—
1926	—	1 168 两	1935	26 568 元	—
1927	27 014 两	—	1936	27 855 元	—
1928	79 259 两	—	1937	141 860 元	—
1929	101 634 两	—	1938	612 064 元	—
1930	95 660 两	—	1939	290 056 元	—
1931	26 987 两	—	1940	6 700 元	—
1932	—	254 584 元	—	—	—

资料来源:根据英商中国公共汽车公司有关档案编制,转引自张仲礼、陈曾年:《沙逊集团在旧中国》,人民出版社 1985 年版,第 82 页。

至 1941 年 12 月太平洋战争爆发后,上海租界的公共交通直接受到冲击。租界所有汽车一度全部停驶,马路上到处是荷枪实弹的日军和刺目的太阳旗。15 日起,租界的公共交通虽开始恢复,但所有电车均需在每晚 10 时前停止营运,且营运的电车数量比 8 日前减少一半,只有 50 多辆。公共汽车行驶时间由原来每日 18 小时减为每日四五个小时,分上中下三班,即 7:30—9:00,12:30—13:30,16:30—18:00。19 日,工部局决定除军队、警务处、火政处、卫生处、外交团、医师产科医生少数必要用车外,汽车全部停驶,22 日上海一万数千辆汽车停驶。以后虽公共汽车一度恢复行驶,但至 1942 年 1 月日军以缺乏汽油为由命令英汽公司停业,其职工 2 600 余人全部被解雇,195 辆公共汽车的柴油发动机大部被拆除,装备日军军用船只,剩下汽车全部被日军开走。[①]由此,英汽公司自 1942 年为日方强行吞并,此后又分别归属于日方控制的"华中都市公共汽车公司"及汪伪政府的"上海都市交通公司"。

(二)法电公司

法电公司最初规模较小,仅二路、五路等有轨电车及电灯而已,路程亦短,发电量有限。经过数度扩充和厂址迁移,营业日渐发达。由初创时的 300 万法郎,发展到 1939 年达 4 000 万法郎以上,成为法租界独一无二的大

___
① 吴景平等:《抗战时期的上海经济》,上海人民出版社 2015 年版,第 137 页。

企业和交通市政业的托拉斯。租界内市面的繁荣,与百余万市民日常生活的需要不能缺少它,所以它在法租界实际上握有莫大权威。① 并且,该公司1930年电气部分最高负荷量已达1万余瓦,用户24 000余家。1932年一·二八淞沪抗战时,公司拟乘机扩展,企图垄断上海南市、龙华、虹桥等地的水电交通事业,故特将车务部写字间搬出,改造引擎间新大厦,费时3年造成,并向瑞士购得特大新式能发电3万余瓦发电机一部。全面抗战前,该公司的发电机增至9台、容量3万余瓦,共供给电灯电热电力用户33 000余户。②

继英商公共汽车通车后,法电公司经营有、无轨电车业务同时,积极酝酿开辟公共汽车线路。法租界公共汽车是由法电公司统一经营的,1906年12月与法公董局订有合约,确认自有轨电车通车后,继续承办公共汽车事宜。1925年12月14日,该公司与公董局订立《无轨电车及公共汽车条款》规定:公董局准许在电车合同及修正范围内,在法租界内开办南北往返方向三条无轨电车路线,为保证连贯服务起见,该路线原则上应连接于公共租界已有路线,即连接江西路之吉祥街、连接福建路之郑家木桥街、自敏体尼荫路至徐家汇,经过蓝维霭路、辣斐德路之菜市路。该三路线应于1926年8月左右开始通车,车辆的样型应与公共租界所采用相同。公司应做到:(1)付予一笔毛收入5%的租税(专营税)。(2)每三日付予每辆车辆或拖车所驶过路线,以每英里2分(墨西哥洋钱)计算(不论系运输旅客或货物)但须依照第五节条款。(3)至迟于无轨电车开始经营6个月后,开办两条公共汽车路线。(4)公共汽车路线经营于租界西区,其路线以后将决定,该路线起终点原则上应预定为爱多亚路端首。公董局应迅协力与英工部局成立公共汽车行驶爱多亚路北部的协定。关于公共汽车行驶公共租界地区应付租税,公董局尽力使此项捐税的计算率,不致超过英商公共汽车付于英工部局租税计算率,应尽量使之低微,关于与英商公共汽车公司应成立协定,应由公司进行商谈。(5)在5年内关于两条公共汽车路线,公司不必付与公董局任何租税,在同时期内公司行驶无轨电车及拖车应缴租税计算法,应减至每英里1分(不论载货或乘客)。5年后,公董局将考虑是否应延长此项减税办法。③

---

① 朱邦兴、胡林阁、徐声合编:《上海产业与上海职工》,上海人民出版社1984年版,第273页。

② 《上海各种公用事业概况(上海调查资料公用事业篇之二):上海法商电车电灯公司》,1949年3月,江南问题研究会档案,档号Y12-1-78-36。

③ 《上海电车公司综合条例》,1947年,上海市公用局电车公司筹备处档案,档号Q423-1-35-1。

由此,1925年12月法电公司获得在法租界经营公共汽车的专营权,5年内不缴纳任何税金,但每行1英里(0.91米)所交季度捐银1分,5年后再议。自1937年起,公董局将码头捐以及电车、公共汽车等公司的合约报效金从"杂项收入"中划出,单独列为"报效金"。1942年1月1日起,法电公司在总收入中提取6%作为更换器材及器材修理的准备金,将有无轨电车及公共汽车总收入的5%作为报酬金给公董局,每月一次。[1]概言之,法电公司1927—1931年的营业收入分别为127 129.43、168 069.58、198 206.50、235 516.86、280 095.64(银)元,载客数分别为2 037 840、2 794 049、3 235 880、3 689 740、3 598 624人次(见表4-20)。如该公司1927年行车73万公里,纯利354 036元;同年最后一月,两条公共汽车线路的乘客人数为257 958人次,营业收入为45 423.54元。1936年最后一月,乘客人数增加到330 306人次,营业收入增为76 374.43元。以后,该公司这两条公共汽车路线始终维持。[2]至1936年,该公司有公共汽车线路两条,车辆19辆,载客364万人次,行车114万公里,纯利74.9万元。[3]

表4-20 上海公共汽车事业统计表(1927—1931年)

项 别		华商公共汽车公司	沪南公共汽车公司	英商中国公共汽车公司	法商电车电灯公司
全年乘客数	1927年			12 850 526	2 037 840
	1928年	117 655	427 281	12 562 845	2 794 049
	1929年	2 305 101	3 176 678	22 613 845	3 235 880
	1930年	3 198 664	7 736 076	22 111 396	3 689 740
	1931年	3 092 820	6 926 837		3 598 624
职工人数	1927年				60
	1928年	30	72		61
	1929年	140	146		70
	1930年	142	228		72
	1931年	165	169		74

---

① 上海市档案馆:《上海租界志》,上海社会科学院出版社2001年版,第358页。
② 上海市交通运输局公路交通史编写委员会:《上海公路运输史》(第一册),上海社会科学院出版社1988年版,第102—103页。
③ 上海市档案馆:《上海租界志》,上海社会科学院出版社2001年版,第428页。

项　　　别		华商公共汽车公司	沪南公共汽车公司	英商中国公共汽车公司	法商电车电灯公司
全年收入（银元）	1927 年				127 129.43
	1928 年	63 658.4	10 909.01		168 069.58
	1929 年	149 423.79	104 420.67		198 206.50
	1930 年	221 114.57	252 461.85		235 516.86
	1931 年	258 279.26	259 841.71		280 095.64
全年支出（银元）	1928 年	4 135.52	13 559.66		
	1929 年	118 870.83	124 048.63		
	1930 年	230 906.29	266 899.86		
	1931 年	273 999.88	273 435.83		

资料来源：上海市地方协会：《民国二十二年编上海市统计》，1933 年 8 月编印，"公用事业"第 13 页；《上海市统计补充材料》，1935 年 4 月编印，第 76 页。

嗣至 1938 年 11 月，日军管理的"华中都市公共汽车公司"成立后，基本上垄断除法租界以外的上海公共交通。而法电公司每年营业收入的利润，从其范围的不断扩大可知梗概。1937 年的营业利润有 660 万元之巨，而 1938 年的利润收入据估计在 1 000 万元以上，可突破以前记录。因在八一三淞沪会战前，有、无轨电车及公共汽车这一项的总收入每天至多 7 000 元，而 1939 年每天收入竟有一万二三千元左右。电灯费、自来水费收入过去每月分别为 36 万、32 万元，1939 年则增加 1 倍强。"这些数字，证明法电目前的营业达到空前未有的程度。"①如 1939 年，该公司行车 355 万公里，载客 22 941 314 人次。1940 年，营业略有减少。②可见，抗战期间法电公司的经营并未中断，受到干扰破坏较小，新车年有增添，并在准备金项下继续发给股东红利。③即英、法商交通公司在开办后的 40 年间，获取了大量利润。如法电公司开办时仅有资本 300 万法郎，至 1947 年已增为 37 500 万法郎，增长 124 倍，有些年份的净利竟达 2 000 万法郎以上。该公司历年利

① 朱邦兴、胡林阁、徐声合编：《上海产业与上海职工》，上海人民出版社 1984 年版，第 274 页。
② 上海市档案馆：《上海租界志》，上海社会科学院出版社 2001 年版，第 428 页。
③ 上海市公用事业管理局：《上海公用事业（1840—1986）》，上海人民出版社 1991 年版，第 367 页。

润大部分分给股东,股息最高年度达净利的119.5％,即已用上年度的积盈来分配股息,可见其掠夺剥削的严重。①

统而论之,作为法租界交通市政业的"胜者全得者"②,彼时法电公司垄断了界内的公用事业。1949年5月上海解放前夕,国民党军队一面强征和劫掠民用车辆溃逃,一面拆毁或破坏许多难以搬动的交通运输设施。人民解放军从24日黎明开始对上海市区发起进攻,当晚分别从龙华镇和虹桥机场进入沪南、沪西市区。25日上午,沪南地区刚解放,法电公司工人的人民保安队迅速拖走国民党军队丢弃在各处马路的各种物品和车辆,立即开出公共汽车和电车恢复交通。当二十二路公共汽车开到中正路(今延安中路)成都路口,突然遇到一股躲在浦东大楼内的敌军从高处射下一排子弹,交通顿时受阻,行车人员报告解放军,残敌迅被歼灭,立即恢复通车。③其实,在上海解放前夕,交通运输职工就已在中共上海地下党组织发动下开展护厂、护车、护设备的斗争,保护人民的财产。工人们按地区有计划地把许多车辆开到公园等安全处所隐蔽起来。对一时无法转移的车辆,则在油管内塞进异物,或者拆去蓄电池,有的把拆下轮胎的汽车用木凳搁起,使车辆无法开动。一些被强征军用的车辆,随车驾驶员冒着生命危险寻找机会开离他去,或者临时制造故障造成汽车"抛锚",从而被保护下来。有些汽车运输企业的职工,向资方晓以利害,动员他们共同保护车辆设备。在此背景下,法电公司职工为阻止国民党军队进驻场厂,经与资方反复谈判,促使资方通过法国驻沪领事馆向上海市政府交涉,终于将国民党军队拒之门外。④最终,法电公司迎来人民解放军到来和上海解放,并延续经营至新中国成立初期。

① 上海市交通运输局公路交通史编写委员会:《上海公路运输史》(第一册),上海社会科学院出版社1988年版,第222页。
② 胜者全得者,即全行业的报酬严重地集中在顶端的收益者。参见[美]保罗·萨缪尔森、威廉·诺德豪斯:《经济学》(第17版),萧琛主译,人民邮电出版社2009年版,第179页。
③ 上海市总工会:《解放战争时期上海工人运动史》,上海远东出版社1992年版,第306页。
④ 上海市交通运输局公路交通史编写委员会:《上海公路运输史》(第一册),上海社会科学院出版社1988年版,第263页。

第五章　华界公共汽车业的经营与管理

第一次世界大战期间,帝国主义列强忙于战争,近代上海民族工商业由此获得发展。上海地方士绅和有识之士,仿效欧美修筑公路、通行汽车的方法,进而创办汽车运输公司。南市与闸北是近代上海华界的两大主要组成部分,长期为租界所分割,形成南、北二市。南市,除上海旧县城外,还应包括城外沿浦至日晖港一带;闸北,系指苏州河北岸新闸与老闸之间原上海、宝山两县大片土地。[①]1924年7月,闸北地区出现沪北兴市汽车公司的公共汽车线路(前章已述)。1927年7月国民党成立上海特别市市政府,与上海县实行市、县分治,南市、闸北隶属上海特别市管辖。在上海特别市公用局管理下,闸北、南市的公共交通有一定发展。如华商雷兆鹏在1928年3月成立华商公共汽车股份有限公司(以下简称华汽公司),成为闸北主要的公共交通企业;5月,华商筹办乾康汽车公司(后改为沪南公共汽车公司),在沪西南地区经营客运交通。1934年1月为解决南市地区交通困难,市公用局成立公共汽车管理处筹办公共汽车,这是上海市政府最早的官方兴办的公共汽车。[②]1927年后十年间,华界公共客运除华商电车公司的有轨电车路线外,先后有华商公共汽车公司、沪南公共汽车公司、公用局公共汽车管理处在闸北、南市及浦东开办公共汽车路线,中方经营公共汽车业务持续发展。直至1937年全面抗战爆发,华界公共汽车停驶,该业自开创至停业在华界共经营13年。

第一节　组织机构和人事管理

公共汽车和电车因票价低廉,线路众多,是一般市民普遍采用的城市交

---

① 张仲礼主编:《近代上海城市研究》,上海人民出版社1990年版,第232页。

② 中共上海市委党史研究室、上海市总工会:《上海公共汽车工人运动史》,中共党史出版社1991年版,第6页。

通工具。如 1928 年上海华商公共汽车公司、沪南公共汽车公司相继建立，集股资金仅 10 万元。沪南公司在南市开办时，置备公共汽车 7 辆；华汽公司在闸北开始通车时，只配备 4 辆公共汽车，其后几年扩充，也各有 40 辆左右。[①]纵观近代以来的上海城市交通，华商经营的公共汽车公司尽管规模不大、车辆不多，但中方企业在艰难中维持经营，并对上海城市交通发展作出贡献。

一、闸北区域

1920 年 3 月，华侨雷兆鹏、黄中文等人在美洲发起归国兴办交通事业，同年向上海公共租界申请创办中国汽车企业，以申民族之气。当时委托外籍律师罗杰以中国公共汽车公司名义向工部局提出开办自洋泾浜起，经北西藏路（今西藏北路）、海宁路至吴淞路一线的公共汽车。该局经审议认为可行，但又指出：海宁路自北西藏路起至甘肃路一段，属中国官厅管辖，须得中国当局同意；泥城桥（今西藏路桥）须由公司贴费改建，沿线所经道路也须由公司贴费修筑。工部局同时开列执照捐费、车辆式样、车辆数目、司机考验、车子限制等条件。雷黄二人认为条件过苛，财力不胜，只得作罢，于是改往香港创办九龙汽车公司。[②]1927 年上海市特别市成立后，作为管理华界公用事业的公用局从两方面整饬交通：一为建设全市公共汽车，二为扩展电车路线。基于此，华界兴起商办公共汽车的热潮。是年 12 月，雷兆鹏等再次委托律师向公用局申请在闸北地区兴办公共汽车事业，"往来闸北及公共租界，以路线关系，未有成议"。1928 年 2 月，其又集股银 10 万元组织公司，"请求给予全市区内经营公共汽车权利，经该公司争取关系各局意见，研究条件并呈报市政府"。3 月 4 日，华商公共汽车有限公司成立，址设闸北宝山路。4 月 13 日，第 65 次市政会议议决，交公用局即予订立合同；24 日，由公用局局长黄柏樵、华汽公司总经理雷兆鹏、代表人律师黄华正式签订《上海特别市市政府批准上海华商公共汽车有限公司合约》（如下）。合约规定专营权时效为 12 年，由该公司规划通车，先行备车 4 辆行驶于第一路，自京沪大车站经宝山路、同济路、江湾路至劳动大学，路线长

①　中国公路交通史编审委员会：《中国公路运输史》（第一册），人民交通出版社 1990 年版，第 158 页。

②　蔡君时主编：《上海公用事业志》，上海社会科学院出版社 2000 年版，第 320 页；上海市交通运输局公路交通史编写委员会：《上海公路运输史》（第一册），上海社会科学院出版社 1988 年版，第 55 页。

约 7.5 公里。①即该公司"蒙市府批准许以十二年之优先权,为发展市区交通事业"。②

《上海特别市市政府批准上海华商公共汽车有限公司合约》

第一条　上海特别市市政府(以下简称市政府)允许给予上海华商公共汽车有限公司(以下简称该公司)兴办市内公共汽车之优先权,即所有本市区域内现在或将来可以行驶公共汽车之路线,均得尽先由该公司经营办理。但市政府得另指定路线,责令该公司行驶公共汽车,如该公司不能遵办,市政府仍有自行经营或另招他方办理之权。

第二条　该公司取得此项优先权,自批准日(即 1928 年 4 月 21 日)起,以 12 年为限(即 1940 年 4 月 21 日止),如办理完善,并无各项漏误,或其他违背市政府法令之处,再行规定给予较长年限;但在未来之较长年限中,市政府得在 1 年后,先期 1 年提议加入官股,或收回自办。预订年限完后,该公司亦得要求继续延长。

第三条　该公司应于本合约签订之后,两个月内编制股东清册,呈备审查,缴足股本半数,呈俟验资,并将公司组织成立;八个月内,将汽车实行开驶。(先照该公司所拟第一路线行驶)车辆之面样应先拟呈公用局核准,或由公用局代为设计。该公司如逾期不能履行,其优先权应即撤销。

第四条　该公司不得将市政府所给优先权移转或抵押于任何方面,如有此项情事,一经查实,所有全部财产,应即没收。

第五条　该公司资本必须完全出自华人,如查出含有外人资本时,所有财产,应即没收。

第六条　该公司不得以任何部分产业抵借外资;如有此项情事,一经查出,所有全部财产,应即没收。

第七条　该公司应将预订行驶汽车路线,拟具分期规办计划,呈由公用局核准;至期不能履行,市政府得将其优先权撤销一部分(例如第二期应办自市政府路至龙华一线公共汽车;至期未办,市政府即得将其在新西区一区域内之优先权撤销)。

第八条　有关市政发展计划之路线,市政府得强制该公司行驶公

---

① 《英商公共汽车华商公共汽车合约与废约》,1947 年 4 月 18 日,上海市公共交通公司筹备委员会档案,档号 Q417-1-297。
② 《上海市公用局关于华商公共汽车公司增加股本》,1932 年 6 月—1933 年 4 月,上海市公用局档案,档号 Q5-2-596。

共汽车,但同时市政府当酌量情形,并以相当之便利。如该公司不能遵办,市政府得将其优先权撤销一部分(例如市政府令在小东门至小南门一线,行驶公共汽车;该公司不能遵办,市政府即得将其在南市一区域内之优先权撤销)。

第九条　该公司对于市政府应尽之义务如下:(甲)以公司股额5%,作为市政府红股;(乙)所有车辆按期照捐率纳捐;(丙)在营业收入纯利项下,缴纳营业税10%。

第十条　市政府对于该公司账目,得随时派员稽核。

第十一条　该公司举行任何会议,应先通知公用局,公用局得派员列席旁听。

第十二条　该公司所有各项章则,每期营业状况及每种会议记录等,应呈报公用局备案。

第十三条　凡市政府一切有关交通或公用事业之法令,该公司必须遵守。

第十四条　该公司应依照公司股票额5%缴纳保证金于市政府,专款存储。如有违背市政府命令,或其他市政府认为不法之行为时,得没收其一部分或全部;没收后,仍由该公司如数补足。本合约缮就同式二份,仰双方各执一份为凭。①

实质上,华汽公司资本定为10万元,创立时收集股本70 440元,由雷兆鹏任董事会主席兼经理,公司设于闸北交通路1号。1927年上海市特别政府管辖区域计16个区,其中浦西有殷行、江湾、引翔、闸北、彭浦、真如、蒲淞、法华、漕泾、沪南10个区;浦东有高桥、杨思、塘桥、洋泾、陆行、高行6个区。华汽公司与上海市公用局订约时,曾把以上16个区的公共汽车客运业务全部承包,但因财力有限,实际经营范围仅在闸北一区。自1928年8月申请放弃沪南区行驶公共汽车的优先权后,该公司又先后于1931年、1934年放弃浦东6个区公共汽车的优先权。②其间,华汽公司组织结构"向分五部。买卖往来隶属营业,账目预算隶属会计,公事文件往来隶属文牍,车辆修理保管隶属工程,街外交通工作隶属车务。各部设主任一人,以专责成。每年经过各部本有一定之记载,以资参考"。1931年6月15日公司举行第

---

① 《上海市公用局与华商公共汽车公司订立合约》,1928年4月,上海市公用局档案,档号Q5-2-589。

② 上海市交通运输局公路交通史编写委员会:《上海公路运输史》(第一册),上海社会科学院出版社1988年版,第103—105页。

四届股东大会,选举雷兆鹏为董事长,李炳昌为监察人,董事为黄中文、谭彦创、伍洪树、雷家昂、雷生春、黄能文、张炳荣、施体奋。全部职工 1931 年上半年 96 人,下半年 86 人,跟班员不列入。内分总查 1 人,特查兼料理排班 4 人,查员兼候补司机 12 人,写票兼管理时刻 4 人,售票员 31 人,司机 32 人,扫车员 2 人。①其职工领受奖金及处分见表 5-1。

其间,华汽公司员工因犯过被开除而波折数起:(1)1930 年 4 月 9 日售票员陈恩仁被报瞒骗车资,招回审讯数次,证据确凿,将其职务开除,以为效尤。但该员不服诉于社会局,"该局未明真相竟判令其复工,幸适时职工等不乏明达不予以全体同情,结果该员卒自行告退了事"。(2)1931 年 7 月 16 日售票员闻才根被查票员查获有售旧票瞒骗情弊,时有一忠于社会服务的复旦大学学生黄君在旁为该案作证人,本部特将该员授记大过一次,以示惩戒。查连前犯大过二次,前后共成犯大过三次,应依规将职务开除,但被判令复工。"公司以当局如此判断引为自危,殊难甘服,另将情形呈请市府,再行据实调查幸蒙批准。"结果市府公报第 114 期刊载市府训令第 10410 号,认定前判失察、引为自咎。②至 1932 年,该公司"组织略加变更",设总经理一职,由创办人黄中文担任(见表 5-2)。③且如车上服务员工"对客不周,公司立有专条俾以遵守。况上下职工均有编号,稍有轨外行为,各界自由告发。窃公司服务始终如一,但在于营业不恶之时,公司为优等各方雅爱,每年赠送乘车免费券,数在不少。因战后营业维艰,为撙节源流计,经董事会议决,忍痛将券一律暂时取消"。④

再至 1933 年 8 月,上海市公用局发布水陆交通两大公用事业计划,"关系将来本市各区繁荣,极为重大",市中心区将于同年 10 月完成,市府新屋 10 月 10 日须举行落成礼,市政府虽迁入尚须至次年元旦,"但对于该处交通即须积极进行,俾不致发生困难。惟因金价市面,与前不同,故尚须重加审核,将来或首先从原有闸北至吴淞之公共汽车使之扩充,以应急需"。然华汽公司"经济亦极有限,尚须加以设法,方能实现"。⑤8 月 29 日,该公司因财政困难拟请市政府贷款筹办市中心区公共交通:"窃关市中心交通一案,

---

① ② 《上海市公用局关于 1932 年份华商公共汽车公司呈报开会并职员变迁》,1932 年 6 月—7 月,上海市公用局档案,档号 Q5-2-603。

③ 《英商公共汽车华商公共汽车合约与废约》,1947 年 4 月 18 日,上海市公共交通公司筹备委员会档案,档号 Q417-1-297。

④ 《华商公共汽车公司近讯》,《申报》1933 年 2 月 1 日第 17 版。

⑤ 《本市两大交通计划》,《申报》1933 年 8 月 4 日第 14 版。

表 5-1　1931 年华商公共汽车公司职工领受奖金及受处分表

职　别	全年人数（人）	全年无奖（人）	全年得奖（人）	全年奖金（元）	开除与自退（人）	授记大过（次）	授记小过（次）	授警告（次）	授训斥（次）	告假日数（天）
查员等	16	2	30	118.29	1	2	1	2	14	355
时刻员等	4	0	0	0	0	0	0	2	11	48
司机员等	68	6	62	2 148.80	3	6	10	16	47	955
售票员等	64	5	59	1 181.59	5	18	22	20	77	816
备　注	因要挟年终双俸不在内；查员 17 人共给 560.08 元；时刻员 4 人共给 87.12 元；司机员 32 人共给 1 092.58 元；售票员 31 人共给 538.14 元，共计 2 277.92 元。本部对职工资罚另订有专条，除犯大过不依下列程序执行开除外，若受警告 3 次作小过 1 次，3 次小过作大过 1 次，3 次大过即将职务开除；如受训斥，不入记过									

资料来源：《上海市公用局关于 1932 年份华商公共汽车公司呈报开会并职员变迁》，1932 年 6 月—7 月，上海市公用局档案，档号 Q5-2-603。

表 5-2　1932 年华商公共汽车公司职员一览表

姓　名	籍　贯	履　　历	曾任职务	现任职务
黄中文	广东台山	经商于加拿大 20 余年,本公司创办人	历任本公司董事兼业务部主任	董事会主席兼总经理
雷兆鹏	广东台山	侨美多年,本公司创办人	香港九龙汽车公司总经理,历任本公司董事会主席兼营业部主任	董事、营业部主任
谭彦创	广东开平	侨美 10 余年,毕业美国汽车制造厂,本公司创办人	历任本公司董事兼工程部主任	董事、工程部主任
伍洪树	广东台山	经商于美国及香港多年,本公司创办人	历任本公司董事兼会计部主任	董事、会计部主任
雷家昌	广东台山	经商于美国多年,本公司创办人	历任本公司董事兼董事	董事
雷生春	广东台山	上海医科大学毕业,维兴女子中学教员,上海大德堂药房经理	历任本公司董事兼文牍部主任	董事兼秘书
施体备	浙江鄞县	曾美国留学	历任本公司董事兼总稽查	董事兼车务股长
张炳荣	广东	荣新百货公司经理	历任本公司监察	董事
李炳昌	浙江鄞县	荣昌墨水厂经理兼工程师	本公司监察	董事
沈渭廷	浙江鄞县	浙江省立第四中学肄业	本公司会计	监察

资料来源:《上海市公用局关于华商公共汽车公司增加股本》,1932 年 6 月—1933 年 4 月,上海市公用局档案,档号 Q5-2-596。

因公司享得市府优先权关系，其举办实施归公司负责，惟市区车辆容量并购车辆吨数，概蒙钧局（公用局）迭经饬令依度照办在案。奈公司受环境压迫，财力刻未如愿以筹，乃叠备文恳准予略为通融。近日报载市政府新厦于十月十日举行落成典礼，明年一月一日迁入办公，细思该区交通需要为时不远，公司为图报功令及各股东苦心维持之慰，藉深为虑如此处境焦虑万分，令再三思维而公司苦志经营，早已断下决心，为图谋出路良计，添加新式车辆扩大营业，不外赊货典借两途而已。若靠向此途进行，对担保交通悠久维持，又恐发生影响问题。钧局倘蒙信任暂时采用赊货方法，若任此点，对市区容量尚有碍于久远维持或不适当之可能，惟有仰恳将情转呈。市府体念公司艰苦，予以设计酌量移贷现款，用维实力添充购车之需。"公司除现有车辆供驶外，须添加 6 辆新车当可敷用，按 6 辆新车约需洋 4 万元方能置备，"购车所用现款，可任放款者如何作保证或仍加添条件取保，倘公司能力所及，无不乐于磋商，如待招股成就，该匹贷款当即如期摊还。至放款者对收回放款，可定限摊还以保实得利益，亦可任随订定事由，维持交通前途"。[1]

随之，1933 年 9 月公用局局长徐佩璜、财政局科长沈同、华汽公司经理黄中文讨论该公司贷款举办市中心区交通问题：公司应依照公用局前次规定标准备办公共汽车 12 辆，采用 2.5 吨汽车底盘，但公司以财政困难拟请代为贷款 4 万元添购新车 6 辆。最终议决：该公司既无现成资本可购买公共汽车 12 辆，其应速与沪太公司商议合作办法，并另行筹划增加股本及商借款项等事，再由公用局限令沪太公司迅将合作条件送局查核。至于华汽公司原有车辆可请专家估计价值，如有争执，再由该局"秉公冲裁，以昭平允"。9 月 5 日，市长吴铁城会同核议华汽公司呈请代为贷款添购新车 6 辆以应市中心区交通："兹以钧府新厦落成在即，市中心区交通来往需要，自必积极，以谋进行"，公司现有车辆 22 辆，再添新车 6 辆用配各线行驶，勘以应付自如。唯供新市区备用 6 部汽车即以公用局规定标准为合度，照市面金价计算，需 4 万元方能装备，"值此财政孔亟之秋，应付殊费踌躇，谨将艰苦现况备文上陈于我市长之前，务肯体贴华侨归国兴业之苦衷，酌量情节，如何转饬财政局代为设计，予以备贷现款四万元，用应购装新车之需"。至于贷款摊还办法，以每车每日收入归还 3 成为度，利息计算大抵以市轮渡贷款规定相同，倘待股本收足一次清还可或每车每日平均 30 元、分两年期摊还

---

① 《上海市公用局规办市中心区公共汽车》，1933 年 8 月—10 月，上海市公用局档案，档号 Q5-2-365。

清楚亦可,贷款保障可以车辆本身为担保。①11 月 19 日,该公司在北四川路中央大会堂召开公司 5 周年纪念大会,以志庆祝,除邀请党政机关派员指导外,并邀请各界莅临观看,有盛大游艺助兴。②

简言之,股份公司的所有者是股东,股东大会是公司的最高权力机构。③从而,1934 年华汽公司召开第六届股东大会,经股东全体表决,选举黄中文为董事长,梁炳垣为监察人,董事为雷兆鹏、谭彦创、伍洪树、雷生春、黄鸿钧、张炳荣、施体奋、张晋峰。④1937 年 4 月,该公司再开票选举,黄中文、伍洪树、张晋峰、司徒礼庭、施体奋、黄泽棠、谭彦创、黄建勋、张炳荣等 9 人当选董事,梁炳垣为监察人。⑤华汽公司 1928—1937 年间行驶闸北、江湾、市中心、引翔、真如等区,"嗣因中日战争,受军事影响停业"。⑥

二、南市等区域

(一)沪南公共汽车公司

上海开埠后,至青浦县的交通向来取道徐家汇经虹桥一线西行。该线道路狭隘,仅有独轮小车载客往来。公共租界工部局越界筑路后,徐家汇至虹桥机场一段始通行汽车,但车费昂贵,车少客多,交通仍不便利。1928 年 5 月,大中华汽车行的夏树香开设乾康长途汽车公司,集资购入 2 辆公共汽车,每辆可载客 50 人,开辟线路一条,票价为铜元 75 枚。该线自徐家汇海格路(今华山路)起至虹桥飞机场(今虹桥国际机场),全长 9.7 公里。机场地处偏僻,离市区较远,交通不便。线路通车后,深受当地居民和机场员工欢迎,乘客很多亦使上海至青浦县间的交通变得方便,但该线驶经地区属于越界筑路区,受租界和上海特别市政府双层管辖,加之市公用局已批准给予华汽公司 12 年线路专营权,所以该公司提出异议,此线虽已通车,但始终未获正式批准,行车时断时续。⑦斯时,公用局与华汽公司的合约刚签订。为

---

① 《上海市公用局规办市中心区公共汽车》,1933 年 8 月—10 月,上海市公用局档案,档号 Q5-2-365。
② 《华商公共汽车公司昨开五周年纪念大会》,《申报》1933 年 11 月 20 日第 9 版。
③ 芮明杰主编:《管理学:现代的观点》,上海人民出版社 1999 年版,第 415 页。
④ 《上海市公用局关于华商公共汽车公司变更第一路分站车资》,1933 年 6 月—1934 年 6 月,上海市公用局档案,档号 Q5-2-668。
⑤ 《闸北公共汽车公司昨开股东年会 因时局与增驶里数亏本一万六千余元》,《申报》1937 年 4 月 11 日第 11 版。
⑥ 赵曾珏:《上海之公用事业》,商务印书馆 1949 年版,第 59 页。
⑦ 上海市公用事业管理局:《上海公用事业(1840—1986)》,上海人民出版社 1991 年版,第 352—353 页。

此,公安局与公用局以乾康公司仅凭公共租界执照,未经公用局许可径自营业且与华汽的优先权相抵触,令其停业。后经协商,乾康公司车辆作为华汽公司的附股并订立合约,汽车产权、执照仍属乾康所有,但以华汽出面在原线营运。[1]

从而,乾康公司行驶徐家汇至虹桥飞机场一线,"由公用局介绍并入华商公司",1928年6月初先通车2辆。但因国民政府工商部决定同年10月10日在上海市国货路举办大规模中华国货展览会,公用局"预计届时到会人士众多,电车交通,恐尚不足以适应需求",令华汽公司在沪南筹备通车。8月30日,华汽以"竭全力于闸北路线,财力不胜,自请抛弃沪南区内行驶公共汽车的优先权"。[2]即该公司"以沪南区内交通日繁,而公司以专力于沪北,其他区内难兼顾",依照合约愿意放弃沪南区的行驶权。乾康公司闻讯后呈请经营沪南区公共汽车,公用局责成其10月10日前必须通车。[3]至此,乾康负责人夏树香以公司资产作为基础,向公用局申请成立沪南公共汽车股份有限公司(以下简称沪南公司),经营原公司徐家汇海格路至虹桥机场的线路。此线因在华汽公司优先经营范围内,故两公司订约继续经营,列为华汽公司的四路车。1928年9月18日,公用局与沪南公司正式签订合约,同意给予该公司在沪南区行驶公共汽车的优先权。该公司地址设在南市中华路,资本10万元,董事长屈用中,经理彭我新。10月10日中华国货展览会开幕日,沪南区也开始通行公共汽车。[4]

与此同时,在公共租界越界筑路区域,英商行驶公共汽车及无轨电车路线增多,租界虽有取消徐家汇至虹桥机场一线之意,但因准给营业执照在前,不便无故撤销。于是,该路线的乾康公司通车仅两个月,英汽公司在同一线上开办四路公共汽车,安排3倍于乾康的汽车(6辆),并将票价定为铜元9枚,远低于乾康票价,企图挤垮对方。此情相持一年,乾康公司亏负累累、几乎破产。后经上海市政府与租界工部局再三交涉,由后成立的沪南公司出面与英汽公司订立合约。自1930年起,两公司以等量(各3辆)车辆,在徐家汇至虹桥机场同一线上行驶,票价统一,并商定两公司在该线的行车

①　上海市交通运输局公路交通史编写委员会:《上海公路运输史》(第一册),上海社会科学院出版社1988年版,第106页。

②　《英商公共汽车华商公共汽车合约与废约》,1947年4月18日,上海市公共交通公司筹备委员会档案,档号Q417-1-297。

③　《公用局指导下公共汽车事业之发展》,《申报》1929年1月31日第20版。

④　上海市交通运输局公路交通史编写委员会:《上海公路运输史》(第一册),上海社会科学院出版社1988年版,第107页。

时间。沪南公司增添新车 1 辆,由工部局发给执照,凑足 3 辆在该线继续营运。①由是,徐家汇至飞机场一线,以地域关系,划归沪南公司经营,移转该线营业权合同于 1930 年 1 月 21 日正式签订,自茂公桥至龙华镇一线"亦皆归沪南公司行车"。②

嗣至 1931 年 3 月 9 日,上海市政府建设讨论委员会为振兴沪南新西区商业致函公用局:"沪南新西区,即斜桥制造局路之西,龙华之东,徐家汇路之南,黄浦为止。其土地面积倍于南市。自民四前上海工巡捐局,开辟斜徐、斜土等路十七条,预备振兴市面。"交通办法:新西区以斜土路为南北中心东西要道,自国货路起至徐家汇镇止约长 6 000 米,"现在虽有公共汽车,无如往来次数甚少,车价昂贵,似于交通仍不能利便。除行驶电车外,别无善策"。公用局约华商电车公司到局讨论,但该公司认为,"新西区路线不必扩充电车路线加以整理,若为振兴该区市面起见,好在沪南公共汽车早已经在该区域内行驶,居民出入已无不便,再开驶无轨电车徒作无谓之竞争,而至两败俱伤,亦非得计"。③4 月 4 日,沪南公司的新桥厂房因修理汽车时油箱起火,酿成火灾,共烧毁汽车 21 辆,造成一、四路两线停驶,客运受到严重损失。1932 年一·二八事变,上海军警当局征用该公司车辆应付紧急运输,于是营运车辆更少,损坏也多,业务陷于瘫痪。截至同年 6 月底,沪南公司亏损已达 84 800 余元,10 万元资本几乎全部损蚀,8 月 30 日公司被迫停业清理。因老股东不愿加股,新股又无法募集,只得宣告破产倒闭。经上海市政府第 223 次市政会议议决,撤销该公司的专营权利,另由公用局设法恢复沪南区的公共交通。④至此,沪南公司行驶路线"多与华商电车同,营业颇不振,亏损极巨",自 1932 年 8 月底停止办理。⑤

该公司停业清理后,工人退职金等问题未予解决,经市社会局数次调解,仍无结果。1932 年 9 月 28 日上午 10 时,该局又召集双方调解,劳方代

---

① 上海市交通运输局公路交通史编写委员会:《上海公路运输史》(第一册),上海社会科学院出版社 1988 年版,第 106—107 页。

② 《英商公共汽车华商公共汽车合约与废约》,1947 年 4 月 18 日,上海市公共交通公司筹备委员会档案,档号 Q417-1-297。

③ 《上海市公用局关于新西区通行电车》,1931 年 3 月—1932 年 5 月,上海市公用局档案,档号 Q5-2-834。

④ 上海市交通运输局公路交通史编写委员会:《上海公路运输史》(第一册),上海社会科学院出版社 1988 年版,第 108 页。

⑤ 《沪南公共汽车由市公用局进行筹办》,《申报》1933 年 10 月 19 日第 11 版。

表周安山等到场,资方代表未见出席,于是激起工方不满,下午 2 时召集全体工人向党政请愿重行进厂,举行绝食以示坚决,并忠告全处股东。①且"为该项纠纷早日解决计",10 月 5 日下午 2 时,社会局复召集劳资双方举行停业纠纷的调解,劳方代表钱顺皋,资方代表许积芹,市党部、社会局代表到场;资方代表谓公司各股东表示在工人未曾离厂前,工方所提任何要求决无谈判余地。劳方代表称,如资方先着工人退出工厂,必须承认相当条件:四五月扣薪照发;预备工资二个月。"故双方争议甚久,未能接近结果"。嗣经主席与党部代表会商折衷两项办法:一是公司借给全体工人每人工资 1 个月,如将来公司能复业即作为解雇费;二是公司复业原有工人一律恢复工作,其预借工资准在薪工项下扣。"当提出征求双方同意,并谕知各自回去斟酌,限于六日上午答复,倘双方仍坚持原议不能接近,则调处无效,惟有呈请市府仲裁。"②进而,沪南公司停业纠纷虽经党政机关迭次调解,"奈因劳资双方坚持,以致无法解决",社会局于 10 月 6 日下午 3 时召集最后调解会议,7 日签订和约:(1)由公司借给全体工人工资 1 个月,如将来不能复业即作为解雇费。(2)公司复业原有工人一律复工,所借工资准在月薪项下分期扣除。但公司缩小范围不能一律雇用时,得就原有工人中雇用,不得另雇新工。(3)四月 2 成工资、五月 1 成工资,多少依原有发薪水比例计算,已领足者不在此列。(4)前项补发工资及所借 1 个月工资,于公司财产中优先发给。(5)工人前在公司的透支款,准予扣除。(6)公司发给上项工资时,工人应将铜牌号衣缴还,同时公司须将各工人保单退回,价与公司账目未清者不在此列。(7)待工资发清时,工人一律退出公司。③嗣后,公司的工潮得以解决。

依前而述,企业家进行领导管理时,必须明确企业各项经营活动间和员工间的相互关系。如果没有适当的组织机构,企业经营将变得混乱,员工积极性也受到影响。④如沪南公司停业后,1933 年 9 月 9 日上海市长吴铁城饬令财政局会同上海市兴业信托社(市立银行附设)核议沪南公共汽车。该社指出沪南公司的管理问题:"此次创办兴业信托社,原为促进华界繁荣起见,经营市内公用事业与繁荣市面有关……沪南公共汽车自停办以来,交通确

①　《沪南公共汽车停业纠纷》,《申报》1932 年 9 月 29 日第 14 版。

②　《沪南公共汽车纠纷社会局昨再调解》,《申报》1932 年 10 月 6 日第 10 版。

③　《沪南公共汽车工潮昨日签字解决》,《申报》1932 年 10 月 8 日第 13 版。

④　[美]杰斯汀·G.隆内克、卡罗斯·W.莫尔、J.威廉·彼迪:《小企业管理》(第十版),本书翻译组译,东北财经大学出版社 2000 年版,第 410 页。

感不便,但前沪南公共汽车公司失败原因,非营业不振,大概以管理失宜所致。现为振兴市面,便利交通,发展本社业务起见,拟请贵局呈请市府核准将沪南公共汽车交由本社自行办理。"①但对拟办沪南公共汽车及公用局拟办市中心区公共汽车向其借款事,9 月 12 日该社董事会议决,"此项公共汽车应由公用局办理抑由信托社办理,应由市政府决定后再行讨论。至于贵局向本社借款一节,本社因开创伊始,无此余力"。②因之,以信托社继续承办沪南公共汽车的计划搁浅,南市公共汽车业陷入停滞。

(二)公用局公共汽车管理处

沪南公共汽车停驶让南市地区公共交通仅靠电车维持,市民出行不便,而"沪南闸北一带,市面目见繁荣,最近市政府以推进大上海计划起见,将先兴发市中心区,但交通问题对于市面繁荣,关系至切",由此市公用局对于华界交通积极规划:沪南方面"现虽有电车行驶,但行驶电车,一以经费过钜,二以需时较久,事实上当难于短期间谋扩充。日前华商电车公司,有另行敷设自沪南通至新西区之计划,但此事工程繁重,决非一二年中可以实现。过去沪南曾有公共汽车之行驶,市面称便不少,旋以一二八案之影响,宣告停业。但沪南公共汽车之管理不善,亦为该公司停歇一大原因。故最近市政府方面对于沪南交通,决定由市府自办公共汽车。其路线先就过去沪南公共汽车公司所行驶者试行,得有成绩再谋扩充,该计划现正由公用、财政等局缜密筹议"。③即"沪南交通深感不便,悉此项公共汽车事业,为发展沪南交通起见",市政府决定交由公用局办理。该局详细计划、积极进行,车辆均采用最新式,约四五个月即可实现。④

从而,为解决沪南地区公共交通供应,经市政府 1933 年 10 月批准,由公用局筹划自办公共汽车。然因市府财力不足,无力拨付经费。经公用局于次年 1 月商得(比商)亚德洋行同意,赊购该行经销的大蒙天 325 型汽车底盘 16 辆,并由该行垫款承造车身,所有垫赊款规定在公共汽车管理处营收项目下按月偿还。1934 年 1 月,正式成立"公用局公共汽车管理处"(以下简称公共汽车管理处),处长张登义,停车场地及办公用房

① 《上海市公用局兴办沪南公共汽车》,1933 年 8 月—10 月,上海市公用局档案,档号 Q5-2-530。
② 《上海市公用局规办市中心区公共汽车》,1933 年 10 月,上海市公用局档案,档号 Q5-2-366。
③ 《市政当局积极规划大上海交通》,《申报》1933 年 11 月 1 日第 15 版。
④ 《沪南公共汽车由市公用局进行筹办》,《申报》1933 年 10 月 19 日第 11 版。

向原沪南公司租用。①既如此，"南市交通由市政府接办"，设公共汽车管理处于南市斜徐路 252 号（前沪南公司原址），电话 21743 号，直辖于公用局。②可以确定，公共汽车管理处是近代上海中方官办的第一个企业化运作的公共汽车营运机构。在运营过程中，该处并未得到市库资金支持，所以重视经营与管理。即公用局"办理公用事业所以有如此显著成效者，其主要原因在于事属职掌范围，情形熟稔，对于应兴应革诸端，瞭如指掌。且局内延有专家，举办各事均经详细规划，故事半而功倍。本局在管理市轮渡时，曾在高桥方面兼办公共汽车，其设备布置均非商办汽车可及，故希望此种车辆推广至繁盛市区，使多数市民共沾便利"，也因此愈加坚定华界"公共汽车以市办为宜"之主张。③如 1934 年 3 月 26 日，市政府核准《上海市公用局公共汽车管理处职工雇佣及服务规则》，主要内容如下：

第一章　总则

第一条　本规则所称职工系指公共汽车售票人司机人及修理工匠而言，其雇佣及服务均依本规则之规定办理之。

第二章　考验及试用

第二条　雇用职工之程序规定如下：一、报名登记；二、审查资格；三、考验技能；四、试用；五、正式雇用。

第三条　雇用职工须具之资历规定如下：售票人年龄须在 18 岁以上 40 岁以下，司机人及工匠年龄须在 21 岁以上 40 岁以下；身体健全无恶劣嗜好；曾在小学毕业或有相当程度；司机人须有 2 年以上之司机经验。

第四条　前项职工在登记时应向本处索取存记书须具姓名、年龄、资历并附 4 寸大半身相片及证明文件送经审查合格后定期考验。

第五条　考验之科目规定如下：售票人：一、检验体格；二、浅近国文；三、算术；四、验币。司机人：一、检验体格；二、浅近国文；三、驾驶技能；四、汽车常识；五、交通规章；六、口试。修理工匠：一、检验体格；二、浅近国文；三、修理技能；四、口试。

第六条　职工在试用之先须觅取殷实铺保，依照本处规定之格式

① 上海市公用事业管理局：《上海公用事业（1840—1986）》，上海人民出版社 1991 年版，第353—354 页。

② 柳培潜：《大上海指南》，中华书局 1936 年版，第 33 页。

③ 《上海市公用局兴办沪南公共汽车》，1933 年 8 月—10 月，上海市公用局档案，档号 Q5-2-530。

填具保单,送请本处认可后,方得试用。上项保单至停止试用或退职后,手续清了时,即予发还。

第七条　试用期以三个月为度,期满后为成绩优良即规定工资正式雇用,不合格者得随时停止试用。

第八条　试用期内之工作及服务规程概与正式雇佣者相同,其工资一律售票人为每月一律 20 元,司机人及修理工匠每月自 20 元至 45 元,膳宿均自理。

第三章　工作及工资

第九条　工作时间在上午 6 时至下午 12 时之内,以每日工作 8 小时为原则,如有特别情事,得由主管人员决定提早或延长之。

第十条　职工工资于每月月底结算发给,其工资等级规定一级至十二级如:售票分别为 44、42、40、38、36、34、32、30、28、26、24、22 元;司机分别为 66、63、60、57、54、51、48、45、42、39、36、33 元;修理工匠分别为 80、75、70、65、60、55、50、45、40、35、30、25 元。

第十一条　职工每月给予例假一日,照给工资。派定后,非经主管人员核准不得更动。

第十二条　每年双十节及一二三三月为休假日,照给工资,其经派定工作者,工资加倍计算。

第十三条　每月工作并无过失,又未曾请假及休息者月底加给工资一日。

第十四条　增加工资须服务满一年以上,并在年度终了考成后,依照第八章之规定办理之。

第四章　服务规程

第十五条　职工对于路线价目及一切有关系之规章通告等均须留意熟悉。

第十六条　职工对乘客须态度诚恳言语平和,绝对不得唐突。

第十七条　职工在服务时间须穿着本处制服,并须整齐清洁维持礼貌。

第十八条　职工在服务时间,不得谈笑并不得吸烟饮酒。

第十九条　每日服务时间驾驶车辆及其路线,由主管人员支配,职工应绝对服从,在规定开驶时间半小时以前到场,在未满规定下班时间以前,不得擅自离职,如有特别事故,须先报告主管人员,经许可派人代替后,方得离职。

第二十条　职工如见车上有乘客遗落之物件,应即送本处招领,不得私自藏匿。

第二十一条　每日报告必须依式据实填报,并须缮写清楚不得涂改毁坏。

第二十二条　职工所用之物件制服工具等,应妥为使用保存,如有遗失,应负赔偿之责,至退职时,须将各物件点交主管人员后,方可离职。

第二十三条　职工如遇老弱乘客上下车时,应予以协助,妥为招呼。

第五章　售票须知

第二十八条　售票人于车未进站停妥时,不得开启车门,又于乘客上下车未毕时,不得通知开车。

第二十九条　乘客上车,售票人应即售票不得徇情遗漏。

第三十条　乘客如有侵占座位随意吐痰探身车外等不守秩序情事,售票人应即婉辞劝阻。

第三十一条　车位已满不能容载时,如有乘客强欲上车,售票人应婉劝改乘后车。

第三十二条　如有军警机关人员乘车不肯买票时,售票人应记明符号姓名报告本处办理。

第三十三条　售票人应随时服从稽查员及主管人员之查核指示,不得违拒。

第三十五条　车辆肇祸时售票人应即协助司机人请求乘客或岗警签字作证,妥为处理,迅速报处。

第三十六条　车辆损坏时售票人应协助司机人设法修理,并招呼乘客改乘后车。

第三十七条　乘客损坏车上机件或设备时,售票人应劝令照价赔偿。如遇拒绝,应即报警办理,否则由售票人负责赔偿。

第三十八条　车内清洁事宜,应由售票人负责于到达终点时,指挥清洁夫打扫。

第六章　司机须知

第四十条　司机人驾驶汽车应遵守本市陆上交通管理规则之规定。

第四十一条　司机人驾驶汽车其速率在郊外时每小时不得超过40公里(约25英里),在闹市时,每小时不得超过32公里(约20英里)。

第四十二条　司机人驾驶汽车在转弯地点热闹街市狭窄道路交叉路口以及前面视线不清时,不得超越前行车辆或电车。

第四十三条　司机人对于行车班次及时刻,应听从主管人员之调度,每班到达终点及下班开行时间,应将行车记录表请主管人员记明。

第四十六条　车辆在中途肇祸致伤及乘客或路人时,司机人应即报告就近岗警,其受伤情形严重者,并须现行设法送往医院急救,同时请求乘客或路人目见者,留明姓名地址备作证人,事后即将详细情形报候本处核办。

第四十七条　车辆如有损坏时,司机人应将损坏情形报告主管人员加以修理。

第四十八条　车上引擎及机件若发生特别声音或变化时,司机人应即报告主管人员加以检验。

第四十九条　司机人驾驶车辆须随时爱护,不得漫不经心任其损坏。

第五十条　司机人在驶车时,如感心绪不宁、精神恍惚等状,应即报告主管人员请求派人代替。

第五十一条　车内乘客如有争执时,司机人应协助售票人加以劝解。

第五十二条　司机人须得售票人通知方可开车。

第五十三条　司机人除在规定停站以及有乘客在招呼站招呼停车而车内乘客未满足额时,得停车外,非得售票人之通知,不能停车。但机件损坏及道路有阻碍时,不在此限。

第七章　工匠须知

第五十七条　工匠试驶车辆时,应遵守本市陆上交通管理规则之规定。

第五十九条　工匠对于本处分发保养及修理汽车之印刷品即须留意熟悉。

第八章　奖励与惩戒

第六十条　奖励分下列三种:甲、加薪;乙、奖金;丙、记功。

第六十一条　惩戒分下列三种:甲、停职;乙、罚薪;丙、记过。

第六十二条　合下列各项之一者得受六十条丙种奖励:工作勤奋服务周到者。一年以内从无过失者。在车内拾得贵重遗物送处招领者。

第六十三条　合下列各项之一者得受六十条乙种奖励,其金额视事态轻重而酌定之:发生意外事故能处置适当而有利于公家者。贡献意见增进公家巨大利益者。驶车用料最为经济者。

第六十四条　合下列各项之一者得受六十条甲种奖励:一年以内记功满二次以上者。服务成绩特别优良者。一年内得奖金在二次以上者。

第六十五条　有下列各项之一者应受六十一条丙种惩罚:(1)对乘客有傲慢行为者;(2)穿着制服不整洁者;(3)在车上吸烟或谈笑者;(4)不准照排定工作时间者;(5)隐匿乘客遗物者;(6)车未到站停妥任客上下或乘客上下未毕而即开车者;(7)驶车超过规定速率者;(8)明知停车在五分钟以上而不将引擎停止者;(9)驶车不遵交通规章者;(10)擅自开车或擅交他人代开者;(11)车上物件损坏隐匿不报或推诿者。

第六十六条　有下列之一者应受六十一条乙种惩戒,其金额视事态轻重而酌定:辱骂乘客或同事者;驾车不注意油水气量致损坏机件者;浪费物料者;驾驶不慎致肇,危险而较轻微者。

第六十七条　有下列各项之一者应受六十一条甲种惩戒,其关于各项,并得视事态之需要移送法院究办:殴伤乘客或同事者;造谣生事鼓动风潮者;驶车不慎违背规章致遭重大损害者;混用旧车票或收费而不给车票而侵吞车资者。

第七十五条　本规则如有未尽事宜得随时修正之。

第七十六条　本规则自呈奉市政府核准备案之日施行。①

公共汽车管理处成立后,前沪南公司工人 1934 年 3 月 20 日要求依约录用,并呈请党政机关设法救济。如工人钱顺皋等因沪南公司已由市公用局接管,该管理局准备复业,特于前日推派代表向管理局要求依据社会局调解决定第二项:(1)公司复业,原有工人一律复工,所借工资准在月薪项上分期扣除。但公司缩小范围不能一律雇用时,得就原有工人中雇用之,惟不得另招新工。(2)准予录用原有工人,即务请依照此前的和解笔录完全录

---

① 《上海市公用局订定公共汽车管理处优待军警乘车规则及职工规则、乘客规则》,1934 年 3 月—5 月,上海市公用局档案,档号 Q5-2-419。

用。①但此事最终结果不详。1937年八一三淞沪会战爆发后，公共汽车管理处因在华界营业，故停止办理。

（三）浦东公共汽车

其时，"本埠市区范围内，现有商办公共汽车公司三家，其行驶区域皆在浦江之西"。自1934年4月1日公用局公共汽车管理处"除南市路线外，并行驶浦东路线"。②即华汽公司先后于1931年、1934年8月正式声明放弃浦东的高桥、杨思、塘桥、洋泾、陆行、高行等六区行车权利，由市政府收回。高桥区由兴业信托社市轮渡管理处放车行驶，其他各区由公共汽车管理处通车行驶。③

具如浦东高桥区"人口众多，地方畜庶，居民在浦西经营各项事业者为数不少，故其需要稳妥迅速之交通器具，极为殷切。自市办浦江轮渡行驶新渡轮后，该镇人士迭次请求当局展驶高桥，公用局为适应需要起见，添造渡轮两艘业已落成，一俟高桥码头完工即可开航，但以轮大港小，不能驶近镇，故码头地点距镇约几公里"，1931年公用局以"陆上交通苟无相当联络，行旅往来仍感不便，爰拟就高桥镇至轮渡码头一段，自办公共汽车与渡轮班次相衔接，马路桥梁亦均筑成。此项计划已经市政府核准，现正由该局积极筹备，采用最新式汽车与渡轮展航，同时实现"。④即公用局为发展市区交通起见，于3月中旬将市办浦江轮渡（外滩至东沟）展至高桥，但因高桥港狭水浅，市轮渡航线终端高桥码头，在浦滨天灯口码头系泊，离高桥镇约2.6公里。由是，该局轮渡管理处呈准市政府开办联结码头至高桥镇的公共汽车线路，与轮渡衔接。即"在新车未造成以前，暂向华商公共汽车公司租用两辆行驶，现悉该项定制新车构造完成"，于4月22日通车营运，来往于轮渡码头至高桥镇间接送轮渡乘客。高桥公共汽车试车典礼当日，请柬邀市政府及各局职员、市银行经理及各交通事业公司代表莅临参加，1时半起停车老西门陈英士先生纪念塔前候客，2时出发试车，经行中华路、国货路、沪军营、外马路、东门路、民国路、爱多亚路、四川路、北四川路、宝山路、天通庵，折东至百老汇路、外滩、南京路、抵威海卫路，中间设憩息举行茶话，款叙来宾，"且该局以此为市办陆上公共交通事业之嚆矢，故对于该项汽车之构造

---

① 《沪南公共汽车工人要求依约录用》，《申报》1934年3月21日第10版。
② 柳培潜：《大上海指南》，中华书局1936年版，第24页。
③ 《英商公共汽车华商公共汽车合约与废约》，1947年4月18日，上海市公共交通公司筹备委员会档案，档号Q417-1-297。
④ 《浦东高桥将行驶公共汽车》，《申报》1931年2月20日第10版。

布置力求精良坚固,足树市内公共交通器具之模楷"。①嗣后,该线转由市轮渡管理处与兴业信托社合办,并在高桥镇大同路口建停车场、售票处及候车处,后自购新车、停止租车。1933 年 8 月 27 日,市政府接管市轮渡纳入兴业信托社管理,公共汽车亦一同划归。至 1934 年,高桥汽车由开始时 2 辆增至 6 辆。②从而,上海市轮渡管理处(天津路 66 号,电话 16390)除办理长渡、渡江渡等市轮渡业务,还有市办高桥区公共汽车:高桥码头至高桥镇,高桥镇至海滨浴场。③1937 年全面抗战爆发后,该线路停办。

针对浦东其他区域,1933 年 12 月兴业信托社关于浦东洋泾、塘桥、杨思三区公共汽车营业权呈文上海市政府秘书处:"为扩展本社业务增加轮渡副业,便利市民交通起见,查市轮渡西渡码头为浦东洋泾镇之出浦要道,码头至镇相距三里之遥,旅客徒步往返,颇感不便。市轮渡在公用局管理时期,即有西渡至洋泾镇之间,仿照现在高桥办法行驶公共汽车之计划,历经与工务局函商进行,本拟于本年冬间举办,本社接办市轮渡以来对于原定计划自当继续进行。将来西渡之歇浦路及桥梁等建筑完成,自以即行行驶公共汽车,较为便利。本社对于原计划并拟酌加扩展。因浦东大道南半部即可建筑完成,将来并拟将是项公共汽车,自洋泾浜镇展驶至周家渡为止,使浦东市民之欲搭乘市轮渡者,均得较为便利。"浦东各区行驶公共汽车营业权,除高桥一区已归市轮渡经营外,其余仍属华汽公司营业范围,"以上行驶公共汽车计划如该公司愿意承办,自当依照本市合约交该公司即行办理。如其认为不能举办,拟请市政府将浦东洋泾、塘桥及杨思三区公共汽车归本社办理,以便本社筹划进行"。市长交予公用局办理。④

然,公用局拟自行办理浦东各区公共汽车。1933 年 12 月,该局派四科技士等调查浦东筹办公共汽车路线:浦东自周家渡至东沟一段各渡口(对江渡、港渡、长渡)的轮船、轮拖、自摇,每日来往人数达 41 527 人。市轮渡铜人码头至西渡间乘客日均约 200 人,其他沿浦东路的搭客确数难于估计。集合该路人力车营业约计 600 辆,据该处车夫称从烂泥渡至洋泾镇半数单程车资每次约 3 角,以此推算每日约乘客 1 800 人;其余劳工大都五六人合

---

① 《市办浦东高桥公共汽车试车典礼》,《申报》1931 年 4 月 23 日第 15 版。
② 上海市交通运输局公路交通史编写委员会:《上海公路运输史》(第一册),上海社会科学院出版社 1988 年版,第 109—110 页。
③ 《上海市公用局局长私人函件》(英文),1936 年 5 月,上海市公用局档案,档号 Q5-3-902。
④ 《上海市公用局兴办浦东公共汽车》,1933 年 12 月—1934 年 8 月,上海市公用局档案,档号 Q5-2-371。

乘小车 1 辆，"看来似无乘坐公共汽车之能力，故未列入。照以上乘客情形，最近数年内行驶公共汽车，若仅以便利交通为目的，似可举办。但若投资营业，则无把握"。自周家渡起至东沟全程共长 18 公里，路面铺煤屑阔 6 米，行驶 3 吨以下车辆尚无问题。西渡市轮渡码头至洋泾镇相距 0.8 公里，其中尚有桥梁 2 座未筑。东昌路与浦东大道相联处有桥 1 座，坡度过高，路角转弯处半径过小，行驶公共汽车时须留意。地区商务：(1)东沟。浦东大道以东沟为终点，隔一小港与东沟镇市相望，小港中有小木船 1 只，以资来往渡客之用，"惟来往者殊少，将来如办公共汽车，则在此小港间造桥，固属便利"。东沟临黄浦江，市轮渡每一点钟停泊此一次，故对往来于上海与吴淞间的交通非常便利，该地为小集市，多为买卖日常应用品。"惟该地有一火柴公司出产火柴，每日雇用四五百人，为该地贸易之圭臬，此种工人多住于该集市附近，如交通便利，则住居等必较便利。"(2)周家嘴。浦东大道以周家嘴北白莲泾为终点，白莲泾与周家嘴相隔一河，河中有轮船来往于六里桥与浦西之间，亦有木船 1 只，以资来往者颇多，"将来如办公共汽车，则在此小港间须造桥以资联络"。周家嘴沿黄浦从浦西董家渡到周家嘴有定班轮船，该轮为上南长途汽车公司联络汽车之用，故每日经过周家嘴者甚多，并有从董家渡到六里桥轮船，亦每日定期往来于周家渡北白莲泾小港中，亦因之使周家渡来往之人甚多，该地为小镇市，买卖日常应用品。(3)广宁寺。广宁寺沿黄浦有本市轮渡定期来往于此，故水上甚便，有小火车起点于此，故往各地的陆路交通亦颇便利。唯来往之人多为往来上海经过者，故本地交通虽便，商务殊形冷落。该地如无大量贸易活动，住户必不能增加。一言蔽之，"如浦东大道公共汽车便利，则来往经过该处者必舍舟就车，市公共汽车发达之结果则影响于市之营业，可断言也"。[①]

至 1934 年 2 月 14 日，国民党上海特别市执行委员会第五区执委会二十九分部呈转市政府："窃查浦东大道自建筑以来三载于兹，中经沪战一度停顿。现以大部完成，虽有几处桥梁尚未建设，而足以行驶之路线亦已不短。民众心理，胥谓浦东有此平坦大道，尤无交通利器，不免遗憾。然欲繁荣浦东，非交通便利不为功，是以行驶汽车实为当务之急。"本部第二次党员大会讨论，"请于最短期间，在浦东大道上行驶公用汽车，以便行旅"。市执行委员会复："据此查该处公用汽车，实为急待行驶必要"，请迅予转请核办，

---

① 《上海市公用局兴办浦东公共汽车》，1933 年 12 月—1934 年 8 月，上海市公用局档案，档号 Q5-2-371。

"以慰重望"。4月19日,公用局派员测量浦东大道运输情形并绘制《调查浦东大道交通状况报告书》(如表5-3):(1)浦东大道来往人数"似甚稀少,其间虽有互相往来者,但均为附近之人,为数亦不甚多"。此次调查范围分两段:一为洋塘区(即现时可通行汽车),包括东昌路等三处,烂泥渡等12站;二为杨思区,包括东沟等三处。(2)浦东人口除三区四所外,共计27万余人,其中6—60岁约22万余人,即将三区五所除外亦有18万余人,而多数人口皆密集镇市,故沿浦东大道即以千分之一计每日亦有1 800人来往。至于户数除四所外共计57 000余户,其中棚户约6 000余户,公共处所约350余户,商人及学界约23 000余人,"此项人口,皆有乘坐公共汽车之可能"。(3)浦东各镇装用电灯用户皆为较裕之家,其户数与户口总数以百分计,三区约占20%,三区一所约占13.2%,二所约占11.5%,三所约占10.1%,五所约占5.4%。以人口总数计算,三区有11 000余人,一所3 800余人,二所4 600余人,三所5 000余人,总计26 000余人,倘以十分之一计算亦有2 600余人,此项推测人数若照表所列每日有510人来往数比较,则乘车人数可以增加5倍,收入数150元(此仅就浦东人口统计推测,来自浦西人数未计)。(4)浦东大道沿江各镇市有渡口处,该地必较繁盛,"各镇市住民之来往不为徒步即为人力车,故旅行上诸感不便,为联络各镇市之交通,及利用地势促成浦东之发达,计对于兴办公共汽车,似为现下急不容缓之举"。且浦东与浦西仅一江之隔而情况相差悬殊,"其故虽有多端,而交通不便要为主因之一。现在浦西繁盛日增,而利用浦东空地设置堆栈油栈者为数亦颇多,若浦东交通一臻便利,则浦西过剩及澎涨之状况必将一一移置于浦东,自在意中。故乘以浦东大道现尚完整之际,以之筹办公共汽车促成浦东之繁荣,不难事半功倍"。①

表5-3　上海浦东各区所户口统计表(1934年)

年　龄	合计(人)	户　口	合计(户)	籍　贯	合计(人)
5岁以下及60—100岁人口	51 698	棚户	6 248	江苏省	102 360
6—60岁人口	225 167	铺户	3 609	上海市	129 533
未婚嫁者	163 148	公共处所	355	外省	44 972
人口总数	276 865	户口总数	57 894	外国籍	229

① 《上海市公用局兴办浦东公共汽车》,1933年12月—1934年8月,上海市公用局档案,档号Q5-2-371。

工　　厂	合计（人）	学　　校	合计（户）	职　　业	合计（人）
机器厂（4 处）工人数	99	小学校处数	68	农人	25 008
织染厂（11 处）工人数	2 741	小学生人数	7 808	工人	40 806
制造厂（21 处）工人数	1 687	中学校处数	2	劳工	17 193
冶铸厂（1 处）工人数	29	中学生人数	686	商人	15 748
				学界	8 987
				无业	41 128

资料来源：《上海市公用局兴办浦东公共汽车》，1933 年 12 月—1934 年 8 月，上海市公用局档案，档号 Q5-2-371。

嗣至 1934 年 7 月 22 日，公用局致函华汽公司："关于浦东各区行驶公共汽车一案，本局前以市政府为发展浦东市区起见，已照原定建筑浦东干道计划积极进行"，计南起周家渡北迄东沟，中间经过杨思、塘桥、洋泾、陆行、高行五区路线共长 17.5 公里，于 1930 年 12 月间以该项干道于浦东市区发展关系至巨，令饬华汽 5 个月内充分备车行驶，以应需要。"现在浦东干道业已大致完成，各该区公共汽车之行驶亟待实现，该公司对于上述各该区公共汽车是否有意经营，或照合约规定自愿放弃，七日内声复。"该公司回复，"窃公司现随北市兴展交通需要，积极筹划，在于公司增招股本未达定额期前，对浦东杨思、塘桥等五区干道行驶公共汽车即须公司行驶公共汽车，恐财力不克兼及。惟有愿意依照合约第一条规定，办理条文兴办市内公共汽车之优先权。尚有上陈者，查浦东干道所经过之白莲港、张家浜、洋泾港、马家浜，四桥梁仍未着建筑，自呈奉日起如逾一年后，各桥梁仍未达完成时，对浦东各该区行驶公共汽车，仍许公司有优先请求行车之权"。[1]但同年 8 月，华汽公司宣布放弃浦东公共汽车的经营权。

由是，1935 年 3 月公用局设立市办浦东公共汽车，厂址在浦东东昌路，有汽车约 10 辆，行驶东昌码头至洋泾镇之间，直辖于公共汽车管理处。[2]翌年，浦东的人力车约 3 000 部，每部有车夫 1 人，一天缴纳车租 700 文，不分早晚班，过去公共汽车没有通车时候，每天多则拉到 1 块钱，除车租还

---

① 《上海市公用局兴办浦东公共汽车》，1933 年 12 月—1934 年 8 月，上海市公用局档案，档号 Q5-2-371。

② 柳培潜：《大上海指南》，中华书局 1936 年版，第 36 页。

余 2 300 文,少则拉 2 000 文,除车租也可多 1 300 文。但自"去年公共汽车通车后,凡是市轮渡码头到洋泾的人,通统改乘公共汽车,既经济又迅速,可是人力车夫吃亏了,而且浦东居民大多数是做工的及衣食粗饱的小市民。他们平时并不大坐车子,假如要坐车子的话,当然找便宜的坐——公共汽车"。[①]从而,浦东北区的交通道路有浦东大道、赫得利路、杜高路、东泾路、东沟路和蔡高路等,主要通行人力车和小车。1933 年修筑的浦东南路长 12 公里,通行公共汽车。再据 1941 年统计,浦东北区公共汽车归东昌路公共汽车公司管理,主要有公园、高桥两站。浦东南区主要交通线为旧有的东昌路,有公共汽车自东昌路至洋泾浜,经过重要站点有庄家桥、杨家宅、其昌栈、六号桥、十八间、凌家木桥、七号桥等。即浦东地区的公共汽车公司原由上海市公用局自办,全面抗战后则由日本商人承包。[②]

第二节 线网布局和执行票制

一、闸北地区

1928 年 11 月 19 日,华汽公司首条公共汽车线路一路甲在闸北通车。自上海北火车站(如图 5-1)经宝山路、西宝兴路、水电路、新市路至江湾,全长 10.2 公里,配备公共汽车 4 辆。[③]其路线(北站至劳动大学)车票分 5 个票级,分红、黄、紫、蓝、绿 5 种颜色,车票长 67 毫米,宽 40 毫米,票面上印有公司名称、票价、上行与下行的各级票价分段站名、注意事项等。[④]该公司一路甲线终点在北站,每月乘客达 7 万人次。斯时淞沪铁路班次少、常误点,故乘客经常"舍此就彼"。[⑤]嗣后,该公司相继开辟:一路乙线,起讫站点与甲线相同,只是线路走向不尽相同,全程 6.6 公里;二路,由北四川路(今四川北

① 《浦东公共汽车通车后 黄包车生意大见减少》,《大公报》1936 年 5 月 13 日,转自上海市出租汽车公司:《上海街道和公路营业客运(个别的公共交通)史料汇集》(第二辑),1982年 3 月油印本,第 204—205 页。
② 吴景平等:《抗战时期的上海经济》,上海人民出版社 2015 年版,第 131 页。
③ 上海市交通运输局公路交通史编写委员会:《上海公路运输史》(第一册),上海社会科学院出版社 1988 年版,第 104 页。
④ 蔡君时主编:《上海公用事业志》,上海社会科学院出版社 2000 年版,第 363—364 页。
⑤ 赓:《淞沪支线与公共汽车》,《京沪沪杭甬铁路日刊》第 1685 号合订本,1936 年 9 月 9 日,第 59 页。

路)至新闸路桥;三路,由北站至真茹无线电台;四路,由北站至市政府;五路,由北站至市府宿舍;六路,由杨树浦黎平路至闸北水电厂。①

图 5-1　上海北火车站门前的公交汽车总站

图片来源:《其实汽车在中国的出现并不比其他国家晚了多少》,载微信公众号"知乎日报"2015 年 11 月 13 日,http://www.122.cn/jtwxiang/jtbjd/644365.shtml。

具如华汽公司 1929 年 2 月 12 日呈请上海特别市公用局行驶第三路,由宝山路沿宝山路虬江路直驶真茹,"二三两路,大致均可在最近期间正式通车,从此市区内交通上又便利不少"。②当月上旬公司购新车 12 辆,"分配于第二条路线,尚觉有余。公用局以闸北真如间交通情形,需要亦甚迫切,当令其利用有余车辆,再辟第三条路线"。此路线由北火车站起,行经新民路、大统路、交通路直达真茹,经公用局派员勘察,"新民路与界路交界处,其北边全系铁路仓房,路上常有货箱堆积,而运货汽车塌车等亦时常麇集,公共汽车来往该处,殊多窒碍。又新民路南林里转角处,路面狭窄仅容汽车一辆,车行甚为危险。旋工务局提议改由虬江路共和新路折而向西,经交通路直驶真茹。经该局派员覆勘认为确当,当即令知该公司遵照改正并饬赶速筹备,克期通车以利交通"。4 月,公用局核定该公司新辟路线,一驶真茹,一通龙华。③从而公司添置车辆,行驶北火车站至真茹的第三路,于 1929 年 4 月 25 日通车;北四川路虬江路口至恒丰路桥的第

---

① 蔡君时主编:《上海公用事业志》,上海社会科学院出版社 2000 年版,第 335 页。
② 《华商公共汽车二三两路即可通车》,《申报》1929 年 2 月 13 日第 16 版。
③ 《公用局核定公共汽车新辟路线》,《申报》1929 年 4 月 20 日第 23 版。

二路,5 月 16 日通车。①即第三路由北站(宝山路口)至真茹无线电台,车资为北站至五区二署 6 分、宋公园路 9 分、共和新路 12 分、交通路 15 分、大统路 18 分、井亭路 21 分、大阳桥 24 分、中山路 27 分、顾家宅 30 分、真茹 36 分,全长 10.2 公里。②第二路"前因设施未备,故往来车辆仅暂开两部,以利交通。该公司对于此路积极改善,特多增车辆二部合共四部,并于车资略有更改,俾便民众利益",定于 9 月 1 日增加车辆、按时往来,"该路交通从此较以前便捷",车资为北四川路至五区二署 6 分、宋公园路 9 分、共和新路 12 分、海昌路 15 分、通济路 18 分、恒丰桥 21 分。③

至 1930 年底,华汽公司营运汽车增至 21 辆,营运路线 3 条,业务渐上轨道。④该公司于 1931 年 1 月再呈请公用局新辟第四路公共汽车路线、以利交通:"窃前于一九三〇年七月奉钧局训令九四五号,为七区党部恳辟翔殷路至沈家行行驶公共汽车,以便交通。当时公司以力有求逮,特恳准予缓办,经于同年八月十三日呈报在案。近日复旦大学亦有同样之请求,公司以该路既有大学,复将建设女子体专,士女往来渐众,斯亦意中之事。公司于是拟另辟新线,定为第四路,其行驶计划由北站起,经体育会路转军工路直达沪江大学门首为止。先行试办三月,营业若能进展,足堪维持者,当继续办理。否则,惟有改变方针,只分派车辆,单驶至复旦大学为止,谨将车资分站表备文呈请,鉴核示遵,至深德便"。即自北火车站宝山路口起至军功路附近的沪江大学止,中经鸿兴路、宝兴路、天通庵路、派克牛奶公司、持志大学、合昌油厂、畜植公司、复旦大学、淞沪路、沈家行、虬江桥、沪江大学等站,拟定车资分站分别为铜元 8、11、14、17、20、23、26、30、34、40、44、48 枚,目前已将计划及停车站单与价目表等呈请公用局审核。⑤但斯时第四路并未获准通行。且,第二路因"营业清淡,虽经改道仍不能维持",自 1931 年 3 月 2 日起暂行停驶。⑥

继至 1932 年华汽公司的公共汽车第一路由宝山路口直达江湾镇、第三

① 《英商公共汽车华商公共汽车合约与废约》,1947 年 4 月 18 日,上海市公共交通公司筹备委员会档案,档号 Q417-1-297。
② 《华商公共汽车试行北站江湾》,《申报》1929 年 4 月 25 日第 15 版。
③ 《华商公共汽车第二路线增加车辆》,《申报》1929 年 8 月 29 日第 15 版。
④ 上海市交通运输局公路交通史编写委员会:《上海公路运输史》(第一册),上海社会科学院出版社 1988 年版,第 104 页。
⑤ 《闸北公共汽车公司呈请公用局添辟路线》,《申报》1931 年 1 月 26 日第 15 版。
⑥ 《英商公共汽车华商公共汽车合约与废约》,1947 年 4 月 18 日,上海市公共交通公司筹备委员会档案,档号 Q417-1-297。

路由宝山路口直达真茹。"历年营业以第一路最有成绩，闸北战后虽属残废，第市中心区积极进行，此路不日当比前为更旺盛"。第三路因战事发生，"为行军行客便利，乃于去年由真茹筑成公路直达于南翔及由真茹至北新泾，经市府第五二九号指令决将该路面放宽，并铺煤屑以利交通，将来驳长三路，其营业进步当可敢决"。①1933年2月，该公司计划上海市政府落成时开驶三条新路线：(1)由宝山路靠体育会路、引翔路、淞沪路达市府新厦，转军工路至吴淞镇。(2)由北四川路、东宝兴路靠水电路、体育路、江湾跑马厅至江湾镇。(3)由狄思威路、其美路、引翔路、军工路至沪江大学。"兹积极筹设，惟资本问题，公司已新招股款。现增股成绩亦称不恶，尤望各界助尽地方人办地方事业，俾公司计划得以依时实现。"②即市政府对于市中心区建设"正积极进行，各干路已次第完成。而市府新屋于年内亦可落成，则市中心区之繁荣时期，当不在远矣。但市面繁荣与交通之关系，至为密切，故市府方面对于交通问题，已向各交通机关接洽创办。兹闻闸北华商公共汽车公司近亦适有扩充之计划，闸北与市中心区既极接近，只需原有路线加长，故该公司即拟具延长路线计划，曾与数度接洽"。该公司已有路线终点达江湾镇，另拟三线以市中心区为交通中心点：北四川路起至沪江大学为终点、狄思威路起至市府新路为终点、炮台湾的福致饭店起至市府新厦为终点。"该项计划，该公司现正与市府洽商，预料于最近期内必能解决。"③

且华汽公司于1933年4月将第三路（北站至真茹）展长至国际无线电台，增加路程计2.3公里。④是年6月，因铜元兑价跌落，其呈请公用局核准增加票价："公司素来营业日逐收入均以铜元为主，惟近来市面铜元允价日跌一日"，本年1月每铜元2 796文可换大洋1元，至今铜元3 176文方得1元沪币。"而公司车辆行驶与职工服务日逐开支又概不能减少，入不敷出，势必至无力维持之概。查沪市交通机关，因铜元兑价次第跌落提增车价，以资弥补者，比比皆是。公共租界早已见诸实行，最近南市华商、法商两电车公司亦蒙市府加以批准，前案可援。"公司为弥补起见，各线票价拟除真茹特别快车每客收小洋2角仍暂照旧规定外，每票增加铜元2枚，照此以查2—

---

① 《上海市公用局关于华商公共汽车公司增加股本》，1932年6月—1933年4月，上海市公用局档案，档号Q5-2-596。
② 《华商公共汽车公司近讯》，《申报》1933年2月1日第17版。
③ 《市中心区将辟三大交通路线》，《申报》1933年6月4日第13版。
④ 《英商公共汽车华商公共汽车合约与废约》，1947年4月18日，上海市公共交通公司筹备委员会档案，档号Q417-1-297。

5月四个月内乘客共638 185人,若每票增加2枚亦只得4 254.56元,与损失数相比尚差878.39元,"如此加价虽未能完全偿其所失,然亦绝无少补。请钧局体谅商艰,准予略加车价,以资弥补"。1933年11月,该公司第一路的站名为北火车站、宝兴路、天通庵、派克公司、爱国女学、屈家桥、合昌油厂、畜植公司、跑马场、新市路,分站车资分别为铜元8、11、14、17、21、24、27、31、33枚;第三路的站名为北火车站、宋公园路、共和新路、交通路、大统路、井亭路、太阳桥、中山路、顾家宅、小场庙、真茹、杨家桥、八字桥、许家桥,分站车资分别为铜元8、11、14、17、21、24、27、31、33、39、42、45、48枚。①

　　伴随市中心区建设次第完成,华汽公司"今后进行责任较前更重大,上海计划初步已告成功,为繁荣市中心区计,拟辟市中心区路线。惟此项计划之成立约需资本五十万,方克成功,并希望各界对于公共事业创立之非易,予以保护及协助,则更为同人等所热望"。②即自1933年12月20日上海市政府及各局开始迁移,市府大厦开放任人参观,准备次年元旦办公。该公司应交通需要,由20日起自北站宝山路口开驶4辆公共汽车,每逢15分钟开车一班,时间上午8时起至下午5时止,行驶路线与车资分站"暂均依照本年双十节市府落成时规定"。即由宝山路口起直往市府,需时计23分,单程每客收小洋2角,由宝兴路起铜元45枚、天通庵起42枚、法学院起39枚、爱国女校起37枚、屈家桥起23枚、合昌油厂起29枚、畜植公司起27枚、复旦大学起24枚、七区二所起21枚。③从而,市中心区交通由华汽公司经营,至1934年1月1日12辆汽车完全行驶。市府职员自市府迁移后在宿舍问题未解决前,每日上公、散值为节省时间费用起见,由公用局呈请市府于每日上午自8时15分起至下午5时止,由公共汽车专程接送职员,普通客车另调他路车辆代替。此项专车办法已经市府核准,对于职员车资补救暂定每人津贴5元。④即该公司为配合上海市政府迁往新址,于1934年1月正式增开第四路线,自北火车站至市政府大厦,路长10.2公里。⑤

　　至1934年6月12日,华汽公司请求增加票价,由市公用局、社会局、公

① 《上海市公用局关于华商公共汽车公司变更第一路分站车资》,1933年6月—1934年6月,上海市公用局档案,档号Q5-2-668。
② 《华商公共汽车公司昨开五周年纪念大会》,《申报》1933年11月20日第9版。
③ 《新市府迁移开放　行驶市中心区公共汽车》,《申报》1933年12月19日第10版。
④ 《市中心区公共汽车昨日起开始行驶》,《申报》1933年12月21日第11版。
⑤ 《英商公共汽车华商公共汽车合约与废约》,1947年4月18日,上海市公共交通公司筹备委员会档案,档号Q417-1-297。

安局、财政局、教育局出席会议并议决：(1)短距离的行程不宜多加，故拟将该公司各线起点时第一、第二两站准加铜元 1 枚，第三站起每站各加铜元 2 枚。(2)第四路路线（北站至市中心区）为促进市中心区繁荣起见，该线票价应少，交通除起点第一、第二两站各加铜元 1 枚，第三站起每站各加铜元 2 枚外，至终站时应为铜元 47 枚，但乘客仍以小洋 2 角照付。(3)如将来铜元兑价高涨、汽油价格跌落回至 1933 年市况时，由主管局酌令减低票价，"以符公用事业便利市民之本旨"。①同年 10 月 1 日公司添辟第五路通车，自北火车站至市政府宿舍，全线长 11.6 公里。②即第五路干线原由北站经宝山路、同济路、江湾路、西体育会路、翔殷路、淞沪路、三民路、市光路、民府路、府后路、市政府左旁止，"嗣因三民路建筑桥梁阻梗，暂靠国和路行驶，现该桥筑竣，将四路车调回上列原线行驶"。公司基于"国和路等处建设与居户日繁，为顾全市中心区交通需要，将北站兼往市府宿舍的车辆改辟第五路线"。其沿线大致与四路同行，但北站至翔殷路则靠国和路、府西内路由右至左，经市府大厦，折府前左路、府东内路、府南左路、海通路，市府宿舍为暂时终点；车资未变，北站至宿舍全线铜元 53 枚。③1934 年 10 月，第三路特别专车，改行普通车。④

针对月季票，1935 年 1 月 6 日华汽公司为购票定章等呈请公用局鉴核："窃公司车行各线车资均以铜元为本位，为谋乘客携带简便及冀助展市区繁荣，每拟发售乘车月季票之举，钧局暂准公司发售月票作为试办性质。惟查公司现行路线比前增加，复接各方乘客来函购买月票日众，今为迎合需要起见"，拟具月季票式样、草具购票定章并拟定价目，计分四等，一路票每月大洋 5 元，三路票 6 元，一、四、五路通用票 6 元，各路通用票 10 元，定于 1 月 25 日发售，2 月 1 日起有效，6 个月为试办期。具如《上海华商公共汽车有限公司购票定章》(1935 年)：(1)凡持本月季票者，只限本人乘车，不得借让别人。(2)凡持月季票者，须凭票面所指定的路线车辆乘搭，但不限次数。如乘别路车，车资照章付给。(3)凡遇本公司售票员查票员询取查阅，须立即将票交出察验，不得推诿及不得与车务人员留难情事，否则除照章购票外，如查有不守规定确据，下次若再购票，本公司有拒购

---

① 《上海市公用局关于华商公共汽车公司变更第一路分站车资》，1933 年 6 月—1934 年 6 月，上海市公用局档案，档号 Q5-2-668。
② 《英商公共汽车华商公共汽车合约与废约》，1947 年 4 月 18 日，上海市公共交通公司筹备委员会档案，档号 Q417-1-297。
③④ 《闸北公共汽车新讯》，《申报》1934 年 9 月 29 日第 14 版。

290

之权。(4)凡贴月季票面的相片及缮写的期限,倘查有更动或字划涂改情事,车务人员得即将该票扣留,并本公司不负任何责任,声明当该票作废。(5)月季票效用期间,以票面所指定月份为限,如至次月1日乘车即作无效。(6)月季票如无本公司硬印及未经总经理、车务科长、总务科长盖章,不生效力。(7)购有月季票间,或忘带须照章购票,不得藉故拒给车资,如有遗失,概不准挂失亦不得退还票费。(8)凡购月季票以应次月之用,须在当月25日至月终为期,如逾此限,不论从何日购买,概当该一个月内所用定价收费。(9)本定章由本公司呈准官厅备案日起施行,如有未尽善事宜,公司得随时呈请官厅修改。①

譬如该公司发售月季票(附兑换券价目):(1)月票:一路车售洋5元,一、四、五路车售6元,三路车售6元,各路车通用售10元。(2)季票:一路车售洋14元,一、四、五路车售17元,三路车售17元,各路车通用售29元。(3)月票发售日期逢每月25日起,季票每逢3、6、9、12等月25日起发售,先购后用,倘在当月或季购用,不论该月或季已过若干日,仍作一个月或一季票价收费。(4)丙种兑换券:每本20张,可乘(三路)普通车由北站至暨南大学,单程20次售洋2元5角。(5)丁种兑换券:每本21张,可乘(四路)普通车由北站至市政府,单程21次售洋3元。(6)庚种兑换券:每本32张,可乘(四路)普通车由北站至复旦大学,单程32次售洋3元。(7)壬种兑换券:每本29张,可乘(一路)普通车由北站至江湾新市路底,单程29次售洋3元。②嗣该公司"积极发展北市交通",1935年11月10日添辟第六路通车,路长4.5公里。自市政府起,沿府前左路、府东内路、府南左路、海通路、华阁路、翔殷路、军工路至沪江大学止。车资分站:由市政府至市府职员宿舍铜元9枚、沈家行12枚、虬江桥16枚、春江路19枚、沪江大学23枚,每10分钟开车一班。另,其第三路"为该处居民及暨南员生往来益臻便利起见,同日加开专车两部,沿途不停,全线车资均参照该路普通车收取",每客单程铜元41枚。③是年底,该公司有汽车45辆,行驶五条线路(见表5-4至5-8),计长54.1公里。④

① 《上海市公用局关于华商电车与公共汽车发售月票》,1931年9月—1935年1月,上海市公用局档案,档号Q5-2-876。
② 柳培潜:《大上海指南》,中华书局1936年版,第24页。
③ 《闸北公共汽车添辟六路线》,《申报》1935年11月9日第12版。
④ 《英商公共汽车华商公共汽车合约与废约》,1947年4月18日,上海市公共交通公司筹备委员会档案,档号Q417-1-297。

汽车与上海城市客运研究（1901—1949）

表5-4 华商公共汽车公司第一路车资分站表（1935年）

票价：铜元

	北火车站	西宝兴路	青云路	柳营路	粤东中学	持志学院	俞泾庙	畜植公司	跑马场
西宝兴路	9								
青云路	12	9							
柳营路	16	12	9						
粤东中学	19	16	12	9					
持志学院	23	19	16	12	9				
俞泾庙	26	23	19	16	12	9			
畜植公司	29	26	23	19	16	12	9		
跑马场	35	29	26	23	19	16	12	9	
池沟路	35	33	29	26	23	19	16	12	9

资料来源：柳培潜：《大上海指南》，中华书局1936年版，第25页。

表 5-5 华商公共汽车公司第三路车资分站表（1935 年）

票价：铜元

	北火车站	宋公园路	共和新路	交通路	大统路	井亭路	太阳桥	中山路	顾家宅	小场庙	暨南大学	杨家桥	八字桥
宋公园路	9												
共和新路	12	9											
交通路	16	12	9										
大统路	19	16	12	9									
井亭路	23	19	16	12	9								
太阳桥	26	23	19	16	12	9							
中山路	29	26	23	19	16	12	9						
顾家宅	33	29	26	23	19	16	12	9					
小场庙	35	33	29	26	23	19	16	12	9				
暨南大学	41	35	33	29	26	23	19	16	12	9			
杨家桥	44	41	35	33	29	26	23	19	16	12	9		
八字桥	47	44	41	35	33	29	26	23	19	16	12	9	
无线电台	50	47	44	41	35	33	29	26	23	19	16	12	9

资料来源：柳培潜：《大上海指南》，中华书局 1936 年版，第 25 页。

表5-6　华商公共汽车公司第四路车资分站表（1935年）

票价：铜元

	北火车站	宝兴路	天通庵	法学院	爱国女校	屈家桥	新华一村	畜植公司	复旦大学	国定路	淞沪路	政同路	市光路
宝兴路	9												
天通庵	12	9											
法学院	16	12	9										
爱国女校	19	16	12	9									
屈家桥	23	19	16	12	9								
新华一村	26	23	19	16	12	9							
畜植公司	29	26	23	19	16	12	9						
复旦大学	32	29	26	23	19	16	12	9					
国定路	35	32	29	26	23	19	16	12	9				
淞沪路	38	35	32	29	26	23	19	16	12	9			
政同路	41	38	35	32	29	26	23	19	16	12	9		
市光路	44	41	38	35	32	29	26	23	19	16	12	9	
市政府	47	44	41	38	35	32	29	26	23	19	16	12	9

资料来源：柳培潜：《大上海指南》，中华书局1936年版，第26页。

表 5-7 华商公共汽车公司第五路车资分站表（1935 年）

票价：铜元

	北四川路	宝兴路	天通庵	法学院	爱国女校	屈家桥	新华一村	畜植公司	复旦大学	国定路	淞沪路	市运动场	府内西路	市政府	博物馆
宝兴路	9														
天通庵	12	9													
法学院	16	12	9												
爱国女校	19	16	12	9											
屈家桥	23	19	16	12	9										
新华一村	26	23	19	16	12	9									
畜植公司	29	26	23	19	16	12	9								
复旦大学	32	29	26	23	19	16	12	9							
国定路	35	32	29	26	23	19	16	12	9						
淞沪路	38	35	32	29	26	23	19	16	12	9					
市运动场	41	38	35	32	29	26	23	19	16	12	9				
府内西路	44	41	38	35	32	29	26	23	19	16	12	9			
市政府	47	44	41	38	35	32	29	26	23	19	16	12	9		
博物馆	50	47	44	41	38	35	32	29	26	23	19	16	12	9	
市府宿舍	53	50	47	44	41	38	35	32	29	26	23	19	16	12	9

资料来源：柳培潜：《大上海指南》，中华书局 1936 年版，第 26 页。

表 5-8　华商公共汽车公司第六路车资分站表（1935 年）　　　票价：铜元

市政府					
9	市府宿舍				
12	9	沈家行			
16	12	9	虬江桥		
19	16	12	9	春江路	
23	19	16	12	9	沪江大学

资料来源：柳培潜：《大上海指南》，中华书局 1936 年版，第 26 页。

继而，鉴于各路车辆"多在宝山路口总站掉头。该车前及门旁虽有行驶路名牌之设，惟有等乘客或因文字问题，恒有误乘之感"，1936 年 11 月华汽公司改用颜色牌表示路名，"以利普遍识别起见，特将各公共汽车前左面加设颜色磁牌，藉俾乘客距离数百码远，一望便知该车行驶何路线"。一路甲线车用黑白色，一路乙线用黑黄色，三路红色，四路黄色，五路绿色，六路白色，各线停站所悬小路牌按照上项颜色一律分别改装。①同年公司将第六路线，南由沪江展至黎平路，与租界英商九路公共汽车衔接，北由市政府展至闸北水电厂止，"自展驶以来，居民咸称便利"。②该路"前为谋路线施展起见"，但展长后统计客位所得乘客不满十分之二，"因营业亏损过钜，该公司急图补救"，1937 年 5 月 1 日起将市政府至水电厂一段暂停，"以维血本，如市面稍为复兴，再将该段线恢复"。③嗣因虬江码头落成，该公司为便利行旅需要，于是年 6 月 10 日起再将第六路东改由市府绕驶至该码头止，以与英商九路公共汽车及公司第四、五路衔接。该线展长计加车资铜元 19 枚（全线 41 枚），"如将来有洋轮停泊时，再由宝山路口开驶专车，每位国币二角，以利商旅"。④

概言之，随着上海租界和华界对城市建设的持续关注，近代上海道路建设全方位展现，公共汽车业获得长足发展。全面抗战前，华汽公司竭力于华界闸北各线的开辟，在市中心区、真如一带行驶五条路线，"各该处之公共交

---

① 《闸北公共汽车改用颜色牌用以表示路名》，《申报》1936 年 11 月 19 日第 11 版。
② 《闸北六路公共汽车缩短行车时刻》，《申报》1937 年 2 月 15 日第 15 版。
③ 《闸北六路公共汽车仍将缩短路线市府至水厂段停驶决定九月一日实行》，《申报》1937 年 4 月 29 日第 12 版。
④ 《闸北公共汽车直达虬江码头殷行区开特别班》，《申报》1937 年 6 月 4 日第 13 版。

通,尚能维持"。①这些路线为:1928 年 11 月 18 日开出一路,北站到江湾,长度 7.4 公里;1929 年 5 月 16 日开出二路,四川路虹江路至恒丰路桥,1931 年停驶;1929 年 4 月 25 日开出三路,北站至真茹,长度 10.2 公里;1933 年 12 月 20 日开出四路,北站至新市政府,长度 11.1 公里;1934 年 10 月 1 日开出五路,北站至新市府宿舍,长度 11.7 公里;1935 年 11 月 10 日开出六路,市政府至沪江大学,长度 4.5 公里。②该公司从 1928—1937 年共辟线路 6 条(北站至江湾、北四川路至恒丰街、北站至真茹、北站至虹江码头、宝兴路至江湾、黎平路至虹江码头),拥有客车 45 辆、线路长度 34 公里。③1937 年全面抗战爆发后,因该公司各路线票价"向以铜元为本位",7 月 15 日其奉经公用局核准参照法币 10 进 1 改订实行。如前车资铜元 10 枚改为法币 3 分,铜元 11 枚改 4 分,"以求一减二增,而符币制"。④从而,其经营八年,车辆数目、乘客人数、线路长度、行驶公里和客票营收倍数增长,但至八一三淞沪会战后,该公司停闭。

二、南市等地区

(一)沪南公共汽车公司

1928 年 10 月 10 日,沪南公司第一路(半城圆路)通车,出发点为老西门,沿中华路向南经过小西门、护军营、南车站外马路、十六铺、小东门,至老西门为终点,共 13 站,线长 7.54 公里,配车 7 辆营运,票价自 6 分起,每站递加 3 分(铜元 1 枚作 1 分),"开驶后,华界交通当蒙莫大便利"。⑤其与公用局订立合约通车以来,"乘客拥挤,所有车辆不敷应用。除已添制高大舒适之汽车加入第一路路线内行驶外",同年 12 月公司董事会议决添驶自斜桥以东至西园路的第二路,第一路车辆渐加至 12 辆,第二路车辆暂定 6 辆。⑥1929 年 4 月该公司呈请公用局"以时当春令,龙华道上来往人多,希望汽车通行甚切,准予拓展临时路线,由老西门起直驶龙华,以利行旅",并声明该路系在华汽公司汽车行驶范围内,已商得其同意,行车时期为 4 月 6 日

---

①　上海市公用局:《十年来上海市公用事业之演进》,1937 年 7 月编印,第 76 页。

②　周源和:《上海交通话当年》,华东师范大学出版社 1992 年版,第 85、133 页。

③　上海市公用事业管理局:《上海公用事业(1840—1986)》,上海人民出版社 1991 年版,第 352 页。

④　《闸北公共汽车票价改订国币定明日实行》,《申报》1937 年 7 月 14 日第 16 版。

⑤　《沪南公共汽车定期试行》,《申报》1928 年 9 月 30 日第 15 版。

⑥　《沪南公共汽车添驶路线》,《申报》1928 年 12 月 23 日第 15 版。

至 29 日止。①

进而，沪南公司"自开办以来，营业日臻发达，现因整顿起见"，第一路车资已呈准公用局照原定站头每站加车资 1 分，于 1929 年 8 月 4 日起实行。第二路，自小东门、民国路、老西门、斜桥、康衢路至龙华止，每站以 2 分取资，"惟方浜路庙前小东门口一带，原定路线内尚有一切障碍，现经公用局会同公安局工务局次第清除，经该公司呈请公用局核准，依照第二路原定北段路线，展长至小东门，一俟布置齐全，新车出厂即可行驶"。②是年 11 月，公司第一路因小东门外集水街一段翻造房屋、放阔路面，暂行停驶；第二路，由龙华直达老西门方浜路，穿小东门、行民国路，乘客便利，车辆已增至 12 辆，每 7 分钟一班；并已购备新式汽车 10 余辆扩充第三路线，"故南市交通，日见发达"。③11 月 6 日，第三路正式通车，自老西门中华路经小西门、大南门、小南门、大东门至小东门调头往来行驶，车资价目以 4 分起站、2 分递加至 12 分止，"以便行旅"。④即同年该公司营业车辆增至 29 辆，增辟老西门至龙华的二路车和以老西门为起终点的（环城圆路）三路车，线长 5.26 公里。但因三路车的下行线途经法租界区域，故不能开行环城圆路。后经公用局与法租界商妥，同意沪南公共汽车票价在不低于法商电车头等车厢票价条件下予以通过，三路车才实现圆路行驶。⑤且该公司还行驶徐家汇至虹桥飞机场的第四路，其第一至第四路的站名及价目见表 5-9 至 5-12。

至 1930 年 1 月，沪南公司改用女子售票。"公司自在南区开驶搭客以来，营业极为发达，对于路程之整顿不遗余力。兹为提高女子职业起见，招收女子售票生十余人"，5 日考取 10 人填明志愿书，6 日起各女生相继到公司报到，派在第三路半城圆路各车，先随车练习一星期后，再发给正式制服、实行服务。"第一、第二两路售票生，将来亦一律改用女生售票。"⑥且"时当春季，龙华道上不乏游春士女，为适应交通需要起见"，该公司呈准公用局暂调三路圆路车辆行驶二路，自老西门起直走龙华镇，除斜桥一站外（但车资仍照全线计算）沿途概不停车，自 1930 年 3 月 23 日至 4 月 22 日为该项专车通行期间，"届时体察情形，如有延长必要，再行展缓停驶，至每日所放普

---

① 《公用局核定公共汽车新辟路线》，《申报》1929 年 4 月 20 日第 23 版。
② 《沪南公共汽车扩充路线》，《申报》1929 年 8 月 7 日第 15 版。
③ 《沪南公共汽车扩充第三路线》，《申报》1929 年 11 月 2 日第 15 版。
④ 《沪南公共汽车之发展》，《申报》1929 年 11 月 3 日第 15 版。
⑤ 上海市交通运输局公路交通史编写委员会：《上海公路运输史》（第一册），上海社会科学院出版社 1988 年版，第 107—108 页。
⑥ 《沪南公共汽车改用女子售票》，《申报》1930 年 1 月 7 日第 15 版。

表 5-9　沪南公共汽车公司第一路路价目表（半城圆路，1929 年 12 月）

单位：铜元

	老西门	小西门	地方厅	沪军营	薛家浜	董家渡	关桥	十六铺	大东门	鱼行桥	穿心河桥
小西门	4										
地方厅	6	4									
沪军营	9	6	4								
薛家浜	12	9	6	4							
董家渡	15	12	9	6	4						
关桥	18	15	12	9	6	4					
十六铺	21	18	15	12	9	6	4				
大东门	24	21	18	15	12	9	6	4			
鱼行桥	27	24	21	18	15	12	9	6	4		
穿心河桥	30	27	24	21	18	15	12	9	6	4	
老西门	30	30	27	24	21	18	15	12	9	6	4

资料来源：《上海市公用局关于沪南公共汽车公司为油价暴涨请增车资》,1930 年 6 月－8 月,上海市公用局档案,档号 Q5-2-569。

表 5-10 沪南公共汽车公司第二路价目表(西门至龙华,1929 年 12 月)

单位:铜元

老西门									
6	斜桥								
12	6	南柘路							
18	12	6	康卫路口						
24	18	12	6	康卫桥					
30	24	18	12	6	南洋中学				
36	30	24	18	12	6	小木桥			
42	36	30	24	18	12	6	茂公桥		
42	42	36	30	24	18	12	6	龙华	

资料来源:《上海市公用局关于沪南公共汽车公司为油价暴涨请增车资》,1930 年 6 月—8 月,上海市公用局档案,档号 Q5-2-569。

单位:铜元

表5-11　沪南公共汽车公司第三路价目表(圆路,1929年12月)

	老西门	小西门	小南门	大东门	小东门	新开河	老北门	新桥街
小西门	4							
小南门	6	4						
大东门	9	6	4					
小东门	12	9	6	4				
新开河	15	12	9	6	4			
老北门	18	15	12	9	6	4		
新桥街	21	18	15	12	9	6	4	
老西门	21	21	18	15	12	9	6	4

资料来源:《上海市公用局关于沪南公共汽车公司为油价暴涨请派增车资》,1930年6月—8月,上海市公用局档案,档号Q5-2-569。

表 5-12　沪南公共汽车公司第四路价目表(1929 年 12 月)　　单位:铜元

徐家汇

5	南洋大学				
15	5	铁路站			
25	15	5	王家楼		
35	25	15	5	程家桥	
40	35	25	15	5	飞机场
备　注	1930 年 8 月王家楼站改为薛家宅,南洋大学站改为交通大学				

资料来源:《上海市公用局关于沪南公共汽车公司为油价暴涨请增车资》,1930 年 6 月—8 月,上海市公用局档案,档号 Q5-2-569。

通车仍照常开行。所有该公司优待军人工友之减费及免费等办法,只以乘坐普通车为限,不适用于是项专车"。①是年 6 月,该公司呈请公用局增加各路车资:"汽油一项为公司最大支出",在油价未涨前,月计所支油费因车辆增加增支 5 000 元以上,现油价继续暴涨超过原价 1 倍有余,即汽油月支已徒增 6 000 元,其余车胎及机油、五金、零件亦均受金价腾贵影响,涨价二三成不等,综计各项因涨价所增支出每月 8 000 元以上,"骤蒙此重大打击,舍增车资之外,别无弥补办法"。以近月营业收入比较,须增加车资三分之一方能勉资抵补,拟请一、三两路每站各加车资 2 分;二路车辆向因优待军人、工友按照规定车资减收三分之一,拟请每站增加车资 3 分以便对于所收优待军工三分之一票价;四路全线拟请增加车资 10 分。7 月,公用局准其将各路车资一律每票暂增铜元 2 枚,第二路对优待军人、工友票资每票暂增铜元 1 枚。自 8 月 4 日起,公司实行增价:但第四路"车辆尚有特殊情形,一因须加捐英工部局车照,二因徐家汇距离公司较远,开支特巨,是以仍拟请求每站(再)各加车资一枚,藉资弥补"。公用局则回复:第四路车资仍照原案办理、不予增加。②

继至 1931 年 7 月,沪南公司的各路分站及乘价:分站分别为统座、一站、二站、三站、四站、五站、六站,乘价分别为 4、7、9、11、15、18 铜元。③

---

① 《沪南公共汽车第二路添放龙华专车续讯》,《申报》1930 年 3 月 14 日第 16 版。
② 《上海市公用局关于沪南公共汽车公司为油价暴涨请增车资》,1930 年 6 月—8 月,上海市公用局档案,档号 Q5-2-569。
③ 《上海市公用局关于华商电车加价及改筑轨道底角工程》,1931 年 6 月—1933 年 3 月,上海市公用局档案,档号 Q5-2-860。

同时登报进行广告宣传(见图 5-2)。进而,该公司呈文公用局:"经奉钧局核准遵行,每月仍有亏累。为求收支两抵,维持业务计,舍增加票资,别无善策。"胪举理由有三:(1)公司规定各路票资时,汽油售价每加仑仅 4 角有零,嗣因金贵油价飞涨,曾一度较前定价超过三分之二,成例各汽油公司均照所定市价按八五折计算,近又改为九折,明升暗降,有增无已。其余车胎机油各项五金配件比较以前价格亦无不涨至 1 倍以上,公司车资间经增加票资,然仍不及十分之一。且二路因优待兵工减收半价或三分之一,"按其实在所售票资尚不及规定之数,收入所赠与支出所赠既如此悬殊,当然入不敷出"。(2)国营交通事业如京沪、沪杭各铁路,俱因金价腾贵舶来品无不加价,支出骤增亦酌加票资,以资抵补。最近贵局所办的高桥汽车全线长度仅 1.5 公里,所定票资为小洋 1 角,"以与商公司各路长度及所订票价比较相差何止一倍,商公司资本有限绝非官营或国营公用事业可比,长此坐亏,何能支持"。(3)4 月 4 日公司厂房不幸失慎,车辆被焚逾半,各路交通势不能久于停顿,两次添购新车较以前车价多至五分之三,"成本既重,拮据愈形,尤非增加票资,万不足以资应付每月摊付车价",恳请公用局"迅就市内各交通公司营业状况与夫市民经济能力,酌中规定路线每一公里计应收票资之标准,

图 5-2 沪南公共汽车的宣传广告

图片来源:《其实汽车在中国的出现并不比其他国家晚了多少》,载微信公众号"知乎日报"2015 年 11 月 13 日,http://www.122.cn/jtwxiang/jtbjd/644365.shtml。

通令施行,俾便遵循"。①

随之,1931年9月公用局令知沪南公司无法规定车资标准:"本市区域广阔,以各处交通情形之不同及设备良窳不等,公共汽车车资不能强使一致,欲规定标准价格适用本市,势所难能。证以该公司二路以八分起站,其他各路因与电车既章之故,概以四分起站,则在该公司本身车资尚未能统一,遑论其他。至呈所拟市办高桥公共汽车定价过昂,因其设备较良,路短客少,照目前状况亦仅能维持成本,情形不同自不能相提并论。"经查沪南公司一家车资即有两种,"标准价格欲求适合各公司需要,实属异常困难。沪南公司为弥补损失维持营业起见,似不妨仿照欧美或东京电车办法划定划一价格,凡乘客上车后无论路程远近,概照划一价格收费,以资补救。好在沪南区有电车辅助行驶,如乘客以此为吃亏,尽可搭成电车,与一般乘客负担尚无问题"。②且1932年7月,该公司为发行月票呈文公用局:"商公司鉴于各路车辆在各商业公司行号职员进退写字间时期,乘客颇形拥挤,而以三路为尤甚,致使售票员应接不遑大有顾此失彼之势,若不图施补救,则于乘客既感不便,而于商公司尤多损失。"为便利乘客免购票手续起见,经本届董事会公决发行月票一种,定价每张售洋6元,限用一月,"月易一色,票背摘刊购用规则五条,俾资遵守。票面并须粘附购票人半身照片,加盖印章,藉杜混冒"。③由上而述,沪南公司先后开辟4条线路:一路行驶外马路(老西门—老西门,圆路);二路行驶老西门龙华间(老西门—龙华寺,后延伸至中山南路);三路行驶环城圆路(老西门—半淞园路);四路行驶徐家汇虹桥间(徐家汇—虹桥飞机场)。一路票价铜元32枚,二路44枚,三路23枚,四路40枚。④

(二)公共汽车管理处

为繁华沪南和维持南市交通,1934年上海市公用局设立公共汽车管理处,先后在南市、龙华、漕河泾和浦东等区辟线行驶经营。⑤如《上海市公用局筹办沪南公共汽车计划书》(1933年10月)的"营业计划大纲":(1)路线:

---

①② 《上海市公用局关于沪南公共汽车请规定标准车资》,1931年7月—9月,上海市公用局档案,档号Q5-2-564。

③ 《上海市公用局关于华商电车与公共汽车发售月票》,1931年9月—1935年1月,上海市公用局档案,档号Q5-2-876。

④ 《上海市公用局兴办沪南公共汽车》,1933年8月—10月,上海市公用局档案,档号Q5-2-530。

⑤ 赵曾珏:《上海之公用事业》,商务印书馆1949年版,第59页。

第二路:老西门—龙华,计程约 8 公里;第三路:环城圆路,约 5.5 公里。
(2)每日共行里数:第二路:120×8＝960 公里;第三路:252×5.5＝1 386 公里。(3)平均每辆行走里数:第二、三两路 960＋1 386/16 辆＝每月 147 公里,每年 53 655 公里,5 年共行 268 275 公里。(4)车辆:按上项班次计算,最多时第二路需车 5 辆、第三路需车 8 辆,共计 13 辆,另加预备车 3 辆,共计需车 16 辆。(5)票价:第二路拟收铜元 48 枚,第三路拟收 32 枚。①1934年 4 月 1 日该处通行第一路公共汽车,从老西门至龙华,所用车辆为亚德洋行经理的最新式 325 号大蒙天牌底盘,车身构造由该行依照公用局所定图样承造,"式样新颖,堪称模范"。②5 月,其开辟从老西门经小南门再回老西门的(穿城园路)第二路,及以老西门为起讫点的(环城圆路)第三路。③不久,二路车因道路关系停驶。

嗣后,该管理处为扩展营业、便利新西区交通起见,筹辟两条公共汽车新路线:一路由打浦桥至斜桥,沿肇周路、和平路、中华路、里马路、陆家浜再回打浦桥;另一路由斜桥经方斜路至老西门,经肇基路穿城出大东门,沿中华路经小东门经东门路、外马路、陆家浜路复回斜桥。"对于该两路所应备车辆,仍依过去办法,向外商订购先交货,然后按期拔企,如年内不及行驶,明春必可实现。"④即其"为积极谋市区繁荣,前已先后辟环城及西门至龙华、西门至高昌庙等三线公共汽车,现决再增辟二线,定名为四路及五路"。第四路,路线定自打浦桥起,经制造局路、湖南会馆、陆家浜路转入里马路至东门路;第五路,路线自南市湖南会馆起,经斜桥、西门,经肇嘉路穿城过而达东门路。"上项两线所需汽车业已在装置中",定于一月后完竣开行,"届时沪西居民欲赴沪南者,可不经过租界而可直达"。⑤从而,1935 年 5 月该处开辟由打浦桥经斜徐路(今合并为徐家汇路)、丽园路、制造局路、陆家浜路、里马路、东门路、民国路、方斜路,再从斜徐路回至打浦桥的第四路(圆路)。⑥同年 9 月,第二路恢复,路线改由老西门至漕河泾镇,站名为老西门、斜桥、鲁班路、大木桥路、谨记路、天轮桥、天轮桥路、中山路、曹

① 《上海市公用局兴办沪南公共汽车》,1933 年 8 月—10 月,上海市公用局档案,档号 Q5-2-530。
② 《沪南公共汽车》,《申报》1934 年 3 月 31 日第 12 版。
③ 蔡君时主编:《上海公用事业志》,上海社会科学院出版社 2000 年版,第 336 页。
④ 《市公用局添辟两公共汽车线》,《申报》1934 年 11 月 24 日第 11 版。
⑤ 《华界增辟汽车线》,《申报》1935 年 1 月 25 日第 12 版。
⑥ 蔡君时主编:《上海公用事业志》,上海社会科学院出版社 2000 年版,第 336 页。

氏集团、漕河泾镇,各站票价分别为铜元(斜桥起)6、12、18、24、30、36、42、48、54枚。①

继因"为民众交通及管理处营业着想",1936年5月公用局秘书施孔怀呈文建议:更改第二路路线,拟自斜桥向东,经大林路、黄家关路(务本女子中学在)、蓬莱路(蓬莱市场、文庙公园、动物园、公安局在)、凝和路(土地局办事处、公用局路灯管理处及广告管理处在)、乔家浜路、中华路、小东门(匹头店尺寸准足,远近闻名)、东门路(里卤瓜街参行林立,水果行毗连皆是)、南入外马路(来往沿江沿海,乘客非常众多),折入大码头街,北走里马路至东门路,巡原路行驶。"上述更改路线经过热闹市场,公共有名场所及政府机关,将来营业之盛,市民之称便,在吾人意料之中……对于拟定公共汽车路线之原则(须经过公共机关、热闹市场、有名公共娱乐场所),故二路线之宜更改,行经蓬莱路可得盛望之营业,到十六铺后与租界电车及市轮渡连接,交通之便利,莫可言喻。老西门固可谓公共交通终点,惟因市办公共汽车一路二路均经斜桥,由漕河泾一带上车之乘客欲到老西门,可在斜桥换乘一路车,将来联票制度实行后,乘客于票价方面,更不吃亏。换言之,现在已定之二路路线,自斜桥至老西门一段完全与一路、四路相同,毫无可取,改而不走,利多弊少。故现在问题不在路线之要改与否,而在该路线以后,车辆究竟足够分配与否。"由此,局长与处长、秘书、营业股实地查勘拟改路线情形:第二路达斜桥后,经大林路等折入中华路,进老白渡街里马路到外马路,原程回至斜桥。计单程3.5公里、来回7公里,须增加车辆3辆,如每班相隔时间为12分钟,倘仍6辆行驶则每班相隔时间16分钟。"第二路线苟能展长经过西门蓬莱至十六铺,必较为有利。惟此次添购十二辆车,有感不敷支配之虞(现浦东第十一路常有三辆行驶,应即加备车一辆,浦西第四路缺少汽车二辆,其营业亦较有把握。新辟第二路至少应有汽车六辆,故只余三辆计为备车,不敷展长路线之用),可否俟第二路行驶后,视乘客之趋势,再统盘筹划。"5月9日,市长吴铁城指令公用局:公共汽车管理处报告拟定老西门至漕泾镇新路线票价表,应准照办。6月4日,由公用、工务、公安、财政等局商定并议决:新辟行驶公共汽车路线,自漕河泾经天轮桥路、斜徐路、谨记路、斜土路、老西门、蓬莱路、凝和路、乔家路、中华路、东门

---

① 《上海市公用局关于公共汽车扩展新线》,1936年5月—9月,上海市公用局档案,档号Q5-2-382。

路、里马路、外马路,循原路驶回。"关于所经路线之各路面,均可以行驶公共汽车,交通需要为其切合。惟凝和路两旁菜摊甚多,拟令迁移原路乔家站以南地段,以便行驶公共汽车,请公安局定期召集有关各局开会讨论迁移办法。"①

由是,"为发展市乡交通,便利农民来往起见",该管理处开拓上海至漕河泾段的公共汽车路线(第二路),"业经该处规划就绪,其起站为老西门和平路,终站为漕河泾镇西。路基填铺工程,由工务局进行铺筑"。且,沪漕段与公用局的沪南区各线如一路的龙华、三路的环城单路线、四路的红字之斜桥至十六铺、黑字之打浦桥至小东门、大东门路等各线,"均纵横衔接,乘客来往及改乘各线车辆时,不发生困难"。②即漕河泾段汽车路线已铺筑完竣,"全线及各分站票价亦均拟定并呈报局方核准。所有向美国赫金公司订购大蒙天汽车十二辆,现在沪装制车厢工程,日内即行竣事",定于1936年7月10日起通车,路线与一、三、四路线相衔接,"旅客搭乘往返,非常便捷"。③8月8日,该处呈送第二路展长路线票价表:"兹因小东门及凝和路一带,市廛栉比,日益繁盛,本处为贯穿城内外交通,以利民众起见",特将第二路线展长,试行自老西门起经蓬莱路、凝和路、乔家路、大东门、小东门而达大码头止。"除俟通车后将该展长路线之成绩状况随时呈报外,合将该路线全程票价拟定报请。"9月18日,公用局发布通告:本局为便利民众,由南市往来于漕河泾镇一带交通起见,增开第二路公共汽车路线,行驶于沪南与漕河泾镇之间,由漕河泾镇起,经漕溪路、斜土路、天轮桥、斜徐路、谨记路,再湾入斜土路、局门路、斜桥、老西门、光华路、蓬莱路、凝和路、乔家浜路、大东门、小东门、里马路、大码头街为止。另有一部分车辆自漕河泾镇起,经原路线达斜桥,经大林路、黄家关路、蓬莱路、乔家浜路、大东门、小东门、里马路、大码头街为止,定于9月20日起实行通车,特此通告。④即该管理处改辟由十六铺(大码头)到漕河泾的新二路,并将四路由打浦桥的起点站延伸至枫林桥(圆路);至1936年年末,该处有汽车45辆,通行4条线路,线长共48.3公里(见表5-13至5-16)。⑤

①④ 《上海市公用局关于公共汽车扩展新线》,1936年5月—9月,上海市公用局档案,档号Q5-2-382。
② 《市公用局开拓沪漕段公共汽车》,《申报》1936年5月9日第13版。
③ 《沪漕段公共汽车路线筑竣定期通车》,《申报》1936年7月1日第16版。
⑤ 蔡君时主编:《上海公用事业志》,上海社会科学院出版社2000年版,第336页。

表5-13　公共汽车管理处第一路路线及票价表(1936年8月)

单位:铜元

	老西门	斜桥	沪闵路	康衢路	打浦桥	南洋中学	小木桥宅	茂公桥
斜桥	6							
沪闵路	12	6						
康衢路	18	12	6					
打浦桥	24	18	12	6				
南洋中学	30	24	18	12	6			
小木桥宅	36	30	24	18	12	6		
茂公桥	42	36	30	24	18	12	6	
龙华镇	48	42	36	30	24	18	12	6
备注	老西门至龙华镇,经过方斜路制造局路康衢路龙华路肇周路和平路							

资料来源:《上海市公用局关于公共汽车扩展新线》,1936年5月—9月,上海市公用局档案,档号Q5-2-382。

表5-14　公共汽车管理处第二路路线及票价表（1936年8月）

单位：铜元

起讫站	曹氏集团	中山路	天轮桥路	天轮桥	谨记路	大木桥路	鲁班路	斜桥	老西门	市公安局	乔家浜	大东门	小东门	大码头
漕河泾镇	6	12	18	24	30	36	42	48	54	60	60	60	60	60
曹氏集团		6	12	18	24	30	36	42	48	54	54	54	54	54
中山路			6	12	18	24	30	36	42	48	48	48	48	48
天轮桥路				6	12	18	24	30	36	42	42	42	42	42
天轮桥					6	12	18	24	30	36	36	36	36	36
谨记路						6	12	18	24	30	30	30	30	30
大木桥路							6	12	18	24	24	24	24	24
鲁班路								6	12	18	18	18	18	18
斜桥									6	12	12	12	12	12
老西门										6	7	9	11	13
市公安局											5	7	9	11
乔家浜												5	7	9
大东门													5	7
小东门														5

资料来源：《上海市公用局关于公共汽车扩展新线》，1936年5月—9月，上海市公用局档案，档号 Q5-2-382。

表 5-15 公共汽车管理处第三路路线及票价表(1936 年 8 月)

单位:铜元

老西门															
5	尚文门														
7	5	小南门													
9	7	5	大东门												
11	9	7	5	小东门											
13	11	9	7	5	新开河										
15	13	11	9	7	5	老北门									
17	15	13	11	9	7	5	小北门								
19	17	15	13	11	9	7	5	老西门							
	19	17	15	13	11	9	7	5	尚文门						
		19	17	15	13	11	9	7	5	小南门					
			19	17	15	13	11	9	7	5	大东门				
				19	17	15	13	11	9	7	5	小东门			
					19	17	15	13	11	9	7	5	新开河		
						19	17	15	13	11	9	7	5	老北门	
							19	17	15	13	11	9	7	5	小北门
								19	17	15	13	11	9	7	5

资料来源:《上海市公用局关于公共汽车扩展新线》,1936 年 5 月—9 月,上海市公用局档案,档号 Q5-2-382。

单位:铜元

表 5-16　公共汽车管理处第四路路线及票价表(1937 年 2 月)

枫林桥(市政府路)	枫林桥	植树园	潘家木桥	打浦桥	卢家湾	管理处	斜桥	车站路	跨龙路	里马路	董家渡街	老白渡街	东门路	新开河	老北门	新街	老西门	白云观	斜桥	管理处	卢家湾	打浦桥	潘家木桥	植树园
植树园	5																							
潘家木桥	7	5																						
打浦桥	9	7	5																					
卢家湾	11	9	7	5																				
管理处	13	11	9	7	5																			
斜桥	15	13	11	9	7	5																		
车站路	17	15	13	11	9	7	5																	
跨龙路	19	17	15	13	11	9	7	5																
里马路	21	19	17	15	13	11	9	7	5															
董家渡街	23	21	19	17	15	13	11	9	7	5														
老白渡街	25	23	21	19	17	15	13	11	9	7	5													
东门路	27	25	23	21	19	17	15	13	11	9	7	5												
新开河	27	27	25	23	21	19	17	15	13	11	9	7	5											
老北门	27	27	27	25	23	21	19	17	15	13	11	9	7	5										
新街	27	27	27	27	25	23	21	19	17	15	13	11	9	7	5									
老西门	27	27	27	27	27	25	23	21	19	17	15	13	11	9	7	5								
白云观	27	27	27	27	27	27	25	23	21	19	17	15	13	11	9	7	5							
斜桥	27	27	27	27	27	27	27	25	23	21	19	17	15	13	11	9	7	5						
管理处	27	27	27	27	27	27	27	27	25	23	21	19	17	15	13	11	9	7	5					
卢家湾	27	27	27	27	27	27	27	27	27	25	23	21	19	17	15	13	11	9	7	5				
打浦桥	27	27	27	27	27	27	27	27	27	27	25	23	21	19	17	15	13	11	9	7	5			
潘家木桥	27	27	27	27	27	27	27	27	27	27	27	25	23	21	19	17	15	13	11	9	7	5		
植树园	27	27	27	27	27	27	27	27	27	27	27	27	25	23	21	19	17	15	13	11	9	7	5	
枫林桥	27	27	27	27	27	27	27	27	27	27	27	27	27	25	23	21	19	17	15	13	11	9	7	5

资料来源:上海市公用局《十年来上海市公用事业之演进》,1937 年 7 月编印,第 88 页。

表 5-17　公共汽车管理处第十一路（浦东）票价表（1937 年 2 月）

单位：铜元

起↓\讫→	东昌路	救火会	善堂路	庄家宅	杨家宅	牛奶棚	其昌栈	六号桥	傅家宅	包家宅	凌家木桥	贾家角
救火会	6											
善堂路	6	6										
庄家宅	6	6	6									
杨家宅	12	12	12	6								
牛奶棚	18	18	18	12	6							
其昌栈	18	18	18	12	6	6						
六号桥	24	24	24	18	12	12	6					
傅家宅	24	24	24	18	12	12	6	6				
包家宅	24	24	24	18	12	12	6	6	6			
凌家木桥	30	30	30	24	18	18	12	12	12	6		
贾家角	30	30	30	24	18	18	12	12	12	6	6	
洋泾镇	30	30	30	24	18	18	12	12	12	6	6	6

资料来源：上海市公用局：《十年来上海市公用事业之演进》，1937 年 7 月编印，第 88 页。

　　此外,"沪南公共汽车自行驶以来,营业颇称发达。现除在沪南区添加路线,在浦东方面亦正谋新设路线,以利交通",1935 年 3 月该管理处在浦东新辟公共汽车路线,"该项路线事实上极为需要,故该局当勉力促成该路线行驶汽车之实现。惟该路行车时,因汽油价格过昂,将用木炭代之。而该路线途程较长,停站较少,改用木炭,当不致有马力不足之虞。故该局将先行试验,如办有成效,当再谋其他各线之改革"。①4 月,该处在浦东开辟东昌路至洋泾镇的五路专线,后改为十一路,经过东昌路及浦东大道(见表5-17)。②且 1933 年 7 月 27 日起,高桥公共汽车路线已延伸至海滨浴场。每逢假日和夏令游泳旺季,游客大量增多,原有公共汽车不敷应用,只得另租汽车加入载客。高桥公共汽车选用当时较新颖的车辆,长 4 米、宽 2.05米、高 2.3 米,每辆客载 35 人;客座两行,全用弹簧坐垫及马棕心靠背;玻璃24 面;均装手摇升降机;车顶设电灯 5 盏,通风器两个;车厢外围,上面油漆白色,下面黄色,"绚灿夺目,备极壮丽"。③由此,"上海市办之浦东高桥区公共汽车,专门往来于高桥码头及海滨浴场之间",厂设高桥码头,由上海往海滨浴场"有联票发售,较分别购买为廉"。如其 1935 年公共汽车车票、车船联票显示,车票价目表:往来地点为高桥码头——高桥镇、高桥镇——海滨浴场、高桥码头——海滨浴场,票价分别为 0.08、0.12、0.20 元(法币);车船联票价目表:往来地点为上海——高桥镇,票价特等、头等、二等分别为0.88、0.48、0.22 元;上海——高桥海滨,票价特等、头等、二等分别为 1.00、0.60、0.34 元。④

　　概言之,全面抗战前上海市公用局公共汽车管理处的公共汽车线路为:一路的辟线时间为 1934 年 4 月 1 日,起讫点为老西门至龙华;二路为 1934年 5 月 1 日,老西门经小南门回老西门(圆路);三路为 1934 年 5 月 1 日,老西门经小东门回老西门(圆路);四路为 1935 年 5 月,枫林桥经大兴街回枫林桥(圆路);专线为 1935 年 4 月,(浦东)东昌路至洋泾。⑤即该处在南市地区 4 条路线(二路缺)为老西门——龙华镇、老西门——老西门、斜桥——斜

①　《市公用局决行驶浦东公共汽车》,《申报》1935 年 1 月 27 日第 13 版。
②　蔡君时主编:《上海公用事业志》,上海社会科学院出版社 2000 年版,第 336 页。
③　上海市交通运输局公路交通史编写委员会:《上海公路运输史》(第一册),上海社会科学院出版社 1988 年版,第 110 页。
④　柳培潜:《大上海指南》,中华书局 1936 年版,第 24、35 页。
⑤　上海市公用事业管理局:《上海公用事业(1840—1986)》,上海人民出版社 1991 年版,第354 页。

桥,长度分别为 7.3、5.1、5.1 公里。[1]

第三节 运行设备和营业财务

一、闸北地区

(一)运行设备

华汽公司自"开幕以来,营业非常发达。查该公司第一路车只有四辆,以致乘客拥挤,不敷应用",1929 年 1 月购 12 辆新车到沪,"刻正加装车身一俟工竣好,可依照公用局核准之第二路开驶,由北四川路口沿虬江路直达新大桥"。[2]且公司车辆"最近新购者,内部布置,经数次改良,为公共汽车中之最新式者。良以废除四周坐式改为一横四直,玻璃用厚玻璃并于窗口加以铜栏,以免乘客伸头出外危险",日前抽调 3 辆试行往来北站、江湾,因有限制每车 35 人,"是以乘客十分满意"。[3]即 1929 年初汽车由 4 辆增至 16 辆,"虽资本不甚充足,而公司办事者均富有毅力,经营有道,采用廉贱之底盘,经公用局为之改造,其舒适稳妥不逊租界。倘公司能有租界资本之半数,其成绩必能驾乎其上也。资本充裕,拟令办正式公共汽车底盘,车身用纯钢制成",重量可较现在所制者减少 25%,"坚轻便利,必能胜过租界"。[4]至 1931 年,该公司江湾一线营业乘客人数 240 万,调派车辆日均 9—10 部,共有 25 部车辆备充。[5]从而一·二八事变前,公司客车再扩充至 26 辆,路线东达江湾、西达真茹,"进步之速,私心窃喜。惟因金价飞涨,汽油昂贵,故非但不能获利反而亏本。恒公司以地方交通为重,故仍勉力支撑"。[6]

1932 年一·二八事变期间,华汽公司的车厂及客运路线均在战区内,故 1 月 29 日起停止营业。当时中国军队亟需运输车辆,经上海市政府各局联合办事处设法由公用局会同该公司派出人员于 2 月 11 日、12 日冒着战火,前往驶出客车 12 辆借给军用。该公司原有客车 24 辆,事变停战后仅存

① 周源和:《上海交通话当年》,华东师范大学出版社 1992 年版,第 133 页。
② 《华商公共汽车二三两路即可通车》,《申报》1929 年 2 月 13 日第 16 版。
③ 《华商公共汽车试行北站江湾》,《申报》1929 年 4 月 25 日第 15 版。
④ 《公用局指导下公共汽车事业之发展》,《申报》1929 年 1 月 31 日第 20 版。
⑤ 《华商公共汽车公司近讯》,《申报》1933 年 2 月 1 日第 17 版。
⑥ 《华商公共汽车公司昨开五周年纪念大会》,《申报》1933 年 11 月 20 日第 9 版。

13 辆。5 月 23 日,日军撤出闸北、真茹等地,次日该公司工人赶回闸北车厂,抢修留在厂内的车辆。6 月 2 日起,北火车站至真如的三路车恢复通车。[①]由此,"战事突发,地方糜烂,公司适当其冲,房屋尽毁于火,遭此厄运,几无挽回余地。嗣因十九路军及前公用局长黄伯樵调度得宜,公司车辆除供给军事运输外,其他受益不少。及至停战协定告成,公司虽受重创,但幸赖同人等之努力,仍负地方交通之责"。因在沪战中"受援奇重,复兴煞费经营,协助市区交通正在积极进行,一二八沪变该公司首当其冲,损失不赀",停战后公司在劫难中与各职员努力复兴,一年来扩充股份至 20 万元。[②]即一·二八期间该公司"损失极巨",达到 88 955 元(见表 5-18),将原有资本10 万元折减为 5 万元,继续补招 5 万元以达 10 万元原额,残废车辆经加修改计完成 15 部,"原有各线遂得继续行驶"。[③]

表 5-18　一·二八期间华商公共汽车公司财产损失报告单(1946 年 4 月 16 日填送)

损失日期	事件	地 点	损失项目	数　　量	价值(元)	
					购置时价值	损失时价值
1932 年1 月28 日	炸毁	上海闸北交通路1 号	房屋	市房及工厂三座	依当年决算规定净值	6 297.79
			器具	全部		5 673.43
			路线设备	各线		3 750.56
			公共汽车	14 部		58 437.9
			修理机械及工具	全部		12 674.14
			货物(汽油机油印件)			2 122.09
			共　计			88 955.97
备　注	损失项目均为 1928 年购置;受损失者:上海华商公共汽车股份有限公司,总经理黄中文填报,通信地址:北京路 156 号一楼					

资料来源:上海市委党史研究室:《上海市抗日战争时期人口伤亡和财产损失》,中共党史出版社 2016 年版,第 237 页。

嗣至 1933 年 2 月,华汽公司在沪开办四载,"营业向称不恶。奈近年来,因金潮影响,已亏蚀不赀。不幸继受一二八国难,给借十九路军运输车

---

①　上海市交通运输局公路交通史编写委员会:《上海公路运输史》(第一册),上海社会科学院出版社 1988 年版,第 105 页。

②　《华商公共汽车公司昨开五周年纪念大会》,《申报》1933 年 11 月 20 日第 9 版。

③　《英商公共汽车华商公共汽车合约与废约》,1947 年 4 月 18 日,上海市公共交通公司筹备委员会档案,档号 Q417-1-297。

辆九部,因手续问题尚未恤偿,际此复业诚痛苦万将现一息尚存,不过尽量
图之"。自上年战后复业,经期 7 个月乘客共 62 万,每日车辆均派 6—7 部,
比 1931 年全年每车乘客数尚少 9 万人。①其于 1933 年 10 月 16 日呈文公用
局:"窃公司为图市中心交通实施,经将筹划各情,迭呈奉在案。查市政府准
于明年元旦迁入新厦办公,时期逼近,公司谋供该区交通需要",前向售车商
定购 6 部六轮车辆到埠,公司维持与市府订立合约起见,再定购 310 号大蒙
天车底盘 6 部,连前共定 12 部。此 6 部待美国运到再行妥交。合同均签
订,计全车重量容纳 12 000 磅,除车底盘 4 200 磅外,实容量 7 800 磅,引擎
马力 68 匹,轮轴距离 167 英寸,加辅助弹簧。此项定购大蒙天车辆用现款
交易,该款由金古朴、金浩然投资,计共附股款 64 000 元、股数 3 200 股(予
其临时股票),"当日将该股款直接代公司付交与售车商亚德洋行,以资购车
之需,并与洋行定购车合同"。②

其时,该公司在闸北、江湾、真茹三处已有车辆行驶,"最近因市府新屋
落成,在闸北与市中心区间必需新设路线,虽有各方向市府请创办",经市府
迭次会商,决定由该公司扩充公共汽车路线,将来其将以市中心区为沪北交
通中心点,除由闸北通往市中心区外,当拟由市中心区向北延长至吴淞、向
东延长至杨树浦。公司已向美国定购公共汽车或 3.5 吨大蒙天车底盘 12
部,"业已到埠,赶造车身,所有行驶路线经市公用局核准后,即可试办"。③
再据 1933 年统计,该公司第一路车辆平均 7 辆,行车里数 348 000 英里,乘
客数 1 463 000 人。第三路(普通车)平均 4 辆,里数 166 000 英里,乘客数
521 000 人;三路(特别车,9 个月统计)平均 4 辆,里数 148 000 英里,乘客数
219 000 人。且第三路"因乘客有乡人小贩学校员生之分,向定派车四部,若
乡人小贩乘搭,则学校员生尽被野鸡汽车非法兜夺,该线收入故受打击。即
如是而复思营业交通信誉关系,以迎合各界需要,特购置新车底盘四部,配
以摩登式样车身名为特别快车,供驶第三路,以期收双全之效。自行驶后,
虽蒙各界称美,无如此等野鸡汽车,出其卑鄙手段,兜客变本加厉。而第三
路线由七月间统计,致遭损失比前尤巨。兼以本年铜元兑价低落,每日兑损
约数十元。为求补救,曾呈请上峰赐予维持:拟将第三路车辆,尽量减少行
驶,倘未蒙批准,请严予取缔之非法营业野鸡汽车兜客"。④从而,该公司

① 《华商公共汽车公司近讯》,《申报》1933 年 2 月 1 日第 17 版。
② 《上海市公用局规办市中心区公共汽车》,1933 年 10 月,上海市公用局档案,档号 Q5-2-366。
③ 《市政当局积极规划大上海交通》,《申报》1933 年 11 月 1 日第 15 版。
④ 《上海市公用局关于华商公共汽车公司变更第一路分站车资》,1932 年 6 月—1934 年 6
月,上海市公用局档案,档号 Q5-2-668。

1929 年添置新车 4 辆并购置大蒙天底盘 12 架,自行装置车身;车辆由 1928 年的 4 辆增至 1933 年的 25 辆。①1935 年 10 月全国运动会在江湾的上海市运动场举行,公司再购 10 辆新车投入运行,为全运会增添光彩。②

概言之,华汽公司厂址在闸北虬江路交通路,"有车数十辆,共分五路,专门行驶闸北一带"。③1937 年八一三淞沪会战后,战火击毁该公司的车站设施和厂房设备,它与其他汽车公司车辆也被国民党西撤军队征用,被迫停业。

(二)营业财务

利润表说明一个期间企业经营的财务成果(如表 5-19),资产负债表则说明某一时点的财务状况(如表 5-20)。因而,后者反映以前的财务决策的积累效果。即资产负债表表现为某一时点企业所拥有的所有资产、对外责任(负债)或欠款和企业所有者投入企业中的资金数量。④具如华汽公司1929 年 1—12 月的每月搭客数 249 272 人次;⑤1929—1930 年每月乘客达20 余万,"于当地交通甚属重要";⑥1930 年乘客有 2 306 074 人次,营业收入达 148 782.56 元。⑦1931 年九一八事变发生,"爱国团体蜂起,学校罢课",该公司"来客往来,因以大受影响"。如《华商公共汽车有限公司营业收支决算报告书》载:开办三年中 1931 年为极感困难一年,原因为:(1)金价暴涨,物料汽油均自舶来付出骤增,以汽油一项支出比此前超过 5 万余元,其他如车胎零件等数亦 3 万元以上,"虽然车资略有加增,然终无补于损失"。(2)年终又求年赏,职工要求 12 月一个月中发给工资、年赏、奖励金等共需洋 15 000 余元。但"物极必反,穷极则通,英日有改银本位实行,欧美亦有取消寄金基本趋势",近来汽油、车辆价目自 12 月起次第减低 5%—10%不

① 《英商公共汽车华商公共汽车合约与废约》,1947 年 4 月 18 日,上海市公共交通公司筹备委员会档案,档号 Q417-1-297。
② 上海市公用事业管理局:《上海公用事业(1840—1986)》,上海人民出版社 1991 年版,第 352 页。
③ 柳培潜:《大上海指南》,中华书局 1936 年版,第 24 页。
④ [美]杰斯汀·G.隆内克、卡罗斯·W.莫尔、J.威廉·彼迪:《小企业管理》(第十版),本书翻译组译,东北财经大学出版社 2000 年版,第 244 页。
⑤ 《上海市公用局关于沪南公共汽车公司为油价暴涨请增车资》,1930 年 6 月—8 月,上海市公用局档案,档号 Q5-2-569。
⑥ 《上海市公用局核议建设讨论委员会建设闸北行驶电车》,1929 年 10 月—1930 年 1 月,上海市公用局档案,档号 Q5-2-835。
⑦ 上海市交通运输局公路交通史编写委员会:《上海公路运输史》(第一册),上海社会科学院出版社 1988 年版,第 104 页。

等,"苏俄汽油即将运华,物价当可因竞争而降落,不易年来遭金潮影响,营业顿行减色"。是年,公司乘客数 3 274 372 人次。①即 1931 年该公司客票收入 257 389 元,纯益 25 720 元,资产 152 767 元(见表 5-19、5-20)。

表 5-19　华商公共汽车公司损益表(1931 年 1 月 1 日至 12 月 31 日) 单位:元

损失类	金　额	利益类	金　额
捐税	5 547.65	客票收入	257 389.09
奖励金	6 904.90	路线收入	150.00
职员薪金	14 606.60	利息	246.94
工资	61 679.19	保险赔款	96.07
车务费	10 755.22	杂益	1 397.16
行车燃料	83 867.79	纯益	25 720.62
行车杂料	11 463.60		
赔款	510.68		
罚金	14.68		
修理费	56 502.65		
修路费	491.00		
医药费	408.57		
保险费	1 393.71		
津贴	73.50		
抚恤金	110.00		
董事及监察人酬劳	2 050.00		
利息	10 000.00		
提偿筹备费	883.99		
折旧费	17 144.34		
股息	82.80		
合　计	283 999.88	合　计	283 999.88

资料来源:《上海市公用局关于 1932 年份华商公共汽车公司呈报开会并职员变迁》,1932 年 6 月—7 月,上海市公用局档案,档号 Q5-2-603。

---

① 《上海市公用局关于 1932 年份华商公共汽车公司呈报开会并职员变迁》,1932 年 6 月—7 月,上海市公用局档案,档号 Q5-2-603。

表 5-20　华商公共汽车公司资产负债表(1931 年 12 月 31 日决算)　单位:元

资产类	金　额	负债类	金　额
筹备金	8 839.89	股份总额	100 000.00
营业保证金	5 000.00	未付本年度股息	20 000.00
建筑物	6 297.79	职员保证金	214.00
前期损失	15 914.93	未付各号货款	17 831.83
器具	5 673.43	未付奖励金	1 647.88
书籍	12.96	未付董事交际费	1 219.00
装设	3 750.56	未付水电费	189.60
车辆	58 437.96	借用金	600.00
汽油	1 189.95	法定公积金	1 065.10
机油	435.89	特别公积金	10 000.00
机件及物料	12 674.14	盈余滚存	3 876.79
未用印件	496.12		
押柜	550.56		
有价证券	1 660.00		
暂付金	688.39		
各伴挂借	429.59		
银行往来	2 827.09		
现金	2 167.44		
本年纯损	25 720.62		
合　计	152 767.41	合　计	152 767.41

资料来源:《上海市公用局关于 1932 年份华商公共汽车公司呈报开会并职员变迁》,1932 年 6 月—7 月,上海市公用局档案,档号 Q5-2-603。

毋庸讳言,股份制使企业的筹资能力得到很大提高,同时降低所有者的风险。股份公司对管理成本方面的好处在于:一是由于股东分散,所以股份公司可以聚集很大资本,使得股份公司的竞争实力和企业声誉较高,因此企业的外部交易成本较低;二是雄厚的实力使股份公司可以聘用比较好的管理者,有利于日常经营改善,从而降低内部组织成本。[①]譬如华汽公司初年

①　芮明杰主编:《管理学:现代的观点》,上海人民出版社 1999 年版,第 415 页。

结算获纯利2万余元,次二三两年"进入减色,其原因不外遭金潮影响,有以致之。溯自本公司成立以来,其过程之发达日进一日"。计原有股本收足国币10万元,因受战祸累及,全盘计算约缺去其半(5万元),尚存车辆与车机零件建筑物装设等,实值洋5万元有奇,如存市府保证金、市府有价证券、其他押柜及京沪铁路于前年撞毁的车辆,经最高法院判决赔偿应收未收现金共洋1万余元,欠账约2万元。照计算比较,继续维持下去另需大洋5万元方能有所发展,"故为贯彻侨胞之初衷计,为事业始创艰难计,迫不得已重行增股,以多求股东额数而冀营业扩大。至增股章则,公司本公用事业,民有民享之主旨,所需股本特由公开方面从事招之,除外籍股本恕不接纳外,有志实业士女尽兴"。1932年6月,该公司呈文公用局:"兹因沪地战祸,公司位适其冲,损失甚钜,若非加增股本终难继续维持",故于15日举行第四届股东大会,经当众议决新加增股本10万元,"用费维持而冀发展。唯当此商业凋零,市区不盛之际,钜款之集似未急需",拟于议决加增10万元中,先收5万元用资维持,尚余5万元收集之期"则视商务复兴与否为转移",并呈奉增股章程(如下)。9月,其再呈文该局请将增股截止日期延至次年2月末,"已冀优美成绩,而交通维持得以是赖"。①

《上海华商公共汽车有限公司增股章程》(1932年)

第一条　本公司遵照公司条例,依股份有限公司组织法,定名上海华商公共汽车有限公司。

第二条　本公司创办至今计有三载,专在沪市辖境经营公共汽车事业已蒙市府于1928年第六十五次市政会议议决批准给予以12年专营之优先权。

第三条　本公司于闸北交通路批得地皮建筑车厂及房屋为办公之所。

第四条　本公司遵照股份有限公司所规定之公司条例,已呈国民政府工商部注册给存第三类347号执照。

第五条　本公司规定资本国币10万元,分作5 000股,每股20元,现增招股本10万元,连前共20万元,新股本每股亦算20元。

第六条　本公司因战祸受损以原有股本计算减折价值一半,即每股值同(回)洋10元,新增股份每股收洋10元,以求公允。股银定一次

---

① 《上海市公用局关于华商公共汽车公司增加股本》,1932年6月—1933年4月,上海市公用局档案,档号Q5-2-596。

收足。

第七条　本公司营业区域内各楼房多被战祸焚毁,恢复原状当须待若干时期。以目前状况未致需足20万元资本,每股10元,即收足共10万元,尚余10万元,何时实行开收,当由本公司股东会决定之,下次收股如新旧股东不依期缴交本公司自有权能将该股东半数或全数股额承受或转卖他人,届时承买股值几何由股东会决之。

第八条　本公司增招新股本除2 000股尽供旧股东分认外,其余3 000股公诸大众,凡为中华民国国民均认有附股之可能。

第九条　本公司此次增招新股,经公司第四届股东会议决公开招足,定由1932年6月16日起至9月底止,为招股期间。

第十条　凡认股者不论新旧股东,须于1932年9月以前,将所认定之股额全数缴纳于本公司或本公司指定代收股款处。

第十一条　本公司苦心经营已逾三年,所得经验成绩,诚牺牲不少,更享有市府许与专营之优先权,旧股东应有特殊之权利,唯因本公司系营公用事业,务以民有民享为存心,不专以个人获利为目的,故经股东会议决,将以前获得权利与商誉,悉行公归公有,自1932年7月1日起,所有新旧股东应同一等享有权利。

第十二条　本公司凡具有股份25股以上者,得被选为董事;15股以上者,得被选为监察,均由股东大会时选举之,每股作一股权,第以收足股本为标准。

第十三条　本公司股东常会每年一次,于春季时举行,届时股东因事不能出席,得委托其他股东代表出席。

第十四条　本公司年终结算照实有股本为标准所得利益除各种开支外,如有盈余应先提20份之一为公积金,其余即为纯利分作百份,以10份纳市府为营业税,余90份以百份分配,计股东占70份,创办人占10份,10份归当年作工工友之酬劳(如工友一年内受记大过一次及半途与公司脱离职务者不能享受之),董事占二份五,司事占二份五,招股值理占五份。

第十五条　本公司股息周年一分由交股银日起计算。

第十六条　本公司为优待股东及招股值理起见,特定酬劳列下:(甲)凡自认或任招满5 000元股本以上者,任有招股值理之资格,除享受第十四条规定权利外,另酬鞋金50元,第以交到股银为限定。(乙)凡认有招股值理之资格者,得任遣派子侄一名到来本公司工厂学习技艺。（丙）凡股东名下占股本满足1 000元者，同享乙项权利。（丁）凡股东子侄在本公司工厂学习经过相当时期，却认有成绩者，酌量付给以饭贴，若干或聘用为雇员。

第十七条　凡认股者须将认股书填明股数款数，连款一并汇交本公司，当即发与临时收据，至一月后，始换正式股票，一俟正式股票发给后，其临时收据即行作废。

第十八条　本简章如有未尽事项，悉依公司条例办理之。①

既如此，华汽公司因"享得市府优先权关系，其举办实施归公司负责，此必然之事实也。惟为市区车辆分配并购车辆重量吨数，概经公用局迭令依度遵办在案。奈何公司备受环境压迫，既蒙影响与金潮，复遭战祸于一二八，为维持计划乃经股东大会议决，加增股本用资继续经营。惟惜此时期不与昔比，国内有志实业士女投资多属持疑。又公司股东十八身居海外，再拟投资，未尝全无，只以异域经商，对国内实情与乎市府一切新建设，均未一一明了。故所谋种种请多未遂，即因此也。今欲谋开怀疑与局面计，敢恳我市长予以实力之援助，务使远方股东，就近志士，均能了然其中。而投资士女谅当不招而自来，以公司同人素报为国兴业而来，具牺牲精神为职志，想早为我市长所洞悉，而公司创立于市府骈襟之下，直接监督系为公用局，数年经过掌理情形以及营业收支各节，每月必有呈报，用资查核，此公司内情如何自可了如指掌"。②但不可否认，1932年为该公司"营业三年中最少成绩之一年"，③一·二八事变使其遭受严重摧残，公司损失达57 857元之巨，④后经增添车辆、充实资本，才得以逐步恢复并扩大营业。

继因"适届截股期满，其所获成绩仍属寥寥。当此财政孔殷，计划待举之时，确非具有余资，殊难希图"，1933年5月25日华汽公司召开第五届股东大会，一致决议增股截止期为新旧股本凑成共10万元，"如此延长期间，是欲冀其成绩之如愿，俾公司前途维持有赖而已……近查广州市公共汽车其营业税每车每日要纳费多则二十余元，少则数元"，公司在沪经营"无此义

① 《上海市公用局关于华商公共汽车公司增加股本》，1932年6月—1933年4月，上海市公用局档案，档号 Q5-2-596。

② 《上海市公用局规办市中心区公共汽车》，1933年8月—10月，上海市公用局档案，档号 Q5-2-365。

③ 《上海市公用局关于1932年份华商公共汽车公司呈报开会并职员变迁》，1932年6月—7月，上海市公用局档案，档号 Q5-2-603。

④ 上海市交通运输局公路交通史编写委员会：《上海公路运输史》（第一册），上海社会科学院出版社1988年版，第105页。

务之负担,只可每至年抄决算获有溢利时,则规定值百抽一十,与其机会比较,相去悉啻霄壤,以上事实人尽皆知,本公司隐健状态度当可保证"。①如《上海华商公共汽车有限公司增股章程附告》(1933 年):"幸自举办以来,荷蒙各界士女函询或亲到接洽投资大不乏人,似此热诚表现,深引为幸。又前拟扩充计划开辟路线、添增车辆,今江湾市府新厦落成,中心区计划亦次第实现",公司认为举办扩充机会已至,援引本章程第七条规定召开第五届临时股东大会合法通过,立即执行;并为便利认股诸君缴股起见,指定中国银行虹口分行及中国信托公司两金融机关代为收股。第五届股东会议决案如下:(1)1932 年第四届股东会通过增加股本简章内第七条所载尚余未收 10 万元资本应立速开收,达到新旧股本共 20 万元足额为止。(2)公司为奖励投资及介绍入股规定:A.独自投资满 2 万元者为公司当然董事,期限 3 年,每年给予酬金 200 元;B.介绍入股满 2 万元者,公司每年给予酬金 200 元,以 3 年为限。(3)公司董事除原定 9 名依法选举外,当然董事增加须凭享得(2)项 A 款规定当然董事资格为标准。(4)当然董事与当然董事所代表股东在 3 年内无选举董事之权,其他利权则与旧股东一同享受。(5)公司监察应改为 3 名。公司董事会为酬答国内女士附股起见,议决每人名下占股 1 000 元以上者,酬本人长年自用乘车免费券 1 张。②

再据《上海华商公共汽车有限公司营业收支决算报告书》记载:1933 年下半年营业,"汽油外商在沪竞争售销,加以金汇微跌,在理有盈余可获,不料收支只得平均,诚为失望之至":(1)公司行驶路线原分为一、三两路,第一路平均每日遣派车辆 7 部,年计乘客 146 万余人,收入银 118 000 余元。(2)铜元兑价低落,每客请加车资铜元 2 枚,以资弥补。公用局认为,"汽油价格日跌,挹此注彼尚有盈余。公司承奉令训不得已继续维持,无奈野鸡汽车兜客仍然如故"。是以第三路年中统计,蚀本 20 000 余元。本年汽油金汇俱跌,纵然获益有 20 000 余元,而仅弥三路漏卮。今年营业此两月中,第三路似有起色,每日收入比以前约多 40 余元。新开第四路线,日逐收入似敷维持。(3)1933 年全年统计,第一路、第三路(普通车)、三路(特别车,9 个月统计)收入银数分别 115 600、43 200、32 000 元,汽油、机油及修理机件消耗分别 48 900、31 200、17 700 元。③是年 1—5 月,公司营业收入见表 5-21。

---

① 《上海市公用局关于华商公共汽车公司增加股本》,1932 年 6 月—1933 年 4 月,上海市公用局档案,档号 Q5-2-596。

② 《上海市公用局规办市中心区公共汽车》,1933 年 10 月,上海市公用局档案,档号 Q5-2-366。

③ 《上海市公用局关于华商公共汽车公司变更第一路分站车资》,1932 年 6 月—1934 年 6 月,上海市公用局档案,档号 Q5-2-668。

表 5-21　华商公共汽车公司 1933 年 1—5 月收入表

年　　月	收入铜元数	每元市价	折合银数	以 1 月市价为标准应得数	逐月比损
1933 年 1 月	3 840 266	2 796	13 608.33	13 608.33	
2 月	3 504 495	2 995	11 698.89	12 533.96	835.07
3 月	4 252 039	3 039	13 991.54	15 207.58	1 216.04
4 月	4 487 800	3 078	14 572.64	16 050.79	1 478.15
5 月	4 053 570	3 144	12 894.06	14 497.74	1 603.69
合　计			66 765.45	71 898.40	5 132.95

资料来源:《上海市公用局关于华商公共汽车公司变更第一路分站车资》,1932 年 6 月—1934 年 6 月,上海市公用局档案,档号 Q5-2-668。

　　再由表 5-22、5-23 见,1933 年华汽公司资产为 180 946 元,客票收入 195 283 元,纯益 1 094 元,实因"一二八事变嗣后,居民逐渐迁回",公司"营业亦蒸蒸日上"。[1]1932—1933 年,公司乘客数分别为 904 000、2 248 703 人次;全年收入分别为 83 891、204 267 银元,支出分别 81 294、198 173 银元。[2]至 1933 年年底,在市中心区除市政府外,八个局迁至该区办公已有五局,"尚有公用、财政、公安三局亦准备搬迁中。如将来市府与各局俱迁时,该路乘客定必有进无退",公司次年"营业获益,可期而预卜"。[3]1935 年,公司营业行车里数 2 245 100 公里,乘客数 3 968 955 人,营业收入 36 556 656元。[4]1936 年,其行车里数 2 336 448 公里,比上年多 91 539 公里,乘客数 4 002 654 人。以各线每 100 客位平均所得乘客,第一路(江湾)为 26.5 人、第三路(真茹)49.2 人、第四路(市府)52.3 人、第五路(市宿舍)4.85 人、第六路(杨树浦至水电厂)19.4 人,统计平均所得 42.9 人。[5]至 1936 年底,该公司营运路线总长度已由开办时 7.4 公里增为 58.1 公里,营运车辆增至 45

①　《华商公共汽车公司昨开五周年纪念大会》,《申报》1933 年 11 月 20 日第 9 版。
②　上海市地方协会:《民国二十二年编上海市统计》,1933 年 8 月编印,"公用事业"第 13 页;《上海市统计补充材料》,1935 年 4 月编印,第 76 页。
③　《上海市公用局关于华商公共汽车公司变更第一路分站车资》,1932 年 6 月—1934 年 6 月,上海市公用局档案,档号 Q5-2-668。
④　《英商公共汽车华商公共汽车合约与废约》,1947 年 4 月 18 日,上海市公共交通公司筹备委员会档案,档号 Q417-1-297。
⑤　《闸北公共汽车公司昨开股东年会　因时局与增驶里数亏本一万六千余元》,《申报》1937 年 4 月 11 日,第 11 版。

辆,营业收入为 360 284.92 元。[①]

表 5-22　华商公共汽车公司损益表(1933 年 12 月 31 日第六届决算)　单位:元

科目(损失类)	借　方	科目(利益类)	贷　方
工资	44 551.22	客票收入	195 283.35
职员薪金	9 005.23	广告收入	762.65
奖励金	3 502.76	利息收入	308.67
行车燃料	57 583.62	杂益	7 923.32
行车杂料	11 841.28		
修理费	30 163.35		
捐税	4 788.95		
事务费	13 926.42		
保险费	875.92		
医药费	362.32		
赔款	243.56		
罚金	20.00		
津贴	33.07		
抚恤费	854.43		
股息	5 000.00		
董监酬劳	1 050.00		
利息	3 742.68		
杂损	248.55		
提偿筹备费	761.01		
提偿折旧费	14 299.38		
前期损失	319.68		
本届纯利益	1 094.56		
合　计	204 267.99	合　计	204 267.99

资料来源:《上海市公用局关于华商公共汽车公司变更第一路分站车资》,1932 年 6 月—1934 年 6 月,上海市公用局档案,档号 Q5-2-668。

[①]　上海市交通运输局公路交通史编写委员会:《上海公路运输史》(第一册),上海社会科学院出版社 1988 年版,第 105—106 页。

表 5-23　华商公共汽车公司资产负债表(1933 年 12 月 31 日第六届决算)

单位:元

科目(资产类)	借　方	科目(负债类)	贷　方
筹备费	7 610.10	股份总额	50 000.00
营业保证金	5 000.00	借用金	5 000.00
建筑物	2 882.63	暂收金	77 401.10
装设	2 878.23	职员保证金	515.00
器具	3 682.84	未付各号货款	33 643.03
书籍	56.62	未付事物费	130.40
车辆	132 167.48	未付股息	7 916.67
汽油	1 480.85	未付利息	2 337.52
机油	435.00	未付奖励金	2 902.84
柴油	25.69	应付未付货款	2 114.28
机件及物料	17 644.28	本届纯利益	1 094.56
未用印件	1 011.81		
押柜	562.56		
有价证券	1 105.00		
应收未收款项	865.39		
暂付金	125.35		
各伴挂借	840.27		
银行往来	277.46		
现金	2 294.56		
合　计	180 946.12	合　计	180 946.12

资料来源:《上海市公用局关于华商公共汽车公司变更第一路分站车资》,1932 年 6 月—1934 年 6 月,上海市公用局档案,档号 Q5-2-668。

至 1937 年 4 月 10 日,华汽公司召开第九届股东年会,出席股东 3 875 权(已过法定人数)。由总经理黄中文报告 1936 年营业统计:燃料消耗比上年约省 2 万元,但结果尚亏损 16 810.46 元,仍有一小部数目拨入次年账内。嗣因决算后,复奉社会局批给工人年终俸 15 天计 3 000 余元。"本公司亏本大致因增驶里数及宝乐安路与海宁路日本水兵诸端、居民迁徙影响,其次受汽油涨价,惟今年营业略见转好,如虬江码头落成,进展更有可期。"继而议决,公司将前定增资 10 万分为两次呈请实业部登记。[①]简言之,该公司

---

① 《闸北公共汽车公司昨开股东年会　因时局与增驶里数亏本一万六千余元》,《申报》1937 年 4 月 11 日第 11 版。

"前蒙市府重视外侨,特予以十二年之优先权,俾为地方发展之一助。缅想沪地市区辽阔,商务繁盛,向有世界五大商埠居一之称,即本公司创作前途,当有无穷之希望"。[①]

二、南市等地区

(一)沪南公共汽车公司

沪南公司前身为夏树襄发起"集股立案,筹备已久",创办时因成立仓促,仅收到一半股款。[②]1928 年该公司资金为 10 万元,设于老西门,通车营业当日公用局批准给予优先权 12 年,"每届账略均经呈送钧长察核各在案";[③]且有公共汽车 2 辆往来行驶于沪西徐家汇经虹桥路、铁路、王家楼、程家桥至飞机场止,"营业亦甚畅旺,将来尚拟加添车辆,以便旅行而利交通"。[④]1929 年,公司行车 795 720 公里,乘客 3 176 678 人次,营业收入 100 413.12 元,公共汽车由 6 辆增至 16 辆;翌年,公共汽车再增至 37 辆,但多数车辆较为破旧。[⑤]如 1928 年(10 月 10 日至 12 月 31 日)至 1931 年该公司的客票收入分别为 10 835、100 413、241 096、246 570 元;亏损分别为 2 650、19 627、14 438、13 594 元(见表 5-24)。

表 5-24　沪南公共汽车公司历年收支纯损比较表(1928—1931)　　单位:元

年份\费别	收入		支出				纯损	百分比(%)	
	客票收入	其他收入	营业费	公司开支	折旧	其他支出	金额	收入	支出
1928	10 835.59	73.42	6 367.52	2 921.33	4 098.67	172.14	2 650.65	2	2
1929	100 413.12	4 007.55	87 103.38	13 882.10	20 846.74	2 216.41	19 627.96	17	18
1930	241 096.67	11 365.18	204 071.77	28 565.81	22 739.12	11 523.16	14 438.01	40	39
1931	246 570.42	13 271.29	209 487.44	29 427.32	18 127.80	16 393.27	13 594.12	41	41
合计	598 915.80	28 717.44	507 030.11	74 796.56	65 812.33	30 304.98	50 310.74	100	100

资料来源:《上海市公用局兴办沪南公共汽车》,1933 年 8 月—10 月,上海市公用局档案,档号 Q5-2-530。

---

① 《上海市公用局关于 1932 年份华商公共汽车公司呈报开会并职员变迁》,1932 年 6 月—7 月,上海市公用局档案,档号 Q5-2-603。

② 《沪南公共汽车定期试行》,《申报》1928 年 9 月 30 日第 15 版。

③ 《上海市公用局关于沪南公共汽车停业清理》,1932 年 8 月—9 月,上海市公用局档案,档号 Q5-2-583。

④ 《沪南公共汽车扩充路线》,《申报》1929 年 8 月 7 日第 15 版。

⑤ 上海市交通运输局公路交通史编写委员会:《上海公路运输史》(第一册),上海社会科学院出版社 1988 年版,第 108 页。

譬如 1930 年 6 月,该公司因增加车资提请公用局会议公决:"自开办以来,月有亏蚀,本年营业始见稍有起色,收支相抵略能盈余,均经遵照奉颁表式按月填表,呈报有案",本年"营业较有起色,收入增加",1—5 月月均收入 19 700 元,月支出 16 500 元(内汽油占 28%),加上车辆房屋折旧官息月计 3 000 元共为 19 500 元,收支相抵约盈 200 元(此为油价未涨前的收支比较)。"然油价暴涨超过前价一倍有余,其余车胎滑油各种另件亦均涨价二三成不等",每月因涨价影响所增支出 8 000 元以上,合计全部支出预计需 24 500 元,再加官息折旧 3 000 元共为 27 500 元,每月收入假定为 20 000 元,收支相抵,月亏 7 500 元,"此所必须呈请车资加价原因"。如允加价,公共汽车第一路:每票加铜元 2 枚,月均约乘客 78 904 人,多收铜元 157 808 枚。第二路:每票加收 3 枚,月约乘客 137 608 人,多收 412 824 枚。第三路:每票加收 2 枚,月约乘客 351 254 人,多收 702 508 枚。第四路:每票加收 5 枚,月约乘客 34 516 人,多收 172 580 枚。四路共多收铜元 1 445 720 枚,除以汇率 300,每月多收银 4 819 元,而汽油一项多支 1 800 元,盈余 3 019 元。即公司 1929 年 1—12 月月均用汽油 2 250 元,月均搭客数为 602 282 人,假定每客增加 1 枚,以足相抵。虽公司呈请加价每客自 2—10 枚不等,"似觉所加太多,由此若仅就汽油一项而论",华汽公司每票加 2 枚,沪南公司每票加 1 枚,"已足与汽油涨价的损失相抵,但金价飞涨以后,车胎,五金及润滑油等均随之飞涨,现在但就汽油一项而论,其他尚未核算在内"。[①]

自 1931 年 1—12 月,沪南公司二、三路公共汽车营业情形:二路(老西门及龙华间)票价铜元 44 枚,二路每月收入分别为 6 112.01、5 494.59、6 649.53、11 908.67、9 186.76、5 589.93、5 279.33、5 640.16、5 702.76、5 830.90、4 847.24、4 948.07 元,合计为 77 189.95 元;三路(环城圆路)票价 23 枚,三路每月收入分别为 7 670.32、10 540.42、12 648.30、7 302.71、7 593.81、11 025.39、10 068.13、11 554.99、14 174.09、16 293.34、14 980.93、15 013.16 元,合计为 138 865.59 元;两路全年收入除定备车外,共计 216 055.54 元,月均为 18 000 元。比照票价,拟计算 1933 年的二、三两路收入:假定二路票价定为铜元 48 枚,三路 32 枚,其收入按照比例当为二路全年约 84 300 元,三路约 193 000 元,共为 277 300 元,每月平均约为 23 100

---

① 《上海市公用局关于沪南公共汽车公司为油价暴涨请增车资》,1930 年 6 月—8 月,上海市公用局档案,档号 Q5-2-569。

元,其定备车收入尚未计入。①1931 年,该公司几经增车后,保管车辆达 37 辆,在南火车站建有一座可停车 50 辆的停车场地;②但因"钱贱风潮发生",公司所用物料多属舶来品,成本较高而收入不能同时增加,以致亏耗;4 月 4 日车厂遭火,"废毁车极多,时值龙华香汛之际,收入尤减"。③当年公司收入总计 258 967.72 元(见表 5-25)。时人则论到,"上海租界与特别市,则均有电车与公共汽车,据公共汽车,只调查沪闵南柘汽车公司及沪南公共汽车公司两家。据云,两公司现在每年均能获利,不过获利有多少之分耳"。④

表 5-25 1931 年沪南公共汽车公司收入统计 单位:元

月份	一路	二路	三路	四路	其他	总 计
一	4 204.31	6 112.01	7 670.32	1 738.41	1 625.15	21 350.20
二	5 505.70	5 494.59	10 540.42	1 675.83	800.05	24 016.57
三	6 223.90	6 649.53	12 648.30	2 106.70	1 136.97	28 815.40
四	605.29	11 908.67	7 302.71	1 005.32	591.14	21 413.13
五	—	9 186.76	7 593.81	812.72	1 177.37	18 770.66
六	—	5 589.93	11 025.39	628.03	757.60	18 000.95
七	—	5 279.33	10 068.13	1 000.32	131.62	16 479.40
八	—	5 640.16	11 554.99	—	813.85	18 009.00
九	—	5 702.76	14 174.09	—	99.27	19 976.12
十	—	5 830.90	16 293.34	—	798.07	22 922.31
十一	—	4 847.24	14 980.93	1 709.76	213.61	21 751.54
十二	—	4 948.07	15 013.16	2 250.68	5 250.53	27 462.44
总计	16 589.20	77 189.95	138 865.59	12 927.77	13 395.21	258 967.72

资料来源:《上海市公用局兴办沪南公共汽车》,1933 年 8 月—10 月,上海市公用局档案,档号 Q5-2-530。

从而,"沪南区交通,除有各路电车行驶外,以前尚有沪南公共汽车。惟自一二八案(一·二八事变)发生后,沪南公共汽车公司亏本过巨,无法维持乃宣告停业"。⑤如 1932 年 8 月 29 日沪南公司召开临时股东大会,由董事

---

① 《上海市公用局兴办沪南公共汽车》,1933 年 8 月—10 月,上海市公用局档案,档号 Q5-2-530。
② 上海市公用事业管理局:《上海公用事业(1840—1986)》,第 353 页。
③ 《沪南公共汽车纠纷社会局昨再调解》,《申报》1932 年 10 月 6 日第 10 版。
④ 董修甲:《京沪杭汉四大都市之市政》,大东书局 1931 年版,第 70 页。
⑤ 《市民呈请承办沪南公共汽车》,《申报》1933 年 8 月 25 日第 12 版。

长屈用中报告公司历年营业损失,截至 6 月 30 日损失达 84 800 余元(见表 5-26):"所有十万股本损失殆尽,前次股东大会议决添募公司债四万元,现亦毫无办法。而旧股东又不愿再行加股,新股东无法募集。应请各股东设法救济,当时各股东并无救济办法。"蒋股东报告上次委托审查公司账目情形,支出方面诸多泛滥:例如俞飞鹏(前交通次长)委托代修汽车账 400 余元、屈董事长外甥乘车肇祸 300 余元赔款均由公司支付。公司雇用汽车夫由车务主任夏树香包雇每名 35 元,夏对于车夫实给多少,公司完全不问,此种管理方法实多不善。"此次临时股东大会关系重大,或折旧股以添新股,或添新股以整营业,在谋资金之扩充,求根本之解决。恐股东中有不明经济原理者,对于填资案仍不通过。则商公司在今日状况之下,不能不暂停营业,请求会计师依法办理,即经全体股东一致议决,暂停营业。"8 月 30 日起,公司将各路车辆停驶,委托江万平会计师清理账目,"以免另添股本,补足股额,期图来日恢复营业"。[①]

表 5-26 沪南公共汽车公司损益表(1932 年 1 月 1 日至 6 月 30 日)

科 目	摘 要	细 数	损失之部	利益之部
行车费:	汽油	30 268.87		
	滑油	3 412.60		
	工资	13 886.27	47 567.74	
管理费:	水电	470.78		
	文印	908.07		
	衣帽	654.00		
	交通	109.44		
	交际	118.29		
	邮花	14.87		
	捐款	24.72		
	广告	48.96		
	书报	15.13		
	修缮	170.30		

① 《上海市公用局关于沪南公共汽车停业清理》,1932 年 8 月—9 月,上海市公用局档案,档号 Q5-2-583。

续表

科　目	摘　要	细　数	损失之部	利益之部
管理费：	膳费	63.56		
	顾问	100.00		
	董事会	21.76		
	什项	453.13		
	薪水及夫马费	7 626.66		
	工资	235.96	11 035.63	
维持费：	修理配件	12 749.16		
	地房租	1 310.92		
	杂租	4.00		
	奖金	1 118.00	15 182.08	
照会费			2 764.30	
医药费			330.00	
保险费			922.21	
折旧：	车辆折旧	14 292.90		
	房屋折旧	257.94		
	路柱路牌折旧	112.92		
	器具折旧	117.36		
	创立费折旧	277.68	15 058.80	
车资				57 092.96
广告费				1 009.50
旷工				98.60
罚款				9.95
利息				52.15
兑换	升水			18.20
杂损益				20.68
纯损				34 558.72
合　计				92 860.76

资料来源：《上海市公用局关于沪南公共汽车停业清理》，1932 年 8 月—9 月，上海市公用局档案，档号 Q5-2-583。

截至 1932 年 6 月 30 日,沪南公司的总资产为 241 830 元(见表 5-27)。公司因物价飞涨、管理不善,加之上年 4 月 4 日发生大火,损失颇巨,而后原先筹措的 10 万元(股本)资金已亏蚀 8.48 万元,公司濒于绝境而宣告清理。至 1932 年 12 月 22 日,上海市政府第 230 次市政会议议决,撤销沪南公司的在沪南地区的公共汽车专营权。[①]由是,沪南公司"初由商办",但至 1932 年"因营业不振歇业"。[②]

表 5-27　沪南公共汽车公司资产负债表(至 1932 年 6 月 30 日)

资产类	金　额	负债类	金　额
未缴股本	820.00	股本	100 000.00
车辆	102 435.49	未付账	105 323.16
建筑房屋	15 552.12	未付款项	11 309.89
器具	2 119.75	预收款项	285.00
路柱路牌	1 467.55	暂记存款	3 344.90
押租	2 270.04	建筑借款	3 000.00
有价证券	66.62	银行往来	17 467.19
保证金	4 000.00	待领恤金	100.00
沪闵股款	1 000.00	兑换保险金	1 000.00
创立费	3 609.75		
利咸往来	9 443.23		
未收款项	2 025.93		
暂记欠款	5 235.14		
材料	5 136.86		
现金	1 778.20		
前界损益	50 310.74		
本届上半期亏损	34 558.72		
合　计	241 830.14	合　计	241 830.14

资料来源:《上海市公用局关于沪南公共汽车停业清理》,1932 年 8 月—9 月,上海市公用局档案,档号 Q5-2-583。

---

① 上海市公用事业管理局:《上海公用事业(1840—1986)》,上海人民出版社 1991 年版,第 353 页。

② 柳培潜:《大上海指南》,中华书局 1936 年版,第 33 页。

（二）公共汽车管理处

沪南公司停办后，"市民来往，深感不便"。1933 年 10 月，上海市公用局呈文市长申请办理沪南区域公共汽车。17 日市政府批复，"为补缺憾及繁荣市面起见，沪南公共汽车准由该局筹办，至沪北方面市中心区线路，仍应由该局督促取得该区营业权之公司妥善办理"，由此将沪南公共汽车交由公用局赓续办理。该局衡其缓急拟定先办二、三两路，二路行驶老西门及龙华间，三路为环城圆路，"环城虽已行驶电车，惟乘客众多，不能适应需要，故而举办"。即第二路，120 班×40 人×48＝230 400 铜元；第三路，252 班×40 人×32＝322 560 铜元；共计 552 960 铜元（552 960/320＝1 728 元，每月收入 1 728×30＝51 840 元）。实载客数如为 40％，每月收入 20 736 元，每年 248 832 元。经计划：二路须车 5 辆，三路须车 8 辆，另加备车 3 辆，共须车 16 辆。为舒适坚固起见，采用 3.5 吨公共汽车底盘、铝质车身。每辆预算约银 7 700 元，共计 123 200 元，加以车厂及办公室房屋、修理机械、备件、拖车等设备共计 18 万元。二、三两路每月收入约计为 20 736 元，每月支出包括营业费、折旧利息等共为 13 842 元，收支相抵，每月纯余 6 894 元，每年可纯余 82 728 元。自通车后，每月归还 6 000 元，3 年 3 个月本息均可偿清。① 由此，该局筹办沪南公共汽车计划见表 5-28。

表 5-28　上海市公用局筹办沪南地区公共汽车计划书资本表（1933 年 10 月）

计划资本		资本支出	
项　目	金额（元）	项　目	数额（元）
3.5 吨底盘（载客 35—40 人）	88 000（16 辆×5 500）	燃料费	3 426
铝质车身	35 200（16 辆×2 200）	润滑油	753
拖车 1 辆转为拖回损坏车辆用	5 000	轮胎	1 581
修理零件备货及引擎备货 1 只	5 000	司机工资（20 人×40 元）	800
修理机械	3 000	售票工资（20 人×25 元）	500
家具什物	1 000	机匠学徒工资	430

① 《上海市公用局兴办沪南公共汽车》，1933 年 8 月—10 月，上海市公用局档案，档号 Q5-2-530。

计划资本		资本支出	
项　目	金额(元)	项　目	数额(元)
厂基2亩	12 000	职员薪水	1 045
车厂及办公室房屋	15 000	茶房送信司间(5人)	75
流动资本	15 800	事物费(电力、车票、电灯等)	300
共计	180 000	修理费(每辆月均50元)	800
		保险费(每辆月均15元)	240
		车捐(16×99/3)每季捐数	528
		折旧:(1)汽车	1 897
		(2)厂房机械家具	117
		利息(180 000×1/12月×9/10)	1 350
		共计	每月13 842，每年166 104
盈余	以实在载客成数40%计算，每月盈余6 894元，每年盈余82 728元		

资料来源:《上海市公用局兴办沪南公共汽车》,1933年8月—10月,上海市公用局档案,档号 Q5-2-530。

　　至1933年11月,公用局会同财政局与新华信托储蓄银行签订《借款合同》:(1)借款额:共计银18万元。(2)担保:以全部16辆车及修理机件房屋全部资产、沪南公共汽车全部营业权、以后添置汽车及各项资产及沪南10号公共码头及其收入为担保。(3)借款人:由公用、财政两局会同签订借款合同,并须经市政府批准备案。(4)期限:最长3年3个月,自通车1个月后按月摊还借款本利6 000元至本利还清为止。如营业收入除一切经常开支外,不足摊还时,应由折旧提存项下拨还,如仍不足,应由沪南10号码头收入项下拨还,倘再不足,则应由公用、财政两局筹还。(5)利率:按月息9厘计算。(6)会计出纳:须由放款银行派员管理至债务终了时为止,所有一切营业收入应悉数存入放款银行,其存款除支付预算规定各项经常开支外,不能动用。每逢月底拨还借款本利一次。折旧提存亦应另立户名存储于放款银行,并作借款的补充担保。(7)10号码头收入因有担保借款关系,亦应存储放款银行另立户记账,非至月底应还借款本利6 000元还足时,此项收入不能动用。①

---

　　①　《上海市公用局兴办沪南公共汽车》,1933年10月—1934年1月,上海市公用局档案,档号 Q5-2-531。

再至 1934 年 1 月,公用局(甲方)为订购公共汽车及吊车等与亚德洋行(乙方)签订《购车合同》:一、甲方向乙方订购下列各项:(1)大蒙天牌 325 式公共汽车 16 辆(其底盘载重吨数及长短尺寸等,以本合同所付样本及说明书为凭),包括底盘车身备胎及各项零件一并在内,计每辆定价法币 8 000元,共为 128 000 元。(2)大蒙天牌 226 式吊车 1 辆,设备齐全,计 5 310 元。(3)HERCUIE(J×B)引擎一部、电气发电机及马达包括在内计 2 555 元。以上三项总计法币 135 865 元。二、本合同签订后 3 个月内,由乙方将上项公共汽车吊车及引擎全部交货。三、上项车价由甲方于交货 3 个月后,在本合同所指公共汽车营业盈余项下每月付 5 000 元,7 个月后全部清偿。四、倘本合同第三条所称盈余不足偿还按月应付的车价时,由甲方负责另行筹付,乙方不得因此索还车辆。五、甲方按月应付车价于商得乙方同意时,得酌量延缓其缓付期内利息,以按月 8 厘计算,但甲方提前清偿时,亦得依照按月 8 厘计算扣去提前期内应得利息。六、乙方制造车身应照甲方规定的图样及说明书办理。七、上项车辆其底盘车身及各项零件甲方验收时,倘查得与本合同所附各项图样样本及说明书有不符情事应由乙方负责改正或调换。八、本合同有效时期,自签字之日起至甲方清偿全部车价之日为止。九、本合同附图样及样本说明书。十、本合同缮具一式三份,除甲乙方各执一份外,另一份由甲方呈报市政府备案。[①]

随之,公用局公共汽车管理处 1934 年 4 月正式通行公共汽车后,"营业收支依照三月以来实际情形而言,虽尚与预算相符,但以车辆不多,线路尚少,营业收入一时难以增加,目前收入仅敷维持经常费用及拨还车辆借款之需,而开办之初一切必不可少之设备,均须事前筹办妥当,方能开始行车"。该局向市政府呈请垫付开办临时费计 20 000 元(其中汽车、配件约 5 000元)。10 月,市长吴铁城复令公用局,"本市现今收不敷支,对于各机关经常经费尚不能按月发清,市库之艰窘情形迥非昔时可比。公用局所请垫拨此项开办费二万元,实在无此余力。拟请仍由公用局在公共汽车本身收入项下,设法持节匀支,以资应付"。[②]再至 1935 年 1 月,该处行驶的环城圆路线及龙华西门线,"营业颇为发达。惟迩来汽油价格飞涨,而该局所订票价低廉,故前途或恐收支难以相抵,如汽油价格再涨,则开支增加,势必另谋补救

---

① 《上海市公用局兴办沪南公共汽车》,1933 年 10 月—1934 年 1 月,上海市公用局档案,档号 Q5-2-531。

② 《上海市公用局呈请市政府准由市库垫拨公共汽车管理处开办费》,1934 年 7 月—10 月,上海市公用局档案,档号 Q5-2-463。

办法。该局原拟改用木炭,但如三路圆路路线既短,而停站达十余处,故马力方面,恐难足用"。①即其"营业尚称发达,其中尤以三路环城圆路,乘客最为拥挤,故自开办迄今,按月均有盈余"。②如 1934 年该处成立时公共汽车 16 辆,1936 年增至 51 辆(包括轮渡管理处)。③

具如公共汽车管理处 1935 年 3 月用标购方式一次采购车胎 80 只。大中华橡胶厂、美商上海赫金公司、美商橡皮公司、大成车胎五金行、德商礼和洋行、英商邓禄普橡皮公司等竞标和竞价后,该处向大中华"双钱"牌、赫金公司"发施登"(firestone)牌各购 30 只、"邓禄普"(dunlop)牌购 20 只,分装各车。同年,该处又订购大蒙天牌汽车 24 辆。④由此,"将沪南区已停的商办汽车公司出资收归市营后,经该处锐意整顿,各路营业异常发达",复开拓沪漕段新线,故车辆不够支配,1936 年向美国大蒙天公司订购新车 12 辆,该处招商建造车厢等工程于 6 月中旬完工。⑤从而,该处"开驶之初先就沪南行驶,其后陆续推广,渐及于浦东、沪西等处,营业发展",至 1936 年年底添置大蒙天牌底盘公共汽车 45 辆,开辟线路 5 条,"车资低廉,设备周到,市民往来均称便利"。⑥即其业务发展迅速,二年多时间不仅偿清开办时赊购车款,且车辆及修理设备均有较大扩充;期间以分期付款方式向经销大蒙天汽车的企业赊购同型汽车 5 辆,此后共赊购 33 辆。至 1936 年底,该处的营运路线长 47.2 公里,全年行车里程 242 301 000 公里,乘客 13 275 772 人次,营业收入 489 255 元。⑦

其间,公用局经营的浦东公共汽车亦申请免捐。如 1931 年 5 月 26 日,该局函请上海市长豁免车捐:"市办高桥公共汽车方在萌芽行驶,路线又短,拟请转陈市长准自本年秋季起,将应纳车捐暂予豁免,俟将来营业发展再行照章缴纳。"6 月 3 日,市政府秘书长俞鸿钧复函:市长准自本年秋季起,将应纳车捐暂予豁免,俟将来营业发展再行照章缴纳,市长谕应予照准并函知财政局。1933 年 7 月 16 日,该局公共汽车管理处为新置汽车免捐函请财政局:"本处所办行驶高桥之公共汽车原只两辆,近以乘客激增,不敷应用。

---

① 《市公用局决行行驶浦东公共汽车》,《申报》1935 年 1 月 27 日第 13 版。
② 《市公用局添辟两公共汽车线》,《申报》1934 年 11 月 24 日第 11 版。
③ 中国公路交通史编审委员会:《中国公路运输史》(第一册),人民交通出版社 1990 年版,第 139 页。
④ 《上海市公用局公共汽车管理处标购车胎》,1935 年 3 月—4 月,上海市公用局档案,档号 Q5-2-504。
⑤ 《市公用局开拓沪漕段公共汽车》,《申报》1936 年 5 月 9 日第 13 版。
⑥ 上海市公用局:《十年来上海市公用事业之演进》,1937 年 7 月编印,第 87 页。
⑦ 上海市交通运输局公路交通史编写委员会:《上海公路运输史》(第一册),上海社会科学院出版社 1988 年版,第 109 页。

经呈准添置汽车二辆,业已运到一辆备用,惟车捐执照,拟请由局转函财政局查案予以免捐,以符定章。"26日,市府秘书长俞复:市长准将高桥新添公共汽车,援案免捐。1934年3月23日公用局呈请市长:请将本局奉令办理沪南公共汽车及拖车共17辆,一并颁给免捐牌照;26日,市长照准。1935年4月25日,公用局为公共汽车管理处第二次购12辆新车请市府准予免捐;5月3日,市长准予免捐。7月3日,公用局为行驶浦东大道的公共汽车5辆函请市长准予免捐;13日,市长准予免捐。8月,公用局呈市政府:兴业信托社为高桥方面租用公共汽车4辆,请予援例核发免捐牌照;22日,市长照准。1936年9月21日,公用局第四批公共汽车12辆"将次完成,请予免捐",经陈奉市长,准予免捐。①由见,上述呈情均得当局"准予免捐"批示,也体现出官办企业在经营方面具有的优势。

　　然毋庸讳言,与租界外商经营公共汽车业的良好态势相比,华界中方经营状况却较为滞后(见表5-29)。相较20世纪二三十年代上海部分中外公共汽车企业的盈亏状况,此期华界的华汽公司盈亏对半、沪南公司全为亏折,而公共租界的英汽公司除三年亏折外,其余则全为盈余。②可见,外商公共汽车业在上海已取得较大优势。由是看来,近代中、外国家在综合国力、经济实力等方面的差距,在企业经营和管理领域也得以显现。但华界公共汽车业毕竟在不断努力与进步,并获得不俗成绩,进而使上海汽车运输业在持续竞争中成为全国典范。

表5-29　上海华界公共汽车运营企业概览表(1912—1937)

年份	公司名称	公司地址	开办年份	股本(元)	行驶路线(条)	路线(公里)	汽车数(辆)
1912—1927年	沪北兴市公共汽车公司		1924		3		12
	上南长途汽车公司	浦东周家渡	1922	250 000	1	13	机车2、客车6
	上川交通公司	浦东庆宁寺	1925	300 000	1	21	机车6、客车9
	沪太长途汽车公司	闸北中山路	1922	500 000	1	42.6	26
	沪闵南柘长途汽车公司	南市国货路	1923	50 000	1	31	12

① 《上海市公用局请免市办公共汽车车捐》,1931年5月—1936年9月,上海市公用局档案,档号Q5-2-512、513。

② 陈文彬:《近代化进程中的上海城市公共交通研究(1908—1937)》,复旦大学博士学位论文2004年。

续表

年份	公司名称	公司地址	开办年份	股本（元）	行驶路线（条）	路线（公里）	汽车数（辆）
1927—1937年	华商公共汽车公司	闸北宝山路	1928	100 000	6		45
	沪南公共汽车公司	南市中华路	1928	100 000	4		37
	公共汽车管理处（市办）	南市中华路	1934	赊购洋行车辆	5		45
	宝山城淞杨长途汽车公司	宝山县城	1927	5 000	2		5
	锡沪长途汽车公司	闸北虬江路	1934	不详	4		68

资料来源：上海市公用事业管理局：《上海公用事业（1840—1986）》，上海人民出版社 1991 年版，第 350—359 页。

　　综上以观，1937 年八一三淞沪会战后，因闸北、南市被租界拦断，公共汽车管理处的路线、设备都受到限隔，业务经营又受租界竞争与夹击，困难重重。嗣后，该管理处的 32 辆汽车充作军用，停止营业。[1]即当年战事期间，上海市部分市营事业财产直接损失（公用事业部分）总计 19 709 153 元，其中公共汽车管理处的战时损失总数达 94 616 元[2]；由是上海"原有的公共车辆，如电车和公共汽车，在战时多数给敌人破坏"[3]。伴随同年八一三淞沪会战，吴淞、闸北、江湾、庙行、南市相继沦入敌手。在日军铁蹄下的上海华界，市面萧条、万户萧疏、交通断绝。南市、浦东、闸北、虹口等自该事变起，公共汽车已全部停驶。[4]华界沦陷后，绝大多数电车、汽车被日军征用，华界公共交通陷于瘫痪的境地。

①　蔡君时主编：《上海公用事业志》，上海社会科学院出版社 2000 年版，第 324 页。
②　上海市档案馆：《日本帝国主义侵略上海罪行史料汇编》（下编），上海人民出版社 1997 年版，第 455 页。
③　赵曾珏：《上海之公用事业》，商务印书馆 1949 年版，第 172 页。
④　周源和：《上海交通话当年》，华东师范大学出版社 1992 年版，第 86—87 页。

第六章　战争时期公共汽车业的运营与发展

　　1937 年 8 月 13 日，日本侵略军在上海发动进攻，中国守军奋起抗击，上海城市汽车运输职工同全市人民一起，投入全民抗战。战争爆发后，上海 2 000 多家工厂和大批交通设施毁于战火，公路运输中断。同年 11 月，中国军队西撤，上海华界沦于敌手。日军在占领区建立各种垄断机构，加强控制交通运输，为侵华战争服务。上海租界成为"孤岛"，继续保持其特殊地位。日占区的一部分工厂、商店、运输行和大批避难者，纷纷进入租界，工商业和金融业一度相当活跃，客货运输繁忙，运量上升，出现暂时的畸形繁荣。1941 年年底，太平洋战争爆发，日军占领租界，接管并控制公共交通和水陆运输。随之，上海的经济形势愈趋恶化，因汽油匮乏，大批客货运输的机动车辆陆续停驶，有的以代燃车勉强维持。1944 年下半年起侵华日军败局已定，至抗战胜利前夕，市内公路运输已濒于瘫痪。[1]1945 年抗战胜利后，一批公共交通企业克服困难、积极复业，市公用局建立"上海市公共交通公司筹备委员会"。但随着国民政府军事、政治、经济形势的恶化，恶性通货膨胀加剧，人民生活受到巨大影响，灾难所及使得经营城市公共交通的民族资本家深受其害，导致企业停业。两家外商电车公司仅能勉强维持，官僚资本的上海市公共交通公司筹备委员会亦处境不佳。[2]至 1949 年 5 月人民解放军解放上海，城市公共汽车事业回到人民政府的怀抱，并为新中国上海城市交通的发展奠定根基。

---

①　上海市交通运输局公路交通史编写委员会：《上海公路运输史》（第一册），上海社会科学院出版社 1988 年版，第 154 页。

②　上海市公用事业管理局：《上海公用事业（1840—1986）》，上海人民出版社 1991 年版，第 362 页。

第一节　全面抗战时期支前和交通机构

至 1937 年 6 月,全国公路总里程已达 117 296 公里。公路运输方面,大城市公共汽车和出租汽车也逐渐增多,出现商营汽车运输业的兴盛局面,这时汽车全赖进口,车型繁杂形成"万国牌";配件、燃料消耗激增,亦靠进口。在 1932 年一·二八淞沪抗战和华北长城各口抗战中,上海汽车运输行业劳资各方和湖南等省公路运输单位职工,自愿组队调派汽车开赴前线支援运输。[①]1937 年全面抗战前夕,国民政府着手战备组织工作,公路运输进入应变状态,并向战时运输体系过渡。

一、战时汽车的征用支前

1932 年一·二八事变期间,上海交通用具工业损失的户数有 7 家,人事损失 650 元,财产损失 1 748 612.64 元,间接损失 75 420 元。[②]嗣至七七事变前夕,华北局势风云日紧,日本帝国主义发动大规模侵华战争已迫在眉睫。在此民族危亡时刻,国民政府终于接受中国共产党关于国共合作、团结抗日的主张,做出一些应变准备。在交通运输方面,由全国经济委员会公路处成立汽车登记室,进行车辆登记,以便随时集中征调。军事委员会颁发各省市征用汽车编制办法,根据这项办法第十条的规定,各省市需迅速成立汽车总队,着手拟订汽车队编制大纲。[③]如 1936 年 2 月开始,全国经济委员会召开公路交通谈话会议进行车辆征调,其中南京市大客车 179 辆、运货车 359 辆、小包车 1 478 辆;上海市(租界在外)大客车 100 辆、运货车 2 000 辆、小包车 6 000 辆。[④]

再如 1936 年 12 月 26 日,当局颁布《上海市汽车队之编制大纲》:上海市现有自用运货汽车 556 辆,营业运货汽车 516 辆,长途公共汽车 89 辆,市内公共汽车 119 辆,自用大客车 61 辆,营业大客车 7 辆,合计 1 348 辆。上

---

① 中国公路交通史编审委员会:《中国公路运输史》第一册,人民交通出版社 1990 年版,第 132—133 页。

② 上海社会科学院历史研究所:《"九·一八"——"一·二八"上海军民抗日运动史料》,上海社会科学院出版社 1986 年版,第 256 页。

③ 上海市交通运输局公路交通史编写委员会:《上海公路运输史》(第一册),上海社会科学院出版社 1988 年版,第 155 页。

④ 上海市出租汽车公司:《上海街道和公路营业客运(个别的公共交通)史料汇集》(第三辑),1982 年 3 月油印本,第 227 页。

列各类汽车数量系根据上海市政府公用局填报各类汽车登记片编制而成，且外商所有汽车多已剔除，不计本市汽车队编制。视其车辆的集散地点及队伍集合的便利，拟分闸北、南市、特区(租界)三区如下：闸北区：拟编队数：第一中队至第六中队，第一小队至第十八小队；南市区：拟编队数：第七中队至第十中队，第十九小队至第三十一小队；特区：拟编队数：第十一中队至第二十七中队，第三十二小队至第八十二小队，编成3个大队、27个中队、82个小队。各区现有车辆拟编汽车队数：闸北区：现有车辆296辆；其中自用运货汽车107辆，营业运货汽车18辆，长途公共汽车77辆，市内公共汽车74辆，自用大客车20辆，本区应编汽车队十八小队计270辆，工程车六组计18辆、预备车8辆，以上共计应征用车辆296辆。南市区：现有车辆213辆；其中自用运货汽车105辆，营业运货汽车38辆，长途公共汽车12辆，市内公共汽车45辆，自用大客车13辆，本区应编汽车队十三小队计195辆，工程车四组计12辆、预备车6辆，以上共计应征用车辆213辆。特区：现有车辆839辆；其中自用运货汽车344辆，营业运货汽车460辆，营业大客车7辆，自用大客车28辆，本区应编汽车队五十一小队计765辆，工程车十七组计51辆、预备车23辆，以上共计应征用车辆839辆。[①]按照上述规定，上海市政府在市辖范围内进行汽车征用工作，由公用局局长兼任上海市汽车总队长。

　　嗣至1937年7月，全国经济委员会公路处主办全国汽车登记，并制定《各省市汽车编制办法》《各省市汽车总队部组织简则》及《各省市汽车队检验、编制、训练、演习实施细则》，要求各省市迅速成立汽车总队部应变。数日后，全面抗战爆发，各省市汽车总队部立即行动，把征集编队的公商车辆分别拨交后方勤务部汽车管理处，或就近拨交兵站及部队直接使用。[②]但同年"八·一三"淞沪会战时，南京、上海一带的中国驻军第87师、88师、36师、14师及淞沪警备司令部等急需军运汽车，已来不及按原计划征召集中，只能采取紧急应变办法，临时征调汽车。被征用的汽车共有470辆：(1)公共汽车和长途客车，计有公用局公共汽车管理处45辆，沪太公司24辆，锡沪公司67辆，华汽公司30辆，交通公司5辆，青沪公司5辆。(2)由军队向市民直接征借的汽车共91辆。(3)由上海市各界抗敌后援会交通委员会租用25辆。(4)经运货汽车同业公会征借128辆。(5)营业小汽车，计有祥生汽车公司40辆，银色汽车公司10辆。这次征车因在事变初期，各部队机关

①　上海市出租汽车公司：《上海街道和公路营业客运(个别的公共交通)史料汇集》(第三辑)，1982年3月油印本，第131—132页。
②　中国公路交通史编审委员会：《中国公路运输史》(第一册)，人民交通出版社1990年版，第252—253页。

先自行征用车辆,事后由公用局按规定手续办理,并发给征车凭证,车辆交由第三战区兵站总监部统一调派。这些应征车辆大多在真如、大场、南翔、太仓一带担任运送伤员及给养等任务。而华汽公司按照上海市政府规定,将较好的26辆汽车及有关人员编成队伍,于8月12日晚交付驻南翔的中国军队88师使用,另有4辆由上海市警察局征用。次日,日军向上海进攻,闸北地区首当其冲,该公司遂告停业。[1]根据全面抗战期间上海市部分民营事业财产直接损失汇报,公用事业部分损失 39 746 541 126 元(损失时价值),其中华汽公司在八一三淞沪会战期间损失价值 182 397 元(见表 6-1)。[2]

表6-1　淞沪会战间华商公共汽车公司财产损失报告单(1946年4月16日填送)

损失日期	事件	地点	损失项目	数量	价值(元)	
					购置时价值	损失时价值
1937年8月13日	炸毁	上海闸北交通路1号	公共汽车	45 部	依当年决算规定净值	131 616.29
			房屋(一•二八淞沪抗战后翻造)	市房工厂 4 座		4 790.79
			器具	全部		9 762.00
			路线设备	各线		7 823.83
			材料(租用电器)	75 只		1 500.00
			机械及物件	全部		16 908.84
			货物(汽油机械)	统计		2 552.23
			其他	未用制服 1 034 未用印件 1 923.28 有价证券 710.17 随军征用于职工预支薪 8 775.60		7 443.05
			共计			182 397.03
备　注	损失者:上海华商公共汽车股份有限公司,总经理黄中文填报,通信地址北京路 156 号 1 楼					

资料来源:上海市委党史研究室:《上海市抗日战争时期人口伤亡和财产损失》,中共党史出版社 2016 年版,第 238 页。

---

[1] 上海市交通运输局公路交通史编写委员会:《上海公路运输史》(第一册),上海社会科学院出版社 1988 年版,第 155—156、106 页。

[2] 上海市档案馆:《日本帝国主义侵略上海罪行史料汇编》(下编),上海人民出版社 1997 年版,第 455 页。

　　具如淞沪会战期间,京沪警备司令部向上海市公用局索车百辆供给军用,该局复向抗敌后援会按照第一批租车办法,向运货汽车业同业公会续租,该会主席努力奔走设法得 50 辆,再得市办公共汽车 33 辆一并加入应用。"至于本市商办公司所有之公共汽车、长途汽车,车仅百辆左右。在战事发生之晚及次日业已全部供给京沪警备司令部,运输军队在先。"此外,稍有可适用汽车如红十字会、万字会救护伤兵、救济委员会运送难民,如代88 师及京沪警备司令部中央信托局转运军米,以及协助中央运送军用五金材料迁移航空公司等,"迭次向民间征用,亦不下二百余辆"。至 1937 年10 月 9 日,祥生汽车公司在前后方使用机关服务(即征用)汽车共 40 辆,其每天日夜司机两名计 80 名,工资截至 9 月 30 日共计 1 857 天,月支薪工40 元计算共计法币 4 939.62 元,由该公司陆续垫付。同期,云飞、银色汽车公司供应军用车辆共计 40 辆。[1]

　　概言之,1937 年 7—12 月间,上海对外贸易总值下降 76%,实因当地战事正在进行,同样也是因为交通运输阻塞。上海贸易的相应下降持续到1938 年,与 1937 年的数字相比,进口总值减少 49%,出口总值减少 63%。但长江流域是中国经济的心脏,长江水系将继续成为中国交通运输体系的基本要素,"这座雄踞大江口外的城市将始终是工商业鼎盛的大都市"。[2]从而,全面抗战爆发后上海汽车运输业工人展开抗日救亡斗争,全市各界人民积极响应中国共产党关于全民抗战的号召,交通运输各行各业纷纷成立救亡团体。如上海的汽车司机成立救亡团,运货汽车业同业公会组织百余辆汽车开上前线,运送物资,后有 60 多辆汽车在战火中被毁。出租汽车业的同业公会以及上海地方协会等,也组织汽车和司机为抗战出力。如全面抗战一周年之际,苏州河以南租界的运输工人,开展为抗战献金的活动。法商电车公司工人在 1938 年 7 月 7 日、9 月 18 日以及 11 月,先后 3 次开展募捐活动,工人们节衣缩食,踊跃捐款,仅 11 月的一次劝募寒衣活动就有 747 人参加。这些捐款均由中共地下党组织交送新华信托银行汇寄当时在香港的保卫中国同盟主席宋庆龄,再转交给八路军和新四军。[3]

---

① 上海市出租汽车公司:《上海街道和公路营业客运(个别的公共交通)史料汇集》(第三辑),1982 年 3 月油印本,第 134—139 页。

② [美]罗兹·墨菲:《上海——现代中国的钥匙》,上海社会科学院历史研究所编译,上海人民出版社 1986 年版,第 135 页。

③ 上海市交通运输局公路交通史编写委员会:《上海公路运输史》(第一册),上海社会科学院出版社 1988 年版,第 156—157 页。

二、日伪当局的交通机构

为加强对占领区的控制，1937 年年底日本内阁会议通过《处理中国事变纲》，明确规定要"以上海为据点，确立帝国向华中方面经济发展的基础"。1938 年 7 月，日本五相会议又进一步强调，华中地区"铁路、水运、航空、通讯等，实质上应掌握在帝国势力之下"。[①]如日本成立华中轮船公司和上海内河汽船公司分别经营华中内河航运事业。在日本经营下，华中内河航运货物运输量有较大增加。太平洋战争爆发后，日本对军事物资的需求孔亟，加强对内河航运的统制，对军事物资实行低价优先和煤铁强制配船政策。为掠夺中国资源，保证日本所需物资的运输畅通，日本控制中国沿海港口并不断扩大港口吞吐量。[②]1938 年日本在华航运业投资 9 497 万日元；1939 年海运统由设在日本的东亚海运公司管理，关内内河航运由"华中振兴公司"设立的上海内河轮船公司经营，沦陷区航运业不景气，汽车运输业则颇有发展。1939 年日本在关内汽车运输业投资 1 206 万日元。其后，在华北亦由华北交通公司统管，在华中由"华中振兴公司"设立"华中都市公共汽车公司"经营。[③]

并且，日本侵略军 1938 年擅自将其军管理的公用事业、交通运输等企业低价折算后作为中方的投资，与日方合作，在上海分别成立"华中铁矿株式会社""华中水电股份有限公司"等 8 家所谓"中日合办"的国策公司。这些公司均享有垄断经营权，日本藉此控制上海的交通、运输、水电、通信及其他重要经济部门。是年 11 月，根据日本会议通过的"华中振兴公司法"组建的"华中振兴股份公司"成立。该公司成立后，上述 8 家公司成为其子公司，后又先后成立大上海瓦斯等 7 个子公司和 2 个组合，成为日本进行产业经济统制和垄断的主要组织形式。[④]"华中振兴公司"由日本政府与华中伪政权共同出资创立。该公司本部设在上海，在东京设有分部。与华北开发公司有所不同的是，在经日本政府许可后，该公司可以直接经营统制事业，实际是日军控制华中经济的组织机构。"华中振兴公司"拥有华中矿业、华中

① 复旦大学历史系日本史组：《日本帝国主义对外侵略史料选编(1931—1945)》，上海人民出版社 1975 年版，第 253、272 页。
② 李隆基、王玉祥：《中国新民主革命通史》（第八卷），上海人民出版社 2001 年版，第 402 页。
③ 许涤新、吴承明主编：《中国资本主义发展史》（第三卷），人民出版社 2003 年版，第 432 页。
④ 上海市委党史研究室：《上海市抗日战争时期人口伤亡和财产损失》，中共党史出版社 2016 年版，第 16 页。

水电、上海内河、电气通信、上海恒产、都市交通、华中水产、大上海煤气、华中铁道、淮南煤矿、中华轮船、华中运输、华中火柴、中华蚕丝、中央化学、振兴住宅等16个关系会社及组合(子公司)。[①]公司资本金总额1亿日元(每股50元共200万股),第一次实收额3100余万日元。至1943年3月底,资本总计25458.4万日元,其中日资15923.5万元占总额的62%,中方资本为9534.9万元占总额的38%。[②]该公司是日本对华经济侵略的"国策公司",受日本政府殖民机构"兴亚院"的领导,垄断华中地区的工业与交通。[③]由此,其控制华中各省的煤矿、铁路、公路、航运、电力、通信、盐业、水产、蚕丝、日用品制造、城市房地产和公用事业等行业。

同时,日本帝国主义为加强对沦陷区的控制,搜罗汉奸建立伪政权,实行"以华制华、分而治之"的侵略政策。1937年12月15日,伪上海大道市政府在浦东成立。次年2月,成立伪市交通局,从此开始日伪对上海沦陷区交通运输的控制。伪交通局下设三科,另设车务管理处和船舶管理处等机构。伪交通局还先后颁布了多种交通管理制度,以加强对交通运输的控制,加捐赠税、搜刮财物。1938年3月8日,伪"中华民国维新政府"在南京成立,直接管辖上海市,伪上海大道市政府更名为"督办上海市政公署",10月16日再改组为"上海特别市政府"。伪市政府由浦东迁至江湾,伪交通局改组为公用局。1938年2月成立的车务管理处,下设东昌路、沪西、沪南、沪北、高陆等分处。同年3月1日起,对各种车辆办理登记征税,车行在缴纳车捐、领得车照后,方可营业,并规定登记期限到6月底截止。[④]期间,日军占领宝山区,该区主要交通工具有小车30辆、人力橡皮车50辆、脚踏车200辆、汽车3辆。汽车方面,由日方的"华中铁道公司"汽车部进行公共交通的经营,经过的站名有成月罗路、新镇、罗店、成林公路、宝山、吴淞、沪太路、塘桥、顾家行、刘行镇等。有公共汽车营运的公路以沪太路稍好,其余路面无煤屑,行车时极为颠簸。[⑤]

至1940年12月,日军《关于限制搬运物资的布告》中规定:武器、医药

① 曹霖华选编:《华中振兴株式会社概况》,《档案与史学》1998年第5期。
② 中国第二历史档案馆:《中华民国史档案资料汇编》第五辑第二编附录(下),江苏古籍出版社1998年版,第1061—1068页。
③ 中共上海市委党史研究室、上海市总工会:《上海公共汽车工人运动史》,中共党史出版社1991年版,第7页。
④ 上海市交通运输局公路交通史编写委员会:《上海公路运输史》(第一册),上海社会科学院出版社1988年版,第158页。
⑤ 吴景平等:《抗战时期的上海经济》,上海人民出版社2015年版,第130—131页。

等类为禁止搬运物品，麦、豆、盐、食用油、砂糖、酒等食料品，麻、蚕茧、生丝、棉花、皮革等衣料品，矿石、烟、汽油、肥皂、洋火、木材、柴、纸、桐油等杂品，牛、猪、羊等家禽及制品，以及机械、汽车、电信材料等，未经许可，不得搬运流通。①由此，上海市区发生抢米事件，骚动变得越发频繁，1940年上海的一家主要商报评论道："上海是一个跟它的主食的各正常供应地相隔绝的孤岛。"接着又指出当时一担米在无锡售价法币15元，在上海的售价则为90元。这种价格上的差别，不消说反映了运输的困难和上海的不正常情况。②

再至1941年8月，日军又与汪伪政权制定《长江下游地带物资统制暂行调整要纲》，次月以汪伪政权的名义成立中央物资统制委员会，进一步扩大物资统制范围，强化统制力度。特别是对上海地区的物资统制，控制面最广，名目繁多，所统制的物品分为"禁止"和"禁止移动"两部分，涉及上百个种类。其中，"禁止"物品又分为两种情况：一种是绝对禁止交易与流通的物品，包括武器、药品、火药等；另一种是禁止向国统区和抗日根据地流通的物品，包括金属和矿石类、五谷和麻类、牲畜类、汽车及配件类、电信机械及材料类、电池及相关产品类、建筑材料类、燃料类、盐类、纸类等。"禁止移动"物品也分为两种情况：一种是课税物品，包括火柴、水泥、棉纱、棉布、烟草、酒、酒精、饮料、盐等；另一种是禁止输入和输出上海的物品，前者包括金属和矿石类、五谷和麻类、牛羊猪类、蛋及相关制品类、桐油、茶、茧、生丝、绢布及相关织品、烟草、棉花等，后者除前者所涉物品外，还包括机械、汽油、木材、火柴、蜡烛、盐、食用油、棉纱、棉布、毛织物、砂糖等。③

由是，战时统制经济"亦辄在沪发轫，或以上海为大本营"。关于华中方面的此项机构，系日军进入租界后逐步设立，目的在于吸收军需物资，以供日方之军用。主体为伪"全国商业统制总会"（1943年3月15日在上海成立），下设米粮统制委员会（同年10月1日成立，为便利米粮收买储存计，在外部设有9个地区办事处，另设江苏省办事处，统辖苏州、无锡、镇江、松江、南通五个地区办事处）、棉业统制委员会（11月27日成立）、粉麦统制委员会（6月21日成立）、油粮统制委员会（1944年8月15日改组成立，重要地区设立办事处，情形与粉委会同）、日用品统制委员会（1944年8月15日成

---

① 陈国灿：《江南城镇通史·民国卷》，上海人民出版社2017年版，第99页。

② ［美］罗兹·墨菲：《上海——现代中国的钥匙》，上海社会科学院历史研究所编译，上海人民出版社1986年版，第178页。

③ 上海市档案馆：《日伪上海市政府》，档案出版社1986年版，第545—547页。

立,主持肥皂、洋烛、火柴统制)等五个统制委员会,各业联合会为中坚机构,各业公会为直接办理机构,而各业公会由公司行号组成。① 然而,全国商统总会并非物资统制的决策机构,仅是实施物资统制的执行机关,负责对有关物资的收购、运输、储藏、配给等工作的管理。其暂行条例规定,商统会的业务范围是办理物资统制事宜,包括凡"统制物资之收买配给""各地域物资交换之营运""输出物资之供给""输入物资之配给""军需物资之采办"等项,均归该总会及所属各统制委员会处理。② 1943 年 5 月 15 日,该总会公布《重要物资由苏浙皖三省移往其他地域统制暂行办法》,其中规定:各种汽车及其零件、汽油及石油类、各种机械及其零件,通信器具材料、金属、药品以至烟草、食用油、棉纱布及其制品、蜡烛、火柴、肥皂、草袋等 25 类物资,由苏浙皖三省(包括上海、南京两特别市)移往蒙疆、华北、广东、汕头、厦门及汉口地区者,须经全国商业统制总会批准。③

事实上,全面抗战爆发对上海租界的道路交通产生很大影响。城市的公共交通与居住人口直接相关,战争爆发后,上海租界地区的人口剧增,人口密度增大。1936 年公共租界与法租界人口为 165.8 万人,迨至抗战结束,原租界区域人口已达 290 万左右。此外,考虑到南市、闸北、浦东等地区每日进出租界的流动人口,抗战时期上海租界公共交通的客流量应当是很大的。而为适应上海的道路及燃料等方面的问题,战时上海租界较为注重发展电车作为公共交通工具。当时在南京路及从外滩至杨树浦间,每两分钟就有 1 辆电车驶过。从四川路至虹口公园间,每两分半钟有 1 辆电车驶过。另外票价总的来说较低廉,1941 年有轨与无轨电车的平均票价约为 1 英里 0.33 便士,拖车票价为 0.22 便士,而当时汇率为 1 元法币合 3.2 便士。太平洋战争爆发前,公共租界的英商电车公司与法租界的法商电车公司有互通业务,凡两公司车辆得互相行于对方营业区域内,如由徐家汇起直通至戈登路或从南市铁门至杨树浦等。以下各电车营运线路得以在法租界与公共租界的北区与东区之间行驶。八路有轨电车:十六铺——杨树浦;十四路无轨电车:由民国路——河南北路;十六路无轨电车:民国路——劳勃生路;五路有轨电车:民国路——北火车站;一路无轨电车:打浦桥——四川路桥;二十四路无轨电车:西藏南路——劳勃生路及小沙渡路。这些线路大都为南北

---

① 朱斯煌主编:《民国经济史》,银行学会 1947 年编印,第 462—463 页。
② 《民国三十三年度申报年鉴》,申报社 1944 年印行,第 770 页。
③ 陈国灿:《江南城镇通史·民国卷》,上海人民出版社 2017 年版,第 100 页。

交通,经过法租界和公共租界。①

　　而1941年12月太平洋战争爆发后,在上海的日军开进公共租界,接着占领租界。但当时法国维希政府已向德国投降,与日本属同一营垒,故日军没有占领法租界。其时,伪上海特别市政府颁发小汽车通行证,并规定伪市政府、外交团、公用事业公司所用的通行证为三角式,医院医生所用者为十字式。所有小汽车均须事先呈请伪公用局颁发通行证,粘贴于汽车风窗玻璃上,才准通行。伪公用局实行统一颁发车辆牌照办法,并对汽车进行登记和收费(见表6-2),汽车通行证于1942年1月1日开始发给,开始为一月一换,后改为二月一换。②斯时,英、美等国在事实上已经失去对上海租界管辖权的情况下,于1942年10月向重庆国民政府建议签署一项条约,废止在华治外法权,交还租界。1943年1月9日,日本玩弄外交骗局,与汪伪政府签订"交还"上海租界的协定;1月11日,重庆国民政府代表分别在中美、中英关于取消两国在华治外法权、收回有关租界的文件上签字。2月23日,法国维希政府也发表了类似内容的声明。③至此,历时百年的上海租界从法律意义上结束了,当然彼时收回租界仅是名义上的,上述地方仍在日本侵略军的控制之下。

表6-2　　(伪)上海特别市公用局汽车收费表(1941年)　　　单位:元

车　别	登记	押牌	照套	补牌	掉车	过户	补照	保证	凭证
自用汽车	7.30	10.00	0.60	15.00	2.00	2.00	1.00	1.30	0.55
营业汽车	7.30	10.00	0.60	15.00	2.00	2.00	1.00	1.30	0.55
自用运货汽车	7.30	10.00	0.60	15.00	2.00	2.00	1.00	1.30	0.55
营业运货汽车	7.30	10.00	0.60	15.00	2.00	2.00	1.00	1.30	0.55
自用运货拖车	7.30	10.00	0.60	15.00	2.00	2.00	1.00	1.30	0.55
营业运货拖车	7.30	10.00	0.60	15.00	2.00	2.00	1.00	1.30	0.55
汽车试车	7.30	10.00	0.60	15.00	2.00	2.00	1.00	1.30	0.55
备　注	收取凭证费及保证金,不论车辆之多寡以每一车主为单位								

　　资料来源:《上海特别市公用局业务报告》(1941年上半年),转自上海市出租汽车公司:《上海街道和公路营业客运(个别的公共交通)史料汇集》(第一辑),1982年3月油印本,第246页。

①　吴景平等:《抗战时期的上海经济》,上海人民出版社2015年版,第134—135页。
②　上海市交通运输局公路交通史编写委员会:《上海公路运输史》(第一册),上海社会科学院出版社1988年版,第177页。
③　张仲礼主编:《近代上海城市研究》,上海人民出版社1990年版,第15—16页。

随之,日伪当局进一步强化对全市道路交通的战时控制。1943 年 7 月 31 日和 8 月 1 日,伪上海特别市政府分别接收法租界(改为第八区)和公共租界(改为第一区)。当时伪政府在日军幕后操纵下,大肆宣传所谓主权统一以欺骗人民。但在原公共租界和法租界的车辆,仍只得在各自的界线内行驶;两租界之间的交通也时通时阻。同年,全市登记的车辆有:各类大小客车 3 070 辆,其中自备车 2 541 辆,营业车 529 辆;货运汽车 2 035 辆,其中自备车 975 辆,营业车 1 060 辆;三轮客车 3 122 辆,其中自备车 1 149 辆,营业车 1 973 辆;人力车 16 707 辆,其中自备车 3 723 辆,营业车 12 984 辆。[①]至1944 年,伪上海公用局统计的汽车、汽车驾驶人登记收费见表 6-3。其间,自 1942 年 6 月上海租界的公共交通有所恢复。6 月 5 日,英商一路有轨电车从静安寺接通到虹口公园;23 日,十一路电车贯通虹口,从外滩到靶子场;24 日,十三路电车贯通虹口,从静安寺到茂海路,两租界电车车票同时涨价。由于电力供应紧张状况不断加剧,1943 年 12 月 1 日起,电车实施减少停车站点、缩短行车时间等办法。1944 年 7 月 26 日电车公司减少行驶车辆 30%,同月英商电车公司被华中公汽公司归并为上海都市交通公司。至 1944 年年底,上海市内已有五条电车线路停驶。[②]

表 6-3　(伪)上海特别市公用局汽车及驾驶人登记收费表(1944 年)　单位:元

类　别	登记费	押牌费	执照费	掉照费	补照费	补牌费	掉车费	过户费	复磅费
自用汽车	50	300	10	10	10	300	50	50	10
营业汽车	50	300	10	10	10	300	50	50	10
自用运货汽车	50	300	10	10	10	300	50	50	10
营业运货汽车	50	300	10	10	10	300	50	50	10
自用运货拖车	50	300	10	10	10	300	50	50	10
营业运货拖车	50	300	10	10	10	300	50	50	10
汽车试车	50	300	10	10	10	300	50	50	10
汽车主司机执照	10		40	40	4				
汽车夫司机执照	10		20	20	20				
备　注	汽车主、汽车夫司机执照的验印费均为 2 元								

资料来源:上海市出租汽车公司:《上海街道和公路营业客运(个别的公共交通)史料汇集》第二辑,1982 年 3 月油印本,第 157 页。

---

① 上海市交通运输局公路交通史编写委员会:《上海公路运输史》(第一册),上海社会科学院出版社 1988 年版,第 159 页。
② 吴景平等:《抗战时期的上海经济》,上海人民出版社 2015 年版,第 137 页。

继至 1945 年年初,日本帝国主义败局已定,日伪上海市政当局惶惶不可终日,紧缩机构,将所属公用局和工务局合并为建设局,设总务、机电、陆上交通、水上交通、道路、建筑、财务等 7 科,另设秘书、技正、检验、专员 4 室,这一机构延续至抗战结束。[①]战乱和日本侵略者的掠夺,使得上海乃至江南各地的经济和社会遭到严重破坏。日本军国主义发动的侵华战争,不仅让上海全市人民遭受严重灾难,也使得城市公共汽车事业受到剧烈摧残。

第二节　抗日战争时期的日伪企业

抗战时期,上海城市建设遭到严重摧残,闸北、虹口、南市等地一些城区几成废墟。上海开埠以来逐渐形成的航运、邮电、交通、医疗等以及公共设施等公共事业,在淞沪抗战及日军殖民统治时期损毁严重,且一直得不到恢复、维修。日伪的倒行逆施,致使上海水陆交通受阻。[②]日本侵略者对中国进行全面掠夺,上海城市公共汽车业主要由日本控制的"华中都市公共汽车公司"(以下简称"华中公汽公司")经营,日本帝国主义经营该公司主要目的是为其侵略和掠夺中国服务。

一、发展经营

1937 年八一三淞沪会战爆发后,日军占据上海的华界地区。在日军军部的授意下,日商于 1938 年 1 月开办"兴中公司"(受日本陆军部管理),日军占领区的公共交通由"兴中公司"经营,以少量的公共汽车开辟数条线路,主要为解决日军及其侨民的交通。该公司在上海以虹口公园和外白渡桥两处为中心,陆续开行 10 条市内公共汽车客运线路。[③]"兴中公司"在垄断经营上海地区公共交通的同时,还经营南京市的公共汽车客运业。[④]

[①]　上海市交通运输局公路交通史编写委员会:《上海公路运输史》(第一册),上海社会科学院出版社 1988 年版,第 159 页。

[②]　黄美真主编:《日伪对华中沦陷区经济的掠夺与统制》,社会科学文献出版社 2005 年版,第 583 页。

[③]　中共上海市委党史研究室、上海市总工会:《上海公共汽车工人运动史》,中共党史出版社 1991 年版,第 7 页。

[④]　上海市公用事业管理局:《上海公用事业(1840—1986)》,上海人民出版社 1991 年版,第 363 页。

上海华界沦陷不久,日本陆军部便以华中各市分别经营公共汽车,资本既不宏厚,办理步骤亦不相一致为由,决定将各地公司改组合并成统一的公司,扩大营业范围。1938 年 10 月,日本陆军特务部通知伪"中华民国维新政府"交通部:决定将"兴中公司"和杭州市日商但马佑治等予以合并,成立所谓日中合办的汽车公司,名为"华中都市公共汽车股份有限公司"(又称"华中自动车株式会社"),统一经营华中各主要都市内公共汽车事业和载客、货物运输事业,以及前两项的附带事业。伪交通部接此通令后,于同年11 月 1 日分别函告有关省市伪政府,让它们直接和日军特务部接洽办理,并复准日军特务部来函,由发起人总代表但马佑治和杨效曾制定营业计划书,到日军特务部申请立案。①即"华中振兴"的子公司——"华中公汽公司"(名义是"中日合办")是由"华中振兴公司"在收买"兴中公司"的基础上与伪"维新政府"交通部合伙开办。1938 年 11 月 5 日由伪政府交通部同意立案、发给执照,同日公司即告成立,总部设于上海东体育会支路 70 号。②

"华中公汽公司"的资本总额定为 300 万日元(相当 1 667 万旧法币)。伪交通部的股本是 50 万日元,"华中振兴公司"的股本是 100 万日元,加上其他方面资金计 150 万日元。公司急于成立,不用招股方法而采用发起方法,所以现款出资和现物出资者均有,实收 226.375 万日元(相当 1 257.638 7 万元旧法币)。伪交通部和日本陆军特务部为设立机关,伪建设部和"华中振兴公司"为统属机关。③该公司设上海、南京、杭州、苏州 4 个营业所,以及镇江、无锡、上海南市、沪东 4 个办事处。公司成立时共有汽车 186 辆,陆续接管并垄断上海、南京、苏州、镇江、杭州、无锡等城市公共交通,其中上海有119 辆。④斯时,该公司享有经营华中地区主要大城市公共交通的垄断特权,并总揽华中各大城市的公共交通企业。

具言之,"华中公汽公司"成立后,首先将"兴中公司"拥有的公共汽车全数收购,对原来兴中公司的线路一概加以接管,继续经营。杭州市原来的公共汽车企业,则以实物代资的方式,折资 200 股,作为杭州伪市府参加"华中公汽公司"的股份,改称"华中都市公共汽车公司"杭州营业所;1938 年

①　上海市交通运输局公路交通史编写委员会:《上海公路运输史》(第一册),上海社会科学院出版社 1988 年版,第 172 页。
②　吴景平等:《抗战时期的上海经济》,上海人民出版社 2015 年版,第 136 页。
③　中共上海市委党史研究室、上海市总工会:《上海公共汽车工人运动史》,中共党史出版社1991 年版,第 8 页。
④　中国公路交通史编审委员会:《中国公路运输史》(第一册),人民交通出版社 1990 年版,第383 页。

11 月 27 日苏州营业所成立,经营苏州市内公共汽车业务;12 月 16 日,镇江办事处公共汽车线路开始通车营业。1939 年 6 月,无锡办事处成立,通行公共汽车;10 月,杭州市富阳及塘樱镇的公共汽车线路先后投入运行。1940 年于上海南市、沪东设立办事处,经营上海东南地区的公共汽车业务。[1]至 1940 年 5 月,该公司共有汽车 186 辆,其中配置在上海有 119 辆,占总数的 64%;共开辟路线总计 26 条,营运总长度 224.3 公里,其中上海的客运路线 12 条、128 公里,分别占总数的 46%和 57%。[2]1939—1940 年两年间,该公司营业一般尚可,每年约可盈余万元,每至年终约有 6 厘股息可得。1941 年年初,汽油供应日趋紧张,公司受汽油短缺影响,决定将汽车进行技术改进,用木炭代替汽油。是年 5 月开始,实行轮流抽停车辆,以便改装。上海与其他各地的情况大致相同。[3]

不难发现,"华中公汽公司"的经营重点在上海市。截至 1941 年 9 月,公司在上海已开行 14 条客运线:(1)五路,江湾线,自虹口公园至江湾镇,全长 4.7 公里;(2)六路,自外白渡桥至杨树浦底,全长 8.2 公里;(3)七路,华德路线,自四川路至东萃纺织公司,全长 6.3 公里;(4)八路,虹口循环线,自虹口公园经上海银行至外白渡桥,全长 3.4 公里;(5)九路,虹口循环线,自虹口公园至外白渡桥,全长 3.4 公里;(6)十路,自四川路桥至北火车站,全长 2.2 公里(后改为北火车站至杨树浦码头,全长 4.8 公里);(7)十一路,平凉路线,自虹口市场至钟纺本社,全长 8.2 公里;(8)十二路,饭田栈桥(今虬江码头)线,自虹口公园至饭田栈桥,全长 11.5 公里;(9)十三路,白川桥线,自虹口公园至白川桥,全长 17.4 公里;(10)十四路,自虹口公园至吴淞镇,全长 12.8 公里;(11)十五路,自虹口公园至闸北水电厂,全长 12.6 公里。(12)二十一路,环城循环线,自老西门经尚文路、小南门、小东门、新北门至老西门,全长 4.8 公里;(13)二十四路,龙华线,自老西门至龙华镇,全长 8 公里;(14)市郊公路客运线,自四川路至青浦镇,全长 50 公里。[4]其时,该公司以虹口公园和外白渡桥两处为中心,共开通 11 条市内公共汽车客运路

---

① 上海市公用事业管理局:《上海公用事业(1840—1986)》,上海人民出版社 1991 年版,第 363 页。

② 上海市交通运输局公路交通史编写委员会:《上海公路运输史》(第一册),上海社会科学院出版社 1988 年版,第 173 页。

③ 上海市公用事业管理局:《上海公用事业(1840—1986)》,上海人民出版社 1991 年版,第 364 页。

④ 上海市交通运输局公路交通史编写委员会:《上海公路运输史》(第一册),上海社会科学院出版社 1988 年版,第 173—174 页。

线,范围包括虹口、杨树浦、江湾、南市;另有自四川路至青浦镇、自虹口公园至吴淞镇、闸北水电厂的 3 条市郊公路客运线。这些营运路线总长度达 137.4 公里,占全公司营运路线总长度的 44%;投放车辆 161 辆,占全公司车辆总数的 65%。①

从而,自 1939 年至 1941 年 9 月,"华中公汽公司"在上海的行驶里程为 10 906 618.2 公里,占全公司行驶里程的 66.3%;载客人数为 51 156 028 人次,占全公司载客人数的 75.6%;营业收入 5 173 102 元,占全公司营业收入的 67.5%。该公司在设立纲要中声称"本公司属于维新政府之普通法人",但事实上却根本无视当地伪政府的监督管理。公司开行的客运线路,均直接报日本兴亚院、"华中振兴公司"及日军有关机构备案。原应遵章向当地伪政府缴纳专营费,也以种种理由拖延,拒不缴付。伪政府建设部为此曾对该公司发出"指令",称"此项专营费,为营业正当支出,无论营业盈亏,亦应遵案缴纳",限令该公司"将积欠各省市专营费暨车辆牌照等捐税尽速缴清"。但这些指令到最后都只是一纸空文而已。②

事实上,"华中公汽公司"自成立起就利用其特权,巧取豪夺,从中国人民身上榨取大量财富。它开办时在上海仅有 50 余辆公共汽车,全公司到 1939 年就增加到 92 辆,1940 年又增加到 161 辆;③1941 年车辆数增至 248 辆,其中上海有 170 辆,且每年均有盈余。④然自 1941 年下半年起汽油紧缺,9 月底该公司的汽油供应也告断绝,因此在 1941 年 10 月至 1942 年 1 月间,公司停驶大量营运路线。其中在上海先后停驶五路、十五路、十路、十三路、二十一路、二十四路、十四路等 7 条路线,占原有营运路线的一半。1941 年 12 月,该公司在外白渡桥至横浜桥、外白渡桥至杨树浦开行六路、九路电车,以取代公共汽车。当月太平洋战争爆发后,日军占领苏州河以南的租界,对所有英、美商实行军管,宣布对英商电车公司实行"军管理",并接管英汽公司。同时,日军又下令全市大小汽油车辆除领有特殊通行证外,一律停驶。1942 年 1 月 10 日,英汽公司宣告停业。同年 3 月 20 日,日本军方下令,"华中公汽公司"全面接管英汽公司的厂房和财产。不久,该公司再

①　上海市档案馆:《上海租界志》,上海社会科学院出版社 2001 年版,第 425 页。
②　上海市交通运输局公路交通史编写委员会:《上海公路运输史》(第一册),上海社会科学院出版社 1988 年版,第 174 页。
③　中共上海市委党史研究室、上海市总工会:《上海公共汽车工人运动史》,中共党史出版社 1991 年版,第 8 页。
④　中国公路交通史编审委员会:《中国公路运输史》(第一册),人民交通出版社 1990 年版,第 383 页。

奉日陆海军当局之命,将英汽公司的 49 辆公共汽车交给军方使用,又将其余车辆的大部分发动机(引擎)拆下,交由军方用于装配军用舰艇,其他运输生产设备也几乎洗劫一空。①

随之,"华中公汽公司"将英商上海电车公司的汇山车场及该车场中的有轨电车占为己有。汪伪政权建立后,1940 年 9 月间曾以"华中公汽公司"不属开发资源,也与军事设施无关为由,欲收回自办,但日本政府不予理睬。后经 1941—1942 年两年中多次提出,日本大使馆表示可以谈判,考虑先将南京、苏州、杭州等地的公共交通事业予以交还,但对上海地区交通避而不谈,虽经汪伪政府多次交涉,日本政府仍借口日方投资以及原料、燃料等方面原因,表示要另行处理而不予交还。问题实质在于,太平洋战争爆发后,日军战况不利,财政、资源面临困境,市场萧条,"华中公汽公司"经营的公共客运业务日趋衰落,在不得已的情况下先后将无锡(1941 年 11 月 5 日)、上海南市(1941 年 11 月 5 日)、镇江(1942 年 9 月 24 日)等多处营业所歇业停办。杭州、南京、苏州三地的线路也接近停顿,仅各有一条线路继续运行,南京市仅剩 10 辆破旧车辆。1942 年是"华中公汽公司"开始走下坡路的一年,内外矛盾加深,困境无法摆脱。同年 4—9 月仅六个月时间,其营业亏损 43 万余日元,之后几乎每月都亏损 6 万日元。②如 1942 年 10—11 月,该公司以英汽公司名义开行二十五路,由虹口公园至爱多亚路;二十六路,由大世界至安和寺路(今新华路);二十七路,由静安寺至程家桥镇。这三条公共汽车路线,营业里程共计 19.3 公里。至 1944 年 3 月 6 日,二十五、二十七路两条路线停驶。③

并且,日伪当局为促进日本军票经济与"中储券"经济的统一,上海火车、轮船、公共汽车、煤气、自来水等收费自 1942 年 6 月 20 日以后改用军票、储备票两种牌价计算办理。④时因东南亚局势紧张,汽油输入困难,特别是太平洋战争爆发后,车辆只能以木炭为燃料,加上配件缺少、修车困难,"华中公汽公司"大部分车辆改装为代燃车,并停止使用一切汽油车。由此,其营运路线日益缩短,行驶车辆日益减少,加之汽车改装费用开支浩大,业

---

① 上海市交通运输局公路交通史编写委员会:《上海公路运输史》(第一册),上海社会科学院出版社 1988 年版,第 174—175 页。
② 上海市公用事业管理局:《上海公用事业(1840—1986)》,上海人民出版社 1991 年版,第 364、366 页。
③ 上海市交通运输局公路交通史编写委员会:《上海公路运输史》(第一册),上海社会科学院出版社 1988 年版,第 175 页。
④ 吴景平等:《抗战时期的上海经济》,上海人民出版社 2015 年版,第 234 页。

务衰落、财政拮据。至 1943 年,该公司已负债近 30 万元,其在江南 12 个城市所属营业线路皆陷于绝境,加之燃料用油已无保证,线路一再辍停。[1]嗣后,该公司又压缩行车车班,将按时行车制改为应时派车制,并合并部分路线。1943 年 4 月和 1944 年 2 月,该公司两次提高票价,使票价上涨 1 倍多,但终因经济崩溃,物价暴涨,车辆损毁严重,修理困难,代燃料(煤炭)及润滑油供应缺乏,营业亏损与日俱增。至 1944 年 3 月底,"华中公汽公司"已负债 281 242.39 日元,实际营运路线总长只有 45.2 公里,仅为 1941 年 9 月营运路线的 15% 弱;开行的公共汽车路线仅余七路(四川路桥至平凉路)、八路(虹口公园至三洋泾桥)、二十六路(大世界至察哈尔路)和青浦线(上海至青浦)等 4 条路线,比 1941 年 3 月底减少 10 条。[2]同期,该公司拥有营业汽车 222 辆。其中上海营业所 145 辆,南京营业所 31 辆,苏州营业所 13 辆,杭州营业所 11 辆。该公司名义上所谓"中日合办",实际上是日本掠夺中国资金、人力、资源的工具。如在资金方面日股出资则为空话,即使缴足的股金也大部分用的是军用票、公司债券之类的废纸。公司的营运路线及站房等资产均是霸占中国原有企业的。[3]该公司历年营运路线、车辆及职工等见表 6-4。

可以说,1944 年由于太平洋战争局势发展,日军战况每况愈下,已现败退迹象,"华中公汽公司"的许多物资和设备都被征用,导致该公司业务衰落,开支增大,亏损累累,入不敷出,只得将公司的范围缩小。日军当局决定转嫁危机。[4]同年 7 月,日军当局决定将英商电车公司以敌产名义交还汪伪建设部和伪上海特别市政府,再由伪建设部和市政府作价 1 330 万日元(266 000 股)作为现物投股的中方股金投资给"华中公汽公司",即作股与该公司合并,并于 1 日改组更名成立"上海都市交通股份有限公司",全盘继承和维持经营"华中公汽公司"在上海及各主要城市的公共交通事业。上海都市交通公司成立后,总部移至苏州路 185 号,公司资本额增为 1 630 万日元

---

① 中国公路交通史编审委员会:《中国公路运输史》(第一册),人民交通出版社 1990 年版,第 383 页。

② 上海市交通运输局公路交通史编写委员会:《上海公路运输史》(第一册),上海社会科学院出版社 1988 年版,第 176 页。

③ 江苏省交通史志编纂委员会:《江苏公路交通史》(第一册),人民交通出版社 1989 年版,第 313—314 页。

④ 中共上海市委党史研究室、上海市总工会:《上海公共汽车工人运动史》,中共党史出版社 1991 年版,第 9 页。

表 6-4 "华中都市公共汽车公司"历年经营情况表(1938—1944 年)

时 间	营运里程 (公里)	车辆 (辆)	职工数 (人)	日均行驶里 程(公里)	日平均客运 量(人)	盈亏 (千元)
1938 年 11 月—1939 年 10 月	223	186	870	11 227	71 309	+137
1939 年 11 月—1940 年 10 月	309	147	1 045	22 460	103 003	+110
1940 年 10 月—1941 年 4 月	311	191	1 112	24 354	101 729	+84
1941 年 4 月—10 月	312	248	1 213	25 472	106 652	+110
1941 年 10 月—1942 年 4 月	322	257	1 176	11 513	70 984	+56
1942 年 4 月—10 月	322	248	1 019	10 455	43 328	-437
1942 年 10 月—1943 年 4 月	253	248	1 000	10 481	49 608	-214
1943 年 4 月—10 月	253	220		9 200	47 218	+285**
1943 年 10 月—1944 年 4 月	253	220		5 665	31 394	-281
1944 年 4 月—10 月	97	42	4 120*	3 579	16 451	-3 830
备 注	* 包括新合并的军管电车公司；** 1943 年 4 月至 1943 年 10 月间因有杂项收入 727 725 元,账面金额表示为盈,实际亏损 44 万余元					

资料来源:中国公路交通史编审委员会:《中国公路运输史》(第一册),人民交通出版社 1990 年版,第 384 页。

(其中 300 万日元为原"华中公汽公司"股本),员工增为 4 120 人,有汽车 249 辆、有轨电车 265 辆、无轨电车 137 辆。该公司自成立起,营业每况愈下。因电力不足,日军一再实行供电限制,1944 年 7 月 21 日电车停驶 10%,26 日停驶的电车增为 30%,至 8 月 10 日已有一半电车停驶。维持行驶的路线,也仅在每天上下班时间内有少量车辆营运,其余时间全部停驶,营业收入下降,费用支出浩繁。同年 9 月,该公司已亏损 383 万多日元。在此情况下,其先后裁减人员 1 129 人,占该公司全部职工的 27%。原英商电车公司部分电车路轨被日军拆走,车辆损坏严重,配件补充困难,停驶路线越来越多。①

嗣至 1944 年 11 月 5 日,上海都市交通公司在乍浦路桥南堍光陆戏院召开会议,正式宣告成立,当时拥有营业车 171 辆,但业务仍日趋下降。②抗

---

① 上海市交通运输局公路交通史编写委员会:《上海公路运输史》(第一册),上海社会科学院出版社 1988 年版,第 176 页。

② 上海市公用事业管理局:《上海公用事业(1840—1986)》,上海人民出版社 1991 年版,第 367 页。

战胜利前夕,上海的公共汽车减少200多辆,电车减少近200辆。全市只有法商电车公司和日伪控制下的上海都市交通公司两家营业,共有电车328辆、16条路线、行驶长度为68.1公里,仅为战前一半;公共汽车只剩虹口公园至江湾五角场的一条路线勉强维持通车,10辆营运车,里程计5.8公里。[①]这与抗战前全市公共汽车的经营规模已大相径庭。

日本帝国主义失败命运也随之到来。1945年8月15日,上海都市交通公司随着日本投降而结束,抗战胜利后该公司被国民党市政府公用局接管。日本侵略者对上海交通所造成的破坏和损失主要包括:(1)两次沪战期间上海一些车辆、船只等交通工具被炸被毁,铁路、道路、桥梁、车站、码头等交通设施遭到严重破坏。普陀区交通方面的损失主要在两次沪战中:一·二八淞沪抗战中,该区真如火车站成了敌机轰炸的重点目标;八一三淞沪会战中,普陀区公路、水运、码头、桥梁均遭到了不同程度的破坏。浦东7家有确切损失数据的交通公司,有5家是1937年日军进攻时遭到破坏。此外,宝山、青浦、闵行、松江等区公路、桥梁被毁,有关轮渡、轮船、运输船、码头等被炸,主要也是毁于战火。杨浦区虹江码头在1937年财产损失达200万元。南汇周浦浦东长途汽车运输、周浦汽轮运输因战争被迫停业,损失严重。[②](2)日军占领上海期间,接管铁路、机场、公路、水路交通,强征交通运输工具以及相关设施。例如1937年11月,日军不仅强占停泊在外滩的福星、交星、流星等12艘巡洋舰,还强行拖走数十艘小火轮,并悬挂日旗。全面抗战时期虹口区因日军霸占码头、铁路,迫使轮渡停航,南北向电车、公共汽车线路中断,汽车运输行迁入吴淞江南岸,出租汽车停业。南汇铁轨被拆除1公里。徐汇区龙华机场被侵华日军海军占用,原所有航线全部停止营运。(3)上海沦陷期间,日本侵略军遍设封锁线,汪伪政府对市政设施的建设和管理严重滞后,特别是对河道、桥梁维护不力,致使城市交通功能弱化。徐汇区肇嘉浜及其他小浜淤塞,几乎丧失航运的功能。长宁区法华浜、侯家宅浜全浜淤塞、水流不畅,河道疏通费用损失巨大。据档案资料统计,日本侵略者对上海交通造成的损失,折算成1937年法币约为1 477 073 402元。[③]

---

① 上海市交通运输局公路交通史编写委员会:《上海公路运输史》(第一册),上海社会科学院出版社1988年版,第177—178页。
② 上海市杨浦区五角场镇人民政府:《五角场镇志》,科学技术文献出版社1991年版,第154页。
③ 上海市委党史研究室:《上海市抗日战争时期人口伤亡和财产损失》,中共党史出版社2016年版,第29—30页;上海市档案馆:《日本帝国主义侵略上海罪行史料汇编》(下编),上海人民出版社1997年版,第254页。

二、组织管理

(一)管理制度

"华中公汽公司"的总部设在上海江湾路东体育会支路 70 号,公司下设总务、营业两个课。总务课下辖庶务股、经理股、人事股。营业课下辖营业股、调查股、工务股,并直辖上海营业所。营业股下设南京、杭州、苏州等营业所,在镇江、无锡等地设有办事处。上海营业所下设沪东、南市两个办事处和上海问讯处。1941 年太平洋战争爆发后,上海的南市办事处撤销。该公司名义上是"中日合办",但公司资金总额 300 万日元分 6 万股、每股50 日元,其中日方股份占 99.62%,中方仅占 0.38%。公司董事长由日方推出的傀儡杨效曾充任,但经营决策和人事大权,均操纵在日方常务董事但马佑治及 1942 年 5 月就任的副董事长森田重彦手中。[①]该公司表面上实行股东大会的董事会领导制,董事长由华人杨效曾担任,副董事长为日人森田重彦,常务董事但马佑治,另有华人董事董明,监察庄士彝与野村义男。但该公司一切实权均操纵于日本人之手,一切唯日本当局之命是听。凡日本的陆军、海军、宪兵和日本领事馆等机构都可以对公司直接下命令,而汪伪政府却无法对公司发号施令。[②]

具如该公司的最高权力机构是董事会,另设监事若干名。董事长或常务董事兼任公司的最高职务,设秘书佐理,另设顾问若干名。公司的重要事宜均由董事会决定。公司的董事定为 5 名,监事为 2 名,由占有10 股以上的股东召开股东大会选任,董事任期 3 年,监事任期 1 年。在董事中产生董事长、副董事长和常务董事各 1 名,其实只是徒有虚名而已。公司的行政大权始终被日本人所操纵,中国方面的董事不过是挂名的傀儡。华中公汽的工人除比英汽工人的工作条件和待遇更差外,还要在公司当局的法西斯统治下,经受残暴的侮辱和迫害。[③]1944 年,该公司更名为上海都市交通公司后,名称虽改,实质未变,董事会成员与公司各科

① 上海市交通运输局公路交通史编写委员会:《上海公路运输史》(第一册),上海社会科学院出版社 1988 年版,第 172 页。
② 上海市公用事业管理局:《上海公用事业(1840—1986)》,上海人民出版社 1991 年版,第363 页。
③ 中共上海市委党史研究室、上海市总工会:《上海公共汽车工人运动史》,中共党史出版社1991 年版,第 14 页。

负责人均一成不变。①

（二）职工雇佣和工资

战时公共汽车业的职工工资制度体现帝国主义、封建官僚主义统治的特点。所谓中日合资的"华中公汽公司"更是内外有别,1940 年 5 月该公司总人数为 870 人,其中在上海有 647 人,占总数的 74%。②据该公司 1943 年统计:职工总人数 635 人,其中职员 153 人,占职工总数的 24%。具体分布为:社员 38 人(均为高级职员,其中日人 33 名、华人 5 名),助理员 59 人(其中日人 16 名、华人 36 名、印度人 7 名),监督员 56 人(其中日人 26 名、华人 28 名、白俄 2 名)、守卫 15 人(均为日人)、车夫(司机)177 人、车掌(售票员)178 人(均是中国人),技工及助手 101 人(其中日人 8 名、华人 92 名、法国人 1 名),工役(勤杂工)11 人(均是华人)。除社员外,均为雇佣人员。公司高级职员和工人工资福利待遇相差悬殊。高级职员大多由日本人担任,他们的津贴名目繁多,有在任津贴、住宅津贴等,高者在原薪 20% 以上。月薪工资待遇:(主任级以上)社员 2 500 日元,社员(普通)18 611.11 日元,雇员(中高级职员)1 027.78 日元,技工 384.44 日元,车夫 378.33 日元,助理员 237.78 日元,车掌 221.67 日元,补协手 206.39 日元,工役 202.78 日元。③由上可见,该公司的高级职员收入丰厚,低级职员则工资较低。

（三）劳动方式

"华中公汽公司"在政治上不容职工有丝毫的反抗情绪,在管理方法上对工人动辄打骂甚至随意开除,最多一次竟开除百余人之多。工人辛苦一个月的工资还不够糊口,生活极其艰难。公司的规章制度更是严苛。以《第二章服务》为例:"第 14 条规定,值勤原则上为一班制,值勤时间 10 小时。第 15 条规定,公休日以每 10 天为一次,但到下次公休前有缺勤者,则取消其公休日。第 16 条规定,为了工作上的需要,可命令其值夜;此外在按规定值勤完毕后,或者公休日,均应奉命加班。"仅此几条,已充分说明公司当局对工人的严厉程度,更有甚者,第 25 条规定:"值勤时,凡有必要带私有金钱时,必须预先得到许可,如不申请则其所持的金钱作为不正当私有金钱论

①　上海市公用事业管理局:《上海公用事业(1840—1986)》,上海人民出版社 1991 年版,第 366 页。
②　上海市交通运输局公路交通史编写委员会:《上海公路运输史》(第一册),上海社会科学院出版社 1988 年版,第 173 页。
③　中共上海市委党史研究室、上海市总工会:《上海公共汽车工人运动史》,中共党史出版社 1991 年版,第 19、21 页。

处。"第 30 条规定："必要时可以进行搜身检查。"当时,女售票员下班必定要由两名日本"抄身婆"进行搜身检查,如稍有不满就会引来一顿打骂。大门口的日本驻卫警也有权进行检查,有时还借检查之名,对女售票员进行侮辱。机修工也时常被怀疑偷窃而遭厄运,公司还经常对执勤中的售票员进行"倒皮带"(公司派监察人员强行搜翻售票员的票袋),搞突击搜查。只要发现票款与出售的客票不符,轻者打骂重者开除。第 33 条规定:工人必须向上司"行脱帽致礼,此时必须正面对受礼者,再将上身向前倾 15 度弯曲行礼,等受礼者答礼完毕方可恢复原有姿势"。在执行中,中国工人常被认为不礼貌或不顺服,横遭日本官员和管理人员的打骂。①

同时,公共汽车公司职员们的工余时间多半在宿舍看看书、打打麻将,不常跟工人为伍,有的同工人很隔膜,但也有人关心政事。如"华中公汽公司"中有些职员曾参加过反帝和抗日救亡运动,有些也参加过反饥饿、反内战的斗争。彼时,各公司的司机、售票员和机修工收入最少,生活也最艰辛。"华中公汽"的司机、售票员都是中国人,他们为养家糊口深受日本侵略者的压迫,在忍辱负重之中有着强烈的民族感。并且,他们还抵制汪伪工会的插手和破坏,即便在日军控制十分严密的华中公汽公司内,由纱厂调来的中共党员在机修工人、女售票员中广泛地宣传群众、组织群众,与日本帝国主义进行不懈斗争。在公交企业中一些进步司机为争得工人的权益积极筹组工会;进步售票员积极组织学习小组,自觉地接受中国共产党的政治主张;技术人员中的进步青年利用给工人传授业务知识的机会,传播科学和进步思想;有的在党的启发和培养下先后参加共产党。②例如,"华中公汽公司"的党组织——中国共产党华中公汽支部,起讫年月为 1940 年夏至 1943 年5 月,支部书记为严维勤;其上级党组织名称为中共江苏省委工人运动委员会(沪东区),具体情况见表 6-5。

一言蔽之,抗战时期"华中公汽公司"的职工们在共产党员和积极分子的带领下,与日本侵略者、汪伪势力展开一系列的斗争,并最终在护厂斗争中作出重要贡献。

---

① 摘自华中都市公共汽车规章制度第二章《服务》(日文档案资料),转自中共上海市委党史研究室、上海市总工会:《上海公共汽车工人运动史》,中共党史出版社 1991 年版,第15 页。
② 中共上海市委党史研究室、上海市总工会:《上海公共汽车工人运动史》,中共党史出版社1991 年版,第 22—23 页。

表 6-5　近代上海公交企业中共党员情况表　　　　　单位:人

历史时期	单位	党员发展情况				党员变化情况					期末实有数
		本单位发展数		本单位发展数		调出	撤退	脱退党	叛变	其他	
		男	女	男	女						
第一次国内革命战争时期	英汽公司	5								5	0
第二次国内革命战争时期	英汽公司	3		4						7	0
抗日战争时期	英汽公司	40		1		6	11	2	1	21	0
	华中公汽公司	2	1	2	6	4	4	3			0
解放战争时期	公交公司筹委会	78	1	9		5	2		1	1	79
总　计		128	2	16	6	15	17	5	2	34	79

资料来源:上海公共交通总公司等:《上海公共汽车工人运动史》,中共党史出版社1991 年版,第 197 页。

第三节　解放战争时期的公交企业

1945 年 8 月,日本帝国主义无条件投降,中国正式收回外国在华租界。战后的上海经济逐渐复苏,对外贸易重新迅速增加,工商企业得到恢复和发展,市区道路和跨省公路开始整修,城市又趋向繁荣。公共客运、汽车货运、公路运输、民间运输和汽车修理业均得到恢复和一定程度发展,有的行业一度较为兴旺。1946 年 7 月,国民党政府挑起全面内战,由于军事节节败北,国统区政治、经济危机不断加深。上海的经济形势益趋恶化,物价飞涨,百业凋敝,民不聊生。交通运输业因汽油匮乏,轮胎、配件等价格一再猛涨,城市汽车客货运输和公路运输处境窘困、趋于停滞,有的濒于破产倒闭。[1]1949 年 4—5 月间,国民党军队濒临崩溃,在上海大规模强制征车,使上海汽车运输再次遭受严重损失。

---

[1]　上海市交通运输局公路交通史编写委员会:《上海公路运输史》(第一册),上海社会科学院出版社 1988 年版,第 202 页。

一、发展经营

(一)公交公司筹委会的诞生

可以确定,上海是中国的经济中心。抗战时期,日伪敲骨吸髓搜刮中国人民的物资财产,聚敛所得,未及运去日本的也在上海集中储存。因此,上海便成为国民党夺取胜利果实,大肆"接收"的重点。从 1945 年 8 月 15 日起,各路人马纷纷涌现,打着接收敌伪财产旗号,蜂起劫夺公私财物。第一批接收大员是第三方面军,另有淞沪警备司令部、海军部、航空司令部、后勤总部的战时运输局等各个军事机关,成为理所当然地接收日本军事系统、房产、物资的军代表。第二批为党政机关人员,随军方之后相继到达上海,管制了敌伪机关的一部分物资。第三批则为国民党各经济部院的人员,从事接收敌伪企事业财产。[①]然当时"京沪的景况兴奋极了,也乱急了。在热烘烘乱嚷嚷中,这二十几天时间,几乎把京沪一带的人心丢光了。有早已伏在那里的,也有由后方去的,只要人人有来头,就人人捷手先抢。一部汽车有几十个人抢,一所房子有许多机关争;而长长的铁路,大大的矿场,却很少人过问⋯⋯京沪区的乱象,其原因可以分为两部分:一是政府无准备,至少是准备得太迟太不够;另一是人的品质问题"。[②]

抗战胜利初,上海市公共交通主要有日伪合资的上海都市交通公司和法商电车公司。其时,上海经济开始复苏,工厂重新开工,商业渐趋繁荣,500 万市民开始新的生活。上海都市交通公司在日本战败后关闭,留下的电车部分由国民党政府发还英商上海电车公司继续经营,公共汽车由上海市公用局接管后交由市公共交通公司筹备委员会整顿经营。原来由日本军方委托华中公汽公司管理的英汽公司由公用局派人接收。如 1945 年 9 月,国民党上海市工务局、公用局成立,由赵祖康、赵曾珏分任局长。9 月 8 日,赵曾珏率领接收人员由渝飞沪。赵氏目睹上海工业停顿、商业萧条、交通瘫痪、市容不整的状况,认为在满目疮痍、百废待举的情况下,交通是都市的血脉,应首先整顿和恢复市内公共交通。因为偌大一个城市,由于燃油、电力奇缺,除原英、法租界内还有几条电车线路在营运外,南市、闸北等原中国地界已无公共交通车辆,即使在苏州河以北原日本侵略者的据点内,也仅存一条自虹口公园至江湾五角场的汽车线路,几辆破车行驶;当局认为积极筹组

---

① 上海市总工会:《解放战争时期上海工人运动史》,上海远东出版社 1992 年版,第 2—3 页。
② 社评:《莫失尽人心》,《大公报》1945 年 9 月 27 日。

一个市营公共交通公司以迅速恢复城市公共交通实为当务之急。①9月
12日,由工务局、公用局共同接收原汪伪上海市政府建设局。原属伪建设
局管辖的陆上运输与道路建设,分别由公用局、工务局接收,其余的行政、技
术、会计和水上运输等部门,则由两局共同接收或按业务性质划定范围分别
接收。为不使市内公共交通中断,公用局在接管战前民营、战时被日伪强占
的公交企业时,采取由该局会同原企业负责人一起前往接收的办法。在交
接过程中,责成原经办人继续经营业务。对日伪官办或官商合办的企业,有
些一时不易划分清楚的,则有公用局派出接收委员,暂时维持,待业务恢复
正常后,再予处理。对原租界内由外商经营的公共交通企业,在查点资产后
即发还原业主继续经营。②

同年9月18日,上海市公用局派员分头接收上海都市交通公司和汪伪
市政府建设局所属的南区机修厂。由上海都市交通公司接收来的土地及厂
房有:(1)虹口区公平路营业所(包括办公室)和停车场,建筑面积共3 400多
平方米。(2)江湾路修理所,建筑面积1 800平方米。接收破旧汽车149
辆。其他机器设备与材料配件大部属废旧物资。从汪伪建设局所属南区机
修厂接收来的土地有5亩(3 333.4平方米)多,建筑面积3 800多平方米,废
旧车辆8辆,其他机器设备和材料也全属废旧物资。其他还从扬子公司接
管物资中调来旧车62辆,从国民党第三方面军接管物资中调来旧车
100辆。从敌伪财产中调拨来原英汽公司的破旧汽车70辆。从以上5个
单位共调集破旧汽车389辆,经检测后留用数为102辆。③由是,公用局全
面接管上海都市交通公司及汪伪市政府建设局南区机修厂的土地、厂房、车
辆和设备。而公用局接收的上海都市交通公司的电车部分,是太平洋战争
后被日伪侵占的原英商电车公司的资产。电车部分的资产共有:设在苏州
路185号的上海都市交通公司本部以及静安寺车库、汇山车库、江湾营业所
及惠民路工厂等5处,有轨电车137辆、拖车127辆、无轨电车132辆。接
收后即发还英商电车公司经营。上海都市交通公司的公共汽车部分多系该
公司自有资财,共有公共汽车137辆,均已改装为木炭车,其中能行驶载客

---

① 上海市公用事业管理局:《上海公用事业(1840—1986)》,上海人民出版社1991年版,第
367、372页。

② 上海市交通运输局公路交通史编写委员会:《上海公路运输史》(第一册),上海社会科学院
出版社1988年版,第220页。

③ 上海市公用事业管理局:《上海公用事业(1840—1986)》,上海人民出版社1991年版,第
372—373页。

的仅有 10 余辆。且公用局接收了被日伪侵占的原英汽公司，并将该公司东西两个车库、康脑脱路厂房一所及一批破旧车辆、设备发还给原主。此后，英汽公司曾数度申请复业，市政当局以原有车辆、设备均已严重损坏，不能使用为由，未予核准。①

至 1945 年 9 月 29 日，上海市公用局在九江路 50 号 205 室设立上海市公共汽车公司筹备处；10 月 30 日，公共汽车公司筹备处改组为上海市公共汽车公司筹备委员会。10 月间，增设上海市电车公司筹备处，筹划、恢复和调整上海市的公共交通，拟决定恢复经营华商电车。公用局办公共交通事业，有得天独厚的有利条件，它享有政治特权和经济特权。但由于法商电车公司仍取得经营权，上海都市交通公司的电车部分也交还英商电车公司继续经营，致使开办电车公司的计划成为泡影。英汽公司本想延续它到 1950 年为止的专营权，无奈财产和车辆已丧失殆尽，只好宣告破产。1946 年 11 月 1 日，上海市电车公司筹备处与上海市公共汽车公司筹备委员会合并，正式改组为"上海市公共交通公司筹备委员会"（以下简称公交公司筹委会）。公交公司筹委会初期困难重重，土地房产有：东大名路、公平路办公室、停车场及江湾路修理处 52 000 多平方米；建国西路南区修机场 3 800 多平方米；从日伪财产中接管华中公汽公司等 5 个单位的破旧汽车 389 辆。为此，市政府拨发车辆整修费（法币）6 400 万元及筹备经费 400 万元，经拼凑后有 50 辆汽车可勉强行驶。由于车辆过于陈旧，边修边坏，公司又不断向中央银行贷款，先后从联合国善后救济总署购进了 300 余辆道奇卡车；经改装成木壳、铁皮、铝皮客车后，淘汰了过去的旧车。②

实质上，公交公司筹委会是一个市营企业即官僚资本企业。赵曾珏在 1945 年 9 月开始筹建时就计划要将它改组成上海市公共交通股份有限公司，也就是由市营过渡为官商合营，由赵兼任公司董事长。赵在《下车伊始》一文中规划了市政建设的蓝图，提出上海市内公共交通线路网的设想，其一再强调搞市政建设必须在全市范围内有统一的安排和管理，打算利用抗战胜利后收回租界主权的时机，将英商电车公司和法商电车公司收回。后来该拟议经国民政府批示"欢迎外资参加建设为中央已定之国策……今市内

① 上海市交通运输局公路交通史编写委员会：《上海公路运输史》（第一册），上海社会科学院出版社 1988 年版，第 220—221 页。
② 中共上海市委党史研究室、上海市总工会：《上海公共汽车工人运动史》，中共党史出版社 1991 年版，第 9—10 页。

建设正待外资合作,其已成事业,自无急于收回之必要",才不得不作罢。在"发行股票办法草案"第三条中规定:上海市政府于本公司正式成立时对本公司投资 40%,即 40 万股,计 400 万金圆券,其余 60%,即 60 万股委托上海市银行等公开招募。然在军事失利、政局不稳、经济动荡之际,这 60%的商股如何完成?因此直到上海解放,中国人民解放军军事管制委员会派军代表靳怀刚、朱苏民前来接管时,公司招牌仍是上海市公共交通公司筹备委员会。[①]即公交公司以筹委会名义,一直经营至上海解放止。

(二)公司经营规模

抗战胜利后,国民党借收兑伪币,对人民进行公开洗劫。国民党上海市政府在 1945 年 9 月 12 日挂牌办公的当天,就规定从该日起,各国家机关、国营企业一律改用法币,银行不再受理伪币——中储券(中央储备银行兑换券,汪伪政府中央储备银行发行的纸币)。规定伪币兑换的时间从 11 月 1 日开始,法币对伪币的兑换率为 1∶200。职工叫苦连天,连小康之家也遭殃。按当时法币对伪币的实际比值为 1∶50,最多也不超过 1∶80。这样,就把人民手中仅有一点钱夺取一半以上。国民党政府再将汪伪中储银行库存大量伪币投入市场,抢购物资,引起物资供不应求,价格上涨。首先是黄金价格猛涨,从每两 3 万元涨到 8.5 万元,接着是邮资涨价,每封平信从法币 2 元涨至 20 元。京沪、京杭线的火车票也随之陡涨。关系到人基本生活的大米,每担从 4 000 元涨到 9 000 元;煤球每担从 285 元涨到 3 082 元;食盐每斤 7 元涨到 50 元。至于电费、电话费、公共汽车、电车的票价无一不涨,房租上涨更是惊人,引起上海人民的不满和反对。[②]

其时,1945 年 11 月公交公司筹委会接收日伪上海都市交通公司的约百辆破旧汽车,经过拼凑赶修,仅得 51 辆可以勉强行驶。12 月 10 日,用这些旧车开办第一条临时公共汽车路线。一路车经民国路、中华路,环城行驶(南市环城圆路),全长 5.2 公里。同时,上海市公用局将国民党政府军队接收来的 100 辆汽车拨给该公司。于是,公司利用这批车辆很快拼装 40 辆公共汽车,于翌年 1 月开办自老北门至北火车站的二路车;3 月,开办由北京路外滩至江苏路的三路车。这类拼凑而成的旧车,车种庞杂,损坏率极高,尤其是日本产的车辆零件十分短缺,不到几个月,停驶的车辆便达半数。此后,利用市营单位的优越地位,1946 年一年中曾前后分四批向中央、中国、

① 上海市公用事业管理局:《上海公用事业(1840—1986)》,上海人民出版社 1991 年版,第 374—375 页。
② 上海市总工会:《解放战争时期上海工人运动史》,上海远东出版社 1992 年版,第 4 页。

交通、农业四大银行,以汽车作抵押,贷款订购美国制造的 T234 型道奇新车 233 辆,装配客车车身,按当年 9 月道奇卡车的市场价格,每辆法币 1 507.5 万元。又向建华交通公司特约租用柴油大客车 7 辆。当时除新购的道奇车 120 辆尚在装配车身外,已有新旧客车 160 余辆。这批车辆投入运行后,该公司陆续开办四路至十路等 7 条路线。至此,连同法商的 4 条路线在内,全市黄浦江以西地区的公共汽车路线已增至 14 条。但是与全面抗战前上海全市的 31 条公共汽车路线相比,仍不及一半。①

具言之,1946 年公交公司筹委会业务发展较快,开辟公共汽车线路 10 条,线路总长度达 53 公里,营业保管车有 152 辆,上年拼凑起来的杂牌破旧车 50 辆已大部淘汰。全年日平均客运量为 14.6 万人次,全年日平均行驶里程为 1.7 万公里。年终财务决算,全年总收入法币 58.06 亿元,全年总支出 42 亿元,盈余 16.06 亿元,盈余金额占全年总收入的 27.66%,按当年 9 月汽车市场价格计算,全年盈余金额可购买道奇卡车 106 辆。②但斯时该公司维持市区主要干道的公共交通已感十分费力,至于市区到郊区之间的交通更无力兼顾。因此,公用局对市郊公共交通采取鼓励民营、招商承办的办法,规定郊区路线在原来专营公司尚未正式恢复行车以前,暂准领有本市企业执照的运输行或运输公司派车载客营业。1946 年 5 月,该局公布管理郊区临时长途营业客车的暂行办法。订约招商承办的近郊公共汽车计有:东昌路至高庙、曹家渡至大场、徐家汇至吴家巷、溧阳路至市中心、北火车站至江湾、北火车站至吴淞等路线。③

进而,公用局于 1946 年 11 月 4 日指出:人力车辆淘汰后的替代交通工具,除以后座单人三轮车及市郊公共汽车路线正分别交商承办,与本局公交公司筹备会现行公共汽车计 87 辆,亦拟于本年度内增加 20 辆,明年度内更拟陆续增车约 200 辆。又法商电车公司也可于本年内增加公共汽车 20 辆,英商电车公司修复无轨电车约 50 辆,待轮胎等运输到沪即可应用。④但抗战胜利初期上海的黄金价格每两为 1.8 万元,至 1946 年末,黄金每两已超

① 上海市交通运输局公路交通史编写委员会:《上海公路运输史》(第一册),上海社会科学院出版社 1988 年版,第 223 页。
② 上海市公用事业管理局:《上海公用事业(1840—1986)》,上海人民出版社 1991 年版,第 373 页。
③ 上海市交通运输局公路交通史编写委员会:《上海公路运输史》(第一册),上海社会科学院出版社 1988 年版,第 224—225 页。
④ 上海市出租汽车公司:《上海街道和公路营业客运(个别的公共交通)史料汇集》(第二辑),1982 年 3 月油印本,第 31 页。

过 35 万元,1947 年 2 月 8 日猛涨到 59.5 万元一两,造成拼命抢购,交易所被迫"拍停版",暂停营业。而黄金黑市价格已跳到 72 万元,至 11 日又涨到 96 万元。外币及其他物品也随之狂涨,粮价从 12 万元涨到 16 万元一担,还在看涨,职工的收入只够喝薄粥汤。国民党政府在 1947 年 2 月 16 日颁布《经济紧急措施方案》。其主要内容除了严禁黄金美钞买卖,对企业实行限额配给制度,管制金融业务、进出口贸易外,还禁止私人企业关厂停业,把职工工资的生活指数冻结在 1 月份水平上,严禁怠工罢工。违者格杀勿论,由经济警察管理市场。职工犹如落入冰窟,他们算着 1 月份的生活指数是 6 600—7 900 倍,到 2 月 15 日指数已升至 1.8 万倍,这要相差 1 万倍,到冻结时生活指数已到 2.5 万倍,何况物价还在涨。[1]即至 1947 年 1 月,上海物价的上涨率已经远超过 1946 年的平均上涨率。2 月初上海金融市场起了大波动,其中最显著的情形即为美金和法币的比价,美金 1 元由值法币 7 700 元左右一跃而涨至 18 000 元。这次危机对国民政府是一种严重的打击,并为促成 3 月间行政院院长宋子文辞职的原因之一。[2]

具如 1947 年 6 月上海市八大公用事业(电力、自来水、煤气、电话、电车、公共汽车、市轮渡、小铁路)定期分别涨价:电车、公共汽车、市轮渡及小铁路等售票公用事业定于 9 日起涨价,各项公用事业所涨价格平均为 1 倍。电车:英、法商有轨及无轨电车头等原为 200—500 元,改订为 500 元、1 000 元两种;三等原为 100—300 元,改订为 200 元、400 元及 600 元三种。公共汽车:法商及公交公司筹委会原为 200—700 元,改订为 500 元、1 000 元及 1 500 元三种。"此次加价采渐进式,下月或将再度调整。"

自 1947 年到 1948 年上半年,公交公司筹委会又增加 4 条路线。其时,全公司有职工 2 600 余人,路线 14 条,路线长度达 103 公里,并有两个保养场、一个修理厂,设备较为齐全,企业规模逐渐扩大。[3]如 1948 年 5 月 21 日新建的枫林桥保养场、营业所竣工投产,定名为上海市公共交通公司筹备委员会第二保养场、第二营业所(公平路为第一保养场、第一营业所),将二、五、六、九、十、十三、十五、二十路等 8 条线路划归第二保养场、第二营业所管理;这样既加强行车业务和保养修理的管理,又大为减少车辆进出场的空

---

① 上海市总工会:《解放战争时期上海工人运动史》,上海远东出版社 1992 年版,第 147—148 页。
② 中国现代史资料编辑委员会:《美国与中国的关系》,1957 年 9 月翻印,第 300 页。
③ 上海市交通运输局公路交通史编写委员会:《上海公路运输史》(第一册),上海社会科学院出版社 1988 年版,第 223—224 页。

驶公里,降低行车成本。1948 年 1—5 月业务情况,可说是公交公司发展的顶峰。5 月全国运动会在上海江湾体育场举行,公司既为全市活动服务也为本身利益打算,增加新车 60 辆,新招职工 200 名,新辟从市区几个大集散点直达全运会会场的 4 条专线,希望再创新成绩。自 1—5 月,先后开辟十四、十五、二十路 3 条新线(其中二十路系与法商电车公司联营),同时延伸二、十、十一路 3 条线路。1948 年年末,该公司线路总长度已达 103.4 公里,营业保管车为 312 辆,全是美国制造的 T234 道奇新车,车型也有更新;日平均客运量 21 万人次,日平均行驶里程 3.7 万公里,职工总数已超过 3 000 人。[1]该公司 1946—1948 年业务情况可见表 6-6。

表 6-6　上海公交公司筹委会业务情况表(1946—1948 年)

项目 年份	行驶路线 (条)	路线长度 (公里)	行驶车数 (辆)	承载客数 (万人次)	行驶里程 (万车公里)
1946	10	62.6	125	2 678.9	295.4
1947	12	86.2	209	8 172.6	1 024.7
1948	14	103.4	173	7 326.6	1 163.1

资料来源:上海市交通运输局公路交通史编写委员会:《上海公路运输史》第一册,上海社会科学院出版社 1988 年版,第 224 页。

　　由此,1948 年上半年上海市区、各邻县与江浙两省接界地区都建有公共交通企业,线路四通八达,远近称便。是年底,全市及邻县地区共有公共交通线路 92 条,线路总长度 1 074 公里,拥有公交车辆 1 102 辆。[2]例如公交公司筹委会在 1948 年无论路线数量、路线长度和车辆行驶总里程,均较上年有所增长,但行驶车辆数和载客人数(指购票乘客人数)反而下降。其主要原因是:1947 年后,社会经济恶化。用外汇购买的汽油、轮胎、配件等,价格猛涨。如 1947 年下半年以后,国民党政府经济窘困、滥发纸币,逼得人民不能过活。12 月份,米价跳到 100 万元一石,到 1948 年 1 月又猛涨到 158 万元一石。1947 年 12 月的实际物价指数达到 10 万倍以上,超过国民党政府官方公布的同月生活费指数 6.8 万倍的 30% 多。因此,1947 年年底前后,以广大职工为主体的一场全民范围的反饥饿、反迫害、求生存的群众

---

① 　上海市公用事业管理局:《上海公用事业(1840—1986)》,上海人民出版社 1991 年版,第 374 页。

② 　上海市公用事业管理局:《上海公用事业(1840—1986)》,上海人民出版社 1991 年版,第 362 页。

斗争便波涛汹涌地爆发了。[①]

　　具如 1948 年上海 3 000 余家大工厂的开工率只有 20%；同年 6 月，国民政府财政赤字高达 4 345 656 亿元，当月的财政收入只有支出的 5%，以致印钞工厂来不及印出当日所需钞票；到 8 月 21 日，法币发行额由 1937 年 6 月的 14.1 亿元增至 6 636 946 亿元。为挽救危局，国民政府宣布自 1948 年 8 月 20 日起实行币制改革，废止从 1935 年开始发行的法币，另行发行"金圆券"，以 1 元对 300 万元的比价收兑法币，并强迫人民把持有的金、银、外币换成"金圆券"；同时限制物价，将其冻结在 8 月 19 日的水准上。但是这些措施都无济于事。在国民党政府厉行暴力限价的经济中心上海，从 1948 年 8 月底到 1949 年 4 月底，物价指数竟上升 135 742 倍。"金圆券"的发行额原限定为 20 亿元，到 1949 年 5 月竟达 679 458 亿元。仅几个月，"金圆券"就同刚被废止的法币一样变成废纸。曾任国民政府中央银行总裁的张嘉璈后承认，用政治手段强制推行币制改革的失败，说明"政府的政治力量已不复存在，人民对它的信心已扫除净尽，从而加速其最终的垮台"。[②]且当时这种"币制改革"使物价直线上升，造成客运收入不足抵充运输成本。加上社会秩序混乱，军警、伤兵及部分公职人员乘车不买车票，无票乘车人数激增，使经营更难维持、有的路线因为不买票的人数太多而被迫停止行驶。从此，公交公司筹委会业务一蹶不振。[③]由见，因国民党倒行逆施，全国的政治、经济形势日趋恶化，社会秩序日益混乱，在城市公交客运中无票乘车现象十分严重，该公司发展举步维艰。

　　再如公交公司筹委会 1948 年 8 月 5 日至 11 日调查，7 天中无票乘车达 481 530 人次，占全部乘客的 39%。不买车票的大部分为军警人员，一部分为政府职员和税收稽核等人员，这种无票乘车的现象愈演愈烈，直接影响运输企业的正常收入。有的公路客运线上，还发生站务人员横遭无票乘车军警或地方政府职员殴打、袭击的事件。锡沪、清沪线上甚至发生多次劫车事件。运输职工的人身安全已无法得到保障。同年 8 月发行金圆券并以强制手段限制物价，后因金圆券政策彻底失败而于 11 月 1 日宣布取消限价，上海物价立即暴涨。3 个月中米价上涨 100 倍，以后物价天天上涨，甚至一天数涨，上涨幅度动辄数倍。交通运输业的运价与物价相差悬殊，企业入不

①　上海市总工会：《解放战争时期上海工人运动史》，上海远东出版社 1992 年版，第 188 页。
②　中共中央党史研究室：《中国共产党历史》上卷，人民出版社 1991 年版，第 786 页。
③　上海市交通运输局公路交通史编写委员会：《上海公路运输史》（第一册），上海社会科学院出版社 1988 年版，第 224 页。

敷出,亏蚀金额直线上升,以致债台高筑,濒于绝境。仅上川公司在1948年就亏损金圆券达10 344万元。由于交通运输业陷入困境,运输工人的生活更趋困苦。1948年1月22日,沪东地区百余名运输工人分乘卡车到社会局请愿要求加薪。3月6日,60多名垃圾卡车司机向卫生局提交辞呈,抗议待遇太差。6月14日,沪东地区13家运输行的千余名卡车工人在通北公园集会,要求资方增加工资。同年9月,国民党政府在财政崩溃和物资枯竭情况下,还强行在上海等7个城市中实行"减车缩油"办法。①许多职工面临的威胁是经济崩溃下企业倒闭引起的严重失业。即使在业的工人,也难以维持最低生活要求,出现大批请假旷工,管理人员则能混则混。如1948年10月的一个星期中,公交公司的工人请病假800人、事假250人。有一条路线出车还不到一半。②此后,城市运输日趋萧条,汽车燃料更为紧缺,导致部分车辆停驶,一些汽车运输企业甚至遣散职工、变卖车辆,部分客运路线被迫中断。

至1949年年初,随着人民解放战争的节节胜利,国民党政府已陷入军事的分崩离析、经济的风雨飘摇。而据国民党公布的官方数字,以1948年8月19日进行"币制改革"时的生活指数为基数,到1949年4月的下半月,时隔才8个月,已猛涨到371 344倍。发行金圆券时曾规定最高发行额为20亿元,到1949年3月已达到2 000亿元。金圆券的最高面额也从开始发行时的100元,到1949年5月8日上升到10亿元的定额本票,扩大1 000万倍,出现货币史上罕见的"奇迹"。据上海的中央银行统计,1949年4月下半月工商界发薪总数约需1 800亿元,而银行却最多只能拼凑900亿元现钞。当币值降到最低点时,上海人民和工人要求维护生存权利的斗争更是如火如荼。③如国民党上海市政府决定疏散部分机关人员发放"应变费",工厂企业、铁路、银行等许多行业的职工也据此提出发给"应变费"等要求。其中,公交公司筹委会的职工经与公司当局多次谈判没有结果,愤而罢工。公司不惜以"借人头,平工潮"手段,镇压工人的罢工,2月16日晚,公开发动群众斗争的9名职工被逮捕。其中工人代表钟泉周、王元、顾伯康次日遭到枪杀,其余6人被分别判刑。公交三烈士的壮烈牺牲,激起公交工人和全市人民的义愤。新华社于2月23日发表题为《警告杀人犯》的短评。公交工人

① 上海市交通运输局公路交通史编写委员会:《上海公路运输史》(第一册),上海社会科学院出版社1988年版,第261页。
② 上海市总工会:《解放战争时期上海工人运动史》,上海远东出版社1992年版,第227页。
③ 上海市总工会:《解放战争时期上海工人运动史》,上海远东出版社1992年版,第299—300页。

化悲愤为力量,更坚决地团结在中国共产党周围,为迎接上海解放而斗争。
4月下旬,国民党政府组织几十万兵力驻守上海做最后顽抗,为争取时间抢运
物资,一面严格控制上海的车辆出境,一面征调汽车投入军用。市警察局4月
22日下达控制和征用汽车的命令。27日,该局向汽车运货商业同业公会"借
用"汽车50辆。28日,京沪杭警备总司令部发出征车命令,征用载重汽车
150辆,于次日下午3时前报到。30日,该司令部又发布征车公告:成立上海
市征调车辆委员会,办理机动车辆之征调、编组、保修、查缉事宜。司令部于
5月7日第一次征用货运汽车815辆、吉普车300辆;19日第二次征用货运汽
车1 010辆、吉普车320辆;25日凌晨,人民解放军攻入苏州河以南的市区,国
民党军队残部向吴淞口溃逃。被征用汽车一部分在吴淞、月浦等处被烧毁,
一部分因损坏抛锚被沿途丢弃。[1]至此,上海城市汽车运输陷入瘫痪。

　　毋庸讳言,1949年上海全市人口较1937年全面抗战前增加160多万,
而各类公交车辆仍与战前一样,仅有900多辆,公共交通运营线路则由战前
的70多条减至40余条。[2]上海解放前夕,上海市区共有公交线路44条,其
中有轨电车12条,总长度69公里;无轨电车9条,总长度42.8公里;公共
汽车(市内)23条,总长度138.6公里。线网密度每平方公里0.5公里,营业
车辆934辆。另,近郊及长途汽车23条,总长度799.2公里。1949年末以
英商电车公司、法商电车公司、公交公司筹委会三个主干企业统计:共有电
车场3座;公共汽车场2座;修理厂3座;电车整流站8座;职工总数
8 311人;营业车辆934辆;行驶线路44条;线路总长度352公里;线网密度
每平方公里0.5公里;全年总载客量2.4亿人次;日平均载客人次65
万。[3]而上海公共交通各自为政、经营混乱的局面,只有到解放后才能根本
解决。1949年5月27日上海全境解放,28日中国人民解放军上海军事管
制委员会财政经济接管委员会公用事业接管处,派军事代表接管国民党企
业上海市公交公司筹委会,次年3月1日撤销军代表制。[4]1952年11月,征
用英商上海电车公司。1953年11月,市政府下令代管法商电车电灯公司。
1954年9月,浦东上川交通公司、上南交通公司、浦东地方建设公司三家私

---

① 上海市交通运输局公路交通史编写委员会:《上海公路运输史》(第一册),上海社会科学院
　　出版社1988年版,第262—263页。
② 陈国灿:《江南城镇通史·民国卷》,上海人民出版社2017年版,第236页。
③ 上海市公用事业管理局:《上海公用事业(1840—1986)》,上海人民出版社1991年版,第
　　383页。
④ 中共上海市委党史研究室、上海市总工会:《上海公共汽车工人运动史》,中共党史出版社
　　1991年版,第10页。

营企业实行公私合营。上海公共交通各企业通过接管、征用、代管、合营后分别进行清产核资、机构整顿工作,逐步健全企业内部各种规章制度,使企业管理水平得到提高,在生产上新辟、延伸大量线路,调整上海公共交通整体的线网布局,改变旧上海交通各自为政的局面,使全市公共交通能更好地为工农业生产、为人民服务。①1956 年 10 月,成立上海市公共汽车公司,管辖全市公共汽车企业。1958 年 7 月 25 日,上海市公共交通公司正式成立,负责统一经营管理全市公共交通。②此后,上海市公共交通公司统一经营管理上海市及所属各县的电车、公共汽车、长途汽车及公共交通的附属工业。

二、企业管理

德国学者贝阿(F.X. Bea)曾在《企业管理学》中阐释:企业管理学可分为"普通企业管理学"和"特殊企业管理学"。前者主要研究不同类型的企业中的共同规律,如生产、组织、成本、财务、投资、经营策略等。③由是,"假设企业已经确定了自身所要经营的业务,并明确了所处竞争市场的性质",它除了考虑其竞争基础与方式外,还需要作一些内容安排,为战略的实施作准备。组织需要明确开发资源及获取信息的渠道,另还需要考虑如何将员工的个人目标与企业的整体目标结合在一起。④从而,公交公司筹委会的企业管理从组织和员工、行车业务、财务成本及工资和奖金等几方面得以展现。

(一)组织和员工

1. 组织机构

抗战胜利后的 1946 年 1 月,国民政府交通部成立公路总局,并外辖9 个区公路工程管理局、10 个运输处。其中,公路总局直辖第一运输处于同月成立,处址设在上海,营运省区为苏浙皖,营运里程 2 761 公里。⑤同年11 月,成立的上海市公共交通公司筹备委员会,下设四组一室。公交公司的最高领导机构是筹备委员会由主任委员、副主任委员和委员组成,主任委员由公用局长兼任。日常工作则有筹备主任、副主任负责,筹备主任由筹委

① 上海市公用事业管理局:《上海公用事业(1840—1986)》,上海人民出版社 1991 年版,第384 页。
② 虞同文:《上海近代公共交通的由来》,《交通与运输》2012 年第 4 期。
③ [德]F.X.贝阿等:《企业管理学》(第一卷),王演红译,复旦大学出版社 1996 年版,第11 页。
④ [美]贝赞可、德雷诺夫、尚利、谢弗:《战略经济学》(第 4 版),徐志浩等译,中国人民大学出版社 2012 年版,第 9 页。
⑤ 中华民国史交通志编纂委员会:《中华民国史交通志(初稿)》,台湾"国史馆"1991 年 2 月编印,第 56 页。

会任命,公司下设总务组、技术组、交通组、材料组、会计室,另有员工福利会和医务室等直属机构。并另行增设与"组"并级的六个专业委员会,它们是:购料委员会、研究委员会、法规审定委员会、考试委员会、考绩委员会、营缮委员会。[1]例如四组一室为:总务组,下设文书课、庶务课、人事课、出纳课;技术组,下设电车计划课、汽车计划课、路线计划课、审核课;交通组,下设总务课、业务课、机料课、训导课、修理厂(下设保养场)、营业所;材料组,下设事务课、采购课、营理课;会计室,下设簿记课、审核课、统计课、成本课。直接管理行车业务工作的是营业所,它下面再设三股:总务股,下设文书、庶务、人事、保管、出纳;车务股,下设管理、调派(司机、售票员、签票员);票务股,下设发票、结账、收款。另有主任秘书、顾问、专员、员工福利会等机构。[2]

随着行车业务发展,1947 年后公交公司筹委会的组织体制也作出调整,下辖的五个主要机构(四组一室)仍维持原状。即总务组,下设文书课、庶务课、人事课、出纳课、公务车修理工场;技术组,下设电车计划课、汽车计划课、路线计划课、考核课、修造厂;交通组,下设业务课、机料课、训导课、稽查课、保养场、营业所;材料组,下设料务课、采购课、储运课;会计室,下设簿记课、审核课、成本课、预算课。即在总务组下面增设了一个公务车修理工场;将原隶属交通组的修理厂改名为修造厂并划归技术组领导,把原属修理厂的保养场升级(与课平级)直属交通组领导,另再增设一个稽查课,以加强对线路行车人员的管理。1948 年 5 月,枫林桥新建场地、房屋落成,定名为第二保养场与第二营业所,公平路的保养场与营业所则改称为第一保养场与第一营业所;分区管理线路、车辆和行车人员。[3]

譬如公交公司筹委会是官僚企业,国民党安插特务对职工进行严密的监视和残酷的镇压。如交通组副组长、营业所长、稽查课长、训导课长、员工福利会总干事等均系国民党特务。公司一方面强调公交是国营机构,司机、售票员、技工等工人是公教人员,不准成立工会,不能以工人的生活指数计算工资。另一方面又不让工人享受公教人员在某些分配上的优惠待遇。所以,工人为维护合法权益,组织工会和争取按生活费指数计薪等同公交公司

---

[1]　中共上海市委党史研究室、上海市总工会:《上海公共汽车工人运动史》,中共党史出版社1991 年版,第 16 页。

[2]　上海市公用事业管理局:《上海公用事业(1840—1986)》,上海人民出版社 1991 年版,第375—376 页。

[3]　上海市公用事业管理局:《上海公用事业(1840—1986)》,上海人民出版社 1991 年版,第376—377 页。

当局进行长期不懈的斗争。公司为控制工人思想，专门设立训导课，为监视和镇压工人还设立稽查课，且办一个员工福利会。训导课是公司从思想上奴役压制工人的机构，由国民党特务宣其恭任课长，宣为人狡猾，因此工人背后叫他"老狐狸"。训导课为推行"管教合一"的宗旨，雇用一批国民党的退役军官，组织工人公休训练，灌输反动思想，妄图达到驯服工人的目的。凡工人轮到休息日，就要到公司大礼堂（饭厅）、操场上接受军事操练和训话，并以2小时升工为诱饵，如果公休天不去接受训导，则要受罚甚至开除。广大工人对公司这种做法非常反感，称之为"卖狗皮膏药"。①

　　稽查课是监视工人、破坏工人运动的机构，由军统特务李宗美把持。其通过对司机、售票员的业务检查监视工人的行动，并同国民党军警机关相联系。当公交公司发生罢工斗争时，李宗美立即请军警镇压职工，甚至会同军警捕捉进步职工。第一、第二届员工福利会是公司当局的御用工具，他们设置集体宿舍、公共食堂、合作社、图书室等，还组织国术社、篮球队、乒乓球队等文娱活动。把持员工福利会的当权者利用工人中的乡土观念、江湖义气等封建意识，在工人中制造矛盾、破坏团结。在当局唆使下，一些人拉帮结派，形成所谓的本地帮、太仓帮、杭州帮、苏北帮、四川帮等。这些当权者还对工人的配给品进行克扣和贪污，所以工人称"福利会无福无利"。在中国共产党的领导下，工人们奋起推翻第二届员工福利会理事会，并夺得第三届理事会的领导权。此时，公司当局感到自身力量已无法控制"员工福利会"，便和上海工人福利会沆瀣一气对工人进行控制和镇压。此外，公交公司外勤职工经常遭到国民党军警的欺凌和殴打，军警宪特依仗势力，乘车不买票，车辆不论是否到站，想上车就上车，要下车就下车，行车人员稍有不从，他们就打人砸车。公司当局一味强调已发一部分"优待券"给军警宪特机关，没有"优待券"者均须购票，行车人员却为此而吃尽苦头。在冲突中，轻者被军警殴打关押，重者被毒打致残，更有甚者当公交工人群起反抗时，军警竟然出动人马、车辆打砸公交的车辆和签票亭，甚至开枪威胁和报复。②国民党当局虽表面出面调解，但公交公司工人多为吃亏。

　　2. 职工及生活

　　公交公司筹委会的员工因工作性质不同，可分为业务人员、管理人员、

① 中共上海市委党史研究室、上海市总工会：《上海公共汽车工人运动史》，中共党史出版社1991年版，第16—17页。
② 中共上海市委党史研究室、上海市总工会：《上海公共汽车工人运动史》，中共党史出版社1991年版，第17页。

技术人员和工人四种类型。工人部分又可分技术工和普通工两种。行车人员则分为车务员、查票员、签票员、司机、售票员、站工等六个工种。1945年公司初创时,员工仅百余人。1946年末,员工总数增至1 564人,其中职员286人,占职工总数的18.3%。1947年末,员工总数再增至2 637人,比上年增加68.6%。1948年10月,该处员工总数为2 684人。①从而,该公司职工初创时仅100余人,至1948年5月已达3 091人(最高月份)。公司新建的枫林桥保养场和营业所(今公交第二汽车公司的前身)也在此时投入运行。这是公司的鼎盛时期。②

　　根据1949年2月统计:公交公司筹委会的职工合计为2 632人,其中职员509人,占职工总数的19.3%。③职员分布情况是:总办公室职员80人,交通组职员51人,材料组职员43人,会计室职员29人,修造厂职员38人,保养场一场职员32人,二场职员33人,营业所一所职员77人,二所职员79人,员工福利会职员28人,医务室19人。工人分布情况是:总办公室勤杂工38人,公务车司机24人,驻卫警54人,材料组工人40人,修造厂工人151人,保养场工人一场161人、二场142人,公务车修理工场工人24人,查票员100人,营业所司机一所298人、二所245人,营业所售票一所370人、二所304人,营业所签票一所39人、二所30人,营业所站工一所30人、二所26人,营业所勤工一所18人、二所21人。公司职工的主要社会来源:职员有的来自公用局长赵曾珏在浙江省电话局的旧属,有的来自抗战前江南、锡沪、沪太等长途汽车公司,有的来自上海各交通业,有的来自西南运输处。另聘请一批学者和专家,还有一些西南联大、上海交大、浙江大学等的毕业生。司机最初来源基本上是原公用局公共汽车管理处的老驾驶员,以后又在本市和杭州招收几批。最初的200号售票员是原上海各交通企业老工人,基本上是经过公司内职工介绍而来。随着公司业务不断发展,社会上一批失学、失业青年在社会上被应招进来。共计司机招过21届,售票员招过18届,查签票人员也招过几批。他们中不少人受民主思想影响,具有中等文化,在公交工人运动中起了较大作用。④

---

①③　上海市公用事业管理局:《上海公用事业(1840—1986)》,上海人民出版社1991年版,第381页。

②　中共上海市委党史研究室、上海市总工会:《上海公共汽车工人运动史》,中共党史出版社1991年版,第10页。

④　中共上海市委党史研究室、上海市总工会:《上海公共汽车工人运动史》,中共党史出版社1991年版,第19—20页。

总体上说,公交公司筹委会的司机文化水平较低,许多是文盲,售票员的文化比司机稍高一些。年岁较大的工人,业余时间大多用于恢复体力的睡眠和家庭琐事上,他们有着养老扶幼的重担,勤恳善良而抱牢饭碗的思想浓厚,需要启发教育。但其中也有一些工人下班后喜欢混入所谓"闻人名士"人群中去,轻视工友或背地里打小报告。有的甚至拜"老头子"找靠山,投机钻营企图窃取工人队伍的领导权,英汽工人中称他们为"工贼",公交公司工人则称为"白鼻头"(中国戏剧中的小丑,比喻公交中被当局收买的落后工人)。中青年工人求知欲较强,爱听人讲述国家大事和科学知识。有些文化的喜欢读书、看报,看些进步电影和话剧,谈论时事和研究社会问题。经过中国共产党的启发和教育,他们是工人运动的主力军。①该公司的一些进步青年在马克思主义的影响下,积极参加中国共产党,并带领职工参加中国共产党领导的反内战、反饥饿、反迫害的斗争,投入到反对帝国主义侵略和推翻三座大山的革命洪流中去。

(二) 行车业务

公交公司筹委会的开辟、调整线路准备工作,需经过下列环节:勘察线路沿线的道路,确定起终点和中途站;招考、培训各级行车人员;测量线路长度和各中途站之间的站距;添置各项行车设备如站亭、站杆、站牌和站亭内的水、电、电话等设施,售票员的行车工具等;制定线路票价和印刷客票。该公司制定线路票价的公式:票价(运价)=成本+税收+利润。制定线路票价的"运率"应根据:须预计一般费用如投资利息、车辆折旧、税金、执照费、专营费、维持费、租金、管理费(车胎折旧、修缮等)及营业费等(员工薪津、燃料、润滑油、配件、材料、广告、印刷等)。还需考虑各线路的道路路面情况、乘客密度、距离及回程运输等;须考虑环境关系,如有否电车和其他营业车辆的竞争等。遵守市府法令,按指定线路行驶及规定客票最高限额等。公司筹备之初,经费由市府垫拨;车辆、厂房、机器均系接管的敌伪财产,对于前项所列的一般费用,无从预计,票价未能精准制定。仅参照市府核准的法商公共汽车的票价订定。②

客流调查工作。做客流调查工作时,该公司测员须搭乘指定的车辆并坐在靠近车门处以便观测记录到达各站时乘客的变动情况;观测工作不一

---

① 中共上海市委党史研究室、上海市总工会:《上海公共汽车工人运动史》,中共党史出版社1991年版,第22页。
② 上海市公用事业管理局:《上海公用事业(1840—1986)》,上海人民出版社1991年版,第377—378页。

定要在所有车辆上做,可每隔四、五辆选择一、二辆,但观测工作必须全日,记录必须准确。编排行车人员执勤班头。根据每条线路的配车数编成路牌,分早、夜班;司机、售票员每天按路牌顺序翻班;司机按顺序向前翻,售票员按顺序向后翻;连续工作6天,休息1天(轮休制);早夜班每周对翻一次,公休后翻班。编制线路行车时间表:首先初步确定该线路运行车速。中途上、下客时间,道路阻塞与等红灯时间,终点站停站时间。据此决定其分圈时间(一个往返的运行时间),再根据其头末班车时间和各分组时间不同的车距来确定配车、劳动力档数和总的行驶圈数(或计划行使车公里);然后根据各分组时间的配车、车距、分圈运行时间来编排行车时间表。经过一段时间的实际运行后,根据道路情况、乘客运量的变化来调整分圈运行时间和各分组时间的配车与车距。①

安全行车管理工作。为防止和减少行车事故,公交公司当局对驾驶员制定了《驾驶规则》,规定起步、换挡、停站及刹车等驾驶操作法。1948年订立《司机驾驶车辆安全奖励暂行办法》,规定以3个月为一期,一年分4期;凡在3个月内经常驾驶车辆而不肇事的司机,给予名誉及物质上的奖励,以资鼓励。关于行车肇事的责任问题,则由肇事研究小组审查决定。并且,制定线路行车人员的各项《服务规则》。为加强对线路行车人员的服务思想和服务操作教育,管理部门陆续制定了各种内容不同的服务规则。计:售票员服务规则38条;司机驾驶规则9条;司机保养规则12条;司机服务规则16条;查票员服务规则23条;签票员服务规则20条;车务员查勤规则36条。②

票务管理工作。该公司的票务管理分三个组成部分:发票、收款、结账;其工作管理的目的,以清楚、准确、简便、明了为原则,并绝对按照其步骤,务使有条不紊,防止可能的流弊。规定售票员执勤日上班前领取票箱,下班后当天交清票款,结清客票账目,规定票务股工作人员当天按调派室派出售票员的班头表凭证核发票箱,并在当天晚上收缴白天所发出的所有票箱,不能遗漏1只。收款员则根据每只票箱结账的售出客票数点收票款;总收款员必须当晚轧清总账,票、款全部核清后将票款入库,次日解缴银行。调整票价:抗战胜利初期,市场物价尚较稳定;但后因政治腐败,财政收支无法平衡,就依靠大量发行钞票来维持,致造成通货膨胀,货币贬值,物价不断上

① 上海市公用事业管理局:《上海公用事业(1840—1986)》,上海人民出版社1991年版,第378页。

② 上海市公用事业管理局:《上海公用事业(1840—1986)》,上海人民出版社1991年版,第379页。

涨,公共交通的票价也屡经调整。自抗战胜利至上海解放止,前后三年九个多月间共调整三十余次,计:1945 年 1 次,1946 年 3 次,1948 年 12 次,1949 年五个多月中达十余次;到临近解放的 5 月,由于物价日夜飞涨,真正是"早晚市价不同";公共车辆的客票由于票价调整太过频繁,已来不及印制,故改为等级票,车票上面不印票价,只印甲、乙、丙、丁、戊的等级,各级票价仿照商店售货方式,每天在各条线路的起终点站和重点站及车厢内进行挂牌通告。并且,1947 年 11 月起公司开始发售月票,分特种与普通二种。规定凡市府所属各机构和已立案学校的教职员和学生均可申请购特种票,每张法币 22 万元;普通票 42 万元,市民皆可自由购买。①

(三)财务成本

可以发现,企业管理者要想作好决策,必须拥有精确的、有意义的和及时的信息,尤其是关于企业经营的财务信息和会计活动。会计系统建立了能够完全描述企业财务活动情况的财务信息流。②例如,当时公交公司筹委会的线路成本计算分三个部分,第一是资产,第二是营业收入,第三是营业消耗。资产包括土地、房屋、工厂设备、公共汽车等。营业收入可分为普通客票收入及月票收入两种。营业消费包括修造厂费用、保养场费用、汽油、职工薪金等。在这些项目中,与各线路单独发生关系者,如普通客票收入、汽油消耗量可直接计入各线路成本的收支项内;与整个公司有关的如月票收入、修造厂费用等(当然与各线也有同样关系),在计算线路成本时,按照分配方法计算。将资产、营业收入及营业消费根据各线路的行驶里程、行驶车辆或乘客数的百分比,分别分配于各线路的成本中。因为线路成本包括上述三个项目,所以计算线路成本也须分三个步骤:计算各线路的资产;计算各线路的营业收入;计算各线路的营业消费。从经济效益角度来检查一条营业线路的行车成绩,不单是看它营业收入的多少,必须从营业收入减去营业消费,才是线路的实际盈亏。③

可以确定,财务成本对办企业而言是重要一环,公共交通企业对社会是为公众服务,实质上还是要力求盈利。即"市场上琳琅满目的商品供应",是

---

① 上海市公用事业管理局:《上海公用事业(1840—1986)》,上海人民出版社 1991 年版,第 379—380 页。
② [美]杰斯汀·G.隆内克、卡罗斯·W.莫尔、J.威廉·彼迪:《小企业管理》(第十版),本书翻译组译,东北财经大学出版社 2000 年版,第 508—509 页。
③ 上海市公用事业管理局:《上海公用事业(1840—1986)》,上海人民出版社 1991 年版,第 380 页。

由于生产商"追求利润的结果"。如"交通公司在交通拥挤时之所以会多放几辆车,也不是为了解决职工按时上下班的困难,而是为了多赚钱"。[①]工厂盈利主要看产品的销路和成本,而公交企业就要看线路的客运量和行车成本。譬如公交公司筹委会于 1947 年就注意到这一点,搞了线路分线成本计算,从而显示各条线路的行车经济效果,据此对它们分别作了发展和收缩的不同决定。如对行驶于南京路上的十路和行驶于外滩、延安路上的三路增车加班次;而对无票乘车最多的七路和二路甲线则予以停驶,借以维护公司的经济利益。是年,该公司线路总长度比上年增加 93%,行驶车辆总数增加 92%,客运量总数增加 90%,公司职工数增加 69%。同年 4 月,其通过银行贷款继续向上海善后救济总署订购 T234 道奇新车 97 辆(其中 18 辆是作为救济车、材料车等用的非营业车),连前共订购 330 辆新车;6 月在斜土路购地 23 亩(15 333 平方米),作为新建保养场、营业所和员工宿舍之用。据 1947 年期末财务决算,该公司全年总收入法币 1 160.2 亿元,全年总支出1 149.1 亿元,盈余 11.1 亿元,盈余金额仅占全年总收入的 1% 还不到;按当时市场大客车价格(木质车身每辆法币 1.6 亿元,铝质车身每辆法币 3 亿元,若以平均每辆 2.3 亿元计算)仅可购买大客车 5 辆,与上年相较就差得多。[②]

进而,1948 年公交公司筹委会已拥有大客车 300 余辆,多用道奇 T234 型底盘架改装而成,车厢容积大,底盘性能好,使用效率高,是战后上海城市公共交通的主要车型。公司设有专门的保养厂和车身修造厂,是当时上海汽车修理、改装规模最大,工种最齐,人员最多,制度较健全的企业,拥有维修技职人员 111 名,技术工人近 500 名。保养厂设立发动机底盘部、车身部、金工部、电工部及工具间等 5 个部门。按照分工,设有技工、钣金工、木工、缝工、漆工、车工、钳工、电工等工间,能胜任营运客车的发动机和底盘大修,还能制造易损配件和车身内的附件。公司建立初期,贯彻 4 级保养(检修)制度,按照木质及铝质车身,制定各级保养间隔里程。由于铝质车身载客量大于木质车身,故保养间隔里程压缩 20%。各级保养的间隔里程规定:(1)甲种检修 2 000 公里(铝质车身),2 400 公里(木质车身);(2)乙种检修 10 000 公里(铝质车身),12 000 公里(木质车身);(3)丙种检修 30 000 公里(铝质车身),36 000 公里(木质车身);(4)丁种检修 60 000 公里

---

① 尹伯成主编:《西方经济学简明教程》(第六版),上海人民出版社 2008 年版,第 4 页。
② 上海市公用事业管理局:《上海公用事业(1840—1986)》,上海人民出版社 1991 年版,第380—381、373—374 页。

（铝质车身），72 000 公里（木质车身）。该公司还设立易损件制造小组，专门修复铜套、长柄牙齿（动力输入轴）、轴承等，对于车身内的附件制配，采取按统一规格预制，从而降低修车成本、压缩停修车时。①据 1948 年 10 月该公司资产估计，总值达 953 721 313 元（金圆券）。其中，土地 30.51 亩，估值占资本总值的 15.69%；厂房建筑 12 786 平方公尺，估值占总值的 10.73%；公共汽车 312 辆、公务车 47 辆，估值占总值的 46.98%；其他占总值的 26.6%。②

（四）工资和奖金

工资。公交公司筹备期间，员工的工资等级标准参照上海市政府行政机关俸给标准，制定了薪俸支给暂行办法、员工核支薪给暂行办法草案；它分为管理人员、技术人员、业务人员三类。管理人员薪给共分为 31 级，一级是筹备委员会主任委员、副主任委员，月薪 650 元。五级是组长，月薪 490 元。课长、场长、厂长等十二三级，月薪也达 320 元。最低级是 31 级雇员，月薪 55 元。最高和最低数相差 12 倍。技术人员分为 24 级，一级是总工程师，月薪 600 元，24 级是实习工务员（技术员），月薪 60 元。最高和最低相差 10 倍。业务人员分成 15 级，最高 200 元，最低 40 元，相差 5 倍。其中司机、售票员月薪是 50—90 元，以五六十元占多数；技工 40—90 元；普通工 40—60 元；艺徒 30—35 元。③即该公司隶属市公用局，员工待遇依照政府公务员标准，另加奖金予以弥补；比外商同类企业职工工资略低，而比一般行政机关员工又略高。根据 1946 年 1—12 月全年工资总额计算，公司员工平均每人每月工资法币 76.38 元，工资支出占总支出的 35.89%。因物价不断上涨，员工生活日益困难，1947 年后改为生活补助费加成制度；后又随着当时一般计算工资方法改为按照生活指数计算。上海解放前夕，物价一日数变，国民经济已到崩溃边缘，1949 年 5 月一度被迫改为日给制。④可见，该公司工人和上层职员的工资差额较大，在当时物价飞涨情况下，工人生活较为贫困。

奖金。公交公司筹委会发放奖金人员范围主要是行车人员和保养场技

---

① 上海市交通运输局公路交通史编写委员会：《上海公路运输史》（第一册），上海社会科学院出版社 1988 年版，第 258 页。

② 中共上海市委党史研究室、上海市总工会：《上海公共汽车工人运动史》，中共党史出版社 1991 年版，第 10 页。

③ 中共上海市委党史研究室、上海市总工会：《上海公共汽车工人运动史》，中共党史出版社 1991 年版，第 21 页。

④ 上海市公用事业管理局：《上海公用事业（1840—1986）》，上海人民出版社 1991 年版，第 381—382 页。

工;即司机、售票员、查票员、签票员、技工等工种。奖金种类大致上可分考勤奖、行车里程奖、安全行车奖(仅限司机)、营收超额奖等种类。考勤奖项目中规定,全月全出勤者给奖升工1天;全月无迟到、早退者给奖升工1天;全月未发生行车事故或记过等情况者给奖升工1天;全月中因有功绩受嘉奖或获其他奖励者给奖升工1天,员工称之为四项升工。行车里程奖的办法很简单,不论司机、售票,执勤当天的车辆行车里程达到行车时刻表所规定的里程时,即发给当天的行车里程奖。安全行车奖是司机专有的奖励,对每期3个月未发生过行车责任事故者除发给奖章外,还根据安全行车日期的多少奖给奖金,每期2—5元。营收超额奖,先后实行过三种办法:(1)全员奖。公司营业收入超过定额后,自筹备主任到艺徒,员工都给予不同比例的奖金;营收定额以车为单位,每辆车每日的营业收入若干元,超过部分提25%为奖金;这部分奖金再根据不同工种按比例分配,高级职员支全额,一般职员支75%,普通工支40%,艺徒支30%。(2)专有奖。1947年后改为行车人员的专有奖,它也是以车为单位,每日每车营业收入定额若干元,超过部分,司机、售票员提取总数的20%按人数分配,查、签票员提取总数的3%按人数分配,技工提取5%按人数分配。(3)积分制。1948年后因物价飞涨,公共交通的票价不时调整,因此每车营收定额很难制订,所以改为积分制;受奖对象仍限于行车人员,奖金的计算以售票员售出票数为计算得分的标准(各条线路标准不同,按实际情况确定),凡超过得分标准者提成给奖。①

　　不可否认,从1948年下半年至1949年5月上海解放,公交公司筹委会由顶峰往下跌落,该阶段成本激增、收入日减以致入不敷出、负债累累。其间,中共地下党组织在市政、交通部门成立人民保安队。数以千计的运输工人进驻停车场、修车厂及仓库内,日夜巡逻值班,保护人民财产。有的还发动职工家属进入厂内,参与护厂。对分设在市内的电车整流站、架空电线、汽车加油站等运输设备,工人们也组织起来进行监护,以防破坏。在全市人民支持下,广大运输职工和人民保安队成为一支反破坏、反劫运的强大力量,基本完整保存大批客货运输车辆及电力、电话、煤气、自来水等公共设施。这是上海交通运输职工和全市人民在中国共产党领导下所创造的奇迹。在上海市区激烈战斗的最后3日,中共上海地下党组织按地区组织交

---

　　①　上海市公用事业管理局:《上海公用事业(1840—1986)》,上海人民出版社1991年版,第382—383页。

通运输工人和其他行业的职工,向被包围在各场、厂和附近地区的国民党军队残余守敌,宣传优待俘虏的政策。强大的劝降攻势,促使一些守敌放下武器。不少交通运输工人还积极协助解放军收缴和整理枪支、弹药,维持社会治安。①概言之,自 1949 年 5 月 12 日人民解放军向上海外围敌人发起进攻至 5 月 27 日解放上海的 16 天内,全市绝大多数工厂机器运转正常,商店照常营业,水电煤气供应从未中断,市内交通运输基本如常,人民生活未受影响。在这其中,上海公用事业全体职工不仅英勇护厂,且坚持工作、生产。公交公司筹委会在 5 月 24 日就有计划地把 70 多辆汽车隐蔽在胶州公园,以防国民党军队劫持、破坏。25 日公司一解放,就与法电、英电的车辆一起照常行驶。在中国共产党的领导下,上海工人粉碎了敌人搬迁物资、破坏工厂、妄图毁灭上海的计划,与人民解放军相配合,基本完整地保存了上海,充分显示出中国共产党与工人阶级的伟大力量。②由此,交通运输业的职工在上海解放前夕的护厂、护车斗争中表现尤为突出,进而使汽车运输工具基本完整回到人民政府的怀抱,最终为新上海的恢复生产、建设发展打下良好基础。

---

① 上海市交通运输局公路交通史编写委员会:《上海公路运输史》(第一册),上海社会科学院出版社 1988 年版,第 264 页。
② 上海市总工会:《解放战争时期上海工人运动史》,上海远东出版社 1992 年版,第 310 页。

第七章　汽车运输与城市治理的交互

可以说，"一个有效率并且讲人道的社会要求混合经济的两个方面——市场和政府都同时存在。如果没有市场或者没有政府,现代经济运作就会孤掌难鸣"。①马克思亦言,"城市一出现就需要有公共的政治机构"。②2019年,习近平总书记在讲话中指出:"推进国家治理体系和治理能力现代化,是关系党和国家事业兴旺发达、国家长治久安、人民幸福安康的重大问题","要深入推进社区治理创新,构建富有活力和效率的新型基层社会治理体系"。③作为国家治理的重要体现,城市治理活动是城市主体参与城市治理的多元互动的过程。在多元互动的城市治理过程中,公共部门、私人部门、第三部门和社会公众相互补充、相互制衡。④而近代"上海之交通问题实为世界最难者之一,非将交通管理之全部问题,从种种方面彻底研究,断不能采用枝枝节节之办法"。⑤彼时,"上海街衢中车马频繁,稍一不慎便易肇祸",⑥且"汽车驶行范围愈广,肇事案件,随以俱增,小则损坏财产,大则伤害人命",⑦事故增加使交通形势恶化成为现实,有效降低交通意外的发生率,控制并减少其危害,成为城市交通治理的着力点。由此,近代上海城市当局通过一系列的治理举措,有效规范道路上的行人与车辆,确保辖区内交通有序和市民安全,最终维护城市交通秩序并促进上海社会发展。

---

① ［美］保罗·萨缪尔森、威廉·诺德豪斯:《经济学》(第17版),萧琛主译,人民邮电出版社2009年版,第33页。

② 《德意志意识形态》,《马克思恩格斯全集》(第三卷),人民出版社1960年版,第57页。

③ 习近平:《习近平谈治国理政》(第三卷),外文出版社2020年版,第118、353页。

④ 罗月领:《城市治理创新研究》,清华大学出版社2014年版,第92页。

⑤ 《讨论行人安全办法》,《申报》1934年8月10日第14版。

⑥ 《街车肇祸之统计比较》,《申报》1931年1月12日第14版。

⑦ 苏浙皖京沪五省市交通委员会:《苏浙皖京沪五省市交通委员会三年来工作概述》,1936年1月编印,第13页。

第一节　管理机构和交通法规

　　城市管理的行政方法是指城市政府依靠行政组织,运用行政手段,按照行政方式来组织、指挥、监督城市的各项社会经济活动;法律方法是指为维护城市社会生活的稳定和居民的根本利益,通过城市立法和司法活动,对城市社会生活和经济生活进行管理。[①]上海 1903 年开始颁发机动车执照;20 世纪 20 年代末,首先使用红绿灯指挥交通。同时,上海、北平、广州、汉口、南京先后制定汽车管理规定,各大城市开始实行交通规则。1940 年制定《全国公路行车规则》,1945 年 8 月开始实施《道路交通管理条例》。[②]伴随交通形势变化,上海最早开始近代化的租界地区对交通治理展开关切,之后不仅影响华界,且对近代上海城市发展产生重大影响。在此进程中,租界和华界的管理机构和交通法规随之呈现。

一、租界的管理与法规

（一）公共租界

　　随着社会经济发展、城市化进程及汽车普及的不断加快,导致道路车辆拥挤、交通事故频发。[③]如 19 世纪五六十年代,上海公共租界开始出现公共道路不通畅、大批难民涌入妨碍交通、奔驰马车对行人造成伤害等交通问题。当时租界的市政、交通管理机关为工部局。[④]该局成立于 1854 年"英美法三界合并管理之时",重要行政皆取决于董事会,并设警务处、卫生处、工务处、教育处、财务处、商团等;且董事会外,设警备、工务、公用、交通等委员会。[⑤]但当局并未设置专职交通管理人员,最初由治安巡捕监管。如1854 年 7 月,工部局成立后设立一支巡捕队伍,其最初职责是既负责治安管理,也承担道路环境、交通乃至卫生管理的任务。[⑥]同年该局颁布《警务守则》,要求巡捕除维护治安外,巡捕督察员还要承担道路规划、修筑及指挥道

①　向德平:《城市社会学》,武汉大学出版社 2002 年版,第 316—317 页。
②　周源和:《上海交通话当年》,华东师范大学出版社 1992 年版,第 122 页。
③　黎德扬、高鸣放、成元君等:《交通社会学》,中国社会科学出版社 2012 年版,第 262 页。
④　赵曾珏:《上海之公用事业》,商务印书馆 1949 年版,第 53 页。
⑤　徐公肃等:《上海公共租界制度》,上海人民出版社 1980 年版,第 117—119 页。
⑥　上海市档案馆:《工部局董事会会议记录》第 1 册,上海古籍出版社 2001 年版,第 620 页。

路施工等事务；1862 年又设立道路检查员，以保证对市中心区域的交通管理。①然工部局第一年的预算遭受抨击，总额为 25 000 元。其中支出部分，警务高达 15 000 元，预计 14 000 元收入来自码头捐。②此外，当时《租界例禁》20 条中与交通管理有关如"一禁马车过桥驰骤。一禁东洋车、小车在马路随意停走。一禁马车、东洋车夜不点灯"；③1880 年代《例禁》增加 6 条中，3 条与之有关：马车不准 5 人同坐；东洋车不得蓬首垢面；东洋车破坏者不准在租界中载人。④但公共租界辟设至 20 世纪前一段时间里，交通工具以人畜力为主，交通事故的严峻性远不及机动车所为。

同时伴随车辆增加，交通出现拥堵，给城市通行及当局管理带来不便。而工部局控制公共安全的三大武力机构是巡捕房、消防队和万国商团，巡捕最早出现。该局第一次会议就建立道路码头和巡捕委员会（斯金纳、费龙、金大卫）；并决定招聘月薪为 150 元、75 元的总巡、副总巡和 30 名月薪 30 元的巡捕。1866 年，华捕约为 40 人；1883 年，印捕从事交通管理。1884 年，有 1 名总巡，9 名巡官，10 名外国探长，85 名西捕；侦探队有 1 名华人探长，8 名巡捕和 2 名翻译，总共 297 人。⑤如 1883 年 1 月 15 日，警务处处长彭福尔德指出，需要大批华捕专门指挥街道交通，应当公平选拔管理交通的华捕。董事会因此决定：在主要十字路口应设置捕房人员来防止撞车等事故，为此应增加 10 名华捕。⑥即"上海的交通管理，甚至在第一辆汽车出现之前就一直令人头痛。街道的狭窄和车辆的五花八门，外国人的鲁莽冲动和苦力们的愚蠢笨拙，横冲直撞的经纪人和轻举妄动的黄包车，绝不左顾右盼就穿过人头攒动马路的乡下人，一切都共同构成了交通的危险性"。1890 年麦克尤恩建议，应由 1 名西籍巡官（欧洲巡长）和 16 名华捕组成的特别巡逻队处置道路交通，实施交通管理。他说没有巡捕，规章实施将事倍功半，将彻底陷入黄包车夫和小推车夫"争吵之中"。估计一年费用约需 2 000 两白银，工部局董事会同意该建议。1897 年，整顿计划增加 28 名西捕和 34 名印捕，西捕和任职较久的华捕工资提高 15%，增加费用每年 60 000 两。最终增加 1 名交通巡官，其率领 8 名西捕和 24 名印捕，表决通

①　上海市档案馆：《上海租界志》，上海社会科学院出版社 2001 年版，第 588—589 页。
②　[英]兰宁、库寿龄：《上海史》（第一卷），朱华译，上海书店出版社 2020 年版，第 296 页。
③　葛元煦：《沪游杂记》，上海古籍出版社 1989 年版，第 3 页。
④　黄式权：《淞南梦影录》，上海古籍出版社 1989 年版，第 146 页。
⑤　[英]库寿龄：《上海史》（第二卷），朱华译，上海书店出版社 2020 年版，第 225、229 页。
⑥　上海市档案馆：《工部局董事会会议记录》（第 8 册），上海古籍出版社 2001 年版，第 491 页。

过的经费是 31 000 两。工部局公务的增加主要是由于人口增长和建筑增多,要求巡捕和消防队伍扩大。菜场、屠宰场、电灯、汽车交通都是这些新增负担的例子。① 由此,19 世纪八九十年代公共租界出现专职交通巡捕,职责是维护交通秩序、管理行人和车辆,成为上海城市交通治理近代化的重要标志。

自 1901 年汽车在上海出现,工部局通过专章对城市交通展开治理。如 1903 年《公共租界工部局治安章程》印行(次年中文发行),其中“马车行执照”10 条、“机器车执照”9 条、“东洋车行执照”14 条、“小车执照”11 条及“马路章程”17 条等。具如该章程第九款“机器车执照”规定:(1)所领执照不许别人顶替执用;(2)如有违犯上各章程,工部局可将执照吊销并可控告领照人;(3)管车人须遵照巡捕房随时所定章程;(4)自日入至日出之时,每车须点二灯于车左右,前面为白光,后面为红光,并须随时备有警铃;(5)该车须交于精练的管车人管理,若巡捕举手令其停止应立即停止,并遇见劣马时应格外谨慎;(6)该车速率应视行人多寡及路之阔狭而定,惟在转弯、叉路或狭窄处更要缓行;(7)须预先留心,务使出管气取厌于人;(8)如遇巡捕及管车委员会查问,应即将执照给阅;(9)如管车人疏忽致有损害,惟领照人是问;(10)捐费:每辆每季预缴捐洋 6 元。② 1903 年《公共租界工部局巡捕房章程》第三十项“马路章程”规定下列章程如敢违犯、拘办不贷:(1)驾车者须在马路左边前行,如欲越过他车,须从他车右边向前;(2)过桥或十字路口或转弯时,应格外缓行。向左转弯,应靠近路边,向右转弯,则须从宽而转即所谓大转弯;(3)凡走近十字路,不可走违例之路,如不能看清前面,不准越过他车;(4)车行将停,应先举手,左转弯先举左手,右转弯先举右手,然后指点欲往何处,俾后面车不致碰撞;(5)坐客上落际,应将车拉至最近路弯;(6)各车不准停歇店铺、住宅及各处门口,一俟坐车者下车即应将车拖开,俾免碍路及便行人进出,至于停车处,应遵照巡捕指示之所;(7)驾车者见巡捕举手,即应听其号令而停车;(8)不准在路疾驰,以免撞倒或损碍行人;(9)看管及驾车人,不准在车瞌睡;(10)自下午 3 点钟至夜 12 点钟,各车不准在福建、山东两路中间的福州路上由西而东;(11)江西路以东的大马路甚狭,不准在该处停车守候坐车人;(12)凡车在马路上下人货不许迟延,除允准停车处外,

---

① [英]库寿龄:《上海史》(第二卷),朱华译,上海书店出版社 2020 年版,第 56、234、236 页。
② 《上海公共租界工部局治安章程(中文)》,1903 年,上海公共租界工部局档案,档号 U1-1-1256。

各车概不准停在路口有碍行人,并应遵照巡捕指示处停歇,不致碍行人。①上述章程包含较为完善的交通管理内容,成为工部局日后制定专项交通法规的依据。

伴随租界发展,车辆及行人日益增多,交通问题日渐复杂,新出现的机动车车速加快,较非机动车更难管理,交通事故不断增多,对专职交通巡捕需求日盛。如1910年起,工部局加强专职配置,该年西捕为正副巡官各1人、巡长2人、巡捕5人;华捕巡长4人、巡捕98人;印捕巡长8人、巡捕89人,共计213人。1917年,该局再设立交通巡警,有正巡官1人、副巡官2人,西巡长10人,印捕100人,华巡长及华捕209人,共计322人。1916年,南京路的交通规则革新,不时拦断主要的东西交通,使南北交通得以进行。②然时人指出:经过上海的街道,很轻易就能看到依靠街道旁的墙面、灯柱或信号杆上昏昏欲睡的华捕,他们指挥交通动作缓慢似乎困倦得要命。由此,1920年9月19日工部局华捕正巡官毛氏发布布告:近有华捕等在差时,于马路来往车辆有无破坏路政章程并不加意留神。本正巡奉总巡旨意,再为告诫而等须知,身为巡捕宜尽心竭力为捕房供职,尚有一般华捕在路走差时不知所抱是何宗旨,惟望钟点到后即可落差。此等习惯务宜革除,近年以来马路车辆日见加多,而管理路政一节亦非常紧要。嗣后凡关于路政之事,华捕中有办理勤慎者,即将下级升期提前,如任意懒惰,办事疏忽,即将下期升级延迟。各华捕凡见往来车辆有犯租界章程,须随时报告,由此则可日形减少,是以各华捕务必带小簿子一本见各项车辆违犯情事者,宜即将号码抄下。下列各条各华捕尤须格外注意:(1)机器车、马车须靠近路边停歇,"因街道狭窄有碍路政"。(2)小塌车及挑夫等须靠近路左边行驶,亦不准在电车轨道处行驶,"此事皆宜严行禁止,但遇有汽车往来稠密处,黄包车亦须靠近左边行驶"。(3)"近来黄包车兜揽生意日见众多",各华捕有见者即拘送捕房,如有在途中游行阻碍路政者,亦须拘送捕房。(4)凡立角子,巡捕见有行走之人在十字路口或转角处站立阻碍各项车辆交通,"常即禁止"。③

而经董事会讨论后,1920年12月工部局公布新定交通章程61条,并定于次年1月1日起实施,新章"对于汽车行驶管理较前更为严密"。④具如

---

① 上海市档案馆:《上海租界志》,上海社会科学院出版社2001年版,第704页。
② 上海市档案馆:《上海租界志》,上海社会科学院出版社2001年版,第589—590页。
③ 《预防车辆危险之布告》,《申报》1920年9月20日第10版。
④ 《工部局新定之行路章程》,《申报》1920年12月24日第10版。

该《交通规则》第1条规定了行人和车辆对于城市道路的使用。第2至4、8至10条规定"行人"交通行为:(1)不得以危险、鲁莽、漫不经心或其他不适当方式在道路上行走。(2)行人不得以阻碍其他人和车辆的方式在道路上行走。(3)不得在大路中以阻碍交通的方式装卸或放置货物等。第5、6、11、31条规定"车辆驾驶者"行为:(1)开车人使用道路时,不准疏忽疾驰致生命危险或有不正当行为,不准占路致阻碍他人交通,须遵照巡捕指示记号而行。(2)驾驶车辆时须靠近路的左旁开行,向右转弯时须大转弯向其中线之左而入新路,不准将车与他车并肩而行,不准在路上兜转。(3)在上海总会、拜经堂、跑马总会、市政厅、兰心大戏院、新中央大戏院、爱普卢电影院、奥林匹克大戏院、新卡尔登咖啡馆等一些特殊地点附近的停车注意事项。(4)司机通过各种手势向其他车辆示意,要有左拐弯、右拐弯或停车、前行等动作;车辆的各种装置有缺陷及装运货物不恰当或超载乘客时,禁止行车。第32至54条规定"车辆行驶和停泊":(1)无论何人未领取工部局或法公董局执照者,不准在大路开驶摩托车。(2)不得酒后驾驶,载货载客不得过分损害路面,不得任意作声喧闹,及限速行驶和限时停靠。(3)被批准的人力车停车场以标志牌为指示,被批准的机动车和马车停车场主要有:爱多亚路至苏州路的外滩(中心)、外滩至江西路的爱多亚路(街中心),河南路至江西路的汉口路段(北侧)等9个地点。(4)在山东路和外滩间的南京路,各种车辆都不准长时间停放,在路边一些划有白线的区域内,可供车辆暂停;除周日外,每天上午11:45至12:30,各种车辆一律不得在山东路和外滩间的南京路南侧停车;礼查路和外白渡桥间的黄浦路不得停放任何车辆。(5)除正式批准的停车场外,工部局通常只允许车辆在一定时间内停放某些地段。[①]该《交通规则》是为管理、指导、疏通租界内外属工部局所有的道路交通规章,并于1923、1931年作出修改,规定更为细密。其不仅标志着上海首部专项交通法规的诞生,更为当局交通治理提供出有效的法律依据。

继而,工部局于1924年6月颁行《公共租界停车章程》:(1)在以下所列地点有特别通告,各车一概不准并排或横排:礼查路,自黄浦滩路口足至通告之北35尺止;汉口路,自河南路口起至耶稣堂门口止;香港路,自四川路起至博物院路止;马霍路,自静安路角起至孟德兰路止;南京路,自花旗总会起至谋得利洋琴止,自别发洋行起至馥惠公司止;帕克路,自静安寺路角

---

① 《上海公共租界工部局总办处关于修订和增订交通规则事》,1933—1937年,上海公共租界工部局档案,档号U1-4-2467。

起至白克路止;四川路,自美丰银行起至宁波路止,自南京路角起至新康路止;黄浦滩路,南面自德国领事署起至通告之东 70 尺,北面自礼查路起至花园桥止。(2)汽车不准并排或横排于下列各路(除非停在准许停车处):黄浦滩、广东路、新康路、福州路、汉口路、河南路、香港路、仁记路、江西路、九江路、博物院路、南京路、宁波路、北京路、泗泾路、苏州路、四川路、圆明园路。在山东路及黄浦滩中间的南京路上,排车并排或横排,不得展限时刻,该地段已备暂行排车处以乘车,到行探视此种地点以白线标明侧石。除在侧石如此标明外,不准排车以上载明南京路一段的南面。除星期日外,每日上午11:45 至 12:30,不准排车。(3)各车至戏院总会等处的特别排车章程,开车人可在以下载明各地段停车让乘客上下:上海总会,朝南停下,同一方向拉去,将车横排在黄浦滩停车处之南尽头处;拜经堂,朝北停下,同一方向拉去,将车横排在黄浦滩停车处北面尽头处,上车时向北拉开,同一方向离开;赛马日,朝西停下,同一方向拉去,并排在梅白格路(靠西)及马霍路(靠东孟德兰路南),上车时向西拉开,同一方向离开;议事厅,朝西停下,同一方向拉去,并排于广西路及贵州路,如有特别事故,横排于西藏西(南京路南),车主自开之车,可并排于广西路(靠西),上车时向西拉开,同一方向离开;外国戏馆,朝北停下,同一方向拉去,横排于苏州(靠北在博物院路与四川路中间)上车时向南拉开,同一方向离开;维多利亚戏院,朝东停下,同一方向拉去,并排于海宁路,上车时向西拉开,同一方向离开;爱普卢戏院,朝北停下,同一方向拉去,并排于海宁路,排至晚间 11 点半钟后,由北四川路东面戏院大门之北朝南,上车时向南拉开,同一方向离开;夏令配克戏园,朝东停下,同一方向拉去,并排于卡德路东的白克路面向西,车主自开之车,只准并排于静安寺路上(靠南在卡德路与同孚路中间),上车时向东拉去,同一方向离开;新卡而登饭店,朝东停下,同一方向拉去,并排于白克路上(靠北),如有特别事故,横排于西藏路(南京路南),车主自开之车,下午 8 点半钟只准并排于梅白克路(靠西)或横排于跑马厅门口的停车处,上车时向东拉开,同一方向离开。①停车章程的专门制定,亦为当局治理措施法制化的具体体现。

　　另,工部局还颁布《取缔汽车章程》,让车主必须到该局纳捐方可使用。如规定:自用(私家)汽车每季纳银 10 两,出租车每季纳银 15 两。1926 年前后,汽车捐税略有变化:公共租界按车身重量计税,在苏州路救火会附近

---

① 《法界及公共租界之停车章程》,《申报》1924 年 6 月 21 日第 26 版。

过磅,车重 1 000 磅以下每季纳银 7 两,2 000 磅以下为 10 两,3 000 磅以下为 14 两,4 000 磅以下为 16 两,超过 4 000 磅则 20 两;公共汽车照此加50%计银;华界公用局不计重量,每月一律计洋 10 元。至于吴淞要经军工路的车,每季要纳地捐 6 元,一个月 3 元,临时往返为 1 元。由此在民初,工部局每季可获万两税捐。①1927 年 10 月,该局警务处成立特别交通队,有1 名西捕和 13 名华捕,在中心区域监督行人和车辆。高峰时段被分派南京路、汉口路等处执勤,并向司机、行人散发交通宣传手册。②彼时,"车务当道,刻尚无意订立规章,强制出租汽车装置四轮煞车,但对于运货汽车及其他重载车辆则已订章,逐渐令其改换橡皮气胎",1929 年租界因"逐日所报开车违章案件甚多,现拟厉行管理车辆章程,以期减少此类案件"。③鉴于此,专职交通巡捕人数快速增长(见表 7-1)。

表 7-1　公共租界工部局各捕房专职交通巡捕数量表(1922—1925 年) 单位:人

捕房 ＼ 类别	1922 年			1923 年			1924 年			1925 年		
	西捕	印捕	华捕	西捕	印捕	华捕	西捕	印捕	华捕	西捕	印捕	华捕
中央捕房	3	51	103	3	51	98	3	51	116	4	48	118
虹口	2	34	58	2	40	58	2	42	60	1	42	64
老闸				2	51	53	1	47	50	3	46	48
汇山路		4	22		2	122		2	22		2	22
新闸		4	16		4	16		4	16		4	16
静安寺			5			5			5			5
西虹口		4	6		4	6		6	6		10	6
戈登路			2			2			4			6
迪思威路												4
普陀路											2	
交通巡捕总数	5	97	212	7	152	260	6	152	279	8	154	289
总　数	314			419			437			451		

资料来源:《上海公共租界工部局总办处关于交通运输委员会第 26 至 42 次会议记录(卷 3)》,1924—1925 年,上海公共租界工部局档案,档号 U1-5-29。

---

① 周源和:《上海交通话当年》,华东师范大学出版社 1992 年版,第 75 页。
② 《上海公共租界工部局总办处关于捕房特别交通队报告事》(1927—1928 年),上海公共租界工部局档案,档号 U1-3-3383。
③ 《公共租界整顿车辆步骤》,《申报》1929 年 1 月 31 日第 15 版。

依据交通形势变化,1931 年 6 月工部局再对《交通规则》部分内容作出增补。如第 10 条修正为:"马路上之开车人或步行人,须立即服从值班巡捕之命令或其信号,并须遵照一切管理行为或指示交通途径之交通信号。"其中"交通信号"为新增内容,因 1923 年后公共租界重要的十字路口开始使用交通信号灯。第 36 条修正为:"用机械行驶之车辆,其所载对象不得超过此项车辆执照条款所规定之大小。用人力推曳之车辆,其所载对象不得如此伸出,而使其他交通车辆受到不便阻碍或危险。"第 46 条修正为:每日自上午 8 时至下午 6 时,开车人不得在四川路与南京路交叉处或中央路与南京路交叉处的任何方向,将其车辆向右转弯,但星期日及公共休假日不在此限。[1]至 1937 年,工部局对该规则第 21、27、41、44—46 等条款再作修订,对"步行人横过街道处""车辆停靠边处""人力车停车处""公共汽车、电车如何停靠站台"等规定明确,[2]从而使交通法规更加细化及严密。

其间,公共租界的专职交通巡捕分布在不同街道的不同警岗,不准无故离岗。其首要任务是管理特定区域或街道的交通,从而提高管理效率,职能包括:清除道路障碍,指挥车辆通行,检查车辆执照,拘捕违章者,并担负危急时刻的治安保卫工作等。工部局每月按 A、B、C 三级分别给予专职交通人员额外补助,额度分为 3、2、1 元。其执勤时间通常为 8 小时,每 4 小时后休息 4 小时,12 小时后下班。[3]而在执勤过程中,交通巡捕会把违章车辆的车牌号码抄录后上交巡捕房,由巡捕房发送违章报表作为起诉时传唤的证据。至 1934 年,西捕督察员增至 14 人,专职交通巡捕、印捕及华捕总数为 576 人。[4]此外,机器脚踏车巡逻队于 1931 年 7 月 16 日执行职务,对清除阻碍及禁止道路危险或不正当使用,"颇能奏效。所最注意者,为人力车之并驾齐驱,致令交通梗阻,以及汽车驾驶人之在危险地点或弯曲之处,将车疾驰,或追过他车。拥挤时间及遇有重要事故,道路上车辆拥塞须照顾时,该队亦出巡服务。凡在道路上汽车不能争先之处,有驰行迟缓足以阻碍后来车辆而经人怨诉者,该队亦从事处理,俾在情理上可以迅速前进之处即迅速前进"。随之,巡逻队的效用"由所得之结果证实,深望不久能将队员人

---

① 《上海公共租界工部局总办处关于修正交通规则事》,1929—1931 年,上海公共租界工部局档案,档号 U1-3-3685。

② 吴景平等:《抗战时期的上海经济》,上海人民出版社 2015 年版,第 129—130 页。

③ 《上海公共租界工部局总办处关于交通运输委员会第 26 至 42 次会议记录(卷 3)》,1924—1925 年,上海公共租界工部局档案,档号 U1-5-29。

④ 《上海公共租界工部局总办处关于提议改进交通管理事与上海汽车公会等来往函》,1933—1939 年,上海公共租界工部局档案,档号 U1-4-2445。

数增添"。该队除协助控制来往车辆外，"其最重要者，为求有益于民众。道路使用人之错误及其任意使用情事，多有非在人行道上巡逻之警吏所能见及者，所以须有随同车辆来往之巡士，而后可以切实制止"，该队即"适应此项需要而设"。由此，在制止行驶车辆不顾危险及拥挤时维持来往车辆平均两方面，巡逻队证明有效，制止各式车辆开车人违反交通章程事件"均仍证明为深有裨益"。①

再如交通设施。19世纪60年代公共租界设立人行道，实现人车分道。1910年6月16日，工部局批准在南京路最宽阔的地方试行交通安全岛，安全岛为木质结构。②试行两周后，认为对交通无益，决定拆除。此后几年间，此设施反复试用，但效果不太理想。如时人言：最近发生在南京路江西路口的两起交通事故，都是由于该处电灯照明失灵。这样，安全岛对交通来说是极为危险的。董事们普遍认为这种特殊的安全岛对交通不仅无益，反而成为障碍，警备委员会应引起注意并及时拆除它。③嗣因南京路浙江路口"地居冲要，其南面又为湖北路口，故电车轨道纵横，汽车、马车、黄包车、脚踏车等亦往来如织。该处交通之繁，推为全埠冠，每日上午尚不拥挤，一至午后二时至九时，但闻车辚辚马得得之声，不辍于耳。而该处四面转角之水门汀阶沿畔，又恒有一种人喜于站立旁观，致行路之人既不能从阶沿上行走，且因被挤，势必履及马路之中，故偶不经心遂为车马所伤，令人生行路难之叹"，工部局工程处有见及此，雇令木匠将该处400转角（南京路浙江路口南、北面东西两转角）装置约2尺余高木栏，"将次工竣。嗣后，行路之人际由南往北或由北往南，必须横穿大马路外，余者概循木栏内行走，并知照该管老闸捕房谕令，凡派往该处站岗之巡捕如再见有闲人聚立该转角水门汀阶沿畔，立即驱散，以免为行人之障碍，而减少一切危险"。④

1917—1918年间，工部局捕房交通管理人员开始装备交通指挥棒，同时在交通繁忙道路上，"安全岛"开始被推广使用。1925年，在交通委员会指导下，该局警务处在西藏路上实验划分快、慢车道。起先是以木质分车岛把西藏路划成三块板（Three-way street），之后在爱多亚路设置混凝土分车

---

① 《上海公共租界工部局年报》（中文），1931—1935年，上海公共租界工部局档案，档号U1-1-957、958、959、960、961。

② 《上海公共租界工部局捕房总巡关于修订印捕合同条文及交通事故牲畜伤亡等文书》，1910年5月—7月，上海公共租界工部局档案，档号U1-2-650。

③ 上海市档案馆：《工部局董事会会议记录》（第18册），上海古籍出版社2001年版，第525页。

④ 《工部局减免行人危险》，《申报》1921年3月21日第10版。

岛。在外滩,委员会建议客货运分流,外滩东侧行驶货车,用分车岛与西侧
客车道分流。①其时,"车马往来最繁杂之处,要算南京路浙江路的相交地。
那边指挥车马的印度巡捕,不是站在路中,是站在一个依铁杆悬空而筑的小
台上,离地约有一丈多高,台的左右两面和前面,都围以短铁栏,后面是一张
狭窄的小铁梯,上面是个伞形的平圆盘,是防备雨水下淋的。居高临下,四
面奔集拢来的车辆,可以一览无遗"。②至 1936 年 12 月,工部局为增加江西
路阔度起见,将该局大厦四周草地填平,且"该局在福州路江西路口,已动工
在该处兴筑横方交通岛一处,以便指挥车马往来,该处已置有自动红绿灯"
(如图 7-1)。③

图 7-1　上海交通指挥亭(1935 年)

　图片来源:李范周:《上海汽车博物馆 3》,2011 年 10 月 14 日,载 http://blog.
sina.com.cn/s/blog_3f6e57e10100tue8.html。

---

①　《上海公共租界工部局总办处关于交通委员会的报告(卷 1)》,1924—1926 年,上海公共租
　　界工部局档案,档号 U1-3-2589。
②　徐国桢:《上海生活》,世界书局 1930 年版,第 61 页。
③　《江西路口兴建交通岛》,《申报》1936 年 12 月 8 日第 12 版。

最早的交通信号灯出现在1868年伦敦国会大厦前；1914年，美国克利夫兰、纽约、芝加哥开始广泛使用电信号灯，1918年开始使用红黄绿三色信号灯。①1923年，上海公共租界工部局车务处在车辆不太繁忙地段的大十字路口装置"停止和前进"式交通信号，西区3个点试验；在南京路、四川路两个重要十字路口，试用由电灯显示的高效率的红绿灯信号，即"为谋道路之安全起见，新近在南京路四川路交叉处，于各路口装置红绿电灯，电光极强，虽白昼亦极显明。故两路来往车辆均可在远处望见，以定进止，电门机关开闭，只须站岗巡警一人专司其事"。红灯为停止记号，绿灯为前进记号。若四川路口为红灯发光，南京路口的绿灯亦自动发光，同时南京路两面车辆即可前进，而四川路两面车辆必待岗警改换电门，使南京路口改为红灯，四川路口改为绿灯，方能前进。"此种设置，在英美各大城市已习见不鲜，惟本埠则犹在试验期中。"②至1931年，租界以路灯标记，"控制车辆之往来，仍为极满意之方法。此项方法，业于本年推行于多数重要地点"。翌年，交通信号灯"仍为控制往来车辆之最满意方法。关于采用一'全红灯'时间，以代替目前先行吹哨而后改换交通方向之办法问题，现时正在考虑中，倘所费并不过多，当于来年试办"，同年各重要地点新装交通信号灯共12处，"用举手方法以控制交通之各重要地点，经装有强度的射光灯，俾夜间之站岗巡士在任何气候情形之下，均得照耀明显"。1933年，各路交叉地点使用交通信号灯共68处，"本局望在最近之将来能试用电气自动机，以控制交通"。③翌年，警务处计划在戈登路爱文义路试装电力自动指挥交通器一组，使车辆将至路口处触及电流，"因之交通电即随而启闭，在英美用之，颇有效果"。但每组装费需1万元，交通灯地点68处，"需费过巨，拟定缓办，赴欧调查后再做决定"。④

斯时，租界试用机器人启闭交通红绿灯，"试演成绩满意，包含各项原则。本埠已到有自动管理马路交通之机器人模型，曾向两租界警务当局试演一过，成绩殊觉满意。闻经理商家现拟运往日本表演，该机器人能包含德拉法而加广场十七路线，交通制度所用各项原则，并制成与伦敦著名机器人同样大小之身躯，其电气设计中所用之电磁原则与自动电话所用者相同，当

---

① 周源和：《上海交通话当年》，华东师范大学出版社1992年版，第121页。

② 《路口新设之红绿灯》，《申报》1923年4月21日第24版。

③ 《上海公共租界工部局年报》（中文），1931—1933年，上海公共租界工部局档案，档号U1-1-957、958、959。

④ 《工部局改订交通章程各款》，《申报》1934年12月30日第12版。

使用之时须先研究该十字路口交通情形,将一日分若干时间统计每时间内、每分钟各方向往来车辆之多寡,然后规定每一时间内东西向通行若干秒后,再由南北向通行若干秒作成比例,轮流开放。按时在机器人轨表上拨成此种比率,则在该时间内便能准时转换红绿灯,此外复在各路口装置橡皮机关,倘遇南北向通行时间内并无南北行车,而有东西行车,则车辆驶过此橡皮机关时,可使机器人临时转换红绿灯方向四秒钟,俾该车可以立即驶遇,不必空守预定通行时间。此种定时启闭,与实际交通融合办法,乃该机器人所新创,实前此所未见”。[1]至 1936 年 11 月,河南路福州路交叉路口的交通信号灯改设自动信号灯,“毋须警捕主持,且灯色自绿变黄,由黄变红,转变自如,于交通指挥、车辆排疏上,殊多便利。设置信号灯之四周并将辟筑圆形草坪,车辆即缘坪沿行驶。此种马路交通设备,在欧美各国,凡交通繁盛之处均有设置,故本埠方面亦将逐渐推广,普以利交通”。[2]依前而述,公共租界通过制定交通法规、设置管理机构和专职人员,并持续建设交通设施,使城市交通治理经历了由建立、发展到逐步完善的过程。

(二)法租界

上海公共租界工部局、法租界公董局“均分多处办事”。[3]1866 年 7 月 11 日,法国特派驻上海总领事公布《上海法租界公董局组织章程》中规定:公董局收入和支出的预算;征收捐税的方法;开辟道路和公共场所,计划起造码头、桥梁、河道,以及规定路线、市场、公墓等事件;改善卫生和整顿交通的工程;路政和卫生的章程等。[4]继而,公董局制定《法租界公董局警务路政章程》(法国总领事达伯理、法公董局副总董福士审核同意)1869 年 10 月 15 日起生效:第一条,严禁马匹在界内马路上狂奔。第二条,(马)车夫当遇到有车迎面驶近时,至少应让出一半的路面供对方车辆通过。车辆在晚间行驶时应点灯。第三条,车辆在晚间行驶时应点灯。第三十条,违反本条例的人将受到追诉,并按法租界公董局组织条例第十四条惩处并受到法律起诉。公董局再于 1875 年公布《人力车章程》、《马车章程》(1878 年)、《手推车规程》(1888 年),从内容到形式完全参照工部局的相关交通规章进行日

---

① 《机器人启闭红绿灯》,《申报》1933 年 6 月 24 日第 13 版。
② 《河南路福州路改设自动信号灯并将辟一圆形草坪其他各处逐渐推广》,《申报》1936 年 11 月 24 日第 11 版。
③ 董修甲:《京沪杭汉四大都市之市政》,大东书局 1931 年版,第 1 页。
④ [英]库寿龄:《上海史》(第二卷),朱华译,上海书店出版社 2020 年版,第 442 页。

常管理。①至1921年3月18日,《法租界公董局各车行驶章程》颁布,主要内容有:

一、(行车方式)各车须沿左边行走,行走逾缓、应逾靠近路边。如与越过前面之车,须在其右边越过。惟电车不在此列。开行或停歇之电车,须在其左边越过,倘在其右边越过,应悉任其咎。如欲由左边越过前面开行或因乘客上下而停歇之电车,各驾车人须缓行谨慎。如其必要,应即停行,直至道路通行为止。在各路转角以及妨碍交通之各处,不准越过他车。如遇来车,须在本车右边,至少让出半路。

二、凡笨重及行迟之车,须紧靠路边行走,将马路中间让出,以便快车行走。

三、各驾车人须由左边行至各路转角,缓缓而行,十分小心。遇必要时,应即停行,俾利横路交通。

四、如欲由左边该走他路,须就近转弯。如由右边转弯,须绕一大半圈,并须先用手作号,指明其欲从之方向。

五、各驾车人在途,如欲调头行走,须十分小心,择不妨碍交通时行之,并须用手告知后面各车。如欲穿过马路对面停歇,亦须照上述行之,务宜对直穿过。

六、坐车人下落以后或货物卸去以后,无论何车不准在公共处所、店铺或居家门前停歇,以致实际上妨碍他车近前。各该处附近须让出空隙。如需捕房得指定停车之所,以便驾车人停歇。热闹路中不准各车停留多时。各车只可在有停车牌之处停歇。

七、各驾车人须立即服从巡捕所发一切记号或命令。如巡捕嘱令停行,须即止步。

十四、或步行或骑车或乘车,若非紧要,不准在路中停留,以致阻断交通。

十七、凡驾车人不准迫使他驾车人阻断或妨碍交通。

十八、凡车辆未曾停在路边、或未曾停在稳妥地方,不准上下,至妨碍或阻断交通。各车不准在马路中间停歇。

二十一、未曾查看道路通行与否之前,各车不准希图越过前面之车。

二十二、开驶机汽(器)车之人如近驾车或不驾车之马匹,须缓缓

---

① 上海市档案馆:《上海租界志》,上海社会科学院出版社2001年版,第712、594页。

而行。如其必要，或巡捕嘱令停歇，应即停行。

二十三、途中如遇肇祸，驾车人应即停行，如需，应为帮助一切。至巡捕告知不必在场，始可再行。倘无巡捕在场，须即速报知就近在差巡捕或捕房。

二十四、如须妨碍或阻断交通，驾车人不应与他车并行。

二十五、如须妨碍或阻断交通，驾车人不应在路上将车退后或掉头。

二十六、驾车人不应用喇叭、钟或其他警号，致妨公众。

二十七、各驾车人须用以下记号：予将停止，将右臂高举，或横伸，以手上下起落。予将由右边转弯，将右臂横伸。予将由左边转弯，将右臂横伸，向左面摇动。予一直行去，将右臂向前面伸出。汝来或汝过，将右臂横伸，并用手向他人可走之方向摇动。倘机汽车在左边开行，则须用左手作号。

二十八、无论何人，如非坐车者，不准钩在或吊在车上。

二十九、无论何人，如无驾车凭证，不准开驶机汽（器）车。法租界居民所用之驾车凭证由法捕房发给，该居民须领取法租界公董局执照；公共租界居民则由公共捕房发给，并领取该租界执照。驾车人至少须有十七岁，方可投考领取此项凭证。

三十、酒醉之人，或因种种缘故认为不健全之人，不准开驶机汽车。

三十一、凡各车行走装置或装载能妨碍交通，不准在路上往来。无论如何，所载之物不应在地上拖曳，或阻碍驾车人视线。车轴须常料理，以免发出轧轧之声浪。其一切机括务宜妥置，使驾车人常能运转如意。

三十二、各车如无法租界或公共租界工部局号牌，不准在路上往来。此号牌须遵依执照上章程所订款式，钉在车上。

三十四、自日落至日出时，各车须照执照上章程点灯一盏或数盏。无论如何，所点灯光总以不妨碍路上行车或行人。机汽（器）车须备一机关，如近他车，可以减少灯光强力。

三十五、各车须常备警号一枚，以能警告其方向为度。此警号须由捕房核准。机汽（器）车禁用汽笛、铜锣、叫子等物。

三十六、凡属救火会之车，如因公出外，常可行在他车之先。其救伤车亦然如此。

三十七、每车不应有一辆以上之拖车，而缆长不得过一丈六尺。

三十八、各车如经巡捕观照以后,不准在并非停车之处停歇。

三十九、机汽(器)车切宜预防洩气,禁止机汽车突然洩气。

四十、(采取的处罚手段)凡违以上章程者,处以 1 元至 100 元罚金,由该管法庭定断。如若再违,罚金可以加倍,执照仍可暂时收回或竟行吊销。①

伴随法租界的机动车辆持续增多,1924 年 6 月公董局颁行《法界租界之停车章程》:在车马往来众多的路上,停车者须知在以下所列路上,无论何种车辆一概不准久停:法公馆马路、恺自迩路及坟山路(敏体尼荫路及霞飞路间)、霞飞路(坟山路及华龙路间)、天主堂街(法公馆马路及爱多亚路间)、环龙路(华龙路及球场总会门口间)。法公馆马路、恺自迩路、坟山路又霞飞路至华龙路,凡汽车至以上所列路者,须停在最近之横路上。天主堂街,凡至此路上者,须停在爱多亚路之中间或天主堂街(法公馆马路南首)、法黄浦滩(法公馆马路及爱多亚路间),汽车须单行依次停在街沿石的旁边。法球场总会(环龙路),朝西停下,同一方向拉去,须单行依次停在总会大门西首路的北首。大世界(爱多亚路),朝西停下,同一方向拉去,须停在爱多亚路之中间画有白线处。天主堂街(天主堂街),朝南停下,须单行依次停在天主堂大门的南首,车头向北,同一方向拉去。②

且法租界 1925 年由交通事故所造成的伤、亡比例为 401∶29,1926 年为 551∶33,1928 年为 524∶42,1930 年为 592∶46。针对交通事故频密,1928 年 5 月公董局制定并实施第一个完整的交通规章,共 39 条,分为《交通规则》和《有关公共道路的若干特殊条款》两个部分。《交通规则》主要包括:(1)使用牲畜或非使用牲畜车辆的驾驶者:规定凡是在公共道路上行驶的车辆应有 1 名司机驾驶,拉车或载物牲畜应有 1 人陪伴;(2)汽车驾驶者最低年龄为 17 岁;(3)司机必须服从公董局派出人员所发出的命令;(4)车辆应以慢速起步;(5)车辆靠左行驶;(6)司机在车辆减速时须向跟随其后的车辆伸出胳膊示意减速;(7)车辆在接近和越过人行道等处必须慢速行驶;(8)在菜市、马路狭窄处,上学和放学时间在学校四周,要求各种拉车以慢速前进;(9)任何车辆不得将丧事队伍、军队、小学生队伍阻断;(10)救火车、执行公务的机动车具有先行权。《有关公共道路的若干特殊条款》主要包括:(1)公馆马路、恺自迩路及爱多亚路的交通状况及须注意事项;(2)停车注意

---

① 上海市档案馆:《上海租界志》,上海社会科学院出版社 2001 年版,第 714—716 页。
② 《法界及公共租界之停车章程》,《申报》1924 年 6 月 21 日第 26 版。

事项；（3）在行人和车辆交替通行的道路上行人和司机的注意事项；（4）巡捕向司机和行人发出的各种手势所表示的含义；（5）执照条件；（6）人行道交通；（7）照明装置、警铃装置；（8）有拖车的车辆应注意的事项；（9）各种标志和交通灯；（10）惩罚方式：违反章程者将被处以1—100元罚款，甚至被扣押或吊销执照。①

至1933年，驻沪法总领事署发布（第163号）署令修正《上海法租界公董局管理交通章程》，其中第十七条、第三十八条修正为：第十七条，公路上数处地点的特殊规定（公馆马路、恺自迩路、爱多亚路的交通及若干公路上单程交通的规定），在爱多亚路上，无论任何汽车，概不得超越驶往同一方向其他汽车，但各汽车均得超越卡车与公共汽车。在恺自迩路即八仙桥小菜场至敏体尼荫路一段及公馆马路至法外滩间，凡慢行车及速率不及30公里汽车，仅准由各汽车夫按照本章程第十一条规定越过，但该汽车夫应负有因越车而肇祸的完全责任。即使过失在他人时，该车夫亦应分任其责，凡卡车及公共汽车在公馆马路及在八仙桥小菜场至法外滩间的恺自迩路，概不得超越其他汽车。在下列各路上以及将来续行规定的各路上，各车辆仅得自上午8时至下午6时止，向规定单程方向行驶，环龙路各车辆应由华龙路驶向马斯南路、朱葆三路各车辆应由公馆马路驶向爱多亚路。第三十八条，凡驾车人、携带牲畜人、步行人等，如遇红灯指示路不通行时，即须停止前进；如遇绿灯，则路可通行。②

再如交通设施。法租界1922年10月开始推行"安全岛"措施，首批被批准建造的设立点有17个。1924年5月公董局警务处提出应在一些十字路口设置装置，用以向司机、车夫和行人指明哪条道路具有优先行驶权，第一个被批准设立的路口被选择在辣斐德路和马斯南路路口。③而"路灯关系交通，至为切要。各国都市无论财政如何困难，对于路灯未有不依其需要积极改善者。上海租界于晚间形同白昼，交通至为便利，故商店于夜晚，均照常贸易"。且交通信号灯在"中国俗称红绿灯，为现在各国都市指示车辆行人，最普通之交通器具。上海人口日增，故交通亦日益复杂。上海两租界各处增设此项交通信号灯极多，尤以法租界建设者更多。盖因上海车辆太多，交通不易指挥，如不增设此项指示交通信号灯，恐车辆肇祸之事，必无法防止。虽现在上海两租界车辆肇祸之事，时有所闻，但如不添设此项信号灯，

---

① 上海市档案馆：《上海租界志》，上海社会科学院出版社2001年版，第594—595页。

② 《法领署公布修正交通章程》，《申报》1933年8月7日第15版。

③ 上海市档案馆：《上海租界志》，上海社会科学院出版社2001年版，第590页。

恐车辆之肇祸,必数倍于今日也。是以减少都市车辆之肇祸,及维持交通之秩序,必设交通信号灯,以辅助警察力量之不足"。即上海两租界的交通信号灯,每一座计灯 8 个,需洋 1 000 元左右。[1]如 1926 年 10 月法租界仿照公共租界推广使用交通信号灯,信号灯安装有两种方式:一种被放置于十字路口的中央,另一种则被放置于四个街角。前者在巨籁达路古拔路路口、辣斐德路亚尔培路路口、迈而西爱路蒲石路路口和巨籁达路亚尔培路路口试行,后者在圣母院路、金神甫路和霞飞路路口、霞飞路和亚尔培路路口、毕勋路、杜美路和霞飞路路口等处试行。[2]从而,"在前几年,马路的十字口,只有个巡捕站着指挥来往的车辆,现在,热闹的地方又添设了一种红绿灯,全日全夜不熄。红灯亮的时候,前面来的车辆都要留住,待红灯换了绿灯的时候,才可以过去"。[3]

简言之,彼时"欧美各都市之街道上,除十字路口,概有指挥车辆行人之警士一二人外,并不常见警察。至我国各都市,则满街警察,而争闹窃物之事,日日有之。此非欧美各都市警士有特别维持治安之能力,实欧美各都市之警士,受有适当之科学训练之故"。"见上海两租界之警士,较有精神,指挥交通,亦尚得力"。[4]上海租界通过设置管理机构、颁行交通法规及建设交通设施,使得交通治理具有法律和执行保障。

二、华界的管理与法规

(一) 机构与法规

1895 年 11 月,经清政府批准,上海南市马路工程局开办,该局是上海最早的市政机关。1897 年第一条马路(南市的外马路)完工后,该局即改称上海南市马路工程善后局。该局总办由两江总督刘坤一委派,有巡捕,由局中分配到各马路巡逻,后来陆续雇用印捕 6 名,也有巡捕房,专为拘罚车辆行人违章而设。1900 年,闸北设置闸北工程总局。1905 年,南市马路工程善后局由地方士绅接收,改组为城厢内外总工程局,设议事会和董事会,为议决和执行机关,"市政规模,已渐具备"。1909 年,该局所辖区域范围被划为自治区域,由李钟珏等改组为城自治公所。闸北工程总局因经费不足、呈请官办,于 1906 年正式改组为上海北市马路工巡总局,次年又改组为上海

① 董修甲:《京沪杭汉四大都市之市政》,大东书局 1931 年版,第 61、66、68 页。
② 上海市档案馆:《上海租界志》,上海社会科学院出版社 2001 年版,第 590 页。
③ 徐国桢:《上海生活》,世界书局 1930 年版,第 60—61 页。
④ 董修甲:《京沪杭汉四大都市之市政》,大东书局 1931 年版,第 123 页。

巡警总局。浦东方面,1906 年创设浦东塘工善后局,管理市政设施。[1]例如当时《上海城自治公所征收车捐现行章程》(1909 年 5 月 18 日)规定:第一条,本公所沿总工程局之旧,征收各种车捐以充自治经费。第二条,征收各种车捐由捐务员管理。第三条,下列各种车辆无论自备营业均须捐领执照:汽车、马车、人力车、大货车、马货车。第四条,各种车辆纳捐数(按月捐):营业汽车 2 元、自备汽车 1 元 5 角、营业马车 1 元、自备马车 8 角、营业人力车8 角、自备人力车(按季捐)2 元、大货车 2 元、马货车 2 元、小货车 1 元、小车3 角。第五条,各种车辆缴纳月捐者,须于每月初一起至初十日止到本公所纳捐领照。第六条,各种车辆缴纳季捐者,须于每季的第一月初一至初十日止到本公所纳捐领照。第七条,各种车辆于每月 11 日起查无执照者,照章议罚,仍令补捐领照。[2]

　　辛亥革命后,城自治公所改称南市市政厅,闸北初成立自治公所,接着同样改组为市政厅;浦东塘工善后局名称照旧。1914 年,北洋政府下令解散地方自治,上海南北二市政厅分别由官方接收,南市改称为上海工巡捐总局,闸北改称为闸北工巡捐总局,属总局管辖,继又紧缩范围,改设为闸北分办处。浦东塘工善后局因地方偏僻,仍健在。嗣经地方人士屡次请求恢复自治,1918 年又将沪南、闸北二局改称为沪南工巡捐局、沪北工巡捐局,仍恢复其各自独立的状态。吴淞方面,1921 年一度设置商埠局,由张謇主办。齐卢战争结束,上海恢复自治。南市于 1924 年改组为上海市公所;闸北于次年改组为沪北市政局,1926 年又改组为上宝两县闸北市公所,自此"上海市政又重行活跃起来"。[3]例如沪北市政局公布整顿车照办法(1925 年):"本局前曾提议常年赠送车照改年为季,致函上海市公所征求同意,市公所复函拟于官机关改送季照,其余时办理。该局以事出两歧,似非妥善,议决厅先规定如何程度方准致送,若漫无限制,将来日增月累,更觉为难,至规下章程咨请议会核议见复后,再由董事会提出执行。"[4]彼时"上海民国路本由兵工建筑,而路成未越数年,沿途架屋设摊,已发生侵占事。幸沪地警章素

① 上海市出租汽车公司:《上海街道和公路营业客运(个别的公共交通)史料汇集》(第一辑),1982 年 3 月油印本,第 8—9 页。
② 上海市出租汽车公司:《上海街道和公路营业客运(个别的公共交通)史料汇集》(第一辑),1982 年 3 月油印本,第 240—241 页。
③ 上海市出租汽车公司:《上海街道和公路营业客运(个别的公共交通)史料汇集》(第一辑),1982 年 3 月油印本,第 9—10 页。
④ 《沪北市政局整顿车照办法》,《申报》1925 年 12 月 19 日第 14 版。

严,实行驱逐"。①

至 1926 年,淞沪商埠督办公署成立,孙传芳和丁文江分别为督办和总办,南市的上海市公所受该公署行政上的监督,而沪北市政局被接收。公署自设置以来,上海市政颇有统一和扩大的趋势,但未久即告停顿。除上海市公所仍然存在外,闸北的沪北市政局又经复活。至 1927 年 7 月上海特别市成立,两机关俱被市政府派员接收,"上海市政,自此就大踏步进入光明之路了"。②即华界"在市区初为工巡捐局,嗣为市政厅,故均为兼理性质,初无专设之机构",迨上海特别市政府成立并设置公用局,"厘定其职掌,是为上海有主管公用事业行政机构之始。惟当时租界存在,公用局行使职权,只限于市区,范围狭小,事务亦较清简"。③根据《上海特别市暂行条例》第二条规定,上海特别市直隶中央政府(国民政府),不入省县行政范围;第四条,市区域暂以上海、宝山二县所属,原有淞沪地区(及将收回租界)为特别市行政范围,其区域分划由市政府呈请中央政府核定。第七条,市政府有议决执行之权:市交通、电气、电话、自来水、煤气及其他公用事业经营及取缔事项。第十九条,公安局掌理事项有:维护市内交通;第二十一条,公用局掌理事项有:经营监督电力、电话、电车、自来水、煤气及其他公用事业;关于现有商办公用事业案的收回及管理;取缔汽车、马车、货车、人力车、脚踏车等。④由此,上海特别市政府分工务、公安、卫生、财政、社会、教育、公用、港务、土地等九局及秘书处、参事室。市政府月入四五十万元,"其各局应办之事业,至为殷繁"。⑤

譬如《上海特别市市政府公用局行政大纲暨实施办法》(1927 年 11 月 17 日):一、行政大纲:"本局职司公用,举凡一切水电交通及其他公用事业,均在本局职掌范围以内。"(1)目前拟举办:改良并添设全市路灯;设置街路交通信号;就交通要道设置电钟统一时刻;订定一切商办水电、交通及其他公用事业的取缔条例、营业价目、技术人员资格检定规则;督促改良一切商办水电交通及其他公用事业;取缔外人越界经营水电事业;计划市办公共汽车等。(2)至相当时期再举办:收回一切商办交通事业并整理改良;改良黄

① 雷生:《南京汽车道之新计划》,《申报》1924 年 1 月 26 日第 2 版。
② 上海市出租汽车公司:《上海街道和公路营业客运(个别的公共交通)史料汇集》(第一辑),1982 年 3 月油印本,第 10 页。
③ 赵曾珏:《上海之公用事业》,商务印书馆 1949 年版,第 53 页。
④ 《上海特别市暂行条例》,《东方杂志》第二十四卷第八号,1927 年 4 月 25 日,第 101—102 页。
⑤ 董修甲:《京沪杭汉四大都市之市政》,大东书局 1931 年版,第 1、38—39 页。

浦江东西及苏州河南北间的交通。二、实施办法：(1)设置街路交通信号：预备制造一种红绿电灯，设立交通要道，由岗警管理以代指挥，已绘具图样特各要道交通线路确切规定，即行装设。(2)整理人行道：工务局担任修复人行道毁损处或加以改造；卫生局担任维持人行道清洁；公安局担任取缔居家或店铺在行人道工作或起坐或安设器具或坐马路；公用局担任稽查。上述情形随时分别报告各局核办，业经市政会议通过会同关系各局执行，拟先民国路、中华路、共和路、大统路、恒丰桥、新闸桥等处，"严格办理，一面订定罚则，以资执行"。①

嗣后，公用局"为整饬交通器具，保障行旅安全起见，所有行驶市内之各项车辆，均经检验办理登记"。②如 1927 年 12 月 8 日，该局第 20 号布告：本局检查汽车其合格者各发给号牌两块，此项号牌由各汽车车主于 15 日前"一律分别紧挂于事前显明之处及车后红灯之旁，均不得使在任何对象遮没号码，以资办认"。③同月，该局布告《车辆登记检验办法》：本局此次登记及检验各项车辆送经将规定日期及逾期处罚办法公布，但在每一种车辆检验完毕后，如有该种新购车辆在购置后 5 日中，但须能将车行发票或其他文件呈验属实，自可随时在本局办公时间内(上午 9 时至 11 时半，下午 1 时至 4 时)到局请求登记检验，毋庸再纳，逾期罚款，仅纳牌照费凭发牌照。"至旧有车辆欲在本市行驶自布告日起逾一个月亦可，时到局登记检验除牌照费外不须另纳，逾期罚款。"④1928 年 2 月，公用局布告：本局检验车辆照原定日期已截止。嗣后各项车辆在闸北者，除汽车、运货汽车、机器脚踏车外，所有登记检验及领取牌照等手续均可就近至闸北民立路本局原设沪北车务处(前沪北工巡捐局地址)接洽。该处派有专员办理，办公时间除星期日及节日外，每日上午 9—12 时、下午 1—4 时。⑤

随之，《上海特别市公用局车辆登记暂行规则》(1928 年)第一条规定，凡本市管辖境内一切车辆(包括汽车、马车、大小货车、脚踏车、人力车、小车等)应先向本局申请登记；第三条，车商或车主领得登记证后，应在 7 天内将车辆驶至原登记的车务处听候顺序检验；第四条，登记证的效用专为证明该

---

① 《上海市公用局拟订 1927 年度施政大纲》，1927 年 8 月—11 月，上海市公用局档案，档号 Q5-3-908。

② 上海市公用局：《十年来上海市公用事业之演进》，1937 年 7 月编印，第 63 页。

③ 《公用局稽查汽车罚则之布告》，《申报》1927 年 12 月 9 日第 14 版。

④ 《公用局布告车辆登记检验办法》，《申报》1927 年 12 月 21 日第 14 版。

⑤ 《公用局检验车辆截止后办法》，《申报》1928 年 2 月 9 日第 14 版。

车已登记,在未经检验合格领得牌照之前不得行车。① 是年 12 月,该局规定车辆执照收费办法:自当年起对于各项车辆执照每分收费银 5 分,"以执照旧式封套不甚合用,拟一律改用明角封套,酌量收费"。此项办法经呈奉市长核准,规定各项汽车、马车及自用人力车执照概用双面明角封套,每分收费 2 角 5 分,连执照费 5 分共 3 角,小车、货车、烟花车执照概用单面明角封套,每分收费 1 角 5 分,连执照费 5 分共 2 角,已由该局在总车务处、各分车务处分别揭示。② 由此,以汽车而论,"自去年实行登记检验以来,尤见进步"。其汽车类别约分三种:一自用汽车,二营业汽车,三运货汽车。登记时,须填明车主姓名、籍贯、住址、电话及司机姓名、籍贯,并声明领有机执照与否及执照号数。汽车的制造厂、牌子、马力、汽缸数、座位数、车类、车身和车轮颜色、机器号码及其地位、司机地位、空车重量及号牌等,"登记时必须一一注明,规定颇严"。③

并且,"陆上交通之管理,关系道路秩序,车辆行旅之安全,至为重要。本市对于各种车辆章程,业经分别厘订,交通管理倘无专则规定,各车行驶仍少遵循,官厅取缔亦失根据",公用局有鉴于此,参酌上海租界交通规则及东京道路交通条例等,拟就陆上交通管理规则共 81 条呈请市政府审核,"经交法令审查委员会修正通过,准予公布施行",1928 年 8 月 1 日上海特别市政府公布施行《上海特别市陆上交通管理规则》(如下)。④

第一章　总则

第一条　凡在市区内一切陆上交通事宜,悉依照本规则所列各条之规定,由公用局管理之。

第二章　车辆

第二条　凡在本市区内行驶之车辆,除只行于人行道之儿童坐卧游戏车外,均须向公用局登记。经检验合格发给号牌及行车执照后,方准行驶。其登记手续及检验办法另定之。

第三条　领取号牌,应向公用局缴纳押牌费。将来原车停止使用时,所交回号牌,如查无损坏、押牌费随即发还,其各车押牌费额另定之。

---

① 上海市出租汽车公司:《上海街道和公路营业客运(个别的公共交通)史料汇集》(第一辑),1982 年 3 月油印本,第 244—245 页。
② 《市公用局规定车辆执照收费办法》,《申报》1928 年 12 月 26 日第 15 版。
③ 悟:《上海公用局整理汽车方案》,《申报》1928 年 7 月 14 日第 30 版。
④ 《上海特别市陆上交通管理规则》,《申报》1928 年 8 月 9 日第 24 版。

第四条　旧车停用、另换新车时,应报请公用局登记检验,不得即将原领号牌及行车执照使用。

第五条　号牌应悬挂或装钉于车身最显明及最适当之地位,并不得令任何物件遮蔽。

第六条　号牌数码模糊不清时,应即换领新牌、重缴牌费。

第七条　未经公用局许可之号牌,不得悬挂或装钉于车上。

第八条　行车执照须随时携带,遇公用局或财政局稽查员及公安局长警索阅时,应即交出,不得抗拒。

第九条　凡车辆因故停用须以他车代替时,应向公用局领用临时行车证,另纳登记费,其领用手续及登记费额另定之。

第十条　凡车辆易主时,应即向公用局声请过户,缴纳过户费。其过户手续及过户费额另定之。

第十一条　车主地址等项,如有变更时,应即向公用局报告更正。

第十二条　各车号牌及行车执照,不得彼此移用。

第十三条　凡已经检验合格之车辆,重向公用局朦请检验,一经查出应处罚金,其数额另定之。

第十四条　汽车及机器脚踏车应装置喇叭,但不得装置声浪怪异或过高之发音器。

第十五条　脚踏车上应装置警铃,但不得装设喇叭。

第十六条　各车主均应遵守公用局各项车辆章程及稽查各项车辆罚则。

第三章　车辆驾驶人

第十七条　凡汽车司机人、马车驾驭人、推车人、拉车人,或用其他方法行驶车辆者,统称车辆驾驶人。

第十八条　有下列情形之一者,不得驾驶车辆:(甲)患有碍作业之疾病者;(乙)年在 17 岁以下或 50 岁以上者(汽车司机人年龄不受 50 岁以上之限制)(丙)酒醉者。

第十九条　汽车机器脚踏车司机人,应向公用局登记,经考验合格,发给司机执照后,方取得司机资格、其登记及考验手续司机执照章程另定之。

第二十条　司机执照应随车携带,备受公用局稽查员及公安局长警之查验。

第二十一条　车辆驾驶人如在车上见有乘客遗物,应送交附近公安局各区所,以待认领,不得藏匿不报。

第四章　行车

第二十二条　行驶车辆,除应依上海特别市取缔道路规则第五条第六条之规定外,应依本章各条之规定。

第二十三条　行车时应注意一切交通标志,并服从交通警察之指挥。

第二十四条　各路行车速率,不得超过公用局所规定之限度。

第二十五条　行驶车辆应一律靠近道路之左侧,行车愈慢,应距离左侧愈近。

第二十六条　凡行车向左转弯时,应紧靠路左,向右转弯时,应经过路中交叉口。

第二十七条　凡车辆行近桥梁马路交叉口或转角时应减低速率,如见阻止警号,应立即停止前进。

第二十八条　凡行车至交叉口繁盛街市或交通上有障碍处,应循序行驶,不得争先。

第二十九条　凡车辆相向行驶,经过狭窄之街道或有障碍物之地点时,应由靠近较宽处之车辆停止或倒退,让对方之车辆行驶而过。

第三十条　凡车辆同向行驶时,低速率之车,应让高速度之车先进。

第三十一条　凡车辆连续行驶时,后车对于前车,应保持相当之距离。

第三十二条　凡行车欲越过前方之车辆,除前车为电车外,一律须行经前车之右侧,但如前方视察未清,不得越过。

第三十三条　凡值电车停驶乘客上下之际,车辆不得经过其左侧。

第三十四条　凡车辆掉头时,应在车辆或行人稀少之处,如为汽车,并须时用警告手势,告知往来各车。

第三十五条　凡车辆经过道路中间之警察岗位,须自其左侧绕行而过。

第三十六条　任何车辆不得相并而行。

第三十七条　两车相对行驶时,均应让出相当之距离。

第三十八条　车辆在行驶时,乘客不得任意上下。

第三十九条　车辆在行驶时,任何人不得攀附。

第四十条　凡汽车在停车缓行或转弯时,应用下列方法通知前方车辆行人或长警:(甲)停车:引臂上举,举掌前向;(乙)缓行:引臂向外平伸,手掌下向,上下摇动;(丙)左转:司机在右侧时,引臂向外平伸,徐徐移向前方,以达左侧;司机在左侧时,引臂向外平伸,手掌向前;(丁)右转:司机在右侧时,引臂向外平伸,手掌向前;司机在左侧时,引臂向外平伸,徐徐移向前方,以达右侧;(戊)前行:引右臂向前上伸,手掌向左向前指示,引左臂者,手掌向右;(己)令后方车辆越其前,无论司机在右侧或左侧,均引右臂向外下伸,手掌向前,前后摇动。

第四十一条　凡汽车在将近转角或越过交叉口时,应先作警告手势,并用喇叭,警告行人或车辆。

第四十二条　汽车行驶时,不得洩放常发巨响或含有烟雾恶臭之气体。

第四十三条　凡行车在日出之前、日入之后或遇大雾时,一律应备灯火夫。机力车辆前方应备市灯(即小光)、野灯(即大光)各一种,但在繁盛区域,不得使用野灯,后方更应备红灯一种,映照号牌。

第四十四条　车上喇叭警铃非于必要时,不得频用。

第四十五条　任何车辆不得利用电车轨道行驶。

第四十六条　使用拖车以一辆为限。

第四十七条　凡消防车医务救护车及电气工程车在负有紧急任务时,得尽先行驶,并警告一切车辆暂行让避。

第四十八条　繁盛区域之道路上,不得练习驾驶车马。

第四十九条　电车、公共汽车及长途汽车行车章程,由公用局分别另定之。

第五章　停车

第五十条　凡车辆在路中及转弯处或狭窄之街道上,均不得停放。

第五十一条　凡道路阔度不满 10 公尺者,车辆不得在其相对之两侧停放。

第五十二条　车辆停放地点,应注意下列各项之限制:(甲)距离人行道侧石,不得过十分之一公尺;(乙)距离交叉口转角或桥梁等,不得在 5 公尺以内;(丙)距离火警机关消防龙头等,不得在 3 公尺以内;(丁)距离电车站,不得在 20 公尺以内。

第五十三条　凡车辆如欲向路之右侧停歇时,应用警告手势,并应在车辆或行人稀少时,斜驶路右。

第五十四条　任何车辆不得久停于大商店公共场所门前交叉口或繁盛街市。

第六章　车辆载重及搬运货物

第五十五条　各车载重,不得超过本车应有之限度,亦不得超过各处道路桥梁任重之限度。

第五十六条　载重四公吨以上之车辆,应于车前装置直径15公分之红色圆形重车标志一具,并于前灯漆一直径5公分之圆形红记。此项车辆,遇立有禁止重车往来之红漆标志之桥梁,不得通行。

第五十七条　成年之人,不得合坐一辆人力车。

第五十八条　车辆载客,不得搭坐于不相当及危险之位置。

第五十九条　凡运货车辆装载货物超出车沿50公分以上者,应在超出地位,日间各置25平方公分以上红旗一方,晚间各置红灯一盏。

第六十条　凡车辆装载货物至长不得逾7公尺,至关不得逾2公尺,并不得遮蔽驾驶人面目。

第六十一条　凡搬载货物其端锐削者应加以束缚,或用其他适当装置,以免危险。

第六十二条　搬运下列各物时,应加以包裹盖或用其他适当之装置:(甲)容易漏者(乙)容易飞散者(丙)有恶浊气味发泄者(丁)有宏大声音震动者。

第七章　车辆肇事

第六十三条　凡车辆肇事应即停驶,并赶速报告附近公安局长警,不得隐匿,非得许可,不得行驶。

第六十四条　凡途中发生事变,任何车辆应听公安局长警指挥、不得抗拒。

第六十五条　凡车辆撞坏他人物件或伤害他人身体时,车主应负赔偿及医疗之责。

第八章　牲畜

第六十六条　牵引牲畜,在日出之前日入之后,应携带灯火。

第六十七条　牵引牲畜之人,应在牲畜之右侧。

第六十八条　牵引牲畜,应将牵绳执握于一公尺以内。

第六十九条　任何牲畜,不得任意拴放,或有约束不完全之情形。

第七十条　任何牲畜,不得在繁盛街市中疾驰。

第九章　道路及人行道

第七十一条　道路及人行道,除依上海特别市取妇道路规则及整理人行道罚则之规定外,应依本章各条之规定。

第七十二条　道路及人行道,均不得结队并行,阻碍一切交通。

第七十三条　婚丧仪仗或团体队伍经过,应在道路之左侧。

第七十四条　除特别准许之地点外,任何货担,不得在繁盛道路任意停歇。·

第七十五条　除儿童坐卧游戏车外,任何车辆,不得在人行道上行驶。

第七十六条　除双轮脚踏车外,任何车辆,不得停放人行道上。

第七十七条　等候电车,不得立在路中。

第十章　惩罚

第七十八条　凡违背本规则各条之规定者,科以罚金,情节重大者另行处办。

第七十九条　法人应受前条之处分时,除罚金外,就其代表者执行之。

第十一章　附则

第八十条　本规则如有未尽事宜,得随时修正之。

第八十一条　本规则自公布之日施行。①

其间,关乎汽车的专门法规亦持续呈现。如经上海特别市政府核准,自1927年12月16日施行《上海特别市市政府公用局暂定稽查汽车罚则》,"如有违犯,一概扣留,照章处罚"。其中第一条规定:稽查乘人汽车及运货汽车,各项罚款如下:(1)自用汽车已有号牌而未悬挂者罚银9元;(2)汽车已有号牌而未悬挂者罚银15元;(3)自用汽车车头不挂号牌者罚银2元;(4)营业汽车车头不挂号牌者罚银3元;(5)自用汽车车尾不挂号牌者罚银4元;(6)营业汽车车尾不挂号牌者罚银6元;(7)营业汽车车中无号牌者罚银1元;(8)自用汽车有行车执照而未携带者罚银3元;(9)营业汽车有行车执照而未携带者罚银4元;(10)自用汽车号牌与行车执照号数不符者罚银6元;(11)营业汽车号牌与行车执照号数不符者罚银8元;(12)自用汽车无号牌执照者罚银18元,并仍着到公用局登记检验凭发号牌;(13)营业汽车无号牌执照者罚银30元,并仍着到公用局登记检验凭发号牌;(14)自用运货汽车车内钢印号码有故使模糊不清之痕迹者罚银4元;(15)营业运货汽车车内钢印号码有故使模糊不清之痕迹者罚银6元;(16)自用运货汽车车内钢印有故意铲除之痕迹者罚银8元;(17)营业运货汽车车内钢印有故意

① 《上海特别市陆上交通管理规则》,《申报》1928年8月9日第24版。

铲除之痕迹者罚银 12 元;(18)自用运货汽车车内钢印号码与牌照不符者罚银 6 元;(19)营业运货汽车车内钢印号码与牌照不符者罚银 8 元;(20)自用运货汽车有牌照而车内无钢印号码者除将牌照吊销外罚银 18 元,仍着到公用局登记检验照打钢印号码并凭发牌照;(21)营业运货汽车有牌照而车内无钢印号码者除将牌照吊销外罚银 30 元,仍着到公用局登记检验照打钢印号码并凭发牌照;(22)自用及营业运货汽车私打钢印者除将原车没收外,车主送司法机关究办。第二条,上项罚款,如系公安局查得判罚,由公安局主管职员出具收据为凭,如系公用局查得判罚,由公用局主管职员出具收据为凭。第三条,受罚汽车如于本日内在其他地点重被查出违背同项规定时,除第一条第二十二项外,得以已缴罚款收据为凭,免再处罚。①

而观上述"所订罚则,营业汽车数目较大,自用汽车次之,运货汽车又次之,可谓合于法理"。施行后,由公用局派员并通知公安局警察实行稽查,"颇有成效"。此外,公用局又订定"调查无轨长途汽车纲要"计 81 则,订定"调查有轨长途汽车事项纲要"计 107 则。②至 1929 年 8 月,《上海特别市取缔汽车罚则》经市政府修正公布施行,其中规定:

第一条 本罚则所称汽车,包括(甲)自用乘人汽车(乙)自用运货汽车及拖车(丙)营业乘人汽车(丁)营业运货汽车及拖车(戊)机器脚踏车及机器脚踏货车等能不依轨道或电线而以机力行驶之各车。

第二条 违犯后列各项之一者除将汽车没收外,车主送司法机关究办:(1)伪造号牌或执照者;(2)私打钢印者;(3)伪造捐牌或缴证者。

第三条 违犯后列各项之一者,著缴保证金甲乙 50 元、丙丁 80 元、戊 15 元后,至公用局总车务处登记检验领取牌照,至财政局车捐处缴纳车捐,再凭牌照捐牌向原查获机关照缴罚款,并领还保证金:(1)无号牌及执照者,甲罚银 20 元、丙罚银 30 元、戊罚银 8 元。(2)无号牌执照及钢印者,乙罚银 20 元、丁罚银 30 元。(3)借用他人号牌执照者,甲乙罚银 24 元、丙丁罚银 36 元、戊罚银 10 元,并由公用局将所借牌照吊销。(4)用试车牌载客或载货营业者,丙丁罚与一季捐银相等之数,再犯,除罚银外并由公用局将试车牌照吊销。

第四条 违犯后列各项之一者,著缴保证金甲乙 60 元、丙丁 100 元、戊 20 元后至财政局车捐处补缴车捐,再凭捐牌向原查获机关

① 《公用局稽查汽车罚则之布告》,《申报》1927 年 12 月 9 日第 14 版。
② 悟:《上海公用局整理汽车方案》,《申报》1928 年 7 月 14 日第 30 版。

照缴罚款,并领还保证金:一、已逾每季开始十五日尚未缴捐而仍行驶者,照原车捐额一倍半处罚。二、借用他车捐牌者照原车捐额二倍处罚。

第五条　违犯后列各项之一者,著缴保释金甲乙 20 元、丙丁 40 元、戊 10 元,后至公用局总车务处,将所犯各项更正,再向原查获机关照缴罚款并领还保证金:(1)不挂前牌者,甲乙罚银 3 元、丙丁罚银 4 元 5 角、戊罚银 5 角,如查系遗失并须补领新牌。(2)不挂后牌者,甲乙罚银 4 元、丙丁罚银 6 元、戊罚银 5 角,如查系遗失并须补领新牌。(3)不钉小牌者,丙罚银 2 元,如查系遗失并须补领新牌。(4)不带行车执照者,甲乙罚银 3 元、丙丁罚银 4 元 5 角、戊罚银 1 元,如查系遗失并须补领新照。(5)镯印毁灭或模糊不清者(钢印倘因修理拆卸或日久浅损模糊应即报请公用局重打),乙罚银 3 元、丁罚银 5 元。(6)前牌号码损坏不即换领新牌者、甲乙罚银 1 元 5 角、丙丁罚银 2 元、戊罚银 2 角、并须换领新牌。(7)后牌号码损坏、不即换领新牌者,甲乙罚银 2 元 5 角、丙丁罚银 3 元 5 角、戊罚银 3 角,并须换领新牌。(8)小牌号码损坏、不即换领新牌者,丙罚银 1 元,并须换领新牌。(9)执照损坏致字迹模糊、不即换领新照者,甲乙罚银 1 元、丙丁罚银 1 元 5 角、戊罚银 3 角,并须换领新照。(10)曾领牌照并未缴还复行冒领者,甲乙罚银 24 元、丙丁罚银 30 元、戊罚银 8 元,并候查明原委,如有重大情弊另予相当处分。(11)私自获者,甲乙罚银 14 元、丙丁罚银 21 元、戊罚银 4 元,如所调车辆等级较原车为大,并须至财政局车捐处补足车捐。(12)原车损坏修理私以他车临时更替、并不向公用局报告请领通行证者,甲乙罚银 10 元、丙丁罚银 15 元、戊罚银 2 元。(13)私自过户者,甲乙罚银 4 元、丙丁罚银 6 元、戊罚银 1 元。(14)更调车式或原动机或车身颜色而不报告公用局者,甲乙罚银 3 元、丙丁罚银 4 元 5 角、戊罚银 5 角。(15)更调车主地址并不报告公用局或且私行涂改执照,甲乙罚银 2 元、丙丁罚银 3 元、戊罚银 5 角。(16)私自销毁或改打原动机号码者,甲乙罚银 20 元、丙丁罚银 30 元、戊罚银 8 元,并候查明原委,如有重大情弊另予相当处分。(17)无后灯或装置地位及式样不适当者,甲乙罚银 2 元 5 角、丙丁罚银 4 元、戊罚银 3 角。

第六条　违犯后列各项之一者,著缴保证金甲乙 20 元、丙丁 40 元、戊 10 元后,于财政局车捐处领取临时捐照,再向原查获机关照缴罚款,并领还保证金,至规定日期再凭临时捐照向车捐处领捐牌:捐牌遗失不即补领新牌者,照原捐额十分之二处罚;捐牌号码损坏不即换领新牌者,照原捐额十分之一处罚。

第七条　违犯后列各项之一者,着缴保证金甲乙 20 元、丙丁 40 元、戊 10 元,将所犯各项分别更正后,再向原查获机关照缴罚款,并领还保证金:(1)前牌钉挂不合式者,甲乙罚银 2 元、丙丁罚银 3 元、戊罚银 3 角。(2)后牌钉挂不式者,甲乙罚银 3 元、丙丁罚银 4 元 5 角、戊罚银 4 角。(3)小牌装灯不合式者,丙罚银 1 元 5 角。(4)捐牌悬钉不合式者,甲乙罚银 1 元、丙丁罚银 2 元。(5)号牌与执照号数不符者,甲乙罚银 6 元、丙丁罚银 8 元、戊罚银 2 元。(6)钢印与牌照号数不符者,乙罚银 6 元、丁罚银 8 元。(7)捐牌与牌照或钢印不符者,甲乙罚银 6 元、丙丁罚银 8 元、戊罚银 2 元。

第八条　违犯后列各项之一者,由公用局或公安局立即分别处罚:(1)以自用乘人汽车私自载客或载货营业者,甲乙罚与营业汽车一季捐银相等之数,第二次违犯加倍处罚,第三次违犯原车没收。(2)以运货汽车为载客之营业者,乙罚银 6 元。(3)载客于不相当之地位者,甲罚银 4 元、丙罚银 6 元、戊罚银 1 元。(4)载重超过规定载重量在 200 公斤内者,乙罚银 5 元、丁罚银 8 元,200 公斤以外每增 100 公斤,乙加罚银 4 元、丁加罚银 6 元,如因载重超过道路或桥梁应有之负荷量致损及道路或桥梁者,除罚银外,所损道桥梁并须由该车主负责赔修。(5)载客过量者,甲罚银 4 元、乙罚银 6 元。(6)装用怪声喇叭或其他发声器者,罚银 2 元,并将所装怪声喇叭或发声器没收。(7)夜间行驶不燃前灯者,甲乙罚银 4 元、丙丁罚银 6 元、戊罚银 1 元。(8)夜间行驶不燃后灯者,甲乙罚银 3 元、丙丁罚银 4 元 5 角、戊罚银 5 角。

第九条　违犯后列各项之一者,由公用局或公安局暂将牌照扣留,着修理完整报请公用局检验合格后再行发还:(1)车身破坏不堪者;(2)原动机损坏时停顿者;(3)制动机失效者;(4)车轮歪斜摇动者。

第十条　一车同时违背本罚则数条或一条中之数项者,其罚金应于所违背本罚则之某条或某项之最多额以上各条或各项合之金额以下定其金额,其应缴保证金并得照前项之例计之。

第十一条　违章汽车如不能立即缴纳保证金者,得即将该车扣留。

第十二条　违章汽车如不及扣留或缴保证金者,得抄录该车号码由主管局通知该车主来受处分。

第十三条　经二次通知后仍不遵从至主管局受处分者,除应受处分强制执行外并须加罚银5元。

第十四条　违章汽车在21天内不赴主管局受处分者,得没收其保证金或被扣留之汽车,倘应缴罚款及其他各费超过保证金时,不足之数并得勒令补救。

第十五条　本罚则由公安局、公用局或财政局执行之,所出罚款收据应经各该局主管人员签字盖章为凭。

第十六条　受第九条各项处分之汽车由处分之公安局或公用局主管职员出书证明准该车在驶回原处或赴工厂修理或至公用局报验时免受再罚,但不得再行载客或载货。

第十七条　受第三条第四条第五条第六条第七条第九条各项处分之汽车如于本日内在其他地点重被查出违背同项之规定时得以已缴罚款或保证金收据为凭免再处罚。

第十八条　如有其他舞弊或违背交通规章等不当情事在本罚则未有明文规定者,由公用局、公安局或财政局根据其他法令或酌量处分之。

第十九条　本罚则如有未尽事宜得随时修正之。

第二十条　本罚则自特别市政府公布之日施行。①

与此同时,华界当局为加强出租汽车等行业的管理,先后颁布《上海特别市管理汽车行规则》等法规。即"汽车行及加油站之设备,不特与公众交通有密切关系,且与地方治安,亦有重大影响",经公用局拟定管理汽车行规则及管理汽车加油站规则,呈奉市政府核准公布于1929年间先后举办。②具如《上海特别市公用局办理汽车行登记办法》:(1)自1929年3月16日起至3月31日止为登记时期,在此期内所有本市区内汽车行均应携具该行印鉴车厂图样前赴本局总车务处办理登记手续。(2)各汽车行登记后应在本年4月1日至4月15日的15天内凭各该车行印鉴向本局总车务处领取正式执照,随向财政局车捐处缴纳保证金暨营业捐。(3)逾期登记除新开汽车行外,应纳逾期登记费银5元。(4)自4月16日起,查有尚未登记领照者停止营业。(5)仅有汽车1辆载客营业的车主亦应照上项办法办理,唯登记时须具有本市殷实商家的保单。(6)执照连同镜框每分收费银5元,

①　《市府公布修正取缔汽车罚则》,《申报》1929年8月31日第15版。
②　上海市公用局:《十年来上海市公用事业之演进》,1937年7月编印,第71页。

嗣后每次换照加框各收费银2元,随时补照换框亦每次各收费银2元,过户每次收费银1元。(7)中途停业应将执照缴还本公用局总车务处,如无执照应先补领,然后缴还,除将保证金由该行领回外,其前纳执照等费概不发还。①同年3月16日,公用局再公布《限制专在市内行驶营业汽车载客人数办法》:(1)专在市区内行驶(无租界照牌者)的营业汽车,由本局与财政局发给1929年夏季捐照时规定载客人数,同时发给限制载客人数牌1块由局代为装钉,不领该牌者不给号牌执照。(2)该牌每块收费1元,如有遗失或损坏应即报请公用局补给并照纳牌费1元。(3)营业汽车载客如超过牌上所载人数时,应比照取缔汽车罚则第六条第一项处罚,6岁以下幼童不在人数限制之列。(4)营业汽车如有将牌上所载限制人数字样擅自毁去或改冒者,应比照罚则第二条第一项处罚。(5)该牌损坏后不即换领新牌者,应比照罚则第五条第二项处罚。(6)如有其他不当情事,本办法无明文规定者,由公安局酌量处分。②

继而,公用局公布《上海市检验汽车办法》(1935年),主要内容为:一、本办法依据本市陆上交通管理规则第二条规定订定。二、本办法所称汽车依其使用性质分为四类:(甲类)自用乘人汽车及机器脚踏车;(乙类)轻便营业乘人汽车;(丙类)运货汽车;(丁类)公共或长途汽车及大号营业乘人汽车。三、检验时期分为三种:制造车身时检验;登记时检验;定期检验。四、各类汽车检验规定:甲类汽车在登记时检验;乙类及丙类除在登记时检验外,每隔6个月定期检验1次;丁类汽车除在制造车身及登记时检验外,每隔6个月定期检验1次。五、制造车身时检验依其工作进行先后分为五期:审查图样及说明并检验汽车底盘;审查样板;检验车身柱架;检验车身包皮;检验各项设备。上项规定的第一期审验应由车主于未动工前先行运经审验合格后,方得依次进行其他各期工程,并应依期报请检验,其前期未经检验合格者不得进行后期工程。六、各类汽车登记时,检验及定期检验项目规定如:甲类汽车:(1)核对登记书所填项目;(2)秤定汽车本身重量(机器脚踏车不秤);(3)检验喇叭前后灯及号牌地位;(4)检验制动机。乙类汽车:(1)(2)(3)(4)均同甲类;(5)检验车身;(6)检验引擎及底盘。丙类汽车:(1)(2)(3)(4)均同甲类;(5)规定最大载重量;(6)丈量各部尺寸。丁类汽

---

① 上海市出租汽车公司:《上海街道和公路营业客运(个别的公共交通)史料汇集》(第三辑),1982年3月油印本,第30页。

② 上海市出租汽车公司:《上海街道和公路营业客运(个别的公共交通)史料汇集》(第三辑),1982年3月油印本,第71页。

车：(1)(2)(3)(4)均同甲类；(5)规定限载人数；(6)丈量各部尺寸；(7)检验全部机件及设备。七、检验各项目的标准：(1)前后灯须合于本市陆上交通管理规则第四十三条规定、喇叭须合于规则第十四条规定、号牌地位须合于规则第五条规定；(2)制动机的效能须合于下列规定：车行速率(每小时公里)制动距离(公尺)在平燥平坦的柏油路上，车行速率每小时 30、50、60、80、90 公里，制动距离分别对应为 4.5、12.5、18、32、40.5 公尺。(3)车身重量须包括备胎在内，如秤车时未装备胎者照加 50 公斤。(4)最大载重量或限载人数重量加该车本身重量后，不得超过该车制造厂所定该车最大总重量 20%。(5)丁类汽车的尺寸设备须合于本市公共或长途汽车标准规定。八、定期检验日期由公用局总车务处于二星期前通知车主将该车驶至该处受验，如因故不能如期受验时，车主应先期向该处声明改期，否则以检验不合格论。九、检验不合格的汽车，除关于本办法第五条所规定车身检验者，应遵照公用局指示各点分别改正报请复验外，均照本市取缔汽车罚则第九条规定办理。十、本办法如有未尽事宜得随时修正。十一、本办法自市政府公布之日施行。①

　　至 1937 年 4 月 28 日，公用局公布《营业汽车投保第三者险暂行办法》：第一条，凡营业汽车(包括乘人汽车、运货汽车、公共汽车及长途汽车)请领牌照须先向保险公司投保第三者的汽车肇祸险，备作汽车肇祸后赔偿被害第三者一切损失的保证。第二条，凡营业汽车须将第三者的汽车肇祸保险费单据呈经发给汽车牌照的主管机关检查合格后，如得领照营业，惟该汽车保险单据的有效期间至少为半年，期满继续检验缴捐时，仍应新保险单据呈验。第三条，凡已保险及领有牌照之汽车中途另行出售时，应俟承购该车者向当地发给汽车牌照的主管机关呈验新保险单据，请领新牌照后，该车的原保险单及汽车牌照，即失其效力。第四条，凡汽车保险单据上必须详载该汽车肇祸后应由保险公司直接赔偿遇害的第三者所享受一切损失，其汽车保险者不得异议。第五条，本办法如有未尽事宜，得由全国公路交通委员会会议修正。第六条，本办法经全国公路交通委员会议决通过后，函请全国经济委员会分函各省市政府征得同意后同时公布施行，并由全国经济委员会函请行政院备案。②抗战胜利后，1947 年 6 月 29 日当局颁布《上海特别市财政

---

① 上海市出租汽车公司：《上海街道和公路营业客运(个别的公共交通)史料汇集》(第三辑)，1982 年 3 月油印本，第 98—100 页。
② 上海市出租汽车公司：《上海街道和公路营业客运(个别的公共交通)史料汇集》(第四辑)，1982 年 3 月油印本，第 66 页。

局征收汽车行营业执照捐暂行规则》，第一条规定：凡在本市区以出租或出售汽车为营业的商号，均依照本规则规定征收营业执照捐。第三条，汽车行营业执照捐，其捐额规定：（1）有汽车1—6辆者，每季捐洋10元；（2）汽车7—12辆，每季捐洋10元；（3）汽车13—20辆，每季捐洋20元；（4）汽车20辆以上，每季捐洋25元。第九条，执照捐以每季首月15日前为缴捐时期，逾期不捐。未满2个月者处以应缴捐额半数的罚金，2个月以上处以一季应缴捐罚金，一季以上者处以二季应缴捐罚金，其余类推。①

（二）交通设施

"整饬交通秩序，以减少行路危险，为交通行政上之重要任务"，上海市公用局对于"交通上之各种设备，并极注意"，1928年于重要地点装置各种交通标志，对于桥梁载重、弯曲道路、交叉路口、停车场及铁路栅栏等均有标示，"俾车辆行驶得以便利"。②1931年9月，工务局长沈怡致函公用局：东门路口及方浜路口自装置红绿灯以来，"拥挤情形并未大减，诚有改良之必要，承示整顿计划极为赞同……东门路口红绿灯一人监管方浜路口交通，实际上目力难逮，若于方浜路口另派司机分任管理，似较周到"。③嗣因老西门和平路筑通后"交通益形繁复"，1933年装置交通指挥灯，并划定车辆停止线及禁止车辆停放线；1934年于宝山路北河南路口装置指挥灯。④尔后，公安局为整饬市容、改善交通指挥起见，1934年12月会同公用局、工务局派员在市区冲要路口"相度形势分别重要，拟予先后设置交通指挥灯，以应需要"。重要及次重要共11处先装红绿灯，并划17处为车辆停止线，即在重要地点如闸北的宝山路河南路口、其美路翔殷路口、大统路新民路口及南市的斜桥、东门路、小东门、尚文路、大码头，及次重要地点如闸北的大统路共和路口、宝山路虬江路口、乌镇路桥堍等11处先装红绿交通指挥灯。经三局会同规划装设指挥台红绿开关及车辆停止线，经费预计8 565元，"业已呈请市府批准，不日开始动工"。⑤

至1935年6月，公用局"以年来市内车辆日增，交通亦趋繁复，各重要路口，颇有秩序紊乱之处，兹经切实整理，将人力车停车场重行勘定，并就重

---

① 上海市出租汽车公司：《上海街道和公路营业客运（个别的公共交通）史料汇集》（第三辑），1982年3月油印本，第166页。

②④ 上海市公用局：《十年来上海市公用事业之演进》，1937年7月编印，第73页。

③ 《上海市公用局关于整顿东门路交通迁移法商电车掉头地位等事项》，1935年9月—1936年2月，上海市公用局档案，档号Q5-2-890。

⑤ 《南市闸北各要路装设交通指挥灯》，《申报》1934年12月1日第16版。

要交通各路口装置交通指挥灯,以期交通秩序可以良好,市民行旅得以便利。市内各通卫,尚少指挥灯装置。前经公用局规划先后,于老西门及宝山路口两处,装置交通指挥灯,移交公安局管理,启用以来,成效良好"。其他重要路口如其美路淞沪路口、大统路新民路口、斜桥肇周路及方斜路口、东门路外马路口、小东门中杂路口、尚文路中华路口、外马路大码头等7处,亦经该局会同有关各局勘定为装置交通灯地点,已由该局招工分别装置红绿灯、建筑高架及平地交通指挥台,并规划禁止车辆停放线及车辆停止线。所有工程"现已开工,预计一个月内即可全部告竣。所有交通标志,并已由公用局商请工务局装置,预计最近期内即可完竣"。[1]由此,其美路等7处装置交通指挥灯,"指挥便利,则交叉路口,井然有序,市民往来,危险自少"。[2]继至1936年8月,"因境内交通建设已具规模,老西门、小东门、大统路等地红绿灯,指挥往来车辆行人交通,成绩斐然",公安、公用两局"为树立模范,厉行新生活起见",于属境各重要马路口分别装设交通标识,以1尺多阔、6尺多长的枕木一块置于马路中心,木之两端竖立圆柱各1根,添以黑白二色,岗警伫立其上指挥交通,车辆行人分定来左去右。"昨记者分赴各区巡视,见闸北舢版厂新桥及大统路新闸桥堍等处,均已完全装竣,彻底实行新交通方法。"[3]截至1937年1月,华界装置交通标志情形见表7-2。

且由于此前闸北的路灯"暗如萤火,且隔了数十丈,始有一豆似的灰暗的电灯。在这种狭小而不平的路上,黑夜中安步的行人且觉不便,那疾行车辆自然更易闹祸了。所以为车辆安全计,为人民生命计,路灯虽不必一定要明亮如(公共租界)南京路之浙江路口,但至少于棋盘街样终要的"。[4]1927年上海特别市政府成立后,"对于路灯积极改良,成绩昭著,夜间交通较前便利多多。该市对于全市路灯均依各区市面之需要,规定大小多寡之灯光。使全市路灯与交通之实需,实能洽和并不稍有浪费。关于路灯之开关,均由公用局派员管理,春夏秋冬四季,早晚路灯之开关,均规定有适当之时刻。对于路灯费与电气公司商订,无论灯光之多少与大小,均规定每盏大洋六角"。"如此整顿后,全市均有适当之路灯,而市府每月之路灯费,较前可省甚多"。[5]

① 《公用局整理本市交通》,《申报》1935年6月28日第11版。
② 上海市公用局:《十年来上海市公用事业之演进》,1937年7月编印,第73页。
③ 《公安公用两局装设交通标识》,《申报》1936年8月7日第12版。
④ 玉光:《闸北行驶公共汽车之路政问题》,《申报》1924年7月5日第25版。
⑤ 董修甲:《京沪杭汉四大都市之市政》,大东书局1931年版,第61—62页。

表 7-2　上海市(华界)装置交通标志及指挥灯一览表(截至 1937 年 1 月)

装置地点	交通指挥灯	交通标志	装置地点	交通指挥灯	交通标志
沪杭路		40	文庙路		2
小木桥路		2	东门路	3	3
老白渡街		9	老西门	6	
西体育会路		8	其美路	5	5
黄兴路		5	淞沪路		10
翔殷路		12	水电路	5	5
江湾路		1	国和路		2
中山路		35	交通路		9
柳营路		4	体育会纪念路		2
闸殷路		5	军工路		23
吴淞外马路		4	吴淞化成路		2
五权路		1	陆家浜路		2
虬江路		2	蓬莱路	4	4
真北路		2	桃浦西路		4
真火路		1	真翔路		1
北宝兴路		3	粤秀路		6
西门方斜路		2	斜桥陆家浜路	4	2
福佑路东园门路		2	老北门民国路		2
东新桥民国路		2	民国路方浜路		2
十六铺外马路		2	里马路国货路		2
南车站前		2	南车站后		2
小南门街中华路		2	大林路大兴街		2
方浜路城隍庙前		2	跨龙路中华路		2
大码头街外马路		2	大码头街肇嘉路		2
董家渡外马路		2	尚文路中华路		2
肇嘉路中华路		2	肇周路万生桥路		2
半淞园前		2	宝山路	4	
大统路	4		黄家阙路	4	
小东门	6		总　　计	48	260

资料来源:上海市公用局:《十年来上海市公用事业之演进》,1937 年 7 月编印,第 76 页。

概言之,城市治理兼具物质方面和非物质方面。即物质上除城市发展,还包括土地开发和利用,基础设施建设、生态系统等;非物质方面则是各类约束人的行为的结构性要素,包括经济结构、社会结构、政治结构和规制结构。①可以确定,城市交通治理兼具物质和非物质因素。即近代西方较为先进的城市交通治理举措和交通设施逐步引入上海,使华界的治理模式逐渐走向规范化、程序化。上海租界、华界通过建立交通管理机构,颁行交通法规,对车辆和行人等进行法律规范和行政执行,从而保障城市交通治理的顺利进行和持续推进。

第二节　执业训验和行停管控

可以确定,交通是适应人的需要而生。建立、发展社会关系和联系是人的基本需要。适应和满足人的这种需要,人们建立交通组织,制造交通工具,修筑交通设施,制定交通规则,培训交通职工,进行交通活动。②然"自汽车通行以来,以其行驶迅速时肇祸端。避免之道,一方面固须有严密之交通管理规章,使用路者遵循一定之纪律,一方面并应施行车辆之检验与驾驶人之考试,以及改良道路之构造,布置行车之设备,同时训练民众对于公路交通具有常识。如此分途并进,庶可减少危险,易策安全"。③如 1932 年上海车辆"为数殊可惊人",公共汽车 120 辆,电车 299 辆,汽车 7 000 辆,人力车20 000 辆,脚踏车 22 000 辆,塌车 10 000 辆,小车 10 500 辆。"一日之间,来往马路之上,为数不知几许。故马路上交通之管理,实为一件极大困难之事。"④由此为强化管理效率、减少交通事故,近代上海当局对执业训练和考验、行车和停放管控等系列措施随即展现。

一、执业训练及考验

（一）执业训练

毋庸置疑,"司机的意义就是驾驶汽车的专家,凭靠驾驶技能吃饭,是一

---

① 曹海军:《国外城市治理理论研究》,天津人民出版社 2017 年版,第 6 页。
② 黎德扬、高鸣放、成元君等:《交通社会学》,中国社会科学出版社 2012 年版,第 73 页。
③ 苏浙皖京沪五省市交通委员会:《苏浙皖京沪五省市交通委员会三年来工作概述》,1936 年 1 月编印,第 49 页。
④ 虞:《三十年来上海车辆消长录(续)》,《申报》1932 年 4 月 13 日第 15 版。

种很光荣的职业,不是人人可以担任的工作。车辆及所运货物或乘客的安全,均在司机一人手上。司机对公众所负安全责任很大,所以英、美、法各国对做司机的条件,限制很严"。要做一位良好的司机,至少须具备6个条件:第一身体要健全;第二要有2年以上驾驶经验;第三要有充分的机械常识;第四要遵守交通规章;第五要永不肇祸;第六要有好的品行。①如《汽车驾驶人须知》(1933年)书中强调:"科学发达,器用精详,人事繁复,无论何业,教导管理之影响,乃愈形重大,国内汽车事业,日益发展;因是道路交通,条章标志等,亦有周密之规定,汽车驾驶者之常识,关系于车身油量之损耗,乘客行人之安全,群众交通之秩序,良非浅鲜也……说到汽车肇祸,美国年死人三万,伤人百万,以上海一埠而论,年亦死人二百,伤人三千。现在全国马路,兴筑的很快,汽车的数量亦日益增多,则肇祸之事,更在所难免。驾驶汽车者若能看熟此小册而实行之,则我们汽车界,每年至少可少碰死几百条人命。欲要汽车经济,欲望汽车之寿命延长,则必须要由有经济之良善驾驶人驾驶。英法二国所有汽车数量,大约各相等。英国对驾驶领照,取放任主义,法国则须经考验。"1928—1933年六年间,因汽车肇祸而死亡人数,英国为37 045人,法国为18 818人。"所以为谋公众交通安全,减低汽车肇祸记录,则办理公路交通者,对于汽车驾驶人,实应予以严密考验之必要。虽然考验故应严格,但亦不宜求之过苛,应负有予驾驶人以指导或予以补助教育,如设立驾驶人训练班,驾驶人夜校等之责任,使驾驶者确实明了驾驶并非难事,惟必须循规而行,务使驾驶技术,能尽量普及于民众。"②

但近代"都市交通,日趋复杂,推其原因,不外人口日增,车辆拥挤之故。查我国各都市之车辆,较外国为尤多,在现在外国各都市中,除电车与公共汽车外,只系私人汽车而已。但在我国都市,既有人力车,又有大板车与马车,复有私人汽车,公共汽车,与有轨及无轨电车等,车辆种类,实属太多。加之车夫为由相当训练,随意放置车辆,毫无秩序,致一市各街道上,只见各种车辆,横冲直撞,毫无规矩"。③如1909年工部局公布关于公共租界交通问题的专题报告,其中引用英国伦敦皇家交通委员会的报告为其借鉴,并指出当时上海租界交通管理存在的缺陷:(1)街道过分狭窄及这些街道原本并不是按正规方案所铺设。(2)使用的有轨电车不灵活,不能在主要街道设置

---

① 何乃民:《汽车与公路》,商务印书馆1944年版,第1—4页。
② 何乃民:《汽车驾驶人须知》(商务印书馆1933年版),转自上海市出租汽车公司:《上海街道和公路营业客运(个别的公共交通)史料汇集》(第四辑),第65—66页。
③ 董修甲:《京沪杭汉四大都市之市政》,大东书局1931年版,第118—119页。

终点站。(3)随意停车现象严重。(4)对汽车驾驶员的管理不严格。该报告建议给汽车驾驶员颁发一种新执照,上面写明驾驶员的姓名地址、车主的姓名地址、汽车式样、机车号码,并贴有驾驶员的照片,另以中英文写明颁发执照的条件和驾驶员应遵守的交通规章。报告强调交通密集的重要原因是由于载客货的车辆效率低下,交通管理必须依赖捕房交通勤务人员来避免事故,而不是通过个人互相谦让进行管理。①

当时,外国殖民者和洋商富豪是上海汽车的早期购用者,初期会驾驶汽车的人很少,因而汽车空搁一年半载,不足为奇。只要会驾驶汽车,车主都予雇用。有的外国人趁回国探亲的机会学会驾驶,回到上海自己驾驶汽车,雇用中国人做清洁工作。日久后,一些中国人也学会驾驶汽车,后又以师傅带徒弟的方式,带出一批驾驶员。②如针对汽车驾驶员证书,1911 年 10 月 5 日公共租界中尉总巡捕的报告提请注意,"外国驾驶员在学习驾驶期间,也即在最危险的时期,目前是没有证书的。但是在将来,像本地驾驶员一样,将在附加条件下颁发临时许可证"。该附加条件是:当在中区或北区驾驶汽车时,驾驶员必须由领有驾驶证书的人陪同驾驶。根据工部局年报显示,截至 1911 年 12 月 31 日共有 257 名中国司机在警方记录上登记,比上年增加 98 名。此总数不包括法租界登记的 36 名。中国司机执照只发给指定种类的汽车。在司机申请一种以前记录上未驾驶过的不同结构或类型的汽车执照时,为公众安全有必要对每位司机进行测验。1911 年最后四个月中,经测验过的司机每月平均达 60 多名,全年总数(含外人)600 多名,并存有非常完整的职业记录,雇主也经常利用这些记录。③

再据工部局年报显示,截至 1912 年 12 月 31 日,共有 342 名中国司机注册登记,比上年增加 85 人。此数字不包括法租界登记的 139 名。职业记录非常完整,以表格形式记录了每个司机的驾驶经历,汽车主可随时查看并很看重这本记录。且车主们除少数例外,非常愿意帮助巡捕来搞好记录工作,没有他们热诚协作,控制和记录制度是无法实行的。实行该制度的结果是除违反交通规则外,很少有司机名字上警方布告。汽车主大都认为汽车司机的工资,不像看门人、马夫和其他家务劳力那样有统一工资是很不好的。司机的

---

① 上海市档案馆:《上海租界志》,上海社会科学院出版社 2001 年版,第 589 页。
② 上海市公用事业管理局:《上海公用事业(1840—1986)》,上海人民出版社 1991 年版,第 255 页。
③ 《1911 年市政公报》第 4 卷第 204 号,转引自上海市出租汽车公司:《上海街道和公路营业客运(个别的公共交通)史料汇集》(第五辑),1982 年 3 月油印本,第 49—51 页。

工资是每月从 16 元至 45 元不等,这自然使某些司机不满。他们看见有些人经验不及自己丰富,却拿较高的工资。结果中国司机经常换工作来改善经济条件。雇主们受公众影响,不愿意支付日益增长的工资,因而受到损失。嗣至 1913 年 12 月 31 日,共有 467 个中国司机在警方记录中登记注册,比上年增加 125 人。这个数字不包括法租界登记的 68 名。中国司机工资的不同是引起不满原因之一,解决办法掌握在汽车主手中。在多数情况下,中国司机只是汽车的驾驶员,不懂或极少懂得车辆的机械部分,并由于对排挡和刹车使用不小心和笨拙,常大大缩短车辆的使用寿命。尽管如此,其仍是该阶层中工资最高的。有迹象表明,有些组织如行将解散的当地汽车协会是能够改变这种情况的。雇主可通过提供受控告司机的详细情况和仔细填写司机近日表现的调查表,大大地帮助巡捕。因与 5 家新开汽车行交涉时遇到困难,工部局决定从 1914 年 1 月 1 日起向每个业主征收 200 银两保证金,将可有效地阻止将要从事该行业迅速增加的公司的发展,并帮助巡捕控制这些经营不当的企业。其时,由于雇用苦力很便宜,商业汽车运输并无多大发展。①

因而,上海汽车出现初期,公共租界就提出应注意汽车司机训练教育问题,"驾驶汽车者经验愈富,驾驶时必愈为留意,此一定之例也。故欲察汽车夫之新出茅庐者,觇其任意疾驶,从可知矣。习驶汽车至六七日后,常人每以为从此成竹在胸,骄满自得,豪然不可一世,乃不旋踵而肇祸矣。惟娴于驾驶者能常备戒心焉。是故汽车夫之造就,实为今日本埠之一大问题。目下沪车夫供敷求,故车夫薪工因之大增,而车主有时更不能不听命于车夫"。②故自 1913 年起工部局规定在汽车捐照前,必须检查车辆安全性能和对汽车司机颁发汽车驾驶执照的审照登记,对司机素质提出严格要求。1919 年中国汽车俱乐部和中国青年会联合创办汽车司机训练学校。翌年,公共租界车辆进口数又增加 1 080 辆,汽车总数达 2 707 辆,而登记的司机仅 2 134 人,且驾驶技术水平相当低。为改善此情,工部局批准成立一所司机学校于 1921 年初开学,校址设在戈登路巡捕房内,1921 年招收学生99 名,至年底 53 名学生得到毕业证书,21 名通过正式司机执照的考试。学校的教员有外国上士、警官各 1 名和中国机械师 1 名。③

---

① 上海市出租汽车公司:《上海街道和公路营业客运(个别的公共交通)史料汇集》(第五辑),1982 年 3 月油印本,第 56、58—59 页。
② 必乐思晋述,陆毅译:《上海之驾驶汽车者》,《申报》1922 年 7 月 29 日第 21 版。
③ 上海市公用事业管理局:《上海公用事业(1840—1986)》,上海人民出版社 1991 年版,第258 页。

且因"汽车之行是之未生危之上海,而汽车辆数伤人毙伤不时发生。吾谓此种祸端御者,叵辞其咎。英之其车辆之多,不几于而此种险,从未闻有如是之多,不知我国汽车肇祸,由于汽车夫之昧识汽车学及其司机少纯熟,不能于临危时避让所致,惟是草菅生命,至为残酷"。1922年7月,公共租界设立汽车夫传习所:一、办法:(1)传习所宜聘深谙汽车学的教员,以任所务至学科编制,务求切于实用为妙。而所员的传习年限,尤以短促为佳;(2)传习所所员,务必检定20—40年岁间为宜,尤须以稍识浅近文字暨为人诚恳朴实不具嗜好者为合格;(3)所员传习时期满后,宜限几日或一月。二、利益:传习所设立后,当增加车辆时,不致有觅不到汽车夫之困难及不胜任车夫;使汽车夫获专一技能,不致有生计困难而迫其走险行凶;使汽车夫熟谙汽车学识,俾不致再肇伤人碾毙之危险。即该所设立"急不容缓……况我铁路、电报均有传习所之设立,而于汽车事业设立传习所,谁曰不宜。深愿我国营汽车业者急起图谋,俾免现今层见迭出之肇祸案,岂特我民蒙其幸哉"。[1]时人参观工部局车务处,亦"知该处于各车肇祸谓十二分注意。车务处备有上海地图数幅及各种街道车样等,一车肇祸之后,均可以图表演,其详情且于地图各路上。如该路有撞死行人者,即以黑针指示之,伤则以白针,撞而无伤则以绿针置之,并指明为何种车辆所肇祸。若电车发生,针上即用红珠,汽车蓝珠,人力车或小车均用黄珠,拖车与搭车则用银珠,马车用淡绿珠,不在此例者仅用一针。故工部局于各车来往无处不加注意,且此表设立后,何处最易肇祸,每月何车肇祸几次,均可立刻查得,而预防之法亦可易于入手"。[2]即车务处备有3套模型,"每套各件均备尚有一大式模型,置于工部局汽车夫养成学校,为教授汽车夫之用,于此足见捕房关心于道路肇祸事"。[3]且英汽公司"训练司机员所用方法,甚为妥善,故其成绩仍堪满意"。[4]

再如法租界公董局于1929年制定和公布《管理汽车学校章程》,限制界内只能设立10家汽车学校。[5]同年1月,公董局通过一个规章,对培训司机和技师的驾驶学校提出了严格的条件:对于车辆,要求教练车必须首先到交通股进行登记,并随时保养好车辆;对于学员,要求首先在学校办理临时许

①　济:《设立汽车夫传习所之必要》,《申报》1922年7月15日第24版。
②　《工部局统计车辆肇祸之方法》,《申报》1922年9月16日第24版。
③　嵩:《捕房讯究车辆肇祸之新法》,《申报》1922年9月30日第23版。
④　《上海公共租界工部局年报》(中文),1933年,上海公共租界工部局档案,档号U1-1-959。
⑤　上海市公用事业管理局:《上海公用事业(1840—1986)》,上海人民出版社1991年版,第259页。

可证才能开始上课,在没有教练的情况下不准开车;对于教练,规定必须有车务处办理的许可证,并要求其具有丰富的驾驶经验和有关知识。另外,对一些妨碍公共交通的行为也加以限制,规定不准在圣母院路和金神甫路之间进行驾驶教练,不准在公共道路上放置教练用石块、木块等。①

此外,我国自行创设的汽车专科学校最早是1924年开办的中华工业专门学校。该校宗旨是为造就汽车道路工程及管理人才,设汽车道路专科,这是上海华界开设最早的汽车学校,也是当时全国汽车道路专门学校中较完备的一所专科学校。校址在新闸路叶家花园,校内设备有汽车2辆、仪器3套、汽车道路书籍400卷,由南洋大学汽车学校教授兼沪太长途汽车公司工程师及道路协会编撰江超西主任教务。中国道路协会对此竭力提倡,行文各省。山东、广东、湖北、湖南、广西、贵州等省保送官费生、私费生来沪求学。后由于种种原因其于1930年停办。1927年冬,余乐醒在沪创办中央汽车专门学校。校址在贝勒路(今黄陂南路)761号,总经理张嵩如、校长陈嘉言,设有:(1)高级机械班、研究班,培养修理汽车技士及制图等人才,偏重在学理,有汽车学、机械学、材料学、电学、数学等科。(2)初级班,培养实用的机械人才,尤其注重修理汽车各种工作,有汽车驾驶、工厂学习、工作法等课。高级班、初级班的学习时间都是一年。(3)附设驾驶修理速成科班,有汽车学、制图、汽车修理、驾驶与保管法、马路规则、工作法、数学等课,结业期限3个月。校内设有锻铁厂、机械厂、修理厂。教学以理论与实习并重。1930年,高级班毕业4期,初级班毕业5期。毕业的学生约千余人,分往各省服务。也有一些司机是从出租汽车公司附设的司机训练学校中培训出来的,据一些出租汽车老司机回忆:在上海的老驾驶员很多在英商中央汽车公司学过汽车驾驶技术,1927年华商飞隆汽车行也曾附设过汽车专科学校,培养出一批司机。②

另,1932年12月苏浙皖京沪五省市交通委员会成立。而上海"本市汽车,自苏浙皖京沪五省市交通委员会成立以来,即加入互通。嗣后该会扩充组织,改为全国公路交通委员会,互通范围,扩充至十省市,现仍在继续扩展之中,故本市汽车业已互通各省市,均得通行无阻,各种交通规章,已逐渐趋于一致"。③如五省市交通委员会"训练现有汽车驾驶人,俾熟悉公路交通规

---

① 上海市档案馆:《上海租界志》,上海社会科学院出版社2001年版,第594页。
② 上海市公用事业管理局:《上海公用事业(1840—1986)》,上海人民出版社1991年版,第259页。
③ 上海市公用局:《十年来上海市公用事业之演进》,1937年7月编印,第62页。

章,汽车机械构造及驾驶技术,以期减少行车肇事,增进公众安全"。1936年,国民政府军事委员会公路组函请由全国经济委员会公路处联合五省市交委会及交通兵团部共同组织"汽车驾驶人训练所",先行训练3期。每期学额定为100名,训练时间定为2个月,第一期于1936年6月开始训练,8月中期满卒业,"第二期训练事宜现正继续办理中"。[1]

（二）从业考验

1922年,上海汽车执照发出统计3 038张,其中2 095张为自备车,342张为公共车;是年,汽车夫考验合格,予以驾驶执照者有633名。[2]如1922年7月,公共租界汽车执业者将近160人均由捕房给予证书,投考者须先验体格察其视听力强弱,以定录取与否。每日授课时间为早晨8—9时,研究汽车内部的构造。另有教室陈列各种机器逐件为之解释,更授以道路交通的章程,保存修理汽车的方法,调换车胎的手续。此外,每日有20分钟实地演习,由教授一同乘车,先在人烟稀少处试驶。"迨第二星期乃至新闸路等处较为闹热地点,往来开驶以资练习。大约在两星期内来所者,终可卒业。余等入校者学成能干开车人,离校后即可在上海工部局治下之居民处充当汽车夫之职。"[3]1930—1931年,该租界发给车主开车照会分别为4 774、5 104张,车夫开车照会分别1 642、1 282张;注册汽车夫分别12 458、13783人;交通股收驾驶汽车照会费分别31 054、26 910元。1931年,汽车夫照会被取消34张,被停止163张。即由工部局"发给各种交通机关之执照数目,藉可知此中之消长",1933—1935年发给车主开车执照分别为367、369、335张,汽车夫开车执照分别1 249、1 604、1 464张;登记汽车夫分别16 249（比上年增1 249人）、17 854、19 318人;汽车夫执照注销分别16、21、23张,执照暂时停发分别128、230、220张。[4]再据1936年（战前最繁荣时代）统计,公共租界发给汽车夫开车执照823张,但当年登记汽车夫已达20 103人。[5]截至1935年,该租界所发车辆执照、执照捐见表7-3、表7-4。

---

[1]　中央党部国民经济计划委员会:《十年来之中国经济建设》,南京扶轮日报社1937年版,第30页。

[2]　嵩生译:《一年来上海车务情形》,《申报》1923年3月24日第21版。

[3]　毅嵩:《参观戈登路捕房汽车夫养成学校记详》,《申报》1922年7月29日第25版。

[4]　《上海公共租界工部局年报》（中文）,1931、1933—1935年,上海公共租界工部局档案,档号U1-1-957、959、960、961。

[5]　周源和:《上海交通话当年》,华东师范大学出版社1992年版,第68页。

表 7-3　1923—1935 年公共租界所发车辆执照表

年份\类别	人力车(甲)	马车(甲)	汽车(乙)	小车(甲)	轿子(乙)
1923	8 000	343	2 976	12 360	10
1924	11 485	315	3 452	11 800	8
1925	10 000	306	4 010	11 688	7
1926	9 953	295	4 792	11 699	4
1927	9 996	267	5 328	10 240	3
1928	9 995	251	5 649	10 865	3
1929	9 995	227	6 472	11 113	0
1930	9 995	189	6 896	10 530	0
1931	9 995	165	7 539	10 819	0
1932	9 994	118	8 073	8 562	0
1933	9 990	100	8 050	8 841	0
1934	9 990	95	9 337	7 739	0
1935	9 990	70	9 457	6 531	0
备注	人力车、马车均为公用,自用者不在此列;(甲)每月给照,(乙)每季平均数目				

资料来源:《上海公共租界工部局年报》(中文),1932—1935 年,上海公共租界工部局档案,档号 U1-1-958、959、960、961。

再如华界。因"本市年来汽车辆数日增,汽车驾驶人及匠徒亦随之增多,而此类驾驶人之技术,与旅客安全关系最切",故上海特别市公用局拟定《上海特别市管理汽车司机人规则》呈奉市政府核准,于 1928 年 12 月 11 日公布施行;嗣于 1929 年 5 月,开始办理登记及考验、发给牌照。[①]即该"规则"主要内容有:第一条,本规则所称汽车包括机器脚踏车其司机人均由公用局依照组织细则第四条丁项第五款及本市陆上交通管理规则第十九条之规定管理。第二条,凡在本市区内驾驶或学习驾驶之汽车主汽车夫均应在公用局登记考验领取执照,否则一概不得驾驶,但已在特别区内领有司机执照者得暂免予考验。第三条,考验汽车司机人之手续由公用局另行规定。第四条,汽车司机人至公用局报请登记考验应纳登记费银 5 元,包括摄影费及考验手续费在内,其第一次考验不及格者以后每复验一次应纳手续费银

———————————

① 　上海市公用局:《十年来上海市公用事业之演进》,1937 年 7 月编印,第 69 页。

表7-4　1929—1935年公共租界执照捐比较表

项别	1929年		1930年		1931年		1932年		1933年		1934年		1935年	
	执照数目（张）	执照捐额（两）	执照数目	执照捐额	执照数目	执照捐额	执照数目	执照捐额	执照数目	执照捐额	执照数目	执照捐额	执照数目	执照捐额
马房	695		602		526		395		128		112		99	4 884.00
马匹	2 856	9 830.06	2 382	8 206	2 087		1 527	5 611.68	429	5 058.32	403	6 842.00	297	
马车	2 724		2 263		1 979		1 419		399		381		281	
汽车行	296	4 251.51	365	5 258	395	5 618.36	425	6 120.85	421	6 121.68	428	8 914.03	426	8 993.90
汽车	25 886	478 294.14	27 582	535 699	30 165	568 464.69	32 292	623 419.78	33 799	672 657.34	37 348	1 058 559.85	37 828	1 090 116.39
汽车夫	13 190	17 490.70	15 926	21 032	15 708	19 369.24	15 958	20 479.97	17 061	20 979.02	20 098	16 666.91	28 148	40 799.00
公用黄包车	119 940	171 401.36	119 940	172 210	119 940	172 713.60	119 925	172 692.00	119 880	171 828.00	119 876	239 752.00	119 758	239 516.00
小车	133 357	66 690.09	126 354	63 186	129 826	64 931.44	102 738	60 389.17	106 097	53 058.89	92 870	65 023.33	78 369	54 871.08
备注	此表数据不含私人马车、马匹、私人黄包车													

资料来源：《上海公共租界工部局年报》（中文），1931—1935年，上海公共租界工部局档案，档号 U1-1-957、958、959、960、961。

1元。第五条，汽车司机人执照分汽车夫执照、汽车主司机执照及学习汽车司机执照三种，其章程分别另定。第六条，汽车夫易主向公用局报请签字时，每次应纳手续费银1元。第七条，司机执照毁坏或遗失向公用局报请换领或补领时每次应纳手续费银1元。第八条，汽车司机人应于领照日起每满一年将执照送请公用局审验一次，每次应纳手续费银1元，必要时公用局并得令另备相片加贴执照之上，如查得执照损坏，应换发新照另收照费每份银1元。第九条，汽车司机人有违犯本规则及汽车夫执照章程、汽车主司机执照章程、学习汽车司机执照章程、本市陆上交通管理规则或其他法令者依下列各款处分：(1)未有司机执照者罚银10元，仍应责令至公用局受验领照；(2)已领司机执照而未携带者罚银3元；(3)借用他人司机执照者除将该执照吊销外罚银10元，仍责令至公用局受验领照；(4)就业或易主时不遵期报请公用局签字、歇业时不遵期缴还原照者各罚银5元；(5)更调车辆或地址不遵期呈报者罚银5元；(6)如遇传询逾期三日始行来局者罚银3元，以后若再预期每一日加罚银1元，逾期至九日以上者吊销其执照；(7)执照毁坏或遗失时不即报请换领或补领者罚银5元；(8)学习汽车司机执照期满不即缴还者每日罚银1元；(9)不照第八条规定将执照送请审验逾期在一个月以内始行来局罚银5元，预期在一个月以上者吊销执照；(10)利用汽车干犯法纪应受刑事处分者，除将执照吊销外永远不得再充汽车司机人；(11)有其他违法情事，由公用局比照前列各款酌量处分。①

继至1931年11月，公用局登记市内汽车司机人已达12 200人以上，依照上述"管理汽车司机人规则"第二条规定"已在特别区内领有司机执照者得暂免予考验"。该局以汽车司机的实际驾驶经验"对于交通安全关系尤钜，为慎重，计经呈准市政府取消上述规定，另增二条"。即增加第三条："凡汽车司机人曾在本市特区或其市悬领有司机执照，确能证明有六个月驾驶经验者，得免予考验，但必须经过口头询问，如发生疑点仍须考验及格，方可发照。"第四条："凡汽车司机人曾领本市司机执照或他处市政机关所发司机执照，而仅有驾驶普通乘人汽车经验者，如欲驾驶运货汽车、长途汽车、公共汽车、大号汽车时，概须重行考验。"该局考验汽车司机人原限于星期一、三、五上午举行，但为便利一般司机人起见，除星期日及其他假日外，每日上午均举行考验。②且"匠徒技术，对于汽车修理之完善，极有关系"，公用局为便

---

① 上海市出租汽车公司：《上海街道和公路营业客运(个别的公共交通)史料汇集》(第三辑)，1982年3月油印本，第141—142页。
② 《公用局修正管理汽车司机人规则》，《申报》1931年11月17日第15版。

利管理起见,于 1936 年 5 月举办考验给照,暂以机械工、装配工、铜工、铁工、电工为限;6 月、12 月,上海市登记汽车匠徒分别为 1 857、2 167 人。[①]

斯时,苏浙皖京沪五省市统一汽车驾驶人执照。因"汽车通行既因实施互通章程而无远弗届,则随汽车之驾驶人苟仍限于省市界域,必至汽车每经过一省市境界时,须另易一各该省市考验合格之驾驶人,其不便于公路交通,或尤甚于汽车未施行互通之时也。倘令无论任何省市登记之驾驶人,即可通行其他省市,在公路交通方面,自属便利殊多。为兼顾公路交通之发展,及旅客行人之安全起见",制定《汽车驾驶人执照统一办法》《汽车驾驶人考验规则》。五省市交通委员会议决:自 1934 年 4 月起,改发五省汽车驾驶人统一执照,以便通用。此项统一执照已由该会制就,发交市工务局布告定期更换。另为慎重汽车驾驶人考验起见,五省市交委会订立《汽车驾驶考验员任用标准》:各省市汽车驾驶考验员须具有中等以上学校机械科毕业的资格,或在交通机关任职 3 年以上富有汽车机械及驾驶经验者,方为合格。考验员考取的驾驶人,如在半年内因技术未精而致肇祸,考验员应受相当处分。"考验员果有殉情滥取或其他舞弊确据者,除依法办理外,并由本会通函各省市关系机关,不再录用。"[②]

抗战胜利后,因"汽车驾驶人技术之优劣,对于行车安全,有密切关系",1945 年 11 月上海市公用局举办机动车辆检验登记,继以驾驶人考验:规定不论普通驾驶人(车主自行驾驶)、职业驾驶人(驾驶汽车为职业)均须来局申请考验。及格者给予驾驶执照,准其驾驶,不及格者概不给照,以杜冒滥。至于可资参考的实施办法,该局定有《考验汽车驾驶人规则》:一、应考及免考规定:普通驾驶人及职业驾驶人,在 1937 年 8 月 13 日前领有前市公用局驾驶执照或 1941 年 12 月 8 日前领有前工部局或前法公董局驾驶执照,并最近一年内仍执行驾驶职务而有证明者,经审查认可后,得准予免考换照。否则概须考验合格,发给执照后方得驾驶。二、考验范围:(1)检验指纹:由本市警察局执行,但普通驾驶人无须检验。(2)体格检查:职业驾驶人由市卫生局指定医院举行详细检验;普通驾驶人只验目光及色盲。(3)口试:新颁交通规则;本市地理(以战前路名为标准);机械常识。三、驾驶技术:桩考、路考。四、纳费:申请考验的驾驶人应照中央主管机关规定,缴纳登记费法币 100 元,考验费 500 元,执照费 500 元,共计法币 1 100 元。上项考验

---

① 上海市公用局:《十年来上海市公用事业之演进》,1937 年 7 月编印,第 69 页。

② 苏浙皖京沪五省市交通委员会:《苏浙皖京沪五省市交通委员会三年来工作概述》,1936 年 1 月编印,第 23—25 页。

定自 1945 年 10 月 16—31 日,地点在马当路 80 号举行。截至 10 月 20 日,申请考验 229 人,考验及格 96 人,其间因歇业而缴回执照有 226 人。[1]

再至 1946 年 5 月 4 日,上海市政府核准公布《上海市汽车驾驶人管理暂行规则》,其中第六条规定,凡欲请领职业汽车驾驶人执照者,应具下列各款的资历,经检定合格后,方得发照准予执业:(1)凡男女市民实足年龄在 20 岁以上 50 岁以下,但年岁 50 以上,经公用局指定医院证明其体格健全、确能胜任驾驶职务者,得酌量延长其年限。(2)经本市警察局检验指纹证明未曾犯有重大罪案者。(3)经公用局指定医院检查体格证明健全并无不良嗜好者。(4)驾驶营业小客车者,必先具有驾驶汽车 6 个月以上经验。(5)驾驶货车者必先具有驾驶小客车 1 年以上经验。(6)驾驶公共汽车或长途载客汽车(即大客车)者,必先具有驾驶小客车或货车 2 年以上经验。第七条,凡下列情事之一不得申请考验:(1)受 1 年以上徒刑的宣告执行完毕未满 1 年或褫夺公权尚未复权者。(2)受吊销汽车驾驶人执照处分者。(3)受吊扣汽车驾驶人执照处分尚未期满者。(4)视力听力薄弱,血压过度或有色盲及精神病者。[2]

简言之,城市交通治理涵括"厘定交通规则,限制车辆速率,查验车辆性能,取缔不规则车停和任意滥揿喇叭,取缔路上不合规定的摊贩和障碍物,其他如规定车辆行驶之时间地点,尤其是客货车之停留地点,应有适当的规定,还有驾驶人员的考验工作等等,均应经常严格的施行"。[3]从这个意义上说,交通的执业训练和从业考验与交通治理息息相关,当局对执业人员实施的训练和考验,对于保障交通环境和城市秩序十分必要。

二、行车和停放管控

不难发现,"都市交通,日趋复杂,车辆停放问题,行驶问题,与行人行路指挥问题等,均为前世纪所不须特加注意者,但现在则成为各都市至不易解决之问题"。[4]近代上海出现与世界其他大都市不同的独特现象:最快速率的汽车和最慢速率的小车同步大幅增加,在马路上拥挤,从而出现人车争

[1] 《公用月刊》第 1 期(1945 年 11 月),转引自上海市出租汽车公司:《上海街道和公路营业客运(个别的公共交通)史料汇集》(第三辑),1982 年 3 月油印本,第 155—156 页。
[2] 《公用月刊》第 10 期(1946 年 5 月),转引自上海市出租汽车公司:《上海街道和公路营业客运(个别的公共交通)史料汇集》(第三辑),1982 年 3 月油印本,第 156—157 页。
[3] 《行的安全》(1947 年 9 月 9 日本市交通安全宣传广播词),载赵曾珏:《上海之公用事业》,商务印书馆 1949 年版,第 183—184 页。
[4] 董修甲:《京沪杭汉四大都市之市政》,大东书局 1931 年版,第 118 页。

道、车车争跑的交通现象。为此,公共租界警务处长认为:世界上没有城市的交通管理困难比上海租界要多。许多文明城市的管理困难仅是电车、汽车等新式交通工具的增加,但上海仍在使用落后的小车等。[①]由此,彼时上海交通环境复杂,并成为城市发展的难题,从而城市当局管控车辆行驶和停放已成为交通治理的关键之策。

(一)行车管控

1. 行车速率

事实上,"城市街道运输量有关因素甚多,如街道宽阔,街道地位有效使用(如禁止停车等),公共车辆之数量及性能,但最应注意者即行车之速度"。[②]即"汽车年年都有改进,速度加快",普通车每小时可达 120 公里,第二次世界大战结束,"汽车更要飞耀的进步,马力大,速率快,声音低,油量省,柔软舒适"。[③]如英国 1912 年对汽车高速行车做出有趣决定:对危险驾驶定罪时,不必要提出证据证明有人或有些人因此受到人身危害。告示写道:"一个人若在狭窄的街道上高速行驶的话,他会在没有证据证明他的行驶危及任何人的情况下受到正当的起诉。"换句话说,英国已实行限速。这在上海却还从未有过。而其他欧洲国家早就实行了。但只依赖限速作为防止高速的办法是无效的。[④]再如美国洛杉矶警署 1925 年 2 月新制专用处罚开车过速者的刑具,"形如鸟笼,可装载于机器脚踏车旁,将犯者锁闭笼中,由警察驶行街市示众。此刑具并得随时移置路旁,与机车分开以便监视之。警察遇有他项公干时,得以乘车离去"。[⑤]

在上海公共租界,1885 年巡捕已受命严格执行禁止高速行驶的交通规则。马房主受到警告,如他们的马夫因高速行驶而被捕,其照会将被吊销并不再重发。1895 年 7 月,警务处注意到静安寺路上有些马夫鲁莽而快速行驶,在这条路上另增 6 名稽查维持交通,并通知各马房主那些快速行驶的马夫将予以逮捕。[⑥]嗣后汽车出现,但租界行车章程仍沿用马车规例。因汽车

① 《上海公共租界工部局捕房总巡关于禁赌、交通、犯人逃跑及上海县审讯会审公堂人犯程序等文书》,1909 年 3 月—6 月,上海公共租界工部局档案,档号 U1-2-642。
② 赵曾珏:《上海之公用事业》,商务印书馆 1949 年版,第 280 页。
③ 何乃民:《汽车与公路》,商务印书馆 1944 年版,第 15 页。
④ 《1912 年工部局年报》,转引自上海市出租汽车公司:《上海街道和公路营业客运(个别的公共交通)史料汇集》(第五辑),1982 年 3 月油印本,第 55 页。
⑤ 丁祖泽:《开车过速之新惩处》,《申报》1925 年 2 月 14 日第 21 版。
⑥ 上海市出租汽车公司:《上海街道和公路营业客运(个别的公共交通)史料汇集》(第五辑),1982 年 3 月油印本,第 17、26 页。

新奇、美观,哈同夫人天天驾车出游,疾驰如风,开汽车兜风俨如一项新运动项目。当时工部局只有关于马车车速的规定,但对汽车来不及明文规例,又碍于上海最大富豪哈同的面子,只好暗中规劝。但哈同夫人仍在闹市中开车疾驶,即使巡捕上前干涉,她掏出准备好的罚款,有时甚至一日数罚,终不肯改变开快车的故态,传为沪上奇谈。当时华人汽车不得超越西人马车、汽车,否则要抄牌罚款。叶仲芳对此大为不服,有次在南京路上疾驰,不管何人汽车均超,且拿起鸡毛帚看见巡查的西捕便往头上一点,结果被抄牌、罚巨款。①彼时,汽车因速度快被人谓为"市虎",即"汽车来往疾如风,苦煞行人在路中"。②

毋庸讳言,"人生所视为重要者,不外生命与财产,今汽车之用,足以害及生命财产,则人赖所以歌颂汽车者,将转而为诅咒矣……盗匪之所以利用汽车者,不外迅速",故当局"加以一律之限制,每小时行若干里,于热闹处尤须开慢车"。如1911年,工部局规定在公共租界内行驶的汽车时速不得超过15英里;翌年,制定"汽车税"条款第七款指出:"车速应和交通情况相适应,特别在交叉路口、转角、弯路及狭路尤应注意。"③自1921年10月1日起,法租界公董局实施限制汽车行驶速度的办法:老租界内汽车行驶不得超过每小时15英里的速率,在霞飞路与法人总会间的环龙路与华龙路亦然,其他地点可行驶加速以每小时25英里的速率为限,"按欧洲舆论对于速度之限制,赞成反对不一其词。如限制速度之原则为人所承认,则法公董局所定之限制,平心言之似颇公允,尚望法当道认真行之。查上海汽车未装有速度表者为数极少,苟司机者故意违犯新章,诚宜严惩"。④至1933年9月,工部局警务处通告各车主,"意外事件之所以增多,系由于开车过速及冒险,尤以在西区界外马路各处为然。务各注意,捕房遇有开车玩忽情形,辄从严究办",结果司机被控究达130名。⑤从而,该局对于"汽车上号灯及速率之规定"等已有定章⑥,安全管理措施为限制车速。

再如华界。1921年4月"时届春令龙华寺重修工竣,沪人士之坐汽车

① 周源和:《上海交通话当年》,华东师范大学出版社1992年版,第75、80页。
② 顾炳权:《上海洋场竹枝词》,上海书店出版社1996年版,第289页。
③ 上海市出租汽车公司:《上海街道和公路营业客运(个别的公共交通)史料汇集》第四辑,1982年3月油印本,第53、84页;上海市档案馆:《上海租界志》,上海社会科学院出版社2001年版,第18页。
④ 《法公董局限制汽车行驶速率》,《申报》1921年9月25日第14版。
⑤ 《上海公共租界工部局年报》(中文),1933年,上海公共租界工部局档案,档号U1-1-959。
⑥ 黎离尘:《取缔汽车之我见》,《申报》1923年3月10日第23版。

往游者络绎不绝,惟汽车疾驶最易肇祸。且龙华马路现正派兵铺筑,路面砂石各种车辆尤不得任意疾驰,以免肇祸",淞沪护军使特分令所部各营饬令沿途各岗兵"传谕经过汽车,不准疾驰,违即拘究。一面令行警厅迅即布告,禁止各项车辆开驶快车,务各缓行,以杜危险而重生命"。①1927 年 11 月,上海市政府第 315 号指令批准《上海特别市取缔道路规则》第五条规定:"车马往来均须靠左行走,在冲繁转角等处,后车之速度不准超越前车。其在僻旷之处,后车欲越过前车时,亦须察看前方有无他车碰撞之虞,先鸣警号或扬击后方提超过。"②翌年 7 月,市公安局限制汽车速率:"汽车行驶之速率,原有一定之规则,所以预防危险而慎重生命也。以租界之限制綦严,其撞车伤人之事,日有所闻报不绝书者。无他盖在繁盛市面,以车辆骤然增多或警捕指挥力量有不及之处,均不得开驶快车。然彼车中之心理,欲藉此以出风头。在司机者之心理,遂不免狐假虎威耳。况在华界虽甚注意,而亦往往有危险之发生。"如 17 日午后,大东汽车公司与兵工厂汽车在罗别根路、虹桥路间发生撞车事,"实际上皆因彼此行驶过速,致肇此祸"。公安局有鉴于此,为预防危险起见、严为限制,"际此天气炎热,沪西一带薄暮后,汽车驶行兜风当日见其多。且因该处地段岗警稀少,指挥或有不周",如在沪西一带行驶汽车于大小转弯时速率高过 10 英里以上,"如遇兜风疾驰的汽车,着岗警抄录号码,从严取缔。业经发帖通衢,登诸广告,以促车主与驾驶者两方之注意则尚可任便疾驰以蹈危险而肇巨祸"。③

至 1930 年 4 月,市公用局整饬交通,"以本市交通情形日益繁复,各项规章以及各处信号,非赖岗警严厉执行,无以收整理之实效",依照市内交通现状函请公安局通饬岗警注意各点:(1)人力车停车处由岗警照料执行,务使各车顺序停放。(2)交通要道,各项摊户及堆置货物宜严加取。(3)繁盛马路两旁除规定场所外,不准停留各项车辆。(4)电车、公共汽车除特别事故外,不得在未到站前随时停车或开门。(5)马路转弯处,车辆行驶不得过快。(6)人行道不得安放对象,致阻碍行人往来。(7)取缔无牌照捐照车辆,浦东方面更宜特加注意。(8)遇见各项车辆不完全或破坏者,照章处分。(9)机动车辆驾驶者,无司机执照不得驾驶且处以罚金。(10)汽车行及加油站未领执照者,不准启用或营业。(11)各种车辆不得超过规定载重或人数限制。(12)扣留违章车辆牌照或司机人执照时,立即用电话通知公用局第

---

① 《禁止龙华马路上开快车》,《申报》1921 年 4 月 3 日第 11 版。

② 《上海特别市取缔道路规则》,《申报》1927 年 12 月 15 日第 20 版。

③ 悟:《市公安局限制汽车速率》,《申报》1928 年 7 月 28 日第 27 版。

四科(电话南市 553),以防车主蒙混补领之弊。(13)公共汽车停车站附近,禁止其他车辆停放。①由见,管理方整顿城市交通,对于汽车行驶速度尤加关注。

2. 车辆设备和载客

1911 年 10 月 1 日,公共租界新成立的车辆稽查处于戈登路巡捕房开始工作,任务是对一切公用车辆(马车、汽车、人力车、手推车和轿子)进行系统的检查。当时警方收到信件和报告,指出一些汽车车主乱用强亮度汽车前灯照眩路人眼睛的危险和不便。为防此情,工部局批准捐照条件的补充条款,检查汽车车灯。该补充条款从 1914 年 1 月 1 日起开始实行。②如 1912 年该局"汽车税"条款中指出:车辆检查,如出租汽车的车辆检查情况;人车保险,如英商泰来汽车公司"卡片通告"称"在顾客乘用车辆时,敝公司以为你投保了事故险"。又如出租汽车肇始时期,1912 年 4—6 月,《字林西报》英文版"汽车保险"广告屡见不鲜。汽车保险代理商埃克米司保险公司的广告:"汽车保险可以包括机械故障。"③至 1932 年,公共租界"为使此项汽车并无有不堪使用者起见,经认为必须按照受检查时所有状况,分为二级"。甲级车辆,每 12 个月检查一次;乙级车辆,每 6 个月检查一次。检查时,有 28 辆出租汽车因其有必须立即修理的损坏部分,将其执照停发,并有 4 辆经认为完全不能再用。1933—1934 年,所有出租汽车就机械方面论"情况大都良好";因机械有缺点或内部不洁或破损而将其执照暂时停发者,分别为 19、17 辆。1935 年,用木炭燃料的汽车 30 辆请领执照,"当以此项车辆应先慎重察验,必须知其木制部分以及油槽与炉之外部,确有充分保护,方能给照"。当年出租汽车因机件有缺点或内部不整洁而将其执照暂时吊销者共有 42 辆。又因发生意外事件而经车务股检查者 32 辆,其中验明有缺点 10 辆。④

再如车辆载客。华汽公司规定的乘客定额为 29 位,坐满悬牌,不准站立,不再上客。稍后铁柱旁的这些白牌子都写明是几路汽车的上落站,并统

① 《市公用局注意整饬交通》,《申报》1930 年 4 月 13 日第 15 版。
② 《1911、1913 年工部局年报》,转引自上海市出租汽车公司:《上海街道和公路营业客运(个别的公共交通)史料汇集》(第五辑),第 50、58 页。
③ 上海市出租汽车公司:《上海街道和公路营业客运(个别的公共交通)史料汇集》(第四辑),1982 年 3 月油印本,第 53 页。
④ 《上海公共租界工部局年报》(中文),1932—1935 年,上海公共租界工部局档案,档号 U1-1-958、959、960、961。

计车辆在途中因事停顿及损坏事项(见表7-5)。①1930年5月13日,市社会局为取缔公共汽车公司雇用传染病者卖票函致公用局:社会局科员陈冷僧9日下午乘沪南公司第三路第30号公共汽车,见该车第6号卖票人屈彦邦"两手生疮,星罗棋布,向乘客卖票,肌肤接触,机会甚多,殊属危险。查疮疥系顽固传染病之一,任其服务,妨害公众健康。至该公司纵任显著染有传染病者工作,亦属不合,应请函致主管机关分别撤惩"。公用局指出,"电车、公共汽车售票人员与乘客时多接触,如有传染疾病,极易流布,亟宜预先检验,以重公众卫生",并令饬华汽、沪南公司不得有传染之人充任卖票,并将公共汽车服务人员一律去医院检验,方能从业。②至1935年7月,公共租界工部局卫生处"以时届夏令,疫疫盛行,为避免传染起见,曾限令界内之电车及公共汽车,不得超过规定载客数额,以重卫生。并由捕房及卫生处派员赴各地巡视,如遇违犯者,即登车查点,予以处罚。故连日各项车辆,均不敢多载乘客并加开班次。闻该项办法,至八月即可取消。惟车辆载客过多,乘客上下亦属妨碍交通,且限制乘客实施后,凡车辆上之被窃事件可免发生。故工都局当此禁满届后,仍将加以限制"。③其时,电车、公共汽车已不敢超载乘客,巡捕登车查点,违者照章处罚。

表 7-5　1931 年华商公共汽车公司车辆在途因事停顿及受坏表

名　目	次　数	名　目	次　数
刹车	763	车轮	866
风扇	215	机件	1 200
电灯	546	车头机	1 437
水箱	422	其他	1 165
汽油系	368	职工突然生病	42
架舵	595	合　计	7 619

资料来源:《上海市公用局关于1932年份华商公共汽车公司呈报开会并职员变迁》,1932年6月—7月,上海市公用局档案,档号Q5-2-603。

抗战时期,1938年11月工部局人力车管理处限制登记车夫总数38 000人为止,即该局"新近感觉到公共汽车、电车乘客拥挤,而人力车夫生

---

①　周源和:《上海交通话当年》,华东师范大学出版社1992年版,第129页。
②　《上海市公用局取缔公共汽车电车服务人员传染病》,1930年5月—7月,上海市公用局档案,档号Q5-2-491。
③　《公共租界电车公共汽车不敢多载乘客》,《申报》1935年7月1日第16版。

意清淡,特实行限制汽车电车搭客数目,想使人力车夫得有救济,也美政也"。①抗战胜利后,前述《上海市汽车驾驶人管理暂行规则》第二十条规定:汽车驾驶人行车时,应遵守规则:(1)各种汽车一律靠右行驶,并靠右停放。(2)行车前要检查引擎、机油、汽油、轮胎及载重。(3)刹车、转向、喇叭、灯光及足以影响行车安全之机件等,如有不灵或失效者,不准驾驶。(4)酒醉未醒或精神欠佳者,不准开车。(5)渡桥或过狭路时,要顺序行驶,不得超越前车。(6)车门要关妥。(7)驾驶室不得超过规定人数,车门两旁禁止攀登站立。②

3. 单向交通

交通拥挤主要是由交通工具造成的。像诊所、购物中心或电影院等都会带来交通的集中,造成阻塞。这种情况下,任何需要使用这些用途的人都要通过汽车才能达到目的。缺少多层次集中的多样性,使人们做任何事情都不得不依靠汽车。③汽车行驶速度原可飞快,但汽车大量增加却减慢交通速度并增加费用,根据 1907 年纽约交通调查研究,马车每小时行驶速度平均为 11.5 英里,汽车缓慢在马路上行驶,平均每小时速度约 6 英里;随着商业区和居住区内每英亩建筑密度的增加,这样缓慢的车速还将进一步下降。关于拥挤造成的损失,保守估计 19—20 世纪期间每年约 1.5 亿美元。"汽车的拥挤现象今天不仅影响大城市也影响小城市。"④为更好管理过分拥挤的交通,一种"单行道"的方法正在欧洲及美国一些城镇实行。该方法对管理像上海这样有许多平行的街道而交通密集的城市特别管用。这些街道在某一段时间里,车辆只准向一个方向单行。在欧洲城镇实施的现代化方法肯定值得在上海过分拥挤的街道上试行。⑤

不可否认,"世界各国的大都市里,几乎都遭遇到交通拥塞的难题。上海自然也没有例外。其原因由于路上的车辆数目在不断的增加,但是街道则不能经常的改筑以符合他的需要。举个例说:上海中区街道的制度,已经

---

① 《时报》1938 年 11 月 21 日,转引自上海市出租汽车公司:《上海街道和公路营业客运(个别的公共交通)史料汇集》(第二辑),1982 年 3 月油印本,第 87 页。

② 《公用月刊》第 10 期(1946 年 5 月),转引自上海市出租汽车公司:《上海街道和公路营业客运(个别的公共交通)史料汇集》(第三辑),1982 年 3 月油印本,第 161—162 页。

③ [加]简·雅各布斯:《美国大城市的死与生》,金衡山译,译林出版社 2006 年版,第 208 页。

④ [美]刘易斯·芒福德:《城市发展史——起源、演变和前景》,倪文彦等译,中国建筑工业出版社 1989 年版,第 405、167 页。

⑤ 《1912 年工部局年报》,转引自上海市出租汽车公司:《上海街道和公路营业客运(个别的公共交通)史料汇集》(第五辑),1982 年 3 月油印本,第 55 页。

是几乎一个世纪以前的遗物,这些街道在原先建筑时,只是为马车行驶的,所以他的俗称,都叫马路。现在街上的车辆与一世纪前的车辆已大大的不同了,可是这些街道的宽度,却很少变动,事实上,也很难变动"。①如1891年,公共租界工部局为缓解因车辆过多造成的市中区道路堵塞,在几条路面不宽的主干道实行车辆分流措施。1910年为缓解南京路交通堵塞状况,有人提议辟一条新的向西去的路并将路址选择在洋泾浜。1912年在部分道路实行单向行驶。②根据该局1922年报告:"因马路上工程关系,工部局曾有单面道路交通之试办,藉以免去肇祸,且在中段热闹之区,空车不得定驻,以免阻碍他车之来往。如欲减少车辆肇祸则凡热闹之地,南北支路必须有只准单面交通之规定。此举虽对于一部分人有所不便,然利害相较,单面交通之法实有益之制度也。上海汽车界人士,已明同方向异途进行之利益,如南京路各车来往最拥挤时,则可改道由爱多亚路驶行,盖该路车辆较少,意外事不易发生。"③

　　步入20世纪30年代,因上海"两租界各自为政关系,公共车辆大率不能贯通,而车辆行驶东西多而南北少,至不均匀。本市交通以中区最为拥挤,考其原因,属于先天者,由于道路之隘狭不匀;属于后天者,由于交通警力之不足及公共机动车辆较少,而速率不一之各种车辆则过多"。④即"车辆之数渐增,通衢当然亦日渐拥挤,然就大体而言,交通颇为流畅。在上海一埠,除他项实体上之阻碍外,尚有人力车与有轨电车及其长拖车以妨碍车辆之速,故欲'疾驰'几为不可能之事"。由此,工部局警务处增订新的单行道规则,规定自1932年1月1日起在苏州路与北京路间的江西路段,除星期日及休假日外,每日上午8时起至下午6时,各项车辆在该处行驶仅准自北往南;在百老汇路与熙华德路间的一段篷路,自1月15日起试行单程交通3个月,除星期日及休假日外,每日上午8时起至下午6时,各项车辆在该处行驶仅准自南往北;自9月5日起,在苏州路与北京路间的圆明园路试行单向交通。同年,中区及虹口区的数处狭窄路段经施行单程交通,"中区各拥挤路段之停列车辆亦经限制,故各该地点及其附近之交通,已稍见进步。但在黄浦滩及南京路等处,非特并无若何改良,且在事实方面,车辆之往来更见迟慢,而尤以忙冗之时为甚。汽车之不绝增加,故与此种现象有若

①　赵曾珏:《上海之公用事业》,商务印书馆1949年版,第175页。
②　上海市档案馆:《上海租界志》,上海社会科学院出版社2001年版,第18、590页。
③　嵩生译:《一年来上海车务情形》,《申报》1923年3月24日第21版。
④　赵曾珏:《上海之公用事业》,商务印书馆1949年版,第160页。

干关系,但交通不能畅利之主要原因,实为人力车、电车及公共汽车"。[1]

为便利界内交通起见,1933 年公共租界继续单程交通办法,经扩充施行于香港路及四川路,"结果均颇圆满"。翌年,施行单程交通办法的各马路,"交通状况均堪满意。中区拥挤,西区为住宅区域,跑马厅路为此两区间之往来别径,取道该路之车辆本年较多。故于交通忙冗之时,颇能使静安寺路及爱多亚路之拥挤情形减少若干,但该路尚可多予使用"。[2]如此前汉口路的单向行车,"极多阻碍,往来之车辆,每觉难以通过",后"在拥挤时间,最足为清析行旅之助,此项办法亦以实行于江西路之狭小部分即在北京路与苏州路间之一段"。[3]1934 年 12 月,工部局变通汉口路单向交通办法:除星期及休假日外,每日上午 8—9 时、下午 1—2 时,车辆须向东行;每日 12 时至下午 1 时、下午 4 时半至 5 时半,车辆须向西行。包车、黄包车不加限制,"但此条系属试办性质"。[4]同年,禁止右转弯地点:除星期及休假日外,南京路西藏路静安寺路交点,每日上午 8 时半至 9 时半、12 时至 12 时半,下午 1 时半至 2 时半、4 时半至 6 时,车辆不准由西藏路向右转入南京路或向右转入静安寺路。[5]1935 年,吴淞路、蓬路及汉璧礼路转角处试行绕道办法,"堪以满意"。[6]至 1936 年 6 月,工部局总办钟思(第 4715 号)布告,更改单程交通行驶办法:汉口路单程交通规则业经修改,将所施行下午 4 时半至 5 时半的限制废除,自 6 月 15 日起实行。且交通规则第四十六条戊款修正为:除星期日及公共休假日外,一切车辆于下列时间内在河南路及西藏路间的一段汉口路只准单程交通:向东行驶,上午 8—9 时、下午 1—2 时;向西行驶,中午 12 时至下午 1 时。人力车不在此限。[7]

(二)停放管理

1.停车场所

随着汽车增多,街道和马路变成停车场;为加速交通车流,全市各处建起宽广的快速路,从而又要求增加更多的停车场和汽车库。[8]而"每一个热

---

① 《上海公共租界工部局年报》(中文),1931—1932 年,上海公共租界工部局档案,档号 U1-1-957、958。

② 《上海公共租界工部局年报》(中文),1933—1934 年,上海公共租界工部局档案,档号 U1-1-959、960。

③ 《上海公共租界工部局年报》(中文),1931 年,上海公共租界工部局档案,档号 U1-1-957。

④⑤ 《工部局改订交通章程各款》,《申报》1934 年 12 月 30 日第 12 版。

⑥ 《上海公共租界工部局年报》(中文),1935 年,上海公共租界工部局档案,档号 U1-1-961。

⑦ 《十五日起汉口路单程交通更改》,《申报》1936 年 6 月 14 日第 14 版。

⑧ [美]刘易斯·芒福德:《城市发展史——起源、演变和前景》,倪文彦等译,中国建筑工业出版社 1989 年版,第 403 页。

爱城市的人都会让汽车搅得心烦意乱"。"在城市里,提供给汽车的空间越大,对汽车的需求就会越大,因此,也就需要更大的空间"。在城里足够的人口密度,对汽车和重复的停车场需求和郊区没有两样。①彼时的巴黎、伦敦和上海,"你要找一处方便适当地方停放汽车,有时觉得非常困难,使车辆地点与停放地点往往要相距半公里以上……如何使行驶车辆与停放场所,成立适当的比例,如何计划大商店,影戏院公共场所附近的停车场,如何在城市繁盛区域内多设广大公共停车场"。而这些停车场可以疏散车辆的拥挤,增加车辆行驶的安全,"乃为现代研究公路的人们不可忽略的一个大问题"。②例如美国圣地亚哥等地停车地段均在市区外围,车主在市外下车后再乘公共汽车入市,"因此这个城市的交通困难,很圆满的获得解决"。旧金山的所有停车地段都停公共车辆,在这上面再筑一层停车场。以上两种办法,如需要都可采用。而斯时上海"缺少足够的停车场,大多数的办公大厦,都没有停车场的设备,因此许多车辆,只能停在路上"。③由此,汽车数量增加后,城市当局要选定某些位置以供汽车停放。

　　具如 1911 年 8 月 3 日,公共租界工部局收到平治门进出口公司和东方汽车公司的请求书,要求允许乘人汽车上街来给公众雇乘。在给予批准的同时,还转达警方通告,当车辆不用时可停放地点:黄浦路礼查饭店(今浦江饭店)对面、外滩上海总会(今东风饭店)对面、外滩客运码头旁边、静安寺路金门饭店(今华侨饭店)对面等 4 处停车站,给出租汽车停放候客雇乘(如图 7-2)。④1924 年 4 月,中国汽车俱乐部主席白基而氏报告中建议,"近年汽车歇路畔,益增交通上之拥挤,主张由工部局择相当地点设一公共停车间,安置升降机,以便将汽车停歇楼上"。预计本埠每日有 1 000 辆汽车须往公共停车间停歇,若每车每日收费 2 角 5 分,年得 91 250 元,"建筑经费不无取偿之地";车主若任其汽车暴露风雨烈日中,每月损失不下 7 元 5 角,"是故此计实行后,公以两便"。⑤翌年,租界交通委员会提出:应加强停车管理,建议工部局鼓励私人企业营建多层地面停车库。⑥1928 年 6 月 28 日,工

---

①　[加]简·雅各布斯:《美国大城市的死与生》,金衡山译,译林出版社 2006 年版,第 309、321、326 页。

②　何乃民:《汽车与公路》,商务印书馆 1944 年版,第 12—13 页。

③　赵曾珏:《上海之公用事业》,商务印书馆 1949 年版,第 176—177 页。

④　《1911 年市政公报》第 4 卷第 195 号,转引自上海市出租汽车公司:《上海街道和公路营业客运(个别的公共交通)史料汇集》(第五辑),1982 年 3 月油印本,第 46 页。

⑤　《汽车俱乐部请设公共停车间》,《申报》1924 年 4 月 2 日第 13 版。

⑥　《上海公共租界工部局总办处关于交通委员会的报告(卷 1)》,1924—1926 年,上海公共租界工部局档案,档号 U1-3-2589。

部局批准爱理思律师事务所为黄色汽车行驶租界:"本局此次批准该公司行驶汽车,乃依据尊处所指出之一九二六年定章即本局公告第三六三三号,据此公用汽车停车处之设立,须本局捕房同意。"①

图7-2 1911年起出租汽车获准在马路停靠,图为当年沪宁车站前的出租汽车

图片来源:李范周:《上海汽车博物馆3》,2011年10月14日,载http://blog.sina.com.cn/s/blog_3f6e57e10100tue8.html。

至1931年,公共租界限制在南京路"停列汽车至半小时,并禁止汽车不得在'拥挤时间'之内,停列于多数车辆所经过之马路一边以来,其改善之情形已殊觉可观。汽车之延长及不适当之停列,尚觉难于控制,且对于交通常有不合理之妨碍,而以中区为更甚。该区汽车可在'合乎情理时间'内停列之特权,常行使至逾越章程意义之外,而在通衢两旁延长停列"。经研究,11月1日实行一种章程限制在较为拥挤道路的某部分,汽车只准停列一边,"结果为情形大为改善。且因施行此项章程之道路,其交通既有显著之

---

① 上海市出租汽车公司:《上海街道和公路营业客运(个别的公共交通)史料汇集》(第三辑),1982年3月油印本,第12页。

改良,乃拟在中区内拥挤道路之其他部分与特定时间之内,完全禁止停车或仅准停列于路之一边"。①1933 年,巡捕控制交通的困难"仍见增加。其主要原因之一,为行驶于通衢之各式车辆,数见日增",仅就汽车论近五年来增加 42%,多数街道均甚狭隘拥挤,"且因缺乏其他之适宜停车地点,乃使大宗车辆停列于路旁,而为交通之阻碍"。②

且,黄浦滩路停车"仍多不适当之处。汽车驾驶人常停列其车辆于停车场之后或在路之东边,致使手推车等不得不在马路之中心行驶。而以机器行驰之车辆则又因手推车等之如此行驶,不得不减低其速度。有时竟须使一边行驰之车辆停止,已让对方来车之先行通过。此与该处之来往车辆,阻碍殊多。欲增加黄浦滩路之停车地位可将海关查验所南之草地,增辟为停车场。中区既无停车间或贮车处,以便汽车之短期或长期停列,故将上述草地改为停车之所,愈觉需要"。③如时人指出:"铜人码头之后江海关署之前,有一长方之空地焉,地处黄浦滩滨,昔日整铺洁草,现已散乱污秽,四周绕以铁环。其中不堪言状,常见二三宵小玩游追逐、寻嬉作乐,凡此皆公众之损失也。试再环顾外滩左右,汽车停驻者甚多,而来往该区找寻地位者,更见络绎不绝。"上海时有汽车 12 000 辆,外滩乃必由之路,几皆集中于此,"加之最新颁布之停车规例,甚难使在外滩附近各路将车暂等,是以外滩遂为上海中心区域唯一之停汽车场,惜哉该处空地已占殆尽:(1)中心区域之地价固贵,而其主因则在外滩地位适中,远处仕女来集,商贾日临服务于斯,午则齐莅附近就餐,此后又有市货购物者接踵而至,入晚才见仕女驶车返家而离外滩。(2)上海车务管理职员对于停车问题实无办法。盖中区实无方寸土地,足以容纳如许有增无减之车辆。(3)工部局为何不将该散乱草地四周之铁环拆去而作停车场,约计如是增出空地有一千米之多。换言之,上海汽车十二分之一乃得解决在外有所"。④斯时,"电车、公共汽车聚集于黄浦滩及南京路各停车处附近,殊多妨碍。开驶时之衔接而行,尤足阻碍其他一切车辆之来往。欲使目前之拥挤情形,稍见疏通。其必要办法,在于废除某某数处之电车站,或令其迁移至其他地点。如此办理,当可使各辆电车与公共汽车之开行,不致如目前之常见彼此衔接"。即为供应中区增加停车场起见,1932 年工部局车务处建议将外滩数处草地改作停车处,"为该区商人及其他因赴该区贸易或购物之人,设一暂时停车之处"。至 1934 年,外滩的汽车

①③　《上海公共租界工部局年报》(中文),1931 年,上海公共租界工部局档案,档号 U1-1-957。
②　《上海公共租界工部局年报》(中文),1933 年,上海公共租界工部局档案,档号 U1-1-959。
④　阿平:《外滩散乱草地可改为停车场》,《申报》1931 年 12 月 23 日第 18 版。

停列地点,"因将罕见使用之自用人力车停车场废除,已略见扩大"。①

再如华界。1927 年《上海特别市取缔道路规则》第六条规定:"车辆马匹在道路暂欲停顿时,须遵照规定停置地点暂时停顿。但时间不得过久,以免逐增拥挤。其停车场所,由公用局规划指令钉立标识牌,以资遵守。"②1933 年,上海北火车站往来旅客每月约 30 余万人,站内外交通加以整顿,在站外划定汽车和人力车停车地位及其路线。③至 1935 年 6 月,当局重勘停车场:本市沪南、闸北如老西门、宝山路等处"最近交通日繁,营业人力车内候客之故,每多流荡路中,甚至争夺乘客对于交通情形,颇不适宜,亟应规定停车场所,以资改善"。6 日,公用局会同公安、工务两局,派员于前往沪南、闸北实地察勘,决定在沪南区设置停车场 23 处、闸北区 17 处。④再至1946 年 6 月,公用局为改善交通将在市区遍设汽车、三轮车和人力车停车站:"外界以为交通拥挤乃因车辆增多,实际车辆较战前有减无增",如机动车战前两租界有 2 万辆,市政府所有尚不在内,现连军用车共 14 038 辆,"交通困难之最大原因厥为交通警较战前减少,及南市闸北之破坏,使车辆集中市区营业。公用局设计之停车站,即利用马路凹进处而不妨碍交通者,且遍布于市区之内"。即汽车停车站 40 余处约可停车千余辆,其中有广场近 10 处,"地点甚佳,费用已批准。惟借用空地时,到处碰壁,煞费苦心"。⑤

2. 停放标志

当时报刊指出:公共租界巡捕管理交通的态度"被视为是绝望的问题之一。各种违章公然存在,而且顽固坚持……专供行人穿越马路的黄道线及停车线常常被候行车辆占据。既然这些设施不被重视,又何必花钱油漆呢?难道交通部门没有教育汽车司机、公共汽车司机、人力车夫要遵守吗?"⑥1931 年,工部局"添设多数警告牌,使汽车驾驶人注意于当地之汽车停列等章程。此外更订立一交通新章,将不注意此项交通标志或通告者,均作为违

① 《上海公共租界工部局年报》(中文),1932、1934 年,上海公共租界工部局档案,档号 U1-1-958、960。
② 《上海特别市取缔道路规则》,《申报》1927 年 12 月 15 日第 20 版。
③ 上海市出租汽车公司:《上海街道和公路营业客运(个别的公共交通)史料汇集》(第三辑),1982 年 3 月油印本,第 213 页。
④ 《公用局整理本市交通》,《申报》1935 年 6 月 28 日,第 11 版。
⑤ 《市内遍设车辆停放站规定人力三轮车价市公用局俟核准后即实行》,《新闻报》1946 年6 月 22 日,转引自上海市出租汽车公司:《上海街道和公路营业客运(个别的公共交通)史料汇集》(第二辑),1982 年 3 月油印本,第 71 页。
⑥ 《字林西报》1934 年 9 月 17 日,转引自徐涛:《自行车与近代中国》,上海人民出版社2015 年版,第 288 页。

犯行为。因此驾驶车辆之人,如欲于确知可以停列地点以外而停车,不得不先行认察此项标志或通告"。翌年,"多数交通繁盛地面之停车便利,即须限制。所经认可之各停车场,乃异常拥挤,并有多数车辆,停列于不应停车之其他地点,妨碍交通。此种不正当之停车,深难防止。盖非特警员人数有限,不敷分派巡阅各该地点,且所停之车,又多数无人看守。现已就各处可能地点,树立特别警告牌,至将来多数是项地点之边石,经砌以黑色及白色之瓷砖时,深望一般民众,对于此事多加注意,以免本处经据报告,谓有违章情形,即当施以最严厉之处分"。①

至 1932 年 12 月 7 日,工部局董事会照办由交通委员会对租界马路的行车、停车等问题的议定办法:(1)公共汽车的停车灯标。据现代广告公司请求,在公共汽车停车地点,安设发光标志并用以为广告之需。"经警务处工务处认为不宜,因其设立更将使人行道阻塞拥挤。某委员问该项灯标是否可于不甚拥挤之处立之。警务处长答称现有之公共汽车标志,已足以指示公众,无需纷更。"(2)禁停车辆的路旁符号。前经委员会决议,将马路旁禁止停车辆原涂红漆之处,改砌黑白色磁砖。因此警务处长提议,应将行车规则第二十八及四十八两条修正,并于第二十八条增加一句:禁止车辆在任何路角 30 英尺内停放,并禁止在路中有石台之点沿路边停放,此项修正已经查员会通过。(3)静安寺路禁超越前车。某委员提议现行章程内,禁止汽车在静安寺路同孚路以东开越前车,"此因先前夏令辟克院段甚为狭隘之故,现今该段业已放宽,渠意可将同孚路以东改为霍路以东斜桥总会前上下。电车委员会席称渠近见斜桥总会前,由电车下车之旅客,颇为危险"。警务处长答称该处无足月台,而停车处与路旁相离又近,汽车驶过时对于下电车者不免危险。此事拟即交行车股办理,与车公司商酌,将车站略向东或向西移动,完毕再向委员会报告。②次年,英汽公司表示公共汽车停车处之牌,"经采用一种更为明显之式样,业已证明为与民众大为便利"。③

1934 年 12 月,工部局依照交通委员会建议,为便利界内交通、禁止停放车辆地点有:(1)静安寺路南边、沿跑厅一段,每日 12 时至 1 时、下午 4 时半至 6 时,禁止停车。(2)河南路西边、三马路四马路之间,每日 12 时至 12 时半、下午 1 时半至 2 时半、4 时半至 5 时半,禁止停车。(3)江西路东

① 《上海公共租界工部局年报》(中文),1931—1932 年,上海公共租界工部局档案,档号 U1-1-957、958。
② 《公共租界内交通问题》,《申报》1932 年 12 月 9 日第 13 版。
③ 《上海公共租界工部局年报》(中文),1933 年,上海公共租界工部局档案,档号 U1-1-959。

边、三马路四马路之间,每日自上午 8 时至下午 6 时,禁止停车。以上逢星期及休假日,均不限制。①是年,各式车辆数目"均比去年为多,公共租界内之多数街道,仍甚狭隘。尤以拥挤之区为甚。车辆之久停道旁,大为各种交通之阻碍。惟在忙冗时间,主要通衢之交通,并未发生严重之延误。计及一切所有关系,本年公共租界内之交通情形,尚堪满意"。1935 年,再颁布停车的新规则若干条,"结果为在交通忙碌之时,拥挤之情形,以减少若干"。②

再如华界。1929 年 11 月,沪南公司增加停车招呼站:第二路公共汽车行驶小东门与龙华间,"近因中华方斜两路所设站头,尚嫌隔离太远。为便利乘客起见,拟就老西门中华路文曜里口及方斜路大吉路口,各添设招呼站一处,业已呈准市公用局并向市工务局领得掘路执照,动工竖立停车标志"。③1930 年 4 月 21 日,公用局令沪南公司移设停车标志,"该公司在东门路外马路所设三路停车标志地点,与华商电车现迁停站前后,接连车辆,易致拥塞"。经派员察勘,以迁设里马路以西东门路 50 号 52 号门牌中间最为适宜,令其遵办。29 日该局再令两公司,"前为整理十六铺东门路交通起见,经派员勘定该处电车、公共汽车应行迁移停站地位,令饬遵办在案。现在本局整理该处交通计划",定自 5 月 1 日起实行,电车、公共汽车应即同时迁停,"以利交通及应建站台,似着赶速完竣为要"。④同年 5 月,公用局鉴于"沪南公共汽车各路停车地点,按诸目前交通情况颇多不甚适宜之处,且往往与电车停车距离过密,致辆通行诸受阻碍,实彻底整理之必要"。派员勘定应行移设地点,于 2 日会同工务局复勘意见,一致申饬公司即日动公迁移,计第一、二两路须设移停站 16 处,第十三路、十九路"其在薛家浜外马路口之华商电车双轨岔道一段,该局以在此调换拖车于交通上京感不便",并饬华商电车公司撤除南移至距口 15 公尺处,且将电车停站地点与公共汽车停站互相调换,"以期通畅"。⑤

至 1931 年 10 月 23 日,公用局第四科核办公共汽车掉头办法:"沪南第二路公共汽车原在老西门陈英士塔前绕道掉头,颇不经济,将来可改走和平

① 《工部局改订交通章程各款》,《申报》1934 年 12 月 30 日第 12 版。

② 《上海公共租界工部局年报》(中文),1934—1935 年,上海公共租界工部局档案,档号 U1-1-961。

③ 《沪南公共汽车之发展》,《申报》1929 年 11 月 3 日第 15 版。

④ 《上海市公用局为整理十六铺东门路交通饬还电车公共汽车停站》,1930 年 4 月,上海市公用局档案,档号 Q5-2-889。

⑤ 《市公用局整理沪南公共汽车停站》,《申报》1930 年 5 月 13 日第 15 版。

路肇周路及万生桥路绕一小圈,较为便利。"①再至 1934 年 12 月,该局拟在宝山路口、大统路口、新民路口、大统路共和路口、宝山路虹江路口、乌镇路桥堍、同济路宝山路口、恒丰路桥堍、五角场、新桥堍、共和路、斜桥、东门路、小东门、尚文门、大码头街外滩、老西门等 17 处,分别划定车辆停止线及禁止停放线。②翌年 9 月 13 日,工务局致函公用局:本市所办公共汽车停站在方浜路口之南,"其妨碍交通情形,似不减于电车。若只令电车移站,恐难免有所借口"。公共汽车三路停站可向南移至东门路口以南,四路停站移停东门路上,或全部移至民国路电车站台以北,"则交通情形当可较好。倘仍未见改良,再令电车移站"。③1936 年 11 月,华汽公司对公共汽车各处的停车标志"均黏贴此种说明表,以俾众知,定于实行"。④既如此,"欲解决交通拥塞问题,最主要者厥为确立整个道路系统,并斟酌路线之宽度支配车辆行驶,使车辆与行人容易集散。同时行车秩序之整饬及空车停放之管理,亦不能忽略。应付已成之拥塞局面,其方法不外'疏'与'导'。两者同等重要,例如南京东路拥塞情形,为全市各路冠,任用何法以疏通之,恐终不易彻底改善,惟有设法将一部分乘客与车辆导往他路行驶,使之迂回越过南京东路,然后'疏'的工作方能见效"。又如指定单程路线、规定停车场所等亦均为"疏""导"的重要措施,公用局"业已次第推行"。⑤

第三节　汽车肇事和违法处置

城市社会管理是指城市经济管理外的属于城市公共事务领域的管理活动;⑥而社会秩序的建立和维持依赖两种机制,一是社会控制,二是社会的组织管理。⑦迨及近代,"各国政府,对驾驶人的管理,十分严厉。对驾驶人的体格,驾驶技术,交通规章,机械常识,当地地理等详加考验外,对驾驶人

①　《上海市公用局开辟和平路整理电车轨道》,1931 年 2 月—12 月,上海市公用局档案,档号 Q5-2-842。
②　《南市闸北各要路装设交通指挥灯》,《申报》1934 年 12 月 1 日第 16 版。
③　《上海市公用局关于整顿东门路交通迁移法商电车掉头地位等事项》,1935 年 9 月—1936 年 2 月,上海市公用局档案,档号 Q5-2-890。
④　《闸北公共汽车改用颜色牌用以表示路名》,《申报》1936 年 11 月 19 日第 11 版。
⑤　赵曾珏:《上海之公用事业》,商务印书馆 1949 年版,第 159 页。
⑥　许英:《城市社会学》,齐鲁书社 2002 年版,第 235 页。
⑦　社会学教程编写组:《社会学教程》,北京大学出版社 1987 年版,第 182 页。

的违章肇祸,处罚更重"。①其时,"上海汽车肇祸无日不有,考其原由,实由两方面之不谨慎,每见街头道旁行路者以为汽车之来可从容而避之,于是因而发生祸患者十有八九也。要知汽车夫驾驶汽车谨慎者居多,驰至热闹之处必大鸣警笛,否则撞死行人罚款颇巨。而各方面对于汽车肇祸亦异常注意"。②汽车肇祸会导致生命和财产的损失,因而强化交通违法行为的处罚成为近代上海当局惩治性治理的保障应策,亦成为培育市民法制意识的城市场域。

<h2 style="text-align:center">一、汽车肇祸与统计</h2>

可以发现,大量使用汽车这种交通工具累计的"负外部性"也很明显,带来高峰堵车、土地和环境等城市问题;③且"现代汽车行驶之快,对于不小心的行人和坐汽车的人都是很危险的"。④近代时期,上海"全埠汽车、电车已达万余号,往来既多其速,尤以电车、摩托车为最可怖,行人偶不介意,辄有碾毙之虞"。工部局张贴布告谓马路如虎口:"班荆道左莫延俄,此日春申市虎多;生死关头争顷刻,电车刚去汽车过","谁说中华生命重,噬人虎口日增多"。⑤当时汽车肇祸日益增多,迫切要求城市当局采取相应措施,以确保交通有序和行人安全。

(一)肇祸事件

众所周知,"汽车闯起祸来,对我们人类的害处,亦非常可怕"。美国每年因汽车肇祸死亡4万余人、受伤130万人、损失达5亿美金。英、法、德诸国每年因汽车伤亡的人数总计亦在百万以上。1937年中日战事发生,蒋介石夫人宋美龄乘汽车往上海慰劳军队,因一后轮胎瘪气,车辆失去平衡倾覆公路外,蒋夫人筋骨断折一根。⑥再如美国1926年被汽车碾死25 302人、重伤759 060人,"因此发生的生命上损害却也足使人惊惧";酒醉驾驶发生祸事295件,毙命46人;因醉酒而吊销开车执照4 863人。次年统计,美国因汽车伤亡的人数比参加世界大战的美军伤亡数还要多出3倍。⑦可见"运输

---

① 何乃民:《汽车与公路》,商务印书馆1944年版,第7页。
② 《工部局统计车辆肇祸之方法》,《申报》1922年9月16日第24版。
③ 张文尝、马清裕等:《城市交通与城市发展》,商务印书馆2010年版,第391页。
④ 〔苏〕列宁:《帝国主义是资本主义的最高阶段》,中共中央马克思恩格斯列宁斯大林著作编译局译,人民出版社1959年版,第114页。
⑤ 汤伟康、杜黎:《租界100年》,上海画报出版社1991年版,第129页。
⑥ 何乃民:《汽车与公路》,商务印书馆1944年版,第6页。
⑦ 遂初:《汽车肇祸问题的分析》,《东方杂志》第二十五卷第六号,第102—103页。

是一种危险的活动",全球每年有超过 117 万人死于交通事故,超过 1 000 万
人因车祸导致重伤或残疾。曾经在发展中国家,交通事故死亡人数约占总
死亡人数的 70%。①如 1970—2000 年,中国道路交通事故的发生次数从
55 437 起增长到 616 971 起,增加 10.1 倍,虽死亡率呈逐年下降趋势,但仍
是发达国家的 10 倍以上。②据历史记载,自汽车诞生以来,已经吞吃掉
3 000 多万人的生命,特别自 20 世纪 90 年代始,死于汽车交通事故的人数
急剧增加,平均每年达 50 多万,该数字超过艾滋病、战争和结核病人每年的
死亡人数。③

　　20 世纪前,上海公共租界道路和交通发展与后几十年相比,相对较慢,
因而真正意义上的近代交通管理尚处萌芽阶段。租界早期,马匹就像现在
的汽车一样,是对其主人外所有人的大麻烦。例如九江路住户抗议下午
5 时至 7 时在那里的遛马数量,两名苦力被撞死,每天都有事故。"当时的
马匹至少像今天的汽车一样凶恶,或者马夫像现在的汽车司机一样漫不经
心。"1895 年,一些居民请求铺设更多的路面来改善静安寺路,因而其他
83 位居民签署一份抗议信,提到"伤风败俗的驾车疾驶如此肆无忌惮"。南
京路则早就被描绘为"狭窄的扭曲大街——比其他任何大街都混乱和逼仄,
是两周内发生三起事故的地方"。④自汽车出现后,"迩来汽车伤人之事,时
有所闻。故一般对于此种草菅民命之怪物,无不疾首蹙额。近内政部司长
但植之以东西各国皆有取缔汽车驶行条例而我国独付缺如,殊非保重民命
之意,故特起草取缔汽车驶行条例若干条,拟不日由部令公布。大抵此项条
例实施后,此种碾毙人民之市虎,当不致如前猖獗"。⑤

　　斯时,上海交通事故亦持续增加。即"前进的交通工具,满街飞驶"。
"汽车坐不起,可以乘电车和公共汽车,但班次是那样的少,车辆是那样的
挤,身非大力士,实在禁不起。电车和汽车挤不上,可以安步当车,但虎口伤
人的事件,每天要发生好几起,又实在无法安步"。⑥具如 1916 年 8 月 7 日
晚 9 时许,《上海时事新报》总编林寒碧在公共租界马霍路、孟特赫路口被西

①　[英]肯尼斯·巴顿:《运输经济学》,李晶等译,机械工业出版社 2012 年版,第 156 页。
②　张文尝、马清裕等:《城市交通与城市发展》,商务印书馆 2010 年版,第 53—54 页。
③　梁峰:《国外的交通》,中国社会出版社 2006 年版,第 4 页。
④　[英]库寿龄:《上海史》(第二卷),朱华译,上海书店出版社 2020 年版,第 188、190、291 页。
⑤　《内政部拨订取缔市虎条例》,《申报》1921 年 3 月 1 日第 8 版。
⑥　《关于人力车》,《新闻报》1946 年 10 月 15 日,转引自上海市出租汽车公司:《上海街道和公路营业客运(个别的公共交通)史料汇集》(第二辑),1982 年 3 月油印本,第 62 页。

人克明所驾驶的 1119 号汽车碾毙。[①]1921 年 1 月 21 日晨 1 时，浦东人朱来生行经南京路被某号汽车撞倒、碾伤腿足，由老闸捕房 874 号华捕前来将汽车号码抄录，另雇车送朱氏往仁济医院医治，一面呈报捕头请究。同日下午 3 时许，又有某号汽车驶经法租界爱多亚路撞倒行人，刘祖林头部等处跌伤，由大自鸣钟法捕房 89 号华捕到来将汽车号码抄录，另雇车送刘氏往仁济医院医治，持伤状单呈报捕头候示。[②]同日下午 5 点半，有一汽车从十六铺往南行驶至老马路关桥迤南萃丰弄口时，适有男孩三四人在弄内冲出，该汽车夫柴新桂不及截阻车机，致撞 10 岁男孩仆地昏晕，胸部头面嘴角等处受伤，嘴唇已破皮出血裂开二寸许。由乘车者将该孩扶上汽车先载至第一区警署诉明前情，并允车回代为医治，赵区长准如所请。该汽车夫驶车时漫不经心，饬着留候孩伤势痊愈后，再行核办。[③]

至 1924 年，前上海县知事沈宝昌的汽车，碾伤小学生于梅溪小学附近。[④]同年 8 月 8 日上午 8 时半，沪北兴市公司公共汽车由沪大汽车站驶往新闸桥，行经永兴路南首仁成米店门首，该车第 9 号司机误扳路盘，车头驶入该店水门汀石步道将该店户限撞毁，幸门口有一辆送米小车停在阶沿下，车辆就此拦住否则已入店堂。然小车已撞粉碎，有一名江西老妇在步道上经过，一时避让不及被该车撞倒。观者群集纷纷责难，该汽车前部两轮亦被撞损，由该地岗警到来，司机等抗不服拘，岗警遂抄录号码报告四区警署核办。[⑤]是年 11 月 10 日下午 3 时，有公共汽车驶过西藏路口，撞倒在路行走的某姓男孩（年约 10 岁），车轮碾过肚腹肠流于外，当即气绝，由捕抄录汽车号码报告捕头，奉谕将尸车送验尸所候验。[⑥]1929 年 10 月 4 日上午 9 时半，沪南公司第二路 10 号公共汽车行经龙华镇计家湾烧饼店门前，4 岁女孩名小珍子在该处马路行走，不及避让顿时撞倒，被右轮碾伤左腰臀部及大腿等处，血肉模糊惨不忍睹。后由该处岗警到来，将受伤者送上海医院救治，一面将 8 号司机张阿四带回龙华分驻所。经巡官略讯后，遂即备文解送六区

① 《晨报》1916 年 8 月 16 日，转引自马长林、黎霞、石磊等：《上海公共租界城市管理研究》，中西书局 2011 年版，第 209 页。
② 《汽车伤人两则》，《申报》1921 年 1 月 22 日第 11 版。
③ 《汽车撞伤男孩》，《申报》1921 年 1 月 22 日第 11 版。
④ 《上海市公用局关于公共汽车扩展新线》，1936 年 5 月—9 月，上海市公用局档案，档号 Q5-2-382。
⑤ 《北公共汽车肇祸》，《申报》1924 年 8 月 9 日第 15 版。
⑥ 《公共汽车碾毙男孩》，《申报》1924 年 11 月 11 日第 11 版。

三分所转送公安局核办，"闻小珍子伤势甚重，恐有性命之虞"。①

　　再至 1930 年 9 月 1 日下午 5 时，沪南公司第三路 2 号公共汽车行驶城圈，由东朝西驶至新开河附近，突有年约七八岁男孩穿过马路，司机急煞车已不及，将该男孩撞倒并卷去。该孩上唇血如泉涌，不省人事。由司机及岗警帮同将该孩抱起竭力施救，"卒未苏醒，旋由该汽车直送至上海医院医治"。②1932 年 8 月最后一周，公共租界车辆肇祸死 3 人，其中 2 人为英汽公司的十路公共汽车造成：1 人于武定路马霍路口骑脚踏车为汽车所撞跌下脚踏车而死，驾驶汽车的刘姓车夫被法院判禁 2 个月，以罚其驾车不慎。另1 名华人，于虹口区间被汽车撞死。③1934 年 10 月 7 日上午 9 时，华商电车公司由小东门至老西门的三路电车 45 号车 4 号司机，驶进老西门老大房糖食店门首由北至南电车站头时，公用局公共汽车管理处的市 10008 号公共汽车 63 号司机王金生尾随亦由北驶南，在老西门牲和泰烟纸店门首向该电车右首抢先至站头，因之互撞，致将电车护身铁板及横架损坏，而公共汽车的轮盘心子及翼板亦被损坏。当经双方司机唤同岗警到来，一面由华电公司邀集华方照相馆将肇事情形拍照，以凭办理交涉。嗣由文庙路警察所岗警将两肇事者带至该所核办，电车交通停顿 40 余分钟之久。④1934 年秋冬，西城小学西首清节堂门前"有散学小学生归途惨遭（汽车）撞毙，此事不乏目睹"。⑤1935 年 4 月 9 日上午 8 时半，奉化旅沪者费冉源（18 岁木匠）行经百老汇路华记路时，适有英商九路公共汽车疾驶而来，不及避让致被撞倒碾伤颇重。由该处值岗巡捕赶至将受伤人车送同仁医院，未及抵即内伤毙命，于20 日经法院检验在案。"被害人上有年迈祖母及氏二人，生活企赖其赡养，今一日死于非命，一家顿失依靠势已陷于绝境，为此恳请设法援助，转函公共汽车公司抚恤。"⑥

　　且 1936 年 2 月 3 日上午 8 时，外白渡桥西（英国领事馆门口）有一路电车在白渡桥上下桥朝南，其时适有英商十路公共汽车欲上桥，偶一不慎，公共汽车直向电车猛撞。汽车受损，司机面目受重伤。当时电车出轨，月台受

---

① 《沪南公共汽车撞伤女孩》，《申报》1929 年 10 月 6 日第 16 版。

② 《沪南公共汽车肇祸》，《申报》1930 年 9 月 2 日第 15 版。

③ 沛：《八月份公共租界车辆肇祸案统计》，《申报》1932 年 11 月 2 日第 27 版。

④ 《公用局公共汽车肇祸》，《申报》1934 年 10 月 8 日第 11 版。

⑤ 《上海市公用局关于公共汽车扩展新线》，1936 年 5 月—9 月，上海市公用局档案，档号 Q5-2-382。

⑥ 《纳税会请工部局注意公共汽车安全设备》，《申报》1935 年 5 月 8 日第 10 版。

损,"一时各路车辆略受停顿,旋经救护车到来,随即恢复原状"。①是年 2 月
1 日下午在老西门中华路,公共汽车管理处的市 10027 号公共汽车因行人
拥挤致伤 1 人,事后处置为送医院。2 月 5 日下午在民国路,市 10021 号公
共汽车因驾驶争道竞行,撞伤汽车右后叶子板。2 月 6 日下午在新闸路乌
镇路,市 15006 号公共汽车因超速致死 1 人并压毁脚踏车,处置为收埋。
2 月 12 日正午在哈同路,市 17706 号货运汽车因让塌车致伤 3 人。2 月
18 日正午在麦根路桥,市 16393 号运货汽车因与塌车相撞致死 1 人。2 月
21 日上午在麦根路桥,市 15049 号公共汽车因与他车相撞致死 1 人,处置
为收埋。5 月 2 日上午在陆家浜路口,市 10012 号公共汽车因驾驶疏忽致
伤 1 人,处置为送医院。5 月 6 日下午在新民路,市 1113 号自用客车致伤
1 人,送医院。5 月 8 日下午,市 10007 号公共汽车因行人违反交通规则致
伤 1 人,送医院。5 月 14 日上午在同爱街,市 10088 号公共汽车因驾驶争
道竞行,汽车钢骨损伤。5 月 15 日下午在方浜路,市 10027 号公共汽车因
驾驶争道竞行致伤 1 人,送医院。5 月 29 日上午在赖义渡街口,市
10002 号公共汽车因行人违反交通规则致伤 1 人,送医院。6 月 2 日下午在
交通路口,市 61089 号公共汽车驾驶不鸣喇叭,与他车互撞。6 月 27 日下
午在新桥街,市 10033 号公共汽车因行人违反交通规则致伤 1 人,送医院。
6 月 28 日上午,在龙华路,市 10014 号公共汽车因驾驶疏忽致伤 1 人,汽车
叶子板毁,人送医院;在虹江路,市 1377 号运货汽车因驾驶疏忽致伤 1 人,
送医院;在肇家路,4863 号出租汽车因驾驶疏忽致伤 1 人,送医院。②

　　继至 1937 年 3 月 6 日下午 1 时,杨树浦路 1941 弄仁兴街的兰贞
(11 岁)、仁妹(5 岁)二人行至杨树浦路广信路处穿越马路际,英商九路公共
汽车第 15114 号司机李兆生自西疾驰而来,因煞车无及,左前轮将二人同时
撞倒碾伤甚重,旋捕警到来即抄录汽车号码并召救护车到场,立将二姐妹送
圣心医院医治。"仁妹因伤势较重,施救乏术未几殒命,兰贞则尚在医救中,
生死未卜。"杨树浦捕房饬探前往调查,遂将仁妹尸身入斐伦路验尸所,8 日
晨由第一特区地方法院委派张检察官莅所验明尸体。首据西捕头禀明调查
经过,后据李兆生供称开车已 3 年,"前日死者等系从一西往的公共汽车后
面穿出,故经警见仅五码之遥,因北面人众将车首南让,讵已无及"。张君得

①　《白渡桥堍公共汽车与电车相撞》,《申报》1936 年 2 月 4 日第 13 版。
②　上海市出租汽车公司:《上海街道和公路营业客运(个别的公共交通)史料汇集》(第四辑),
　　1982 年 3 月油印本,第 80—83 页。

供,验得死者仁妹生前系被九路公共汽车撞伤身死,尸交其父具结领金并命公司给予抚恤。①4月4日上午11时,新闸桥路成都路间由曹家渡驶往引翔港的英商十路第21号公共汽车(照会黑牌15047号)驶经该处自来水亭门口时,车头内引擎忽发火警,一时烟焰密布。司机立即煞车,乘客纷纷逃下。当经该处巡捕报告,新闸捕房救火会驱皮带车到来灌救,随即熄灭,未受重大损失亦未受伤。②4月15日下午1时,法商二十一路公共汽车行抵贝勒路蒲柏路口车站,一少妇自车上跌下,晕厥倒地。该妇由同车伴侣下车扶起送入医院,察得受伤甚重。该客系由金神父路西爱咸斯路口上车,买票至贝勒路蒲柏路口,因路途不熟咨照154号卖票员请其到站打铃下车。虽卖票打铃停车,但188号司机置之不理,不遵定章仍擅自向前开驶,不在应停站停靠,反向对马路文源斋门口驶去。致卖票打铃后将车门开启,该客立在门口候下,嗣见过站不停、心慌意急,更受车行转弯震动,立脚不稳以致跌下。司机出事后依然不将车停止,经同车伴侣狂呼阻止方始煞车,致肇巨祸。司机对肇祸责任声称在写字间钟点内司机有随处停止之权,"现受伤人家属以个人遭祸事小,行旅危险事大,故正搜集人证将向该公司交涉改善"。③

全面抗战期间,1939年12月18日在法大马路,祥生汽车公司第18578号汽车司机徐国珍因不慎致与对向路人相撞,所有对方损坏部分,司机恳请公司全权代为解决,"本车之损坏部分亦请公司代为修理,所有双方应需一切损失费用自愿完全赔偿,绝无异言"。至1940年4月21日中午12时,该公司第18531号汽车与吴麟第11486号汽车在善钟路格罗希路口发生互撞,双方车辆各有损坏。"本案虽经善钟路捕房记录在案,但因对于肇祸情节,双方驾驶人各执一词互相推诿,而当时亦无岗捕在场证明,是以难于明了过失谁属,为息事宁人计,业经双方完全同意解决所有损坏车辆修理费用各归各理,嗣后任何一方不再有赔偿的要求。特立字据,各执一纸为凭。"④

(二)肇祸统计

斯时,美国城市街道上的交通意外事件均有分类及列表的详细记录,

①　《公共汽车肇祸姐妹一死一伤煞车不及撞倒两女死者相验交父领尸》,《申报》1937年3月9日第11版。

②　《十路公共汽车火警灌救熄灭亦未伤人》,《申报》1937年4月5日第11版。

③　《法商公共汽车一女乘客跌伤其家属拟向公司交涉》,《申报》1937年4月17日第16版。

④　上海市出租汽车公司:《上海街道和公路营业客运(个别的公共交通)史料汇集》(第四辑),1982年3月油印本,第72、74页。

"以便断定其肇祸原因,深信美国城市之警务处当乐将所用类别与分析街道上意外事件之办法相告",而对于"上海交通管理问题之研究,大有裨益"。①依据上海公共租界工部局年报显示,1909—1913年汽车事故导致受伤分别为37、66、91、81、113人,死亡分别1、4、5、8、11人(见表7-6)。1921年,该租界被汽车碾毙3人,受伤79人。②1922年,车辆肇祸事件共计2 866起,肇祸致死82人、伤1 315人;③其中1—5月肇祸1 009起,死33人、伤471人;④6月汽车及别种车辆肇祸大增,"汽车出事者,大半亦由行路者之自召,非驾驶人之咎";⑤8月的一星期汽车肇祸已13起,"一霎那间肢体残废,血肉模糊,惨酷情状,无以记极"。⑥再据工部局车务处报告,1923年车辆肇祸总数4 467起,死亡89起、受伤1 974起,"上述总数中,大都系路人自不经心,致肇祸端者十居八九。若行在马路上,留意前后车辆,宁缓勿急,则肇祸次数,必可大减"。据事后调查,致死89起内中64起,"实完全为死者自取之祸",占死亡总数72%,"若能自为留意,则今日犹在人世"。⑦

表7-6 1909—1913年公共租界汽车事故比较表

事故类型	1909年		1910年		1911年		1912年		1913年	
	中	外	中	外	中	外	中	外	中	外
伤	37		59	7	82	9	75	6	108	5
亡	1		4		4	1	8		11	

资料来源:《1911—1913年工部局年报》,转引自上海市出租汽车公司:《上海街道和公路营业客运(个别的公共交通)史料汇集》(第五辑),1982年3月油印本,第52、57—59页。

具如公共租界1923年6月及1924年2、6月的一周汽车肇祸可见表7-7。1926年,车辆肇祸案共计7 713件。⑧根据工部局车务处统计:1929年9月车辆肇祸计872起,死15人、伤348人,"所死诸人,皆系汽车撞毙"。该年9个月共出事7 087起,伤2 472人,"车辆最易肇祸地方,仍为南京路

---

① 《讨论行人安全办法》,《申报》1934年8月10日第14版。

② 《工部局车辆报告与采取政策》,《申报》1922年3月8日第14版。

③⑧ 沛:《八月份公共租界车辆肇祸案统计》,《申报》1932年11月2日第27版。

④ 孙俊:《如何能使汽车减少肇祸》,《申报》1922年6月24日第21版。

⑤ 《六月份公共租界车辆肇祸表》,《申报》1922年7月15日第26版。

⑥ 毅:《对于此周汽车肇祸感言》,《申报》1922年8月5日第21版。

⑦ 毅:《上年本埠车辆肇祸统计》,《申报》1924年3月22日第21版。

外滩,南京路西藏路口,外白渡桥堍,北四川路,百老汇路及杨树浦等处"。①至 1930 年,该租界交通意外事件共计 10 973 起,受伤 4 005 人、死亡 142 人。②1931 年,交通意外事件共计 12 948 起,其中 8 863 起损害程度极微;被伤 4 570 人,3 575 人受轻伤;143 起致死案内,经证明 109 起被害人为"完全咎由自取","而大多数伤害案件的发生,系由行道者的疏忽愚昧或漫不注意交通情形所致"。③据车务处报告,1931 年 7 月车辆肇祸 1 116 起,死 12 人、伤 442 人,"开租界史上之新纪录",较 6 月增 15 起,"据捕房意见,是月肇祸若是之多,其原因要不止一端,如大雨时行,汽车增多等均其主因,而天热之后,行人较不小心亦增加肇祸之一因"。自元旦至 7 月底肇祸共 7 009 起,死 75 人,伤 2 933 人,预料"全年总数恐将远过去年,所望行人车辆各自留意,际此暑天开驶汽车时,尤宜格外注意"。④

表 7-7　公共租界 1923 年 6 月及 1924 年 2、6 月一周汽车肇祸汇志表

日　　期	地　　点	汽车号数	受伤者	伤　　势	末后情形
1923 年 6 月 9 日	杨树浦 5702	—	杜洪生	码伤双足	由华捕送同仁医院
6 月 10 日	南京路	—	镇江人叶益章	跌伤头部	由印捕雇车送仁济医院
6 月 11 日	法租界华龙路	—	赵邱子	腿足受伤	由同伴车送徐家汇红会
6 月 12 日	吴淞路靶子路	—	车夫张和尚	碾伤	由巡捕送医院
6 月 12 日	恒丰路 214 号	—	女孩沈桂宝	撞伤	由岗警带其候核
6 月 13 日	华记路口 568 号	—	男孩孟德	头部受伤	由原捕押令送同仁医院
6 月 13 日	鸭路口 3022	—	女孩林姊	嘴唇跌破	由捕押汽车送同仁医院
6 月 13 日	北京路外滩	—	江北人刘子卿	碾断腿骨	由捕雇车送仁济医院
6 月 13 日	十六铺外滩	—	小工陈阿三	跌伤头脑	由华捕送仁济医院

① 徐国桢:《上海生活》,世界书局 1930 年版,第 58 页。
② 摩亚:《一九三二年公共租界车辆肇祸统计》,《申报》1933 年 1 月 1 日第 53 版。
③ 《上海公共租界工部局年报》(中文),1931 年,上海公共租界工部局档案,档号 U1-1-957。
④ 《汽车肇祸统计》,《申报》1931 年 8 月 2 日第 19 版。

续表

日　期	地　点	汽车号数	受伤者	伤　势	末后情形
6 月 14 日	北京路	—	浦东人张心田	头部受伤	由捕另雇车送仁济医院
6 月 14 日	湖北路	—	江北人叶阿三	腿足受伤	由捕送入医院医治
1924 年 2 月 15 日	西门内大街	某号	江北人王太和	腿足受伤	由原车送往仁济医治
2 月 16 日	武昌路	1140	学生吴魁华	头足受伤	由捕押汽车送同仁医治
2 月 17 日	北西藏路	1287	行人宿心霓	跌伤腿足	送同仁医院医治
2 月 17 日	靶子路	1108	男孩吴阿康	腿膝受伤	送同仁医治
2 月 18 日	愚园路	4422	陈三毛	头部受伤	由红会总会医治
2 月 20 日	南京路	某号	顾长发	跌伤头部	送往仁济医治
2 月 20 日	斐伦路	3370	张荣发	腿足受伤	送同仁医治
2 月 21 日	十六铺	某号	男孩朱顺岐	耳中出血	未及医治即毙
6 月 14 日	爱多亚路	1596	谈有郎	伤重身死	由车主从优抚恤
6 月 15 日	戈登路	4443	孩童及乘车者	头部受伤	送同仁医治
6 月 18 日	静安寺路	某号	严长福	碾伤腿足	车送仁济医治
6 月 18 日	康脑脱路	3979	徐小卿子	跌伤头部	往仁济医治
备　注	1923 年 6 月本周汽车肇祸 11 次,合计以前共 27 次;1924 年 2 月本周汽车肇祸 8 次、毙男孩 1 人,6 月本周肇祸 4 次、死 1 人,由车主抚恤了事				

资料来源:《一周间之汽车肇祸数》,《申报》1923 年 6 月 16 日,第 22 版;《本周汽车肇祸志》,《申报》1924 年 2 月 23 日,第 26 版;《本周汽车肇祸四次》,《申报》1924 年 6 月 21 日,第 26 版。

再据工部局警务处 1932 年 8 月报告:当月车务处纪录公共租界车辆肇祸案件共计 988 起,其中 12 人丧命、486 人损伤;上年同月,肇祸 1 179 起,死亡 12 人,受伤 448 人。自 1932 年 1 月 1 日至 8 月底肇祸共计 7 555 起,死 83 人、伤 3 745 人;去年同期,肇祸共 8 188 起,死 87 人、伤 2 887 人。"以本年八个月来车辆肇祸事件与十年前的一个整年相比较,所增已有三倍余。"具如 1932 年 1 月车辆肇祸 1 042 起,死 10 人、伤 314 人;2 月肇祸最少,计 551 起,然死亡反见最多计 14 人,伤 191 人;3 月肇祸 829 起,死

12 人、伤 279 人；4 月肇祸 971 起，死 9 人、伤 354 人；5 月肇祸陡增达 1 077 起，死 9 人、伤 396 人；6 月肇祸 971 起，死 9 人、伤 367 人；7 月肇祸 1 085 起，死 13 人、伤 422 人；8 月肇祸 1 011 起，死 13 人、伤 429 人。[1]截至 1932 年 12 月 27 日，车务处统计该年车辆肇祸共计 11 893 起，"一年间总数因尚有四日未计在内，无从计算，但肇祸数目之减少，可断言也。因车辆肇祸而丧失生命者，如目下能保持向来匀衡之势，其数目可料较去年为少"。如 1931 年肇祸死亡数 143 人，1932 年 12 月 27 日止致命者计 133 人；受伤数 1932 年 4 212 人，1931 年 4 570 人。1932 年 12 月最末一周算至 27 日为止，车辆肇祸计 216 起，其中死 2 人、伤 61 人。12 月 1 日至 27 日，肇祸计 969 起，死 13 人、伤 265 人。该月车辆肇祸数目"死亡及受伤人数虽比较为少，但若以每两日有一人的死亡率继续前进，则十二月死亡数势必达十五人之多，或为本年二月份车辆肇祸案的纪录"。[2]

因之，1932 年公共租界交通意外事件共计 12 016 起（见表 7-8），其中 11 342 起因伤害或损害程度均微细，归入轻微意外事件类。情节较重大计 674 起，致人死亡 134 起。致死案件中，被害人经证明全属咎由自取 83 名，因穿过或使用道路时漫不小心而发生案件 84 起。因交通意外而死亡的年龄分布为：5 岁以下，6 人；5—15 岁，27 人；15—40 岁，63 人；40 岁以上，38 人。步行人意外事件的主要原因：疏忽；漫不注意交通情形；冒险行走；缺乏道路常识。1933 年，交通意外事件共计 13 571 起，其中 13 043 起属轻微性质（人及车辆仅受微伤），致人受伤 4 495 起，内有致人微伤 4 072 起。致人死亡中，74 件经认为或证明为死者自身错误。该年致人受伤占意外事件总数的 34%。"近五年来，遭意外事件而死亡者，为数渐少，深堪注意。"全年死亡计 107 人的年龄分布为：5 岁以下，2 人；5—15 岁，31 人；15—40 岁，50 人；40 岁以上，24 人。1934 年，交通意外事件共计 13 557 起，其中 13 021 起属轻微性质（同），致人受伤 4 462 起，内有致人微伤 4 112 起。该年致人受伤占意外事件总数的 33%。全年死亡计 120 人的年龄分布为：7 岁以下，15 人；7—16 岁，22 人；16—60 岁，74 人；60 岁以上，9 人。[3]如当时《大美晚报》（1934 年）报道：公共租界 5 年间马路上车轮降祸增加 43%，

① 沛：《八月份公共租界车辆肇祸案统计》，《申报》1932 年 11 月 2 日第 27 版。
② 摩亚：《一九三二年公共租界车辆肇祸统计》，《申报》1933 年 1 月 1 日第 53 版。
③ 《上海公共租界工部局年报》（中文），1932—1934 年，上海公共租界工部局档案，档号 U1-1-958、959、960。

汽车数目亦增加 42%,"故肇祸次数当多于汽车增加的成数"。①

表 7-8 公共租界交通事故统计(1924—1934 年)

年 份	1924	1925	1926	1927	1928	1929	1930	1931	1932	1933	1934
交通事故	6 085	6 537	7 713	8 127	8 648	9 691	10 973	12 948	12 016	13 571	13 557
受伤人数	2 439	2 364	2 872	2 963	3 087	3 447	4 005	4 570	4 250	4 495	4 462
死亡人数	94	74	124	123	111	141	142	143	134	107	120
车辆肇祸数											
汽车	2 959	4 278	5 438	6 225	6 783	7 455	8 840	10 117	9 518	10 913	9 285
公共汽车	0	306	493	341	503	692	784	1 105	1 261	1 032	942
电车	668	1 109	1 506	1 239	1 457	1 481	1 366	1 743	1 402	1 491	1 168
其他车辆	2 468	4 636	5 753	5 208	5 836	5 473	6 922	8 838	7 728	9 420	5 101
车辆登记数											
汽车	3 863	4 422	5 173	5 831	6 198	6 466	7 583	8 287	8 888	9 205	9 556
公共汽车	18	34	47	72	86	109	144	130	159	162	179
电车	195	216	277	285	289	289	299	300	312	312	313
其他车辆	38 216	46 609	53 940	51 942	56 031	60 423	62 425	67 059	66 537	74 014	78 429

资料来源:《上海公共租界工部局总办处关于提议改进交通管理事与上海汽车公会等来往函》,1933—1939 年,档号 U1-4-2445;《上海公共租界工部局年报》(中文),1931—1934 年,档号 U1-1-957、958、959、960,均为上海公共租界工部局档案。

再至 1935 年,公共租界交通致人死伤及损害财产的意外事件共计 9 632 起,其中损害财产及使人受伤 827 件(内含致命 25 起),仅财产损害 5 862 件,仅使人受伤 2 943 件(内含致命 60 起)。是年,意外事件发生地点如马路交叉地点受伤 741 人、死亡 10 人,其他地点为受伤 3 177 人、死亡 75 人。因意外事件而受伤的诸人年龄分布为:7 岁以下,297 人;7—16 岁,697 人;16—60 岁,2 739 人;60 岁以上,185 人。上述受伤者中,18 名捕房官警于执行职务时受伤。因意外事件而死亡的诸人年龄分布为:7 岁以下,7 人;7—16 岁,16 人;16—60 岁,61 人;60 岁以上,1 人。②同年,该租界汽车导致的损害及伤亡事件见表 7-9。

---

① 周源和:《上海交通话当年》,华东师范大学出版社 1992 年版,第 127—128 页。
② 《上海公共租界工部局年报》(中文),1935 年,上海公共租界工部局档案,档号 U1-1-961。

表 7-9　1935 年公共租界汽车损害及伤亡事件

车　别	轻微损害（件）	重大损害（件）	行　人			乘客及车夫		
			轻伤	重伤	死亡	轻伤	重伤	死亡
公共汽车	211	6	19	12	9	1		
运货汽车	432	14	174	40	26	40	8	6
自用汽车	2 581	50	884	87	18	48	9	
公用汽车	476	19	229	26	6	24	2	1

资料来源:《上海公共租界工部局年报》(中文),1935 年,上海公共租界工部局档案,档号 U1-1-961。

在法租界,1937 年 1 月各种车辆肇祸共计 242 件,重伤送院 31 人,轻伤送院 38 人,捕房包扎后即归家 1 人;1936 年 12 月共计 252 件,死 2 人。但 1936 年 1 月为 270 件,死 1 人,若与 1937 年 1 月相较则多 28 件,"足征法租界内之车辆肇祸已逐年减少"。[1]1937 年八一三淞沪会战后日军入侵上海,大批难民涌入租界,加上日本军方和非军方的车辆路经辖区,交通意外事件随之增加。1937 年 12 月至 1938 年 2 月中旬,日本势力所造成交通意外事故达 92 起。据有关部门统计,"逃难者靡集于上海,不明交通章程,不知行路趋避,陡见风驰电掣之车辆,辄惊慌无措,进退失据,遂遭不测。更有驾驶者不顾路人拥挤,掉以轻心,而谓人必我让,讵知车竟伤人",上海两租界 1938 年车辆肇祸案件多至 15 183 件,死伤共 5 166 人。[2]嗣经过一周宣传,公共租界交通状况得到改善。如交通股统计:该周发生意外交通事件,比上周少 22%;1939 年 6 月发生的意外事故,比上月少 22%,受伤人数比上月少 23%,死亡人数少 33%(见表 7-10)。

表 7-10　公共租界交通意外事件表(1938 年 7 月至 1939 年 6 月)

时　间	意外事件(件)	受伤人数(人)	死亡人数(人)
1938 年 7 月	752	305	14
8 月	713	299	15
9 月	750	313	13
10 月	971	376	21
11 月	838	295	10

[1]　《法租界一月份车辆肇祸统计较去年同月少廿八件》,《申报》1937 年 2 月 6 日第 16 版。
[2]　《交通安全运动周献言》,《申报》1939 年 6 月 17 日,转引自徐涛:《自行车与近代中国》,上海人民出版社 2015 年版,第 292 页。

时　　间	意外事件（件）	受伤人数（人）	死亡人数（人）
12 月	970	354	24
1939 年 1 月	879	304	10
2 月	819	253	17
3 月	931	313	12
4 月	854	301	18
5 月	879	339	24
6 月	684	258	16

资料来源：《警务处报告》（1939 年《工部局公报》），转引自马长林、黎霞、石磊等：《上海公共租界城市管理研究》，中西书局 2011 年版，第 174 页。

再如华界。自 1930 年 1 月 1 日至 12 月 31 日止，汽车肇祸共计 335 起，死者男女及小孩计 136 人（见表 7-11）。内因被撞而亡命于汽车轮下，计有男子 67 人、男孩 28 人、妇人 17 人、女孩 21 人、西人 1 人、西妇 2 人，"其数只录报上所载，然处于僻静之地出有肇祸，而未刊者亦复不少"。[①]1932 年 1 月 1 日至 12 月 31 日止，汽车肇祸统计 272 起，死者 106 人（见表 7-11）。内因被撞而亡命于汽车轮下，计有男子 68 人、男孩 21 人、妇人 12 人、女孩 5 人，"其数只录报上所载，然处于僻静之地出有肇祸，而未刊者亦复不少。记者深望沪上驾驶汽车者注重人道，亟谋行人之生命保全。对于肇祸之事，力求减少则额手相矣"。[②]例如 1932 年华汽公司车辆行驶时肇祸共 35 次，属于对方原因者：行人 13 次，物料 14 次，黄包车 5 次，其他 3 次。[③]

继而，"汽车通行以来，肇事案件，时有所闻，直接伤害人命，损失财产，间接影响路誉妨碍交通。为公众安全计，自应力求避免，避免之道，端赖各方人士，共同努力"。自"各省市汽车互通以来，公路交通，日行繁密而汽车肇祸事件，随以增多，为求公众安全起见，拟应研究肇事原因，筹策妥善方法，庶可减少危险避免事端"，1936 年 2 月 13 日苏浙皖京沪五省市交通委员会制有汽车肇事报告单及情况分析（见表 7-12），分送各省市路政警政机关，"俾于汽车肇事时，据实详细填明"。[④]

---

① 三原：《上年汽车肇祸统计》，《申报》1931 年 1 月 14 日第 28 版。
② 文海：《上年汽车肇祸统计》，《申报》1933 年 1 月 13 日第 23 版。
③ 《上海市公用局关于 1932 年份华商公共汽车公司呈报开会并职员变迁》，1932 年 6 月—7 月，上海市公用局档案，档号 Q5-2-603。
④ 上海市出租汽车公司：《上海街道和公路营业客运（个别的公共交通）史料汇集》（第三辑），1982 年 3 月油印本，第 101 页。

表 7-11　1930、1932 年上海华界汽车肇祸统计

年　　月	因重伤而身死者(人)	撞开头颅及腰腹等部重伤者(人)	碾断腿足者(人)	手足等部轻伤者(人)	两车互撞(毁物)者(起)	肇祸次数(起)
1930 年 1 月	9	6	5	6		23
2 月	9	1	13	1		21
3 月	8	12	7	10	1	27
4 月	9	14	3	13		32
5 月	7	5		12	1	27
6 月	16	16	3	7		29
7 月	18	7	4	6	2	31
8 月	13	7	7	1	1	23
9 月	14	15	7	5	1	33
10 月	12	13	8	1		29
11 月	10	17	9	5	1	36
12 月	10	3	5	6		24
1932 年 1 月	9	2	4	5	1	21
2 月	—					
3 月	4	3	1	2	1	8
4 月	6	7	7	5	4	26
5 月	11	6	5	7		31
6 月	5	7	3	10	1	25
7 月	11	16	6	7		28
8 月	12	7	4	4		24
9 月	18	9	3	6		31
10 月	9	7	5	10		27
11 月	10	6	2	8		25
12 月	10	6	3	12		26
备　注	1932 年 2 月因在一·二八国难,沪上发生战事,汽车增刊停版,是以逐周无报告					

资料来源:三原:《上年汽车肇祸统计》,《申报》1931 年 1 月 14 日第 28 版;文海:《上年汽车肇祸统计》,《申报》1933 年 1 月 13 日第 23 版。

表7-12　1935年苏浙皖京沪闽赣七省市汽车肇祸情况分析表

项目	江苏省	浙江省	安徽省	南京市	上海市	江西省	福建省	共计
汽车肇祸地点	江苏省42次占8.4%	浙江省53次占10.5%	安徽省11次占2.2%	南京市153次占30.4%	上海市93次占18.5%	江西省100次占20%	福建省50次占10%	共计502次占100%
肇祸汽车种类	自用小汽车112次占24.3%	营业小汽车134次占26.6%	运货汽车77次占15.3%	市内公共汽车24次占4.7%	长途公共汽车126次占25%	其他汽车19次占4.1%		
汽车肇祸原因	属于道路者105次占16.6%	属于车辆者35次占5.6%	属于驾驶者351次占56.7%	属于障碍者130次占21.1%	总计619次占100%			
被伤害人性质	男429人占79.1%，女113人占20.9%		年龄在15岁以下者156人占28.8%		年龄在15岁至50岁者314人占57.9%		年龄在50岁以上者72人占13.3%，共计542人	
死伤情形	死亡者90人占16.6%，受伤者452人占83.4%			每次肇祸平均死亡0.14%		每次肇祸平均受伤0.73%	肇祸次数与死亡人数的比例为619：542=1：0.87	
死伤区域	江苏省死亡13人、受伤22人	浙江省死亡17人、受伤42人	安徽省死亡3人、受伤14人	南京市死亡12人、受伤146人	上海市死亡3人、受伤85人	江西省死亡19人、受伤189人	福建省死亡13人、受伤35人	共计死亡86人、受伤533人
备注	根据汽车肇祸情形分析（列举前两位）：车灯坏11次、制动器坏11次，分别占"车辆情况"的31.4%；驾驶疏忽288次，超速11次，分别占"驾驶情形"的81.2%、9.9%；行人违背交通规则61次、与他车互撞39次，分别占"障碍情形"的47%、30%。							

资料来源：上海市出租汽车公司；《上海街道和公路营业客运（个别的公共交通）史料汇集》（第四辑），1982年3月油印本，第75—78页。

抗战胜利后,上海有众多的美国海陆空部队加上美国宪兵,驾驶吉普车在市区横冲直撞,惨祸日必数起。据官方《前线日报》统计,从 1945 年 9 月 12 日至 1946 年 1 月 10 日,美军汽车肇事 495 起,碾压 336 人,其中 18 人死亡。[①]截至 1947 年 7 月上旬,上海全市关于机动车辆部分,计自用汽车 8 876 辆,营业汽车 1 005 辆,自用卡车 3 464 辆,营业卡车 2 889 辆,机器脚踏车 2 841 辆,试车汽车 208 辆,试车机器脚踏车 20 辆,吉普车 1 328 辆,军用汽车 2 073 辆,军用卡车 1 948 辆,军用机器脚踏车 105 辆,共计 24 757 辆。非机动车共计 241 855 辆,车辆共合计 266 612 辆之多。至当月止,近一年的交通肇祸事件,计 1946 年 9 月 165 件,10 月 230 件,11 月 194 件,12 月 236 件,1947 年 1 月 183 件,2 月 209 件,3 月 197 件,4 月共 209 件,5 月 224 件,6 月 207 件,7 月 183 件。"而我们的警力,全市的交通警察为数不过一千名,因此,对于交通之管理,常有顾此失彼之苦。后来我们感到警力太薄,执行困难,乃又组织交通警察大队,在交通重要道路上,各机关上下班时间,加强沿路交通的指挥,实行以来,情形确有好转。"[②]从而,彼时上海"宜增添警察,行驶了公共汽车,车辆偶然闹祸,在所不免,况且市面热闹了,警察是负有维持秩序的"[③],且如果"所有车辆都依交通规则行驶,实在是很有益的事,现在市政府正在训练交通警察,以加强交通管制"。[④]

二、违法行为的处罚

(一)交通伤亡的处罚

19 世纪后半期,公共租界在配置专职交通巡捕前,巡捕主要维持街道治安,同时监管违章行人和车辆,但须遵守《警务章程》,不得随意捕人,如有违反该章程者将受到警告或处罚,发现有人不遵从则强制执行。如为杜绝骑马奔跑带来的交通隐患,1861 年 2 月工部局董事会决定:从 3 月 7 日起除黎明到上午 9 时的一段时间外,不准牵着马通过租界,违反这项规定者将受到拘押和起诉。[⑤]1872 年工部局把首次制定的交通章程在《申报》上连载一个多月,1877 年又把相关的交通章程印成中文分送各马车行要求车主告

---

①　上海市总工会:《解放战争时期上海工人运动史》,上海远东出版社 1992 年版,第 92 页。

②　《公用月刊》第 24 期(1947 年 10 月 10 日),转引自上海市出租汽车公司:《上海街道和公路营业客运(个别的公共交通)史料汇集》(第四辑),1982 年 3 月油印本,第 61 页。

③　玉光:《闸北行驶公共汽车之路政问题》,《申报》1924 年 7 月 5 日第 25 版。

④　赵曾珏:《上海之公用事业》,商务印书馆 1949 年版,第 177 页。

⑤　上海市档案馆:《上海租界志》,上海社会科学院出版社 2001 年版,第 611 页。

诚车夫。①因行人和车辆阻碍道路通行时有发生,工部局对阻挠交通者予以处罚。至 1892 年,工部局巡捕严格执行交通规则,因违反交通规则吊销的照会达 6 800 张,暂时吊销达 27 200 张;上年吊销 8 700 张,暂时吊销 17 900 张。进入 20 世纪,租界工部局记录犯罪用以控告起诉。据该局年报显示,1909—1910 年警方登记和管理中国司机还是一件新事;因不端行为而吊销或暂时吊销执照的司机登记在案的人数中占有很大比例。如 1911 年,租界会审公廨因各种犯规行为而受罚的司机有 37 人次。1913 年内,10 个司机的执照因各种犯规行为被暂时吊销,63 个因违反交通规则被会审公廨判决。考虑到上海雇用中国司机的数量,对于其正式控告并不算多。②1916 年 11 月 29 日工部局董事会议上,西人约翰斯提出:有必要在驾驶执照上记下违反规章事件的次数。华人司机所必须遵守的执照记录方法,西人司机也应遵守。警务处应把所有违章事件都记录下来,保存在捕房案件内。③

　　事实上,汽车增长加剧民众生命的危险,成为上海主要的肇祸工具。针对此境,工部局加大汽车违章的处罚力度,尽可能减少交通隐患,除极其严重的伤人和致死案外,多采用经济制裁的方式。例如 1921 年 1 月 24 日,汽车夫赵阿德驾驶 1810 号汽车驶至法大马路吉祥街,司机不慎致将某甲撞倒、伤及面部,赵见肇祸开驶快车图逃,后由 27、49 号两华捕上前将赵追获,连同受伤人一并带入捕房,饬将受伤人送往医院医治。25 日将赵解送法公堂请究,"先据见证周公寿投称是日商人经过该处目见汽车将某甲撞倒,赵之汽车竟在甲身上碾过疾驶而逸。惟我该车中间空处越过幸未碾毙,事实如山。两华捕称目睹赵车将人撞倒后,由我等上前将赵追获请究诘之"。赵阿德供因见伤者无大碍故未停机,中西官判赵罚洋 20 元充公,医费亦归被告负担。④再如汽车夫乔春海学习驾驶汽车并无执照,撞伤行人被判罚洋 20 元,并负担伤者治疗费用。1921 年 3 月,汽车夫陈明宝驾车至法租界爱多亚路,误走路线,判罚洋 25 元充公。同年 10 月 8 日,汽车夫徐长发开车不点灯火,判罚下周四查明再讯。谢春生开汽车无照,传又不到,判罚下周四讯。徐长生开汽车不慎,被判罚洋 35 元等。⑤如《新歇浦潮》中一位

① 袁燮铭:《工部局与上海路政(1845—1911)》,《上海史研究论丛》(第二辑),上海社会科学院出版社 1989 年版,第 190 页。
② 上海市出租汽车公司:《上海街道和公路营业客运(个别的公共交通)史料汇集》(第五辑),1982 年 3 月油印本,第 17、51、58 页。
③ 上海市档案馆:《工部局董事会会议记录》第 19 册,上海古籍出版社 2001 年版,第 690 页。
④ 《汽车夫肇祸之科罚》,《申报》1921 年 1 月 22 日第 11 版。
⑤ 《民国日报》(1920 年 10 月 14 日)、《新闻报》(1921 年 3 月 29 日、10 月 8 日),转引自马长林、黎霞、石磊等:《上海公共租界城市管理研究》,中西书局 2011 年版,第 192 页。

张小姐所言:"乡下人的性命是不稀罕的,就是死了也赔不到多少洋钱……情愿(汽车)轧死十个乡下人,不情愿轧死一条外国狗。"①

并且,"市民关心道路之明证,可于愿赴公堂作证者之增加",至 1922 年公共租界汽车夫犯违各种交通规则被控告者 1 521 名,存案者共 4 522 名。"按近年来汽车夫之需要,已供过于求。惟每月车夫薪工仍有加无减,盖被充当汽车夫时,贫困居多。惟其希望太奢或急欲致富,于是私与汽车公司或修理汽车行商议各种条件,以谋经济上之活动,此乃数见不鲜。"且上海汽车夫薪工颇不一律,富有经验者每月可得 80 元,"至于普通汽车公司之驾驶人所入极微,居于生活程度较高之地位殊不敷个人之用度。且出租汽车驾驶人,一不谨慎从事致肇祸端,而个人生计将愈不给"。②如 1927 年 1 月 24 日上午 11 时,徐长桂开驶 535 号汽车经过仁记路将行路的胡孙氏(云南妇人)撞到,碾伤腿部,由 1585 号华捕查见将该氏送医院医治。徐拘入捕房,查无开车执照,捕头即命拘押,25 日解临时法院,由李推事讯实以徐玩忽业务致人伤害,判罚洋 30 元,无照开车处罚金 5 元。③至 1929 年 9 月,公共租界撞毙 15 人中,自不小心 10 人,开车疏忽 5 人,"此项开车疏忽之人,皆以起诉于法庭,先后定罪在案"。④租界会审公廨 1927 年审理的违反交通规则案件见表 7-13。

表 7-13　1927 年公共租界会审公廨审理的违反交通规则案件表

事　由	合　计	外侨人数	华人人数
交通违章被起诉者	1 297	65	1 232
自行车执照违章被起诉者	1 128	3	1 125
马车执照违章被起诉者	7	无	7
二轮马车执照违章被起诉者	1	无	1
机动车执照违章被起诉者	2 321	62	2 259
交通违章未被起诉者	191	2	189
机动车执照违章未被起诉者	51	2	49
其他车辆执照违章被起诉者	340	11	329

资料来源:上海市档案馆编:《上海租界志》,上海社会科学院出版社 2001 年版,第 593 页。

① 海上说梦人:《新歇浦潮》,上海古籍出版社 1991 年版,第 742 页。
② 嵩生译:《一年来上海车务情形》,《申报》1923 年 3 月 24 日第 21 版。
③ 《汽车撞伤行人之发落》,《申报》1927 年 1 月 26 日第 13 版。
④ 徐国桢:《上海生活》,世界书局 1930 年版,第 58 页。

与此同时,华界的南市当局也开始对汽车实行管理,并拟定《取缔各种车辆规则》和《征收车辆税章程》,其中规定汽车上必须标明号数,营业汽车月捐2元,自备汽车月捐1元5角;车辆须靠马路左边行驶,凡汽车与汽车争先超越者,各处以10元以上罚金。①至1927年11月10日,上海特别市公用局施行《验车罚则》,"呈请市长核定,业奉指令照准":(1)扰乱验车场秩序者,送交公安局究办。(2)朦请检验达两次者,将原车充公。(3)违犯下列各项之一者,照该车应纳捐照费额加1倍处罚:(甲)已经检验合格再来购请检验,希图多领牌照;(乙)互相调换车上附件或零件,希图朦混检验合格证书;(丙)检验时,不听验车员指导达3次以上;(丁)失落牌照。(4)违犯下列各项之一者,罚银2元:(甲)失落检验合格证书;(乙)已经登记逾期始来请验;(丙)未经登记逾来请验;(丁)检验合格后逾三日始来请领牌照。②自1929年10月1日起,在华界驾驶汽车者,"如查无本市司机执照,即行照章处罚"(见表7-14)。③且前述《上海特别市管理汽车司机人规则》第八条规定,汽车司机人应于领照日起每满1年,将执照送请公用局审验1次,每次应纳手续费1元。至1930年4月,公用局"查各司机人领照,已满一年而未遵章送请审验者,为数尚多,昨特布告各司机人,如所领执照已届一年,应即呈验,否则一经查出,当照该规则第九条第九项处罚不贷"。④

进入20世纪30年代,公共租界1930年因车辆违禁判罚被控告者,计外侨337人、华人7 055人。⑤1931年,被控违犯交通章程计外侨703人、华人6 983人。工部局指印检验处收到各项指印共28 897件,其中7 351件证明曾定谳有案。此数为该处1910年成立以来"任何一年所有的最大数目"。其中,汽车夫为领取开车执照送到指印数5 628件,验明曾犯罪者指印数692件。杂项(捕房仆役请求服务的俄人保镖、公共汽车司机及阍巡士等)送到1 242件,验明犯罪447件。1932年,警务处交通股处理的违犯交通规则案件共46 591起,查得必须向法院起诉6 286起,被控究外侨615人、华人5 671人,"经查明为曾有情节严重之违章行为,或屡犯前此曾

① 上海市交通运输局公路交通史编写委员会:《上海公路运输史》(第一册),上海社会科学院出版社1988年版,第35页。
② 《公用局规定验车罚则》,《申报》1927年11月9日第14版。
③ 上海市公用局:《十年来上海市公用事业之演进》,1937年7月编印,第69页。
④ 《汽车司机执照》,《申报》1930年4月20日第15版。
⑤ 虞:《三十年来上海车辆消长录(续)》,《申报》1932年4月13日第15版。

表 7-14　上海特别市公用局取缔车辆罚款表（1929 年 3 月 1 日）

单位：元

处分办法	违犯款项	自用汽车	营业汽车	自用运货汽、拖车	营业运货汽、拖车	机器脚踏车、货车	自用、营业马车	自用人力车	营业人力车
原车没收车主司法机关究办	伪照号牌或执照								
	私打钢印								
缴保证金后至公用局登记领照财政局捐并照缴罚款款再领还保证金	保证金	50.00	80.00	50.00	80.00	15.00	15.00	10.00	20.00
	无牌照	20.00	30.00			8.00		10.00	
	无牌照及钢印			20.00	30.00		8.00	5.00	5.00
	借用他人牌照	24.00	36.00	24.00	36.00	10.00	10.00	6.00	
将车扣留或者缴保证金，嗣将所犯各项更正并照缴罚款或保证金	保证金	20.00	40.00	20.00	40.00	10.00	15.00		
	不钉号牌						2.00		1.00
	不钉前牌	3.00	4.50	3.00	4.50	0.50		0.50	
	不钉后牌	4.00	6.00	4.00	6.00	0.50	1.00	0.50	
	不钉小牌		2.00						
	不带执照	3.00	4.50	3.00	4.50	1.00	1.00		
	号牌钉挂不合式						1.00		
	前牌钉挂不合式	2.00	3.00	2.00	3.00	0.30		0.30	
	后牌钉挂不合式	3.00	4.50	3.00	4.50	0.40		0.30	0.20

续表

违犯款项	自用汽车	营业汽车	自用运货汽、拖车	营业运货汽、拖车	机器脚踏车、货车	自用、营业马车	自用人力车	营业人力车
小牌钉挂不合式		1.50				0.50		
后牌无红灯	2.50	4.00	2.50	4.00	0.30			
误带号牌或执照	6.00	8.00	6.00	8.00	2.00			
号牌与执照号数不符	6.00	8.00	6.00	8.00	2.00		1.00	
钢印与牌照号数不符	营业车一季捐相等数		6.00	8.00	2.00	3.00	1.00	1.00
私自载客或载货营业	同	一季捐相等数	营业车一季捐相等数			10.00	6.00	
用试车牌载客营业								
	10.00	10.00	10.00	10.00	10.00	5.00	4.00	

处分办法：将车扣留或者缴保证金，嗣将所犯各项罚款缴纳款后更正并领还原车或保证金

二次通知来受处分仍不遵从

备注：依据1929年1月16日上海市政府公布的各种车辆罚则制定，如有未尽处，以罚则原文为准。

资料来源：上海市出租汽车公司：《上海街道和公路营业客运（个别的公共交通）史料汇集》（第三辑），1982年3月油印本，第64页。

被警告之轻微过失"。1933 年,交通股记录的违犯交通规则报告共 53 034 起,经向法院起诉案件共 8 495 起,被控究外侨 650 人、华人 7 845 人。1934 年,交通股记录的违犯报告共 48 941 起,经向法院起诉案共 8 668 起,被控究外侨 590 人、华人 8 073 人。1935 年,交通股记录的违犯报告共 27 042 起,经向法院起诉案共 9 435 起,被控究外侨 1 198 人、华人 8 237 人,"此比任何其他年份为多。本处对于情节不重之违犯交通规则案件,仍照向来办法,以书面警戒,其案情细小者,即于违犯之时口头警戒,因此时间大见节省"。①

另从表 7-15 可见:随着车辆大幅增加,公共租界的交通事故很长一段时间内呈现上升趋势,但至 1933 年不再持续增长,这一成效是在车辆数明显攀升情况下实现。且 1937 年前的交通事故致死率与 20 世纪 20 年代相比,亦有所下降。相较同期欧美城市,租界交通事故的伤亡率较低。如纽约(1931 年)、伦敦(1931 年)、洛杉矶(1928—1929 年)、公共租界(1933 年)的致死率(每百万人分之一)分别为 15.9、16.5、25.7、10.7;致伤率(每百万人分之一)分别 769.8、679、950、449.5。②再如英汽公司 1933 年行驶公共汽车的意外事件比上年减少 21%,汽车平均每行驶 85 000 英里路程,发生重大意外仅 1 次,"就上海之交通状况而言,此种情形堪称良好"。至 1935 年,该公司车辆行驶发生意外事件"显见减少,良堪注意"。是年夏秋之交,曾连续行驶 1 369 767 英里而未发生 1 起致命事件,"足为本公司之一种记录";秋季时又连续行驶 1 219 650 英里,结果相同。全年平均计算每行驶 139 154 英里发生致人受伤或损坏物体事件 1 起;上年则平均每行驶 81 705 英里发生此项事件 1 起。同年,公共租界"各式车辆数目又均比往年为多。惟所发生意外事件及致命事件之数目,为近数年来之最少者,良堪满意",工部局警务处对于"公用车辆内乘客之拥挤,经特别注意,并以捕房之切实查禁,拥挤之情形确已减少"。③

简言之,近代上海交通繁忙增加事故的发生频率。如"五十年来,上海因了对内对外贸易上的发展,已变成中国一个最繁荣的都市。上海大人先

---

① 《上海公共租界工部局年报》(中文),1931—1935 年,上海公共租界工部局档案,档号 U1-1-957、958、959、960、961。
② 《上海公共租界工部局总办处关于提议改进交通管理事与上海汽车公会等来往函》,1933—1939 年,上海公共租界工部局档案,档号 U1-4-2445。
③ 《上海公共租界工部局年报》(中文),1933、1935 年,上海公共租界工部局档案,档号 U1-1-959、961。

表 7-15 1927—1941 年公共租界交通事故和违章案件统计表

年别	交通事故总数（件）	受伤数（人）	致死数（人）	违章经报告者（人）	华人经起诉者（人）	外侨经起诉者（人）	总计（人）
1927	8 127	2 968	123	—	1 232	64	1 297
1928	8 648	3 087	111	—	—	—	—
1929	9 691	3 447	141	—	—	—	—
1930	10 973	4 005	142	—	—	—	—
1931	12 948	4 570	143	39 681	6 983	703	7 686
1932	12 016	4 250	134	52 069	5 671	615	6 286
1933	13 571	4 495	107	53 034	7 845	650	8 495
1934	13 557	4 462	120	48 941	8 073	595	8 668
1935	9 632	3 918	85	27 042	8 237	1 198	9 435
1936	9 520	3 634	84	26 686	7 738	993	8 731
1937	6 601	2 572	85	32 831	6 088	861	6 949
1938	8 729	3 398	165	17 632	3 615	855	4 470
1939	9 159	3 446	182	21 109	4 462	783	5 245
1940	8 049	3 424	186	26 172	5 708	1 060	6 768
1941	7 183	2 508	120	27 505	7 224	1 349	8 573

资料来源：《上海公共租界工部局年报》，1931—1941 年，上海公共租界工部局档案，档号 U1-1-957、958、959、960、961、962、963、964、965、966、967；上海市档案馆编：《上海租界志》，上海社会科学院出版社 2001 年版，第 593 页。

生们事情太忙了，往来奔走就少不得要借汽车来代步。可是地窄人稠，怎能容得下许多汽车横冲直撞，因此便有不少的生命，给断送在四个无情的巨输之下了。工部局方面虽曾在各处马路上贴过'马路如虎口当中不可走'的含有警告性质的标语，只是汽车撞死人的惨案仍然不见减少。出事之后，驾车人提将官裹去，往往判决罚款五十元，赔偿死者的家属。所以当时就有'一命五十元'的愤激语。诗人天虚我生有首"公无出门"的诗咏叹道："门前道路生烟云，嗥嗥饿虎方成群，长房叱地使倒行，仙人足底生雷霆。夜深月黑鬼灯出，刮地罡风吹不灭，千金之子五十金，化作长弘土中血。"①继至抗战胜利后，前述《上海市汽车驾驶人管理暂行规则》第十九条规定"违章处罚"：

---

① 王一木：《行路难！行路难！》，《申报》1938 年 10 月 13 日第 14 版。

除非由公用局执行外,规定汽车驾驶人罚则如下:(1)凡逾期不来验照未满1个月者,罚锾1 000元;1个月以上6个月以下罚锾3 000元;6个月以上1年以内扣照(期限1—3个月,视超逾期限长短决定);期满1年吊销执照。(2)借用或顶替他人执照而经查明属实,除吊销其执照外,罚锾5 000元;其出借人同样处罚。(3)已领执照而驾驶时不随身携带、抗拒查验员查验,罚锾3 000元。(4)职业驾驶人如遇调换车辆牌号、迁移住址或歇业,不于5日内持同证件并执照等来局办理一切手续,除吊销其执照外,并罚锾5 000元。(5)执照如已损坏遗失或照片模糊而不换领新照者或在换领中未经核发,并无其他认可证件足资证明而仍驾驶汽车,罚锾3 000元。(6)驾驶人于接到公用局通知5日后不遵传到局候询,并不先期具函陈明理由,每逾1日罚锾1 000元,逾期9日以上者吊销执照。(7)未领驾驶执照而在本市各公路上驾驶各种汽车,罚锾5 000元,如有领具执照的驾驶人在旁指导,应受同样处罚。(8)学习驾驶人驾驶时,如无领有执照之驾驶人在旁指导,罚锾5 000元。(9)凡职业汽车驾驶人平时玩忽职务而态度不逊至难宽容,经其雇主具报属实,予以扣照处分。①即对汽车驾驶人等事宜作出具体的处罚决定。

(二)噪音和保释的处罚

1. 汽车噪音的处罚

在大城市中,"街道的交通充斥着奇异的色彩和音响"。②当时司机滥按喇叭的现象使上海租界居民深受其害,各种不满情绪涌现,"能被禁止扰乱商业城市的,仅仅是野鸟而已。商行却迟早得承受汽车喇叭声和电车嘈杂声"。③如至1911年,上海汽车"仍快速增加,去年很多不正常的汽车喇叭声现在很明显是没有了",该年警方记录217起涉及汽车噪音的事故。④1912年4月29日,西人威尔姆斯投书公共租界工部局总董:我代表长期受到困扰的居民通过你向工部局提出呼吁,请他们立即采取步骤以结束由于汽车喇叭所造成的难以忍受的噪音干扰。据我所知,伦敦市议会已对这个问题采取措施,即强制性要求用一种不讨厌的设备取代那些震耳欲聋的机

---

① 《公用月刊》第10期(1946年5月),转引自上海市出租汽车公司:《上海街道和公路营业客运(个别的公共交通)史料汇集》(第三辑),1982年3月油印本,第160—161页。

② [德]奥斯瓦尔德·斯宾格勒:《西方的没落》(第二卷),吴琼译,上海三联书店2006年版,第83页。

③ [英]库寿龄:《上海史》(第二卷),朱华译,上海书店出版社2020年版,第290页。

④ 上海市出租汽车公司:《上海街道和公路营业客运(个别的公共交通)史料汇集》(第五辑),1982年3月油印本,第51页。

件,而整个这段时期里,这里情况越来越糟。我建议欲申请汽车执照者亦须照此办理,方能获得批准。这种噪音的严重性已经干扰办公,由于被连续不断的噪音所打断,几乎很难再使用电话,这种噪音的确已经很难忍受,它对人的神经的影响实在无法形容。已经向警方抱怨过,他们表示无能为力,故此向你呼吁。我们只希望这件事不要不了了之;否则我们将召开一次声讨大会,坚持某些事情非做不可。工部局回复:我们现在申照条件中不允许警员对那些合符需要的机件进行严格的检查,新的申照制度已获批准,届时警员将能尽其所能减少你所憎恶的噪音干扰,但根治办法还须延至7月1日方能实行。同年间,一些通讯提到了汽车喇叭噪音法:狂揿喇叭决不是上海或中国司机所特有的。随着汽车交通在世界每一部分迅速增长,如何管理噪音这一给公众带来新烦恼的问题产生。给负责控制大城市交通的人的工作也带来困难。上个月报告中已经说及,最糟糕的是有些人为高速行驶而不受指责,就狂揿喇叭,还有一种情况,即初学或胆小的司机在发生事故后会说他们已经揿过喇叭了! 行人和汽车司机相互克制,方能解决这种困难。①

　　进而有人指出,"汽车驶行中,除喇叭声音外,一切其他嚣噪之声,皆为交通章程所禁止,此为世界各城市已共同采取者。最近巴黎人士有提起取缔汽车喇叭声音之举,凡多发声与高大怪声均在禁止之列,而将采用一种声音沉着者。按之事实,各处通行汽车之城市中人未有不嫌厌喇叭声之嚣噪者,尤以神经衰弱之辈最难忍耐。其用奇怪声音者,闻之甚有为之惊跃,而一般无知之车夫更妄用其喇叭,声声不绝,扰人尤甚。巴黎人士所欲更正此种烦恼,乃有倡用同声音沉着不扰之喇叭,并取缔用者无端发音,使市民得清静之福。然返察本埠汽车之多,所用发声之具不一而足。吾人日常充耳,当无有悦之者。华欲效巴黎人士之取缔法,目前为不可能之事。但吾人至少之要求,颇望本埠交通管理者能设法取缔各用汽车者,勿多发无谓之喇叭声,则吾人耳中不难减少若干之惊扰"。②1930年7月,法租界公董局警务处交通股在《公董局公报》及各大影剧院发布通告,并将通告内容以中法文印刷在车辆照会中。通告要求车辆驾驶者必须尽量少用汽车喇叭,减少由此产生的城市噪音;晚上23时至次日6时间,禁止使用喇叭;当驾驶者的车辆在另一停止车辆后面或当路面行人稀少时,同样禁止使用喇叭。③

---

① 《1912年市政公报》《1912年工部局年报》,转引自上海市出租汽车公司:《上海街道和公路营业客运(个别的公共交通)史料汇集》(第五辑),1982年3月油印本,第53、55页。

② 丁祖泽:《喇叭声音之取缔》,《申报》1926年11月6日第26版。

③ 上海市档案馆:《上海租界志》,上海社会科学院出版社2001年版,第594页。

由此,公共租界对于"汽车滥按喇叭之喧扰,曾极加注意。各汽车公司及运输公司均经本处给予通告,令其随时转嘱开车人从严遵守章程,现以大见改良",1932 年因滥按喇叭经惩罚的案件计 814 起,有 22 名车夫因屡犯此项过失,将其开车执照吊销。1933—1934 年,因滥揿喇叭经起诉案件分别 386 起、1 543 起,分别有 4 名、77 名汽车夫因再犯此项过失,将开车执照暂时停发。针对开车人滥按喇叭的现象愈加严重,此前《交通规则》第 30 条对此规定不够具体,1935 年 10 月 3 日工部局董事会颁布执行《取缔汽车滥揿喇叭》。该规章规定:任何车辆所装喇叭,不得过两具;使用时以发出短促尖锐声音为限,且为时不过半秒钟;复音喇叭绝对禁用;除紧急情形外,不得滥按非在行驶中车辆喇叭。至是年底,"交通规则第三十条经加修正,冀可使滥用喇叭者减少。且新条文经捕房确切实行后,显已著有成效"。该年因滥揿喇叭而被控诉并经定谳的开车人共 1 709 名。汽车夫因屡犯此项过失,将其开车执照暂时停发有 111 名。①

嗣后,工部局并未放松对此类违章行为的处置。为更好执行上述交通章程,1939 年 5 月警务处捕房把"开车人勿滥按喇叭"的大号招贴分送到各出租汽车行,并要求其张贴在房屋内,以起到时刻提醒的作用。②为杜绝滥用喇叭的现象,1941 年 5 月 19 至 24 日工部局举办取缔汽车喇叭声运动周。开展此项运动前的 5 月 16 日,车务处处长发表声明:"如各汽车主人能叮嘱司机者,只于正当时应用喇叭或尽量不用,则路上滋扰厌恶之喇叭声可充分减少。至于其他各车辆之驾驶者当以他法,促其注意喇叭厌恶声之重要性。故车主及驾驶者,如能予以相当臂助,则厌恶之喇叭声势必减至极少。"该项宣传活动开展期间,云飞、美通、利威(如图 7-3)、大华等出租汽车行与捕房密切配合并联名呼吁:"司机人注意! 切不可于非必要时,按用喇叭。一声短促之声已颇足够,如汝之喇叭发声太响,请至下列任何一车行将声浪减低,并不需费。"③活动期间,法租界公董局警务处及日军与外国驻沪领事也予以合作,经各方努力及督查,滥用汽车喇叭声音的行为有所减少。④由见,上海当局关于"汽车滥按喇叭之喧扰,曾极加注意,结果为有多数人经被惩罚。又有数人因系再犯,将其开车执照停止"。⑤

---

① 《上海公共租界工部局年报》(中文),1932—1935 年,上海公共租界工部局档案,档号 U1-1-958、959、960、961。
② 马长林、黎霞、石磊等:《上海公共租界城市管理研究》,中西书局 2011 年版,175 页。
③ 《工部局总办处反对汽车喇叭闹声运动》,1941 年 5 月,上海公共租界工部局档案,档号 U1-4-2457。
④ 《上海公共租界工部局年报》(中文),1941 年,上海公共租界工部局档案,档号 U1-1-967。
⑤ 《上海公共租界工部局年报》(中文),1931 年,上海公共租界工部局档案,档号 U1-1-957。

图 7-3 利威汽车行 1903 年创办,其店内盘旋而上的室内车道为沪上罕见

图片来源:《上海印记:八十年前上海的汽车和车行故事》,"上海发布"2017 年 9 月 16 日。

2. 违章保释金的执行

为确保交通规则的实施,公共租界工部局与会审公廨达成协议,由捕房负责向违反交通规章的车主或司机发送传票,由会审公廨审理。会审公廨交通法庭每周开庭一次,但因大量类似案件的增多,难以及时处理。1926 年 2 月工部局发出通告:凡被指控违反交通规章的违章者,可采用缴纳保释金的方式免除其必须出庭答辩。保释金将按照法庭的命令来处罚,并要求在 48 小时内交给发出传票的官员或者警务处交通股(见表 7-16)。①为避免巡捕利用职权,警务处与会审公廨达成共识:巡捕无处罚权,只是根据标准代收保释金。工部局的出发点是:尽管交纳保释金的做法对警务处来说帮助不大,但能够减少会审公廨交通法庭的工作量,亦方便违章者。②由此,轻度

---

① 上海市档案馆:《上海租界志》,上海社会科学院出版社 2001 年版,第 592 页。

② 《上海公共租界工部局总办处关于较小的交通事故和交通法庭事》,1926—1927 年,上海公共租界工部局档案,档号 U1-3-3028。

的交通违章案件采取缴纳保释金的方式,既便利违章者亦节省警力。

表 7-16　1926 年公共租界各种违章缴纳保释金数额表

违章项目	保释金额(元)	违章项目	保释金额(元)
无尾灯	3.00	无前灯	5.00
无灯	8.00	在南京路和四川路街角处右转弯	3.00
在爱多亚路和西藏路街角处不绕过巡捕岗亭	3.00	尾灯未显示红色	2.00
牌照无灯照明	2.00	喷射烟雾	1.00
只有一个前灯	2.00	在车前牌照上未装瓷漆圆牌	2.00
在南京路上停放空车	2.00	无规定的牌照	2.00
人力车兜揽觅客	3.00	汽车未悬挂指定红旗者	1.00

资料来源:上海市档案馆:《上海租界志》,上海社会科学院出版社 2001 年版,第592—593 页。

随之,鉴于会审公廨对一些轻微交通违章常从宽处置,以致公共租界内交通违章没有显著好转,1926 年 12 月 6 日召开工部局警备委员会和工务委员会联席会议中,委员们提出议案,要求工部局成立专门的交通法庭或交通违章科,以及时处理性质严重交通违章案件以外的所有其他案件。但警务处处长认为应征得其他领事法庭一致同意,警务处帮办提出首先要与捕房律师商议,然后再考虑其他问题。12 月 8 日,警务处捕房律师达成四点共识:(1)接受违章者保释金的人员应由警务处任命;(2)必须争取到各国领事法庭的一致同意;(3)就目前会审公廨所采取的办法,其他法庭也许会采纳;(4)最恰当的做法就是工部局规定各车辆预先存放一定数额的押金,若不遵守交通规章则把押金转为违章罚款,严重违章者仍要被起诉。[1]同时警务处长指出:交通巡捕在起诉交通违章案件时将耗费大量时间和劳动,组建交通法庭用以处理情节较轻的案件迫在眉睫,但必须征得各领事法庭的同意。交通委员会则认为:许多民众不愿意揭发轻度违章行为,原因在于不想把时间花费在法庭充当证人上。且组建交通法庭可能超越了政治权限,但定期组建类似的机构处理违章案件或授权交通巡捕直接处罚轻度违章人

<hr>

[1] 《上海公共租界工部局总办处关于较小的交通事故和交通法庭事》,1926—1927 年,上海公共租界工部局档案,档号 U1-3-3028。

员,可能对交通管理有所帮助。1927年底,英美两国会审官最终达成共识,认为组建交通法庭可节省会审时间,毫无疑问将受到公众欢迎,但亦会导致削弱英美两国侨民治外法权的严重后果。①最终,该议案因各方认识不一而搁浅。

至1933年,上海华界出租汽车行业也采取缴纳肇事保证金的管理形式,车行共66家、汽车505辆,缴纳营业汽车第二期肇事保证金共计5 050元(见表7-17)。1935年,公共租界工部局警务处责令违犯交通规则的人缴纳保证金的办法,"曾引起若干误会,须知此种办法,系与中国法院合作而设立。藉图民众之便利,不应与罚金混为一谈。每违犯交通规则一次,应缴纳保证金若干。经由法院裁定。违犯规则之人,倘于被控之案不欲抗辩而不到案,则其所缴之保证金,当被没收"。该年所控该类案件共计8 646起,其中被告缴纳保证金而被没收为2 997起。②

表 7-17 上海市营业汽车肇事保证金第二期清单(1933 年 5 月 15 日)

行　名	辆数(辆)	金额(元)	行　名	辆数(辆)	金额(元)
大华	8	80	福来(即中央)	4	40
大康	5	50	天天	3	30
大隆	10	100	民国	11	110
大中	4	40	卡德	3	30
大德	8	80	永安	10	100
大安	5	50	四川	7	70
大来	5	50	四川荣记	5	50
上海	2	20	有利	3	30
公利	2	20	光陆	5	50
友宁	3	30	西城	6	60
中西	3	30	北方	4	40
中美	7	70	好友	6	60
公安	5	50	东新	4	40
中央	3	30	金星	4	40

---

① 《上海公共租界工部局总办处关于中国汽车总会索取红绿灯使用办法事》,1927年,上海公共租界工部局档案,档号U1-3-3349。

② 《上海公共租界工部局年报》(中文),1935年,上海公共租界工部局档案,档号U1-1-961。

行　名	辆数(辆)	金额(元)	行　名	辆数(辆)	金额(元)
东城	7	70	隆昌	2	20
亚洲	5	50	新新	6	60
东来	4	40	爱多	5	50
南方	5	50	福泰	5	50
纽约	4	40	福州	5	50
南京	6	60	沧州	1	10
伦敦	3	30	华丽	8	80
特飞	3	30	兴隆	6	60
海宁	3	30	亿太	10	100
华鑫	7	70	兴发	7	70
华北	42	420	兴华	5	50
东方	3	30	华安	3	30
真茹	9	90	扬子	9	90
祥生	134	1 340	霞飞	5	50
飞利	5	50	瀛海	5	50
华洋	2	20	中山	4	40
万国	7	70	中国搬场	3	30
森村	4	40	淞沪	6	60
顺记	5	50	中华	7	70

资料来源：上海市出租汽车公司：《上海街道和公路营业客运（个别的公共交通）史料汇集》（第四辑），1982 年 3 月油印本，第 67—68 页。

综上所述，城市社区有各种力在起作用——其实在人类生存环境的任何自然领域内均如此——这些力会逐渐把人口和社会机构组合成为一种特有的秩序。[①]迨及近代，"上海是国际的大都市，应该有一个良好的模范，为全国的标准，上列数端，吾人甚愿靠大家的努力能够推行出来。吾人要达交通'安全'的目的，希望各方面都能合作，如行人、驾驶人、乘客、摊贩、警士、还有学校当局。这军、政、民三方面的人，身体力行，经常警觉，守法不渝，然

① ［美］R.E.帕克、E.N.伯吉斯、R.D.麦肯齐：《城市社会学》，宋俊岭等译，华夏出版社 1987 年版，第 1 页。

后才能完成一个有秩序保安的中国第一大都市"。①进而,上海城市当局"执行稽查车辆事宜,以取缔违章车辆,保障行车安全,经积极整顿,目前车辆违章及肇祸案件,已日渐减少"。②揆厥原因,面对交通事故频发的现实,近代上海租界、华界通过设置管理机构和建构交通规则、执业训练和从业考验、管控车辆行驶和停放及处置交通违法行为等模式展开治理,致使肇祸逐而递减,这是车辆数攀升态势下所呈现,凸显出交通治理成效,亦确保城市功能和社会秩序循是以进。③近代上海在城市交通治理领域取得一定的进步与成效。

① 赵曾珏:《上海之公用事业》,商务印书馆 1949 年版,第 183—184 页。
② 上海市公用局:《十年来上海市公用事业之演进》,1937 年 7 月编印,第 62 页。
③ 李沛霖:《近代上海公共租界城市交通治理探析》,《历史教学》2020 年第 2 期。

第八章　汽车运输与城市文化的互动

　　"城市文化"亦称"城市主义",[①]是市民在长期的生活过程中共同创造的、具有城市特点的文化模式,是城市生活环境、生活方式和生活习俗的总和。[②]城市文化一般分为三个层次即城市物质文化、制度文化和精神文化。[③]一个城市的文化在形成与发展过程中,必然要和城市的人口、工业、商业、交通、生活等发生互动,并渗透到人们的衣食住行等行为模式中去。[④]即城市性的交通运输系统和贸易路线的延伸早已开始,交通路线不断向远处延伸,人群和各种文化也随之逐渐混杂。[⑤]如"公路交通之发展,至有裨于内

① 城市文化与美国学者路易斯·沃斯提出"城市主义"概念相近。城市主义(Urbanism)是生活在城市(人口达到一定规模、密度和异质性后的结果)里人们的生活方式,是一个动态过程,是人们对城市里各个场所的使用与认同。这一过程在一系列文化、社会和政治影响力相互作用背景下发生。城市主义和城市文化这两个术语在使用中可互换。参见〔澳〕德波拉·史蒂文森:《城市与城市文化》,李东航译,北京大学出版社2015年版,第180页。
② 城市文化相对农村文化而言,它包括物质文化和非物质文化。前者属物质的或有形的器物用品,如城市建筑、园林、公共文化娱乐设施、交通工具等。后者为社会心理、价值观念、艺术及城市居民的生活方式等。城市文化结构是城市文化质、城市文化丛、城市文化模式等不同层次的综合体。城市文化质是城市文化有别于他种文化的最小单位,城市文化丛是文化质的一种复合体,是许多文化质按一定方式的聚合。城市文化质总是聚集为文化丛而存在。如地铁作为城市交通工具是一种城市文化质,但围绕地铁,产生行车安全准点、乘车文明、调度合理、车站和车体广告等一系列文化质,从而形成以地铁为中心的城市文化丛。参见张钟汝、章友德等:《城市社会学》,上海大学出版社2001年版,第169—170页。
③ 城市物质文化包括城市布局、城市道路、城市通讯设施等人工环境所构成的物质文化外壳。城市精神文化是以思想观念形式存在于市民大脑中的,如城市居民的价值观、精神追求、精神境界、理想理念、伦理道德、传统、风俗习惯。城市制度文化是城市居民的行为方式以及指导、影响、支配城市居民行为的规范、准则和城市居民价值观念以及行为心理的总和。参见陈立旭:《都市文化与都市精神——中外城市文化比较》,东南大学出版社2002年版,第26—34页。
④ 张钟汝、章友德等:《城市社会学》,上海大学出版社2001年版,第177页。
⑤ 〔美〕刘易斯·芒福德:《城市发展史——起源、演变和前景》,倪文彦等译,中国建筑工业出版社1989年版,第47页。

地农村之开发及都市经济之繁荣,而文化知识之灌输,亦为发展公路时,不可或容忽视之因素";①且汽车的普及促使城市离散、郊区繁荣和乡村相对集中。这种城乡间的重新布局反之刺激对汽车的需求,改变人们的生活方式。②20世纪初,上海正式形成全国文化中心,至30年代达于极盛。特殊的政治格局,雄厚的经济实力,四通八达的交通,信息灵捷的通讯网络,这些都是上海成为全国文化中心的重要条件。③由是,西方近代文明的器物如汽车等大量输入上海,从交通工具到生活用品不仅引起上海人对器物文化整体观点的改变,进而产生广泛而强烈的城市文化效应。

第一节　汽车运输与社会文化

每一个社会都部分地由文化构成并在其基础上运行。不同于动物,人类是文化的存在。④而交通本身就是社会文化的一部分、产物和体现。同时,交通对整个社会文化的发展和传播也有至关重要的影响。⑤如工业革命后,近代器物的演变、发展呈现加速状态,火车、轮船、飞机、汽车、电话、照相机等新器物层出不穷,全面、广泛而深刻地改变了人们的生产和生活方式。⑥从而,汽车作为现代文明的标志,不仅是一种运输工具,且代表一种生产方式和生活方式;⑦汽车成为连结近代城市社会的重要纽带,对生活方式、社会文化的影响至巨。

一、形塑规则和安全意识

（一）乘车时间的规则

西方先贤如亚里士多德和牛顿相信绝对时间,"他们相信人们可以毫不含糊地测量两个事件之间的时间间隔,只要用好的钟,不管谁去测量,这个

---

① 苏浙皖京沪五省市交通委员会:《苏浙皖京沪五省市交通委员会三年来工作概述》,1936年1月编印,第27页。
② 曹南燕、刘立群:《汽车文化——中国面临的挑战》,山东教育出版社1996年版,第84—85页。
③ 张仲礼主编:《近代上海城市研究》,上海人民出版社1990年版,第877页。
④ [英]戴维·英格利斯:《文化与日常生活》,张秋月等译,中央编译出版社2010年版,第6页。
⑤ 黎德扬、高鸣放、成元君等:《交通社会学》,中国社会科学出版社2012年版,第316页。
⑥ 熊月之:《西风东渐与近代社会》,上海教育出版社2019年版,第201—202页。
⑦ 曹南燕、刘立群:《汽车文化——中国面临的挑战》,山东教育出版社1996年版,第164页。

时间都是一样的"。在广义的相对论中,空间和时间变成动力力量:当一个物体运动时或一个力起作用时,它影响空间和时间的曲率;反之,时空的结构影响物体运动和力作用的方式。空间和时间不仅去影响且被发生在宇宙中的每一件事所影响。①事实上,时间观念在市场经济中地位尤显突出。在现代经济生活中,空间贬值,时间升值。由于现代交通通信工具的日益先进,已出现统一的国际市场,使远隔重洋的经济联系似乎近在咫尺。时间日益显得宝贵,它意味着财富。②而运输需求最显著特征之一,就是它随着时间的变化做规律性波动;③如"运载之具之藉机力为推挽,俾乘客得减其光阴与金钱之耗费,而增其交通或往返之便利"。④从而,城市空间距离的不断扩大,加之工作时间的普遍需求,大量职业人口在高峰期需要在同一时间段内出行,且众多人口须借助更加迅捷的交通工具才能按时到达工作场所。⑤即交通必须在恰当的时间内把人们送到要去的地方。对公共交通服务而言,可达性和系统的效率同样重要。⑥如汽车是人们普遍的关于征服时间和空间距离的梦想的实现。⑦即"汽车行驶便捷,在二三小时内,可周行全城街市。以之宣传广告,在最短时间内可使全城街上行人住家,莫不知某公司之营业性质与夫出品名目,法至善也";⑧且"公共汽车于吾人有莫大之利便,且行驶颇速,票价不贵,于吾人经济上时间上俱有利益"。⑨

首言上海租界。公共租界公利汽车公司 1922 年 8 月 13 日通车当天,即在《申报》刊登启事:"要求事业速成,必须交通便利;要求事业速成,必须时间经济。请看欧美列强,由人力车而马车,由马车而脚踏车而汽车、电车,愈来愈省时间,有利于农工商学各界,本企业有鉴于此,特向德国名厂,购来可载多数乘客之大汽车一部,车之精美,座位之佳妙,有胜于京津头等火车焉,上海实无第二乘。"⑩斯时,"公共汽车之宜驶,行经本刊竭力鼓吹,竭力

①　[英]史蒂芬·霍金:《时间简史——从大爆炸到黑洞》,许明贤等译,湖南科学技术出版社 2002 年版,第 17、33 页。
②　周稽裘:《创业基础与实务》,苏州大学出版社 2000 年版,第 147 页。
③　[英]肯尼斯·巴顿:《运输经济学》,李晶等译,机械工业出版社 2012 年版,第 65 页。
④　甘作霖:《上海三电车公司之组织》,《东方杂志》第十二卷第一号,1915 年 1 月 1 日发行,第 10 页。
⑤　徐涛:《自行车与近代中国》,上海人民出版社 2015 年版,第 311 页。
⑥　张文尝、马清裕等:《城市交通与城市发展》,商务印书馆 2010 年版,第 84 页。
⑦　曹南燕、刘立群:《汽车文化——中国面临的挑战》,山东教育出版社 1996 年版,第 103 页。
⑧　范凤源:《汽车的广告术》,《申报》1927 年 12 月 24 日第 5 版。
⑨　陈幼敬:《恢复闸北公共汽车之商榷》,《申报》1927 年 7 月 9 日第 24 版。
⑩　《华商公利公司开行圆路汽车启示》,《申报》1922 年 8 月 14 日第 1 版。

提倡,以及多数人之建议,多数人之讨论。于是有华商公利公司驶行静安寺曹家渡间之圆路汽车出现,此实公共汽车之曙光,公共汽车之先导也。惟规模粗具驶行车辆惟一部以应乘客之需,究竟我国汽车尚在萌芽时代,则公共汽车如是设置,不得称为规模太小。此段路线平时只有少数人力车,以供顾客之雇乘,且至少须费三四十分钟之光阴,设遇要事颇感不便。今有汽车驶行转瞬即达,即免时光之耗费又不致有误要事,将来营业发达定操胜券"。①进而,有人提议通行夜间公共汽车,"公共汽车既已发轫,实行之期当亦不远。然照普通之规定,必有营业之时间,以上海情形而论,至迟一点钟车即停止营业,孰知人事日繁,终夜路上固未绝行人,公共汽车宜日夜不停,庶几便利"。②

　　至 1924 年 10 月《申报》广告栏刊登一条广告,以英汽公司名义告诉市民,10 日开行英商九路公共汽车,由黄浦滩经爱多亚路到静安寺,每日早上 7 点半开车至晚 11 时收车,每隔 5—8 分钟开车一次。通车当日有数语略为报道:"车身黑色,较电车之拖车略小,坐位不分等级,昨日为驶行第一日,因知之者尚少,乘客寥落。"③通行一年后,该公司公共汽车"急宜改革者,曰时刻宜准确。常有在停车处候车至二十分钟而不见来者,或有二辆齐来者,其故由于一车往返时间或快或慢不能确计,若二车开行距离有一定时间则乘客更当踊跃也。沿途停车,在初创时为逢迎乘客计不得而,然长此以往援为成例,因一人之便而令多数人受其影响,且开车人因之对于车行时刻不得把握,以后似除规定停车处外,余皆宜拒绝"。④至 1926 年,公司的九路、十路公共汽车每日上午 9 时至 11 时 30 分,下午 2 时至 4 时为减价时间,但星期六下午及星期日除外,车资概自 5 分起算,九路 1 角 5 分、十路 2 角止。各车开行时间以十路为最长,由韬朋路抵曹家渡需时 40 分钟,九路自外白渡桥抵静安寺需 20 分钟,五路自三茅阁桥抵沪宁车站需 14 分钟,二路自二洋泾桥至分园靶子场需 13 分钟,每相隔七八分钟开车一次。"然若中途有事或紧要路口车辆往来多而停留者,其时间不免稍有参差。其他尚未通行者,因车辆不及制配且路线亦未规订,刻下正在建议扩充路线中。该公司之汽车,各公司机关团体学校等如有应用亦可出租。"⑤

---

①　胡铸:《公共汽车之曙光》,《申报》1922 年 9 月 9 日第 22 版。

②　英:《我所希望于上海交通者》,《申报》1923 年 6 月 23 日第 22 版。

③　周源和:《上海交通话当年》,华东师范大学出版社 1992 年版,第 80 页。

④　霖:《谈租界公共汽车》,《申报》1925 年 3 月 21 日第 21 版。

⑤　KK:《公共汽车与无轨电车》,《申报》1926 年 4 月 17 日第 23 版。

嗣至 1932 年,公共租界开辟的跑马厅路为西区商业中心区域的另一路径,"为中区与西区间之另一通衢,于减轻静安寺路车辆忙冗时之拥挤颇有裨益,颇能使车辆忙冗时之拥挤减少至若干限度。将是项侧路东首再加宽之后,当更为民众所乐用"。据汽车试验表示,在车辆拥挤时,由此项侧路来往于西藏路及静安寺路与西摩路转角之间,比直接取道静安寺路,各可节省时间 4—6 分钟。1934 年,英汽公司"专致力于补救乘客之过于拥挤情形,并使服务改良进步。为使民众在最忙冗及通常时间,均有常川来往之车辆可乘起见,经将公共汽车之往返次数按照乘客数目而增加",采用双层公共汽车并将路线及时刻表整理,此外又添设路线二条,5 月开始增加车辆往返次数办法,"公司之开支虽不免因此增加,但此种办法之为民众所欢迎则无疑义"。11 月 19 日,公司添设简便路线(第一路甲),"在交通忙冗之时"自哥伦比亚路与大西路交叉处开行,经过大西路至乔其饭店,然后沿第一路路线直抵虹口公园而返。12 月 19 日,其又为第一路甲添设一条补充路线,车辆终日往返于乔其饭店及哥伦比亚路与大西路交叉处之间,每次 20 分钟,"深望各该新路线能为民众所欢迎,俾不致等于虚设"。①再因"本市未尝有过此项汽车",该公司自同年 8 月 27 日起更改为上午 8 时由兆丰花园行驶至夜 12 时止,"因天气渐入秋序,乘客正好及时兜风行乐"。②至 1936 年,英汽公司计分 11 条路线,专门行驶于公共租界"区域内各热闹街道并于每天公忙时候,开驶特别快车"。③由见,彼时上海市民对于客量众、迅捷、准时的汽车等现代交通工具产生出"派生需求"。

再言上海华界。在闸北区域,华汽公司 1929 年 10 月缩减行车时间,第二、三两路晚上均提早停驶。即其第二路往来北四川路与恒丰桥间,原定每日自上午 6 时起通车至下午 9 时 46 分停驶;第三路自北火车站至真茹,每日自上午 6 时起至下午 8 时 45 分止。"近因时入冬令,气候渐寒,且第三路时有盗徒出没其间,该公共汽车曾两次被劫,夜晚乘客群相裹足",定自11 月 1 日至次年 2 月底,将二、三路分别提早于晚上 9 时 2 分、7 时 45 分停班。每日第一班均于上午 6 时起开行,已奉公用局指令照准。④1931 年,该公司有 25 部车辆备充、分行二条路线,行车时间应需要88 464 小时,因车辆

---

① 《上海公共租界工部局年报》(中文),1932、1934 年,上海公共租界工部局档案,档号U1-1-958、960。

② 《双层公共汽车》,《申报》1934 年 8 月 26 日第 14 版。

③ 柳培潜:《大上海指南》,中华书局 1936 年版,第 27 页。

④ 《华商公共汽车缩减行车时间》,《申报》1929 年 10 月 25 日第 15 版。

在途被坏无车替代费时 7 092 小时,实得行车时间 81 372 小时。平均每日实用车辆 15 部,依规每日每车行走时间平均 15 小时。① 至 1933 年 5 月,公司"自行驶真茹特别快车以来,迄今月余,地方人士咸称便利",行车时间每日原定上午 7 时至下午 7 时止。而该处居民与暨南大学又向公司请求"星期六与星期日员生及居民往来较多且归来稍晚,着对该两日放长行驶时间"。公司"乃服务交通责任所在,故应其所请",定自 13 日起每逢星期六日,将特别快车行驶时间延至下午 9 时止。② 自 1934 年 9 月 29 日起,该公司行驶真茹暨南门口的三路特别专车改为普通车,停车终站照旧,但车资与分站悉参照行驶无线电台的普通车办理,前行车班次由北站开定每 18 分钟一班,将专车改普通车,9 分钟开一班。③

继至 1936 年,华汽公司第一、四、五路末班车由北站均在下午 9 时半间,"值此夏令,游览市中心区第一公园、市游泳池者甚众",上星期日游泳者788 人,公司为便利需要定 7 月起每逢星期六日,将上项路线放长行车时间及班次:一路(江湾)末班由北站开下午 10 时,四、五路(市府及宿舍)末班下午 10 时 15 分,并自 9 时后每 15 分钟开车一班,平日仍照原定时间和班次。④ 且公司第六路的行车时间原定上午 6 时至下午 11 时,嗣该路"每当晨晚,乘客寥若晨星,迫放时势所需,以免车辆空驶而徒费消耗起见",1937 年 2 月 15 日起其缩短行车时间,由黎平路的头车改上午 7 时开、尾车下午 8 时开,水电厂头、尾车均上、下午 7 时 30 分开。⑤ 自 1936 年该公司将江湾一路车分甲、乙两线行驶以来,"乘客见乙线时间经济两便,现均舍甲线而乘乙线。兹该公司鉴于跑马厅已停赛,且复旦大学员生又转乘四五路车,是以行驶甲线只西宝兴路略有乘客上下,至其他各站实寥寥无几,为免供过于求而维血本关系",自 1937 年 3 月 1 日起将一路甲线暂停,乙线照常行驶;同时维持西宝兴路交通,将第四路改行西宝兴路、水电路、翔殷路原线而至市政府。"全线车资分站,除青云路站改设三阳路,柳营路站改设八字桥外,其余均照原定。且逢跑马厅复赛时,略行专车,以利观众"。⑥ 且公司此前的市政府至殷行区段路线,"因乘客稀少,遂暂以停办"。但应该区人士请求,约

---

① 《上海市公用局关于 1932 年份华商公共汽车公司呈报开会并职员变迁》,1932 年 6—7 月,上海市公用局档案,档号 Q5-2-603。
② 《华商公共汽车真茹快车延长时刻》,《申报》1933 年 5 月 13 日第 11 版。
③ 《闸北公共汽车新讯》,《申报》1934 年 9 月 29 日第 14 版。
④ 《闸北公共汽车星期六日增加班次》,《申报》1936 年 7 月 1 日第 16 版。
⑤ 《闸北六路公共汽车缩短行车时刻》,《申报》1937 年 2 月 15 日第 15 版。
⑥ 《闸北公共汽车要讯》,《申报》1937 年 2 月 28 日第 11 版。

定 1937 年 6 月 5 日起将该段开驶特别班,由殷行开行车时间上午 7 时至 9 时、10 时半至 1 时半、下午 4 时半至 7 时,每小时开一班,"详细班次在该两终站已有标贴,车资不拘远近",一律法币 7 分。①

在南市和浦东区域,因"平时不照规定,任意增减车辆,延误乘客不浅",1929 年 5 月上海市公用局饬令沪南公司"上月中趁龙华香讯开车经过龙华,致原途车辆缺少,延误时刻而又未于各站布告通知,实属妨碍交通",经该局呈报市政府,核于该公司保证金项下依照商办公用事业监理规则由财政局没收 50 元,罚其延误时刻,"以示儆戒"。②11 月,该公司第一路以小东门外集水街一段翻造房屋、放阔路面,暂行停驶;第二路由龙华直达老西门方浜路,穿小东门行民国路,乘客便利,车辆已增至 12 辆,每 7 分钟一班,"悉该公司已购备新式汽车十余辆,呈准公用局扩充第三路线,由老西门往南走中华路圆半路。故南市交通,日见发达"。③而《上海市公用局筹办沪南公共汽车计划书》(1933 年)营业计划规定:(1)班次(行车时间):第二路上午 6 时至下午 8 时,共 14 小时;第三路上午 7 时至下午 9 时,共 14 小时。(2)每班行车时间:第二路 25 分钟,第三路 20 分钟。(3)每班相隔时间:第二路最多 20 分钟,最少 10 分钟;第三路最多 10 分钟,最少 5 分钟。(4)每日两端共行班数:第二路 120 班＝2(4 时×6 班＋6 时×4 班＋4 时×3 班);第三路:252 班＝2(4 时×12 班＋6 时×9 班＋4 时×6 班)。④至 1935 年,公用局公共汽车管理处的高桥区行车时刻见表 8-1。

表 8-1　浦东高桥区公共汽车时刻表(1935 年)

班次	高桥码头—高桥海滨			高桥海滨—高桥码头			班次
	高桥码头开	高桥镇开	高桥海滨到	高桥海滨开	高桥镇开	高桥码头到	
					6:20	6:30	1
2		6:30	6:40	7:10	7:20	7:30	3
4	7:20	7:30			8:20	8:30	5
6	8:20	8:30	8:40	9:10	9:20	9:30	7
8	9:20	9:30	9:40	10:10	10:20	10:30	9

① 《闸北公共汽车直达虬江码头殷行区开特别班》,《申报》1937 年 6 月 4 日第 13 版。
② 《公共汽车延误时刻》,《申报》1929 年 5 月 24 日第 16 版。
③ 《沪南公共汽车扩充第三路线》,《申报》1929 年 11 月 2 日第 15 版。
④ 《上海市公用局兴办沪南公共汽车》,1933 年 8—10 月,上海市公用局档案,档号 Q5-2-530。

续表

班次	高桥码头—高桥海滨			高桥海滨—高桥码头			班次
	高桥码头开	高桥镇开	高桥海滨到	高桥海滨开	高桥镇开	高桥码头到	
10	10:20	10:30	10:40	11:10	11:20	11:30	11
12	11:20	11:30	11:40	12:10	12:20	12:30	13
14	12:20	12:30	12:40	13:10	13:20	13:30	15
16	13:20	13:30	13:40	14:10	14:20	14:30	17
18	14:20	14:30	14:40	15:10	15:20	15:30	19
20	15:20	15:30	15:40	16:10	16:20	16:30	21
22	16:20	16:30	16:40	17:10	17:20	17:30	23
24	17:20	17:30	17:40	18:10*	18:20*	18:30#	25
26	18:20	18:30	18:40				27
28	19:20	19:30	19:40				29
30	20:20	20:30	20:40	21:40#	21:50#	22:00#	31
备注	* 星期六星期日衔接渡轮直达上海;星期一至星期五衔接渡轮开至庆宁寺为止;# 专班直放上海						

资料来源:柳培潜:《大上海指南》,中华书局 1936 年版,第 35 页。

另据该管理处 1936 年 9 月 10 日报告:如更改路线须将车辆由 6 辆增至 9 辆,每班相隔时间为 12 分钟。"将来二路之线应于鲁班路以东车辆行驶较为频繁,以西不妨较为疏稀",如四路在斜桥新添 12 辆,除二路 9 辆外尚余 3 辆,1 辆作为备车,1 辆加入四路,1 辆加入浦东。"惟开辟路线,对于市政方面关系极大。查新辟第二路路线早经勘定,票价亦经拟妥",其沿线各站亦经会同公安局查勘,指定新购柴油公共汽车 12 辆已经验收到处,拟定 9 月 20 日起即行通车行驶 10 辆,每日上午 6 时 12 分起至下午 9 时止,每隔 5 分钟一班,均由漕河泾镇起点,5 辆经老西门达十六铺,5 辆经斜桥直达十六铺,"并请函达公安局饬警沿途保护,以维交通"。① 嗣至 1937 年 5 月,该处的浦东东昌路至洋泾区公共汽车,"创设试办以来,确能便利民众出入。惟行驶时间,因该处路线迄今未有路灯设置,以致夜间汽车行驶颇感困难,不能延长时间",末班车为东昌路 7 时、洋泾为 8 时 20 分,"际此夏令,日

---

① 《上海市公用局关于公共汽车扩展新线》,1936 年 5—9 月,上海市公用局档案,档号 Q5-2-382。

常旅客出入甚众,而于八时左右汽车已无行驶,未免时间太早。旅客雇坐人力车:一则价昂而迟缓;二则乡荒僻野盗贼横行,于乘坐人力车者(由东昌路至洋泾)中途被劫,时有所闻,如遇天雨泥路难行,旅客莫不怨声载道",市民呈请市府建议夏令之际能酌增行驶时间 10 时或 10 时半左右,"一方面筹设路灯,以利夜间行驶"。①

一言蔽之,城市交通定律"是将一个人从此点到那点需要的最短路线与最少的时间为标准……公共车辆全为市民之便利,除了救护车、救火车与警备车之外,他有超越其他车辆的便利"。②即"公共交通工具,为群众而设施","盖都市往来者,大都为短途程间上下之乘客,勾留之时间有限",③如汽车改变了人们的空间观念,对城市形态产生结构性的影响。④由此,近代"上海人士时间即金钱,故汽车营业日盛",⑤从而使城市民众的时间观念发生转变。

(二) 乘车行为的规制

流动性是城市生活方式的重要特点之一。随着经济发展、文明进步,社会由封闭走向开放,城市人口流动的规模、频率越来越大。人口流动性及其生活空间拓展,又会扩大人际交往。城市居民交往面扩大、交往活动多样化,使其日常生活呈现开放状态。⑥伴随近代上海人口流动的加剧,公共汽车在"公共租界、法租界、闸北都有。公共租界初行公共汽车的时候,乘的人很少,到了现在也是很拥挤了"。⑦但在交通行为中,部分市民无视交通法规,并不太顾及其公共行为对他人和社会的负面影响,如机动车司机不让道,可要他人让道拼命按喇叭;行人过马路无视交通信号灯,认为车辆不敢撞上来;乘电车或公共汽车,无论多拥挤都要挤上车,可一旦上车就不允许其他乘客上来等。⑧这些交通陋习与城市市民所要求的行为规范形成较大反差。

具如 1925 年 10 月,沪北兴市公共汽车公司呈请淞沪戒严司令部取缔军人乘车:"敝公司乘车规则于汽车两旁不能站立乘客,以防发生危险,乃近

① 《浦东公共汽车停驶时间太早浦东大道应装路灯》,《申报》1937 年 5 月 15 日第 15 版。
② 赵曾珏:《上海之公用事业》,商务印书馆 1949 年版,第 176 页。
③ 吴琢之:《都市合理化的交通工具》,《交通月刊》第一卷第一期,京华印书馆 1937 年版,第 38 页。
④ 张文尝、马清裕等:《城市交通与城市发展》,商务印书馆 2010 年版,第 391 页。
⑤ 《上海指南》(1933 年版),转引自上海市出租汽车公司:《上海街道和公路营业客运(个别的公共交通)史料汇集》第四辑,1982 年 3 月油印本,第 141 页。
⑥ 向德平:《城市社会学》,武汉大学出版社 2002 年版,第 225、255 页。
⑦ 徐国桢:《上海生活》,世界书局 1930 年版,第 62~63 页。
⑧ 马长林、黎霞、石磊等:《上海公共租界城市管理研究》,中西书局 2011 年版,第 206 页。

日时有军警往来随意上下,且以手扶铁柱身体摇荡以作玩耍,既不购票又不向内坐立,与之论理,则声势汹汹,甚且举手乱打,是以不堪受其威吓,莫可如何。"中秋节下午,公司 10 号汽车自江湾开经宝山路时,多名军士上车在车旁站立,"劝其进内,置若罔闻,因车辆不胜其偏压,以致倾倒,致贵军卫生队刘志清稍受微伤,当即送院医治,并无妨碍即可出院。而敝公司又遣人设法妥善照料。不意昨日有军士二名开来一纸云,损人手表雨衣衣帽等须赔偿数十元,又将刘迁入医院之大房间,每日须出五六元房金并须每日给以零用数元,如此重大需索,敝公司值此困难万状时期,势将闭歇"。①再如1932 年华汽公司的特别报告:乘客拒付车资共 112 709 人,其中闸北各区所警察 59 000 人、第 5 师士兵 48 000 人、江湾保卫团 3 540 人(以上照半票计算约损失 4 366.6 元)、公司发出免费票乘客 1 019 人,学生军爱国运动及其他强横乘车尚未在内。职工讨取车资被殴打者计 115 次,其中警察 40 次、学生 30 次、兵士 17 次、保卫团士兵 13 次、五党部人员 3 次、其他 12 次,其余未生纠纷只任强横者自由行动则不在列。②

鉴于此,沪南公共汽车公司 1929 年 12 月 28 日订定《乘客须知》:(1)未停车前不得上下;(2)乘客不得站立踏板上;(3)车内不准涕吐;(4)小孩满6 岁照章买票;(5)酒醉及患疯癫传染病者不得上车;(6)乘客照章买票,需验明给资与票面符合否;(7)乘客不得携带禽兽以及笨重对象;(8)票资准以铜元计算;(9)衣衫褴褛及裸体者不得上车;(10)乘客不得携带违禁品。③且因"公共租界近来的盗匪很多,捕房为加以预防起见,时常搜查汽车与电车,起初施行时大都在过桥的时候,现在愈加严密,就是在极热闹的市中,也往往要喝止搜查"。④由此,乘客应注意各点,"上海市区内之陆上交通行程,票价俱以铜元计算。售票收费,均由售票人在车辆中临时办理,不另设站售票。乘客最好于上车前预兑铜元,如以银角购票,不能依照市面兑换,但所低有限。故如遇匆忙不克事先兑换时,可以不必竟在车上以法币购票为妥(法币照市价使用)。因搭车各站人品复杂,常有扒手小窃,乘机施技,匆忙中不可不防"。⑤

---

① 《沪北汽车公司呈请取缔军人乘车》,《申报》1925 年 10 月 7 日第 16 版。
② 《上海市公用局关于 1932 年份华商公共汽车公司呈报开会并职员变迁》,1932 年 6—7 月,上海市公用局档案,档号 Q5-2-603。
③ 《上海市公用局关于沪南公共汽车公司为油价暴涨请增车资》,1930 年 6—8 月,上海市公用局档案,档号 Q5-2-569。
④ 徐国桢:《上海生活》,世界书局 1930 年版,第 65—66 页。
⑤ 柳培潜:《大上海指南》,中华书局 1936 年版,第 32 页。

再如1934年3月《上海市公用局公共汽车管理处乘客规则》经上海市政府核准公布,共计20条:(1)乘客搭坐本局公共汽车,均照本规则办理。(2)乘客须照车内价目表购票。(3)乘客购票后,应即验明票面定价与所付票资是否相符,及票面上所轧的站名数字是否准确,如有错误应立即声明更换。(4)乘客所购车票只准购票人本人使用,不得转售或转赠其他乘客。(5)乘客已购车票,概不退还票资。(6)乘客应将车票保留,遇查票时交出查验,如有遗失或损坏致字迹模糊不清时须照章另补。(7)无票乘车一经查出,不问何站上车概照车内该路最高票价补票。(8)乘客就座每人均占1位,不得横卧竖立妨碍其他乘客。(9)乘客上车下车,除有怀抱小孩的妇女应先让其上下外,余均须依次而行,不得争先恐后并不许由窗口逾越。(10)乘客于车行动时,不得探身伸手于窗外,于车未停止时不得随意上下,以免危险。(11)乘客不得与车务人员谈笑,致碍业务。(12)乘客对于车上机件器具设备品等不得随意移动,如有损坏情事应即照价赔偿。(13)乘客不得携带危险及违禁物品,即一切有碍公众卫生及安宁的物件与牲畜。(14)乘客携带对象,车务人员认为有碍其他乘客时得拒绝带运。(15)乘客携带孩童身高满0.9米须购全票,其余未满0.9米免费乘坐。(16)乘客在车内不得涕唾吸烟叫嚣唱歌或奏乐,并不得互相争夺或殴打及将食物果壳抛弃车内。(17)乘客有下列情事之一得拒绝其乘车,已上车者,车务人员令其下车:赤膊及衣服褴褛污秽不堪;病重垂危无人扶持;小孩或龙钟老人无人领导;醉酒或状态癫痴;身患恶疾及传染病。(18)乘客如遇售票员浮收票资或有少找情事,应记明售票人员号数报告本局查明惩办。(19)乘客如遇车务人员有违章或对乘客有无礼情事,应记明该人员号数报告本局查明惩办。(20)银圆银毫辅币作价,依照规定的银洋价目表办理。①

同时,市政府核准《上海市公用局公共汽车管理处优待军警乘坐公共汽车规则》于1934年3月26日公布,第一条规定:凡身穿制服、佩戴正式符号的军警,得购军警优待票乘坐市办公共汽车,以示优待,其未有正式符号及未穿制服者须购全票。第二条,军警优待票,对于市办公共汽车不论路程远近一律售铜元10枚。倘军警所乘汽车路程依照普通票价未满铜元10枚,得照普通票价购买。第三条,军警优待票一经售出,不得退票或调换普通车票。第四条,军警应遵守时办公共汽车上一切规章,遇事听从车务人员指

---

① 《上海市公用局订定公共汽车管理处优待军警乘车规则及职工规则、乘客规则》,1934年3—5月,上海市公用局档案,档号Q5-2-419。

导。第五条，非军警而冒购军警优待票者一经查出，除已购优待票作废外，不问在何站上车概照本路最高票价补票。军警优待票于每车辆内以 3 张为限。军警抗不购票者，应由车务人员询明姓名及所属军队警署并记取符号号数，报告本局转知该管机关核办。第六条，倘遇无座位时，军警应起立让座。第七条，军警随带的人客乘坐汽车，不得享受军警优待票权利。同年 4 月 24 日，上海市政府、沪淞警备司令部（司令兼市长吴铁城）再发布府字第一三九号布告："市办沪南公共汽车业经筹备就绪，并于四月一日正式通车在案。按照该车'优待军警乘坐公共汽车规则'之规定：凡身穿制服、佩戴正式符号之军警，得购军警优待票，不论路程远近一律铜元拾枚，以示优待。本市军警乘坐该车，自应一律照章购票，以维交通而符规定。合亟布告，仰本市军警一体遵照。嗣后如有抗不购票者，准由车务人员询明姓名及所属队号警署并记取符号号数，送交各该管长官严惩不贷，切切！此布。"[1]如抗战胜利后，1948 年 6 月 2 日晚 10 时，祥生汽车公司 03702 号出租汽车司机因索取车资被乘客林适存（淞沪警备司令部上校科长）殴打，并用枪射碎汽车上大小玻璃 7 块。嗣该公司向四川北路宪兵队报告，该队责令林氏如数赔偿，"以维威信而伸军纪"。[2]

另针对儿童乘车办法，1935 年 10 月 12 日上海市长吴铁城因优待儿童乘坐公共汽车办法致函公用局："查儿童团体旅行及个人乘坐舟车等优待，在欧美日本，均有法令规定。我国政府现时尚未定有明文，自应从速增订，以资遵守。本委员会第四次全体委员会议，全以儿童年内，各地儿童团体旅行，经主管教育机关核准者，乘坐舟车似应全部免费。儿童单独乘坐舟车者，除原有规定半价收费外，似应再予折半以示优待。至平时儿童团体旅行及学童每日入学乘坐公共汽车及电车等，似亦应于原有有待规定外，重行厘定最惠办法着为法令，福利儿童……查全国各重要城市之公共汽车，对平时儿童团体旅行及学童每日入学乘车，原订有优待办法，至所请重行立定之最惠办法一节，尚属可行。"12 月 6 日，公用局、教育局、华商电气公司、华商公共汽车公司、上川交通公司、公共汽车管理处等机构出席优待儿童乘车办法会议。议决：因"本市各交通公司优待儿童乘车办法向不一律"，电车以年龄为标准，不满 6 岁免收车资，6—10 岁须购半票，10 岁以上须购全票；公共汽

---

① 《上海市公用局订定公共汽车管理处优待军警乘车规则及职工规则、乘客规则》，1934 年 3—5 月，上海市公用局档案，档号 Q5-2-419。

② 上海市出租汽车公司：《上海街道和公路营业客运（个别的公共交通）史料汇集》第四辑，1982 年 3 月油印本，第 73 页。

车以长短计算,以 0.9 米即须购买全票为标准。由此商定儿童优待办法:
(1)关于个人,以儿童长短尺寸为标准,不满 1 米免收车资,1—1.25 米须购
半票,1.25 米以上须购全票。(2)关于团体,每人一律收费四分之一,以示
优待,"惟各学校当局须于事前通知公司,以便准备。以上办法,由公用局再
提交五省市交通委员会讨论"。①

简言之,彼时"在公共汽车和电车之中,见了有年老者和妇女小孩们上
来,坐在附近的男子们,大都站起来让座,差不多已成了一种普通的习惯
了"。②上海城市当局、汽车运输企业规制行车时间和乘车行为,并附明确的
惩戒措施,从而使乘客须遵循相应规范,对于形成规则意识产生重要的
推力。

(三)交通安全意识的培育

"对现代文明的最致命和最富有败坏性的独一无二的工具很可能要数
汽车了。"③20 世纪 20 年代,美国汽车肇祸呕需的救济方法:(1)美国国会应
重新颁布全国一致的取缔汽车行驶的法律,各州不得分歧。最切要有二:开
车执照的颁发必须经过极严格考验,市政当局对于应试者的开车手段、身体
状况及年龄等须十分注意;制定限制汽车速率的法律,全国的开车者均须
切实遵守。(2)安全和防止危险的教育,必须插入一般学校的课程中。
(3)每年至少检验汽车 1 次。(4)为谋公共安全起见,必须提倡驾车者与徒
步者的道路合作,"庶几巨大的生命伤害可逐渐减少"。④如世界大都市纽
约,马路上胡乱行走的路人即"望野眼"在 1935 年因汽车肇祸丧命 660 人,
平均一天有两人"白白送掉性命于车轮下"。同年交通肇祸致死 1 032 人,
路人死者占到全数 65%,"岂不骇人听闻。警务当局看着未免有些寒心,便
在全市中发起一种安全运动,用宣传、演购、指导、教育等各种方法,晓喻大
众,使他们在马路里走的时候,各自小心,避免发生惨案。自从这运动以后,
成绩还算不差"。1936 年行人死亡率"大见低减",上半年 5 个月路人因汽
车肇祸而丧生 196 人、受伤 4 089 人;上年同期分别为 257 人、5 751 人。
196 名死者中,不顾交通灯警号而穿过马路 94 人,不在马口穿街 39 人,由

---

① 《上海市公用局关于优待儿童乘坐汽车及电车办法》,1935 年 10 月—1936 年 1 月,上海市
　　公用局档案,档号 Q5-2-870。
② 徐国桢:《上海生活》,世界书局 1930 年版,第 63 页。
③ 〔美〕R.E.帕克、E.N.伯吉斯、R.D.麦肯齐:《城市社会学》,宋俊岭等译,华夏出版社 1987 年
　　版,第 104 页。
④ 遂初:《汽车肇祸问题的分析》,《东方杂志》第二十五卷第六号,第 104 页。

人行道跑入马路 19 人,由停止汽车后穿出 8 人,马路上嬉戏 8 人,马路上情景不清行走 4 人,其他原因 24 人。[1]

观照近代中国"各都市中之市民,对于行路,未受相当之训练,于两旁之人行道上,不肯行走,偏偏拥入于车马所行之道,致各道路之上,车与车相冲,人与车相撞之事,时时得闻"。[2]例如上海"现在市政当局所遭遇之种种困难中,要以交通问题为最严重。街道之拥塞,往往造成时间与经济上不可挽救之损失,而在肇祸案件中人民损失之生命财产,尤不可胜计……如今日街道之窄狭,瓶颈房屋之突出街面,人行道之不够宽畅,凡此种种均足妨碍行人与车辆之往来,而造成交通之拥塞。又如本市车辆共有十八种不同之型式,自最近代化之汽车以至最古老之手车,同时在街头行驶,由于速率之悬殊,遂使交通管制感受极度困难。此外,尚有两种原因,一为若干驾驶人之漠视交通规则,一为一般市民之缺乏交通常识"。[3]当时上海也有"望野眼","一个人在行走的时候,并不注意于马路上车辆行人来往的交通情状,却把心思放在别处,不是左右看热闹,便是上下打量着人,走起路来慢洋洋地,漠不关心。在闹市中行走,后而尽管汽车捏着喇叭呜呜的叫,他老人家却是行若无事的也不知避让。碰着汽车夫眼疾手快的,或是打转弯或是刹住车,还好把他的性命保住,否则一不留心,闯出人命大祸。一方面固然是枉死城中的上客,一方面却咎不干己的代人受累。像这样的事情,在汽车交通发达的大都市里,一星期里不知要发生多少起"(见图 8-1)。[4]

事实上,20 世纪初中国汽车偕行社的人士已意识到"汽车和其他快速交通工具激增,加大了世界上所有大都市的交通规则的复杂性,上海更是如此",大量慢速率的交通工具(手推车、人力车、汽车)存在,中心区域人口急剧膨胀,大多数人已习惯在狭窄道路上使用传统交通工具。而行人在道路和车辆间穿行,无视疾驶车辆和交通信号,从而导致交通事故、阻塞及喇叭噪音等。1918 年 3 月,公共租界工部局铨叙委员会的库珀指出:行人(尤其是华人)随意行走是整个交通管理问题的症结所在。[5]即面对飞驰而过的车辆,行人肆无忌惮在街道上穿行的现象非常普遍。就连华界当局都认为,这

① 陵韵:《统制行人》,《申报》1936 年 9 月 9 日第 25 版。
② 董修甲:《京沪杭汉四大都市之市政》,大东书局 1931 年版,第 119 页。
③ 赵曾珏:《上海之公用事业》,商务印书馆 1949 年版,第 186 页。
④ 陵韵:《统制行人》,《申报》1936 年 9 月 9 日第 25 版。
⑤ 《上海公共租界工部局总办关于交通规则问题、〈LANNING 上海史〉第一卷的印行问题与总巡、LANNING 等人的来往书信》,1918 年 2—4 月,上海公共租界工部局档案,档号 U1-2-539。

图 8-1 汽车为上海繁华都市的象征，但人来车往易造成事故

图片来源：李范周：《上海汽车博物馆 3》，2011 年 10 月 14 日，载 http://blog. sina.com.cn/s/blog_3f6e57e10100tue8.html。

种现象主要在于交通规则并不齐备，行人并不重视，其不知道应当在人行道上行走。[1]时人亦指出，"年来沪滨汽车日增，取缔不规则之驰驶亦因之日函，然仅恃法律裁制，犹属消极方法，不易为功所贵乎。驾驶者能慎重其事不作一意孤行之举，凡事出于自动，其效乃着。美国某城近创促进驾驶礼让之大运动，于车之驾驶机旁悬一醒目警告，曰弗谓公众道路只君一人可以享用，市民各有所输出，即人人有平等享受此道路之权利"。由此，愿上海驾驶汽车者"三复斯言，英谚称不知道路间之礼让者，谓路鲁莽自大之取厌于人，固无地无处不若是也"。[2]可见，其时上海行人和司机尚未具备安全意识成为诱发交通事故的重要因素。

有见及此，1921 年有人通过散播《上海行路须知》传单给过路市民，"所言颇与行人有益"：凡欲穿过东西马路（如大马路之类）由南向北时，必先向

---

[1] ［美］魏斐德：《上海警察，1927—1937》，章虹等译，上海古籍出版社 2004 年版，第 44 页。

[2] 毅：《道路间之礼让》，《申报》1922 年 10 月 28 日第 21 版。

东一看(马路南边汽电各车由东向西),行时再向西看(马路北边汽电各车由西向东)。若无车马往来,方可穿过,由北向南者反是。凡欲穿过南北马路(如河南路之类),由东向西时必先向北一看(马路东边汽马各车由北向南),行时再向南看(马路西边汽马各车由南向北)。①并对行人行路提出 10 条建议:(1)工部局条告有云,马路如虎口,当中不可走。"吾人宜切记斯言,在阶沿上行走最为稳妥。"(2)欲横过马路,宜先左右一看,有无车辆驶来。(3)若横过马路之中,适有快车驶来,不及避让者,直立路中小待,俟其既过再行。(4)即使汽车驶来不及避让,宜镇静不可惶或立定待其让过。(5)电车停处前后不可立,防其忽动。(6)上落电车,宜观察前后车辆。(7)马车前不可立,恐马惊窜伤人。(8)黄包车夫车资须先言定,夜半或荒僻地不可乘坐黄包车。(9)妇孺老幼遇危急时,当竭力扶助。(10)在路上一切行动,悉遵定章即不致肇祸。②1922 年,租界巡捕房组织"安全第一"的宣传活动在上海首次出现;单行道开始推广使用。③《上海指南》(1926 年)亦指出,"车之行走在路须循左而行,如欲转弯或横过马路,前面适有行人,车马既可举手为号,令其略停"。当汽、电车成为交通主干后,规定则更为详明。④上述内容说明过马路应注意的规则,主要提醒人们须时刻留意可能发生的交通意外,进而减少事故的发生率。

进入 20 世纪 30 年代,工部局为便于行人和司机清楚了解汽车的各类警告信号及交通巡捕意图,委托上海汽车工会制定详细的图解说明:图一"我将要停车了"——将右手臂(装置车上的机制假臂)竖起,高攀车门沿外,手掌朝前;图二"我将要向右转弯了"——将右全手臂(或装置车上的机制假臂)平伸车门沿外,手掌朝前;图三"我将要向左转弯了"——将左手臂平伸车门沿外,再缓缓平移向前,对自己汽车的左边作半圆形举动;图四"我将要开慢车了"——将右全手臂平伸车门沿外,如第二及第三两图姿势,但手掌须朝下,再将手臂缓缓向上向下举动;图五,后面车辆可从我的汽车右边开过来向前,先将右全手臂伸出车门沿外,手指下指,再向右举动。⑤至1934 年 8 月,工部局交通委员会讨论保护界内街道行人安全办法:(1)穿越

---

① 《上海行路须知》,《申报》1921 年 1 月 24 日第 11 版。

② 㤞愁:《我之行路谈》,《申报》1923 年 6 月 16 日第 21 版。

③ 上海市档案馆:《上海租界志》,上海社会科学院出版社 2001 年版,第 590 页。

④ 周源和:《上海交通话当年》,华东师范大学出版社 1992 年版,第 127 页。

⑤ 《上海公共租界工部局总办处关于修订和增订交通规则事》,1933—1937 年,上海公共租界工部局档案,档号 U1-4-2467。

街道或在街道上徘徊危险,应在冲要地点广为揭示;(2)应仿照其他著名城市办法,划定一种步行人穿越街道时的安全地带。据警务处处长报告,"在街道上遭逢意外事件而受伤之步行人,大都为不识字者。故揭示危险之通告,是否有用,颇属疑问。步行人之遭遇意外事件非常在街道之交叉处,乃由于车辆疾行之际,急图超过其前以穿越马路"。现时办法系大多数重要马路交叉处,"均有以黄漆为记之步行道,但用之者颇少。至于筑造安全站台一层,则以界内马路类皆狭窄,加以主要通衢如南京路及静安寺路均有电车轨道,殊无设置此项站台之余地",行人在街道上遭逢意外事件发生于不准横过马路的地点者大概占十分之九。此案经讨论后,该委员会认为"步行人交通问题已日见重要,当仍由警务处处长随时注意"。①

随之,当局尝试统制行人交通。如纽约警务当局对维护交通安全想过许多办法,其中最重要就是"取缔没有头脑的行人。凡是不在马路口穿过街道或不顾警灯警号而跑到对面马路去的,警察便可将他拘禁起来,以为走路木头木脑和冒失胡乱者戒。纽约第五爱文义四十三条街口的汽车交通与呆头呆脑之行人情形,有人建议在两个马路口的一段中间也划出一个口子作为穿过马路之用,这样行人就不致因路口的车辆拥挤而受到危险"。警务当局指出,"许多时候汽车因为要避免撞到冒失的路人身上,却不知道头一歪,便出了岔子,不是和别车相撞,便是撞到好好的在走路的人身去,接着不是死便是伤,殃及了无辜。对于这些没有头脑的行人一定处以罚锾式拘禁,而且这班人和冒失的汽车驾驶者,都是社会上的一种危险"。基于此,上海公共租界工部局认为"这种统制行人的计划,如果在良好管理之下,逐渐的推广起来,总不致为公众所厌恶。他们说以前曾经有两块的大规模企图来管理人行交通都遭了失败,其缘故由于大众没有受到交通上的教育"。1930年5月开始处分办法,"行人必须服从交通灯号,否则便要拘禁。行人穿过马路时,必须路口或特指的地方。走去灯光或警察指挥时候,路人必须静为等待,不得冒失穿过去"。该法令实行首日16人被拘捕,大半服罪,可多数市民埋怨这种管理方法,于是此运动不久废止。工部局警务处的意见为:"在这种统制行人的法令没有实施之前,大众一定要切实了解这种办理是属于必需的,并非把道路完全给汽车乘坐者使用。因为行人从此遵照着灯号走路,可得一种安全的担保,决不致为汽车撞倒。所以,警务人员方面

---

① 《讨论行人安全办法》,《申报》1934年8月10日第14版。

所冀希的便是公众的合作和实行取缔没有头脑的行人。"①

继而,工部局培育交通安全意识,除向公众散发宣传安全第一的图片广告和传单外,一部由英美烟草企业制作提供的关于在美国乱穿马路引起事故的影片在上海巡回放映。该局还聘请以说书为职业的华人,在工厂和茶座向文化程度较低的社会阶层宣讲关于交通安全第一的故事。②如聘请以演讲为职业的宣讲员,1932 年赴各工厂、茶楼共演讲 768 次,均以"行路宜求安全"为讲题,听众大多为工厂工人总计约 35 560 人。1933—1934 年,职业宣讲员仍赴各工厂、茶楼等处以此为题演讲。1935 年,职业宣讲员增为 2 名,仍赴茶楼、工厂等处演讲,经分发并张贴于各区的布告共 6 000 份。③至 1937 年 5 月,工部局交通股再将"是否正当使用步行人横越马路处"的图解,在各电车、公共汽车内张贴,以简单直接的方法教育行人。④由见,上海当局对"市民认识最深,一面注意市政之改善,一面尤注意市政之宣传,当其成立之初,除发行周报月刊外,更有法规汇编,业务报告,市民须知,各种刊物之印行,并有市政宣传,市政演讲会之举行。故上海市民,对于上海特别市政府办事了然于心,于市税之输纳亦甚愿意。上海市政,所以日渐进步者,未始非宣传之功也"。⑤

全面抗战时期,为预防交通状况持续恶化,1939 年 6 月 18 日至 24 日公共租界和法租界联手开展"交通安全第一运动"的宣传。这次宣传活动由工部局警务处帮办处长兼交通股主任发起组织的执行委员会指挥,委员为各公用公司及运输公司等代表。活动期间各条马路、公众场所及各种车辆,连日张贴有关安全运动的标语。上海出租汽车、人力车、小车、公共汽车等业各团体都参与其中。此外,执行委员会还招募数百名说书人,在人群集中处向一般未受教育的市民讲述短篇故事,以说明行路应小心。其间,工部局警务处"特令岗警,竭力指导行人,使其在人行道上行走,并指示其如何在有红绿灯及由交通巡捕控制之交叉地点穿过马路。各电影院以及其他娱乐场所之节目中,亦被请插入警告观众行路万勿疏忽之宣传文字,中外电台数十家,每日划出若干时间,专以宣传此项运动,以引起听众之注意"。且为配合

---

① 陵韵:《统制行人》,《申报》1936 年 9 月 9 日第 25 版。
② 上海市档案馆:《上海租界志》,上海社会科学院出版社 2001 年版,第 590 页。
③ 《上海公共租界工部局年报》(中文),1932—1935 年,上海公共租界工部局档案,档号 U1-1-958、959、960、961。
④ 《工部局公报》1937 年,转自马长林、黎霞、石磊等:《上海公共租界城市管理研究》,中西书局 2011 年版,第 173 页。
⑤ 董修甲:《京沪杭汉四大都市之市政》,大东书局 1931 年版,第 29 页。

宣传,工部局印发"安全为宜"小册子并派送到各出租汽车行,要求车主看完后转交给各司机阅读,以提醒开车应注意安全。为加深人们对交通宣传的印象,工部局与新华影业公司合作摄制一卷"安全第一"宣传片,由名导演义务导演,底片由矮克发洋行捐赠,放映时间约 10 分钟,在大光明等 9 家影戏院试映,观众有 25 000 人之多,后即分发各电影院同时公映。①

　　即"焉以人命为忧,惕然谋预防之道",1939、1940 年连续两年由公共租界工部局出资、企划、联合法租界,掀起一场为期一周、大规模社会动员的"交通安全第一运动"。时人于《申报》呼应道,"安全运动,治标之计也","今得租界当局一番整顿,广事宣传,使人人知马路如虎口,不容轻蹈,同时由严格执行交通章程,毋得儿戏人命,使运动成为行动,诚市民之福也"。上海两租界这场"交通安全第一运动"的确得到社会各界的广泛响应与大力支持。1940 年 11 月,在第二届"交通安全第一运动"开启前一周,沪上已有诸多社会团体、机构纷纷表示愿为此尽自己的绵薄之力:"两租界内各汽车及运货汽车车主等当于即日收到请求协助公函,以及风窗边窗招贴,暨驾驶人之安全方法及去年道路意外案之总数。"②斯时,面对日益复杂的交通形势和舆论压力,工部局警务处加强了对专职交通管理人员的指导:民众抱怨街道路口对行人缺乏管理,原因是值班巡捕无权离开岗亭制止行人在街道中任意行走。为更好管理路口交通,须增加值班巡捕,但根本解决方法还是教育民众自觉遵守交通规则,日后行人堵塞交通及占用车道应被拘捕。③

　　抗战胜利后,当局继续展开交通安全教育。如 1947 年上海市长吴国桢举行年度"交通安全宣传周":抗战胜利以来全市各种车辆激增到 20 余万辆,而街道没有拓宽,因此肇祸案件层出不穷,市政府因财力有限,未能在交通管制上做到尽善尽美的地步,固然是一个重要因素。但是若干驾驶人和市民不顾大众安全与公共秩序,时常违反交通规则,实在是肇祸的症结所在,致有许多人冤枉的伤毁身体,甚至丧失生命,实在大可惋惜。"目前,本市有五百多万人口,而负责执行交通管制的仅有极少数的警员,以极少数的人来负责保障大多数人的安全,怎样能办得了? 所以我们今天推行这个安

①　《申报》1939 年 6 月 18—19 日,转自马长林、黎霞、石磊等:《上海公共租界城市管理研究》,中西书局 2011 年版,第 174 页。
②　《交通安全运动周献言》《安全运动各界总动员》(《申报》1939 年 6 月 17 日、1940 年 11 月 15 日),转自徐涛:《自行车与近代中国》,上海人民出版社 2015 年版,第 292—293 页。
③　《上海公共租界工部局总办处关于提议改进交通管理事与上海汽车公会等来往函》,上海公共租界工部局档案,1940—1941 年,档号 U1-4-2447。

全宣传周,尤其要着重于各人的自发精神。如果人人能自动的遵守交通规则,交通上的良好秩序,自然常能保持了。"自9月9日至15日举行盛大的交通安全宣传周为市民宣传交通常识,也因此宣传希望能够引起市民对交通知所注意。即"'行'是每个人四大要素之一,交通秩序的好坏,关系每个市民的交通安危极大,须知车辆肇祸也是驾驶人的责任,但行路人如果不遵守规则秩序,也咎有攸归! ……上海不但是世界的大都市之一,也是我国的一个大都市,凡事都开风气之先然后举国仿效的。总之,恪遵交通规则,严守交通秩序,接受交通警察指挥,都是每个市民今后应做到的义务。这样,在改善交通的治标方面,一定可以获得很大的帮助"。[1]

同年,学者杨德任亦在上海开展"都市交通之保安研究"的教育讲座,主要内容为:关于交通保安的标语(10条):安全第一;居安思危;处处谨慎;欲速则不达;过急反不得急;请防意外危险;轻躁乃事变发生之因;要令我制险毋使险制我;十字街口乃生死安危之分歧路;飞乘飞降等于自暴自弃。关于交通道德的标语(10条):亲切第一;和气生财;以和气迎人;地利不如人和;谦逊是保身第一法;以老人妇女小孩为本位;毋图你一人便利而占他人座位;热闹场中人争前我向后;步步争先者必有人以挤之;尽前行者地步窄向后看者眼界宽。由此,"能遵守规则者,不但保护自己而且能保护众人"。[2]从而,"吾人生活在现代社会里,除了衣食住外,'行'也很占重要的一项,因之交通工具随之增加其重要性。但是在交驰奔逐,肩摩毂击的情形之下,交通秩序,就发生了问题。问题是什么呢? 那就是'纷乱和不安全'! 在这种人为的'纷乱'状态之下,'不安全'便成为了必然的后果"。上海当局对于本市的交通秩序和市民的生命安全,"是付着管制和保障的责任的。一面力求改善交通,确保安全,一面是强制守法,取缔越轨",进而统一交通管制,改善交通设备,增加公共车辆,养成市民行路习惯和公共观念"牺牲个人便利,顾及公共利益"。[3]

概言之,上海道路交通"至为拥挤,极不易解决之问题矣。惟上海租界当局,则皆对于交通问题,切实考究。对于行人与车辆之行走,除警察指挥外,更装红绿指路灯,以协助之。有时更有'马路如虎口,当中不可走'之触

---

[1] 《公用月刊》第24期(1947年10月10日),转自上海市出租汽车公司:《上海街道和公路营业客运(个别的公共交通)史料汇集》(第四辑),1982年3月油印本,第59—62页。
[2] 《市政全书》(1947年),转自上海市出租汽车公司:《上海街道和公路营业客运(个别的公共交通)史料汇集》(第四辑),1982年3月油印本,第64—65页。
[3] 赵曾珏:《上海之公用事业》,商务印书馆1949年版,第183—184页。

目惊心的标语,以训练市民,指导各市民,须各就人行道上行走,更常时对于警察授以指挥交通之方策,故上海租界交通,日有进步"。①而当局培育市民的交通安全意识,使"这种控制和整顿秩序的一般意志,化为一些特定的目标不同时期、不同背景和不同类型的程序,使得这些特定目标按照极为不同的方式提出和相互配合"。②安全教育的不断宣传和积极行动,使得上海民众的交通规则意识持续生根。

二、培育社会参与文化

参政意识是指人们对于自身在政治生活中的主体地位有着高度的自觉,对于自己与政治运行、政治输入及输出关系有高度的认识。③不难发现,汽车的普及大为增加普通大众的空间流动性,打破农村封闭隔离状态,也改变城市中人与人之间的关系及人们的生活习惯、娱乐方式和价值观念。④即汽车运输不仅满足市民出行的基本需求,且对于培育社会参与文化亦会起到引导及推动作用。

（一）汽车优势的讨论

1. 汽车与电车的比较

自汽车通行后,"汽车的发达可算是蒸蒸日上了,即上海一隅而论,也不知道有几千百辆,但都是单独的无规则的非普及的。至于公共的有规则的普及的却还没有,鄙人为此,因有公共汽车的提议。简言之,同电车一般规定一定的途径与车站,譬如爱多亚路从外滩为起站,郑家木桥为小站至大世界为终站,每站定着价目按表买票,鄙意无需那电车的电杆铁轨等建筑费,只要几辆汽车终日往返,资本不大而一班乘客因着时间经济的减少一定非常发达,那么不是一件很好的公共事业吗?"⑤1922 年,华商电车公司提议在肇浜路通行电车,后遭多个商家反对,"说有妨害他们的地方,所以至今不能够实行"。有人据此提出,"电车既遭他们的反对,何不来筹设公共汽车呢。电车有妨碍他们的地方,汽车是本来通行的没有妨碍,他们一定没有这么反对了。电车的建筑费很大,况且须费几许日月总能成功。汽车是只要

---

① 董修甲:《京沪杭汉四大都市之市政》,大东书局 1931 年版,第 119—120 页。

② [法]伊夫·格拉夫梅耶尔:《城市社会学》,徐伟民译,天津人民出版社 2005 年版,第 97 页。

③ 社会学教程编写组:《社会学教程》,北京大学出版社 1987 年版,第 182 页。

④ 曹南燕、刘立群:《汽车文化——中国面临的挑战》,山东教育出版社 1996 年版,第 41 页。

⑤ 秦伯未:《上海宜设公共汽车议》,《申报》1922 年 4 月 15 日第 21 版。

备几辆车子就可以，通行所有开销是很省的。肇浜路约有二华里多些长，中间可分做四站，每站可售铜元二枚，西门到大东门共八枚。何以这样定法呢，因为西门到大东门黄包车的价钱也须十枚左右，我想汽车行起来快，价钱又便宜，乘客一定都欢喜搭的。站头已分四站，从西门至川心河桥为第一站，川心河桥至虹桥为第二站，虹桥至悬桥为第三站，悬桥至大东门为第四站。我愿随便那一家汽车公司快些去立一个案，预备几辆车子来试办，乘的人一定多开销又省手续很简单，一定能够赚钱，本轻利重，大家何乐而不为呢"。①

　　且关乎公共汽车的路权和经济，如：(1)路权问题。"主权虽操诸英法工部局之手，我人不能独断独行，更不能预料其必准。然便利交通有益社会，想他们亦把公众事业为前提，以利弊说之，当没有极大的反抗力，但手续上不能无一度之商榷与彼完美的答复。至于公共汽车向无成例，则不妨自我为之，苟利之所在，他们亦决不会以始创见弃的。"(2)经济问题。据预算表每人每英里汽车大洋 2 分，电车头等 2.4 分、二等 1.3 分，则汽车较电车头等便宜、较二等仅贵 7 厘即多铜元 1 枚，"鄙意坐电车者不尽贫困者流，必不致爱惜此十文的小费而弃迅稳的汽车，更徒步以牺牲光阴和足力。况且公共汽车通行，在没有电车的地方，行人除了人力车之外，简直没有别的好坐。那末把人力车和汽车相比，孰优孰劣，孰速孰缓，孰从孰舍，固也不待言了。但上边所论都是实价售票，时以每人加十文作为赢余计，即较电车亦仅多二十文，我想将来一定能发达，或者乘客超过原定数之外也未可知。统之经济问题可不必顾虑，不过路权问题，稍觉费词，然当亦不致绝对的反抗"。②

　　事实上，"沪埠商业日繁，户口日增，若公众交通之设备，不能与之相掣并进，非特窒碍。海上将来发展且于市民安全关系至深切，本埠公众交通首赖电车，而电车之不敷于用，已无可讳饰。今沪人士有公共汽车公司之组织，是诚为解决海上今日交通困难问题之善法。曷言乎公众交通，关系于市民安全至深切，新公司计划规定路线十条纵横租界全区，故此后居处距城市稍远者，既无跋涉之虞言，且以远避尘嚣为幸。欲谋城乡户口过剩之弊法，莫善乎此矣。其次，汽车之便捷安适，自较人力车为胜。故公共汽车通行道路间，速率迟缓之人力车必可减少，亦即道路间行人之危险随之递减。综是以观，谓创行公共汽车，确为今日一种最有利益最有希望之企业"。③进而，新成立的公共汽车公司"将来汽车通行后，必得使市民全体均得享有交通改

---

①　徐少楠：《肇浜路宜设公共汽车的商榷》，《申报》1922 年 6 月 10 日第 21 版。
②　秦伯未：《论〈公共汽车之研究〉》，《申报》1922 年 5 月 13 日第 21 版。
③　毅：《论本埠通行公共汽车》，《申报》1923 年 6 月 16 日第 21 版。

进利益之机会,则公司以公共名庶与事实相称也。新公司计划云,车价规定较别种车辆为昂,恐非苦力工人所愿搭乘。度公司之意,或以为凡嫌车价太贵者,则电车、人力车、小车等俱在,仍不妨就此而舍彼。然海上城区附近之发展方进未已,他日电车路线不能即遽扩充之处,公共汽车通行自易。即以现在公共汽车路线而论,已较电车范围为广。在今日,吾劳动界或能因车价之不相宜,舍汽车而利用别种车辆,在日后恐将因地点之关系有不得不藉公共汽车为往还者,正未可知。则新公司为市民中此一部分计,允宜于平常通车外,另备数车取价从廉,专备劳动界之需要,若谓划分阶级易招外界反感。然则火车有四等车,非有先例可循,且为公司营业计,添驶此种车辆未尝不可有补于收入。观乎三等电车乘客之拥挤,是又一明证。记者于新公司成立,也不禁额手相庆,列为本埠交通史上一大纪念,而吾人尤望于新公司者,则能实践其服务社会之宏旨"。①

　　至 1926 年,我国商埠仅上海、香港、天津、大连、抚顺及北京六处有电车,"其不发达之原因虽多,就中重要者,厥为街道之狭小。盖吾国街道,仅能容轿舆之往来,较大者亦仅够人力车之通行,而每当平频繁之地,已觉其喧嚣万状。如设置电车、电话、电灯之支柱尚需特别设计,其他更可想及。虽二三重要都市,已有新式马路之建筑,然欲在较僻之区设置电车,则必需以巨大之工程,根本改造街道,拆城拆屋之举,又须有绝大之权利,故国内电车事业,似无发展之希望。如目下各埠已经通行电车之处,其一部或全部皆属于租界或仅限于租界区域以内,即其证也"。②时人由此指出,"用机械的车辆,最普通而价廉的首推电车,昔日电车的装设必要铺置路轨装、电线费时费力,耗用更大,行驶起来只可沿轨而驰,不能有些许的移转,行驶极速的时候又万难立刻停止,危险而且笨滞。因为种种的不良,于是有无轨电车的发明。无轨电车虽然无轨省去装设轨道的时间和费用,然而上面的电线是必不可少者,行驶起来可以左右转动,不过有一定的限制罢了,行止极敏捷速率迅极速,比较有轨电车已经进步许多了。然而究竟因为有电线的牵制,不克完全称便,于是又有公共汽车的创设。公共汽车和普通汽车大概相同,无须路轨,无用电线不用电力而用机械,不过因为容众的缘故,车身特别宽大,或有暂时的集会或临时的盛举,像赛马和此次的远东运动会等,都可以随时随地应用驶行,电车所不能办的,公共汽车可以能行。然而,公共汽车

---

①　毅:《吾人所望于公共汽车公司者》,《申报》1923 年 7 月 14 日第 21 版。
②　沙公超:《中国各埠电车交通概况》,《东方杂志》第二十三卷第十四号,1926 年 7 月 25 日发行,第 47 页。

平常也有规定的路线,不能像雇用汽车似的可以直送乘客到目的地,加之行驶的路线有限,不能普遍,也是一种缺憾呢"。①

就大势观之,学者论及"在公共汽车未发明以前,电车为都市最敏捷之交通利器,但自其发明后,电车竟成过渡之交通器具矣。故现在欧美各都市,以公共汽车代电车者,日见加多。查电车须有电厂,如系有轨电车更须铺设铁轨,即系无轨电车,其电线之设备,至不可少,其开办与设备费均极浩大,非资本雄厚者不能创办也。至公共汽车,不须设置铁轨,又不用装设电源,其汽车修理厂,可大可小,故创办公共汽车者,无须极大之经费。况公共汽车既无铁轨与电线之设备,是遇必需更改路线时,尽可出一公告,即可将路线变更之,非如电车既须迁移其路轨,复须更动其电线,其损失之大不可以道里计。宜乎各都市,均以公共汽车代电车"。即公共汽车"贵为市办者,以其目的在于发达交通也。如汽车之供给,不能与市民之需求相适合,是市办之公共汽车未能达其目的"。②从而,"上海因交通便利,百业发达,四方之民风从云集,年来人口之激增,有加无已。地狭人稠,不特居住大感困难,而摩肩擦毂,行路亦殊匪易。试观每日驰驱大道,盈千累万之车辆,何一而非满载乘客。私家自用车之发达姑且不论,仅就公众乘用者而言,几无时无处而不满坑满谷,拥挤凌乱之情形,实为空前鲜有。是故行之一字,与住之一字,在上海市民心目中,均认为同一重要同一急切之问题矣。按沪地普通公用之车,除人力车、电车外,厥惟公共汽车"。③

2. 拥挤问题的论证

20世纪20年代初,因上海电车乘客拥挤,时人有急须添设公共汽车之议,"近年来上海人口增多,车务问题遂至复杂。夫车辆之往返,骤形拥挤,人力车也,马车也,汽车也,无不日增月涌,即电车一项虽辆数有加,而乘客仍感拥挤之困苦。长此以往,不独行旅艰难,实亦危险万分。有识之士所以亟谋解决车务之方法也。查欧美各国前因战争之需,要求转运之便利,注全力于摩托载货车之制造。今战事告终,摩托载货车之销路见滞,大城繁市乃装配车身作为乘客之用,试用以来,结果优良。现美国各大城一致采用摩托乘客车,得有良好之经验"。欧美各国采用街车(与上海电车相仿)之初,公司群起反对"以为摩托白士(bus)将侵夺其营业。讵知摩托白士与电车,不独毫无竞争且能相辅进行,凡电车线所不到之处,可以摩托白士替代之。上

① 仲寅:《谈上海的车辆》,《申报》1927年10月1日第22版。
② 董修甲:《京沪杭汉四大都市之市政》,大东书局1931年版,第69、71页。
③ 徐美烈:《上海公共汽车拥挤问题》,《申报》1930年2月19日第30版。

下办公时间,乘客最形拥挤之时即可以摩托白士补救之,若然则拥挤可解,危险可免,诚谋交通便利之无上妙策也。沪地交通较诸内地固属进步,即比之欧美各国城市亦无不及,所惜人口日增,交通日繁,人力车马车之加增,徒占地位仍无大补。电车公司虽增多车辆,而于行车之时刻反多不便,欲谋解决之方,非效法欧美各国城市之采用摩托白士不可,其于便利、稳妥、安适三方面论之,尤为当今解决车务问题之要点"。①由此,公共汽车开驶前可仿照天津的电车制,"凡乘客已满后将门锁上,亦可免过挤之弊",此种办法时期勿必过久,"盖公共汽车刻正筹备,一俟出现行驶,则乘客各取其便,而电车搭客当不致若今日之拥挤"。②

斯时,有亟需添设街车(Motorbuses)之议,"上海租界电车为拥挤之故,颇为一般人所抱恨,有谓拟照伦敦交通办法,处处添设街车,此诚当今最要之设备也。按上海电车每日乘客因拥挤而被屏者不知凡几,则街车之添设宜矣。惟对于本埠交通规则上是否能实行,今尚在讨论中。然若谓通行街车以后,乘车者无人不能得一位,则必无此事也。盖世界人口日有增加,故欲通行街车而使乘者均能满意,不可能之事也。上海而能利用斯种车辆,营业发达可为预卜何则。上海乃交通大埠,居民稠密甲于各埠,即以电车所屏之乘客而改乘街车,其营业已可观矣。且电车不达之地,街车均可通行,于交通上便利殊多,而因电车拥挤致肇事者,当亦可减去不少。记者察近来之热心交通事业者,对于该街车之适用于上海,已有多数人之倡议,故不久或可实现"。③即上海各路电车"近来皆极拥挤,危险殊多。且车中秽垢,售票员言语不逊,态度骄猾,弊端又多。无论英美法华商各路之电车,皆予人以莫大之不满。最可恨者如虹口来之电车,既须多时之待,而车既抵站又往往不启铁栅,昂然驶去。又如南京路各站人极拥挤,往往上车者不待下车者之下站,争先攀登,苟不小心辄为挤入马路。而汽车往来甚多站中,宜十分注意,最好手握车站之铁柱以免挤入马路,以被碾于汽车。又如乘客过多亦以不登车为是,今九十两路公共汽车皆往来各马路间,吾宁多积车资以乘汽车,电车之价虽廉,殊非安全之道也"。④

且"公共汽车之适用于上海,记者论之屡矣,今英商发起组织中国公共汽车有限公司,刻已经工部局之通过并设法援助。公司方面正在伦敦购办

---

① 陶:《解决上海车务的我见》,《申报》1922 年 4 月 15 日第 21 版。
② 嵩生:《救济电车拥挤之一法》,《申报》1923 年 7 月 14 日第 21 版。
③ 嵩生:《论上海街车之添设》,《申报》1923 年 6 月 2 日第 22 版。
④ 阿絜:《十路公共汽车之开驶》,《申报》1924 年 12 月 6 日第 19 版。

车辆聘请管理名家及工程专师,故不久即可实现,斯诚吾人最所乐闻者。盖上海因人口日增,电车拥挤不堪,乘客虽跃上电车,总不能争一座位,若夫距离短则尚可,如在二里之外,则身虽乘车实较步行更为疲惫,乘客不能舍之者,因其速率关系也。今既有汽车以补其不足,则乘客莫不表示欢迎。此种公共汽车行驶迅速,装饰美丽,座位分头二等,较电车更为安适,余知一朝出而行驶,其营业定可操券也。跨浦转桥动议,已有数阅月,惟此桥建筑费距工程浩大,殊不能不详为考察谨慎从事。今上海模范工厂对于该桥之在小结构及建筑费用等均有所规划,现将与发起诸君共同筹商进行方法。余谓公共汽车与跨浦转桥实为交通上所不可少者,惟两者利益相较,尤以筑桥为大,盖浦东之文化物产,今尚未能尽量发展,将来大桥荣成通行各车,则浦东与浦西同入一交通便利之区,无分彼此也。惟以事实论之,公共汽车必现之于先,跨浦转桥尚在其后"。①

至 20 世纪 30 年代,"上海公共汽车拥挤问题,将用双层式汽车解决之。当其发轫之时,因路线有限,取价颇昂。市民觉其反不如电车之便利,乘者殊不踊跃。嗣因加辟路线减低车资,搭客乃日增月盛,至于今日,求过于供,亦起拥挤之患,其情状正不亚于电车。就大势观之,公共汽车既较一般车辆为便,将来多数人民必均弃用别种车辆,而群趋于此,是非臆测之辞,固有事实可证。盖一则昔日盈千盈万之人,向为电车主顾者,现皆舍彼而就此"。②随之,上海"有了二层楼式的公共汽车,招摇过市。坐在楼上的,可以傲视一切拐了腿在街上走的人们,多么够味。一切事情,在这年头儿都有向上发展的趋势。你瞧在前些年,三层楼的洋楼已有些上不及天、下不及地的了。可是这些年来造大厦,十八层没甚稀罕,一造就是二十层、二十四层。所以公共汽车之由一层而进化到二层,那还不过是进化的发凡而已。在将来,我敢担保一切车辆,到少都得有十层八层高,用电梯迎送搭客上下。因为两旁的房屋既都在二十层以外,车辆不加高到十层八层,那莫说搭客将不见天日,就是在空气流通方面,怕也不能怎么合理吧"。③诚如时人所论,"以今日上海之双层汽车,与尚用实心轮胎之无轨电车相比较,固不待智者而可以判别其舒适之孰优点"。④

---

① 嵩生:《本埠交通上之两大便利》,《申报》1923 年 6 月 16 日第 21 版。
② 徐美烈:《上海公共汽车拥挤问题》,《申报》1930 年 2 月 19 日第 30 版。
③ 贤贤:《双层公共汽车》,《申报》1934 年 4 月 7 日第 17 版。
④ 吴琢之:《都市合理化的交通工具》,《交通月刊》第一卷第一期,京华印书馆 1937 年版,第 43 页。

（二）汽车肇祸的分析

近代上海交通繁忙增加交通事故的频率，对此时人论道，"市虎者何，汽车也。以汽车多伤人，故目为市虎。以防肇祸而重生命，故订市虎条例。上海之市虎更多矣，郑重生命中外一致，上海之防市虎宜更严矣。或曰虎在深林严岭易于防范，若此人制机械之虎，风驰电掣于市上，猝然而来，离然而止，有防不胜防之概，其殆较虎患为尤烈乎。吾谓不然，市虎之虎非真有伤人之心，也又非若苛政之猛虎、军队之暴虎，欲避免而不得者也。苟驾驶者稍存勿纵出柙之心，行路者稍存如履虎尾之戒，则所谓市虎者，固亦无害于人，何必相惊若是哉"。[1]如有人认为，"汽车乃交通之利器，汽车发达，道路亦随之而进。换言之，道路建筑实助汽车事业之进行也。就上海一地而论，交通便利端赖汽车之力为多，然行人以为汽车愈多杀人愈甚，此实不能视为定例"。[2]亦有人指出，"汽车之为奢侈品，尽人知之，汽车之肇祸伤人，昭彰报端，是惟害之一面而已。昔日电车之通行之初，何尝不肇祸伤人。昔日电车伤人时有所闻，今日罕闻矣。然则公共汽车之伤人，又安知其不能他日罕闻耶"。[3]

具如1922年时人评论，"世界愈进化，人类之生命愈尊贵，而杀人之机会愈多。吾不敢如一部论者作消极之主张，致因噎而废食，然于救济之道，甚愿当局致意，虽不能完全无祸，其少减必多焉。试以车辆言，羊角车也，人力车也，自由车也，载货塌车也，马车也，数十年前肇祸杀伤人之利器也。电车也，汽车也，今日肇祸杀伤人之利器也。夫于肇祸杀伤人之后，科以罚金剥其自由，死者不可复生，为裨几何。曾不如事前注意，由当局详查实况反复研究，妥订专章，资为取缔，其意在减少祸端，不在增多罚金。即取缔汽车，宜增进司机人之识力与人格，识力大则技术精，人格高则道德重，技术精、道德重则祸端少，而杀伤减矣……凡此举属地面公安，故注意而整顿之责在维护治安之当局"。[4]斯时，汽车肇祸"日有所见所闻，岂汽车故意如此作祟。曰汽车所以便利交通，彼何与有过焉，然则汽车之肇祸，又自而来乎"，细查得知"汽车的出事次数较他种车辆为多，而其伤人殒命亦比他种车辆为多"。由此，忠告坐汽车者，"勿以坐汽车为出风头，勿厉促汽车夫之尽力开驶，帮忙汽车夫之远看迎察，勿奖励汽车夫以愈快愈妙等词"。忠告开

①　纳：《市虎说》，《申报》1921年3月3日第11版。
②　嵩生：《行人与汽车》，《申报》1922年7月15日第23版。
③　省：《汽车——奢华品》，《申报》1922年4月22日第1版。
④　无用：《车辆与生命》，《申报》1922年2月12日第15版。

汽车者,"汽笛宜常鸣,勿争先而恐后,转弯转角处应该十分留意,前面有人行走应该慢驶,处处存一个敬畏的心"。忠告有汽车权者,"应该予汽车夫以常识,应该晓汽车夫以道德"。①

再如"沪埠行路之难,一至于此。吾不知彼逞情疾驰于洋场十里间者,徒为一时之恣乐,置他人生命于不顾,天良同具其亦怦怦于中乎。考祸之所以肇,最平常为疾驰超过他车之在进行者。今闻工部局已严格取缔,此风或能稍缉。其次者为恃警筒作万应机,以为吾既呜呜呜,警责务已尽于斯。彼既不闻不见,祸由自召集,不在我也。余谓彼驾驶者之责任,岂能随鸣警而止,必当进一步用谨慎之眼光,注意阻道者曾否已聆得警号,是否已让出道路,而于必要时,尤宜完全停止进行。须知驾驶者仅一举手足之劳,可以出入于虎口,亦何乐而不为之耶。各车行主人及自置汽车者,为自身营业计名誉计更为人道计,亦宜谆嘱御者谨慎将事,使沪埠之一大惨剧,或可渐渐减少其色彩,余敢为居民之无享汽车权利者馨香而祝祷"。②而乘车出行的基层民众,"汽车,电车,哪一辆不能把你撞一个头破脑碎? 就是人力车、脚踏车,也必定能够把你撞个半死。所以在上海走路,从好的方面说,固然舒服,从又一方面说,却是不能无所危险的……迩来车辆肇祸案之激增,半因由于行人之不慎,而大半实在开车者之疏忽。在九个月中,已有这许多人因行路而送命,因行路而受伤,可见在上海走路的危险了。最可恶的,要算那些汽车,其实并没有什么大不了的事,等他去干,而开起来,总是唯恐其不快,大概是开的愈快,愈出风头,他们只为了要出风头,就使许多行人无辜葬送在轮下,事之不平,可算已极。在上海马路上,很显明的分着阶级。马车不敢不让汽车,人力车又不敢不让马车,徒步而行的连人力车都不敢不让"。③

另有人表示,"汽车肇祸,道路拥挤为最大原因,若疾驰伤人则咎在驾驶人之鲁莽不慎,与汽车之增减,初无甚关系"。④即汽车肇祸"日有所闻,行人之被蹂躏者,轻则残伤,重则损命。推原其故,或言行人走路人慎之有以致之,或方驾车者不精汽车机关之有以致之,或言刑罚不严使驾车者轻视其事之有以致之,或言车主人之爱广场驰骤怂恿车夫之风驰电掣之有以致之,曰上海汽车业无具体之组织之有以致之,曰上海行人走路之无一定规例之有

① 孙俊:《如何能使汽车减少肇祸》,《申报》1922 年 6 月 24 日第 21 版。
② 毅:《对于此周汽车肇祸感言》,《申报》1922 年 8 月 5 日第 21 版。
③ 徐国桢:《上海生活》,世界书局 1930 年版,第 58—59 页。
④ 毅:《论本埠通行公共汽车》,《申报》1923 年 6 月 16 日第 21 版。

以致之。凡此种种固非泛言,然犹非根本之原因"。其根本原因在于"上海汽车之多,虽不能与各国都便相比较,然以比例就道路之广狭多寡以言之,则上海之汽车不可曰少。汽车日有加增,凡关系汽车所应设备者,未闻有具体之组织研究而讨论之职,是之故工部局有考验汽车夫之资格,而后给以执照之举。夫汽车夫之考验何论其如何严紧,消极之方法,也欲使汽车夫驾驭技术之精,非有积极之方法以鼓励之养成之不为效。积极之方法,何在曰汽车业宜有具体之组织是也。上海马路行人嘈杂,不论在马路之何一段行人之欲越而过之者,皆可随意为之。而汽车之过此一段时,固未料行人之欲越过此段也。历来汽车之肇祸,殆皆因此,然则行人走路之宜有一定之规例,其可谓今日防止汽车肇祸之又一方法"。①

时人亦认为,汽车肇祸原因虽多,然常与电车乘客发生关系。其故有二,"电车乘客每恃跳车之能,在电车开行之时跳上跃下。然此时只求不致跌扑,而不顾前后有无汽车驶来,于是欲上电车而不得上者,或自电车上虽已跃下汽车已驶及近身,因不及避护而肇祸者一也。电车到站搭车,正在上下拥挤之时,汽车从旁闪遇,双方不及避让遂致肇祸,而以电车站未筑月台之处为尤多二也。以上两种原因,前者其咎尽在于电车客,后者汽车夫当负重大之责任"。故忠告汽车司机、电车客:第一,奉劝电车客切勿自恃身手灵敏,在电车行驶时跳上跃下,"盖设有汽车驶来,往往猝不及避,致遭不测之祸也。而在热关之处,尤宜留意,即在电车停驶时上下,亦当镇静,切勿惊惶失措,如遇汽车驶来,应立定阶旁或靠近电车之旁或立月台之上"。第二,奉劝汽车夫前面有电车时,"无论正在驶行抑已停,切勿超越,设电车停驶稍久亦无乘客上下之际,汽车不能久待,而须前驶则应预报警声,再以最慢之速度经过之,汽车在必要时务须完全停止进行,否则以违章论"。电车客与汽车司机能注意及此,"肇祸者必能渐见减少"。②从而,汽车司机注意事项有:(1)汽车紧随电车至为危险,电车遇其他事故,中途骤然停车,司机万一措手不及,必然相撞。而电车转弯时,电车与街沿间人数众多及乘客从电车跃下,尤易致祸。(2)当电车到站时,司机须在 10 尺以外停。无论如何,必待至电车开行方可前进。但如欲越过电车,亦不得在 8 尺以内。(3)司机每欲冒险过距离甚近的障碍物,因遭不测者时有所闻。(4)司机当汽车与电车同面方进行时,慎勿驶向若何方向。穿过电车时,均须按捺气筒。(5)当车转

①　省斋:《汽车肇祸之研究》,《申报》1922 年 1 月 14 日第 19 版。
②　心斋:《汽车夫与电车客》,《申报》1922 年 7 月 29 日第 25 版。

角时,汽车常被电车后部所撞,故须离轨道数步成曲线形。(6)司机须知电车在轨道上行走,故应注意车外较车内为要。①

另,对汽车肇祸而"思图一安全之方法",如:(1)驾驶。按公共租界工部局章程的驾驶司机,须经该局考验给照,否则不得擅自开车。"此条原为保护行人起见,奈日久玩生,每有明目张胆擅自开行汽车者,驾驶之术不精,致肇祸之事恒见,故为保全行人生命起见,工部局当按章严加取缔,不得稍事疏忽"。(2)车身。工部局对于汽车车身"未尝有所取缔。余意工部局当严加取缔,或派专员随时察验或月查一次车身,有损未修理者,初次则扣其执照,待其修复而后发还,再违此章者得处罚,三犯者则取消其执照。如是则车身既固乘者安而驾者易,即行人之危害亦可以消灭矣,至所染之色亦须一律"。(3)附件。汽车最重要附件如警号及灯,"迩来沪上汽车之警号最不一致,有老声者,有锐声者,有若儿童玩具之喇叭者,有若田鸡之咯咯者,发声不一,而行人则忽于走避,故肇祸易。余意当由工部局规定一致之警号而便行人之走避,亦免肇祸之一原因也。汽车前端之灯,不特为便利行驶而设,即于晚间亦可代警号之用。今日汽车前端之灯,往往备而不用,且驶至要道处有时亦不发光,故易肇祸。余意工部局当规定一定之条例,以取缔之。至车后之灯往往光小如豆,如是不特号码不易辨认,即后来之车亦易冲撞地,亦当规定条例以取缔"。除此三项外,"其他若速率之规定,行驶之方法,在在均须有良法以规定之能,如是则肇祸之事必减,而行人之生命,亦可以稍获安全"。②

且分析汽车肇祸的责任归咎。如肇祸发生"有直接关系者,只有二造,一为开车者,一为行路者。若遇有下列三种原因之一,开车者当负其责:尚未娴熟驶法;开驶不照路章;受伤者为旅沪多年之中等以上之一流人(老者、女流及小孩不在内)。其第一种犯者,多为车主,因当道考试车主之驶法简略,不若汽车夫之难也。倘考时不分阶级,第一种之原因或可免。如果肇祸,调查其开车者,确属于第一种者,当科以杀人罪。盖未娴熟驶法而开车者,固不让于持刀杀人也。第二种大半因图抄近路,玩视人命亦当严罚。第三种因旅沪多年之人,除老者、女流及小孩外,无不知马路上车辆行驶之规则,绝不致肇祸。如果受伤者为第三种人,其肇祸原因可断定其非属第一种,即第二种也。除以上三种之原因外,均当归咎于行路者之自不小心"。③亦有

① 默声:《汽车夫对于电车应注意之事项》,《申报》1925年2月14日第21版。
② 黎离尘:《取缔汽车之我见》,《申报》1923年3月10日第23版。
③ 《汽车肇祸之我见》,《申报》1923年7月21日第15版。

学者将肇祸责任分为四种:第一种驾驶人过失。汽车行驶的安全与驾驶人关系最大。驾驶人技术不好,不遵守交通规章,驾驶时疏忽不小心或喝酒过度或精神不足,都要闯祸。第二种车辆过失。如汽车方向器欠准确,制动器不灵,发动机无力,夜间车灯不亮,喇叭不响,车轮脱落,轮胎瘪气,下雨时缺少雨刷,倒车时缺少镜子,都要增加闯祸的机会。第三种行人过失。很多人不看清左右有无来车,就穿过马路;走路时看报谈天;不按照规定路线行走;闻喇叭声不避让;因此闯祸为数甚多。每年汽车因行人过失发生肇祸约占肇祸记录的半数。第四种道路及气候过失。如道路视线不明,路面有阻碍物,未竖立道路标志等,行驶车辆最易发生危险。至于气候不好如下雨、下雪、浓雾、视线不明,均使车辆行驶的安全减低。以上四种过失,均为肇祸的主要原因。但良好驾驶人对这些闯祸都可避免。每年闯祸死伤人数在200万以上,多数是没有经验的驾驶人闯的祸。"希望大家从今天起永远不再闯祸,达到'安全为先'任务,做我们驾驶汽车界的模范。"[①]

(三) 汽车改良的建议

1. 华界方面

如 1924 年 7 月上海闸北的沪北兴市公司公共汽车刚行几日,有人指出"闸北的道路,也须大大的改良一下才好。不然,虽有公共汽车而道路不良,则闸北之热闹,终不能胜于租界……内地人或外人慕上海之名而来,见到闸北的景象,不免要使繁华的上海减色。因此,改良闸北道路之我见,希望热心于政者讨论而采纳:宜宽展路面,坚固建筑。闸北道路的狭小,可谓沪地马路中最最狭小者,路的两旁,既无水门汀的阶沿可供人走,行人不得不走在路中了。行人在路中行走,一切车辆往来,未免妨碍。况闸北的道路,假使单单走几辆人力车,已经觉得不很便利了,现再加上了公共汽车,此道路不得宽展者也。但是道路宽展了,假使建筑不坚固,常常因车辆行走而损坏成凹凸不平,在凹凸不平的路上行驶车辆,车行既慢,夫易损伤机件"。所以,闸北道路"不但亟宜宽,还须亟宜坚固建筑"。[②]嗣后,时人进言,"闸北公共汽车通行矣,余之被其泽也,何可胜以。故余于早晨入办公处及晚间归宿家中,均须乘坐公共汽车者。闸北公共汽车之通行,不但余一人便利,即来往于该途径者,亦必日受惠靡"。但对闸北公共汽车尚有几点商榷:(1)车辆太少,供不应求。"余昨夜九点钟时由天保里上车,预备至天通庵路下车,奈

---

①　何乃民:《汽车与公路》,商务印书馆 1944 年版,第 7—10 页。

②　玉光:《闸北行驶公共汽车之路政问题》,《申报》1924 年 7 月 5 日第 25 版。

自天保里甫上车,不觉已无立锥之地是时也,在汽车上之客无虑二十七八人,其拥挤之情况不言可喻。余以不惯拥挤,至沪宁车站便下矣。而乘客亦复啧有烦言,可见非余一人所感有如是也。"最好规定人数以祛此弊,人数已满不再卖票,或于拥挤方面可以减少。(2)公共汽车虽不必如富商所乘雅好,"而车篷宜稍高,匪但可以畅通空气,即乘客下车亦免弯腰曲背,所以余对于闸北公共汽车之车篷,实小能满意"。(3)公共汽车宗旨是"谋大众之利便,但是非在应停车之处可以不必停,以经济时间供于乘客之要求。前夜余在大统路等车竟至一时之久,后上车询诸卖票者,彼曰沿路停太多,以致延迟。所以余对于随喊随停上,实在不敢苟为赞同"。①

继而,闸北公共汽车行驶"已有年余,其初车辆即普通乘客汽车,近已改为绿色无轨电车式,车身甚小,不能多载乘客"。其应改良之处甚多,以资当局参考:(1)宜设站牌。该车行驶闸北宝兴路与新闸桥间,经过各处并无标识,乘客多不知何处等待。宜于站上设置站牌并明示价目,一如租界的公共汽车。(2)宜装置玻璃窗。此项公共汽车只有百叶窗皆无玻璃窗。若将百叶窗关上则车中甚闷,虽车顶装有气窗,光线仍不足。且下雨日,时有雨点入内湿人衣服。若开后则风沙蔽目,甚觉不便。(3)宜核减车资。租界公共汽车车资较人力车为廉,而闸北公共汽车则不尽然。"故公司宜稍灭车资则乘客自多,营业发达自未可限量"。(4)宜加大车身。闸北公共汽车不及租界公共汽车的三分之一,"乘车其中颇觉不适,当车身未加大时,宜限制乘客或添加车辆,以为补救"。②时人再论,"前年闸北通行公共汽车一时称便,余以服务与住居两处相距甚远,藉闸北公共汽车而为往来之代步。闸北市面虽甚萧条,然无不有振兴之希望……时以所备公共汽车类多敝陋,且不耐久用,社会人士啧有烦言。虽然今日果何如乎,不但未有完善公共汽车之创立,连敝陋者而无之日。昨过北火车站,见有闸北公共汽车之坏车二辆抛置于货栈后,任风雨之侵剥……公共汽车公司当时常以损破车身,闻虽有工厂可以修理,而交通之效率因以减低。其重要之原因果何在耶,曰是在未能先为治路而已。闸北公共汽车驶时,如荡湖船人坐其中颇不舒服,比诸租界内公共汽车不知相差若干矣。此固由于车辆优良,然亦路好之故耳日者,商埠督办公署刻意治闸北路政,是则闸北路政之前途诚有无限之光明,而公共汽车之行驶庶其有望乎"。闸北不如南市第一原因即在交通不便,上宝电车公

① 余生:《为闸北公共汽车进一言》,《申报》1924 年 7 月 19 日第 25 版。
② 邬烈光:《闸北公共汽车改良之管见》,《申报》1925 年 2 月 14 日第 21 版。

司昙花一现,公共汽车失败亦转瞬间事,"今后闸北交通事业,能不所以急求建树乎"。①

至1927年上海特别市成立初,"吾人居斯繁华之上海,不可谓不较内地人民适意多矣。即如交通一项而论,出门则有车辆以代步如电车、公共汽车等,均于吾人有莫大之利便。然此等利便推租界人民得能享受,住居华界之人民则未尽能享受此种幸福。即以闸北一带而言,既无电车亦无公共汽车,对于人生上不便孰甚。夫闸北前曾创办公共汽车,卒以种种之关系,而结果则为停止营业。且闸北道路不平,街道狭窄,行驶公共汽车殊多危险,此实吾人所引为极大之缺憾者……今失此交通之利器,非闸北人民之大不幸,此余所以有恢复闸北公共汽车之提议。不过以前闸北公共汽车过于敝陋,人多位少,易于闯祸,加之道途不平,危险更甚。此后如欲恢复公共汽车,对于车身上不可不加以改良,一方复改良道路放宽街道,使汽车得畅行无阻,并可减却许多危险。现在上海特别市政府已经成立,负改良市政者对于此层宜力加注意,即急速改良闸北道路,恢复公共汽车,则吾闸北人士当感恩非浅"。②事实上,闸北公共汽车"于交通上稍觉便利,而营业不如英法两租界公共汽车之发皇,故而停顿",原因有三:一为闸北路面不平,车行多颠覆;一为行驶汽车,皆劣等汽车;一为经营失当,入不敷出。嗣有人提倡复活,但当时"犹未达到复活之目的,闸北交通之不便利,可以想见。(1)论大上海建设,闸北实为未来大市场之基地,因南北地濒黄浦,无足回旋。惟有闸北毗联淞宝,幅员辽阔,苟能注意建设,不难成功一大市场。(2)自国民革命军奄有津浦京汉后,对于上海尤为注意建设。上海市政府对于筑路一项,亦尤为努力。如大统路宝山路中山路,正在鸠工庀材,改筑完善之马路,闸北市面当可因以振兴。(3)闸北交通原不便利,市政府对于闸北之建设,以改筑完善马路为入手,诚为当务之急,而为闸北市面渐于振兴之象征。是则闸北公共汽车之复活,乃人人所宜额手称颂者。(4)窃以闸北公共汽车应归市办。汽车行驶与前公共汽车之路线,不妨稍变更。中山路即旧中兴路,可以贯通南北市。汽车往返中山路外,并以分驶大统路宝山路,由大统路者可直抵新闸桥头,由宝兴路者可以直抵北站。再能设计衔接方法,则闸北交通庶有豸乎。上宝电车,未得成立为憾,然果能得汽车之行驶,亦足以振兴闸北之市面"。③

另对于沪南公共汽车,时人谈及,"奄无生气的沪南市面,自从公共汽车

---

① 毕卓君:《回忆闸北公共汽车以后》,《申报》1926年10月16日第27版。
② 陈幼敬:《恢复闸北公共汽车之商榷》,《申报》1927年7月9日第24版。
③ 毕卓君:《市办闸北公共汽车之刍议》,《申报》1928年4月7日第25版。

行驶以后，或者能够略为起色一点。但是公共汽车的缺点，照见所及也有数点：（1）缺乏宣传。考该公司级办之始，各大报上虽曾刊登广告，然而昙花一现，不久就没有看见了。程度幼稚的沪南市民，竟有不知该车为何种汽车者。该公司缺乏宣传，于此可见。（2）开车夫缺少训练。前天记者兼着该公司的新车，赴西门进了大东门。不多一刻，一部分的乘客忽然地鼓噪起来，记者细细的一探听，原来是开车的太觉大意，竟把鱼行桥的站口忘记停了。那几位乘客非要将车倒退回去不可，后来幸亏卖票的百般劝说，总算免去了倒退回去的笑话。（3）灯光黯淡。车中的灯光黝黑，如非但无引起乘客的兴趣，并且使乘客有容易被摸窃和失物之虞"。以上数则，为沪南公共汽车"美中不足之缺点，深望该公司加以注意和改革，则非但沪南市民蒙其福利，而公司之营业亦可蒸蒸日上"。①

2. 租界方面

至 1925 年，公共租界行驶公共汽车已有数月，"社会人士当其始创之际，多未能明了其性质及办法，今日之情形较前已大相迥异。因民众已知其利便之所在，渐认为公众不可缺乏之物，而成有希望之事业矣。吾以公共汽车在中国尚属萌芽时代，租界公共汽车设备较南通、闸北等为优"，但优点固多缺点亦不能免：一是车身式样构造。"俱极精美坚固之能事，尤以座位舒适，光线充足为最能令人适意而起快感之处，即以自备汽车相较佳者不过如是，稍次者恐尚不及。惟车身庞大，行动不甚灵活驶行，于上海平垣广阔之路上尚无问题，若施于国中内地则不合用。"二是售价以小洋 5 分为最低额。因中国无 5 分银辅币，"初公司特自制镍币为代以便流通，但因该币光质洁白，得者悦而藏之。致末及二月，所备皆罄，易以纸票，虽属一时不得已之办法。惟此种纸币经乘客反复周转，渐形疲污，乘客以现金易以纸票，定感不快且易于遗失，是与公众以不便，最好速制镍币流行，一方面停发纸票，限期收回为佳"。三是每车规定以 29 人为限。"人各有坐无拥挤之患。且窃贼虽狡，不能逞其智，吾人每于电车中关念怀中诸物，至此可以释然矣。上车从前下车从后，既可免上下之争先，且可节省停车时间，凡电车火车均不妨效法。惟前门收放，由开车人司其职，而后方则由卖票者守之，乘客上下时前后，常于人数上不相呼应，在乘客寥落时尚可然，当额数将满时，每致逾额一二人登车，卖票人遂暂时放弃其职务，专从事于请此人下车，时间不经济孰其乎。且车中行道似嫌稍狭，乘客每因自前至后不便之，故而不满意于前

① 鹏君：《谈谈沪南公共汽车》，《申报》1928 年 11 月 3 日第 32 版。

上后下之规定,或竟有违背而扰乱秩序者,若行道较宽,吾信必能畅行无阻也。"四是座位宜整洁。"吾友某君尝以近日车中座位上灰尘厚积每致污衣为憾,推其故,一则因经过各路大半比较荒僻,二则引擎中之风扇易于鼓荡灰沙。补救之法,惟有令卖票人勤加整洁而已。"总结以上各点,"宜改革者不过一时之疏忽,而优点则足为模范于永久。吾甚望该公司能持其长而去其短,为我国公共汽车事业放一异彩"。①

进入 20 世纪 30 年代,时人建议,"归国后,勾留上海数次之多,每次出门必藉诸公共汽车之力,故对于公共汽车已有相当的认识。在我抵沪的第二日,因不熟习上海交通,买一帧新上海图,以便行旅。那知那图并未详细说明汽车路线,故有等于无,后询问友人各路汽车之情形,始得略知一二。一日,余在北四川路欲搭公共汽车往静安寺。友人告余须乘第一号汽车,于是在汽车站守候片刻,即看见一辆公共汽车疾驰而来。余曾记忆此处有数号汽车经过非先看清楚不可,故多远即注视那车头处之号码或目的地牌子。哪知所看见的牌子,既不是路线号码,又非所达之目的地点牌子,确是一块梅兰芳牌香烟透亮广告。当时怕乘错了,不敢上去,故等第二部。数分钟后,果来一辆,也是在车上挂一透明透亮的一块矮克发照相材料字样的广告,徘徊数次,仍不敢冒昧上去。直等那第三辆来,届时无法只好询问待车乘客号码之所在,当蒙那位指点那暗而不明一个号码,印在车头之下部右角上。这次总算哥伦布发现大陆,喜出望外,看来果是一号就放心扒上,交了车费,安然到了目的地。回忆此次假若在车头上广告处,放上一个一字或静安寺字样,那里要踌躇许久呢"。由此,希望租界公共汽车公司"特加注意急于改良,务使乘客易于辨识各车路线而感受许多便利,切不可以广千之一笔收入而误原来之宗旨,除将每路号码明于车头上外,可使外乡及不熟识路线乘客不感困难。此余对于租界公共汽车一商榷,尚希当局明察,今特将伦敦公共汽车标号注销,以便参考"。②

既如此,自公共汽车在上海"公共租界首先创设,法租界也追踪而起。中国自办的公共汽车,在闸北和南市也都不后于人的行驶起来"。纵观发展历程:(1)公共租界公共汽车逐渐改良。"起初的车身,高大而且长笨,式样也很不雅观。后来车身改低,式样改良,一切的装潢设备几经研求以后,到现在可以说是尽善尽美了。"(2)法租界公共汽车后来居上,十分精致。"车身低而且短,装潢设备十分完美,坐位也很舒适。虽然不似公共租界的公共

---

① 霖:《谈租界公共汽车》,《申报》1925 年 3 月 21 日第 21 版。
② 萧国祥:《我对于上海租界公共汽车一商榷》,《申报》1931 年 12 月 23 日第 18 版。

汽车,容纳乘客那样多,在式样方面、行驶方面都有许多优美利便的特长。几年以来,固然没有特殊的改进,对于整顿和修理确时时留意,切实进行,所以车辆绝没有破旧不堪的现象。"(3)华界自办的公共汽车。"创设之初,就含了草率敷衍的成分,车辆既没有充分的考虑,式样更没有彻底的研求。高笨的车身,简陋的设备,装潢谈不到雅观,坐位论不得舒适。几年以来,非但没有丝毫的改进,而且一天天的破旧不堪,不用说有整顿的研求,连修理都难能切实的进行。腐败的情形,陈旧的现象,不能不令人有深刻的感慨。"(4)清洁和整饬是公共设备的要点。将华界公共汽车与租界的比较,"设备装潢观瞻,没有一样不是相去天壤的,就是清洁和整饬,也都不堪比拟。车辆之内,痰唾污秽,连司机人和售票员的制服都七零八落、参差不齐。每逢雨雪之后,车外的淤泥满溅,都往往不能洗刷净洁。其实设备装潢的完善,式样观瞻的优良,固然需要雄厚的资本,清洁和整饬何尝不可以注意及之呢。凡事不办则已,既办就应该筹谋远大的擘画,集合雄厚的资本。何况公共汽车是利便交通的工具,岂可以草率敷衍,唯利是图呢"。从而,乘华界公共汽车,"颠簸震荡,不耐久坐,速率加高和转弯的时候,高笨的车身,陈旧的车机,竟觉十分危险"。租界公共汽车比较平稳迅捷、十分安全。虽关系车辆的优劣,路政平坦和崎岖也是重大起因,所以华界公共汽车比租界的格外容易损坏、陈旧。希望华界公共汽车办理者,"刻意的研求,竭力的改良,保障乘客的安全,增加乘客的利便。同时希望当局注意路政,积极整顿,相辅而行"。①

亦有人论,"旅居上海之人,舍富有者勿论,关于日常生活之衣食住行四者,殆无不疾首蹙额于宅赁之昂贵。盖衣食两项,所费虽属不赀,犹得视个人之力量,留伸缩之余地。惟房租负担,丝毫不容假借,最苦无法应付,房租之差率,以所在地之热闹与否为衡。中户人家,既不堪聚居之偪仄,复难胜巨额之独任,往往下迁偏僻窎远之处,以期减轻负担,顾实际上与所服务之机关差距太远,出入亦殊感不便。可资以代步者自为车辆。而汽车非通常人所能问鼎,人力车又不适用于远距离。唯一合于理想条件,老只有电车与公共汽车耳,所谓'迅快稳廉大众可坐之标语',固吾人所心许默认者也。公共车辆对于市民之需要,既如此其殷迫,吾人宁可不予严切之注意乎。公共交通在数年以前,原亦足敷行驶,惟今兹情形略有出入。以上海地面之辽阔,昔所视为偏僻之境者,顷以住户纷纷迁往,实际已成半热闹区。而上述各项车辆,大都行驶于中心地带,未能收利便均沾之效。尤以法租界之各项

---

① 傅祖荫:《公共汽车感言》,《申报》1932 年 8 月 10 日第 27 版。

路线,局于一隅,几使大部分之居民咸沦于不便利情况中。此外关于公共租
界与法租界间之南北道,殊少沟通之行车路线,亦为一显著之缺憾"。由此,
公共车辆"攸关民生之殷切,为僻区之住户利益计,敢向市政当局提三要求:
增辟路线,多放车辆,延长行驶时间。一方既予居民以利便,一方亦增市面
之繁荣,甚愿主持者有以应市民之望"。①依前而述,近代上海民众对于汽车
优势的讨论、汽车肇祸的分析及汽车改良的建议,不仅为城市汽车运输业的
改进和完善提供决策支持,还孕育及引导社会参与文化的持续推进。

第二节　汽车运输与权利文化

　　城市内部分布不同的居民集团。如社区居民某些团体就会有为城市整
治行动付出代价的感觉,会集体组织捍卫自身利益的行动,必要时会提出
"历史性"价值观对抗"现代性"价值观。即城市居民永久性流动激发各阶层
社会和文化的异质化,使相区别的个体和团体在不同的空间和时间尺度出
现、接触或冲突。②同时权利、民主意识的普及,使城市人更能做到相互尊
重。因为在城市社会中,个体之间是平等的。所以,城市人具有平等的意
识,既懂得尊重别人,也懂得尊重自己。③且"公共交通之设施,市政之大者
也,与市民休戚相关,固不待言。经营于斯者,必先得当地市政厅之批准给
予专利,与其他非公众企业不视为一例。盖所以示其对于服务社会责任之
重且大,非仅以贸利为务也。所谓服务社会者,则宜就营业范围内思所以普
及之道,又不仅为一部分市民谋使利也"。④基于此,近代上海汽车运输逐渐
发展且日益发达,并与城市权利文化相依发展、密切交互。

一、商民维权行动

(一)市民维权行动

　　在近代上海汽车客运发展进程中,城市民众和民营企业维护自身权利

---

① 都:《上海之公共交通问题》,《申报》1935 年 7 月 21 日第 7 版。
② [法]伊夫·格拉夫梅耶尔:《城市社会学》,徐伟民译,天津人民出版社 2005 年版,第 81、
　 82、100 页。
③ 潘允康主编:《城市社会学新论:城市人与区位的结合与互动》,天津社会科学院出版社
　 2003 年版,第 201 页。
④ 毅:《吾人所望于公共汽车公司者》,《申报》1923 年 7 月 14 日第 21 版。

的案例和诉求不断呈现。具如 1919—1920 年间,公共租界单行道路的使用问题被反复讨论,虽然事实证明单行道的使用对交通管理确实有很大帮助,但是一大批商人和业主却因为临街商店生意的减少,而竭力反对该项措施的推广。①1919 年 10 月 26 日,各路商界总联合会在公共租界正式成立。12 月 1 日上午 11 时,该会董事及顾问等 44 人分乘汽车 16 辆,到交涉公署面呈章程草案及全体华商图记四册。租界各马路西至静安寺路(如图 8-2),东至杨树浦路,沿路各华人工厂商店门首均悬有白布黑字"华人要求市民权,修改洋泾浜章程"的旗帜飘扬空中,门窗内还贴有"要求市民权"等标语;代表所坐汽车队伍过路的地方,各商店人员并手挥"华人要求市民权"的小旗以相欢送。当晚,该会将经过情形电呈北京外交、农商等部及南京督军、省长,商店悬旗有 7 日之久。②至 1928 年 4 月,环球中国学生会致函租界工部局:"敝校位于卡德路中段,操场在学校对面。学生进出须越过马路,门口经过之车辆有电车、公共汽车、汽车、马车、人力车等往来为织",请令人来校门口钉有"前有学校,车马缓行"之牌,"以免危险而重公安"。③

图 8-2　中国牌楼式建筑是坐落于静安寺路上的美商中华汽车公司

　　图片来源:《上海印记:八十年前上海的汽车和车行故事》,"上海发布"2017 年 9 月 16 日。

　　① 上海市档案馆:《上海租界志》,上海社会科学院出版社 2001 年版,第 590 页。
　　② 蒯世勋:《上海公共租界史稿》,上海人民出版社 1980 年版,第 515—516 页。
　　③ 《上海公共租界工部局总办处关于交通警告信号事》,1921—1930 年,上海公共租界工部局档案,档号 U1-3-1762。

嗣至 1933 年,上海"本埠报纸之通信栏内,对于公用车辆之过于拥挤,每有指摘之论调……增加车资,固为使车辆不至过于拥挤之一种有效方法,然车资一经增加,将使多数部分之居民,虽须乘车来往,但深觉车资过钜,力有不及。若欲另赠多数车辆,专于每日特别忙冗之时行驶,则又以车资低廉,在经济方面难以实行。每日特别忙冗时公用车辆之拥挤,为各大城市所同有之困难问题"。英汽公司拟行驶双层公共汽车,"藉以解决每日特别忙冗时之交通问题,双层公共汽车之行驶,若在经济方面能证明为事可实行。本公司当按照交通之需要限度,将此项车辆增加"。是年,民众指摘该公司车辆泄冒黑烟,经其依据提山尔发动机制造公司指示并实行各种试验,以期解决此项问题。"提山尔发动机之使用,在使运输费廉,待将燃料注射法续加试验,并将职员续加训练后,当不致再冒黑烟"。当年最后三个月,此事经工部局详加观察,"所冒黑烟确已渐见减少,且可望不久完全防止"。①1935 年,工部局警务委员会再限令英汽公司改善,"迨期满后,该公司借口一部定购机件尚未运到,请求酌予展期。议决交工务处调查报告,以便定夺。时值冬季,工务处即以冬季为汽车烟最浓之际予以宽限,俟来年春间,由该公司完全改善。迄今又已一年有半,非但不见改善,且值夏季车烟更浓。该局为公众卫生计、为本身责任计,自应立即严限该公司迅即完全改善,否则处罚,以示公平。事关公众卫生,务请贵会迅赐交涉,俾达改善之目的"。至 1937 年 7 月,公共租界纳税华人会催请工部局改善公共汽车浓烟:上海市第一特区市民联合会第一区、二十六区、三十八区、四十五区等 20 个分会联名盖章函开,"查公共汽车行驶时浓烟四溢,恶浊空气,有害公众卫生,尽人皆知,中外报章颇多诽议,市民方面亦迭经请求工部局,予以取缔在案"。②

再如工部局于 1934 年 9 月公函上海市政府秘书处:该局公用委员会"近来对于公共交通问题甚予注意,因上海舆论恒多批评,交通未臻充分便利,故认为有对此整个问题联合调查之必要,计考虑所得者为电车与公共汽车之互助增进,其他交通方法与拟采不同路线行经中心区等等,委员会觉至好能获市政府与法工部局之联合办理较为有济,甚盼贵府能同力进行拟先由三处当局派遣代表开联合会议,倘有何具体之提议得邀请各公共交通公司派遣参加,何日适合,会使代理秘书飞利浦君将晋谒面谈一切,法方当局

---

① 《上海公共租界工部局年报》(中文),1933 年,上海公共租界工部局档案,档号 U1-1-959。
② 《纳税会催请改善公共汽车浓烟为夏令公共卫生计请工部局速令改善》,《申报》1937 年 7 月 27 日第 14 版。

经已接谈"。10 月 26 日,华界与租界交通联络问题会议召开,工部局、公董局、市政府、工务局、公用局代表出席,报告事项:"本市人口日益繁密,华租界交通实有联络之必要,第一特区工部局有鉴于此欲与第二特区及本市合作以谋联络,第二特区工部局及本市政府对于原则上均表赞同……结果以本市南北交通颇为重要,惟沿黄浦江一带,交通器具已甚拥挤,拟自沪南经西藏路以达沪北,此事与工务局及两路局方面俱有关系。"商定事项:"关于交通问题除第一项所述高架电车计划外,应由三市政机关开会商东南西北全部交通线如何互相联络沟通,以期爽达,并与获有专利权之三区交通营业机关商定现有之电车及公共汽车互通办法,界本市电车及公共汽车可以经过特区,直达沪北。"①后在舆论压力下,工部局强调"电车应与公共汽车合作,延长现有路线并改良设备,先当与毗邻市政当局洽商"。②

继至 1935 年 5 月,公共租界纳税华人会呈请工部局关注公共汽车设备:公共汽车伤人事,报章屡有记载,原因不外(1)驾驶者恃洋商,视人命如儿戏,毫不留意;(2)与电车争先到站,无视行人致肇事端;(3)公共汽车撞伤行人,工部局每加偏袒,不提起公诉,使司机胆大妄为。基于以上三端,该会设法向工部局交涉:"查公共汽车之肇祸已属司空见惯,而该汽车公司之当局为之纵庇,对于赔偿与抚恤竟靳靳不负,制裁尤之必要。至汽车之安全设备,本会已一再相告,而贵局仍听其依然故态,殊负纳税人之重托,由相应函请贵局迅令该公司对于一切伤人致命之事件,负赔偿抚恤之责任并装置安全设备,是为至要。"③是年 9 月 9 日起,英汽公司应民众要求,将第六路由兰路延长至格林路及平凉路转角处,"近年底时,三路及四路之往返次数大增"。④同年,法电公司二十二路公共汽车变更路线,"稍予一部分居民以欣慰,犹嫌其行驶车辆不多,夜停时间太早"。⑤至 1936 年 4 月,上海市失业人力车夫多达 3 万人,车主要求领取登记证 15 000 张,但工部局限定只发 5 000 张,该局认为不敷分配、暂缓登记,车夫则要求全部登记,致起冲突。公共租界巡捕房派警备车和华西捕七八十人前往弹压,车夫与巡捕又发生冲突,双方均有受伤,且在扰乱中,车夫将英汽公司十路公共汽车 3 辆、英电

① 《上海市公用局与租界市政机关讨论全市交通联络问题》,1934 年 9 月—11 月,上海市公用局档案,档号 Q5-2-1151。
② 《公众运输问题》,《申报》1934 年 8 月 9 日第 13 版。
③ 《纳税会请工部局注意公共汽车安全设备》,《申报》1935 年 5 月 8 日第 10 版。
④ 《上海公共租界工部局年报》(中文),1935 年,上海公共租界工部局档案,档号 U1-1-961。
⑤ 都:《上海之公共交通问题》,《申报》1935 年 7 月 21 日第 7 版。

公司十六路、十九路无轨电车7辆捣毁。即公共汽车5辆门窗被毁损失360元,无轨电车7辆损失525元。①

次如华界。1924年7月闸北的沪北兴市公司原定10辆公共汽车仅行5辆,"俟营业发达,逐渐推行。近有人以闸北路窄人稠恐生危险,又以未经立案为辞,颇肆攻击"。②如沪北商学会呈请北洋政府农商部及江苏省长韩国钧查办该公司并令其停业,理由六项:(1)闸北道路为人工建筑,路基未固,路面狭小,路之两侧无人行水泥路,行人往来皆在路心。(2)闸北居户扫地妇孺众多,避让稍迟即有生命危险,此项汽车通行后,伤人毙命案件必较租界尤多。(3)闸北交通素以人力车为便,人力车一部可养活贫者一家,此项汽车通行后,实为攘夺无数人力车夫之生活,迫而失业铤而走险,直接影响地方治安。(4)该公司招股简章及登报广告将主管行政官厅官长及士绅列入赞成人,但上海沈县长、士绅成燮春均否认。(5)该公司章程第二十八条第二项发起人酬劳金10%,查原发起人为王彬彦、尹邨夫、徐春荣、陈维翰4人,除徐陈2人外,王彬彦(沪北工巡捐局工程主任)、尹邨夫(淞沪警厅第四科科员)均现任主管机关职员,不应发起此项残害人类之事业,价卖与商人创办,贪得每钱10%红利。(6)闸北道路经费为闸北人民共同所负担,该公司每辆汽车只纳捐照费10元,车辆将来预算扩充至10余辆,"充其极只百廿元,试问能修道路几丈。该公司章程对于养路费、伤人医药费、死人抚恤费并无规定,地方人民极端反对,公司未呈请业厅立案亦未呈请农商部注册,竟然开幕行车,藐视主管官厅"。③

至1932年8月30日,徐家汇镇商会呈请公用局酌留沪南公司车辆以维交通:"敝镇徐家汇至飞机场为沪西孔道,沿途居民繁多,朝夕往来坐贵公司及英商公共汽车。自英商工潮发生后,专坐贵公司车辆,行者称便。讵料贵公司受时局影响宣告停业,致全镇人民徒步跋涉,深感不便,遂请敝会设法维持交通,以维市面之繁荣。敝会为商民代表机关,目击行路艰难,未便缄默,用特据请转达务希贵公司转呈公用局,俯念四路情形特殊,于贵公司清算期内仍应酌留车辆,以维交通而便行旅,地方幸甚。"④沪南公司停办

① 上海市出租汽车公司:《上海街道和公路营业客运(个别的公共交通)史料汇集》(第二辑),1982年3月油印本,第240—244页。
② 《闸北公共汽车营业概况》,《申报》1924年7月26日第15版。
③ 《沪北商学会反对公共汽车》,《申报》1924年7月5日第13版。
④ 《上海市公用局关于沪南公共汽车停业清理》,1932年8月—9月,上海市公用局档案,档号Q5-2-583。

后,1933年7月26日李晓沧等四人呈请公用局创办沪南漕泾法华等区公共汽车:"上海为吾国商务中心,环阓骈连,人烟稠密,无论租界华界,市中熙往攘来,无不肩摩毂击,是交通上之设备,为市民所最需要。租界经外人设施,交通渐臻完备。惟本市沪南公共汽车营业前经钧局核归沪南公司承办,徒以营业亏折,卒至停办,迄今日久,尚未恢复。龙华及南洋中学一带市民感觉不便,商等有鉴于此,因特发起创立合资有限公司办理南市一带公共汽车事业",定名为上海华界公共汽车公司,以沪南漕泾华法等区为营业范围,资本暂定国币20万元,收足10万元便开始营业,并遵照公用局规定的车辆标准,拟采用德国最新式朋驰牌柴油汽车,每辆载重量为2.5吨,初拟先购定14辆,路线照前沪南公司所定,即将第二路(老西门至龙华)及第三路(环城圆路)两线尽先开办,其他逐渐扩充,公司股款由发起人共同认定总额半数,余额均由发起人担任招足,"拟恳钧局核给商等专办之权,较前沪南公司十二年期限稍为加长,庶集股较易得手,以利交通,而兴市政"。①即"迩来市面,已恢复如旧",李晓沧等呈请承办公共汽车,将先开行西门至龙华及环城圆路两线,"如营业得有起色,将再谋扩充。但据另讯,市府对于沪南行驶公共汽车或将收归市办,则此说是否可以实现,尚须经各方之考虑"。②最终,沪南地区公共汽车收归市办。

再如上海市商会于1933年1月函请公用局整顿华汽公司,据该会江湾分事务所各商号对于华汽公司腐败三点陈请公用局严厉改革,如:(1)乘客漫无限制,妨害公众安全。查该公司车辆门口订有此车限乘28人的磁牌经公用局明白规定,但其容积至五六十人,"贪多得以为常事,乘客欲到目的地而不克挤下车者有之,岂独造就宵小水摸窃之机会"。(2)查票售票及司机人员大都毫无礼貌,偃同贵族公子,睥睨一切,谩骂打架习为常事。"即军事长官训令下属,当无如此声色。本区常有贩卖绒线妇女,每日乘坐此车,前携后负占害坐位,而若辈对于老妇少女可否搭乘,任情准驳,服务公用事业人员岂可败坏至此。"(3)使用恶劣机油,残害公众健康。当车辆开行时即有"莫可名状之臭秽气味,由车头向后发泄、腾满车厢,对座相视不辨五官。当此朔风凛烈、实户紧闭之时,怎堪领受"。从而,该商会"以公用事业关系市政发展最为密切,当此沪市公用事业发轫之初,凡我市民固应热忱拥护,而督促改良义不容辞。查该项车辆行驶以来,本区商家乡民便捷良多,乃该公

---

① 《上海市公用局兴办沪南公共汽车》,1933年8月—10月,上海市公用局档案,档号Q5-2-530。
② 《市民呈请承办沪南公共汽车》,《申报》1933年8月25日第12版。

司唯利是图、罔顾公用事业之本旨,以专利权为唯一之护符,不恤日就腐败,地方需要既如此,公司腐化又若彼,市政市民妨害日甚。主管官厅当不容恕,虽云经此战事损失非小,而因陋促简,不应至于此极。此事前经本区党部呈请督江有案一月以来,依然不故,用再胪陈最近情形,呈祈迅予转函市公用局切实训饬改革,岂独江湾一隅之幸,抑亦市政前途实利赖焉。据此,查本市行驶公共汽车,原所以发展市政、便利民众交通起见,办理应力求完善。兹据该分事务所陈述各点,凡乘坐公共汽车者,无不认为言之属实,亟宜严格加以整顿,务希贵局察核迅予令饬该公司力加改良,藉利行客"。①随之,该公司回复,江湾分事务所"有不满意于敝公司服务,倘直接指导,当竭诚领纳"。②

嗣至 1934 年 7 月 8 日,浦东高桥区人力车夫阻止公共汽车行驶被拘。即当日车夫与公共汽车争夺营业,与公安局警士发生冲突,致公共汽车未能行驶,断绝交通数小时,直至傍晚恢复交通:(1)出事原因。高桥自海滨浴场开辟后,人力车生意颇佳。旋市公用局在该地设办公共汽车,因取价低廉而稳快,致人力车业受相当影响,车夫对此颇为不满。8 日系星期日,加之群益公记科学社又在该地首次试验水上平安带,故游者倍于往昔。上午11 时,自外滩铜人码头开出的市轮渡达高桥,当时在高桥码头的人力车夫与公共汽车争夺营业起见,未守秩序,上前向主客兜揽生意,而使该地公共汽车未能驶行,警士上前劝止,车夫不从,遂将悦来人力车公司车夫 2 人拘入公安局三区四分所拘押。(2)冲突情形。此事后,人力车夫均抱兔死狐悲之感,颇为愤激,于是纠集同伴数十人,趋往高桥公共汽车站前,将所用人力车及独轮小车推置于汽车站前,阻止汽车开行。人力车夫素来极恨汽车妨碍彼等营业,故借此使彼此双方均不能接待游客,当时阻碍车辆约五六十辆之多。11 时 45 分车辆交通完全断绝,游人因在高桥码头,距离海滨浴场颇为遥远,烈日下往返跋涉,颇感劳顿无不叫苦。(3)各受微伤。公共汽车为维持交通起见,与三区四分所接洽,由上级机关派水上公安局警士一小队驶抵车站,是时各人力车夫抬置数方巨大砖石置于道中,阻塞汽车。警士驱之不散,拔出警棍实行驱逐。车夫竟一拥上前,徒手搏击。警士见众寡悬殊,急向天放空枪示威,结果双方各有数人受伤。12 时 15 分车夫退去,一场纷扰暂告平息,惟车夫依旧率车堆置道中。公共汽车为避免纠纷起见,暂时停

---

① 《市商会函公用局请整顿江湾公共汽车》,《申报》1933 年 1 月 30 日第 15 版。
② 《华商公共汽车公司近讯》,《申报》1933 年 2 月 1 日第 17 版。

止交通,冲突时车夫六七人被拘入警署。(4)临时解决。汽车公司复派员与
人力车公会交涉,旋经地方人士出而和解。结果下午6时,人力车夫自动取
消妨碍行动,公共汽车于6时30分恢复通车。至于被捕车夫即可望释出,
故8日"往高桥之游客几有不能返沪之慨,直至八时余,始抵本埠"。①

继而,汇中银号经理黄雨萧为公共汽车设立候车站于1936年7月呈文
市政府:"自大上海开辟以来,市中区住户日增,人口渐旺,华商公共汽车直
达市府,行人称便。但该公司对乘客设备或有未周者即候车站一项殊不注
意,仅于路侧植一停车标识,余均未为乘客顾及。往来车辆时间距离,竟有
迟至四十分钟者。候车乘客,夏则酷日临空、炎威逼人,上无抗日之具,足履
如火之途,既苦赤炎难避,复感候车维艰。且夏日风云变幻,雷雨不测,一旦
际遇则四野无垠,仓皇莫避络衣单,势成如鸡之落水。扶老携幼者,失足倾
身在所不免,更或因而受暑疾危及性命,为害尤烈。冬则朔风凛冽,雨雪时
飞,青女在飘,寒透重褐,伫立久待,冰途难堪或积雪没胫,行履困难,此实往
来乘客咸感不便者。虽租界亦无是项设备,何独斤斤于华界,因华界处境不
同,未便同日而语。租界市面繁兴、鳞次栉比,随时随地可避风日,市中心区
则不然,四瞩旷野趋避无策。此情此景,非独窃所目睹且为身受,故市中心
区亟宜设立公共风雨候车站,藉惠行人以利乘客。窃自大上海开辟迄今,建
设可称尽善尽美,唯此候车站事尚未顾及",故代市中心区市民呈请政府饬
令华汽公司迅予设立是项车站,"事关路政,造福行人定可指日观成"。②然
华汽公司回复:"窃公司为乘客需要,早有风雨站之设备,如市中心区以千数
百元筑车亭一座。又如宝山路口除设风雨亭外,另在该处租一市房专供乘
客坐候车之需,其余如真茹江湾各线亦均有车亭之设立。案据黄君所请,似
对于公司行车各路线未甚注意,若谓每一站须设一风雨亭,以公司现行四五
路干线仅十一公里,大小停站约二十处,且属均设于与房屋相比邻之间,若
遍设风雨亭,势必假人行道而建筑,然事实上所不许。由此观之,不独本市
现在外商电汽车行驶旷野尚无此项设备,即所见北美各国亦未之有。并据
黄君呈内开以公司往来车辆时间距离四十分之久,未免言过其实",公司四、
五路车辆规定每隔9分钟开一班,若该两线并计仅相隔6分开一班,"纵或
有时人力所不及而被阻如铁路栅间断等,自请见谅",从而"新市区遍设风雨

① 《高桥人力车夫阻止公共汽车行驶车夫阻碍公共汽车行驶被拘 车辆交通暂断至六时余
恢复》,《申报》1934年7月9日第13版。
② 《市中心区公共汽车应设候车站》,《申报》1936年7月16日第15版。

站一点,暂难照办"。①

　　同年 7 月 23 日,小学生家属刘庆林等 15 人呈请上海市教育局转函公用局改定双程公共汽车路线。"窃近因公用局沪漕线,湾经小学业设之蓬莱凝和乔家等路,家属等为子女求学安危所系,难安缄默,瑾陈学子不便衷由及路线改驶意见暂列五点,谨恩钧长垂念学童之亟需行路安全,转请重付六局会议改订路线,俾符政府兴学之至意":(1)小学生对于避让汽车,每有慌于趋避现象。以前汽车尚少,尤有惨剧发生。如竟驶双程汽车往来频繁,虽设行车标识,"恐小学生因散学潮涌,难保不生他故,惩前毖后,应知前车可鉴而谋避免驶经"。(2)学校散学时,学生潮涌出校,秩序难求整齐,倘遇风雨交作,雨伞遍张阻碍视线,更且道途泞滑,跌仆常有,对于普通碰撞难求全免,"倘遇汽车驶来,免殆何堪设想"。(3)蓬莱路西仓路口以东路面狭曲,缺少人行道以资避让车辆,小学生更属拥塞于途。不若西仓路口以西,因公安局局址新迁路面,放宽驾驶易慎,文庙公园蓬莱市场均在咫尺,"倘因便利公安局则折入西仓路北至肇嘉路东出大东门无碍,可免危险"。(4)西门为交通枢纽,如作沪漕线起点则可招各段乘客,一路龙华车营业发达,可为明证。或则自西门东驶肇嘉路,行车设备仍在可达小东门回程自大东门沿中华路经驶西门,中华路两旁均有行车路牌,三路汽车止沿一旁东驶,新线循其余一边西驶,则公安局、土地局等进出并无不便,更有人力车调剂,苦力得救济。"况公共汽车虽以便利交通为主,究以营业发达为进退,以前肇嘉路因路线欠妥,市民未能普遍认识,致驶行未久即告停驶。令改订之线,可补前弊,而无碍及小学生之虞,且因下月即须实行。谨恩钧长迅赐提请重议改订,使学校不受影响,子弟得蒙庇护。"8 月 5 日,教育局转函公用局。"蓬莱路附近一带市立小学有西成、梅溪、尚文、明伦四校,每日路上来往学童自非少数,对于安全问题,似不能不加以注意。惟行驶汽车事关便利交通,既经贵局议决举办实行有期,自未便因噎废食。为兼筹并顾,拟请贵局:一、在可能范围内,蓬莱路附近一带将双程改为单程,来去车各走一线,以减少危险。二、饬司机人在蓬莱一带驾驶时特别注意;三、在各校门前装置'慢车'字牌。"次日,公用局长回复,"第一点采单程不能照办,二三两点可容纳"。②由上而述,上海市民关乎汽车交通涉及自身的影响积极开展维权行动,以抗

---

　　①　《闸北公共汽车公司候车站业有设备每站遍设暂难》,《申报》1936 年 7 月 31 日第 11 版。
　　②　《上海市公用局关于公共汽车扩展新线》,1936 年 5 月—9 月,上海市公用局档案,档号Q5-2-382。

议、争权等方式博弈与诉求。

(二)商企维权行为

1927年8月23日《上海特别市公用局宣言》正式宣告:"公用云者,全市市民所得公享而公用之权利也,以上海商业之地位于全国为重心,于全世界亦居重要位置,居民至数百万,人文极盛,辐辏殷繁,则市民固宜谋如何使安居而乐业之者,于公用使如何享受而乐承之者,此固人人认为绝对必要之事业也。且人生所需衣食住行每患其不均,惟此共享之权利,则凡属市民人人均得而享受之无间于各种阶级,此则诚有合于民生主义之要素者。"约略言之,东西洋各国"凡公用之业多由市公办,所谓民有民享之事业也。然今兹上海之公用事业多属商办,在市政未经发达之前,营业之胜负尚在不可知之数"。①至1928年8月1日,上海特别市政府公布《上海特别市商办公用事业监理规则》:

第一条 凡在本市区内商办公用事业,照本规则所列各条之规定,由公用局监理之。其在本市区内设立公共事业机关而不在本市区内营业,或机关虽不在本市区内,而在本市区营业者,亦应受公用局之监理(说明:公用事业之范围照特别市组织法第十条之规定,即交通如电车、公共汽车、长途汽车、轮渡航渡及其他水陆交通,电气,电话,自来水,煤气等)。

第二条 凡商人欲在本市区内经营公用事业,应先具备详细计划书,呈经公用局审核,转呈市政府批准,或有本府转递国民政府主管部批准后,方得设立。其关于公司组织及注册手续等事,仍应遵照国民政府颁布之法令办理,至市政如有特别条件,得另订契约规定之。

第三条 凡商办公用事业机关,未经批准而开始营业,或业经批准而延不开始营业者,公用局得撤销之。

第四条 凡在市政府成立以前所设立之商办公用事业机关,应将从前之组织状况,及于前市政机关或其他行政机关所订立之各项契约,呈由公用局转呈市政府审核修正之。

第五条 凡商办公用事业机关,不得加入外人资本,亦不得以其产业抵借外债。

第六条 凡商办公用事业机关,如有变更组织计划或厘定各项规章,及收费办法等事,应先呈经公用局核准。

---

① 《上海市公用局拟订1927年度施政大纲》,1927年8月—11月,上海市公用局档案,档号Q5-3-908。

第七条　凡商办公用事业机关,凡遇举办工程、购置机器或处理其他重要工作而与经营公用事业有直接关系者,应照下列手续办理:(1)备具详细图说,呈俟公用局审核。其不合格者,应于修正后,再行呈请审核。(2)经公用局审查合格批准后,如系投标,应于招标开标时,呈请公用局派员监视,如订合同,应先将合同抄呈公用局审核。(3)工程告竣时,应呈请公用局派员勘验。(4)公用局得随时派员检验其材料。(5)工程开始之前,应向工务局报领执照。(6)其他公用局令饬应备之手续。

第八条　凡商办公共事业机关,应将下列各项按期或随时呈报公用局:(1)重要职员之履历;(2)工程状况;(3)营业状况;(4)股东会、董事会及其他重要会议之议事录;(5)其他公用局令饬呈报之事项。

第九条　凡商办公用事业机关,对于市政府应尽下列各项之义务:(1)每年缴纳纯利项下 10％之营业税。(2)缴纳其他本府所规定之捐税(其他捐税指房捐、车捐、广告税等以市民资格应尽之义务)。以上各项市政府为必要时,得酌量增减或豁免之。其与前市政机关或其他行政机关所订立之契约,经市政府认为有效者,方不受本条之限制。

第十条　凡商办公用事业机关应纳保证金,存入市政府所指定之银行,其保证金额以资本总额规定如下:(1)资本总额在 80 万元以上者,应缴保证金 1％。(2)资本总额在 40 万元以上、不满 80 万元者,应缴保证金 2％。(3)资本总额在 20 万元以上、不满 40 万元者,应缴保证金 3％。(4)资本总额在 10 万元以上、不满 20 万元者,应缴保证金 4％。(5)资本总额在 5 万元以上、不满 10 万元者,应缴保证金 5％。(6)资本总额不满 5 万元者,应缴保证金 6％。

第十一条　除一般监督取缔外,公用局对于商办公用事业机关,有下列各项职权:(1)饬令撤换技术上或与经营公用事业有重要关系之不称职职员。(2)稽核账目。(3)列席股东会董事会及其他重要会议旁听。(4)执行其他与监督取缔有关系之事项。

第十二条　市政府对于应行兴办之公用事业,得令相当之商办机关办理之,酌予相当之便利。

第十三条　市政府对于商办公用事业得加入市股,或收归市办,其办法与商办机关商定之。

第十四条　商办公用事业机关如违背本规则或其他本特别市所公布之各项法令时,公用局得呈准市政府予以下列之处分:(1)撤销其营业权优先权等权利之一部分或全部。(2)没收其保证金之一部分或全部,没收后英再如额缴定。(3)其他相当之处分。关于如何处分规定,详见上海特别市违背商办公用事业监理规则处分细则。

　　第十五条　本规则如有未尽事宜得随时修正之。

　　第十六条　本规则自公布之日施行。①

　　再至1929年12月21日,市公用局与财政局会同拟定《上海市政府与市内交通事业公司暨水电公司订立合约的重要条件》,主要内容有:(1)公司营业范围,应以原有营业区域为限。(2)公司营业年限,应代规定其业经国民政府主管部或本市政府定有年限者即以原核定年限为年限。(3)各公司应向市政府缴纳报酬金,为使用市公路天空埋管架线的代价,此项报酬金应作为公司营业支出一种,即自总收入中支出而不应从纯利中支出。对于缴纳报酬金一事,可将有轨与无轨者分别办理,如长途汽车等每季皆须交纳车捐报酬金成数不妨略少,至如电车公司及上川、上南两公司皆无车捐支出,报酬金成数应可加高,以昭公允。(4)公司应向市政府缴纳营业税。(5)公司应向市政府交纳保证金为履行合约的担保,其成数可以股本为标准。(6)公司票价、折旧及公积金成数年限的增减,举办工程、购置机器、车辆的图样标准及合同均应经市政府核准。(7)市政府有尽先购买公司股票稽核公司账目,列席公司各项会议及勒令撤换公司溺职职员之权。(8)公司有受主管局指导推广路线及预先扩充车辆,以应付未来需要的义务,倘公司资本缺乏无力扩充改良致妨碍公共需要者,市政府得随时收管。(9)公司应绝对遵守一切法令及主管局的指导取缔,倘有违抗或累犯情事,市政府得随时收管。(10)公司营业期满,应将厂屋机器车辆轨道及其他附属品,并公司为敷设轨道或行驶车辆而购置土地及修造道路,一律无代价交与市政府,倘合同期满前,市政府欲将公司收回,除违犯八、九两条外,市政府应与公司以相当的代价(此为欧洲通例)。②

　　然,征取保证金"为保障官厅执行职权,确切有效,并保障应收营业税及其他捐费等,不致亏短。而各公司纷纷反对,请愿于市参事会。结果由市参事会酌拟为,先已成立之各公司减半缴纳,且为数甚微"。③如1928年12月31日,沪闵南柘汽车公司为免缴保证金呈请公用局:"钧局颁布之公用事业

① ③ 《上海市公用局规定商办公用事业监理规则及其处分细则案》,1928年5月16日—1936年4月21日,上海市公用局档案,档号Q5-3-685。
② 《上海公用局与财政局拟定市府与公用事业公司订立合约的重要条件案》,1929年11月22日—1930年3月22日,上海市公用局档案,档号Q5-3-1815。

监理规则有征收保证金之规定,迭奉财政局函催措缴在案。查敝公司自民国十二年二月开办以来,股本不足借款维持,兼之营业亏损入不敷出,所负债额仍达十余万圆之钜,车辆破旧乏款置办,捉襟见肘覆铢堪虞。此项保证金,实属无法筹措。且监理规则,本市各公司(如上南长途汽车公司)刻尚在声请再议中,如果将来修正规则或有缴纳款项之处,在敝公司方面应请暂缓缴纳,一俟公司营业稍有盈余,再行照缴。"嗣公用局函致财政局:沪闵南柘、上南长途汽车公司先后来呈,"全以营业亏损无力担负,恳请缓征保证金等情,派员前来察核各该公司状况所陈,确系实情"。1929 年 7 月 11 日,沪闵南柘公司再呈:"保证金一项,因公司穷困万状,正在设法勉筹,以致牵延时日。兹蒙钧局逾格体恤准予减半缴纳,殊深感激",公司股本总额 30 万元,依照市商办公用事业监理规则第十条第三项规定应缴保证金 3% 计 9 000 元,(按照市政会议讨论办法减半)公司应缴 4 500 元。查公司全路线共长 55 华里,在特别市区内由上海站至吴家巷站 22 华里占全路五分之二,以每里 81 元计算应缴保证金 1 782 元。"乃敝公司负债累累濒于破产,实难再加担负,拟先缴洋八百元,余俟营业发达再行补缴。钧局拯念商艰无微不至,对此请求必沐矜全。"12 日,公用局令其最少缴 2 250 元。三日后,该公司补齐保证金(中国兴业银行支票三纸分别 800、450、1 000 元),经公用局转交财政局。①

　　问题之实质在于,管理当局认为,"本市民营公用事业种类甚多,主管局实行监督取缔,两年以来,如电费改低,水质改善,长途汽车车辆增加等,亦以称著成效。为独览不能满意者,即因用人行政,尚未能悉听主管局指挥,无从贯彻整理之计划。而公用事业公司营业价格之增减,与市民负担有关。其收支是否核实,又与本市营业税等收入有关。官厅对其账目,自应有稽核之权"。如上述监理规则公布后,14 家商办公用事业公司中的 8 家呈请修正。"经本市政府所批令说明,仍未释然。但事实上,本规则所有各条文,除一小部分如保证金及呈报会议记录等而外,均已遵守"。如华汽公司及沪南公司"已切实遵守,或且载明合约"。②即华汽公司与公用局订立的营业权是 12 年,该局为"发达市面计,利便交通计及鼓励今后企业家投资于华界计,对于公司之设施与计划,处处均以扶助为原则。如汽车底盘之规定,车身之

---

① 《上海市公用局关于沪闵南柘长途汽车公司缴纳保证金》,1928 年 12 月—1929 年 8 月,上海市公用局档案,档号 Q5-2-263。
② 《上海市公用局规定商办公用事业监理规则及其处分细则案》,1928 年 5 月 16 日—1936 年 4 月 21 日,上海市公用局档案,档号 Q5-3-685。

设计绘图,停车标志之设备以及障碍行车之浮滩等之取缔,路线之选择,无一不由该局代为办理,以期用少数资本收最大之效率。而对于本市商办公用事业监理规则之实施,仍丝毫不予以苟忽,现在营业发达几日进千里"。①

譬如 1929 年 2 月 5 日,公用局局长呈文上海市市长:"本市商办公用事业监理规则,自经钧府公布,各该公司一再反对,或以干涉公司内部事务,或以抵触中央颁布之工商法规相责难,此种訾议,固无理由,此中责难亦非事实。盖公用事业关系地方建设与民众生活非常深切,其商办公司与地方官厅自应有一种特殊关系,惟此点不特本市一隅为照,推广其他各地并且如是。"15 日,公用局将商办公用事业拟归地方官厅监理在中央法规中规定拟定意见书:"凡一地方之自来水、电气、煤气、电话、电车、公共汽车等公用事业,在在与当地人民日常生活,有密切关系。依照市政原理,应归市办。其由商人承办者,地方官厅为维护全体人民之福利起见,对于各该项公司内部组织以及营业技术管理等方面,亦应加以沿革之督查。"如美国伊利诺伊州公用事业委员会对州内公用事业行使下列职权:(1)规定会计则例及程式令各遵守,违者加以处分;(2)规定财产折旧率,令各一致遵守;(3)检查及稽核账目;(4)检取一切账目单据及书类陈列于指定公共场所,以备稽考;(5)调取一切图样文件账册单据财产清账暨其他簿记,如有征询一切有关系事项,须切实答复不得推诿;(6)随时可索取报告;(7)准驳股票债票及短期借券发行,并监察其用途;(8)准驳收费率增减;(9)随时检查一切设备材料及其他资产。而上海特别市内水电交通等公用事业均由商人集股举办,且每类中又不止一家,"为便利主管局执行其监督取缔之职权起见,当由市政府颁布一种监理规则。同时,似宜另在中央法规中明白规定,俾地方行政官吏均属行其职权,人民则充分享受其利益",拟定办法三项:(1)由中央制定全国商办公用事业条例,举其大纲,俾各地方行政机关依据此项大纲,分别拟定详细的监理方法,不受一般普通工商法规拘束。(2)在公司条例中明白规定,凡属经营公用事业的公司,应受地方行政机关监理。(3)在其他工商等法规中,将商办公用事业与地方官厅的关系明白规定。②

同年 9 月 13 日,国民政府行政院为中央未公布办法前不得处分民营企业饬令上海市长张群:华商电车公司等呈请"明令保障商办电气事业,维护二中全会监督原案等情",经本院第 30 次会议议决,交通部、建设委员会、工

① 《公用局指导下公共汽车事业之发展》,《申报》1929 年 1 月 31 日第 20 版。
② 《上海市公用局请在中央法规中规定地方政府监理公用事业事项案》,1929 年 2 月 6 日—15 日,上海市公用局档案,档号 Q5-3-1806。

商部、卫生部审查,由各部政务处长召集分令遵照,拟具审查意见三项。第一项:(1)凡经国民政府所辖机关核准注册的商务公用事业定有年限者,依其年限。未定年限者,由主管机关核定其年限。在营业年限未满以前,不得收管,但有下列情形之一者不在此限:违背法令或定章不服主管机关取缔,或经取缔而累犯者;资本缺乏,业不能改良,致妨碍公共需要者。(2)收管商办公共事业须依下列程序:(甲)由收管机关将收管理由,呈经行政院核准后行之;(乙)照价补偿,其补偿办法除别有规定外应先由双方协议,如协议不调,得呈请行政院裁决。(丙)商办公用事业在营业年限满期后,由主管机关酌量情形展缓期限或接管经营,如须补偿得适用前条乙款规定。(3)已经收管的商办公用事业,除经双方同意解决外,该收管机关仍须依照前条甲款及乙款规定办理。第二项:已成立的商办电气事业,未经在国民政府交通部领照者,须在建设委员会补领,曾在国民政府交通部领照者,在建委会换领时,不另取手续费;创办的商办公用事业,须由中央各该主管机关核准领照开办。第三项:各省市征收商办公用事业的营业税办法,应呈请行政院核准。随之,此三项意见经行政院第 36 次会议议决,审查通过。"又据上海市政府呈请行政院会议讨论民营电气事业或公用事业监理范围时必须包括用人行政在内等情,本院同次会议议决监督民营公用事业已由中央定有办法,其监督范围已交立法院起草,在中央法令未核定公布以前,不得自定规则,照此意令饬上海特别市政府遵照。"①从而,1929 年 11 月 13 日行政院令上海市政府训令公用局:关于全国民营公用事业请求保护一案,"据全国民营电业联合请愿团代表汪书城等呈,以近闻上海特别市政府公用局擅自议订已不适用之监理规则,及各省市闻未有所谓电灯附捐附税,各色名目增加负担,恳请特呈命令制止,并咨催立法院迅定监督法俾得遵照"。即行政院第 36 次会议通过并已决议:监督民营公用事业已由中央定有办法,其监督范围已交立法院起草,在中央法令未经核定公布前,不得擅订规则。②

嗣至 1930 年 1 月,上海商办公用事业监理规则暨处分细则"已奉中央饬令废止,所有本市前与商办各公用事业公司订立之合约是项失依据,所有前与民营各公司订立合约当以中央条例为准,并奉颁民营公用事业监督条例"。当月,行政院正式公布《民营公用事业监督条例》(1933 年 11 月 2 日

① 《中央令饬保护民营公用事业案》,1935 年 5 月 3 日—1939 年 8 月 30 日,上海市公用局档案,档号 Q5-3-1812。
② 《上海市公用局规定商办公用事业监理规则及其处分细则案》,1928 年 5 月 16 日—1936 年 4 月 21 日,上海市公用局档案,档号 Q5-3-685。

修正条例公布），其中第二条规定，下列各款公用事业除由中央或地方公营外，得许民营：电灯、电话及其他电气事业；自来水；电车、公共汽车或长途汽车；煤气；航运；航空；其他依法得由民营的公用事业。①第四条，民营公用事业非经依法呈请地方监督机关，转呈中央主管机关核准登记，发给执照及营业区域图后，不得开始营业。前项登记规则，由中央主管机关核定。第七条，民营公用事业订立或修正有关公众用户的收费及各项规章，应由地方监督机关签具意见，转呈中央主管机关。第十二条，民营公用事业其全年纯益，超过实收资本总额 25％时，其超过额的半数，应用以扩充或改良设备，其余半数应作为用户公积金，以备减少收费之用。总之，上述条款明白规定公司订定售价后，须经地方、中央政府核定；且又确切限制准许公司获得 25％以下的利润，实因"公用事业与市民利害关系，过于密切"。②作为近代中国第一部由中央政府颁布的专事公用事业的法律，《民营公用事业监督条例》内容较为宽松，一定程度上体现了当时政府鼓励、保护商营企业的政策取向，亦从侧面佐证商营企业维权行动的成效。

依前而述，近代"汽车、电车等输入上海，除了利益受损阶层以外，便没有什么人反对"。③如华界官方通过加强商营汽车运输企业的监督力度，意图依靠行政手段更多参与到企业经营管理中去，藉此维护及强化其监管地位。然商营企业并未安之若素，以争取权利等方式对弈，亦使城市权利文化得以不断凸显。

二、国家权益维护

由理论上讲，国家主权是指一个国家固有的处理其国内国际事务而不受他国干预或限制的最高权利。④近代在受到列强蚕食和威胁的时段中，对具有国家意识的中国人而言，保卫国家主权和利益至为关键。蒋介石曾表示，"上海特别市乃东亚第一特别市，无论军事、经济、交通等问题无不以上海特别市为基础，若上海特别市不能整理，则中国军事、经济、交通等则不能有头绪"。⑤且"公用事业小之关系市民生活，大之关系市政设施。

---

① 《上海市公用局关于民营公用事业监督条例案》，1930 年 1 月 4 日—1933 年 11 月 20 日，上海市公用局档案，档号 Q5-3-688。
② 徐佩璜：《抗战与公用事业》，商务印书馆 1938 年版，第 8、13—14 页。
③ 张仲礼主编：《近代上海城市研究》，上海人民出版社 1990 年版，第 907 页。
④ 彭英：《电信运营管理》（第二版），人民邮电出版社 2017 年版，第 178 页。
⑤ 《蒋介石于上海特别市成立大会上的训词》，《申报》1927 年 7 月 8 日第 2 版。

如加入外资,或抵借外债,易启外人侵略之渐,卒致腹心之患,尤应从严取缔,以保安全"。①当时上海作为水陆交通枢纽,在全国经济、政治、文化上有重大作用,对于政府的重要性不言而喻,由此中、外方在交通行业中对于国家主权和利益的诉求和抗争持续展现。

（一）国权的交涉

譬如 1921 年 3 月 20 日,浦东上川两县绅商在恒大纱厂批发所开会讨论两县行驶汽车事宜,议决成立上川交通股份有限公司,由穆抒斋、黄任之等 50 人列名发起,招股简章为:(1)本公司联合上川两县人民招集股份,共谋交通便利,投资者不以上川两县人民为限。(2)公司与上川两县地方机关订定修治道路办法,以行驶汽车为营业,暂定自上海浦东庆宁寺起至川沙西门外止,实测计长 37 里,以后徐图展长。(3)公司股份暂定为国币 50 万元,分为 10 000 股,每股 50 元。(4)公司股份每股先收五分之二即每股 20 元,共计 20 万元,收足此额时即照公司条例由发起人召集创立会。(5)公司全部股份由发起人认定 6 000 股外,其未足股份应于公司成立前分投招募足额。(6)公司招收股款随发收据,以收到次日起息,按足月 9 厘至收足第一期应收股款数目时即行停止,收股期以同年农历三月初一日起两个月为限。(7)公司经收股款处:上海江西路三和里恒大纱厂批发处、川沙城内恒和顺号。(8)公司成立后,"填发股票以中华民国国民为限,不得售与及移转与非本国人"。②嗣至 1925 年 7 月 6 日,英汽公司致函报刊:"敝公司营业数月,以办理合宜取价低廉,故各界人士咸称利便。乃自五卅风潮发生后,有少数人不明真相,时有阻碍敝公司营业情事。查敝公司完全山中外商人集股开设,并非市办,且按全部股份中华商尤占多数。兹恐外界未明真相,用特郑重声明,以免误会,素仰贵报主持公道,敬乞将此函赐登来函内,至深感荷。"③

1927 年上海特别市设立后,10 月 8 日宝山长途汽车公司经理潘文渊为公司设立呈文市公用局:"窃以宝邑地滨东海,密尔沪江,欲求商业之发展,先由交通便利为要图,尔年以还,邑境虽有南北东西县道之建筑,而社会交通尤未发达为撼。值兹革旧布新、百业竞争之会,同人等有鉴于斯,发起创办宝山汽车公司,集合股资购备车辆,自宝山城厢起吴淞迄,现行试办通车,专载旅客以利交通。嗣后如果办理有效,当再及于东西县道,自吴淞经杨

①　《上海市公用局规定商办公用事业监理规则及其处分细则案》,1928 年 5 月 16 日—1936 年 4 月 21 日,上海市公用局档案,档号 Q5-3-685。
②　《上川交通公司之发起》,《申报》1921 年 3 月 21 日第 10 版。
③　《中国公共汽车公司来函》,《申报》1925 年 7 月 7 日第 16 版。

行、刘行等处,渐次推广。冀与沪太汽车路相衔接,如是则东西南北县道即可一气贯通,而于城市商业前途,当必随之而发展。所定往来路线,由西门外同济路直达吴淞,不与原有之炮台湾人力车路线相混,故彼此两无窒碍",拟于 8 月 21 日开始营业,"惟查原定计划自城淞路线通行之后,当再推及于东西县道,业开股东董事临时联席会议,议决增加股本添购车辆,于东西县道自吴淞至杨行扩充淞杨路线,现正积极进行。除俟定有通车日起另文呈报,并各项章程规则悉行详备于调查表内"。10 月 12 日,该局回复"准予立案,颁给示照,俟本局派员查验及再行核办"。①继而,《上海特别市市政府批准上海华商公共汽车有限公司合约》(1928 年 4 月)第五条规定:华汽公司资本必须完全出自华人,如查出含有外人资本时,所有财产应即没收。②该公司招股章程(1933 年 10 月 28 日)第八条声明:"凡为中华民国国民均认有附股之可能,金君等投资本公司与亚德洋行及外商毫无关系,公司当可切实声明。"③

至 1930 年 10 月 18 日,一位市民致函公用局长:"先生台鉴,今日新闻报载有华商公共汽车与法商电车公司之公共汽车订约,以后华商三路公共汽车可在民国路法界方面行车,此种订约不知有交换条件否。盖法商在民国路对华商电车既有交换越界行驶,华商不胜其苦。此次,华商公共汽车勾其交换则无异引虎入室,加重外溢。且法商公共汽车阔大美观,较之华商车身有一倍之大,故在此收回租界之秋,况法商电车之行驶华界者,尚未收回,若再勾共其汽车在界内行驶,则将来被法商在中推广,华商之营业必大收恐慌。且民国路已有华法电车,公共汽车在事实上可以不必行驶,故此次华商三路公共汽车改行法界一面,若无交换则不生问题,倘对法商有所交换,则吾方必不能占利,快宜取消为要。"公用局认为,"先生所陈确属爱国举动,至为钦佩"。④嗣后,华汽公司因"沪市所有前由租界越界所筑之路,市府次第交涉收回管理权,此事经登载于报章。从此繁盛之越界筑路如北四川路、狄思威路达到收回后,公司当将第一路延长驳此直达至市中心区、引翔港、吴

① 《上海市公用局关于宝山长途汽车公司补请立案执照》,1927 年 10 月,上海市公用局档案,档号 Q5-2-231。

② 《上海市公用局与华商公共汽车公司订立合约》,1928 年 4 月,上海市公用局档案,档号 Q5-2-589。

③ 《上海市公用局规办市中心区公共汽车》,1933 年 10 月,上海市公用局档案,档号 Q5-2-366。

④ 《上海市公用局令饬华商电气公司各价收回方浜桥与斜桥间电车设备》,1930 年 9 月—10 月,上海市公用局档案,档号 Q5-2-883。

淞镇等繁盛之区。本公司前途发达更无限量"。①

抗战胜利后，上海"租界即已收回，交通方面所受政治之限制，亦应打破"。②如前公共租界工部局与英汽公司的前订合约各条文中，"吾人可见其内容含义之空泛而不切当，关于最重要之监督财政权限并无明文规定，英商公司应尽义务，亦不完全依照第十二及十四条之规定，工部局欲废止合约，应先提五年前预告，双方发出争执，须以英国法律为仲裁根据尤不合于目前环境。今租界正式收回，工部局名义取消，行政归我方市府办理，前次工部局时代所定合约，自属已失时效，市府方面，不妨以行政完整、司法独立之基场，设法予以废止，由我方自行或招华商办理公共汽车业务，以利社会民众需要"。倘当下因外交关系，未能即予接管，最低限度似可与之折冲，将原约作废，与彼方另订新约，依据当下社会情形，规定其行车范围暨扩充计划，规定营业期限、票价基率、里程、行车执照号牌车捐等费率。"至于市府监督财政及行政权限，尤应加以明文规定，使之无从推诿，并应派员常驻公司内，逐日审查其收支账目、行车里程确数，随时报告市府，以凭核办。庶本市公共汽车业务，可得合理之发展。"③

（二）越界的抗争

帝国主义列强凭借雄厚实力和租界特权，压迫扼杀上海的华商公共汽车业，企图扩张租界势力范围。例如1927年英汽公司开辟十路（北京路外滩—曹家渡）公共汽车新线，曹家渡当时属于上海特别市公安局六区分署的辖地。六区分署下令在康脑脱路、极司菲尔路西端设置路障，禁止英汽公共汽车通行。但英汽公司依仗帝国主义在公共租界的特权，无视这一维护中国领土、主权的行动。公共租界工部局下令戈登路巡捕房出动大批英、印籍捕探用武力强行拆除路障，双方荷枪实弹、剑拔弩张、形势紧张。由于华界当局屈从英帝国主义的压力，上海特别市政府一面派出官员到现场调和，一面以通车可维护市面繁荣为由，命令六区分署拆除路障。④进而，英汽公司在辟线经营过程中，通过越界筑路通行公共汽车并向华界腹地不断延伸，以实现扩大租界势力范围的目的。

① 《上海市公用局关于华商公共汽车公司增加股本》，1932年6月—1933年4月，上海市公用局档案，档号Q5-2-596。
② 赵曾珏：《上海之公用事业》，商务印书馆1949年版，第160页。
③ 《英商中国汽车公司关于公共交通与前工部局所订的合约内容要点》，1946年2月，上海市公共交通公司筹备委员会档案，档号Q417-1-297-40。
④ 中共上海市委党史研究室、上海市总工会：《上海公共汽车工人运动史》，中共党史出版社1991年版，第5—6页。

具如 1928 年 7 月 10 日，上海特别市公用局令饬华汽公司应缴 5 000 元保证金到财政局，由财政局给予印收专款存储市库。然至 10 月 22 日，该公司为虹桥路主权丧失呈请公用局交涉："敝公司在徐家汇镇设立华商公共汽车公司（原乾康汽车公司所改）早经呈请立案，置有九三二三、九三二四号汽车二辆，自虹桥飞机场至徐家汇镇，往来载送旅客，以利交通在案。讵料该处自被英人越界筑路以来，英汽车公司得寸进尺，即放有五九八八、五九八九号公共汽车二辆，往来载送旅客，不特破坏营业，甚且丧失主权，有关国体。敝公司历来营业，以乾康汽车公司名义向英工部局捐照处领取公共汽车执照二纸。现届秋季期满，例应将原有执照向英工部局换捐冬季执照，竟被扣拒不给。查该处虹桥路权为吾国所有，英人觊觎已久，心存占越，兹更任令英商汽车二辆越界营业。反将吾中国主人翁之路权完全驳夺，甚至不给营业执照，实为情理所不容，应如何交涉之处理合备文，呈请局长鉴核予转呈市政府咨请交涉使严重交涉，收回主权而利营业。"次日，公用局口头向租界询问理由、再拟办法。①

同年 10 月 5 日，英汽公司总经理赛立科致函公用局：公司第四路福特公共汽车行驶于海格路及虹桥飞机场之间，因欲在该机场附近的华界掉头，故请示知该项车辆领牌照的条件。该局则认为：先约同公安、财政两局代表前往调查，并函约公司代表来局接洽，一切呈请市长核办；有条件的发给牌照，"发给牌照最属得计，盖以后可表示虽在越界路上行驶，车辆亦须牌照"。11 月 3 日，上海市党务指导委员会第九区委员会呈请设法阻止英商在华界行驶公共汽车。公用局派员三日内查明，并呈报市长张定璠：英商汽车在西区行驶系在公共租界越界筑路范围内，"职局虽同表愤慨，然此项主权之丧失，然伊朝夕还属徒唤奈何。惟有一面在徐家汇至虹桥飞机场间准予行驶华商公共汽车，聊图抵制，一面商由公安局在飞机场添设岗警，密防侵略而已。九区党务指委会所称乾康沪西公共汽车业已并入华商公共汽车公司，在虹桥路线上遂还有英商公共汽车行驶，然其营业不及华商公共汽车公司，因不能直通达至机场，接受内地乘客之故。最近英商公共汽车公司藉词欲在虹桥至机场附近地方掉头（该处在越界筑路范围内），函请职局发给牌照，其意即在吸收内地旅客，当以主权关系，未予允准。现在九区指委会所请取缔在越界筑路上行驶公共汽车，实属义正词严，委以谈该路权未经收回，执

---

① 《上海市公用局关于华商公共汽车行驶徐家汇及虹桥飞机场》，1928 年 7 月—10 月，上海市公用局档案，档号 Q5-2-646。

行不无窒碍。职局愚见以为,越界筑路范围以内,外人设施不止公共汽车一端,如接通水电等,均属应加取缔枝节为之费力大而收效小,允宜先收全部路权,交涉收回,则其他各问题不难迎刃而解。比如越界筑路一事,外交当局业已准备进行,恢复主权,会当不远"。①

至1929年1月31日,市公安局第六区第一所所长王希祥陈报公用局:"窃职辖环镇马路概属公共租界工部局越界所筑,自北新泾东向静安寺,原有华商股本汽车三辆往来载客,股东查系沪人史有容与本镇各商户合办,计自去年四月开车,迄今通行无异。不料于本月二十日起,该汽车三辆已被康脑脱路英商中国汽车公司收买,另行派人开驶载客,事关外商在本境营业,职守土有责,理合呈报,查行车事务属于贵局主管,相应据情函达。"2月3日,市党务指导委员会第三区委员会呈请市指委会并转至市政府:"据调查所得悉,沪西北新泾公共汽车公司有出售与英商之说,窃按交通事业为一国命脉之所系,地方能力所不及办,在由国家经营之。此为本党总理振兴中国实业唯一之主张,我人应唯力遵守,不敢惑怠者。今该公司只知唯利是图,不顾国家主权之损失,贸然将地方交通枢纽所系之北新泾公共汽车公司出售与外人,是直丧心病狂之尤甚者。况该公司汽车之路线自北新泾起至静安寺止,往来于外人越界所筑之路,是不啻为收回上海已损路权一部之嚆矢,今如售与外人,其大在直为丧失一国之主权,其小在为损失地方交通事业之一部",为此该会请市政府令公用局严厉取缔。13日,市府要求公用局调查并将结果呈报。至是年3月,上海租界纳税华人会呈文公用局,"据报往来徐家汇北新泾间之华商公共汽车三辆已由华商售与英商公共汽车公司,由该公司在上述路线派车行驶,查该项路线多在越界筑路范围之内,相应函请贵局查禁,以维国权"。即该公司1928年4月由淞沪铁路车务处职员史有容发起,仅1辆车嗣添2辆共3辆;9月其以工部局收回行车执照,将车卖与英汽公司(共售3 000元);该车每日行驶2辆系一来一往,每次售铜元40枚,史氏等"系奸商性质,从中取利无可讳言"。②即沪西北新泾镇人集资开办公共汽车自北新泾起至静安寺止,往来越界所筑各路。"现悉英汽公司已将北新径公共汽车公司出价收买,昨日起已将该公司名义取消实行接收,该路交通之权已归英商。"③

① 《上海市公用局关于英商公共汽车行驶海格路及虹桥路》,1928年10月—1929年4月,上海市公用局档案,档号Q5-2-653。

② 《上海市公用局关于北新泾华商公共汽车售英商》,1929年1月—4月,上海市公用局档案,档号Q5-2-648。

③ 《北新泾公共汽车已归英商》,《申报》1929年1月29日第15版。

再如 1929 年 4 月 10 日,市公安局函请公用局制止英商公共汽车越界行驶:敝属第六区第二所所长徐彦称 4 日下午 1 时据巡长王振堂报告:租界英汽公司四路汽车原来路线由静安寺路经虹桥路东口朝西至飞机场止,沿途载客,4 日有第 5895 号汽车来徐家汇宗一里口载客,车上无本市牌照,旋有徐家汇商联会长周呈祥来所报案。"惟徐家汇至飞机场之路线向由乾康长途汽车公司行驶,令公共汽车公司开到此地,减价兜揽生意,实属有意侵越。"据此,饬王振堂率警前往视察,适有公共汽车由北驶来正掉头际,车行本所与英法两租界交叉之地宗一里口,指令停车随即拍照,将该车 11 号稽查、64 号车夫金诚庆(韩国人)一并带所,并将各情电话报告公安局,并严嘱该公司稽查回公司报告。"查公共汽车变更路线,自应向我公用局请领牌照。再查海格路原名徐家汇路,系前清同治三年英工部局修筑至民国九年改今名。虹桥路,自杨家库西至青浦县界横沥港,由公共租界工部局筑于前清光绪二十七年。查该两路无推广租界明文,均系越界筑路,应请钧局迅转公用局并呈请市府,速为交涉,免发生枝节而保主权。即英商公共汽车公司原在虹桥路一带越界筑路上行驶,近又变更路线,驶至徐家汇宗一里口华界掉头,既未领有本市牌照,实属侵越主权。除呈请市政府交涉并指令该所先予制止外,相应检同照片备文函达,即希查照设法制止,以保主权。"①4 月 30 日,市长张群令知英商公共汽车越界行驶案,"准交涉署函嘱查复各节,仰公用局会同公安局核复调查为会呈英商公共汽车越界掉头情形"。②即虹桥路至徐家汇的乾康公司行驶汽车"已有多年,乡人均称便利。去秋英租界公共汽车亦加入行驶,自静安寺路经虹桥路东口朝西直达飞机厂,所需车资铜元四十枚以致乾康大受影响。但该路系外人越界所筑,迄今尚未收归我有,该公司近更改变路线,不领市府照会驶入华界"。公安所长以"案关行驶车辆,有碍主权,随即在掉头处拍照呈报公安局转呈市府交涉,当将各情电话报告第二科黄科长请转公用局,为与公共汽车公司交涉"。③

至 1929 年 8 月,蒲淞区张其行(业农)、倪林生(业商)等 6 人呈请公用局严惩损害国家路权事:自静安寺至北新泾一带交通,于 1928 年春季由北新泾镇巨商王同福、沈肇刚、沈宗铨及史有容等 4 人发起组织长途汽车公

① 《上海市公用局关于英商公共汽车行驶海格路及虹桥路》,1928 年 10 月—1929 年 4 月,上海市公用局档案,档号 Q5-2-653。
② 《上海市公用局关于英商公共汽车行驶海格路及虹桥路》,1929 年 4 月—5 月,上海市公用局档案,档号 Q5-2-654。
③ 《公共汽车行驶华界之交涉》,《申报》1929 年 4 月 7 日第 15 版。

司,购置汽车 3 辆,专驶往来于该两处间路线,营业颇为发达。1929 年 1 月被王、沈邀施某(前为英工部局译员)介绍,"将汽车及该路行驶权完全巨价出售与英工部局公共汽车公司,以后不得再有第二者开车行驶,业已由英工部局管理开车。而出售之先并未呈准钧局,擅自所作所为,不顾摧残事业,损害路权,专事媚外,存心卖国,实属罪大恶极,民等逖听。钧长现正急欲恢复各处越界路权收回各种外股事业之时,而王沈等竟串同施某反将华股卖出献助外人,丧失国权,岂非反革命、卖国贼,而何为市政计、为国家计,是不能纵容。王沈等卖国之徒,作恶于钧局管辖之下,盖王沈等为当地巨商办当地事业,若不心存卖国勾结外奴外人,岂能收买用。请求钧长彻查事实,立拘王沈等到案,治以摧残公共事业,损害国家路权之罪"。8 月 23 日,公用局回复:"英商在越界筑路上行驶公共汽车,一俟路权收回,自当严加取缔,以维主权。至所请拿办王同福等一节,不属本局职掌,既据另呈市政府仰侯。"①

从而,英汽公司开辟第四路与原乾康公司路线(徐家汇—虹桥机场)并线行驶。乾康公司开办该线之初,原定全路车资 75 分,"继英商公共汽车公司凭藉越界筑路(即虹桥路)亦在该路放车,减低票价竞争营业。乾康公司乃随之减价,以资吸收乘客,保持路线。旋英商亦以亏负不赀,自动与该公司协作",乾康车资定为每客 30 分,但以此数与原定 75 分相差尚多,不足以弥补损失,略予增加以 5 分起至 40 分止。②即英汽公司依仗实力降低票价企图搞垮乾康公司,而乾康为维护自身和民族利益,不惜亏本降价作搏争。上海各界有识之士积极支持乾康,纷纷投书要求市政府在经济上给予援助,并出面同工部局交涉,要求制止英汽的霸道行为。广大市民更是出于对帝国主义的义愤而拒坐英汽车。英汽见众怒难犯,被迫作出让步,但仍不放弃和乾康并线营业,提出"双方以对等车辆数并线行驶"的方案。上海特别市政府竭力迫使乾康妥协,英汽越界行车的霸道行为再次得逞。乾康公司改为沪南公司后,因亏损严重,勉强营业至 1932 年被迫宣告停业,此线后被英汽公司独占。③

另,1931 年 8 月 30 日沪南公司经全体股东议决暂停营业并呈市府备案:"惟闻公用局以自沪南公司停业后,沪南一带交通除第三路因有电车通

---

① 《上海市公用局关于北新泾华商公共汽车售英商》,1929 年 1 月—4 月,上海市公用局档案,档号 Q5-2-648。

② 《公共汽车增加车资问题》,《申报》1930 年 3 月 6 日第 15 版。

③ 中共上海市委党史研究室、上海市总工会:《上海公共汽车工人运动史》,中共党史出版社1991 年版,第 7 页。

行,尚无重大影响外,第二路为老西门龙华,惟一之公众交通器具,一旦停驶,市民深感不便。第四路任外商公共汽车单独行驶,尤觉有损主权。"①且公用局认为,"老西门为南市热闹之中心,将来和平路开辟之后,其繁盛当可预料。若以法商六路电车改行和平路肇周路而至斜桥,则法商换得较优地位当然赞成,从表面观察,我方似亦挽回一部分主权",即其路线长度可从1 000公尺减为158公尺,且因方斜路为曲折狭小之路,"将来当无发展之可能,从交通方面观察,实为无关紧要之道路。而和平路则为西门商业之中心,又为南市与法租界贯通之要道,其地位之优越,实超出百倍,以此易彼,得不偿失。为此交换难免受人指责,故当以移设于交界之方浜路肇周路最为适当,如以此点认为对方无接受之可能,则应听其暂维现状,对于方斜路交通方面取包围之形势暂时不必与其谈判,嗣方浜路肇周路和平路华界之单行线电车通车,及沪南第二路公共汽车改行肇周路,两事实行后,两旁市面当然略有起色,我方尽自己范围内努力做好,待到相当时期再与法商谈判"。②至1932年11月29日,公用局再指出:沪南公司自呈报停业清理以来,"瞬已逾月,沪南交通方面颇受影响,虹桥飞机场一线长使外商独占经营,尤属有损主权。该公司所营业务系属专营,性质与一般商业不同,亟应明定清算期限,以免影响市政发展。兹限该公司于本年十一月底以前将清理手续办理完结,并恢复通车。逾限当由本局呈请市政府取消该公司专营权,另行招商承办"。③

约略说来,20世纪初上海"市区内各项公用事业,因陋就简,与当时租界相形见绌",迨1927年特别市政府成立,"筚路蓝缕,积极推进,不数年间,成绩粲然,一切规制,不让租界专美于前"。④即"上海华界之路政,向来不甚购求,已为世人所需病。自国府改设特别市以来,公用局长黄伯樵君乃努力改善,以与租界相颉颃。如电车站口之更正,交通标志之设置,检验人力车,关于水陆交通之一切规章,柱不加以深切之考虑与研究。至如老西门,五路交错,本系南北往来之孔道,路线最为复杂,而停驻初无定所,行人殊感不便。公用局整顿市内交通,首及此地,乃将停车地点,分别规定,近来有条不紊,行人便之,此其一。又如江湾跑马场之汽车路,以我国之主权,任外人之

---

① 《沪南公共汽车纠纷社会局昨再调解》,《申报》1932年10月6日第10版。
② 《上海市公用局关于法商电车电灯公司修理方斜路电车轨道意见》,1931年8月—9月,上海市公用局档案,档号Q5-2-905。
③ 《上海市公用局关于沪南公共汽车停业清理》,1932年9月—12月,上海市公用局档案,档号Q5-2-584。
④ 赵曾珏:《上海之公用事业》,商务印书馆1949年版,第81页。

驰行,损失甚大,公用局乃办理登记,而西人故为延期以尝试,遂毅然与之交涉力争。卒达领用华界车照,收回权利不小,此其二。凡此设施一载以还,与论嘉之不可谓非公用局筹划进行之成绩"。①上述汽车运输与国家权益的量化交互,凸显出上海华界当局和城市民众维护国家权益的不懈努力及对国权意识、权利文化所产生的积极作用。

第三节 运输企业的劳工运动

从长远言之,现代化需要社会主要领域产生持续变迁,这一事实意味着它必然因接踵而至的社会问题,引致各种群体间的分裂和冲突及抗拒的运动。②近代中国"劳工运动之热烈轩昂,决不在其他国家之下……工人先皆为爱国思想所驱,激于义愤,发生行动,渐经演变,始折向工厂问题,而成纯经济性之行动"。③如其时上海为全国第一都市,全国产业劳动者总数350万人,上海则60万人以上。且上海素为中国劳工运动中心点和发祥地,劳动者的革命经验、文化程度及干部人才均为全国其他各地所不及,即"上海劳动者的一言一动,仍可以影响于全国的政治局面"。④近代上海汽车运输行业接续发展,相关企业的劳资纠纷、罢工抗争等亦不断渗入上海城市社会的各界面。既如此,以社会经济史视角,就彼时上海外商运输企业的劳工运动,多维洞悉在中国共产党领导下及社会团体、民众努力下,中方维护利权的抗争面向与斗争经验。

一、英汽罢工及组织团体

1937年全面抗战前,就中国按照西洋方式进行大规模工业生产论,上海占其中近一半。1932—1933年全国各种现代工厂共2 435家,其中1 200家在上海。⑤斯时上海劳工主体成为中国最强大的无产阶级,而"上海法租界,

① 悟:《上海公用局整理汽车方案》,《申报》1928年7月14日第30版。
② [以]S.N.艾森斯塔德:《现代化:抗拒与变迁》,张旅平等译,中国人民大学出版社1988年版,第23页。
③ 应成一:《民元来我国之劳工问题》,载朱斯煌主编:《民国经济史》,银行学会1947年编印,第375页。
④ 朱邦兴、胡林阁、徐声合编:《上海产业与上海职工》,上海人民出版社1984年版,第1页。
⑤ [美]罗兹·墨菲:《上海——现代中国的钥匙》,上海社会科学院历史研究所编译,上海人民出版社1986年版,第200页。

大工厂大商店较少,犹可勉强敷衍。至公共租界,地域广大,工厂商店太多,故该租界内巡警处,则不易应付矣。年来罢工之事,所以常发现于公共租界者,即此故也"。①继而,汽车运输企业的劳资纠纷及停罢工事件,成为劳工维护利权的抗争手段。

(一)罢工事件及其经过

毋庸讳言,以全体工业资本额而言,上海占全国的40%,工人数占全国工人43%,工业产值占全国产值50%,"凡此皆足表示本市地位之重要"。但其"罢工案件,民国初年已有发生者,但有系统之记载则以民国七年为始"。如1918—1927年,上海罢工案件分别为21、23、33、19、29、14、16、75、257、117起。"当时急进派组织工运,以上海为重要中心,故上海工人乃有左倾之势,罢工案件因而增多。"②且上海是数百万人口的大城市,一天也离不开交通事业。如1919年五四运动爆发后,6月上海11万工人罢工,7万店员罢市;③5日工人阶级发动纺织、机器、电车、汽车、码头等50余单位六七万工人的大罢工;④8日上海汽车司机2 000余人举行会议并决议9日起"全体罢工,与商学界取一致行动",并在"罢工后将组织一团体,协同商学界维持租界秩序"。⑤当时汽车司机在租界散发传单以表达罢工之决心:"告同胞:由于外交上的失利,我们的国家正处在极大的危险之中,我们都感到极大的愤怒。学生罢课以唤起我们的民众,商人也停业请求支援。现在我们产业界有良知的人再也不能忍和保持沉默了。浦江两岸的工厂都参加了罢工,同是这个国家的公民,我们司机决定下周一6月9日举行罢工投入到学生、商人和工人罢工队伍中去。不达目标,我们绝不复工!但是,同胞们要注意避免暴力行为,采取一切措施维持秩序。阅后传于他人。"⑥

公共租界的英汽公司通车不到半年,1925年2月23日售票员因公司当局拒绝改善职工待遇而以罢工进行抗争,致使当天公共租界内公共汽车停驶。售票的这次罢工虽仅使公共汽车停驶一天,但已给公司造成车资和

---

① 董修甲:《京沪杭汉四大都市之市政》,大东书局1931年版,第78页。
② 刘大钧:《上海工业化研究》,商务印书馆2015年版,第10、93—94页。
③ 沈以行主编:《上海工人运动史》,辽宁人民出版社1991年版,第49页。
④ 张宪文主编:《中华民国史纲》,河南人民出版社1985年版,第158页。
⑤ 中共中央党校党史教研室选编:《中共党史参考资料》(一),人民出版社1979年版,第106页。
⑥ 张仲礼、熊月之、沈祖炜主编:《中国近代城市发展与社会经济》,上海社会科学院出版社1999年版,第172—173页。

银元兑换等票务的混乱。但因司机、铜匠等未能积极响应,罢工势单力薄,致使这次斗争未能达到预期目的。同年"五卅运动"后,英汽工人也参加全市大规模的反帝运动,他们提出不为英国资本家工作,向市民广泛宣传不乘坐英商公共汽车。这场反帝运动持续 3 个月,英汽的大部分公共汽车玻璃和车身被击毁,营业一落千丈,损失惨重。据英汽股东年会的报告记载,该年亏蚀 49 085.83 两(白银),原因是 6—8 月的抵制运动。[①]1926 年 6 月至 9 月,上海许多行业工人连续发动 700 余次罢工斗争,参加的人数超过 20 万。[②]是年 12 月 28 日,英汽公司司机、售票 300 余人,为抗议法籍铜匠与司机发生口角而开枪行凶举行罢工。工会召开全体大会,并推 13 人组成罢工委员会领导罢工。罢工委员会当即组织纠察队维持秩序并发表罢工宣言,同时向公司提出 10 项复工条件。最后公司签署 7 项允诺:(1)开除行凶法国铜匠;(2)以后不得藉故开除工人;(3)增加司机工资每名洋 2 元;卖票暂先加洋 1 元,以后照旧,但须做满 6 个月者;(4)年赏每名半月工资;(5)按月每名休息 3 天;(6)如有不测之事发生,由公司助理;(7)因公受伤或有疾病,工资一律照给并给医药费(须有医生证明)。上述协议经罢工委员会审查同意后,全体罢工工人于次日晨复工,"车辆即依次出发,所有各汽车路线之交通,遂告照常恢复"。[③]

至 1927 年 1 月 27 日,英汽公司成立罢工委员会,发动与组织罢工。当时汽车工人要求:每日赠大洋 2 角;不得无故开除工人;给医给药,不得滥罚;新年偿工 1 周;罢工期内工资照给,周六放假半日工资照给;逢年节、清明、端午、五一、五卅、中秋、冬至、跑马日给工资休息。最后工人争得工作稳定并能勉强生活如医疗保障、休息时间、承认工会等条件。[④]其间,国民革命军北伐,"劳工运动随之进展",中国共产党"认为得意之作者即上海方面",1927 年年初在其督导下成立上海总工会并开展全市两次总罢工,派武装纠察队协助革命军进占淞沪,此为中共推动工运"最发达时期"。[⑤]如国民军北伐时,"且在沪为之响应,举行两次空前之总罢工"。第一次参加的厂数约

---

①　中共上海市委党史研究室、上海市总工会:《上海公共汽车工人运动史》,中共党史出版社 1991 年版,第 29—30 页。
②　中共中央党史研究室:《中国共产党历史》(上卷),人民出版社 1991 年版,第 159 页。
③　《申报》1926 年 12 月 29 日—30 日,转自中共上海市委党史研究室、上海市总工会:《上海公共汽车工人运动史》,中共党史出版社 1991 年版,第 31—32 页。
④　周源和:《上海交通话当年》,华东师范大学出版社 1992 年版,第 69—70 页。
⑤　应成一:《民元来我国之劳工问题》,载朱斯煌主编:《民国经济史》,银行学会 1947 年编印,第 377 页。

6 000 家,工人 40 余万人;第二次工厂 4 000 余家,工人 30 万。国民军占领上海时,总工会的工人有参加战事者。[1]具如 1927 年 2 月在上海总工会领导下,由英汽、电车、自来水、邮务、电话、海关和清道夫等工会成立上海市政总工会。3 月 21 日,中共中央特别委员会领导发动第三次武装起义,上海总工会命令全市工人在 6 小时内实现总罢工。第三次武装起义胜利,占领除租界外的上海地区,英汽公司工人也投入武装起义。然而,蒋介石集团发动"四·一二"反革命政变,屠杀革命人民,查封上海总工会,各工会也被迫解散或转入地下,英汽公司的工会也遭到破坏,工人运动一时陷入低潮。[2]4 月 11 日晚,上海总工会委员长汪寿华坐汽车到杜月笙那里,从此不再回来。次日据汽车夫报告,他被扣留且被杀害。[3]

1927 年 7 月国民政府设立上海特别市,并颁布《上海解决工商纠纷条例》(5 月 13 日)、《上海特别市劳资调节暂行条例》(8 月 18 日),[4]但这些法规无法涉及租界的劳工群体。由此,外商汽车运输企业的职工不堪资方逼迫时,会采用罢工等方式来争取利权。1931 年 7 月 18 日至 9 月 21 日间,英汽公司因卖票员罢工发生障碍,"其时仅在较为重要之路上,仍略有公共汽车行驶。罢工工人均被辞歇,另招新工加以训练。即中国公共汽车公司之工潮结果为经本局核准,各路线均采用车资统票办法,俾新招售票员之职务,得归于简单"。[5]但该公司发生工潮,因"调解无效,乃另招新工分站售票",导致业务"诸多生疏"。[6]

简言之,1928—1932 年,上海的劳资纠纷案件分别为 237、338、339、324、253 件,共计 1 491 件;关系厂号分别为 3 477、4 237、2 017、616、1 452 家,共计 11 799 家;关系职工分别为 121 983、56 946、118 317、131 713、55 822 人,共计 484 781 人。在 1 491 件劳资纠纷案中,运输交通类 42 件,占比 2.82%。另,1918—1932 年上海的罢工停业案件总计 1 121 件,其中以纺织工业 399 件为最多,占总数的三分之一;其次为运输交通业 113 件,占比 10.08%。[7]如 1927—1934 年上海劳工罢工停业事件及相关统计见表 8-2。

① 刘大钧:《上海工业化研究》,商务印书馆 2015 年版,第 94 页。
② 中共上海市委党史研究室、上海市总工会:《上海公共汽车工人运动史》,中共党史出版社 1991 年版,第 36 页。
③ 郑超麟:《第一次入狱》,《郑超麟回忆录》(上),东方出版社 2004 年版,第 302 页。
④ 张仲礼主编:《近代上海城市研究》,上海人民出版社 1990 年版,第 825 页。
⑤ 《上海公共租界工部局年报》(中文),1931 年,上海公共租界工部局档案,档号 U1-1-957。
⑥ 柳培潜:《大上海指南》,中华书局 1936 年版,第 27 页。
⑦ 刘大钧:《上海工业化研究》,商务印书馆 2015 年版,第 96、393、396—397 页。

表 8-2　上海市劳工罢工停业数及其他统计(1927—1934 年)

年份	罢工事件数 (件)	关系厂号数 (家)	关系职工数 (人)	损失工数	损失工资数 (元)
1927	117	11 698	881 289	7 622 029.0	3 710 116.26
1928	118	5 433	204 563	2 049 826.0	835 962.73
1929	108	1 011	65 557	711 021.2	344 568.21
1930	87	672	64 130	801 531.0	358 602.28
1931	122	1 825	74 188	685 941.5	316 559.53
1932	82	450	71 395	710 605.1	296 846.86
1933	88	574	74 727		
1934	63	441	28 923		
备　注	依据上海特别市社会局统计;1931—1932 年劳方参与人数:男分别为 42 310、 42 046 人,女分别为 26 955、27 536 人,童分别为 4 923、1 813 人				

资料来源:上海市地方协会:《上海市统计补充材料》,1935 年 4 月版,第 61 页;刘大钧:《上海工业化研究》,商务印书馆 2015 年版,第 395 页。

　　具如 1932 年,上海米价达 20 元一担,英汽公司工人决议要求发米贴,资方不允,售票员再次罢工。是年 6 月,英汽资方为缓解工人斗争情绪,曾指定 6 个工人为代表商谈增加工资问题,但拖 2 个月不予兑现,并不断有人被借口开除。8 月 10 日,在中共党员和工会会员的引导下,工人组织罢工委员会,11 日全体售票员和全部朝鲜籍查票按时实行罢工。罢工代表向公司提出复工条件。售票员的条件是:不得开除工人,已开除的一律恢复工作;增加工资至 40 元,以后每年增加 3 元;恢复铜板赏,罢工期间工资照给;一律换新卡,以后每 6 个月换一次。查票员的条件是:增加工资最低到 50 元;工作不得超过 8 小时;恢复 66 号查票工作;停职发一年工资的退职金。[1]其间,资方以揩油罪名开除一批中国新售票员,又发皮鞭给白俄查票管教新工人,"但因期间甚短,而公司又即时训练新卖票人,以执行罢工者之职务。故所有车辆虽暂不能如通常时之完全开行,但民众所感受之不便颇少"。[2]即资方置之不理且加以恐吓,结果工人宣布罢工表示抗议,每天有纠察队维持罢工秩序,罢工 23 天,公司想尽一切办法或宣布另招新工人,宣布

①　《申报》1932 年 8 月 12 日,转自中共上海市委党史研究室、上海市总工会:《上海公共汽车工人运动史》,中共党史出版社 1991 年版,第 48—49 页。
②　《上海公共租界工部局年报》(中文),1932 年,上海公共租界工部局档案,档号 U1-1-958。

罢工工人 3 天不来登记者作为自动放弃职位,或者分化工人,动摇工人阵线。可工人并不上当,公司的离间手段失败后,又开始训练俄籍司机,将车辆每部置铁丝网,首先行驶四五辆,用巡捕随车保护,引致乘客不便、舆论不满。最终,公司不得不开始接受工人的条件。工人在延平路广场由代表宣布公司的答复经过,在全体鼓掌声中,结成队伍、按照秩序坐公司派来的卡车,于鞭炮声中复工,这是公司开办以来第一次工人斗争取得胜利。工人代表也未有一名被革职,这是工人团结的力量。8 小时工作制签订在这次复工条件内,但事后该项条件并未正式实行(参见表 8-3)。[①]

表 8-3 上海全市各业工人每日工作时数表(1928—1930 年)

业　别	1928 年			1929 年			1930 年每日工作时数
	每日工作时数			平均每日工作时数			
	最长	最普通	最短	男	女	童	
木材制造类(锯木业)				9			10
冶炼工业类(翻砂业)	11	9, 10	8	9			10
机械及金属制品类:							
(1) 机器业	12	9, 10	8	9			9
(2) 电机业	12	8	8				10
交通用具类(造船业)	9	9	9	9			10
土石制造类:							
(1) 玻璃业	12	8, 10, 12	8	8		8	9
(2) 水泥砖瓦业							
动力工业类:							
(1) 电气业	12	8	6				11
(2) 自来水业	12	8	6				11
化学工业类:							
(1) 皂烛业	10	10	8	9.2	9.2		9
(2) 油漆业	9	9	7.5				9
(3) 火柴业	10	9, 10	8	9.3	8.9	8.1	11

[①] 朱邦兴、胡林阁、徐声合编:《上海产业与上海职工》,上海人民出版社 1984 年版,第 402—403 页。

业　别	1928 年			1929 年			1930 年 每日工作 时数
	每日工作时数			平均每日工作时数			
	最长	最普通	最短	男	女	童	
(4) 搪瓷业	10	9	8	9.4	9	9	10
(5) 化妆品业	10	9，10	8.5				9
纺织工业类：							
(1) 缫丝业	12	10	10	12	11	11	11
(2) 棉纺业	12	12	10.5	11.75	11.9	12	11
(3) 丝织业	12	10.5	8	10.5	10.4		11
(4) 棉织业	12	10	8	11.1	11.4	11.5	10
(5) 针织业	12	10	8	10.1	9.6		11
(6) 毛织业	10	10	9				11
(7) 漂染业	13	8，10	8	7.8			8
皮革品类(制革业)	10	9	9	9			8
饮食品类：							
(1) 面粉业	12	12	12	11			11
(2) 榨油业	12	10	8	8.7			
(3) 制蛋业	9		9	9.3	9		9
(4) 调味罐头业	14	8，10	7				8，9
(5) 冷饮食品业	10	8	8				11
(6) 烟草业	12	10	8	10.4	8.3	8.9	10
造纸印刷类：							
(1) 造纸业	12	11，12	8	11	11		12
(2) 印刷业	12	9，10	8	8.4	8.1	10.2	9

　　资料来源:上海市地方协会:《民国二十二年编上海市统计》,1933 年 8 月编印,"劳工"第 3 页。

　　且英汽公司的司机和售票不少是回族,另有一些朝鲜售票员和白俄司机。英汽早期工人运动中曾有朝鲜人参加罢工活动,白俄司机往往被公司当局用来破坏工人罢工。[①]如 1935 年英汽发生罢工。公司重用白俄,因此

---

　　①　中共上海市委党史研究室、上海市总工会:《上海公共汽车工人运动史》,中共党史出版社1991 年版,第 22 页。

白俄养成随意殴打工人、侮辱华籍查票卖票的习性,是年101号卖票的头发被扯掉,嘴上被打出血,面部红肿,引起乘客们不平"白俄太欺负我们中国人了"。大家准备报以拳头,白俄吓得满口胡说。这时被打售票员请大家不必动武,希望几位乘客做证人,一起报告公司制裁。于是,两位客人挺身而出到公司做见证。公司虽接受客人所述事实,并声明调查后再处理,可隔几天该白俄查票并未受到处理。相反,白俄的气焰愈加嚣张,并对卖票处罚日益加强,一点小错便有丢掉饭碗的危险,导致工人十分愤懑,存有反抗情绪。一次适遇96号卖票到站没有停车,被白俄查着马上开除,于是罢工爆发。某一天清早打破常例,职工们推出几位热心工人做代表,大家开会宣布罢工,要求改良待遇、增加工资。头一班应该开出场的车辆直到8时未开,大班(经理)吓慌,立即赶到公司,命令工人先复工再谈判条件。同时捕房派来大批巡捕,华界公安局第六区亦赶到大批警察,西捕开始殴打工人,于是开车、卖票及铜匠工人和西捕发生激烈冲突,但华捕和印捕同情工人,使公司压迫毫无结果。公司又想利用白俄开车,将白俄查票暂做卖票,欲将车辆先行营业以破坏工人罢工,但工人代表躺在车前阻止开车。全体工人更加团结,第六区公安局长见此情形立即调解,并担保公司当局在当日下午3点前答复。下午,公司布告栏贴出布告:每人加工资2元,待遇中外平等,保证白俄查票不再殴打卖票,无故不得开除工人。工人遂在胜利声中复工,可是大家疏忽了组织一事,以致后来公司用手段把几个工人代表借故革职。①

至1937年1月,英汽公司工人反对减低年赏,"公司向例至废历年底,每工人加给年赏一月,以资奖励。现该公司宣布将旧有年赏办法取消,改为依照全年工资总额百分之五作为年赏。该公司全体工人以公司此项办法,照原有待遇竟减至六折之巨,故群表不满。现由司机互助会及售票员公益会等联名要求公司,仍照旧章办理,但公司方面尚无具体答复"。②即该公司售票工人发生过三四次斗争,资本家将参加斗争的售票工人全部开除,司机、铜匠未被革除的工人便得到宝贵教训,知晓失败或胜利的道路。1937年八一三淞沪会战发生后的第三日,全体职工要求发3个月工资,英汽公司不允,工人一致罢工,自动开车运送难民,铜匠最为英勇,巡捕房以武力干涉失败。后来公司答应全体一律支付一月工资和5元大洋,双方打伤

① 朱邦兴、胡林阁、徐声合编:《上海产业与上海职工》,上海人民出版社1984年版,第403—404页。

② 《英商公共汽车工人反对减低年赏要求仍照旧章发给》,《申报》1937年1月9日第15版。

不追究。1938年5月,工人反对站头不停车开除的布告,实行怠工,数十部车一齐开前后接连,使客人减少,结果迫使该公司取消布告,并向司机表示慰问。"凡此诸次工人之所以得到胜利,因工人已有工会。"①

概而言之,英汽公司在创办初,经营范围小,雇用职工也不多,"那时的待遇据说还不坏。以后营业发达了,职工也增加了,资方压迫工人的事件也一一表演,弄到后来闹几次大罢工,那时的工人因为没有组织,所以结果是失败了"。工人虽没有得到次次胜利的结果,但资方已受严重打击,至少它已知道工人的反抗力量。所以罢工后,资方对工人的压迫已稍为缓和,由此"职工也是逐渐进步了,他们了解群众的力量,他们更需要组织,他们需要团结"。②可见,近代上海公共汽车业工人"奋斗所争取的一切,都同他们的利益有关",③租界汽车运输企业的劳动运动亦持续展现。

(二)党组织和职工团体

上海劳工运动"虽早有酝酿,但自五四运动以来,始有具体之组织,劳资双方始成为对立之抗争。其时因抵制日货,爱国思想甚为澎湃,而工会乃应时而起",在上海有50个之多。1922年有工会统一的运动,至1925年春,上海工团联合会成立,为40个工会所组织,会员数据为5万人。五卅运动后,工团联合会不能控制,激进派分子遂将其推翻而另组上海总工会。1925年7月,该总工会呈报立案的工会共117个,工人217 000余人,较工团联合会约多4倍。1927年4月,上海稳健派工人已夺去总工会实权,组织上海工会联合总会;11月间上海共有三个联合会组织:一为工统会,一为工人总会,一为总工会。"政府为取缔工运起见,在此时期中,陆续颁布劳资争议处理法、工会法及工厂法",在工会法颁布前,上海全市工会共有429个,会员207 000余人,"可谓盛极一时"。1931年九·一八事变后,12月上海一部分工会成立上海总工会。各个别工会依法改组后向社会局注册,截至1932年有68个,工会会员达60 000余人;1933年增至76个,会员62 000余人;1934年增至84个,会员65 000余人。④而至1932年,上海市各种工业的工厂数达2 710家(见表8-4)。

①② 朱邦兴、胡林阁、徐声合编:《上海产业与上海职工》,上海人民出版社1984年版,第404—405页。
③ 马克思:《马克思恩格斯全集》(第一卷),人民出版社1956年版,第82页。
④ 刘大钧:《上海工业化研究》,商务印书馆2015年版,第93—95页。

表 8-4　上海市各种工业工厂数表(1932 年)

业　别	工厂数(家)	资本数(银元)	工人数(人)	业　别	工厂数(家)	资本数(银元)	工人数(人)
棉纺业	28	51 363 000	65 146	水泥业	1	1 638 600	220
棉织业	124	3 500 000	10 000	制革业	14	70 005	289
缫丝业	112		48 345	火柴业	4	250 000	150
丝织业	473			制药业	10	1 740 000	708
毛织业	17			机器业	217	3 122 850	7 099
针织业	136	1 463 736	8 755	翻砂业	35	251 728	
丝边业	39			电器材料业	48	2 186 850	2 209
花边业	4	830 000		造船业	21	240 300	
毛巾业	2	2 000 000		钢精业	6	90 000	268
其他纺织业	15			五金器具业	55	404 250	983
面粉业	14	7 438 000	2 351	铜锡业	25	301 098	
碾米业	53	361 000	429	热水瓶业	18	209 200	351
榨油业	13	1 097 000	2 682	纽扣业	13	28 100	128
卷烟业	265	17 371 100	16 000	草呢帽业	89	376 383	
雪茄烟业	18	129 800	358	制伞业	41		
酿造业	54	850 000		眼镜业	6	96 000	72
茶厂业	42	208 000		煤球业	12	1 105 500	275
汽水业	2	340 000		纸盒业	26	155 800	704
制糖业	6			牙刷业	15	103 650	578
罐头食品业	38	878 800	1 473	木器业	24	60 499	12 000
调味粉业	9	5 500 000	471	骨刻业	38	136 000	381
制蛋业	2	2 300 000	400	机器制绳业	38	30 070	
肠衣业	6	15 000	89	印刷业	75	12 631 570	
酸碱业	3	1 220 000	243	油墨业	10	345 000	94
搪瓷业	15	1 343 000	1 103	仪器乐器文具类	61	767 000	
玻璃业	36	1 052 000	3 870	留声机及唱片业	12	46 168	
造纸业	16	3 341 362	1 508	影片业	35		
橡皮制品业	45	3 700 972	7 739	自来水业	2	905 593	81
化妆品业	31	3 681 429	2 596	电气业	6	8 807 700	
漂染印花业	84	7 035 490	9 790	轧花业	16	241 280	803
油漆业	5	630 000	415				
烛皂业	30	996 158	644	总　计	2 710		

资料来源:上海市地方协会:《民国二十二年编上海市统计》,1933 年 8 月编印,"工业"第 2—6 页。

　　不可否认,到 20 世纪 20 年代中期时,中国工人在共产党人的激励下已经高度政治化。①汽车工人是上海工人阶级中的一支重要力量。中国共产党十分重视在公共汽车工人中的工作,早在 1926 年就建立了英汽公司支部。②1927 年年初,中国共产党在上海产业工人中已拥有 3 000 名党员,并将 289 000 名工人纳入工会系统。③譬如当时英汽公司有类似工会的团体存在,但分裂现象尚待解决,查票、写票、卖票、司机各有一个团体。即职工原有"内勤""外勤"之分,"内勤"由总经理及大小职员分任,"外勤"即穿着号衣的查票、写票、售票、司机及扫地等工人。资方一贯政策就是压迫工人,而以较好待遇予职员。用这种离间手段,使职员与工人留下传统的隔阂——不合作。"直到目前还是保持着这种隔阂,所以职员们始终是散漫的没有组织。"工人受到资方压迫,尤其是售票工人,他们意识到自己职业没有保障,担心自己前途,于是渐渐走上团结大道。最先发起组织工会的是司机,他们用互助会的名目成立了一个团体,互助会的中心工作是职务上互助及工友遇难救济。但他们是消极自救而不是从根本上铲除痛苦、改善生活、向资方争取工人应享利益,互助会成立不久,闹过多次改选、改组风潮。④具如 1932 年 10 月,该公司组织"司机公益互助会"。翌年 4 月,公司召开互助会全体会员大会,高级职员萧特、强德来、皮亚、但尼而司、爱弗来,名誉指导胡毅孟、杨幼卿,六区公安局代表法金章、唐炳祥及全体会员到场 300 余人,公推总务兼交际主任李汝祥、回庆堂等为主席团,秘书蒋湘君纪录。先由主席致开会词,由发起人报告筹备经过,公司代表强德来、皮亚、爱弗来、但尼而司致词,名誉指导致祝词,常务委员长报告会务,秘书致谢词并发表宣言。⑤

　　继之而起是售票员组织的自治会。初办时,劳资双方对自治会都有兴趣。如 1933 年 9 月英汽公司"售票员业务改进自治会"成立,即自售票员筹备组织该会以来,"业将二月有余,会务进行异常发达,对于铲除舞弊进行尤力。除公司查票员外,该会并派出调查员多人自行检查,各售票员亦束身自好,亟谋人格上之补救以此。近事各路公共汽车售票舞弊情形,已告绝迹"。

①　[美]裴宜理:《上海罢工:中国工人政治研究》,刘平译,江苏人民出版社 2001 年版,第 93 页。

②　中共上海市委党史研究室、上海市总工会:《上海公共汽车工人运动史》,中共党史出版社 1991 年版,"序"第 1 页。

③　张仲礼主编:《近代上海城市研究》,上海人民出版社 1990 年版,第 766 页。

④　朱邦兴、胡林阁、徐声合编:《上海产业与上海职工》,上海人民出版社 1984 年版,第 11、406 页。

⑤　《英商公共汽车司机互助会昨成立》,《申报》1933 年 4 月 18 日第 9 版。

该会为谋会务发展计,于9月5日上午9时在会所投票,选举第一届执监委员会,到有会员200余人,公推75号吴福昌为主席,报告会务宗旨毕即投票举行选举结果:44、210、105、278、33、50、6号等9人为执行委员,254、258、11、100、77号为候补执行委员,275、59、276、245、66号为监察委员,166、7、177为候补监察委员。选举完毕,向资方提出改良待遇条件:(1)增加工资洋10元。(2)保障职业,无过不得开除,偶有小过应加详细究问,舞弊不在此列。(3)月终升工,满足10天、20天、25天、1月,分别升工1、2、3、4天。(4)中西假节(中国国庆纪念日、英国国庆纪念日、元旦日、公司开幕纪念日、本会成立纪念日),一律双工。(5)加给不脱班赏,按月2元。(6)加给无过失赏,按月3元。(7)改良铜板赏,拆除车上机关。(8)因公受伤或疾病须给薪工,但必须经医生证明。(9)开办补习学校,明定擢升,加给红利。(10)明定退职金,不论被停自辞均须发给退职金,半年以下、以上及一年以上分别给半、一、二月。(11)津贴本会经费100元。(12)遗失车票不论大小,一律以8分计算赔偿。①

次月,该公司"售票员业务改进自治会"开始积极整顿:"公司前为杜防售票员舞弊起见,特于第二、五、七、十等路车辆装设进出机关,以此乘客上下多感不便,售票员服务上亦感手续麻烦。自售票员组织业务改进自治会后,对于肃清舞弊极力进行。全部售票员均立志愿书加入该会,不再舞弊,以此近来公司营业,顿告发达。"该会对于业务改进问题要求公司拆除机关为前提,已得公司允可,于10月28日起十路公共汽车一律拆除机关,"嗣后乘客方面,当感便利"。且该会为彻底肃清舞弊起见,分发传单请社会人士协助监视,"敝会因鉴于售票员积弊深重,既为社会人士所不齿,复遭公司当局之歧视。爱特组织售票员业务改进自治会,自事整顿革除舞弊,以冀挽救以往之过失,而达提高人格,保障职业,改良待遇之目的。公司当局亦表示赞同,除极力援助成立外,并给售票员以足数生活之工资。筹备三月虽略有成绩,但仍恐有不良分子,未能遵守公约,故特再通告诸位乘客协助监视。嗣后如有售票员舞弊情事,请即向查票报告或函致敝会及本公司,是所至祷。再售票员手续较繁,为求迅速售票计,尚希诸位乘客登车后即出示应纳车资,以便售票员立即给付车票,并望诸位乘客,检视车票与所给票资是否相等"。②同年,售票员代表若干人进谒公司车务管理处,"声明若辈极欲能

① 《英商公共汽车售票员业务改进自治会成立》,《申报》1933年9月6日第13版。
② 《英商公共汽车进出机关开始拆除售票员自治会积极整顿》,《申报》1933年10月27日第11版。

548

有诚实而堪以尊重之生涯,俾得安心供职。拟请公司将某某数项任职条件改良,俾能获得此种生涯。如是,则原有揩油习惯,当可革除。本公司曾采取各种可能方法,以促进并助成此种运动,其结果颇佳"。①

由是,在英汽公司劳资双方初次谈判后,工人待遇较为改善,工会负责人热心为大众努力。工人对于这一新的组织,也是热烈拥护,那一组织是成功的。不久后,资方对这两个团体——"司机公益互助会"和"售票员业务改进自治会"有些厌恶,理由很明显,现象也必然。可是当时的工会负责人,由于意志不坚定且不能站在统一战线上,抛弃成见共同斗争,所以工会时时被破坏并受到摧残,直至工人与工会各走一端。尤可痛惜的是,司机工会与售票工会等于敌对,但后来劳工运动蓬勃发展,"所幸的以上这种情形,已成过去的事了"。②如该公司早期的工人运动中,进步青年工人积极组织工会和工人俱乐部,进行过反对帝国主义的压迫和剥削斗争。1937年全面抗战爆发后,他们活跃于群众中间,启发工友的思想觉悟,积极参加抗日救亡活动,向工人做抗日宣传并进行募捐活动;痛恨投机钻营的官办工会头目,发动工人群众把工会改组成为工人自己的组织;在公司内创办图书室、英文补习班、创办工人互助基金会、消费合作社等。③

事实上,售票工友不忍看此前的售票员自治会没落下去,在大家的改组声中,英汽公司无故停歇一个工友,引起群情共愤。灵活的资本家随即缓和紧张空气,使工友暂得小胜,工人因这次斗争,了解群众力量的伟大,工人需要工会。"工会是我们工人的一道铁的堡垒,在这一警觉的重视下,在工人严厉的监督下,由官僚派的独裁自治会,改为现在民主化的公益会了。公益会改组后,并没有马上担负起为工人谋利益的工作、为民族解放而斗争的重大任务。它曾经过无数次的督促和谴责,才走上了今天光明的前途。"④全公司职工在组织方面较有系统的算售票员公益会,它包含很多小组织,有储蓄会、图书馆、同乡会、回教会、口琴会、英文班和各种球队。由这些小组织结成一个大团体,力量相当强大。如此公司对售票工会(即公益会)难免不安,可售票工会不会和公司故意为难。它的目标是组织工人、保障工人生

---

①　《上海公共租界工部局年报》(中文),1933年,上海公共租界工部局档案,档号 U1-1-959。

②　朱邦兴、胡林阁、徐声合编:《上海产业与上海职工》,上海人民出版社1984年版,第406—407页。

③　中共上海市委党史研究室、上海市总工会:《上海公共汽车工人运动史》,中共党史出版社1991年版,第23页。

④　朱邦兴、胡林阁、徐声合编:《上海产业与上海职工》,上海人民出版社1984年版,第408页。

活,为抗战需要与救国工作,不惜委曲求全争取公司合作。工会的这种政策是根据全体工友意见,因为全面抗战开始到国军西撤再至1939年,工友们的全副精神用在抗日民族解放斗争上,工友本身受的痛苦放在次要地位。即工友并非不关心自身利益,而意识到抗战高于一切,所以工会对资方忍让,工友并没有责难工会。工友也更警惕,常听他们谈论受屈事件,其结论是"要解决一切问题,只有共同努力,争取民族解放最后胜利"。工友在公司活动救亡工作,公司暂时放任不管。"虽然这是异邦人士对我国抗战的同情,我们也不能否认工会政策的正确有以致之吧!全体工会的开展,过去的工会是一个部门一个工会,司机工会与售票工会是立定脚跟了。新近成立的有华人查票工会,正在进行的有写票工会",这些工会已包括公司70%的职工。司机工会比较起来落后些,售票工会、查票工会、写票工会比较前进,他们应尽可能联络起来,"到现在只是环境问题,将来定有联合的一天,那时司机工会也会随着多数前进的"。铜匠及小工一向是受车厂厂长的管制,而铜匠又是师徒制度,所以组织比较困难。小工们工作十多小时,所得代价只能养活自己,所以许多小工做完夜工,白天还做小生意,这样的生活很容易激起其斗争思想,可惜还没有人去指导他们。假使各个工会有一天联合起来,这30%的铜匠和苦工"一定能参加到多数有组织的队伍中来,所以全体工会,是有成立的希望的"。①

既如此,全面抗战爆发后敌人炮弹并未使中华民族屈服,反而提高抗日情绪,英汽公司资方分裂工人的计策并未实现,反使工人统一。向不相互接近的职员与工人,在抗日救亡大前提下曾站在一条战线上,为救亡而工作。职员有时为某种事件不满意公司时,希望工人向公司抗议,或希望工人某一事件的胜利自己同粘好处。工人的救亡运动如募捐、慰劳等,他们全部合作参加,可惜这一战线未能持久下去。不过这一短期联络中,"我们已可看出中国各阶层不同的合作与有力,中华民族是不会亡的。他们只要是关于抗日救亡可以立即抛弃成见,不顾自身的站在一条线上。这证明了职工抗日情绪的提高,最后胜利一定是属于我们的!"司机工会的确是工人中的有力团体,值得工人拥护,但它除了履行会务如收费、为工友预备茶水报纸外,其余很多急需要做的事全部停滞着,司机工友们很少督促工会,而工会也忽略它应当负起的重任,这样一个有无限前途的工人组织,可惜尚未充实起

① 朱邦兴、胡林阁、徐声合编:《上海产业与上海职工》,上海人民出版社1984年版,第408—409页。

来。"现在已有一些积极分子联合售票等各部门工友作救亡斗争。还有一部分工友,在筹备组织一个部分的实际工作的团体",进行方面是要遇到些困难,但努力去干最后定能得到胜利。①由上而述,当时"我们可看出工人的自尊心,这些全是我们中华民族复兴的征兆","中国的工人前途是光明的,英商公共汽车公司的工友是有无限希望的,但是要得到真正的胜利,还需工友们忍苦耐劳的协助政府坚持抗日斗争,更希望各界同胞予以正确的指导与鼓励"。②

二、法电罢工及组织团体

(一)罢工事件及其经过

毋庸讳言,"工人问题原是社会问题的核心,关于利润工资等,又是工人问题的主要问题"。③如上海法租界的法电公司1908年营业当年即发生首次罢工,8月5日22辆电车仅行15辆;因待遇低微,12月车务部司机举行第二次罢工。至1911年11月,司机、售票再举行第三次罢工,致使汽、电车的行车时间暂改。嗣至1919年五四运动爆发,6月6日法电公司司机罢工,电车仅行徐家汇至十六铺一线,其余各线停驶。④再至1921年3月,法电公司售票、司机等要求增加薪水不遂、相率罢工,双方妥议4天。公司各职员罢工后,华界民国路仅有华商电车公司的4辆电车往来,"载客颇形拥挤"。5日,华电公司"因乘客众多,四车不敷载客,遂加拨两车在中华路西门车站路各抽出一车,为民国路载送乘客。然加车之后乘客仍旧拥挤,车务人员在免连日勤劳,故由车务长规定特别奖励章程",计每名售票按日除薪资外加给洋3角,司机每名给2角,"其候差之司机卖票人向例仅取半俸,今则加给全俸"。6日下午4时,法电职员加薪事得以和平解决,售票、司机等一律上班行使职务,故法租界内"已照常通车,惟车数尚少",7日起可恢复原状。⑤斯时,法电公司车务部工人要求增加工资20%,资方满足了工人的要求。⑥

---

① 朱邦兴、胡林阁、徐声合编:《上海产业与上海职工》,上海人民出版社1984年版,第407—408页。
② 朱邦兴、胡林阁、徐声合编:《上海产业与上海职工》,上海人民出版社1984年版,第410页。
③ 陈端志:《抗战与社会问题》,商务印书馆1937年版,第20页。
④ 中共上海市委党史研究室、上海市总工会:《上海法电工人运动史》,中共党史出版社1991年版,第23—25页。
⑤ 《法租界电车昨日傍晚已开行》,《申报》1921年3月7日第10版。
⑥ [美]裴宜理:《上海罢工:中国工人政治研究》,刘平译,江苏人民出版社2001年版,第302页。

继而,法电公司于 1927 年 2 月行驶公共汽车,但因时常发生工潮,经常停开。①如同月国民革命军迫近上海,法电公司工人开始武装训练。2 月 19 日,上海总工会发布总同盟罢工命令,在"罢工响应北伐军"的口号下,先后罢工达 36 万人;21 日,中国共产党在上海的组织领导罢工工人奋起袭击反动军警,夺取武器,总同盟罢工发展为上海工人第二次武装起义。②3 月 20 日北伐军进抵上海龙华,军阀部队动摇混乱。22 日下午法电工人开全体大会,有人报告公共租界公共汽车仍在开,大家前去阻止。全体工人到静安寺路见两部公共汽车驶来,工人把车里客人叫下,命令司机开进公司。可两司机想把车内工人开到静安寺巡捕房去,然被工人识破即命司机停车。工人下车后预备回工会时开来一部公共汽车,工人上前阻止行驶并劝说司机、卖票时,大批中西巡捕将工人围住,结果被捕 2 人。23 日下午,北洋军阀的司令部派大批武装包探将法电工会包围,并逮捕 17 名工人。后由法租界闻人黄金荣会同法捕房劝工人复工,被捕工人由黄等保出。随之北伐军到达上海,法电工会劝告工人罢工欢迎北伐军,工人遂成立一个工人司令部。但至 4 月 11 日晚,政局转变、国共分裂,法电工人司令部被国民军四面围住开枪直至天亮,工人从北洋军阀夺来的武装均被国民军缴去。③

嗣至 1928 年法电公司工人的待遇恶劣、生活不安定,三次组织工会后,开会讨论向公司提出 10 余条改良待遇的条件。但是资方对于工人所提出的条件置之不理,后虽经社会局数次召集劳资双方调解,但资方总缺席不到,社会局无法调解。此时,工人被迫举行罢工,并一致推举徐阿梅参加罢工委员会主席团。几日后,资方在公司门口贴出答应工人条件的通告,即资方答应每人每日增加工资 6 分、每日工作时间减少半小时等几项无关重要的条件。当然得不到工人的满意,故继续罢工。④是年 10 月 27 日,上海法商水电工会成立,提出改善待遇 16 条要求,并在资方无理解雇工人情况下,举行 12 月 3 日、6 日两次电车、汽车、水电工人罢工,参加者 1 270 人,罢工达 24 天。在罢工压力下,法电公司答应增加工资和偿金、升工、加添人员、

① 徐雪筠:《上海近代社会经济发展概况(1882—1931)——海关十年报告译编》,上海社会科学院出版社 1985 年版,第 282 页。

② 中共中央党史研究室:《中国共产党历史》上卷,人民出版社 1991 年版,第 180 页。

③ 朱邦兴、胡林阁、徐声合编:《上海产业与上海职工》,上海人民出版社 1984 年版,第 294—298 页。

④ 朱邦兴、胡林阁、徐声合编:《上海产业与上海职工》,上海人民出版社 1984 年版,第 301—303 页。

减少工作时间、工伤工资照发等条件，同时还商定改善工作条件等多项要求，使法商的骄横跋扈有所收敛。①该次罢工最终在杜月笙的干预下获得解决。杜当时拿了 9 000 元分派给工人，作为罢工工资；另外津贴工会每月办公费 200 元；至于工人代表，每人给 200 元。②

　　再至 1930 年，上海米价不断高涨，全市工厂工人纷纷向资方请发米贴。法电机务部工人也向公司提出要求：每人每月米贴 5 元；每逢星期日及中法两政府所规定的纪念日应放假的，一律放假全天；以前未有的封关今后应当补进去；负担工人医药费、停工工资照给等。但公司都不予答复，大家推派徐阿梅等向公司交涉，几次无果。于是工会召开全体大会，一致决定罢工。自机务部罢工以来，公司虽雇用白俄一二十人充任修理机务，但仅能修理普通机件。③具如"本市法租界法商水电工潮久沿未结，形势日趋严重，并应设法处理，以免影响社会"，国民党上海市执委会秘书处致函公用局、公安局，于 1930 年 7 月 5 日为法电工潮在本党部会议厅召集党政军谈话会协商处理办法。7 月 11 日，公用局呈文上海市政府："法商电车行驶市内，亦向本市政府尽有义务，故均应受本市政府之保护，乃近以法商水电工人罢工历久不获解决，各工人扬言将捣毁法商电车及法商水管，不幸捣毁电车，昨日已成事实。此次该工人等罢工行动系劳资纠纷，原不属职局职掌范围，非宜过问。惟电车关系交通，如果稍受捣毁，人民生活立受影响，恐沪市全埠立刻产生莫大扰乱。沪市为后方重地，关系前方军事甚巨，本市政府之力而不能庇及在本市区域内之人民财产亦属有损威信，为亟陈请市长迅予咨令市内军警机关对于法商水管水厂及法商电车一体予以严密之保护，免受损毁。一面令知社会局严切劝导法商水电工人，勿得再有此项超越罢工范围以外之强暴行为举动。"随之，市政府派员交涉，但法电公司不愿遵守劳资法令。依据法商订立遵守市府法令合同（1929 年 3 月 22 日），公用局公函市府秘书处声述法电应遵守本市法令，经查当时随合同送交该公司及随后补送者为：(1)暂行劳工法规第一辑；(2)劳资争议处理法；(3)暂行建筑规则(附掘路文件)；(4)使用土地规则(附测丈土地布告)；(5)征收房捐规则；(6)商办公用事业监理规则；(7)陆上交通管理规则；(8)饮水清洁标准；(9)违警罚

---

①　周源和：《上海交通话当年》，华东师范大学出版社 1992 年版，第 72—73 页。
②　[美]裴宜理：《上海罢工：中国 　　 政治研究》，刘平译，江苏人民出版社 2001 年版，第 303—304 页。
③　朱邦兴、胡林阁、徐声合编：《上海产业与上海职工》，上海人民出版社 1984 年版，第 316、327 页。

则;"俟双方妥洽即发生效力"。7月12日,该公司具函承认遵守上述法则,但对于"暂行劳工法规""劳资争议处理法"这二项则"未予正式同意"。①

斯时,该公司第五次罢工中,另有一部分未参加罢工的高级职员组织俱乐部破坏罢工。因此车务、机务部200余工人于1930年7月21日整队齐赴法租界马浪路462弄2号俱乐部责问。工友们徒手前往,法捕房派大队铁甲车满载武装警卫巡捕百余人,向手无寸铁的群众开枪扫射,24人中弹受重伤并被拘,一水泥匠被打死。马浪路惨案造成剧变,各部工人包括职员参加罢工者截至24日达1500余人。23日,公司职员组织华籍职员后援会,到会百余人,推举委员11人。嗣后,李石曾奔走调解,经李与法领事数度洽商,工潮渐趋缓和。最后在李氏寓所谈判,劳方代表、市政府代表及总领事代表等列席,商决条件并正式签订六项:(1)罢工工资照给;(2)一律每月增加工资2元4角;(3)被捕工友全体释放;(4)40名工友工资照给,其待遇与在厂工友同(杜月笙负责每月送至工会);(5)抚恤金、退职金、年赏金,原则接受,其办法另议;(6)公司不得无故开除工友及职员。8月12日下午,罢工委员会在工会门前召开罢工胜利及欢迎被捕工人出狱大会,到会1400余人,散会后全体工友前往公司复工。自罢工以来,电车损坏、电灯骤减、水管爆裂等不幸事件的损失总计在20万元以上。加之当时天气阴雨,公共汽车、无轨电车损坏者亦不计其数。②即此次罢工经过57天的谈判,杜月笙在其中发挥了重要作用,在资方签订满足工人所有条件的协议后,罢工结束。但法电资方仍实施了报复,开除积极参加罢工的40名工人,虽被开除的8名车务部工人不久重新上班,但32名技工(包括徐阿梅)在机务部工人举行怠工、逼迫总经理答应后才重新上班。徐旋即又在技工中成功发动了另一次怠工,目的是要求增加年赏。③但罢工复工时,资方对年赏及抚恤金、退职金等问题仅原则上规定,具体办法未定。转瞬年节已届,引致工友均表不满,后经杜月笙与资方磋商,由资方提出办法数项,劳方认为与原则上相差尚远,不能接受。至12月30日,工会在卢家湾电厂前空场开群众大会,议决下午1时全体怠工,并由代表向大班提出要求。对于年赏问题,大

①《法商电车电灯公司罢工事项案》,1930年7月3日—1934年3月20日,上海市公用局档案,档号Q5-3-1849。
②朱邦兴、胡林阁、徐声合编:《上海产业与上海职工》,上海人民出版社1984年版,第340—341、348—349页。
③[美]裴宜理:《上海罢工:中国工人政治研究》,刘平译,江苏人民出版社2001年版,第305—306页。

班答复按照服务年度发给:服务 2 年以上,双俸一月;1 年以上,奖赏一月工资十分之七;1 年以下,一律奖赏半月工资,并规定 31 日发给。各代表认为满意,经工人一致决定 31 日晨复工。车务部工人虽未加入怠工,但照例发给。①

至 1931 年,法电公司仍有斗争和罢工:(1)要求恢复被开除工友工作的怠工。7 月 16 日,工会召集组长大会,讨论前次罢工停职 27 名工友恢复工作问题。当时推定代表向厂方提出要求,经数度谈判无结果,机务部全体工友开始怠工,警告厂方。后经人调解,结果被开除 27 名中先行复工 14 名,其他 13 名由工会继续交涉,工人认为满意,怠工 2 小时后复工。至 29 日争取到完全胜利,于是机务部全体工友在卢家湾开欢迎 27 名工友复工大会,用白布标语横挂鲁班路中,由主席徐阿梅向工友致谢后,一路爆竹喧笑,欢迎工友入厂工作。(2)为争取 8 小时工作的怠工胜利。法电工友以国民政府颁布的工厂法规定 1931 年 8 月 1 日起,各工厂须实行 8 小时工作制。但法电拖延不执行,于是工会向公司提出要求,又呈请社会局迅予召集双方调解,经几次谈判无果,机务部工人 27 日晨开临时大会,推派工人代表 6 人向大班孟梭郎直接交涉。孟以实行 8 小时工作与公司损失不赀,尚需考虑。工人见交涉未成功即实行怠工,各路电车实行减少并缩短路线,故交通颇受影响。公司因工人实行怠工,较 8 小时损失尤大,故于下午谈判时承诺自 9 月 1 日起实行并发通告,改每日工作 9 小时为 8 小时。全体工人因目的已达,于下午 4 时半起照常工作。(3)第六次罢工——法电工人领袖徐阿梅被捕。因工人与流氓发生冲突,捕房逮捕 4 名工人。工人要求大班保释被捕工友,未得允诺,全体工友开始怠工继之罢工。1931 年 9 月 6 日徐阿梅到新新公司参加会议,上电梯被预伏在该处的包探逮捕,先解到公共租界老闸捕房,后引渡到卢家湾捕房。法捕房 20 多名包探到徐家搜查,找不出物证,只有包探预先带有一张共产党传单,作为逮捕的"正式"证据。而法领事和公司大班以放徐出去,但要其担保明天复工为交换,徐拒绝。经数度开庭,以共产党传单和煽动罢工等证据判处徐 13 年徒刑、执行 10 年 6 个月,一·二八事变后大赦,改为 6 年 6 个月。其在牢 4 年后,送反省院住 16 个月,1937 年 4 月出狱。徐在狱期间,法电工人常向厂方要求保释;每位工人每月自动捐出大洋 1 角总数约 60 元,以维持徐家属的生活,给在狱中为劳

---

① 朱邦兴、胡林阁、徐声合编:《上海产业与上海职工》,上海人民出版社 1984 年版,第 353—354 页。

苦大众谋利益而被捕的他以精神安慰。①

1932 年的第七次罢工。自九一八、一·二八事变后,上海经济危机加深,工人生活愈加困难。1931 年 9 月法电罢工失败、大批工人开除、徐阿梅被捕等,促进斗争的酝酿。且新调来的驻沪法领事与杜月笙有过节,其对法租界的赌博公司及燕子窝等严厉取缔,杜为表示力量起见,布置法电的罢工斗争。这次罢工的领导形式上由工会决定,但实际与此前不同。罢工领导权被杜的少数徒弟如车务部李麟书、机务部邵子英操纵,为便于吸引欺骗工人,提出群众迫切要求的口号,为公司所不欢迎,于是宣布将邵子英开除,这样使工潮成熟起来。②如法电"机务部工人罢工以后,日来形势益增严重",1932 年 7 月 5 日公司突然开除抄表间主任邵子英,"于是激动全体员工之公愤,而纠纷迭起"。6 日上午 7 时半全体工人上工时,认为公司无故开除邵,压迫太甚,遂主张一致怠工。旋经工会理事劝告,照常工作。下午 1 时,工会召集紧急会议,到会全体监事对公司开除邵事,议决推陆关宏、张福宝等 4 人向新大班交涉,并将情形呈报公用局暨市党部。公用局据报,立由第二科科长会同市党部民训科主任商定办法,派员劝导。下午 4 时,工会派 4 人赴公司向新大班古其亚交涉,公司答复"谓邵之职务无存在必要,故给三个月退职金,宣告停职并非无故开除"。工会代表交涉无效,返工会报告。机务部全体职员、工人于散值后齐集静候消息,公用局暨党部亦派员在场,立时宣告开会。由张福宝主席报告交涉经过后,群众认为公司太无诚意,当时全体工人议决:7 日起全体职员、工人一体怠工;组织纠察队。7 日上午 7 时半,机务部引擎、接线、火线、火表、自来水、高马车、交电机房、铁路马达、木匠、新车打铁、漆匠、水门汀、董家渡自来水、贝当路自来水等间全体职工进场工作时,在公司门前空场举行全体大会,当场议决再推张福宝、高有根等 6 人赴公司作最后交涉。张福宝等欲见大班古其亚,被二班贝礼爱阻止并表示拒绝。代表退出报告群众后,遂一致怠工,后法租界巡捕房暨公安局均加派长警严密戒备。11 时,大班令人通知工会前往谈判,工会派去前 6 人并提出几项要求:去年因接线案被停职 21 名工人复工;恢复邵子英职务;照例津贴工会办事费每月 200 元。大班答复"证明徐阿梅事因系中国法院判决,无能为力。恢复邵子英及接线案停职诸工人工作事,允于考虑后答

① 朱邦兴、胡林阁、徐声合编:《上海产业与上海职工》,上海人民出版社 1984 年版,第 354—358 页。

② 朱邦兴、胡林阁、徐声合编:《上海产业与上海职工》,上海人民出版社 1984 年版,第 359 页。

复。津贴工会办事费,则允照常津贴"。代表等不得要领,至12时半机务部全体怠工职工退集班路大达里工会,实行罢工。下午3时,工人集大会议决,组织罢工委员会,颁布罢工命令,扩大纠察队组织,并将罢工情形向当局呈报。①

至7月8日,法电公司机务部各间职员工人继续罢工,上午11时公用局会同市党部派员见公司大班,说明调处原因,大班"竟声明因系法商且在租界,故已将工人要求呈报法领事办理"。去员再三解说无效遂退出。下午3时,工会举行全体会员大会,公用局与市党部派员出席指导,报告罢工经过、讨论各项要求,公司自工人离去即将铁门紧闭。当日傍晚,法租界增拨安南兵4队约百人武装驻守公司内,"因机务部员工之罢工,法租界居民已受影响,虽发电及自来水等由外人工作,勉强维持,而装表接电通火暨修理等工作均告停顿"。工会以公司态度强硬,续提12项条件:(1)援救徐阿梅出狱,办法为应请资方证明其并非共产党,入狱期内工资照给,入狱所用一切费用如律师费及医药费等须由资方赔偿,出狱后复工。(2)朱阿龙等21人恢复工作,停职期内工资补给。(3)恢复邵子英职务。(4)恢复工会经常费按原额为200元,"现因房租昂贵房捐增加及会中职员薪金一切杂费,均感开支不敷",故照原额200元外再增300元,即此后经常费须发给500元。(5)罢工期内工资照给。(6)资方应撤出卖工人利益嫌疑的陆关宏之职,以谢员工。(7)发给员工每人每月房贴6元。(8)大小员工年底薪水一律增加一成半。(9)厂内外员工一律发给制服。(10)责令资方履行旧约。(11)不准资方雇用白俄。(12)员工有一月不请假者,应增加4天工资。"上列工方所提要求,倘公司仍无诚意接受调处,预料工方或作进一步之表示,继而断绝水电,但工方如果坚持罢工,预料公司抑或将招用新工,万一公司实行招用新工,则预料工方劳必出而干涉,因此而发生流血惨剧系意中事。且如不形而发生惨剧,则法租界当局难免不以军警力量采取高压手段,则风潮将更形扩大。"公用局鉴于此,除仍会同市党部积极设法相机调处外,并函致公安局"严密防范,是为至要"。②7月12日下午,罢工委员会推派代表赴市政府请愿,要求迅予向法领事交涉。由秘书长俞鸿钧接见,允与法领事协商,并劝工人静候依法调解。市府遂向法领事交涉,但接受法领事的要求,即要公司劝告工人为顾全两国邦交与地方治安即日起先行复工,一切条件

①②《法商电车电灯公司罢工事项案》,1930年7月3日—1934年3月20日,上海市公用局档案,档号Q5-3-1849。

静候当局解决。7 月 14 日为法国民主革命纪念日,照例放假,但工会领导者通知公司 14 日晨一律复工,罢工委员会宣布撤销。而关于劳资纠纷静候解决的问题,工人因市府迁延较久,迄未向法领事交涉,特推派代表向市党部请愿,得到答复是自当顺序进行。一场风潮就此平息。这次罢工原因虽是工人对公司不满的表示,但没有前次的团结勇敢,结果为失败。①而纵观 1918—1932 年上海罢工停业案件的原因调查可见表 8-5。

表 8-5　罢工停业案件的原因(1918—1932 年)

业　务	案件数	百分比
一、与团体交涉有关者		
1. 工会或团体协约		
(1) 工会	9	0.80
(2) 团体协约	128	11.42
2. 雇佣状况		
(1) 工资	488	43.53
(2) 工作时间	25	2.23
(3) 雇用或解雇	216	19.27
(4) 待遇	67	5.98
(5) 规则或制度	21	1.87
(6) 其他	70	6.25
二、与团体交涉无关者		
1. 同情的	23	2.05
2. 政治的	12	1.07
3. 其他	62	5.53
总　　计	1 121	100.00

资料来源:刘大钧:《上海工业化研究》,商务印书馆 2015 年版,第 394 页。

　　再至 1934 年 3 月,上海市市长吴铁城为法电公司酝酿罢工情事密令公用局,"据密报卢家湾法商水电厂共有工人九百余名,向例年终加薪一次,每人约一二角不等,并逢西人跑马及政府颁布之休假日期,一律照给工资。近

---

① 朱邦兴、胡林阁、徐声合编:《上海产业与上海职工》,上海人民出版社 1984 年版,第 360—361 页。

厂方更改以前办法,以致引起公愤,二区水电工会理事蔡阿梅、邹德馨、郑德顺、张福宝等曾经召集工人数度会议,决定先行组织纠察及罢工委员会,必要时一致罢工应付,现已派员向公共租界电车工人接洽,决定双方同时实行,大致在一星期左右,工潮有爆发可能。又悉该厂前煽动罢工工人顾全林、丁有根、陈进发、朱阿龙、张阿毛、董阿祥等自被厂方开除后,与共党颇为接近,闻顾全林、丁有根两人,有现为共党市政委员指导员之说,探析法电将起工潮,活动颇烈,现拉拢在厂工友黄复生等积极活动,其目的在推翻二区水电工会,另有企图"。又法电车务部同人联益社、贝勒路泰德里 3 号分子"前均与资方接近,近因厂方继续开除工人达二百余名,故决与厂内工人一致行动。并文前有法电售票员彭松青朱炳生二人,自失业后近已加入共党,在南市普育堂路三民坊四号常召集秘密会议",据此除分令社会局、公安局外,饬令公用局"注意防范"。①

全面抗战爆发后,上海租界内的电车交通设施虽没有直接遭到毁劫,但营业状况深受影响,战前良好的发展势头被打破,营业额与收益均明显萎缩。如当时苏州河以北的电车均停驶,为解决困境,电车公司所能购采用的唯一办法就是提高票价。但提高票价的同时,电车公司并未提高工人工资,物价上涨工人生活困苦,激起工人反抗。如 1941 年 3 月 19 日,法电公司机务部工人因第四次要求改善待遇被资方拒绝,发动罢工,20 日车务部全体工人响应,车辆抛停于数条马路,霞飞路上 80 多辆电车摆成长龙达数百米,经过反复斗争和交涉,公司的罢工工人于 26 日复工。同年 7 月生活费指数驱升,由 6 月的 757.96 升为 800.32,于是 8 月 4 日法电车务部 1 700 多名工人鉴于中外职工待遇不平等,要求加津贴而实行罢工,各路车辆停驶。6 日,罢工指挥部被法捕房破入,10 余人被捕。后经工会代表与法捕房政治部谈判,资方同意加薪 30%,被捕工人获释,工人才复工。太平洋战争爆发后,日本直接控制上海租界,但 1944 年 2 月法电公司机务部及售票、司机等 2 000 余人全体罢工,要求改善待遇,直到资方同意全体工人分别加薪和各项津贴 40% 后,才同意复工。②

依前而述,"特别是那些由外国人经营的大工业中,经济外的榨取、勒索、敲诈,真是无微不至"。③如 1918—1940 年间上海发生的 44 次电车工人

① 《法商电车电灯公司罢工事项案》,1930 年 7 月 3 日—1934 年 3 月 20 日,上海市公用局档案,档号 Q5-3-1849。
② 吴景平等:《抗战时期的上海经济》,上海人民出版社 2015 年版,第 135—136 页。
③ 王亚南:《中国经济原论》,商务印书馆 2014 年版,第 62 页。

罢工中,法电为 11 次,华电为 15 次,英电为 18 次。并且,这些罢工的成功率都很高,罢工者在 84% 的罢工中都取得了完全的或部分的胜利。法电公司罢工的成功率最高,为 91%,高于华电(87%)、英电(61%)。①从而,近代上海租界公交企业的劳工利权维护事件已持续呈现。

(二)党组织和职工团体

值得强调的是,早在 1921 年上海共产党早期组织出版的《共产党》月刊第四号上,就曾以"上海法租界电车工人罢工胜利"为题,报道该年 3 月罢工经过情形,这是有文字记载可以证明法电罢工的首次胜利。法电企业重要性和法电工人斗争精神,很快引起中国共产党的重视。1922 年,党开始在法电散播革命种子,社会主义青年团员陈廷郊(后转为党员)根据组织的指示,首先打入法电公司车务部做售票员。五卅运动后,中共上海区委更加重视法电的工作,于 1925 年冬派余茂怀负责加强对法电工人运动的领导。1926 年 10 月,中共法电党支部正式成立,共有余茂怀等 6 名党员,参加支部领导的秘密工会小组的工人 30 余人。长期受欺压的法电工人从此有了党的直接领导。法电党支部成立后,遵照上级指示,积极筹备成立工会。为联络组织群众,党支部在车务部原有基础上,由党员和积极分子牵头,广泛建立团结互助的工会"三人小组",同时设法开辟机务部的工作。同年 12 月 16 日,党支部在法租界天文台路(今合肥路)五丰里 4 号,召集工人开会,正式成立"法商电车电灯自来水工会",群众推选余茂怀等为工会负责人。随后向公司提出增加工资、反对苛刻罚金等条件。资方不应。在党支部和工会发动下,21 日 500 余工人罢工并提出 10 项条件,最终迫使资方接受部分条件。罢工期间,"共产党员都站在斗争的最前列,起到了骨干和带头作用,因而党在群众中的威信也大为提高"。②即法电公司于 1926 年组建工会,吸纳了许多受到工头或青帮操纵的小帮派。③工会成立后,向公司提出几条改良工人待遇如增加工资,减少工时及减轻罚款等条件。但公司不理,结果引起工人的罢工。12 月 24 日,司机、卖票工潮由杜月笙等出面调停复工。随后,机务部工人开始陆续加入司机、卖票工会。不到三个月,机务部全体工

---

① 〔美〕裴宜理:《上海罢工:中国工人政治研究》,刘平译,江苏人民出版社 2001 年版,第 300 页。

② 中共上海市委党史研究室、上海市总工会:《上海法电工人运动史》,中共党史出版社 1991 年版,第 27—31、35 页。

③ 〔法〕白吉尔:《上海史:走向现代之路》,王菊等译,上海社会科学院出版社 2014 年版,第 167 页。

人全部加入工会。①

　　继而,1927年2月北伐军占领杭州、迫近上海,上海总工会发动总罢工,中共上海区委举行第二次武装起义,19日晨法电公司车务部、机务部工人停止工作,组织罢工纠察队拦截公共租界英商公共汽车劝导参加总罢工。3月19日,中共上海区委秘密发出第三次武装起义的预备动员令,准备总罢工响应北伐军。余茂怀召集法电工会执委会紧急会议,商定了具体行动步骤,口令是"救火钟声响,车子开进厂"。21日,北伐军进占新龙华,在周恩来等参加的中共中央特别委员会的领导下,上海总工会发布正午12时举行第二次总同盟罢工的命令,同时举行第三次武装起义。起义胜利后,在中共领导下的上海临时市政府宣告成立,法电工会领导人余茂怀当选为总工会候补委员,当时法电共产党员发展到50余人。②即法电公司在上海工人三次武装起义时成为共产党组织发育的温床,并在"四·一二"政变后成为国共两党展开竞争的舞台。三次工人武装起义时期,在机务部技术工人的领导下,法电成为共产党开展活动的一个主要基地。由于在技术工人中拥有50多名共产党员,法电工人成为南市区的主要战斗力量。③"四·一二"政变后,上海总工会取消,当局设立上海工会统一委员会,所有工会都要去工统会登记,不去登记的工会就认为不合法,因而不能存在。法电工会也去登记,法电全体工人在公共体育场召开"法商电车电气自来水工会"成立大会,会员1300余人,并由工人选定执行委员和监察委员,选定5名共产党员为常务委员。这是法电工人第二次组织工会。④

　　至1927年7月24日,上海"法商电车电气自来水工会"为解除工人痛苦呈请国民党中央党部改组上海工统会。"窃工人等伏处于帝国主义资本家军阀暴政压迫之下,痛苦久矣。(1)工资低微,工作繁重。计每日所入不足以养自身,遑论事父母而畜妻子,是以盼北伐军之早临以苏,工人痛苦于万一好似久旱之望云电。及至东南底定,我中央党部亦顾及工人利益,在沪成立工会统一委员会,但会中职员无工人代表,尽属投机分子把持会务,弄

---

① 朱邦兴、胡林阁、徐声合编:《上海产业与上海职工》,上海人民出版社1984年版,第292—293页。

② 中共上海市委党史研究室、上海市总工会:《上海法电工人运动史》,中共党史出版社1991年版,第41、44、47页。

③ 〔美〕裴宜理:《上海罢工:中国工人政治研究》,刘平译,江苏人民出版社2001年版,第301、303页。

④ 朱邦兴、胡林阁、徐声合编:《上海产业与上海职工》,上海人民出版社1984年版,第299页。

窃威权,队打伤女工多人,并为厂家守卫监视工人,致激起工潮,甘心做资本家的走狗。(2)流氓官僚化。该会由职员直至茶房完全流氓化官僚化,其势焰真是咄咄逼人,工人去接洽事体,好似进专制衙门,有时等了半天或到会请见几次俱不得见面,故去湖州会馆的,俱有如入股鬼门关之叹。该会职员多系流氓与政客,且有吸食鸦片者,工人愤恨之余,均谓以此辈来办工会,焉能使国民革命完成。(3)勾结帝国主义压迫工人。帝国主义乃我国人之死敌,凡三民主义信徒皆愿打倒,该会竟与一切帝国主义勾结,如法商电车公司工人提出条件要求改良待遇,交该会交涉,但该会早与帝国主义通声气,是以对工人代表反说,公司待工人很好,工人的条件未免太苛刻了,结果工人完全失败。最近受公司三千元之贿,将工会领袖先后捕去,工会捣毁。(4)背叛总理的三民主义。先总理是要扶植农工的,但该会行动完全与三民主义相反,藉青天白日旗为招牌,以满其藉公营私之实。以上所述不过举其大者,余则不胜缕述。工人等认定中央党部及北伐军乃解放工人的唯一救星,现在反而增加痛苦,谅非中央党部初衷,亦非先总理本怀,乃下层运动混入投机分子之所致。彼辈藉公营私,贻误党国,莫此为甚。工人等在此黑暗压迫之下,求生不能求死不得之际,忽蒙我中央党部与总司令部议决改组,但仍须留一些旧职员供用。工人等闻听之下,喜畏交集,我中央党部体念工艰,决然改组不能代表工人利益的团体,另组能真正代表工人利益的机关。然目前该会已完全腐化,若改组之后仍录用之,是与不改组同也。如此则工人等将永无再见天日之期,工人等痛属切肤,不敢缄默",呈请中央党部将工统会旧职员完全革去,另由工人选出代表与各界合作,"俾工人痛苦得以彻底解决,则工人幸甚"。7月30日,中央党部交由下辖工人部处理该案:上海法商电车电气自来水工会代表全体工人要求完全改组上海工统会,取缔危害工人分子,并请由工人自选代表组织真正能代表工人的利益机关。①

同年8月5日,国民革命军总司令蒋介石致函中央党部工人部长:"现据上海法商电车电气自来水工会全体工人代电⋯⋯恳从速改组,由工人代表大会自选领袖等情前来。除批示俟移送中央党部工人部核办外,相应检同原件,函请查照是荷。"②由此,法电工会成立于大革命高潮中,1927年会员有千余人,包括各部门工友。至1928年"济南惨案"反日运动时,法电共

---

① 《上海电车等工会上中央党部代电》,1927年7月24日,五部档案,台湾"中国国民党文化传播委员会党史馆"藏,档号:部7506。

② 《蒋总司令致中央工人部函》,1927年8月5日,五部档案,台湾"中国国民党文化传播委员会党史馆"藏,档号:部7510。

产党员徐阿梅和上级党组织法南(法租界和南市)区委建立联系,法电党支部恢复并由徐负责。依据党中央要求,支部任务是在工人中秘密组织赤色工会。如是年 4 月"中央通告第 44 号"指出:赤色工会的工作,是城市工人中建立党的群众基础之根本工作,号召建立秘密的群众工会。随之,法电党支部动员群众参加赤色工会。[①]至 1928 年 10 月,法电的电车司机吴同根被法国水兵 Ferryer 无端刺死,工会的热心分子加紧宣传,公司全体工人定期在市党部三楼召开"法商水电工会"成立大会,并选定执监委员办理会务,这是法电工人第三次组织工会。同时向资方提出改善待遇 16 条而无果后,举行 12 月的两次罢工。[②]其间,中共中央政治局会议专事讨论法电罢工并作指示。罢工酝酿阶段,江苏省委成立行动委员会(主席李富春)指挥斗争;后成立罢工委员会、后援会,发动全市群众支持,并派两名干部到罢工工人中具体帮助。[③]

嗣经市社会局核定,法电工会 1930 年更名为"上海市第二特区水电产业工会"。继而,该工会逐渐被资方有计划的破坏,车务部工人及职员受资方亲信唆使相继退出工会,而工会变成机务部工人的单独组织。如机务部与车务部工人间,资方采取离间方法,因此两部门行动不一致。但各部门内部团结,机务部有相当的组织性,基本团结一致。工人中只有几个参加国民党且多是职员。此外,机务部工人有聚餐会和某种社的组织,参加工人相当多,是在工人中比较有力量的组织。车务部方面,厂方采取分裂手段将工人队伍分化成若干块,最有势力的大体可分为三派:(1)以杜月笙徒弟 2 号稽查李麟书为首的联益社,形式上已在市党部登记,李在车务部中收有 30 多个徒弟,大徒弟是 170 号卖票。参加联益社共有 170 余人,会员每月交会费 3 角。形式上挂联益社的招牌,丝毫没有内容。(2)以 25 号查票刘德功为首组织联谊社,社费每人每月 2 角,社员也收到 100 多人,可有人两面都交会费,避免得罪哪一方,苦了卖票。法律上讲,联谊社没有登记,但公司承认其存在。(3)以 5 号稽查陈国华为首,布置爪牙拼命向公司献媚,无理压迫工人,伸其势力。如此一来,车务部工人的内部散漫、团结被破坏无遗,使工人遭受痛苦。工会生活不充实,无论教育工人、干部训练还是民主精神都不

---

①　中共上海市委党史研究室、上海市总工会:《上海法电工人运动史》,中共党史出版社 1991 年版,第 55 页。
②　周源和:《上海交通话当年》,华东师范大学出版社 1992 年版,第 70—72 页。
③　中共上海市委党史研究室、上海市总工会:《上海法电工人运动史》,中共党史出版社 1991 年版,第 63 页。

够,只有工人团结才能获得自身保障。如机务部工人被公司无故开除不曾发生,但车务部方面被罚被开除天天都有。"这就是因为没有统一团结组织的最大原因所铸成的错。车务工友亦在深切经验教训中,觉悟到团结统一力量的迫切需要。不久的将来,统一的强有力的工会,必然会在法电公司中重新的建立并扩大起来。"再如57天的大罢工斗争中,职工又开始统一起来,成为法电工会史上最兴盛的时代。即法电劳工已具有"相当的组织性……工人参加共产党的在大革命时代是相当的多,所以遗留下来的许多作风,在以后工人斗争中充分地证明了"。[①]如在工人斗争下,1918—1932年上海罢工停业案件的处置结果中,"劳方要求完全接受或要求一部分接受"已占总数的59.5%(见表8-6)。

表8-6 上海罢工停业案件之结果(1918—1932年)

结　　果	案件数	百分比	结　　　果	案件数	百分比
劳方要求完全接受	261	23.28	资方要求未经承认	5	0.45
劳方要求一部分接受	406	36.22	无形停顿或结果不明	150	13.38
劳方要求未经承认	281	25.07	未解决	2	0.18
资方要求完全接受	6	0.53			
资方要求一部分接受	10	0.89	总　　计	1 121	100.00

资料来源:刘大钧:《上海工业化研究》,商务印书馆2015年版,第394页。

自1937年八一三淞沪会战爆发,法电公司工人反对日本帝国主义侵略中国的斗争,向来不甘落后于人。机务部工人组织有300多名工友参加的"星期服务团",每逢星期日工厂放假便帮助国军各种防御工作,颇得军队信赖。第十九路军西撤后,该团工作无形停顿。募捐方面,机务部工人在全面抗战爆发时募集100余元慰问前方将士,在国民政府发行救国公债时,车务部工人共买400余元。1938年"九一八"纪念的献金运动中,机务部全体工友共捐300.99元,表现爱国的热烈。车务部方面,工友也热烈拥护和参与各项救国工作:如1938年以来,进行1次慰劳伤兵募捐运动,买日用品派代表去医院慰问伤兵。同年"七七"纪念日,根据政府号召积极推动素食运动并献金,当时参加300余人,捐款百元左右。至11月又进行1次扩大的募捐运动,车务部的司机、卖票、写票、查票及个别高级职员均参加这次募捐运

① 朱邦兴、胡林阁、徐声合编:《上海产业与上海职工》,上海人民出版社1984年版,第362—363页。

动,共计捐 181 元,参加人数达 747 人。此后,车务部的热心分子继续推动节约救难运动,至 1939 年参加人数共 300 余人,每期可募到六七十元。这些事实都说明了法电工人对于祖国的生存有莫大的关心,并明白表示对抗战最后胜利的信念。但是法电的救亡运动还未达到更深入更广泛的应有程度。如各种募捐活动还没有吸收到每个群众都参加,没有利用抗日工作来进行各部门的统一组织运动。如车务部内部的统一运动、车务机务两部的统一运动、工人与职员间的统一运动以及更进一步与法电公司当局共同反对日本帝国主义侵略中国的斗争行动等有待于更努力的促其实现。"为了实现各部门的统一运动,首先便要捐弃成见,共同谅解,工人间如此,工人与公司之间亦如此。为了中华民族的彻底解放,与工人自身的获得解放,法电的全体工友,就要刻不容缓的亲密的团结起来!"①实质上,"作为工人行动主义的范例,法电在上海工人运动史的研究中占有显著地位。确实,法电工人在 30 年间创造了令人瞩目的罢工和组织工会的记录"。到了 20 世纪 20 至 40 年代,法电的技术工人和半技术工人在共产党的领导下变得特别活跃。即共产党力量在法电的壮大,有助于该公司的工人迅速走上工运最前线。如 1949 年法电共产党员的数量迅速增加到前所未有的 137 人。②

综上以观,劳工运动带来的压力最终被证明非常强大。③近代上海劳工在全国城市的高集中程度无出其右,且劳工问题"或重研究,或主提倡,或取批评,皆能迎合工人运动之潮流";④进而"令劳动者觉悟他们自己的地位,令资本家要把劳动者当做同类的'人'看待,不要当做机器、牛马、奴隶看待"。⑤其间,上海外商汽车运输企业发生劳资纠纷多起,但工人积极组织起来的"目标并不是对资方有甚么过分的要求,虽然他们也企望着公司给予相当生活的劳动代价……同时工人还有一个比要求公司改善生活更重要的问题,就是要公司尊重中国工人的人格"。⑥此情诚如外商所言,"不幸的是,上海工人的觉醒,也许适值民族主义和排外思想的浪潮席卷全国的时候"。即

---

① 朱邦兴、胡林阁、徐声合编:《上海产业与上海职工》,上海人民出版社 1984 年版,第 364—365 页。

② [美]裴宜理:《上海罢工:中国工人政治研究》,刘平译,江苏人民出版社 2001 年版,第 308—309 页。

③ [塞尔]布兰科·米兰诺维奇:《全球不平等》,熊金武等译,中信出版社 2019 年版,第 75 页。

④ 马超俊:《中国劳工运动史》,商务印书馆 1942 年版,第 52 页。

⑤ 陈独秀:《新文化运动是什么?》,《新青年》第七卷第五号,1920 年 4 月 1 日,第 6 页。

⑥ 朱邦兴、胡林阁、徐声合编:《上海产业与上海职工》,上海人民出版社 1984 年版,第 409—410 页。

不仅会遭遇工人的经济罢工,且可能面临政治性的罢工和联合抵制行动。[1]可以确定,上海是中国工人阶级的摇篮,是全国工人运动的重要发源地。中国共产党是马列主义与中国工人运动相结合的产物,党从在上海诞生之日起就致力于工人运动。中国工人运动的一个重要特点,就是始终是在中国共产党领导下开展。[2]而在汽车运输工人罢工和组织团体的持续进程中,已凸显出二十世纪前半期在党领导下劳工运动的蓬勃演进。史实证明,近代上海不仅是全国经济及文化中心且是国际闻名的大都市,在推进城市嬗变的诸多因素中,汽车运输成为重要的牵拽力之一,与城市文化交互挽进。推广其意,彼时上海汽车客运持续进步,为城市文化的鼎故革新提供关键助力并与之展开良性交互,进而对城市现代化进程产生持续、深远的作用与影响。

---

[1] 刘明逵:《中国工人阶级历史状况》(第一卷第一册),中共中央党校出版社 1985 年版,第862 页。

[2] 中共上海市委党史研究室、上海市总工会:《上海公共汽车工人运动史》,中共党史出版社1991 年版,"编者说明"第 1 页。

结　　语

　　2019 年 12 月 20 日,习近平总书记在庆祝澳门回归祖国二十周年大会上的讲话中指出:要结合发展需要和市民需求,加强交通、能源、环保、信息、城市安全等公共基础设施建设,改善市民生活环境,提升市民生活质量。①可以确定,国家的经济活动是与现有的运输网和城市中心的布局紧紧结合在一起。②即交通对人类的影响至关重要,是人类文明的重要标志之一。而城市是人类社会发展到一定阶段的必然产物,是物质文明和精神文明的综合体。③如"交通为都市之脉络,市政上之重要设施也。设施得当,既裨益于市民之便利,更足以促进实况之繁荣"。④近代以降,"都市交通之首要在交通,上海为我国国际贸易商港,同时为工业中心,其市内交通建设必须与对外交通相适应……交通为整个国家经济发展问题,尤须以远大目光,确立全国整个计划与世界相配合。都市交通计划再与全国性及国际性之计划相配合,不可枝枝节节为之"。⑤如社会学家孙本文认为上海是中西并存、现代与传统并存、先进与落后并存,是中国社会史的缩略图,"就交通言,将来之上海,不仅汽车日增,高架电车与地底铁道,或势在必行,而空中飞机,必为全国交通集中之地"。⑥有鉴于此,研究近代上海汽车客运的历史脉络,并探究其与城市发展的密切联系,对于当代中国交通与城市可持续发展具有重要的参考价值和借鉴意义。

---

① 习近平:《习近平谈治国理政》(第三卷),外文出版社 2020 年版,第 415—416 页。
② [英]K.J.巴顿:《城市经济学——理论和政策》,上海社会科学院部门经济研究所译,商务印书馆 1984 年版,第 84—85 页。
③ 李沛霖:《抗战前南京公共交通与城市嬗变》,人民出版社 2021 年版,第 3、474 页。
④ 吴琢之:《都市合理化的交通工具》,《交通月刊》第一卷第一期,京华印书馆 1937 年版,第 37 页。
⑤ 《水陆空交通与都市交通之联系发展》,《公用月刊》1947 年第 15 期,第 35 页。
⑥ 《上海的将来》,转引自张仲礼、熊月之、沈祖炜主编:《中国近代城市发展与社会经济》,第 159 页。

　　首先，观测汽车在上海嚆矢至全面抗战前城市客运的发展。1901 年汽车输入上海，其成为中国最先行驶汽车的城市。1908 年，美商环球供应公司开设出租汽车部，在上海市内第一家经营汽车出租业务。至 1937 年全面抗战前，美商云飞汽车公司、华商祥生汽车公司均拥有出租汽车 200 辆左右；华商银色公司和英商泰来公司各有出租汽车八九十辆。这四家企业并称为上海四大出租汽车公司。而华商经营的祥生汽车公司至 1936 年规模超过外商最大的云飞汽车公司，成为上海最大的出租汽车公司、"华商出租汽车之典范"。公共汽车方面，上海第一条公共汽车线路由 1922 年在公共租界经营的华商公利汽车公司行驶。1924 年英商中国公共汽车公司在公共租界投入运行，抗战前已行驶 17 条汽车线路，包括两条"特别快车"路线，汽车 154 辆，成为"沪上规模最大之公共汽车公司"。全面抗战前，法租界的法商电车电灯公司开辟 2 条公共汽车线路，有汽车 19 辆；华界闸北，华商公共汽车公司共辟 6 条线路，拥有汽车 45 辆；华界南市，公用局公共汽车管理处行驶 5 条线路，备有汽车 45 辆。简言之，全面抗战前上海市区公交线路共计 56 条，公共汽车行驶路线 31 条，路线长度 262 公里，车辆数 279 辆，平均每日载客 155 390 人次。且上海全市汽车 1901 年仅 2 辆，1911 年增至 1 400 辆，1927 年达 12 695 辆，1930 年为 19 655 辆，至 1936 年汽车已达 24 572 辆（未包括各国驻沪的陆海军战车和文武官员用车），因此全面抗战前上海汽车估计在 3 万辆上下。从而，"上海在我们中国是一个工业与商业最繁荣的都市，同时它的各种公用事业的规模在国内亦是第一。因此，工商业的繁荣促进了公用事业的发展，而公用事业的发展亦促进了工商业的繁荣，其间因果关系亦是相互的"。[①]可见，全面抗战前上海贸易发达、工商业繁荣，使城市汽车运输业达到极盛状态，而该业的持续进步又反力于城市经济和社会的持续发展。

　　其次，考察全面抗战和解放战争时期上海汽车客运的营运及困境。1937 年日本侵略军在上海发动进攻，华界沦陷后，出租汽车、公共汽车业陷于停顿。租界成为"孤岛"，伴随部分厂商和大批避难者涌入，汽车客运经营出现暂时的畸形繁荣。但日军随后在占领区建立垄断机构，为侵华战争服务。如 1938 年日伪的"华中都市公共汽车公司"在上海成立，有汽车 186 辆，陆续接管并垄断上海、南京、苏州、镇江、杭州等 7 个城市的公共交通。1941 年，该公司在上海开行 14 条客运路线；翌年，全面接管英汽公司所

　　① 赵曾珏：《上海之公用事业》，商务印书馆 1949 年版，"序"第 1 页。

有财产。嗣因太平洋战争局势及日军战况愈下,该公司业务衰落;1944 年日军将其重组并更名为上海都市交通公司。抗战胜利前夕,上海公共汽车减少 200 多辆,仅剩 10 辆、一条路线勉强通车,濒于瘫痪。这与全面抗战前全市公共汽车的经营规模大相径庭。抗战胜利后,上海都市交通公司被上海市公用局接管。1946 年 11 月,公用局将市电车公司筹备处与公共汽车公司筹备委员会合并为"上海市公共交通公司筹备委员会"。至 1948 年该公司筹委会行驶 14 条路线,行车 173 辆,载客 7 326.6 万人次。但伴随国民政府军事、政治和经济形势恶化,恶性通货膨胀加剧,人民生活受到巨大影响,该公司处境不佳。1949 年上海解放前夕,上海市区各类公交车辆与战前一样有 900 多辆,但公交线路则由战前的 70 多条减至 44 条,其中公共汽车仅23 条。从而,抗战胜利后,上海公共交通"日均乘客人次虽比战前略有上升,但车辆数和线路长度均低于战前水平"。"尽管近代上海的公用事业发展道路艰难曲折,但总的说来,其水平大大高于国内其他城市。"①

复次,通过汽车运输与城市治理、城市文化的视域,探寻汽车客运与城市发展的内在关联。事实上,"公用事业关于民生特钜,且其营业区域等,在在与地方设施有密切关系,在在关系大多数市民日常生活"。②近代上海租界和华界为维护城市交通秩序和社会发展,有效降低交通意外的发生率,确保市民安全,一系列的交通治理举措随之展现。譬如租界、华界建立交通管理机构并建构相关汽车的交通法规;训练和考验汽车运输执业人员,并对车辆行车和停放作出管控;针对日益频密的汽车事故,在统计肇事数据的同时,出台相应的处罚措施,严格处置交通违法行为。这些治理举措和管理模式,有效规范和约束行人和车辆,进而确保交通有序和市民安全,最终维护上海城市交通秩序并促进社会稳定发展。并且,城市文化必然要和这个城市所在的人口、工商业、交通、生活等发生互动。由是,近代上海城市当局、汽车运输企业在乘车时间规则、乘客行为规范及交通安全意识培育等方面作出努力,对于形塑规则意识和安全意识起到了重要作用;同时民众展开汽车优势的讨论、汽车肇祸的分析及汽车改良的建议,促动社会参与文化的发展。市民维权行动、企业维权行为等商民维护权利的反映,及中方官民在汽车运输行业中对国家主权和利益的诉求、交涉及抗争的展现,使汽车运输与城市权利文化密切交互。近代上海汽车运输企业的劳工运动如英汽公司、

① 张仲礼主编:《近代上海城市研究》,上海人民出版社 1990 年版,第 492—493 页。
② 《上海市公用局规定商办公用事业监理规则及其处分细则案》,1928 年 5 月 16 日—1936 年 4 月 21 日,上海市公用局档案,档号 Q5-3-685。

法电公司的劳资纠纷、罢工事件等不断渗入城市社会的各个层面,进而全景呈现出在中国共产党领导下及社会团体和民众努力下,中方维护权益的抗争面向与斗争经验。推广其意,近代上海汽车运输持续进步、接续发展,为城市治理、城市文化的日新月异提供助力并与之交相挽进,进而对城市现代化进程产生深远作用及影响。

最后,展望新中国成立后上海城市汽车客运的概况。1949 年 3 月中国共产党在河北省平山县西柏坡村举行七届二中全会,全会指出,"从现在起,开始了由城市到乡村并由城市领导乡村的时期"。党的工作重心必须放在城市,必须用极大的努力去学会管理城市和建设城市。同时,党要立即开始着手建设事业,一步一步地学会管理城市,并将恢复和发展城市中的生产作为中心任务,"城市中的其他工作,都必须围绕着生产建设这个中心工作并为这个中心工作服务"。①同年 5 月中国人民解放军解放远东第一大都市上海,人民解放军上海军事管制委员会接管上海市公交公司筹委会,汽车运输业回到人民政府怀抱,并为新中国上海城市交通夯实基础。1952—1953年,上海市政府征用英商上海电车公司、代管法商电车电灯公司。1956 年,成立上海市公共汽车公司,管辖全市公共汽车企业。1958 年,上海市公共交通公司成立,负责统一经营管理全市公共交通。出租汽车方面,1951 年祥生汽车公司实行公私合营,嗣改为公私合营上海市出租汽车公司。1956 年,16 家私营出租汽车企业全部并入公私合营上海市出租汽车公司,全市出租汽车统一由该公司独家经营管理。1985 年成立上海市公共客运管理处,对上海出租汽车行业实行统一管理。至 1987 年,上海市区已经有670 万人口,中转人口超过 100 万,全市有 16 万辆机动车,公交线路多达120 多条,公共汽车、电车多达 5 000 辆,连同出租汽车、宾馆车队和单位专车,所以各条马路车水马龙,高峰时间更是挤得水泄不通。②再至 2010 年年末,上海全市地面公交共有 35 家经营单位,线路 1 165 条。其中,公共汽车1 147 条,无轨电车 17 条,有轨电车 1 条;线路长度 23 130 公里,线网长度7 053 公里,公共汽电车 17 455 辆;全年运客 280 758 万人次,日均 769 万人次。2010 年年末,上海出租汽车公司共有 147 家。其中,区域性出租汽车经营单位 19 家,个体出租汽车工商户 3 154 户。拥有运营车辆 50 007 辆,其中,顶灯车 48 872 辆,特准车 1 135 辆。全市日均载客 173.4 万车次,日

---

① 中共中央党史研究室:《中国共产党历史》(上卷),人民出版社 1991 年版,第 810—811 页。
② 周源和:《上海交通话当年》,华东师范大学出版社 1992 年版,第 1 页。

均客运量 313.7 万人次。①既如此,回溯近代上海城市汽车客运,展望当代上海城市交通事业,具有借鉴价值和现实意义。

撮要述之,"我们现在的文明是一辆巨大的汽车在单向交通的路上以越来越快的速度前进着"。即"加快交通,征服空间,到达某一地方的强烈愿望,这些是渗透一切的个人求生和争取权力的表示"。斯托指出,"世界,是靠轮子前进的"。②毋庸置疑,汽车的发展,极大地改变了人类的生活方式,加大了人类的活动半径,方便了物质的流通,同时带动相关产业的发展,促进经济的总体进步。到目前为止,很少有哪种发明对人类的帮助超过汽车,的确,汽车改变了世界。并且,中国汽车的发展不仅会促进国民经济的增长,也将对中国人的生产方式、思想方式、消费行为、价值观产生重大影响。③步入当代,为适应日益增长的运输需要,中国汽车数量增长很快,1985 年的民用汽车保有量为 320 多万辆,比 1949 年接收的 5 万辆增长60 多倍;公路运输的客、货运量逐年大幅度增长。④至 2014 年,我国汽车保有量为 1.54 亿辆,这个数据到 2020 年将超过 2 亿辆。⑤所以然者,"盛世修史,史以资治",全景洞悉近代汽车与上海城市客运的交互联系,不仅可观测近代中国汽车运输事业发展的历史定位,进而可管窥中国城市近代化进程的发展路径,最终为新时代中国交通事业和城市现代化提供历史借镜和现世价值。

① 虞同文:《上海近代公共交通的由来》,《交通与运输》2012 年第 4 期。
② [美]刘易斯·芒福德:《城市发展史——起源、演变和前景》,倪文彦等译,中国建筑工业出版社 1989 年版,第 276、410 页。
③ 曹南燕、刘立群:《汽车文化——中国面临的挑战》,山东教育出版社 1996 年版,第 153、165 页。
④ 上海市交通运输局公路交通史编写委员会:《上海公路运输史》(第一册),"总序"第 2 页。
⑤ 马化腾等:《互联网＋:国家战略行动路线图》,第 413 页。

附　录

附录一　上海城市公共汽车路线调查表（截至 1937 年 1 月）①

区别	经办者	路别	路　由	停　站	里程	头等		三等		每旺时间
						起程	终站	起程	终站	
闸北区	华商公共汽车公司	一路	由北车站经宝山路西宝兴路柳营路翔殷路西体育会路新市路至江湾	北站西宝兴路青云路柳营路粤东中学持志学院俞泾庙蓄植公司跑马场池沟路	8.9	9	35			8
		三路	由北车站经宝山路虬江路共和新路交通路桃浦西路至真如无线电台	北站米公园路共和新路交通路大统路井亭桥太阳桥中山路顾家宅小场庙暨南大学杨家桥八字桥无线电台	10.2	9	50			9

① 上海市公用局:《十年来上海市公用事业之演进》,第 62 页。

续表

区别	经办者	路别	路　由	停　站	里程	头等 起程	头等 终站	三等 起程	三等 终站	每班时间
闸北区	华商公共汽车公司	四路	由北车站经宝山路虬江路西体育会路翔殷路淞沪路三民路市光路	北站宝兴路天通庵法学院爱国女校屈家桥新华一村畜植公司复旦大学国定路淞沪路政同路市光路市政府	11.1	9	47			12
		五路	由北车站经宝山路江湾路江湾路西体育会路翔殷路国和路西路市政府前左路府东内路府南左路府舍至市市府宿舍	北站宝兴路天通庵法学院爱国女校屈家桥新华一村畜植公司复旦大学国定路淞沪路运动场府内路市政府博物馆市府舍	11.7	9	53			
		六路	由市政府经府左路府东内路府南左路海通路军工路至黎平路	市政府市府宿舍沈家行虹江桥春江路沪江大学	7.8	9	23			
		一路	由老西门经方斜路制造局康衢龙华路龙华路至龙华镇	老西门斜沪冈路康衢路打浦路南洋中学小木桥龙茂公桥龙华镇	7.5	6	48			13
		二路	由漕河泾镇经漕溪路土山路斜路徐路斜徐路谨记路东西门中华路东外马路大码头	漕河泾镇曹氏墓园中山路天木桥大木桥谨记路鲁班路老西门公安局乔家浜大东门小东门大码头	14.5	6	60			13
沪南区	公用局公共汽车管理处	三圆路	由老西门经中华路民国路至老西门	老西门文门尚小南门大东门大东门小北门小东门新开河新开河（新桥街）	5.3	5	19			2
		四圆路	由枫林桥经斜路斜桥斜桥陆家浜里马路东门马路民国路方斜路徐路斜徐路至枫林桥	枫林桥植树园潘家木桥打浦卢家湾鲁班路管理处斜桥车站路路龙里老白渡街老西门河游斜街（小东门）新开河老北门（小北门东门（小东门（新桥街）自云观斜桥老西门斜浦管理处广家斜浦打浦斜桥潘家木桥植树园枫林桥	13.5	5	27			9

573

续表

区别	经办者	路别	由　　　　路	停　　　站	里程	头等		三等		每班时间
						起程	终站	起程	终站	
浦东区	市轮渡	十一路	由东昌路经庄家宅杨家宅其昌栈包家宅洋泾镇	东昌路救火会善堂路庄家宅杨家宅牛奶棚其昌栈六号桥傅家宅凌家木桥贾家角洋泾镇	5.7	6	30			15
		高桥路	由市轮渡码头经大同路海高路至海滨浴场	市轮渡码头高桥海高镇海滨浴场	6.4	法币 0.08	法币 0.20			
法租界	法商电车电灯公司	二十一路	由外洋泾桥经爱多亚路敏体尼荫路恺自迩路葛罗路蒲柏路贝勒路莱斐德路金父神金路至打浦桥	外洋泾桥三茅阁桥大世界或八仙桥嵩山路恺自迩路贝勒路西门路莱斐德路金神父路爱麦虞限路打浦桥	6.7	9	29			
		二十二路	由外洋泾桥经爱多亚路敏体尼荫路恺自迩路福煦路圣母院路亚尔培路浦石路拉斯脱路福履理路至徐家汇	外洋泾桥三茅阁桥大世界或八仙桥嵩山路成都路同孚路亚尔培路浦石路莱斐德路福履理路合拉斯脱路福履理路巨福路汶林路交通大学或徐家汇	9.6	9	38			
		二十三路	由斜桥经徐家汇路至徐家汇							
公共租界及越界筑路	英商中国公共汽车公司	一路	由兆丰花园经愚园路静安寺路南京路外滩北苏州路北四川路至公园靶子场	兆丰花园忆定盘路静安寺西摩路卡德路马霍路浙江路南京路外滩乍浦路蓬莱虹江路东洋学堂大园靶子场	11.0	9	57			5

续表

区别	经办者	路别	由	停站	里程	头等		三等		每班时间
						起程	终站	起程	终站	
公共租界及越界筑路	英商中国公共汽车公司	一路A	由凯旋路大西路转角经大西路静安寺路南京路外滩白渡桥北苏州路至四川路口公园	凯旋路大西路转角哥伦比亚路及大西路忆定盘路静安寺路同孚路马霍路浙江路南京路外滩车堂公园桥蓬莱路虬江路东洋学堂公园靶子场	12.2	9	60			10
		一路AS	由法华路及哥伦比亚路经大西路静安寺至静安寺	法华路及哥伦比亚路大西路 哥伦比亚路 忆定盘路 静安寺	3.1	9	18			12
		二路	由二洋泾桥经四川路海宁路狄思威路至公园靶子场	二洋泾桥北京路蓬莱路靶路路长春路公园靶子场	5.2	9	33			8
		三路	由静安寺经极司菲尔路白利南路至北新泾	静安寺康家桥里亿定盘子路兆丰花园玻璃厂孙家渡薛家沃北新泾	7.5	9	30			20
		四路	由交通大学经海格路及虹桥路至程家桥	交通大学同文书院虹桥铁路姚家庵薛家宅庵虹桥花园南龚家宅程家桥	7.0	9	28			22
		五路	由三茅阁经河南路及北河南路至车站	三茅阁抛球场天妃宫蓬莱路北车站	2.8	12	12			4
		六路	由公园靶子场经北四川路狄思威路欧嘉路周家嘴路通州路有恒路兆丰路东熙华德路茂海路杨树浦路平凉路至路格兰路	公园靶子场北四川路欧嘉路周家嘴路东熙华德路兆丰路口华德路及茂海路口麦克利克路汾州路兰临青路格兰路	8.3	9	34			9

续表

区别	经办者	路别	由	停　　站	里程	头等 起程	头等 终站	三等 起程	三等 终站	每班时间
公共租界及越界筑路	英商中国公共汽车公司	八路	由兆丰花园经愚园路静安寺路南京路至爱多亚路外滩	兆丰花园忆定盘路静安寺西摩路同孚路马霍路浙江路南京路外滩爱多亚路外滩	8.4	9	15			5
		九路	由静安寺经福煦路爱多亚路黄浦滩路百老汇路杨树浦路至电灯厂	静安寺同孚路成都路爱多亚路大世界三茅阁桥大手提篮南京路外滩庄源大源提篮桥韬朋路杨树浦厂信路电灯厂军工路	14.2	9	44			5
		十路	由曹家渡经康脑脱新闸路北京路外滩路熙华德路至引翔港	曹家渡金司徒庙小沙渡路麦特赫司脱路北成都路北泥城桥盆汤弄北京路外滩庄源大手公平路大连湾路威妥玛路眉州路引翔港临青路	13	9	38			5
		十二路	由交通大学经海格路爱义路北京路至北京路外滩市轮渡	交通大学陈家宅地丰路静安寺哈同路卡德路梅白克路偷鸡白兑路北京路市轮渡	9.1	10	44			9
		A″（专线）	由兆丰花园经愚园路静安寺路南京路黄浦滩路至外洋泾桥		7.9	法币 0.20				
		B″	由公共汽车公司经康脑脱路脱赫德路新闸路麦特赫司脱路静安寺路至外滩		7.5	法币 0.20				
		C″	由曹家渡经愚园路定盘路海格路福煦路至外洋泾桥		9.0	法币 0.20				

续表

区别	经办者	路别	路　　由	停　　站	里程	头等		三等		每班时间
						起程	终站	起程	终站	
公共租界及越界筑路	英商中国公共汽车公司	D'	由兆丰花园经愚园路忆定盘路大西路静安寺路南京路黄浦路滩滩路至外洋泾桥		8.3	法币0.20				
		E'	由曹家渡经极司菲尔路开纳路忆定盘路大西路福煦路爱多亚路至外洋泾桥		8.7	法币0.20				

备注：票价项内所填除英商公共汽车公司特别车（专线）系大洋外，余均以铜元为单位；里程数均以公里为单位

附录二 《上海市公用局管理汽车行暂行规则》①
(1946 年 2 月 7 日公布施行)

第一条,凡在本市区内以出租、出售或修理汽车为营业之商号,在本规则概称汽车行,由公用局依本规则管理之。

第二条,汽车行对于下列各项,应切实办理:(1)应向本局申请登记领取行基执照,应缴下列各费:甲、登记费国币一百元;乙、执照费国币二千元,倘无照开业者,本局得勒令停业及吊销其汽车执照,复业时应补行登记,其登记费及执照费加倍征收之。(2)汽车行除将房屋构造报经工务局核定外,应将布置详细情形,呈报本局查勘核定。(3)本局认为房屋布置不适当时,汽车行应遵照本局指示各点分别改正,呈候复查核定。(4)汽车行迁移地址,改造房屋或添设分站,应先呈请本局查勘核定。(5)出租汽车行应将价目表呈送本局核定,如有变更亦须先经核定方准实施。(6)出租汽车行应按季向财政局缴纳营业执照等费。(7)汽车行应将行基执照悬挂行内显明地位。

第三条,汽车行对于下列各行,应切实置备:(1)应置备太平门及太平龙头灭火器沙箱等各种消防设备;(2)应装置油汁分离器,以防油汁及易于挥发引火之液体流入阴沟;(3)除消防沙箱外,应另备散沙,随时吸取地上废油。

第四条,汽车行对于下列各项,应切实遵守:(1)于本局及财政局稽查员执行职务时,不得有拒绝之行为。(2)汽车行汽车须具备本局发给之汽车号牌执照,方许行驶。驾驶人及技工应备有本局发给之驾驶或技工执照,方准工作。(3)房屋及布置经本局查勘核定后,未经本局准许或指示时不得添置或更改。(4)汽车行存储装听汽油,同时不得超过一百加仑。其存储室式样,应呈请本局核定之。(5)易于挥发引火之液体,应设法不令流泄地上。(6)除办事室外,不得吸烟,但办事室不宜放置易于挥发引火之液体。(7)易于挥发引火之液体,不得储于无盖或开盖之箱桶。(8)过电器制化橡皮器锻炼炉以及其他同类器具,不得装于储有易于挥发引火之液体之屋内。(9)停放汽车前后左右至少须相距半公尺。(10)汽车在靠近人行道及马路中间,

---

① 《公用月刊》第 5 期(1946 年 2 月),转自上海市出租汽车公司:《上海街道和公路营业客运(个别的公共交通)史料汇集》(第三辑),1982 年 3 月油印本,第 50—52 页。

不得停留过久。(11)除出租出售或修理汽车及附属物件外,不得兼营其他营业。

第五条,出租汽车行应于取得行基执照后,向财政局缴纳下开数额之保证金,方准营业:资本在国币五十万元以下者,应纳保证金国币二万五千元;资本在二十万元或五十万元以上者,每增十万元递增保证金三千元,如超过资本额不足十万元者不计。

第六条,出租汽车扩充营业并增添车辆时,应呈报本局具领行基执照及缴纳执照费,并应将保证金数额如数照章补足。

第七条,汽车行停止营业时,应将行基执照向本局缴销。出租汽车行得领回原缴保证金,并呈报财政局备查,其让渡于他人时,除缴销行基执照外,让受人并应照第二条第一款规定办理。

第八条,汽车行不得受买或代售来历不正常之汽车及引擎号码锉去或模糊之汽车。

第九条,汽车行如违反本规则第二条至第七条之规定者,本局得暂时收回或吊销其行基执照,并没收其保证金之一部或全部,没收后该项保证金仍应如数补足之。如违反第八条之规定者,得将其汽车扣留,其情节重大者,本局并得将其负责人送法院究办。

第十条,在本区外之出租汽车行,欲在本区内行驶汽车者,应照本规则第五条之规定缴纳保证金,违犯本市各种规章时,得没收其保证金之一部或全部,没收后该项保证金仍应如额补足之。

第十一条,本规则自呈奉市政府核准公布之日施行。

附录三　年表(大事记)

1860 年

法国人雷诺发明汽车引擎。

1886 年

德国人卡尔·本茨 1885 年 10 月制造的世界上第一辆汽车,于 1886 年 1 月 29 日向德国专利局申请汽车发明的专利,该日被公认为是世界汽车的诞生日。

1899 年

上海英美租界扩张,并将洋泾浜北首英美租界改名为公共租界。

是年,第一辆公共汽车在英国问世。

1901 年

匈牙利人李恩时运入汽车 2 辆到上海,是为中国输入汽车之始。

是年,世界上第一辆有牌照的汽车在柏林出现。

1903 年

上海公共租界工部局开始发放自动车(汽车)执照,当时上海领照的汽车有 5 辆。

1905 年

10 月,公共租界工部局与比商布鲁斯培尔公司订约,兴办有轨电车。

1906 年

公共租界有轨电车动工铺轨。

1907 年

布鲁斯培尔公司电车专营权转让与英商上海电车公司。

是年,法商电车电灯公司成立,兼营自来水及公共运输,是为上海法租界有水电交通之始。

1908 年

3 月 5 日,公共租界第一条英商有轨电车路线(静安寺至广东路外滩)通车,是为上海行驶电车之始。

9 月,美商环球供应公司经营出租汽车,是为上海出现出租汽车之始。

1911 年

8 月 7 日,奥林道(oriental)汽车公司的雷诺牌出租汽车应市。

1912 年

华商创办的龚福记等汽车运输行,开始经营汽车货运。

上海出现兼营汽车修理的企业。同时,又有一批"背包铜匠",流动分散地经营汽车修理。

1913 年

上海拆城筑路,北半城竣工,定名民国路,长 2 591 米。

华商电车公司开幕,8 月第一条华商经营的电车路线(十六铺至沪杭车站)通车。

1914 年

11 月 15 日,公共租界内第一条无轨电车路线(郑家木桥至老闸桥)通车,全程 1.1 公里。

1916 年

华商宝锠机器厂开设,制造部分汽车零配件。

1918 年

北洋政府交通部公布《长途汽车公司条例》《长途汽车公司营业规则》《长途汽车公司发给执照规则》等规章,为中国政府颁布公路运输规章之始。

1919 年

12 月,华商周祥生开办祥生汽车公司。

是年,第一辆双层公共汽车成为伦敦居民的乘行的工具。

1921 年

7 月,中国共产党在上海成立。

10 月,中华全国道路建设协会在上海成立。

1922 年

2 月,华商董杏生开办静安寺—曹家渡—静安寺一线的公共汽车,为上海开行公共汽车的先声。

1923 年

1 月 5 日,公共租界工部局公布"道路系统图",提出公共汽车规划,招商承办。

1924 年

7月,沪北兴市公共汽车公司开始在闸北开行公共汽车。

10月9日,英商公共汽车公司的第一条路线(外滩至静安寺)开始通车。

1925 年

是年春,上南公司为扭转亏损,决定在上南路改营钢轮汽车。

1926 年

10月23日,法商第一条无轨电车路线开始通车。

1927 年

2月1日,法商公共汽车开始通行。

7月7日,上海特别市政府成立。随后特别市政府设公用局,由第四科主管车船监理工作,主办验车考照,为交通监理工作由地方政府专设机构办理的开始。

张登义从法国引进煤气发生炉装配在汽车上,为最早在中国出现的以木炭为燃料的煤气车。

1928 年

4月,华商公共汽车公司与公用局订立合约,取得兴办市内公共汽车的优先权。

6月19日,出租汽车业成立上海汽车出租同业联合会,参加的汽车行46家,其中外商6家。

1929 年

2月15日,交通公司正式成立。

1930 年

中国汽车工程学会在上海筹组。其宗旨为研究汽车与航空问题,提倡发展中国的这类事业。

1931 年

4 月 25 日,市轮渡管理处及兴业信托社经营的浦东高桥至海滨浴场一线公共汽车通车。

6 月,辽宁民生厂制成第一辆"民生牌"75 型载重汽车,为中国自造汽车始。

沙逊洋行兼并安利洋行经营的英商公共汽车公司。

1932 年

1 月 28 日,日本帝国主义武装侵犯上海。

2 月 27 日,汽车司机胡阿毛被日军押驾军火卡车,基于民族义愤,连车带人冲入江中,为国捐躯。

12 月,全国经济委员会成立公路处,内设工务、交通、计划三科,为中国政府正式设置公路运输管理机构之始。同月,苏、浙、皖、京、沪五省市交通委员会成立,此后陆续制定、公布五省市互通汽车办法及运输管理规章制度28 项。

1933 年

9 月 1 日,出租汽车业同业公会商定统一收费规定,10 月起实施。

1934 年

1 月,公用局公共汽车管理处成立。4 月,开辟老西门至龙华的公共汽车。

上海交通大学机械学院开设"汽车门"学科,为中国培养高级汽车工程专业人员。

1935 年

10 月 1 日,锡沪公司与京沪区铁路管理局开办沪苏常汽车火车联运业务。

1936 年

市公用局进行汽车征车编制工作,入编客货汽车 1 348 辆。

陕甘宁边区摩托车学校在延安成立。

1937 年

7 月,全国经济委员会主办汽车登记,并订定《各省市汽车编制办法》和《各省市汽车总队部组织简则》,要求各省市迅速成立汽车总队部。

8 月 13 日,日本帝国主义进攻上海。

上海华界的公共汽车公司相继停业。

10 月,八路军西安采办委员会汽车队(即七贤庄汽车队)建立,为根据地第一个汽车队。

12 月 5 日,伪上海大道市政府在浦东成立。

1938 年

2 月,伪市交通局成立,下设车务管理处及分处。

3 月,伪上海大道市政府改名为"督办上海市政公署"。

11 月 5 日,日本"华中振兴公司"的子公司"华中都市公共汽车股份有限公司"在沪成立,享有在华中各重要城市经营公共汽车事业的特权。

1939 年

3 月,出租汽车司机戎定善等三人先后被日军杀害,在中共上海地下党组织领导下,爆发了出租汽车工人的抗日大游行。

5 月,日伪在上海成立华中铁道股份有限公司,兼营长途汽车。华中广大地区的公路运输完全置于日军控制之下。

9 月,国民政府行政院通令实施《汽车管理规则》《汽车驾驶人管理规则》及《汽车技工管理规则》。

1940 年

3 月,汪精卫在南京成立伪中央政府。

7 月,汽车牌照管理所扩组为汽车牌照管理处,隶属军事委员会运输统制局。

10 月,伪上海特别市市长傅筱庵被杀死。法国新任驻沪总领事马杰礼把法租界纳入法国维希政府管辖中。

交通部制定《统一调度公商车辆办法》。

1941 年

陕甘宁边区政府交通运输局成立。

12月8日,太平洋战争爆发,日军进占苏州河以南公共租界。

年底,英商上海电车公司被日军宣布为"军管理",更名为"大日本军管理上海电车公司"。

1942 年

1月10日,英商公共汽车公司宣告停业。

3月,日本军方委托"华都"公司管理英商公共汽车公司和上海电车公司。

上海汽油输入中断,大批汽车停驶,部分汽车改用木炭等代用燃料。

1943 年

1月,西方国家宣布放弃依据19世纪对华条约所享有的在华特权。

上海特别市汽车运货业同业公会成立,148户华商运输行入会。

7月,汪精卫伪政府收回法租界。

8月,日本当局将上海公共租界移交汪精卫伪政府。

1944 年

7月,日本军方将"大日本军管理上海电车公司"移由伪上海特别市政府管辖,并与"华都"公司合并,改组为"上海都市交通股份有限公司",专营上海一地的公共电、汽车。

1945 年

抗战胜利前夕,全市仅剩电车路线16条,路线总长68.1公里,仅及战前一半。公共汽车只剩虹口公园至五角场1条路线勉强维持通车。

9月10—12日,10日国民党军开进上海;12日,市工务局、公用局接收主管市政交通的伪上海市建设局。

9月,市公用局接收"上海都市交通股份有限公司"以及日商汽车行44处。

10月,市公用局将接收的原英商电车公司资财发还该公司继续经营。

10月、11月,市公用局分别筹组公共汽车公司筹备委员会和电车公司筹备处。

12月,公共汽车公司开辟第一条路线。

1946 年

1 月,交通部公路总局直辖第一运输处在上海成立。

5 月,公用局招商承办郊区公共汽车。

11 月,市公共交通公司筹委会成立。

11 月,上海市出租汽车同业公会改组为上海市出租汽车商业同业公会。

1947 年

漕河泾、七宝社会人士组织漕宝路交通管理委员会,向祥生汽车公司租车开行徐家汇至七宝的班车。

8 月,上海实行凭证购买汽油。

公交公司的公共汽车路线增至 12 条,总长 86.2 公里,车辆 209 辆,全年载客 8 172 万人次。

1948 年

8 月,国民政府金圆券改革,严厉打击投机活动。

9 月,上海等七个城市“减车节油”。

12 月 1 日,上海市郊区长途汽车客运商业同业公会正式成立。

1949 年

2 月 17 日,钟泉周等公交三烈士惨遭杀害。

5 月,京沪杭警备总司令部于 7 日和 19 日两次大规模紧急征用运货汽车和吉普车。

5 月,上海交通运输工人在中共地下党组织领导下,进行护厂护车斗争。

5 月 27 日,中国人民解放军解放上海全境。

参 考 文 献

一、未刊档案

（一）上海市公用局档案

《上海市公用局关于宝山长途汽车公司补请立案执照》，1927年10月，档号 Q5-2-231。

《上海市公用局拟订1927年度施政大纲》，1927年8月—11月，档号 Q5-3-908。

《上海市公用局与华商公共汽车公司订立合约》，1928年4月，档号 Q5-2-589。

《上海市公用局规定商办公用事业监理规则及其处分细则案》，1928年5月16日—1936年4月21日，档号 Q5-3-685。

《上海市公用局关于华商公共汽车行驶徐家汇及虹桥飞机场》，1928年7月—10月，档号 Q5-2-646。

《上海市公用局关于英商公共汽车行驶海格路及虹桥路》，1928年10月—1929年4月，档号 Q5-2-653。

《上海市公用局关于沪闵南柘长途汽车公司缴纳保证金》，1928年12月—1929年8月，档号 Q5-2-263。

《上海市公用局关于北新泾华商公共汽车售英商》，1929年1月—4月，档号 Q5-2-648。

《上海市公用局请在中央法规中规定地方政府监理公用事业事项案》，1929年2月6日—15日，档号 Q5-3-1806。

《上海市公用局关于市党部请交涉取消外商电车驶入华界》，1929年3月—9月，档号 Q5-2-912。

《上海市公用局关于英商公共汽车行驶海格路及虹桥路》，1929年4

月—5 月,档号 Q5-2-654。

《上海市公用局核议建设讨论委员会建设闸北行驶电车》,1929 年 10 月—1930 年 1 月,档号 Q5-2-835。

《上海公用局与财政局拟定市府与公用事业公司订立合约的重要条件案》,1929 年 11 月 22 日—1930 年 3 月 22 日,档号 Q5-3-1815。

《上海市公用局关于民营公用事业监督条例案》,1930 年 1 月 4 日—1933 年 11 月 20 日,档号 Q5-3-688。

《上海市公用局为整理十六铺东门路交通饬还电车公共汽车停站》,1930 年 4 月,档号 Q5-2-889。

《上海市公用局取缔公共汽车电车服务人员传染病》,1930 年 5 月—7 月,档号 Q5-2-491。

《上海市公用局关于沪南公共汽车公司为油价暴涨请增车资》,1930 年 6 月—8 月,档号 Q5-2-569。

《上海市第四区党部请办闸北电车》,1930 年 7 月—8 月,档号 Q5-2-836。

《法商电车电灯公司罢工事项案》,1930 年 7 月 3 日—1934 年 3 月 20 日,档号 Q5-3-1849。

《上海市公用局令饬华商电气公司各价收回方浜桥与斜桥间电车设备》,1930 年 9 月—10 月,档号 Q5-2-883。

《上海市公用局开辟和平路整理电车轨道》,1931 年 2 月—12 月,档号 Q5-2-842。

《上海市公用局关于新西区通行电车》,1931 年 3 月—1932 年 5 月,档号 Q5-2-834。

《上海市公用局关于华商电车加价及改筑轨道底角工程》,1931 年 6 月—1933 年 3 月,上海市公用局档案,档号 Q5-2-860。

《上海市公用局请免市办公共汽车车捐》,1931 年 5 月—1935 年 7 月,档号 Q5-2-512。

《上海市公用局请免市办公共汽车车捐》,1935 年 8 月—1936 年 9 月,档号 Q5-2-513。

《上海市公用局关于沪南公共汽车请规定标准车资》,1931 年 7 月—9 月,档号 Q5-2-564。

《上海市公用局关于法商电车电灯公司修理方斜路电车轨道意见》,1931 年 8 月—9 月,档号 Q5-2-905。

《上海市公用局关于华商电车与公共汽车发售月票》,1931 年 9 月—1935 年 1 月,档号 Q5-2-876。

《上海市公用局关于 1932 年份华商公共汽车公司呈报开会并职员变迁》,1932 年 6 月—7 月,档号 Q5-2-603。

《上海市公用局关于华商公共汽车公司增加股本》,1932 年 6 月—1933 年 4 月,档号 Q5-2-596。

《上海市公用局关于沪南公共汽车停业清理》,1932 年 8 月—9 月,档号 Q5-2-583。

《上海市公用局关于沪南公共汽车停业清理》,1932 年 9 月—12 月,档号 Q5-2-584。

《上海市公用局兴办沪南公共汽车》,1933 年 8 月—10 月,档号 Q5-2-530。

《上海市公用局兴办沪南公共汽车》,1933 年 10 月—1934 年 1 月,档号 Q5-2-531。

《上海市公用局规办市中心区公共汽车》,1933 年 8 月—10 月,档号 Q5-2-365。

《上海市公用局规办市中心区公共汽车》,1933 年 10 月,档号 Q5-2-366。

《上海市公用局关于华商公共汽车公司变更第一路分站车资》,1933 年 6 月—1934 年 6 月,档号 Q5-2-668。

《上海市公用局兴办浦东公共汽车》,1933 年 12 月—1934 年 8 月,档号 Q5-2-371。

《上海市公用局订定公共汽车管理处优待军警乘车规则及职工规则、乘客规则》,1934 年 3 月—5 月,档号 Q5-2-419。

《上海市公用局呈请市政府准由市库垫拨公共汽车管理处开办费》,1934 年 7 月—10 月,档号 Q5-2-463。

《上海市公用局与租界市政机关讨论全市交通联络问题》,1934 年 9 月—11 月,档号 Q5-2-1151。

《上海市公用局公共汽车管理处标购车胎》,1935 年 3 月—4 月,档号 Q5-2-504。

《中央令饬保护民营公用事业案》,1935 年 5 月 3 日—1939 年 8 月 30 日,档号 Q5-3-1812。

《上海市公用局关于整顿东门路交通迁移法商电车掉头地位等事项》,

1935 年 9 月—1936 年 2 月,档号 Q5-2-890。

《上海市公用局关于优待儿童乘坐汽车及电车办法》,1935 年 10 月—1936 年 1 月,档号 Q5-2-870。

《上海市公用局局长私人函件》(英文),1936 年 5 月,档号 Q5-3-902。

《上海市公用局关于公共汽车扩展新线》,1936 年 5 月—9 月,档号 Q5-2-382。

(二)上海公共租界工部局档案

《上海公共租界工部局总办处工部局布告》,1864—1869 年,档号 U1-6-221。

《上海公共租界工部局治安章程》(中文),1903 年,档号 U1-1-1256。

《上海公共租界工部局捕房总巡关于禁赌、交通、犯人逃跑及上海县审讯会审公堂人犯程序等文书》,1909 年 3 月—6 月,档号 U1-2-642。

《上海公共租界工部局捕房总巡关于修订印捕合同条文及交通事故牲畜伤亡等文书》,1910 年 5 月—7 月,档号 U1-2-650。

《上海公共租界工部局总办关于交通规则问题、〈LANNING 上海史〉第一卷的印行问题与总巡、LANNING 等人的来往书信》,1918 年 2 月—4 月,档号 U1-2-539。

《上海公共租界工部局总办处关于交通警告信号事》,1921—1930 年,档号 U1-3-1762。

《上海公共租界工部局总办处关于交通运输委员会第 1 至 14 次会议记录(卷 1)》,1924—1925 年,档号 U1-5-27。

《上海公共租界工部局总办处关于交通运输委员会第 26 至 42 次会议记录(卷 3)》,1924—1925 年,档号 U1-5-29。

《上海公共租界工部局总办处关于交通委员会的报告(卷 1)》,1924—1926 年,档号 U1-3-2589。

《上海公共租界工部局总办处关于较小的交通事故和交通法庭事》,1926—1927 年,档号 U1-3-3028。

《上海公共租界工部局总办处关于中国汽车总会索取红绿灯使用办法事》,1927 年,档号 U1-3-3349。

《上海公共租界工部局总办处关于修正交通规则事》,1929—1931 年,档号 U1-3-3685。

华文处译述:《上海公共租界工部局年报》(中文),1931 年,档号 U1-

1-957。

华文处译述:《上海公共租界工部局年报》(中文),1932 年,档号 U1-1-958。

华文处译述:《上海公共租界工部局年报》(中文),1933 年,档号 U1-1-959。

华文处译述:《上海公共租界工部局年报》(中文),1934 年,档号 U1-1-960。

华文处译述:《上海公共租界工部局年报》(中文),1935 年,档号 U1-1-961。

华文处译述:《上海公共租界工部局年报》(中文),1941 年,档号 U1-1-967。

《上海公共租界工部局总办处关于修订和增订交通规则事》,1933—1937 年,档号 U1-4-2467。

《上海公共租界工部局总办处关于提议改进交通管理事与上海汽车公会等来往函》,1933—1939 年,档号 U1-4-2445。

《上海公共租界工部局总办处关于提议改进交通管理事与上海汽车公会等来往函》,上海公共租界工部局档案,1940—1941 年,档号 U1-4-2447。

《工部局总办处反对汽车喇叭闹声运动》,1941 年 5 月,档号 U1-4-2457。

(三)台湾地区档案

《上海电车等工会上中央党部代电》,1927 年 7 月 24 日,五部档案,台湾"中国国民党文化传播委员会党史馆"藏,档号:部 7506。

《蒋总司令致中央工人部函》,1927 年 8 月 5 日,五部档案,台湾"中国国民党文化传播委员会党史馆"藏,档号:部 7510。

(四)其他部门档案

《英商中国汽车公司关于公共交通与前工部局所订的合约内容要点》,1946 年 2 月,上海市公共交通公司筹备委员会档案,档号 Q417-1-297-40。

《英商公共汽车华商公共汽车合约与废约》,1947 年 4 月 18 日,上海市公共交通公司筹备委员会档案,档号 Q417-1-297。

《上海电车公司综合条例》,1947 年,上海市公用局电车公司筹备处档案,档号 Q423-1-35-1。

《上海各种公用事业概况（上海调查资料公用事业篇之二）：上海法商电车电灯公司》，1949 年 3 月，江南问题研究会档案，档号 Y12-1-78-36。

二、专著和汇编

南京特别市工务局：《南京特别市工务局年刊（十六年度）》，南京印书馆1928 年版。

董修甲：《市政问题讨论大纲》，青年协会书局 1929 年版。

徐国桢：《上海生活》，世界书局 1930 年版。

董修甲：《京沪杭汉四大都市之市政》，大东书局 1931 年版。

罗志如：《统计表中之上海》，国立中央研究院社会科学研究集刊1932 年版。

公共租界工部局：《上海公共租界公用事业手册》，1933 年编印。

上海市地方协会：《民国二十二年编上海市统计》，1933 年 8 月编印。

上海市政府社会局：《上海市工人生活程度》，中华书局 1934 年版。

上海市地方协会：《上海市统计补充材料》，1935 年 4 月编印。

交通部铁道部交通史编纂委员会：《交通史·路政编》，交通部总务司1935 年 10 月编印。

苏浙皖京沪五省市交通委员会：《苏浙皖京沪五省市交通委员会三年来工作概述》，1936 年 1 月编印。

柳培潜：《大上海指南》，中华书局 1936 年版。

金家凤：《中国交通之发展及其趋向》，正中书局 1937 年版。

中央党部国民经济计划委员会：《十年来之中国经济建设》，南京扶轮日报社 1937 年版。

上海市公用局：《十年来上海市公用事业之演进》，1937 年 7 月编印。

陈端志：《抗战与社会问题》，商务印书馆 1937 年版。

徐佩璜：《抗战与公用事业》，商务印书馆 1938 年版。

马超俊：《中国劳工运动史》，商务印书馆 1942 年版。

何乃民：《汽车与公路》，商务印书馆 1944 年版。

（伪）申报年鉴社：《民国三十三年度申报年鉴》，申报社发行科 1944 年编印。

朱斯煌：《民国经济史》，银行学会 1947 年编印。

赵曾珏：《上海之公用事业》，商务印书馆1949年版。

《马克思恩格斯选集》第二卷，人民出版社1957年版。

中国现代史资料编辑委员会：《美国与中国的关系》，1957年9月翻印。

周一士：《中国公路史》，文海出版社1957年版。

复旦大学历史系日本史组：《日本帝国主义对外侵略史料选编（1931—1945)》，上海人民出版社1975年版。

中共中央党校党史教研室选编：《中共党史参考资料》（一），人民出版社1979年版。

徐公肃、丘瑾璋：《上海公共租界制度》，上海人民出版社1980年版。

蒯世勋：《上海公共租界史稿》，上海人民出版社1980年版。

邹依仁：《旧上海人口变迁的研究》，上海人民出版社1980年版。

上海社会科学院经济研究所：《上海资本主义工商业的社会主义改造》，上海人民出版社1980年版。

中国社会科学院近代史研究所、中山大学历史系、广东省社会科学院合编：《孙中山全集》第二卷，中华书局1981年版。

上海市出租汽车公司：《上海街道和公路营业客运（个别的公共交通）史料汇集》第一辑、第二辑、第三辑、第四辑、第五辑，1982年3月油印本。

朱邦兴、胡林阁、徐声合编：《上海产业与上海职工》，上海人民出版社1984年版。

张仲礼、陈曾年：《沙逊集团在旧中国》，人民出版社1985年版。

张宪文主编：《中华民国史纲》，河南人民出版社1985年版。

徐雪筠：《上海近代社会经济发展概况（1882—1931）——海关十年报告译编》，上海社会科学院出版社1985年版。

刘明逵：《中国工人阶级历史状况》第一卷第一册，中共中央党校出版社1985年版。

上海市档案馆：《日伪上海市政府》，档案出版社1986年版。

上海社会科学院历史研究所：《"九·一八"——"一·二八"上海军民抗日运动史料》，上海社会科学院出版社1986年版。

社会学教程编写组：《社会学教程》，北京大学出版社1987年版。

刘统畏：《交通通讯与国民经济》，重庆出版社1988年版。

上海市交通运输局公路交通史编写委员会：《上海公路运输史》第一册，上海社会科学院出版社1988年版。

江苏省交通史志编纂委员会：《江苏公路交通史》第一册，人民交通出版社 1989 年版。

上海地方志办公室：《上海史研究论丛》第二辑，上海社会科学院出版社
1989 年版。

胡祥翰：《上海小志》，上海古籍出版社 1989 年版。

葛元煦：《沪游杂记》，上海古籍出版社 1989 年版。

黄式权：《淞南梦影录》，上海古籍出版社 1989 年版。

张仲礼主编：《近代上海城市研究》，上海人民出版社 1990 年版。

中国公路交通史编审委员会：《中国公路运输史》第一册，人民交通出版
社 1990 年版。

罗荣渠主编：《从西化到现代化——五四以来有关中国文化取向和发展
道路论争文选》，北京大学出版社 1990 年版。

中共中央党史研究室：《中国共产党历史》上卷，人民出版社 1991 年版。

沈以行主编：《上海工人运动史》，辽宁人民出版社 1991 年版。

汤伟康、杜黎：《租界 100 年》，上海画报出版社 1991 年版。

中共上海市委党史研究室、上海市总工会：《上海公共汽车工人运动
史》，中共党史出版社 1991 年版。

中共上海市委党史研究室、上海市总工会：《上海法电工人运动史》，中
共党史出版社 1991 年版。

上海市杨浦区五角场镇人民政府：《五角场镇志》，科学技术文献出版社
1991 年版。

《当代中国》丛书编辑委员会：《当代中国的公路交通》，当代中国出版社
1991 年版。

上海市公用事业管理局：《上海公用事业(1840—1986)》，上海人民出版
社 1991 年版。

海上说梦人：《新歇浦潮》，上海古籍出版社 1991 年版。

周源和：《上海交通话当年》，华东师范大学出版社 1992 年版。

上海市总工会：《解放战争时期上海工人运动史》，上海远东出版社
1992 年版。

姜涛：《中国近代人口史》，浙江人民出版社 1993 年版。

陈传明、邹宜民主编：《管理学原理》，南京大学出版社 1994 年版。

曹南燕、刘立群：《汽车文化——中国面临的挑战》，山东教育出版社
1996 年版。

顾炳权：《上海洋场竹枝词》，上海书店出版社 1996 年版。

曹聚仁:《上海春秋》,上海人民出版社 1996 年版。

丁日初主编:《上海近代经济史》第二卷,上海人民出版社 1997 年版。

上海市档案馆:《日本帝国主义侵略上海罪行史料汇编》下编,上海人民出版社 1997 年版。

中国第二历史档案馆:《中华民国史档案资料汇编》第五辑第二编政治(二),江苏古籍出版社 1998 年版。

张仲礼、熊月之、沈祖炜主编:《中国近代城市发展与社会经济》,上海社会科学院出版社 1999 年版。

芮明杰主编:《管理学:现代的观点》,上海人民出版社 1999 年版。

周稽裘:《创业基础与实务》,苏州大学出版社 2000 年版。

蔡君时主编:《上海公用事业志》,上海社会科学院出版社 2000 年版。

蔡君时:《世界公共交通》,同济大学出版社 2001 年版。

黎德扬:《社会交通与社会发展》,人民交通出版社 2001 年版。

上海市档案馆:《上海租界志》,上海社会科学院出版社 2001 年版。

上海市档案馆:《工部局董事会会议记录》第 1 册、第 2 册、第 3 册、第 5 册、第 7 册、第 8 册、第 10 册、第 18 册、第 20 册,上海古籍出版社 2001 年版。

李隆基、王玉祥:《中国新民主革命通史》第八卷,上海人民出版社 2001 年版。

张钟汝、章友德等:《城市社会学》,上海大学出版社 2001 年版。

向德平:《城市社会学》,武汉大学出版社 2002 年版。

许英:《城市社会学》,齐鲁书社 2002 年版。

陈立旭:《都市文化与都市精神——中外城市文化比较》,东南大学出版社 2002 年版。

许涤新、吴承明主编:《中国资本主义发展史》第三卷,人民出版社 2003 年版。

潘允康主编:《城市社会学新论:城市人与区位的结合与互动》,天津社会科学院出版社 2003 年版。

郑超麟:《郑超麟回忆录》(上),东方出版社 2004 年版。

何一民:《近代中国城市发展与社会变迁(1840—1949)》,科学出版社 2004 年版。

黄美真主编:《日伪对华中沦陷区经济的掠夺与统制》,社会科学文献出版社 2005 年版。

张忠民主编:《近代上海城市发展与城市综合竞争力》,上海社会科学院出版社 2005 年版。

王瑞芳:《近代中国的新式交通》,人民文学出版社 2006 年版。

梁峰:《国外的交通》,中国社会出版社 2006 年版。

尹伯成主编:《西方经济学简明教程》,上海人民出版社 2008 年版。

贾琳主编:《现代企业管理概论》,西南财经大学出版社 2008 年版。

《中国大百科全书》总编委会:《中国大百科全书》第 3 卷、第 7 卷,中国大百科全书出版社 2009 年版。

忻平:《从上海发现历史:现代化进程中的上海人及其社会生活(1927—1937)》,上海大学出版社 2009 年版。

徐光远、陈松群主编:《城市经济学》,中国经济出版社 2009 年版。

张文尝、马清裕等:《城市交通与城市发展》,商务印书馆 2010 年版。

张恒:《经济学》,云南人民出版社 2010 年版。

刘秋华主编:《管理学》,高等教育出版社 2010 年版。

马长林、黎霞、石磊等:《上海公共租界城市管理研究》,中西书局2011 年版。

傅林祥:《交流与交通》,江苏人民出版社 2011 年版。

熊月之:《千江集》,上海人民出版社 2011 年版。

黎德扬、高鸣放、成元君等:《交通社会学》,中国社会科学出版社2012 年版。

罗月领:《城市治理创新研究》,清华大学出版社 2014 年版。

王亚南:《中国经济原论》,商务印书馆 2014 年版(原版为生活书店1948 年版)。

吴景平等:《抗战时期的上海经济》,上海人民出版社 2015 年版。

徐涛:《自行车与近代中国》,上海人民出版社 2015 年版。

刘大钧:《上海工业化研究》,商务印书馆 2015 年版。

上海市委党史研究室:《上海市抗日战争时期人口伤亡和财产损失》,中共党史出版社 2016 年版。

习近平:《习近平谈治国理政》第二卷,外文出版社 2017 年版。

习近平:《习近平谈治国理政》第三卷,外文出版社 2020 年版。

曹海军:《国外城市治理理论研究》,天津人民出版社 2017 年版。

彭英:《电信运营管理》(第二版),人民邮电出版社 2017 年版。

陈国灿:《江南城镇通史·民国卷》,上海人民出版社 2017 年版。

熊月之:《西风东渐与近代社会》,上海教育出版社 2019 年版。

李沛霖:《电车交通与城市社会:1905—1937 年的上海》,社会科学文献出版社 2019 年版。

李沛霖:《近代江苏交通运输发展与变迁——以江南汽车公司为中心》,江苏人民出版社 2020 年版。

李沛霖:《抗战前南京公共交通与城市嬗变》,人民出版社 2021 年版。

三、报纸和期刊

《申报》1919 年 2 月 15 日—1939 年 6 月 17 日。

甘作霖:《上海三电车公司之组织》,《东方杂志》第十二卷第一号,1915 年 1 月 1 日。

愈之:《交通发达与文明之关系》,《东方杂志》第十五卷第一号,1918 年 1 月 15 日。

李大钊:《新的! 旧的!》,《新青年》第四卷第五号,1918 年 5 月 15 日。

陈独秀:《新文化运动是什么?》,《新青年》第七卷第五号,1920 年 4 月 1 日。

汉俊:《劳动界发刊词:为什么要印这个报?》,《劳动界》第一册,1920 年 8 月 15 日。

沙公超:《中国各埠电车交通概况》,《东方杂志》第二十三卷第十四号,1926 年 7 月 25 日。

陈震异:《大上海建设策》,《东方杂志》第二十三卷第十八号,1926 年 9 月 25 日。

《上海特别市暂行条例》,《东方杂志》第二十四卷第八号,1927 年 4 月 25 日。

遂初:《汽车肇祸问题的分析》,《东方杂志》第二十五卷第六号,1928 年 3 月 25 日。

傅斯年:《历史语言研究所工作之旨趣》,《国立中央研究院历史语言研究所集刊》第一本第一分册,1928 年编印。

韦以黻:《发刊词》,《交通杂志》第一卷第一期,交通杂志社 1932 年版。

胡适:《编辑后记》,《独立评论》第 142 号,1935 年 3 月。

赓:《淞沪支线与公共汽车》,《京沪沪杭甬铁路日刊》第 1685 号合订本,

1936 年 9 月 9 日。

吴琢之:《都市合理化的交通工具》,《交通月刊》第一卷第一期,京华印书馆 1937 年版。

《水陆空交通与都市交通之联系发展》,《公用月刊》1947 年第 15 期。

秦仁山:《论研究城市产生与发展的方法》,《城市经济研究》1986 年第6 期。

潘君祥:《略论旧上海租界经济》,《档案与史学》1987 年第 4 期。

隗瀛涛:《近代中国区域城市研究的初步构想》,《天津社会科学》1992 年第 1 期。

曹霖华选编:《华中振兴株式会社概况》,《档案与史学》1998 年第 5 期。

陈文彬:《近代化进程中的上海城市公共交通研究(1908—1937)》,复旦大学博士学位论文 2004 年。

闵杰:《20 世纪 80 年代以来的中国近代社会史研究》,《近代史研究》2004 年第 2 期。

熊月之:《乡村里的都市与都市里的乡村——论近代上海民众文化特点》,《史林》2006 年第 2 期。

虞同文:《上海近代公共交通的由来》,《交通与运输》2012 年第 4 期。

卞历南:《西方学界最近 40 年对中国企业史研究的述评》,《经济社会史评论》2018 年第 4 期。

李沛霖:《近代上海公共租界城市交通治理探析》,《历史教学》2020 年第 2 期。

四、译　著

[英]亚当·斯密:《国民财富的性质和原因的研究》上卷,郭大力、王亚南译,商务印书馆 1972 年版。

[美]康芒斯:《制度经济学》,于树生译,商务印书馆 1981 年版。

[美]詹姆斯·H.唐纳利等:《管理学基础:职能·行为·模型》,李柱流等译,中国人民大学出版社 1982 年版。

[美]弗雷德里克·泰罗:《科学管理原理》,冯风才译,中国社会科学出版社 1984 年版。

[英]K.J.巴顿:《城市经济学——理论和政策》,上海社会科学院部门经

济研究所译,商务印书馆 1984 年版。

[美]罗兹·墨菲:《上海——现代中国的钥匙》,上海社会科学院历史研究所译,上海人民出版社 1986 年版。

[美]R.E.帕克、E.N.伯吉斯、R.D.麦肯齐:《城市社会学》,宋俊岭等译,华夏出版社 1987 年版。

[美]吉尔伯特·罗兹曼主编:《中国的现代化》,江苏人民出版社 1988 年版。

[以]S.N.艾森斯塔德:《现代化:抗拒与变迁》,张旅平等译,中国人民大学出版社 1988 年版。

[美]刘易斯·芒福德:《城市发展史——起源、演变和前景》,倪文彦等译,中国建筑工业出版社 1989 年版。

[美]罗伯特·莱西:《福特汽车家族》,刘先涛等译,中国经济出版社 1991 年版。

[美]哈罗德·孔茨等:《管理学》(第九版),经济科学出版社 1993 年版。

[德]F.X.贝阿等:《企业管理学》第一卷,王演红译,复旦大学出版社 1996 年版。

[美]戴维·波普诺:《社会学》(第十版),李强等译,中国人民大学出版社 1999 年版。

[美]杰斯汀·G.隆内克、卡罗斯·W.莫尔、J.威廉·彼迪:《小企业管理》(第十版),本书翻译组译,东北财经大学出版社 2000 年版。

[美]裴宜理:《上海罢工:中国工人政治研究》,刘平译,江苏人民出版社 2001 年版。

[英]史蒂芬·霍金:《时间简史——从大爆炸到黑洞》,许明贤等译,湖南科学技术出版社 2002 年版。

[美]魏斐德:《上海警察,1927—1937》,章虹等译,上海古籍出版社 2004 年版。

[法]伊夫·格拉夫梅耶尔:《城市社会学》,徐伟民译,天津人民出版社 2005 年版。

[加]简·雅各布斯:《美国大城市的死与生》,金衡山译,译林出版社 2006 年版。

[德]奥斯瓦尔德·斯宾格勒:《西方的没落》第二卷,吴琼译,上海三联书店 2006 年版。

[美]保罗·萨缪尔森、威廉·诺德豪斯:《经济学》(第 17 版),萧琛主

译,人民邮电出版社 2009 年版。

〔美〕乔尔·科特金:《全球城市史》,王旭等译,社会科学文献出版社 2010 年版。

〔英〕戴维·英格利斯:《文化与日常生活》,张秋月等译,中央编译出版社 2010 年版。

〔英〕肯尼斯·巴顿:《运输经济学》,李晶等译,机械工业出版社 2012 年版。

〔美〕贝赞可、德雷诺夫、尚利、谢弗:《战略经济学》(第 4 版),徐志浩等译,中国人民大学出版社 2012 年版。

〔美〕F.L.奥姆斯特德:《美国城市的文明化》,王思思等译,译林出版社 2013 年版。

〔美〕保罗·肯尼迪:《大国的兴衰》(上)(下),中信出版社 2013 年版。

〔法〕白吉尔:《上海史:走向现代之路》,王菊等译,上海社会科学院出版社 2014 年版。

〔澳〕德波拉·史蒂文森:《城市与城市文化》,李东航译,北京大学出版社 2015 年版。

〔塞尔〕布兰科·米兰诺维奇:《全球不平等》,熊金武等译,中信出版社 2019 年版。

〔英〕兰宁、库寿龄:《上海史》第一卷,朱华译,上海书店出版社 2020 年版。

〔英〕库寿龄:《上海史》第二卷,朱华译,上海书店出版社 2020 年版。

后　记

　　本书是我自 2015 年开始在上海市档案馆、上海市图书馆、复旦大学历史学系资料室等处搜集和整理资料、研读和分析文献以及持续修订和完善而成的。当校对完书稿清样之时,终于感受到如释重负的轻松和愉悦,也终于可以向一直以来关心与帮助此书的方方面面表达由衷感谢。

　　首先,向这本书的资助单位和项目表达感谢。国家社会科学基金后期资助项目(批准号:20FZSB084)、南京医科大学学术著作出版资助项目(批准号:NMUZ20231001)对本书的撰著至完成,进行了全程资助,让这部著作得以问世并被学界知悉。在此,对全国哲学社会科学工作办公室、南京医科大学的立项资助,表示衷心感谢!

　　其次,在本书的写作、修正及完善过程中,一些知名的专家学者都曾给予宝贵的建议,并提供无私的帮助。复旦大学吴景平教授较早就对我的书稿选题予以充分的肯定与鼓励,同时作为我的博士后导师对该书的修改提出诸多可贵意见。上海社会科学院熊月之教授对于如何把握上海城市的发展历史,尤其是关于交通器物与上海城市变迁的互动关系的许多精辟见解,给予我极大启迪,让本书得以接续完善,并且在百忙之中抽出宝贵时间为本书欣然作序。上海师范大学苏智良教授关于近代城市史与上海社会史的独到见地,使我在把握书稿全局方面获益良多。南京师范大学张连红教授对关于如何研究城市经济史和社会史,给了我许多具体的指导,并在经济学、管理学、社会学的学理和知识方面,给予本书很大的帮助。在此,向各位师长谨致最诚挚的谢意!

　　再次,感谢上海人民出版社及编辑史尚华老师。他们在本书的编辑过程中,付出了艰辛劳动;在校对过程中,花费了大量精力;在出版过程中,给予了诸多帮助,使这部书得以精当、完整的面貌展现于世。在此,向上海人民出版社、史尚华老师致以谢忱!

　　最后,向我的家人表示感谢。虽已过不惑之年,而古稀之年的母亲仍陪伴在旁,让家庭与生活无忧,使我能够接续努力,能够全心全力做好日常的教学和科研工作。我唯愿将此书奉献给仙逝的父亲李敬尧先生、母亲郭晓明女士、儿子李予之! 略以回报他们对我的深切期望与酽酽恩情! 同时,也希望这本书的出版,能够为中国交通史、上海城市史的研究添枝加叶;能够为中国式交通现代化的深入探索衍生历史借镜和有益启示。

是为记。

李沛霖

2023 年 12 月 1 日于南京医科大学明达楼

图书在版编目(CIP)数据

汽车与上海城市客运研究:1901—1949/李沛霖著
.—上海:上海人民出版社,2024
ISBN 978 - 7 - 208 - 18756 - 6

Ⅰ.①汽… Ⅱ.①李… Ⅲ.①城市交通运输-交通运
输史-研究-上海-1901-1949 Ⅳ.①F572.89

中国国家版本馆 CIP 数据核字(2024)第 038258 号

责任编辑 史尚华
封面设计 夏　芳

汽车与上海城市客运研究(1901—1949)
李沛霖　著

出　　版	上海人民出版社
	(201101　上海市闵行区号景路 159 弄 C 座)
发　　行	上海人民出版社发行中心
印　　刷	上海商务联西印刷有限公司
开　　本	720×1000　1/16
印　　张	38.25
插　　页	4
字　　数	639,000
版　　次	2024 年 5 月第 1 版
印　　次	2024 年 5 月第 1 次印刷
ISBN	978 - 7 - 208 - 18756 - 6/K · 3356
定　　价	168.00 元